本书为教育部人文社科项目
"传播学内容分析方法论与研究应用"（项目批准号：08JA860010）
结项成果

万卷方法® 新闻与传播学研究方法丛书
主编／周 翔

Content Analysis of Communications:
Research and Applications

传播学内容分析研究与应用

周 翔◎著

重庆大学出版社

图书在版编目(CIP)数据

传播学内容分析研究与应用/周翔著.—重庆:
重庆大学出版社,2014.5(2024.8重印)
(万卷方法)
ISBN 978-7-5624-8113-3

Ⅰ.①传… Ⅱ.①周… Ⅲ.①传播学—研究 Ⅳ.
①G206

中国版本图书馆 CIP 数据核字(2014)第 069150 号

传播学内容分析研究与应用

周 翔 著

策划编辑:林佳木

责任编辑:邹 荣　　版式设计:邹 荣

责任校对:关德强　　责任印制:张 策

*

重庆大学出版社出版发行

出版人:陈晓阳

社址:重庆市沙坪坝区大学城西路 21 号

邮编:401331

电话:(023)88617190　88617185(中小学)

传真:(023)88617186　88617166

网址:http://www.cqup.com.cn

邮箱:fxk@cqup.com.cn(营销中心)

全国新华书店经销

重庆正文印务有限公司印刷

*

开本:787mm×1092mm　1/16　印张:25.5　字数:472 千
2014 年 5 月第 1 版　2024 年 8 月第 4 次印刷
印数:7 501—8 500
ISBN 978-7-5624-8113-3　定价:62.00 元

前　言

　　自贝雷尔森于 1952 年出版的开山之著《传播研究的内容分析》(*Content analysis in communications research*)奠定了内容分析在传播学研究的科学地位以来,内容分析法不断发展,已形成系统的理论体系,其应用范围也大为拓展,被广泛应用于新闻传播学、图书情报学、社会学、心理学、行为学等社会科学领域。据国际通用的新闻传播学领域特有的传播和大众传媒全文数据库(Communication and Mass Media Complete,CMMC)的搜索发现,近 50 年新闻传播学国际学术期刊发表的论文中,运用内容分析法的研究一直占主导地位。而且,美欧等国不断有专门针对内容分析的学术专著涌现,如 20 世纪 60 年代出版的霍尔斯蒂的《人文社会科学的内容分析》(*Content analysis for the social sciences and humanities*)和巴德等人的《传播学的内容分析》(*Content analysis of communications*),80 年代克里本多夫的《内容分析:方法论导论》(*Content analysis: An introduction to its methodology*),90 年代里夫等人的《内容分析法:媒介信息量化研究技巧》(*Analyzing media messages: Using quantitative content analysis in research*)和 21 世纪初纽恩多夫的《内容分析指南》(*The content analysis guidebook*)等。通过世界上最大的在线图书馆 Questia 的搜索发现,以内容分析为主题或运用内容分析法进行研究而写就的专著就有近 6 万本。对内容分析法的应用,国际上已有学者按照研究目的和研究问题、抽样方法、数据收集和类目构建、编码过程以及信度测试、研究结果等方面,进行了较为全面的介绍和论述。

　　反观国内新闻传播学界,无论是专著论述,还是实际研究应用,与国际同行相比都存在着明显的落差。内容分析法虽然在国内已经开始运用于新闻传播学、社会学、图书情报学等领域,但总体上来说,对该方法的概念、实施步骤和统计方法应用等方面的讨论尚处于表层;且在运用这一方法时,通常出现忽视相关研究的理论概念指导、方法与理论脱离、操作步骤不规范和数字简单罗列等问题,在理论和技术的深度以及规范的实施体现上都显得不足。这种落后的状况在笔者 2006 年回国时尤显突出。而且,当时对内容分析研究方法的讲解都是作为一个章节散见于一些社会科学研究方法书籍中,仅仅一个章节的内容根本无法体现具体的研究技巧,更勿论对内容分析方法特殊性的充分展现。因此,笔者在经过国内一年的研究方法教学后萌发了自己撰写一部中文专著的念头,希望通过对内容分析法及其研究应用的系统介绍和阐述,加深国内学者对该研究方法的复杂性、多样性和重要性的认识,进一步拓宽国内学者的理论和方法论视野,推动传播学实证研究在国内的发展。笔者于 2008 年以"传播学内容分析方法论与研究应用"为题申报,并在年底获得了教育部人文社科项目资助,其成果即为本书《传播学内容分析研究与应用》的前身。

本书是国内首部从方法论上系统阐述内容分析法并对国外近几十年内容分析研究进行全面解说和评述的学术性专著,其形成基础是对八十余本国外专著和近千篇国际期刊文献的杷梳和引用,同时融入了笔者对近二十年来新闻传播学五本国际权威期刊中内容分析研究论文进行的再次内容分析的研究成果。考虑到国内的实际研究状况以及内容分析法在国内的推广普及和接受程度,笔者在整体框架构思和具体写作方式上,特别注重在兼顾体系完整性的同时以深入浅出、难度适宜的方式来全面讲解和论述内容分析法的理念、核心概念、研究设计思路和实际操作,并全部借用国际权威期刊,特别是 SSCI 期刊发表的具有代表性和解释力的研究论文来具体说明,研究实例涵盖新闻传播学各个分支领域以及社会科学研究其他相关领域。每篇文章都给出了详实的文献出处,读者可以按图索骥,查找并阅读原文,由此加强对内容分析这一方法原貌的还原,并提升使用的可行性。笔者希望通过大量引入当代国际研究实例并总结国外最新研究动态和具体经验,来突破以往国内对内容分析法概念和步骤的单纯介绍的局限性,为国内研究者提供国际规范的参考样本,以求克服国内现有的一些内容分析研究存在的种种不足,如应用领域和选题狭窄、研究设计思路单一、类目建构表面化和缺乏研究针对性、编码表设计不够科学、不同分析单位混用、缺乏信度测试,等等,从而缩小国内外学术对话中可能产生的学术语言隔阂和研究差距。

在参照和融合了贝雷尔森、霍尔斯蒂、克里本多夫和纽恩多夫等学者的多种体系和研究精华的基础上,笔者针对国内对内容分析法的理解偏差和研究不足,试图在如下四个方面对国内现有文献有所贡献和突破。

首先,笔者从国际学界近几十年来内容分析研究的发展脉络和趋势看到,对隐性内容的关照和分析已在海外内容分析研究中逐渐占据重要地位。因此,笔者在书中特别引入对内容分析法的传统定位特征之一"显性内容"富有争论性的探讨,然后从概念上对隐性内容和显性内容的实质进行了区分,提出对隐性内容进行分析的必要性、可能性和可行性,并从实际研究中进一步总结出隐性内容的不同类型及其操作化路径,如问题解构式、概念维度分解、指数法等几种可行的方式。

其次,针对国内现有文献在介绍内容分析法或实际运用时忽视研究设计或思路单一的现状,笔者在参照贝雷尔森和霍尔斯蒂有关内容分析研究类型的框架、总结国外最新研究进展的基础上,专门论述了理论和前人研究在内容分析研究设计中的作用,归纳出针对不同研究目的的多种研究设计模式,其中许多设计模式,特别是对于传播效果预测性内容分析的研究设计模式以及研究实例的展示,在国内现有的相关研究文献中尚不多见。

再者,国内现有方法论专著和研究论文,较少结合内容分析本身的特质来阐释该方法的关键概念和测量方法,而是从统计学路径、基于社会科学调查来讲述,这使得读者对方法的讲解与研究的实际运用缺乏连接感。本书摒弃简单肤浅的步骤介绍,而是结合内容数据的特质对不同的测量方法进行详尽的阐释。比如,如何将通则性的量化研究原理在内容分析语境下具象化?内容分析的特殊性在具体抽样的操作层面如何得以体现?什么性质的内容数据适合什么样的测量方法?不同传播形式(如书写传播与视觉传播)的分析单位,其类型和应用有何不同?分析单位的选择在怎样的层面上可以实现微观属性内容的挖掘?抽象的概念和变量如何与经验搭建桥梁?带着这些有针对性的问题,笔者在各个具体的章节中将问题解答融入至对该方法整个体系的建构中。

最后,针对国内学界对内容分析只是量化研究的误解以及对质化内容分析的忽略,笔者特设一章专门讲解质化内容分析,区分不同类型的类目建构、编码和分析路径,并详细介绍扎根理论路径在质化内容分析中的借用和实现,以此加强对内容分析作为一种研究方法的全面、透彻的理解。

本书总体思路是以内容分析法的核心概念、设计思路、研究程序和应用领域为经,以具体的内容分析研究实例为纬。基于对内容分析这一研究方法的传统阐述,顺应时代需求和内容分析研究的最新发展趋势,笔者在书中适当之处特意着笔对一些新的研究动态进行了介绍和论述,如网络传播内容分析、使用数据库进行内容分析和计算机辅助内容分析等。本书既是传播学研究方法论的学理探讨,也是具体方法操作实施的指南。既可为方法论学者提供丰富的研究文献资料,也可用于新闻学和传播学硕博研究生的方法教学。

笔者尽五年之力,终于将本书付梓,期间因工作调动和家人病重缘故多有延滞,不免有一种长长的释怀之感,但同时也希望读者对本书任何疏漏、不足之处予以指正。

周　翔
二〇一四年二月二十八日于珞珈山下

致 谢

　　本书集合了国际学界大半个世纪以来从事内容分析研究和教学工作者的成果，没有他们的心血和智慧，也就没有本书的问世，因此我首先要深深感谢在此领域中一路艰辛走来的各位前辈。

　　其次，我要特别感谢美国田纳西大学传播与信息学院给我提供了一个学习深造的机会，让我接受了国际规范的科研培训，并给予了我在信息研究中心将所学付诸研究实践的机会，这是一个脱胎换骨的历程。尤其要感谢几位教授：迈克尔·辛格尔特里（Michael Singletary）教授在国内早年的一本译著《大众传播研究：现代方法与应用》让我第一次了解到什么是量化研究，他生动有趣的方法课教学让我感受到数字的乐趣，也是他引导我将统计学作为博士专业副攻方向来修习；研究互联网交互性的首批国际学者之一萨利·麦克米伦（Sally McMillan）教授带我第一次真正力行对网站的内容分析研究，并在她的点拨下发表了我的第一篇SSCI论文，由此我选择了以网络传播为未来研究方向之一；凯瑟琳·路德（Catherine Luther）教授指导我完成了我的跨文化比较分析博士论文，也正是通过与她的科研合作，我对国际权威刊物 *Journalism & Mass Communication Quarterly* 的评审流程之严格、投稿改稿之艰辛有了永久性的记忆；多罗茜·鲍尔斯（Dorothy Bowles）教授将我视作中国女儿，因与她的一次合作而让我接触了质化内容分析，并因此而熟悉了计算机辅助内容分析软件 QDAMiner 和 WordStat；马克·米勒（Mark Miller）教授让我对理论的评判标准以及理论与方法相结合的理念有了相当的理解，也是因为他的授课，我才有机缘当面向他请教学习他自己开发的计算机辅助内容分析软件 VBPro；承蒙卡罗·坦勒普尔（Carol Tenopir）教授的厚爱，我在其研究中心参与承担了多项美国大型研究项目，使自己的量化研究所长得以施展；还要感谢田纳西大学商学院统计学系的拉蒙·利昂（Ramón V. León）教授，是他让我对定类数据的统计分析有了特别的了解，并在他的教授下学习掌握了统计软件 JMP 和 SAS 的使用。

　　本书的基础是我2008年底获得的教育部人文社科项目"传播学内容分析方法论与研究应用"（项目批准号：08JA860010），在此特别感谢项目的组织方和相关评审专家。感谢重庆大学出版社的各位编辑为此书的出版所付出的努力。

　　我还要特别感谢我在汕头大学长江新闻与传播学院和武汉大学新闻与传播学院所结识和教授过的学生,是他们激发了我撰写本书的动机和勇气,而且在成书过程中给予了我诸多帮助,有许多学生参与搜集文献、摘译部分原始资料、编码、SPSS 数据录入以及课题结项和书稿校读等事务性工作。这里特别要提到的名字是(按字母顺序排名):程晓璇、邓亚丽、段悦、顾雨霏、何明、雷鹏程、黎毅思、李镓、李文静、李翾、李雨、刘翠红、刘霈、刘欣、欧阳晶、潘梓萌、彭雨蒙、彭珍梅、乔洗飞、石磊、宋明玉、宋小星、汪艳、王婧、张启山、赵伟、赵荀。另外,特别致谢还要给予武汉大学新闻与传播学院戴淑进老师,本书第 7 章中诸多绘图改制由他帮助完成。

　　感谢所有人的支持和帮助!

简明目录

详细目录

图表目录

1 导论

传播学研究一个最重要的突出特征是对人类的象征互换(即语言和非语言的传播信息)的关注。传播研究者不但对信息本身、信息创造者或信息被创造的环境感兴趣,而且更试图由信息推导前因和效果。有一种特别的传播研究方法,"以系统的、遵守规则的、严格的方式尤其关注这类信息",[1] 这种方法就是内容分析法(content analysis)。在传播学研究史上,内容分析法运用十分广泛,如应用型传播研究中健康公共信息运动、危机管理、组织机构内权力使用等。尽管此方法以描述传播内容及其特征为主要任务,但国际学者的研究实践和方法论总结也表明,内容分析法既可在微观层面上用于推导分析传播内容对个体接收者的影响,也可在考察传播内容与宏观的社会结构之间关系的研究中发挥作用。

本章主要包含四个方面的内容:一是概要介绍内容分析法的缘起、早期研究情况和近几十年的发展;二是对内容分析进行认识论阐述和理论探讨,厘清其概念内涵、基本性质和定义,区分"显性"和"隐性"内容分析,并特别对质化内容分析进行了简要概述,包括对基于人文传统的解读式内容分析的介绍;三是扼要介绍内容分析法的基本要素和实施步骤;四是总结内容分析法在传播学研究中的运用,并探讨其作为一种重要的传播学研究工具的优劣。

1.1 内容分析法发展历史概况

虽然"内容分析"这一术语直到 1941 年才在英国出现,文本的系统分析却可

---

1 Hockings, J. E., Stacks, D. W., & Mcdermott, S. T. (2003). *Communication research* (3rd ed.). Boston, MA: Pearson Education. p.171.

以追溯到由 17 世纪的教会倡导的神学研究,也即在早期诠释学(如圣经注解)语境下展开的文本分析。据著名的内容分析方法论专家、宾夕法尼亚大学安南伯格传播学院教授克劳斯·克里本多夫(Klaus Krippendorff)考证,当时的教会曾对早期报纸的内容进行了系统考察,内容分析也因教会对非宗教思想在报刊上的传播的关注而得到了发展。[1] 保存完好的对印刷品的量化分析最早大概出现在 18 世纪的斯堪的纳维亚,如瑞典。[2] 18 世纪中叶,瑞典宗教界和学术界对当时曾在瑞典引发了一场教义之争的宗教赞美诗集《锡安歌集》(Songs of Zion)进行了剖析。国教牧师约翰·昆布雷斯(John Kumblaeus)运用词语类目计量的分析方法,建立内容分类,[3] 蕴含了量化内容分析的萌芽,因而至今仍为许多社会科学研究者所引证。学者们指出,内容分析"从密码术、文学著作的主题分类和圣经索引中习得了其方法"[4],其前身还包括笔迹学,乃至近代的西格蒙德·弗洛伊德的释梦[5]。其中,对大量的信息内容进行系统索引以及制作术语和概念的跨目录索引表等这样的方法,使研究海量历史文献变得有序并可检索,也使得在大型文本中快速提取主题成为可能。破译密码方法的借鉴则在于确认书写符号的指向意义。另外,具有悠久历史的着眼于言说效果、偏向于质化路径的修辞分析技巧对社会学和行为学的量化研究也是一种补充。[6]

早期的内容分析多用于核实与推断历史文件的原作者。而现代意义上的传播学内容分析的实证调查则是在 20 世纪初因报纸的繁荣、新闻传播学院的建立与"客观性的科学理念的抬头"[7] 而兴起于美国,当时被称为定量报纸分析。在 20 世纪 30 年代和 40 年代,由于社会科学的发展推动和电子传播媒介(广播和电视)对报纸的冲击,内容分析研究进入快速增长期,如雨后春笋般地扩大到美国和西欧各地区和各种媒体,研究者也将内容分析法逐渐用来分析报纸和电台的宣传。传播学领军人物之一哈罗德·D. 拉斯韦尔(Harold D. Lasswell)1927 年所做的博

1　Krippendorff, K. (2004). *Content analysis: An introduction to its methodology* (2nd ed.). Thousand Oaks, CA: Sage.

2　Rosengren, K. E. (1981). Advances in Scandinavia content analysis: An introduction. In K. E. Rosengren (Eds.), *Advances in content analysis*, pp. 9—19. Beverly Hills, CA: Sage.

3　通过符号文字和内容分类分析,坤布雷斯认为《锡安歌集》处心积虑地发挥一些主题,严重影响了瑞典国教教义的权威。

4　转引自 Rogers, E. M. (1994). *A history of communication study: A biographical approach*. New York: Free Press. p. 214.

5　Mayring, P. (2000). Qualitative content analysis. *Forum Qualitative Sozialforschung/Forum Qualitative Social Research*, 1(2).

6　McCrosky, J. C. (1993). *An introduction to rhetorical communication* (6th ed.). Englewood Cliffs, NJ: Prentice Hall.

7　Czitrom, D. J. (1982). *Media and the American mind*. Chapel Hill, NC: The University of North Carolina Press. pp. 122-133.

士论文《第一次世界大战的宣传技巧》(*Propaganda Techniques in World War I*)即是对"一战"宣传技巧的内容分析,涉及对象包括交战双方出版的宣传手册、散发的传单、制作的海报和宣传电影等。尽管它实际上更多的是定性的、批判性的分析 1,但却是传播学史上首次对宣传进行分类的实证研究。1937 年成立的宣传分析研究所以社会心理学家哈德利·坎特里尔(Hadley Cantril)为首,进一步推进政治宣传研究,于 1939 年出版《宣传的艺术》(*The Fine Art of Propaganda*),其提出的宣传分类体系成为有关宣传的内容分析研究中一直沿用至今的经典分类法,包括扣帽子(name calling)、粉饰法(glittering generality)、委婉语(euphemisms)、移花接木法(transfer)、证词法(testimonial)、平民百姓(plain folks)、挟众宣传(又称乐队花车宣传,band wagon)、恐惧法(fear)和洗牌法(card stacking)等。2 这种运用内容分析关注新闻、宣传和民意等领域的传统,在第二次世界大战期间因政府特别是军事部门的重视而得到进一步推动。

"二战"期间,盟军情报部门监听在欧洲广播电台播放的流行歌曲的数量和类型,运用内容分析法比较在德国电台和被占领的欧洲地区的其他电台播放的音乐,由此"观察到陆军注意力的变化"。3 在拉斯韦尔的倡导下,美国情报部门决定利用公开的文献情报来发掘所要的信息。在洛克菲勒基金会资助下,拉斯韦尔等人通过美国国会图书馆组织展开了一项名为"战时传播研究"(the Study of War-time Communications)的工作,以德国公开发行的报纸为分析对象,通过对其内容的分析和研究,摸清了德国社会的基本情况,并提炼出了许多军政情报。在此研究过程中,拉斯韦尔着力探讨了抽样、测量、类目以及信度和效度等一系列内容分析的核心问题,将内容分析这一技巧发展得更加成熟。1949 年,拉斯韦尔、莱特斯及其同事出版了《政治语言:量化语义学研究》这部对信息内容进行量化分析的早期代表著作 4,他们在研讨宣传的影响力的同时探索了考察政治信息内容的恰当的定量方法,比如一套名为"宣传探测"(propaganda detection)的编码系统。拉斯韦尔本人也成为 20 世纪系统研究信息的最有影响力的人物,其突出之处就是他在内容分析发展成为一种定量方法中所做出的贡献。5 对信息进行量化分析的

1　Rogers, E. M. (1994). *A history of communication study: A biographical approach*. New York: Free Press. p. 213.

2　Lee, A. M., & Lee, E. B. (Eds.). (1939). *The fine art of propaganda: A study of Father Coughlin's speeches*. New York: Harcourt, Brace.

3　Wimmer, R. D., & Dominick, J. R. (1994). *Mass media research: An introduction* (4th ed.). Belmont, CA: Wadsworth. p. 163.

4　Lasswell, H. D., Leites, N., & Associates. (1949). *Language of politics: Studies in quantitative semantics*. New York: George W. Stewart, Publisher.

5　Neuendorf, K. A. (2002). *The content analysis guidebook*. Thousand Oaks, CA: Sage. pp. 32-33.

新方法在"二战"时还被美国情报部门运用于太平洋战区,监视日本与它的各海岛基地之间的联系。较有代表性的是汉斯·斯佩尔(Hans Speier)主持的联邦宣传委员会海外广播情报署(The Foreign Broadcast Intelligence Service of Federal Communications Commission)运用量化内容分析屡次成功地预测了敌军主要军事政治活动,并推断出敌军领导层的人事变动。

除了政治宣传分析,内容分析在20世纪早期的发展和运用另有一条脉络,就是肇始于佩恩基金研究、进一步由电视暴力研究不断深入推进的电影电视视觉形象及其效果的分析。这类分析对电影和电视的关注,很大程度源于社会和学界对其所处时代中占主导地位的娱乐媒体的潜在负面影响的忧心和拷问。佩恩基金研究是由佩恩基金会(The Payne Fund)资助,在美国电影研究委员会(Motion Picture Research Council)执行主任威廉姆·H.肖特(William H. Short)的协调下,由来自美国七所知名高校的心理学家、社会学家和教育家在20年代末30年代初联合实施的一项大型研究项目,它一向被认为是早期传播学研究的里程碑之一。[1]该项目首开娱乐媒体效果研究之先河,试图通过问卷、访谈、内容分析和实验等多种研究方法的结合探讨电影对美国儿童和青少年学习和态度的影响。其中,由埃德迦·戴尔(Edgar Dale)为首的俄亥俄州立大学团队负责内容分析部分,对20世纪20年代和30年代在美国放映的1 500部电影进行了主题分析,从具体分析中而非预设性地将电影归纳为10种类型。值得一提的是,在最后测量10种电影类目时,戴尔利用300部电影进行了信度测试,成为内容分析研究信度测试的早期践行者的代表。不仅如此,他还颇具开创性地让受过培训的编码员到电影院观看115部电影,对这些电影现场进行十大"社会价值观"的即时编码,[2]并将现场即时编码与对速记获得的电影对话脚本的深度分析进行比较,在此基础上进一步做信度评估。

20世纪40年代以后,内容分析法不断从方法论上演进,被来自传播学、政治学和社会学等领域的专家学者用来研究广泛的媒介问题,他们还对内容分析法进行了多学科研究。一方面,专家学者对内容分析的步骤(如分析单位的确定和不同抽样方法的效用)、相关数据分析方法(如频率的测定和用法、偏向强度的测量、交互表和列联分析的运用)及信度测试等问题进行了不同程度的研究,使得内容

1　参见:[美]希伦·A.洛厄里,梅尔文·L.德弗勒.大众传播效果研究的里程碑[M].第3版.刘海龙,等,译.北京:中国人民大学出版社,2009.

2　各个社会价值观下包含多个变量,如美国人的生活和人物的天性,外国人的生活和人物的天性,人物的动机,对观众的情感诉求,犯罪、失职和暴力,性关系,军情,对社会底层人民的描述,举止等。参见:Dale, E. (1935). *The content of motion pictures*. New York: MacMillan.

分析法发展成为一种独立、自成体系的研究技巧;另一方面,内容分析法也日益与其他研究方法,如问卷调查、实验研究和其他一些定量方法相结合,在实际研究中相辅相成地得到综合使用。传播学四大先驱之一保罗·拉扎斯菲尔德(Paul Lazarsfeld)与伯纳德·贝雷尔森(Bernard Berelson)在著名的伊利县研究中利用量化内容分析法分析大众传媒有关1940年总统竞选的报道内容,于1948年出版了《传播内容分析》(*The Analysis of Communication Content*)。贝雷尔森在此基础上进行内容扩展,于1952年出版了开山之著《传播学研究的内容分析》,[1]奠定了内容分析在传播学研究的科学地位。自此,该研究方法在西方新闻传播学界广泛运用并不断发展。

1955年,来自不同学科领域却都从事内容分析研究的先驱们济济一堂,在伊利诺伊大学蒙蒂塞罗校区的阿勒尔顿大楼召开了一个内容分析法工作会议,探讨内容分析的方法论问题,共商解决对策。此次会议与会者中最有影响力的是一批来自哈佛的研究者,他们广泛使用了其称之为列联分析(contingency analysis,详见第7章)的方法,该分析法成为通用至今的内容分析研究数据分析的经典方法之一。来自不同学科的与会者所共同关心的是,使用内容分析对信息来源或接受者进行推断的相关议题,以及内容分析法要超越"词语或其他象征符号频次的简单计数"的发展走向,其中,心理语言学和结构语言学对内容分析的研究取向产生了极大的影响。此次会议探讨的成果就是1959年由伊利诺伊大学出版社出版、伊塞尔·德·索拉·普尔(Ithiel de Sola Pool)主编的内容分析方法论研究史的一部重要文集《内容分析法发展趋势》。[2]

内容分析法在20世纪60年代后进入美国各大学的传播学、政治学和社会学课堂。1971年,哈佛大学的卡尔·多伊奇等人将内容分析法列为从1900年至1965年62项"社会科学的重大进展"之一。[3] 1967年11月,在传播学多位大师如克劳斯·克里本多夫、乔治·格伯纳(George Gerbner)、欧勒·R.霍尔斯蒂(Ole R. Holsti)和菲利普·斯通(Philip J. Stone)等人的联合召集下,传播学内容分析研究者再次汇聚一堂,在美国费城宾夕法尼亚大学安南伯格传播学院举行了一次关于内容分析研究的全国性会议,并由克里本多夫主编出版了会议论文集。不久,格伯纳于次年推出了文化指标研究项目,运用内容分析法追踪美国电视内容的变化以及这些内容变迁如何影响观众看待世界的方式,这成为以内容分析法来进行文化指标分析并进而推断文化价值观的时代变迁的经典研究项目。1969年,内容

1 Berelson, B. (1952). *Content analysis in communications research*. New York: Hafner.

2 Pool, I. de S. (Eds.). (1959). *Trends in content analysis*. Urbana: University of Illinois Press.

3 赵蓉英,邹菲.内容分析法学科基本理论问题探讨[J].图书情报工作.2005,49(6):14-18,23.

分析法专家霍尔斯蒂出版了《人文社会科学的内容分析》，[1]其中他提出了早期内容分析研究常用的一种编码员间信度测试方法，即霍尔斯蒂系数（详见第 6 章）。11 年后，内容分析研究集大成者克里本多夫出版了著名的《内容分析方法导论》第一版，[2]对内容分析进行了全面、系统的论述，是标志着内容分析法在理论概念和操作方法上均已发展成熟的扛鼎之作，该书曾先后被翻译成意大利语、日语、西班牙语和匈牙利语等多国语言文字引介到世界各地，并于 2012 年出版第三版。

随着内容分析法的发展成熟，其应用也日益广泛、深入。美国未来学家约翰·奈斯比特（John Naisbitt）依据内容分析法创办了著名的《趋势报告》季刊，并于 1982 年出版了被誉为"能够准确地把握时代发展脉搏"的《大趋势——改变我们生活的十个新方向》（Megatrends：Ten New Directions Transforming Our Lives），该书可称得上是当代颇具代表性的内容分析法应用成果之一。奈斯比特及其咨询公司用了 12 年的时间，运用内容分析法对美国 6 000 多处的地方报纸进行主题分析、综合与归纳，成功地预测了美国从工业社会过渡到信息社会的十大趋势，并预见了网络和全球经济一体化等现象。1990 年，奈斯比特又完成了另一部同样著名的《2000 年大趋势》。奈斯比特的成功促使更多的研究者开始关注内容分析法在社会研究中的巨大作用和潜力。

近半个世纪以来，运用内容分析法开展新闻与传播研究的学术论文也是不断增长。1981 年威尔霍伊特将其根据传播学摘要数据库（Communication Abstracts）搜集到的 1978—1980 年数据与他和另一位同事达尼尔森在 1967 年搜集到的 1944—1964 年数据进行比较，发现这两个阶段发表的大众传播研究论文有十分之一用到内容分析法。[3]另有研究显示，新闻传播学领域国际旗舰刊物之一《新闻与大众传播季刊》（Journalism & Mass Communication Quarterly）的前身《新闻学季刊》（Journalism Quarterly）在 1964—1983 年间发表的专门研究杂志的学术论文有 53% 是内容分析。[4]该刊物 1971—1995 年间发表的论文中，运用量化的内容分析论文数量在 24 年间增长了近六倍，内容分析论文在所有发表论文中所占百分比由 1971 年的 6.3% 增至 1995 年的 34.8%。[5]在传播学教学中，对内容分析法的

1 Holsti, O. R. (1969). *Content analysis for the social sciences and humanities.* Reading, MA：Addison-Wesley Publications.

2 Krippendorff, K. (1980). *Content analysis：An introduction to its methodology.* Beverly Hills, CA：Sage.

3 Wilhoit, G. C. (1981). Introduction. In Wilhoit, G. C., & H. de Bock (Eds.), *Mass communication review yearbook vol.* 2. Beverly Hills, CA：Sage.

4 Gerlach, P. (1987). Research about magazines appearing in *Journalism Quarterly. Journalism Quarterly, 64*(1), 178-182.

5 Riffe, D., & Freitag, A. (1997). A content analysis of content analyses：Twenty-five years of Journalism Quarterly. *Journalism & Mass Communication Quarterly, 74*(3), 515-524.

重视亦可见于福勒 1986 年的研究发现,在其调查并收到问卷回应的美国 73 所新闻传播学院/系中,硕士生级别的研究方法课有 84.1% 都包含内容分析的授课内容,在各种研究方法的讲解中位居第一,多于实验(78%)和问卷调查研究(73%)。[1]

由于传统的内容分析法都是基于对大样本量的文本资料的编码分析来发现事物本质,无论是数据搜集还是对内容的人工识别和分类,都极为耗时耗力,特别是对于大规模研究项目来说更是如此。计算机技术的兴起和发展为内容分析法带来新的契机。心理学和社会学等诸多学科领域的研究者开始探索将计算机技术运用于内容分析研究,以求减少编码错误,并使得分析大量的文本内容更为方便、快捷。1958 年,托马斯·塞比欧克(Thomas Sebeok)和瓦尔迪斯·泽普斯(Valdis Zeps)在《语言和言语》(*Language and Speech*)这份国际权威刊物上发表了学术界首篇由计算机辅助的内容分析研究论文。[2] 最早在传播学会议上展示计算机文本分析的是里克·霍尔姆斯(Rick Holmes)和约瑟夫·沃尔费尔(Joseph Woelfel)两位学者,他们在美国奥尔巴尼大学的一次学术会议上利用 UNIVAC 主机,演示了一款著名的计算机辅助内容分析软件 CATPAC[3]的操作和分析结果,标志着内容分析研究进入了"一个变化中的研究环境"。[4] 研究实践表明,通过创建计算机辅助内容编码方案将编码规则正式化,可获得理想的编码信度。[5]

计算机技术的引入,对内容分析研究的发展产生了实质性影响,大大增加了内容分析这种研究方法的效力。随着各种量化和质化分析的计算机软件包的研发,逐渐形成了系统、成熟的计算机辅助内容分析法。不过,即使是在计算机环境下,内容分析的复杂形式(如词语或主题搜索)也要求对大量的原始文本进行前期人工处理,以赋予文本一个基本结构,而且还需要编码员具有高层次的教育程度,能够迅速理解往往很复杂的文本。

---

1 Fowler, G. L. (1986). Content and teacher characteristics for Master's level research course. *Journalism Quarterly*, 63(3), 594-599.

2 论文详见:Sebeok, T. A., & Zeps, V. J. (1958). An analysis of structured content with application of electronic computer research in psycholinguistics. *Language and Speech*, 1, 181-193.

3 CATPAC 是一款由约瑟夫·沃尔费尔(Joseph Woelfel)开发的计算机辅助内容分析软件,它能读取文本文件,并生成从简单特征(如词语和字母的频率)到文本主要思想总结的多种输出结果。该软件可以揭示词语的使用模式并进行分析,如简单的词语、聚类分析(带有冰柱图)、交互式神经聚类分析。CATPAC 还带有一个极好的补充程序"思想视图"(Thought View),可以生成基于 CATPAC 分析结果的二维和三维概念图。思想视图的一个特别实用的功能是可以让用户通过 3D 眼镜查看结果,体验前所未有的 MDS 式输出。

4 Neuendorf, K. A. (2002). *The content analysis guidebook*. Thousand Oaks, CA: Sage. p. 40.

5 Weber, R. P. (1990). *Basic content analysis*. Beverly Hills, CA: Sage.

1.2　内容分析法的定义、性质和分类

内容分析法是对已记录归档的文本进行分析的一种研究方法,也就是说它所研究的对象是先于研究而存在的文本。此处的文本含义宽泛,几乎无所不包,可以是书、杂志、报纸、报告、会议纪要、信件、日记、网页和其他互联网上的内容,也可以是谈话或采访记录、电影、电视或广播节目、音乐、图片、艺术作品,还可以是法律条文和宪章。内容既可以是个人的信息,也可以是人际间或群体间互动的信息,更常见的是媒体发布的信息。只要其形式固定,足以容许研究者细读详查,就可运用内容分析法来研究。这是传播学领域中用来考察过去而不受时间和空间限制的最为重要的研究方法之一。它使用方便,研究者可以在其所想要的任何地方任何时间来分析其数据。而且,内容分析不像问卷调查和实验研究那样,研究对象无需对研究者作出回应,研究者可以单方面完成问题的询问和回答而不影响研究对象,是非介入性研究(unobtrusive research)的主要研究方法之一。[1]

尽管在实证研究方法的经典文献中,内容分析法与其他社会科学研究方法(如问卷、访谈和观察等)相比,乍一看似乎处于边缘地位,但是,经过仔细观察后会发现,有诸多内容分析研究(特别是近些年)频频见于各学科各领域的期刊中,或运用内容分析法来质询和求证所在领域的当下问题,或详尽地研讨该方法在理论基础、方法论和技术层面上的内在问题,研究者从不同的定位对内容分析法展开了根本性的讨论,指出和评价它的不同路径。从相关文献来看,"内容分析"一词包含了一整套术语集合,如"系统内容分析"、"陈述分析"(statement analysis)、"意义分析"(meaning analysis)、"量化内容分析"或者"关联结构分析"(association structure analysis)、"质化内容分析",以及"诠释—分类内容分析"等。每一种术语都在某一特殊的理论背景、某一特殊的研究问题或某一特殊的分析技巧的基础上合理化。但无论使用何种术语,内容分析是一种分析文本的手段。

1.2.1　传统量化内容分析法的系统性与客观性

学术界一般公认,为内容分析法给出系统定义的第一位学者是伯纳德·贝雷尔森。在总结前人对内容分析特征的归纳的基础上,贝雷尔森将内容分析法定义为"一种对传播的显性内容(manifest content)进行客观的、系统的和定量的描述的

1　非介入性研究可以是量化的也可以是质化的,其他非介入性研究还包括历史/比较分析法、法律研究和既有统计资料分析法,如元分析(meta analysis)等。

研究技巧"。[1]　这种看法在其提出后的三十年里获得支持并盛行于传播学界,成为内容分析法的经典定义。在贝雷尔森定义的基础上,弗雷德·克林格(Fred Kerlinger)进一步重申了内容分析法的三性,即内容分析法是一种在**系统的、客观的和定量的**方式中为了测量变量,研究和分析传播内容的一种方法。[2]

与此同时,也有其他学者陆续对内容分析法及其目标提供了许多不同看法。比如,内容分析法的早期知名学者霍尔斯蒂提出一个宽泛的定义,"内容分析是通过客观和系统地识别信息的具体特征而进行推断的任何技巧"。[3]　在此定义下,内容分析技巧不仅限于对文字形式的文本的分析,它还可以运用于对绘画作品的编码[4]或影像录制观察中的行为研究[5]等领域。20 世纪 70 年代后,不少学者继续就内容分析法定义提出自己的看法。迈克尔·沃利策尔(Michael Walizer)和保罗·维尼尔(Paul Wienir)认为,内容分析是为了审查被记录信息内容而设计的任意一种系统性程序。[6]　克里本多夫则将其定义为一种从数据论及语境的可复制的、有效推论的研究方法。[7]丹尼尔·里夫、斯蒂文·赖斯和弗雷德里克·菲克等知名学者的定义也是针对量化内容分析所作的,同样强调符号传播研究的系统性和可复制性。[8]　笔者的老师美国田纳西大学终身荣誉教授迈克尔·辛格尔特里博士在前人的基础上总结和阐明了内容分析的五性,即客观性、系统性、定量性、描述性

1　Berelson, B. (1952). *Content analysis in communications research*. New York：Hafner. p. 18.

2　Kerlinger, F. N. (1973). *Foundations of behavioral research* (2nd ed.). New York：Holt, Rinehart & Winston.

3　Holsti, O. R. (1969). *Content analysis for the social sciences and humanities*. Reading, MA：Addison-Wesley Publications. p. 14.

4　研究实例如：Wheelock, A., Haney, W., & Bebell, D. (2000). What can student drawings tell us about high-stakes testing in Massachusetts? *TCRecord. org*. Available at：http://www. tcrecord. org/Content. asp? ContentID = 10634.

5　研究实例如：Stigler, J. W., Gonzales, P., Kawanaka, T., Knoll, S., & Serrano, A. (1999). *The TIMSS videotape classroom studies：Methods and findings from an exploratory research project on eighth-grade mathematics instruction in Germany, Japan, and the United States*. U. S. Department of Education National Center for Educational Staticstics：NCES 99-074. Washington, D. C. ：Government Printing Office.

6　Walilzer, M. H., & Wienir, P. L. (1978). *Research methods and analysis：Searching for relationships*. New York：Harper and Row.

7　Krippendorff, K. (1980). *Content analysis：An introduction to its methodology*. Beverly Hills, CA：Sage.

8　Riffe, D., Lacy, S., & Fico, F. G. (1998). *Analyzing media messages：Using quantitative content analysis in research*. Mahwah, NJ：Lawrence Erlbaum. (中文译本见：[美]丹尼尔·里夫,斯蒂文·赖斯,弗雷德里克·G. 菲克. 内容分析法：媒介信息定量研究技巧[M]. 第 2 版. 嵇美云,译. 北京：清华大学出版社,2010：25-28.)

和显明性。[1]

尽管各位学者对内容分析法的定义各有侧重,但也体现了在客观性和系统性要求方面的一致性。首先,内容分析是**系统的**,即指内容和类目的包含和排除都是依据运用明晰而一致的规则来完成的,选择样本不是随心所欲而是必须按照一定的程序(详见第 3 章)。而且,内容的类目建构(详见第 5 章)必须符合一定的一般准则,要使得所有相关内容都被分析,而非只是将所涉内容的某些方面或偏向纳入分析并由此推导结论。因此,这一系统性要求排除了研究者只是拣选出支持其研究假设的材料作为证据的这样一类选择性分析。另一方面,系统性也意味着,类目一旦经过界定,所有被考察的内容需要以完全相同的方式来对待。这就是评价过程的系统性。具体而言,就是研究者要始终如一地运用相同规则,在研究过程中有且只有一套所有编码者都要遵守的编码指南,在进行内容的编码(详见第 6 章)和分析过程中必须有一致性。一套程序应用于被分析的所有内容,研究问题的方方面面必须一致考察,且始终贯穿于被界定的文本的所有部分。另外,系统性还体现在,整个研究要在精密的设计基础上(参见第 2 章)制作详尽的计划,并照此计划执行,以确保能获得回应所提出的研究问题或假设的数据,并保证分析和结论与数据搜集的分析单位层次(参见第 4 章)相互一致,而且研究者要对研究结果的信度和效度予以关注(详见第 6 章)。

其次,内容分析是**客观的**。换句话说,研究者个人的事前预设和主观偏向不应带入研究及其发现中。研究者不能始于求证某物(这种有意寻找研究者自己偏向的答案的求证不同于研究假设的科学验证);相反,研究者是在观察,需要根据一系列明确的规则对数据作出判断,再现所分析的文件内容本身,尽可能地减少研究发现反映分析者主观偏向的可能性。在研究过程中,所有数据,无论支持或反对研究者主观立场,都需要无偏无袒地收集。而且,变量分类的操作性定义(详见第 5 章)和规则应该明确、易懂、全面,足以使其他研究者在重复同样的研究过程时作出同样的决定。也就是说,一个分析如果由另一个研究者重复进行,应该产生相同或近似的结果,获得可靠的信度系数(参见第 6 章)。研究结果有赖于研究过程而非分析者,体现了一种程序上的客观。除非建立一套清晰的全面解释样本和种类方法的标准和程序,研究就不能符合客观的要求,研究结果的真实性就可能会受到质疑。客观性已成为内容分析这样一种社会科学研究方法的广为认可的目标,但也有学者认为在实际研究中所能达到的,可以用另一个更为恰当的

1 Singletary, M. (1994). *Mass communication research: Contemporary methods and applications.* New York: Longman. pp. 281-283. (中文译本见:[美]迈克尔·辛格尔特里. 大众传播研究:现代方法与应用[M]. 刘燕南,等,译. 北京华夏出版社,2000:273-275.)

术语来表示,即"主体间性"(*intersubjectivity*),[1]这在质化内容分析中体现得较为明显。

贝雷尔森和克林格等人的定义中还赋予了内容分析一个特性,即内容分析是**量化的**,也即其目的是以数字来精确地再现信息主体,其实现方式是将文本转换为数字。半个多世纪以来,这一定位在学界广为认可,也成为量化内容分析(quantitative content analysis)成熟发展的理念基础。量化分析的目标就是"对关键类目计数,并测量其他变量的数量"。[2] 在许多时候,这种数字表达就是一种有力的说明,比如,诸如"百分之四十五"和"30 次中的 27 次"等描述,所传递的信息要比像"不到一半"或"几乎总是"这样的陈述准确得多。量化的一个更进一步的好处是,统计方法提供了一套强大的工具,不但可以准确而简洁地总结发现,而且可以提高解释和推断的质量。如果内容类目的建构遵循由研究者设定的严格规则,而且类目的定义准确和清楚,其他研究者可以运用同样的工具来考察同样的材料而得到同样的结果,也就是说,研究信度是可靠的。

然而,研究者对内容分析法被限制为纯粹的量化分析这一观点和实践,自贝雷尔森的界定[3]之始就有所争议,这一界定尤其受到来自阐释性研究范式的挑战,因为纯粹量化的特点可能不会那么重要,更多的质性因素可能会揭示更多媒介传递的意义。对量化内容分析的批评焦点在于,认为这一方法"把重点过多地放在了对不同传播符号出现频数的比较上",[4]而在实际传播中,某些甚至某个特别重要的符号的出现与否,却可能有着至关重要的意义。这也是后来的不少学者多愿采纳本节上文所述的霍尔斯蒂的宽泛定义的原因之一。霍尔斯蒂还明确提出"质化内容分析"这一概念,将其描述为对"信息属性的出现或不出现"的关注,并建议同时使用量化和质化的方法以彼此相互补充。[5]金伯丽·纽恩多夫(Kimberly Neuendorf)也建议在分析文本时,研究者需要权衡和评估其需求以及量化分析和非量化分析可能产生的结果。[6] 这种提醒与把量化研究和质化研究视为考察同一研究问题不同路径的思路是相吻合的。对于倡导两种路径相结合的学者而言,这样的方

1　Naccarato, J. L., & Neuendorf, K. A. (1998). Content analysis as a predictive methodology: Recall, readership, and evaluations of business-to-business print advertising. *Journal of Advertising Research*, May-June, 19-33. p. 2.

2　Neuendorf, K. A. (2002). *The content analysis guidebook*. Thousand Oaks, CA: Sage. p. 14.

3　实际上贝雷尔森的专著中专门有一章关于"质化内容分析"的论述,但笔者认为他所讨论的"质化分析"在较大程度上是被当作量化内容分析的一种辅助手段和技巧,因此贝雷尔森除了指出"质化分析"的一些特点外,并未将其作为一种系统的分析路径来予以探讨。

4　[美]丹尼尔·里夫,斯蒂文·赖斯,弗雷德里克·G.菲克.内容分析法:媒介信息定量研究技巧[M].第 2 版.嵇美云,译.北京:清华大学出版社,2010:36。

5　Holsti, O. R. (1969). *Content analysis for the social sciences and humanities*. Reading, MA: Addison-Wesley Publications. pp. 10-11.

6　Neuendorf, K. A. (2002). *The content analysis guidebook*. Thousand Oaks, CA: Sage.

法可以通过"对研究结果的双重证实,增强研究者对结论有效性的断言"。[1] 鉴于此,本书在以量化内容分析的研究体系为主的同时,将兼顾质化内容分析的讲解和论述,并特设专门章节(详见下文第 3 小节和第 8 章)。

1.2.2　显性内容与隐性内容之争

以贝雷尔森为始的对内容分析法的界定,另外还有一点在学术界争议颇大,也即内容分析法是否只和显性内容相关?或者说,内容分析法是否无法或不适合对隐性内容进行研究?

显性内容是那些"物理呈现的和可计量的成分",[2] 也即呈现于内容载体表面、容易观察得到或直接能识别的成分,如书写文字中某个特别词语的出现,一部电影里一个角色的性别,或者人际对话中的某些行为(眨眼、挠头等);换句话说,信息是"所见即所得",[3] 信息的意义是其表层意义。在内容分析研究文献中,有很多是针对显性内容的。比如,在大量的新闻报道内容分析研究中,最常见和最常用的类目建构是新闻分类、新闻议题、消息来源、版面位置、发稿地、报道国家地理位置、报道人物的类型等;[4] 在电视节目(包括新闻节目、电视广告和情景剧等)内容分析中,颇为常见的显性内容是播出节目时长、某种行为或某类人物或某种产品在节目中出现的频次、出现时段、表现形式(如旁白、镜头和伴乐类型)和电视人物的人口统计学特征等。[5] 这些内容基本上都是客观既存的(如版面位置、发稿地、报道国家地理位置等)或表层结构性的(如播出节目时长、出现时段、网站链接和页面构成等),或者主观判断程度相对较低(比如新闻议题、报道类型等),涉

1　Gray, J. H., & Densten, I. L. (1998). Integrating quantitative and qualitative analysis using latent and manifest variables. *Quality & Quantity*, *32*(4), 419-431. p. 420.

2　Gray, J. H., & Densten, I. L. (1998). Integrating quantitative and qualitative analysis using latent and manifest variables. *Quality & Quantity*, *32*(4), 419-431. p. 420.

3　Holsti, O. R. (1969). *Content analysis for the social sciences and humanities*. Reading, MA: Addison-Wesley Publications. p. 12.

4　参见研究实例如:1)Carpenter, S. (2008). How online citizen journalism publications and on-line newspapers utilize the objectivity standard and rely on external sources. *Journalism & Mass Communication Quarterly*, *85*(3), 531-548; 2)Nikolaev, A. G. (2009). Images of War: Content Analysis of the Photo Coverage of the War in Kosovo. *Critical Sociology 35*(1) 105-130; 3)Voltmer, (2000). Constructing political reality in Russia: Izvestiya-Between old and new journalistic practices. *European Journal of Communication*, *15*(4), 469-500;4)Yu, X. (1997). What does China want the world to know: A content analysis of CNN World Report sent by the People's Republic of China. *International Communication Gazette*, *58*, 173-187.

5　参见研究实例如:Allan, D. (2008). A content analysis of music placement in prime-time television advertising. *Journal of Advertising Research*, September, 404-417.

及的大都是"外延意义(denotative meaning)的含义——大多数人共享的应用于特定符号的意义",[1]在具体分析中容易判别和归类。但正是由于这种直接性、表层性和易得性,加之早期的内容分析研究问题意识不够,设计不甚精巧,类目建构多限于显性内容,致使很多量化内容分析研究流于琐碎、肤浅、缺乏深度意义,这也是量化内容分析受到来自秉承阐释学范式传统的学者批判的重要原因之一。

然而,恰如著名的内容分析专家丹尼尔·里夫所指出的,"研究焦点的肤浅更多地反映了使用内容分析的研究者的问题而不是方法的缺陷"。[2] 如前文所提到的,霍尔斯蒂早在 20 世纪 60 年代就指出,内容分析法可以对信息属性进行分析研究,而信息属性在很多情况下并不是直接外显于文本,需要分析者对文本的潜在意义或内涵意义(connotative meaning)通过上下文语境来解读,比如内容分析研究中常见的传播内容方向(direction,详见第 5 章)的判定,语言表层的积极或正面的倾向并不一定代表一种积极或正面的态度,而且许多信息属性和概念是无法一眼识别或直接观察到的,虽然"无法直接测量但能够被一个或多个……指标(indicators)描绘或测量",[3]这样的内容就是我们所说的隐性内容,也即艾尔·巴比所说的"传播媒介中所隐含的意义",[4]它是通过外在信息间接表现出来的与内容分析相关的事件现象或过程的特征和性质。通过对隐性内容的分析,可以更好地接近传播内容本质性的事实和趋势,对事物的属性和发展作出更好的推断和预测。而传播学内容分析法发展至今,其生命力很大程度上就体现在研究者在诸多具体的内容分析研究中重视隐性内容的分析,并发展出了许多分析隐性内容的测量方法和手段(参见第 5 章)。

尽管贝雷尔森所作的早期定义将内容分析一般仅限于显性内容,但其实他在其专著中对传播内容方向的探讨实际上已在一定程度上关涉到隐性内容的识别问题,而且大量的内容分析研究者一直就在大胆地尝试挖掘信息的深层意义,从而也使得内容分析研究文献丰满得多,有趣得多。对隐性内容的挖掘和分析,在量化内容分析中往往是通过对相关概念的界定、操作化或将其转化为显性变量来实现的。例如,在一项以美国的《洛杉矶时报》外国新闻报道为例、旨在发现西方国际新闻报道中的价值表现形式的研究中,[5]博杜安和索尔森两位研究者在前人

1　[美]丹尼尔·里夫,斯蒂文·赖斯,弗雷德里克·G.菲克.内容分析法:媒介信息定量研究技巧[M].第 2 版.嵇美云,译.北京:清华大学出版社,2010:37.

2　同上,第 36 页。

3　Hair, J. F., Anderson, R. E., Tatham, R. L., & Black, W. C. (1998). *Multivariate data analysis* (5th ed.). Upper Saddle River, NJ: Prentice Hall. p.581.

4　[美]艾尔·巴比. 社会研究方法[M]. 邱泽奇,译. 北京:华夏出版社,2005:311.

5　见:Beaudoin, C. E., & Thorson, E. (2001). Value representations in foreign news. *International Communication Gazette*, *63*(6), 481-503.

研究的基础上，建立了一个由利他主义、美丽、舒适、平等、自由、友谊、物质主义、美德、和平、权力、救赎、安全和智慧等隐性构念（latent construct）组成的价值标准系统，其中每一个隐性构念的内容编码分析过程都是通过几个可测量的操作化问题来进行测量和描绘的（变量的操作化详见第 5 章）。在此基础上，该研究发现，因为报道类型、报道范围和焦点地区不同，价值判断的类型也不一样。亚洲多被描述为唯物主义的，西欧是美丽的，非洲充满暴力事件，欧共体国家和苏联则与安全问题相关。再比如，"性别歧视"（sexism）这样一个隐性构念，在内容分析实践中曾由 27 个探究"对女性的刻板印象"的显性变量来测量，[1] 而这些显性变量则是由不同的理论研究（大部分来自于女性主义研究）和对电影的批判的、定性的分析中提炼出来的。隐性内容分析的价值即在于能够揭示文本中先前被掩盖了的主题、意义和文化价值观。

许多量化内容分析研究者认识到，如果分析仅限于显性内容，那么这种限制将使内容分析无法扩展，以致分析者无法对隐含于字里行间的隐性内容、文本生产者的动机或者文本对读者的效果等进行推论。而所有内容分析的一个基本假设是，最广义的文化表达形式都可以在文本中得以表现，也就是说，文本的内容分析关注的是社会现实，分析的结果及其阐释是互为照应的。朱迪·H. 格雷（Judy H. Gray）和艾因·L. 邓斯腾（Iain L. Densten）倡导以隐性构念的使用作为融合量化和质化内容分析的一种途径。[2] 而且，有不少研究者对单纯依赖于这种显性—隐性二分法的做法提出了批评，认为尽管有必要对二者进行概念上的区分，但在实际研究中并非界限分明的二元对立，"更多的是程度上的差异"。[3] 因此，有的学者提出，变量是处在一个连续统之间，而非要么是显性，要么是隐性；这些学者建议将二者看成是一个连续统的两极，一端是高度隐性，另一端是高度显性，以此来探讨那些非常隐性的信息的微妙问题。[4]

1.2.3 质化内容分析的发展

如前所述，量化内容分析因本身存在的一些局限性而受到来自质化研究传统

1　参见：Neuendorf, K. A. (2002). *The content analysis guidebook*. Thousand Oaks, CA: Sage. 对显性内容与隐性内容的更多探讨详见本书第 5 章。

2　Gray, J. H., & Densten, I. L. (1998). Integrating quantitative and qualitative analysis using latent and manifest variables. *Quality & Quantity*, 32(4), 419-431.

3　Potter, W. J., & Levine-Donnerstein, D. (1999). Rethinking validity and reliability in content analysis. *Journal of Applied Communication Research*, 27, 258-284. p. 262.

4　参见：1）Neuendorf, K. A. (2002). *The content analysis guidebook*. Thousand Oaks, CA: Sage. 2）Riffe, D., Lacy, S., & Fico, F. G. (2005). *Analyzing media messages: Using quantitative content analysis in research* (2nd ed.). Mahwah, NJ: Lawrence Erlbaum.

的学者的批评,特别是自 20 世纪中期以来。另外,从研究本身来看,虽然量化内容分析是在建立有意义的类目基础上分解传播内容,将非量化的有传播价值的信息转化为量化数据,但在具体分析过程中仍然需要对传播内容进行透彻的理解,进而对传播信息内容进行质的把握,由此得出结论。因此,越来越多的研究者将内容分析视为一种分析文本数据的灵活方法,并有学者如卡尔·埃里克·罗森格伦(Karl Erik Rosengren) [1]等人将内容分析看成是文本分析路径的一个大家族,从印象的、直觉的、阐释的分析到系统的、严格的文本分析均被纳入其中。研究者在研究中所选择的内容分析方法的具体类型,因该研究者的理论旨趣、研究实际目的以及所研究的问题而不同。但对内容分析的划分通常是限于量化内容分析和质化内容分析这样的方法分类(二者的具体区别详见第 8 章)。

较早发展起来的质化内容分析是源于人文传统和人类学研究的解读式内容分析(hermeneutic content analysis),此种类型的内容分析通过精读、理解和阐释文本内容来传达原作者意图。这一路径承袭了由圣经诠释发展到诠释学的基本要义,强调从整体和更高的层次上把握文本内容的复杂背景和思想结构,因而能够对文本内容进行深度分析。但因其解读过程中浓厚的个人主观色彩以及解读对象的单一性,其分析结果的可靠性和普遍性往往受到质疑。

当代质化内容分析的发展得益于社会学领域民族志研究中对开放式访谈资料的深度分析技巧的开发和完善,特别是吸纳了扎根理论研究路径中分析质性数据的具体方法(详见第 8 章)。比如质化内容分析倡导者之一菲利普·梅林(Philipp Mayring)与其同事曾对失业的社会心理后果进行了跨时段长期研究,开放式访谈对象约 600 位,需要进行质性分析的访谈资料文本多达 2 万多页。[2] 如非一套成体系的分析技巧,是不可能完成这样一项工程的。按照梅林的说法,质化内容分析程序的主要思想就是保留在传播学内发展起来的量化内容分析的优势,并将这些优势进一步转化和发展为质性的、阐释性的分析步骤。内容分析作为质性分析方法的潜能自 20 世纪 90 年代以来为健康传播研究者所认识和重视,质化内容分析的应用也由此增长并流行起来。[3]

质化内容分析是用来分析文本数据的多种研究方法之一。文本数据形式多样,可以是言语的、印刷的(文章、书、手册等)或电子的,也可以是来自叙事回应、开放式问卷问题回答、访谈、焦点小组和观察等的资料。使用质化内容分析的研

1　参见:Rosengren, K. E. (1981). Advances in Scandinavia content analysis: An introduction. In K. E. Rosengren (Ed.), *Advances in content analysis*, pp. 9-19. Beverly Hills, CA: Sage.

2　Mayring, P. (2000). Qualitative content analysis. *Forum Qualitative Sozialforschung/Forum Qualitative Social Research*, 1(2).

3　Nandy, B. R., & Sarvela, P. D. (1997). Content analysis reexamined: A relevant research method for health education. *American Journal of Health Behavior*, 21, 222-234.

究,其焦点在于传播的语言特征,关注文本的内容或情境意义。[1] 质化内容分析不单是计量单词,而是将大量的文本归类为一些代表相似意义的有效类目,通过对(文本)主题或模式的编码和识别这一系统的分类过程来阐释文本数据的内容。因此,质化内容分析主要是对文本中各概念要素之间的联系及组织结构进行归纳和推理性分析,常常用来探究传播的隐性或推断意义,并进一步根据研究者的知识和研究证据来发展构念或构建理论。研究者在吸纳民族志研究定性数据分析技巧的基础上,尝试并发展出质化内容分析的多种路径来分析文本,如常规式、指引式和总结式等路径(详见第 8 章)。

随着计算机技术的深度研发,更有了量化内容分析与质化内容分析相结合的计算机辅助分析软件,如 CATPAC,QDAMiner[2],WordStat[3],SWIFT[4],DICTION5.0[5]等。反观国内相关研究状况,对于质化与量化研究路径在内容分析中的关系,国内

---

1 参见:Lindkvist, K. (1981). Approaches to textual analysis. In K. E. Rosengren (Ed.), *Advances in content analysis* (pp. 9-19). Beverly Hills, CA: Sage; McTavish, D. -G., & Pirro, E. -B. (1990) Contextual content analysis. *Quality and Quantity*, 24, 245-265; Tesch, R. (1990). *Qualitative research: Analysis types and software tools*. Bristol, PA: Falmer.

2 这是由 Provalis Research 公司(http://provalisresearch.com)开发的一款专门用于质化数据分析的软件,可以编码、注释、检索和分析各种容量大小不等的文档或图像。支持多位编码员,并能监督管理分析。该公司还开发有与之配套的统计分析软件和数据可视化工具,如 SimStat 和 WordStat。

3 这个软件也是由 Provalis Research 公司开发的 SimStat 数据分析程序的附带产品,包含多种探索性工具,例如聚类分析、多维标度分析,用来分析开放性问卷问题的回答以及其他文本内容。它还可以在用户提供词典的基础上进行编码,也可以生成词频表和首字母排序表、KWIC(上下文关键词 keyword-in-context)、多单元数据文件输出以及子群之间的二元比较。子群之间的区别可以通过高分辨率线、条形图或 2D、3D 的对应分析双标图等形式可视化地呈现出来。这个程序最值得一提的亮点在于它的构建词典工具,该工具利用 WordNet 的词汇数据库以及其他的词典(包括英语和其他五种语言),来帮助用户构造一个全面综合的分类系统。

4 SWIFT(Structured Word Identification and Frequency Table,结构化文本识别与词频表)由罗纳德·B. 希迪(Ronald B. Heady)开发,是为短文本(如摘要、开放式调查问卷结果)分析设计的程序。此程序支持用户自定义词典生成词频分析结果,生成文件可利用统计分析软件进一步分析。根据 SWIFT 官方网站的介绍,SWIFT"作为一个入门级软件,一些功能很好,但还不能成为一个通用的 CATA 软件,它特别适于(开发者认为是最合适的)分析大型的开放式问卷调查的结果"。

5 Diction 5.0 由罗德里克·P. 哈特(Roderick P. Hart)开发,它包含了一系列内置词典用于搜索文本文件的五个主要语义特征(活动、乐观、确定性、现实主义和共性)和 35 个子特征(包括韧性、责备、矛盾、运动和沟通)。在对用户文本进行分析后,Diction 将 40 本词典的每一个类别结果和通过运行本程序超过 2 万个文本得到的给定正常范围内的分数进行比较。用户可以将自己的文本和所有 2 万个以上文本的通用规范性文件或者可进一步划分为 36 个不同的类型(例如财务报告、计算机聊天、音乐歌词、报纸社论、小说和短篇小说、政治辩论、社会科学奖学金)的 6 个具体子类别文本(商业、日常生活、娱乐、新闻、文学、政治、奖学金)进行比较。此外,Diction 输出原始频率(按英文字母顺序排列),百分比和标准分数;自定义词典可以创建额外的分析。

学术领域缺少相应说明,且多将内容分析法狭隘地理解为纯粹的量化研究方法,并在此框架下进行论述。另外,国内实际应用内容分析的成熟且堪称典范的研究案例数量不多,对计算机辅助内容分析的介绍更是少见。基于此,本书将以传统量化内容分析的概念、步骤和程序为基本写作框架,辅以质化内容分析的解说和示例,希冀融合国际上最新研究发展趋势,引用发表在国外核心期刊上的大量研究实例,使国内读者对内容分析这一传播学经典研究方法能有更新、更全面的认识。为避免概念混淆,在具体叙述中,如不是特别指出,本书后文的"内容分析"一词均指代传统的量化内容分析,有关质化内容分析的讲解将单列一章。

1.3 内容分析法的基本要素和步骤

虽然来自不同学科的研究者因应各自的知识背景和研究目的开展了多种多样的内容分析研究,探索出多种分析路径和具体方法,各种方法也开始逐渐融合、互为补充,但内容分析的基本要素和步骤基本上还是一致的:

1)**根据主题设计研究问题和/或研究假设**。研究者在实施内容分析之前,通常都必须首先形成可验证的研究问题或研究假设,这是成功的研究设计的关键环节。当研究问题特别是研究假设很明确时,"量化内容分析才是最有效率的"。[1]出于学术研究目的而开展一项内容分析研究时,往往会先做些探索性考察,这种考察有助于完善最初的研究问题,也有助于研究假设的提出和展开内容分析所必需的参考资料的创建。虽然量化内容分析的研究目标重在发现,因此以验证为目标的研究假设相对较少,但提出恰当的一般性研究问题以引导研究方向的情况在实践中也经常会出现,所不同的是,研究者可以借用质化研究的路径,在对具体资料进行分析的过程中调整或引入新的研究问题,用扎根理论的话来说,就是一个不断扎根的过程。在一些根本就没有预先提出研究假设或研究问题的内容分析中,其研究性质多半为探索性研究,往往会在具体分析中使用偏向质性的浮现式编码(emergent coding,详见第 5 章和第 8 章;内容分析研究设计与研究问题/研究假设的提出详见第 2 章)。

2)**界定总体和选取样本**。尽管内容分析研究的结构取决于所要回答的具体的研究问题,内容分析本身还要求研究者遵循一套完整的程序以发展出有效而可靠的测量和推论。在研究问题或假设的指导下,研究者首先要界定研究问题所针对的传播内容总体和抽样单位,然后从该总体中根据一定的方法选取样本,样本

---

1 [美]丹尼尔·里夫,斯蒂文·赖斯,弗雷德里克·G.菲克.内容分析法:媒介信息量化研究技巧[M].第 2 版.嵇美云,译.北京:清华大学出版社,2010:45.

大小取决于多种因素,比如研究目标、研究总体的大小、研究推断的置信水平和置信区间等。内容分析可以运用多种方法来抽样(详见第 3 章)。克里本多夫指出,抽样方案必须"在对(所研究的)现象已有的知识的限定下,确保每个样本单位在样本搜集中都有同样的机会被代表"。[1] 而这种严格的要求在实际的内容分析研究中并不容易实现,尤其是在网络传播研究中(参见第 3 章第 4 节的相关论述)。

3)确定分析单位。内容分析往往包括两种类型的内容单位。一是分析单位(unit of analysis),也即被研究的现象或一般目标,比如研究新闻报道的平衡性问题,分析单位可以是每篇新闻报道,也可以是新闻报道中出现的每个新闻消息源。确定恰当的分析单位,即确定哪一个或谁将是一项内容分析研究中所要描述或解释的个体单位,本身就是一项完整的工作,而且这项工作关系到内容分析下一个步骤——编码的成功与否。分析单位界定不清,往往会导致编码表题项的错位进而造成编码的混乱,这是我国国内许多内容分析研究(包括个别国家级教材中有关内容分析编码表的示例)中经常发现的一个普遍问题。另一个单位类型是记录单位(unit of recording),也即在个体层面上所测量的具体单位,比如在以单篇新闻报道为分析单位的研究中,可将单个新闻消息源作为记录单位,以此来计算来自官方政府或不同党派、学界精英、普通民众等不同消息源在每篇新闻报道的消息源总数中所占比例,因此记录单位有时等同于计数单位或测量单位。克里本多夫还进一步区分了抽样单位和语境单位等不同的单位,具体辨析详见第 4 章。

4)类目建构与制定编码方案。在内容分析中,类目建构是联系理论架构和实际操作的最直接、最关键的一座桥梁。出色的类目建构可以成为一项内容分析研究的亮点,拙劣的类目建构则可能导致整个内容分析流于表面化而限于泛化平庸,甚至毫无意义。恰 如贝雷尔森所指出的,内容分析成功与失败的关键取决于类目建构。类目(categories)本质上是一个概念的设计,类目建构建立在概念界定或传播现象概念化(conceptualization)的基础上,这样一个过程其实也就是概念化的编码设计过程,具体到操作层面上来讲即确定与研究问题(假设)或研究目的相关的变量并对其进行归类。什么样的类目适合于内容分析研究?常用的类目类型及类目建构的原则有哪些?变量的操作化在类目建构中如何得以实现?诸如此类的一系列问题将在第 5 章进行详细的探讨和论述。

5)编码/记录与编码员信度测试。克里本多夫认为,编码/记录是在单位化的文本与对文本的阅读之间,在图像与人们从图像中所看到的之间,或者在观察与

---

1 Krippendorff, K. (1980). *Content analysis: An introduction to its methodology*. Beverly Hills, CA: Sage. p. 66.

对它们的情境阐释之间搭建桥梁。[1] 编码是否成功有效,除了取决于变量识别、类目建构和编码方案制定的科学性和有效性以外,编码员对变量和类目体系建构的理解和对文本内容的把握也相当重要,因此编码员的培训在内容分析中是一个重要环节,进行编码员间的信度测试(intercoder reliability,详见第 6 章)也成为了内容分析的一个关键组成部分,这是国际传播学界早已广泛达成的一个共识。

6)**数据分析与报告**。文本一旦在以编码方式进行记录后,就要运用分析构念和具体方法来处理编码所获得的数据,从而有效识别数据模式和数据之间的关系,并揭示数据隐含的意义,从而做出一定的推断。传统的定量内容分析经常使用描述性,如频数、百分比、平均值和排序等,除此以外,推断性统计方法,如卡方检验、t 检验、方差分析和回归分析等在当代内容分析研究中也越来越受到重视和推广使用(具体方法在内容分析中的应用详见第 7 章)。

基于上述几个关键步骤,评价一项内容分析的研究也相应地至少需要从六个方面的标准来评估:[2]

(1)研究假设:是否有明确的问题或假设?如果有推论,推论是否合乎逻辑?

(2)抽样样本:样本是否有很好的代表性?样本的推导对于结论是否合理?

(3)分析单位:分析单位是否明确?是否与分析内容相吻合并一以贯之?分析单位是否与结论推导在分析层面上一致?

(4)内容类目建构:分类标准是否由理论导出?分类标准是否统一?所划分的种类之间是否满足穷尽性和互斥性原则?分类是否详尽或有遗漏?

(5)信度:研究报告是否有信度检验?不同的评分者能否得出同样的结论?

(6)效度:研究者建立的分析单位和类目是否能测出所要测量的内容?

1 Krippendorff, K. (2004). *Content analysis: An introduction to its methodology* (2nd ed.). Thousand Oaks, CA: Sage. p. 84.

2 卜卫. 试论内容分析方法. 国际新闻界[J]. 1997,4:59.

1.**理论和理由**：将考察什么内容，以及**为什么**？是否有某种理论或视角表明该特殊信息内容具有研究的重要性？此处需要做些图书馆工作以开展一项好的文献回顾。你是否需要一个整合模式将内容分析与其他数据联系起来，从而展示其与（内容）来源或接受的特征的关系？你是否有**研究问题**？**假设**？

2.**概念化**：研究将使用什么**变量**？你将如何从**概念**上界定它们？记住，你是老板！有许多方式界定一个既定的构念（construct），但没有一种是现成的。你也许想要浏览一下你所要分析的内容的几个例子，以确保你涵盖了你所要的一切。

3.**操作化（测量）**：你的测量必须与你的概念化相吻合（这也就是**内在效度**）。你将使用什么样的**数据搜集单位**？你也许会使用不止一种单位（如，以话语为单位的编码方案和以说者为单位的编码方案）。变量是否测量得当（也即，在高**测量层面**、所使用的类目是**穷尽的**和**互斥的**？必须设计出一个描述所有测量的**先验性的**编码方案，在此阶段，表面效度和内容效度也许都要评估。

人工编码 　　　　　　　　　　　　　　计算机编码

4a.**编码图式**：你需要创建如下资料：
　a.编码手册（**全面解释所有变量测量**）
　b.编码表

4b.**编码图式**：在电脑文本的内容分析中，你仍然需要一个类目的编码手册——对**词库**（dictionary)和应用它们的方法的全面解释。你也许使用标准词库（如，哈特的软件所使用的*Diction*)或者原创的字典，创建定制词库时，要确保首先从文本样本中生成词频表，并检验关键词和短语。

人工编码 　　　　　　　　　　　　　　计算机编码

5.**抽样**：对相关内容进行普查是否可能？（如果是，即采取第6步。）你如何**随机抽取**内容的子集合？这可以依时间段、议题、版面、渠道等来确定。

6.**培训和试测信度**：在编码员一起工作的培训期间、发现他们是否能在变量的编码上获得一致性。然后，在一次独立的编码测试中，记录每个变量的信度。在每个阶段，根据需要**修正编码手册或编码表**。

7a.**编码**：使用至少两位编码员，以建立编码员间信度。编码必须是独立地完成，且至少同样编码10%，用于信度测试。

7b.**编码**：将字典运用于文本样本，以生成每个字典的每个单位（如每篇新闻报道）的频率，并当即检查有效性。

人工编码 　　　　　　　　　　　　　　计算机编码

8.**最后的信度**：计算每个变量的信度值（例如百分比一致性、斯科特*pi*、斯皮尔曼*rho*，或者皮尔森*r*）。

9.**列联和报告**：查看内容分析结果的各种例子以寻求报告结果的方式。也许可同时报告单个变量的数字和统计（单变量分析），或者以不同方式对变量进行交互分析（双变量和多变量技巧）。历时趋向也是一种常用报告方法。从长期看，内容分析变量和其他测量之间的关系可以确立标准和构念效度。

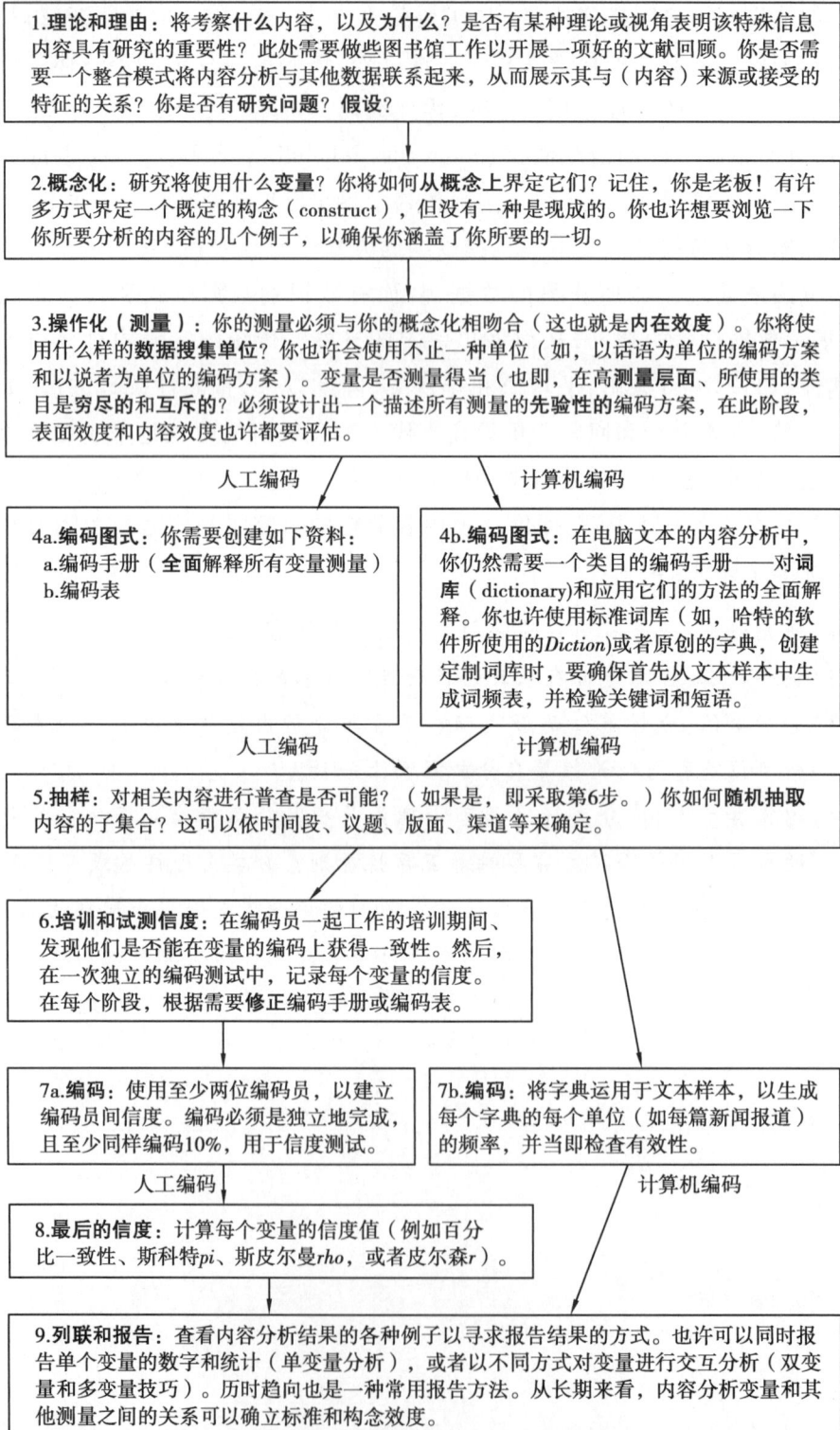

图1.1　内容分析研究典型程序流程图

译自：Neuendorf, K. A.（2002）. *The content analysis guidebook*. Thousand Oaks, CA：Sage. pp.50-51.

1.4 内容分析法在传播学研究的应用

内容分析法最早的实际应用之一是作为鉴定文本作者的一种有力的工具。在鉴定某文本的作者时,首先根据相关史料或其他文献资料列举出有可能是该文本的作者名单,然后分别考察这些作者先前的已知作品,将其文本中名词或功能词等的频率关联起来并分别对照于被鉴定文本,以此帮助确定文本的真正作者的可能性。这种方法一直沿用至现当代。例如在 1960 年代时,曾有学者利用贝叶斯分类技术,[1] 基于词频分析证明《联邦党人文集》(*The Federalist Papers*)的作者就是詹姆斯·麦迪逊(James Madison)。[2] 较新的研究实例见于《新闻与大众传播季刊》(*Journalism & Mass Communication Quarterly*) 1996 年发表的一篇论文,[3] 研究者运用文字处理软件中语法检查程序的统计文件编制部分,作为内容分析最终确定的客观工具,以此来确定文本的作者身份。

随着内容分析法的发展,其应用早已突破了原有局限,在人文社会科学的各领域和各学科都得到了广泛使用,成为一种适用于人文社会科学的普遍性研究方法。比如,在新闻传播学领域,内容分析法主要用于检视媒体报道和关注的重点和社会舆论情况,揭示传播内容的特征、发展走向或者影响传播内容的因素,检验传者与传播内容之间的关联性,推导或验证媒体内容的传播效果等。在心理学和行为学领域,内容分析主要用于分析个体或特定群体的心理倾向、特征及其相应的行为取向和特征,以及对某一对象的态度和看法等,比如消费者心理和行为分析、对政治领袖的拥护度分析等。在情报学领域,可以利用内容分析法中常见的主题词词频分析来描述不同学科、知识领域乃至研究主体之间的交叉、渗透和相互关联,揭示学科结构与发展动向;也可以结合文献计量和引文分析法等方法,紧跟社会热点或研究趋向,为科学管理与预测的研究提供必要依据;或者,利用市场、军事或政治情报分析竞争对手,推断其意图和动向等。内容分析应用于信息系统(information systems, IS)研究还相对较新,成果多见于 20 世纪末 21 世纪初以后。

仅就传播学研究而言,贝雷尔森在其专著《传播学研究的内容分析》中列举了

---

1 贝叶斯分类(Bayesian classification)是数据分类中的一个基本技术,依据的是贝叶斯定理,由此得名。其关键的一个技术是特征提取。如在文本分类中特征提取的步骤包括:词语切分、词频统计、加权计算和特征选择等。在现代大型数据库的分析中,贝叶斯分类表现出高准确率和高速度。

2 见:Mosteller, F. & Wallace, D. L. (1964). *Inference and disputed authorship: The Federalist*. Reading, Massachusetts: Addison-Wesley.

3 见:Ellis, B. G., & Dick, S. J. (1996). "Who was 'Shadow'?" The computer knows: Applying grammar-program statistics in content analyses to solve mysteries about authorship. *Journalism & Mass Communication Quarterly*, 73(4), 947-962.

内容分析的 17 项用途,包括描述传播内容的走向、跟踪学术发展、揭示传播内容的国际差别、比较媒体或传播层次、核审传播内容是否与其传播目标吻合、建构并运用传播标准、在技术性研究操作中充当辅助手段(如在调查访问中对开放式问题的回答进行编码处理)、展现宣传技巧、测量传播材料的可读性、显示风格特色、识别传者的意图和其他特征、判定个人或群体的心理状态、测定宣传的存在(主要以法律为目的)、获得政治和军事情报、反映人口群体的态度、兴趣和价值(文化模式)、揭示关注焦点、以及描述对传播的态度和行为上的反应等。[1] 其他学者如霍尔斯蒂[2]、韦伯[3],以及韦尔默和多米尼克(1994)[4]等人,也都先后对内容分析法在传播学研究中的应用和目标都作出过或繁或简的说明。其中,霍尔斯蒂的总结堪为提纲挈领,他将各种纷繁的内容分析研究目的和具体运用概括为三大类:描述传播特征、对传播前项(编码过程)进行推论,以及推断传播效果。[5]

表 1.1 1991—2010 年间国外学术期刊内容分析研究应用目的的调查

应用目的			论文数(百分比)
描述传播内容和/或风格特征	实质	单纯描述内容特征和/或风格特征	231(39.3%)
		揭示传播内容的发展倾向和趋势(包括跟踪学术发展)	70(11.9%)
		比较和评价不同媒介或传播层次的内容特征	53(9%)
		揭示传播内容的国际差异	19(3.2%)
		比较媒介内容与社会现实或检查传播内容是否与目标相吻合	43(7.3%)
	形式	测量传播材料的可读性	2(0.3%)
推断测量传播内容的后果		推断传播内容的效果	73(12.4%)
反观传播内容的前因		探索影响传播内容的因素及其与内容之间的关系	62(10.5%)
		推断作品的作者	1(0.2%)
其他		辅助研究操作或方法论研究	25(4.2%)
		其他(如验证长尾理论在多大程度上适用于在线新闻)	10(1.7%)

---

1 Berelson, B. (1952). *Content analysis in communications research*. New York: Hafner. pp. 26-113.

2 Holsti, O. R. (1969). *Content analysis for the social sciences and humanities*. Reading, MA: Addison-Wesley Publications. pp. 68-82.

3 Weber, R. P. (1990). *Basic content analysis*. Beverly Hills, CA: Sage.

4 Wimmer, R. D., & Dominick, J. R. (1994). *Mass Media Research: An Introduction* (4th ed.). Belmont, CA: Wadsworth.

5 Holsti, O. R. (1969). *Content analysis for the social sciences and humanities*. Reading, MA: Addison-Wesley Publications. p. 26.

笔者以霍尔斯蒂的三大分类为总体框架,在借鉴贝雷尔森、克里本多夫、韦尔默和多米尼克等学者提出的细目划分的基础上,结合笔者对实际研究案例的观察,归纳统计了1991—2010年这20年间新闻传播学领域五本代表性国际权威期刊,包括《传播学刊》(*Journal of Communication*)、《新闻与大众传播季刊》(*Journalism & Mass Communication Quarterly*)、《广播与电子媒体学刊》(*Journal of Broadcasting & Electronic Media*)、《政治传播》(*Political Communication*)和《广告学刊》(*Journal of Advertising*)等。[1] 在此期间,这五份学术期刊总共发表588篇内容分析研究论文,其研究应用目的的统计结果见表1.1。

1.4.1　描述传播内容/风格特征和发展趋势

可以说,任何内容分析都是从描述内容开始。由于内容分析的中心要点是给传播文本所包含的内容进行描述性说明,因此在传播学研究中,该方法大量地运用于揭示传播内容和/或风格的特征,研究者询问的是"说了什么"、"如何说",以及"对谁说"等问题。比如富兰克林·罗斯福的"炉边闲话"在历史上是一个非常重要的使用大众传媒的例子。熟练运用内容分析的学者会回答这样的问题:"他在这个节目中说了什么?"、"他说的话题是什么?"、"这些有选择的话题的频率怎样?"、"他使用了什么样的说服诉求?"然后,根据各种情境条件和其他资料的推断,我们还可以考虑如下问题:"他对何人说的?"以及"他的动机如何?"

传播内容特征既可以是传者或受众特征,包括传者或受众身处的环境、传者或受众在社会结构中的位置,以及传者或受众的一般个性特征等;也可以是传播特征,包括传播媒介的特征、传者或受众对符号手段内容和意指(如某种形式符号的使用、自我参照等)的反应。[2] 概括地讲,传播内容特征的分析主要分为两大类:一是内容的实质分析,除了对某一具体对象的单一时点或时段上的单纯描述以外(例如分析1987年美国三大电视网黄金时段新闻记者的形象、[3] 揭示报道的偏向性问题、[4] 分析黄金时段电视台商业广告、[5] 报纸上某种特殊类型的新闻报道如尼

1　此五份刊物的简介与本调查的情况介绍和编码表详见附录一。

2　Berelson, B. (1952). *Content analysis in communications research*. New York: Hafner. p. 27.

3　研究实例如:Stone, G., & Lee, J. (1990). Portray of journalists on prime time television. *Journalism Quarterly*, 67(4), 697-707.

4　研究实例如:Moriarty, S. E., & Popovich, M. N. (1991). Newsmagazine visuals and the 1988 presidential election. *Journalism Quarterly*, 68(3), 371-380.

5　研究实例如:Ramaprasad, J., & Hasegawa, K. (1990). An analysis of Japanese television commercials. *Journalism Quarterly*, 67(4), 1025-1032.

日利亚报纸的农业新闻、[1]通过内容分析判定加利福尼亚三大报纸在"二战"时期日裔美国人权利问题上的社论立场、[2]根据内容确定美国海地语报纸的角色定位和性质、[3]分析女候选人在政治广告中所运用的沟通策略和方式,[4]等等),还包括以时间维度为基础的传播内容发展趋势(例如媒体议题或新闻报道的时代变迁[5]或事件前后变化[6])或学术发展跟踪(例如主流传播学期刊女性学者20余年间论文发表情况、[7]对主流大众传播期刊20年间的研究趋势的元分析[8]),以及比较被关注对象的分析,如揭示传播内容的国际媒体间差异、[9]比较不同媒介[10]或传播层级、[11]评估传播内容是否达到某一既定目标和要求[12]或是否与现实相吻合[13]等;二

1 研究实例如:Olowu, T. A. (1990). Reportage of agricultural news in Nigerian newspapers. *Journalism Quarterly*, 67(1), 195-200.

2 研究实例如:Chiasson, L. (1991). Japanese-American relocation during World War II: A study of California editorial reactions. *Journalism Quarterly*, 68(1/2), 263-268.

3 研究实例如:Rodes, L. (1993). Role of Haitian newspapers in the United States. *Journalism Quarterly*, 70(1), 172-180.

4 研究实例如:Johnston, A., & White, A. B. (1994). Communication styles and female candidates: A study of the political advertising during the 1986 senate elections. *Journalism Quarterly*, 71(2), 321-329.

5 研究实例如:Benoit, W. L., Stein, K. A., Hansen, G. J. (2005). New York Times coverage of presidential campaigns. *Journalism & Mass Communication Quarterly*, 80(1), 356-376.

6 研究实例如:Lo, V.-H., Paddon, A., & Wu, H. (2000). Front pages of Taiwan daily newspapers 1952-1996: How ending Martial Law influenced publication design. *Journalism & Mass Communication Quarterly*, 77(4), 880-897.

7 研究实例如:Dupagne, M., Potter, W. J., & Cooper, R. (1993). A content analysis of women's published mass communication research, 1965-1989. *Journalism Quarterly*, 70(4), 815-823.

8 研究实例如:Kamhawi, R., & Weaver, D. (2003). Mass communication research trends from 1980 to 1999. *Journalism & Mass Communication Quarterly*, 80(1), 7-27.

9 研究实例如:Malinkina, O. V., & McLeod, D. M. (2000). From Afghanistan to Chechnya: News coverage by *Izvestia* and The *New York Times*. *Journalism & Mass Communication Quarterly*, 77(1), 37-49.

10 研究实例如:Grabe, M. E. (1996). Tabloid and traditional television news magazine crime stories: Crime lessons and reaffirmation of social class distinctions. *Journalism & Mass Communication Quarterly*, 73(4), 926-946.

11 研究实例如:Husselbee, L. P., & Elliott, L. (2002). Looking beyond hate: How national and regional newspapers framed hate crimes in Jasper, Texas, and Laramie, Wyoming. *Journalism & Mass Communication Quarterly*, 79(4), 833-852.

12 研究实例如:Lacy, S., Fico, F., & Simon, T. F. (1991). Fairness and balance in the prestige press. *Journalism Quarterly*, 68(3), 363-370.

13 研究实例如:Weimann, G., & Fishman, G. (1995). Reconstructing suicide: Reporting suicide in the Israeli press. *Journalism & Mass Communication Quarterly*, 72(3), 551-558.

是内容的形式分析,比如测量传播材料的"可读性"、[1] 揭示宣传技巧、发现风格特征 [2] 等;其他比较少见的有验证理论的适用性 [3]。

从笔者对上述五份国际权威期刊的 20 年调查来看,大量的研究出于对有争议性的社会问题的关怀而聚焦于媒介内容的特殊种类,诸如暴力描述、性行为及其与健康的关联行为、性别角色和不同种族群体等。比如,以黑人艺术家为主的说唱音乐自 20 世纪 80 年代初出现以来迅速流行,并因其主题大多涉及暴力、性、物质主义、贬损女性等而引起社会争议,但实际上说唱音乐也不乏社群导向的正面主题。为了更好地理解说唱音乐录像里的形象,有研究者集中从肤色歧视和性别差异着眼来探讨音乐的主题内容问题。[4] 在性别角色研究中,不少学者比较了从电影、电视到儿童书籍、男性杂志、视频游戏、广播谈话秀等媒体中男女行为以及国内国际内容属性。特别是在近些年,对广告中性别形象的研究特别流行。这实际上就是韦尔默和多米尼克所归纳的内容分析五个主要目的中的一种,即评估社会中特定群体的形象。[5] 这类特殊群体的研究有不少试图从样本分析中获得其整体是如何在媒介中被代表和体现的一般性档案资料,另外一些则集中在单纯的样本描述上。其中大多数研究着眼于特殊群体的形象问题,对象涉及范围相当之广,除了最为常见的黑人形象 [6] 和女性形象之外,还包括新闻记者、[7] 广告代言

---

1 研究实例如:Danielson, W. A., Lasorsa, D. L., & Im, D. S. (1992). Journalists and novelists: A study of diverging styles. *Journalism Quarterly*, 69(2), 436-446.

2 后两者在本调查中未发现相应案例。

3 研究实例如:Smyrnaios, N., Marty, E., & Rebillard, F. (2010). Does the Lng Tail apply to online news? A quantitative study of French-speaking news websites. *New Media & Society*, 12(8), 1244-1261.

4 见:Conard, K., Dixon, T., & Zhang, Y. Y. (2009). Controversial rap themes, gender portrayals and skin tone distortion: A content analysis of rap music videos. *Journal of Broadcast & Electronic Media*, 53(1), 134-156. 研究者有意识地使用不同种族背景的编码员。

5 Wimmer, R. D., & Dominick, J. R. (1994). *Mass Media Research: An Introduction* (4th ed.). Belmont, CA: Wadsworth.

6 研究实例如:1) Lester, P. M. (1994). African-American photo coverage in four U. S. newspapers, 1937-1990. *Journalism Quarterly*, 71(2), 380-394; 2) Entman, R. (1994). Representation and reality in the portrayal of blacks on network television news. *Journalism Quarterly*, 71(3), 509-520; 3) Zinkhan, G. M., Qualls, W. J., & Biswas, A. (1990). The use of blacks in magazine and television advertising: 1946 to 1986. *Journalism Quarterly*, 67(3), 547-553.

7 研究实例如:Stone, G., & Lee, J. (1990). Portrayal of journalists on prime time television. *Journalism Quarterly*, 67(4), 697-707.

人、[1]政治候选人、[2]"恐怖分子"[3]等,而一般普通群众则很少作为研究对象出现在内容分析研究中。

传播内容特征的内容分析中最具代表性的要算电视暴力描述,这类研究可以说是内容分析用于媒介呈现的"拟态现实"与客观现实之间进行比较的经典研究传统,也是最常见的媒介研究话题之一,最早可追溯至 20 世纪达拉斯·斯迈思(Dallas Smythe)于 1954 年出版的《纽约电视的三年:1951—1953 年》。[4] 内容分析对暴力的测量通常始于对电视节目中既定的一个关于什么是暴力的"客观"描述,分析者根据其使用的暴力定义,以此作为应该如何以及在哪里被用来评定节目内容的参考框架,由受过培训的编码员团队观看从电视上录制下来的节目样本,使用该指导性参考框架来对符合暴力定义的事件进行编码。这种研究方法试图尽可能地排除任何关于电视暴力描述的主观判断因素,其分析目的是揭示电视节目中暴力事件的特殊阶层的范围和位置。无论节目类型、戏剧性情境或暴力发生的环境怎样,一切暴力都以同样方式分析。举例来说,对卡通暴力的描述无异于对同时代戏剧中暴力的分析。

内容特征的描述绝不单单是各种内容成分的简单呈现,其分析的关键在于揭示一眼看不到或难以察觉出的内容自身的型态/模式(pattern),而且这种型态往往不是一两篇文本即可呈现的,需要通过量的分析比较方可发掘。比如,对于民间文学作品,研究者对谜语、谚语、民间故事和叙事进行结构分析,[5]旨在识别同类型(genre)中具有高度同一性的型态/模式,而无论其具体内容怎样。分析者通常始于辨识大量文献的组成成分,然后试图描述将这些成分联系起来的内在逻辑。对句子或段落内的词语共现的研究则会揭示出渗透于一种类型的网络状的关联模式。

但是,内容分析的应用远不止单一时点/时段、单一对象的现象描述或型态/

---

1 研究实例如:Stout, P. A., & Moon, Y. S. (1990). Use of endorsers in magazine advertisements. *Journalism Quarterly*, *67*(3), 536-546.

2 研究实例如:Miller, M. M., Andsager, J. L., & Riechert, B. P. (1998). Framing the candidates in presidential primaries: Issues and images in press releases and news coverage. *Journalism & Mass Communication Quarterly*,*75*(2), 312-324.

3 研究实例如:Simmons, B. K., & Lowry, D. N. (1990). Terrorists in the news, as reflected in three news magazines, 1980-1988. *Journalism Quarterly*,*67*(4), 692-696.

4 Smythe, D. (1954). *Three years of New York television*: 1951-1953. Urbana, IL: National Association of Education Broadcasters.

5 研究实例如:Armstrong, R. P. (1959). Content analysis in folkloristics. In I. de S. Pool (Ed.) *Trends in content analysis*, pp. 151-170. Urbana: University of Illinois Press. 转引自 Krippendorff, K. (2004). *Content analysis: An introduction to its methodology* (2nd ed.). Thousand Oaks, CA: Sage. p.50.

模式的揭示。其扩展应用首先在于将时间维度纳入研究设计中,[1] 梳理和把握传播内容的发展变化,并透过内容的发展演变来折射社会的历史变迁,从而使内容描述获得一定的历史价值。威廉姆·阿尔比格(William Albig)早在 1938 年就曾指出,内容分析最有价值的使用之一是了解注意内容的发展趋向和变化。[2] 研究者从不同时期抽取传播内容的样本,根据相关的出现频率,对内容走向进行准确的描述。这种描述本身往往就很有历史承载意义,例如早在 20 世纪 50 年代就有学者出版了以内容分析为基础的反映美国、英国、法国、德国和俄国 1890—1949 年间主流社会思想和国际关系发展的专著《国际主义象征》,[3] 此项由美国胡弗研究所主导的研究通过辨识和分析这几个国家主流媒体上的 19553 篇社论的关键象征如民主、平等、权利和自由,揭示出国际关系发展史的三大脉络:无产阶级学说向自由传统演进,战争威胁与军国主义和民族主义相伴增长,以及对他国的敌意与感知上的不安全感相关。当代类似的研究如一项以美国电视系列剧为对象的内容分析,[4] 通过对剧中家庭的类型、结构和特征的解析折射出 1950—1989 年这 40 年间的美国社会变迁;还有如第 1 章提到的奈斯比特的大型研究,通过有规律地考察每月数以千计的地区报纸,出版每一季度的趋势报告,以判断现代美国生活的主要发展趋势。[5] 另外,这一类的内容描述还提供了传者或受众方面相应变化的相关数据,这也是此类内容分析的应用价值。因此,在传播学不算长的研究史上,就已积累了大量的这样一类反映历史变化的内容分析成果。

内容分析在描述特征层面上的另一扩展是进行组群或类目之间的内容比较,或者在一定参照标准下检视传播内容是否达到既定标准或传播目的,这是对内容质量的一个检验过程。这种比较一来可以用以考察不同传播之间的差异,二来可以将媒介现实与社会现实进行比较,因为内容分析不是孤立的分析,它与社会现实、传播者与受众之间存在着一定的联系,比较分析不但可以加深我们对既定对象的理解,找出传播本身存在的问题,更能帮助我们理解和解释社会现实。按照贝雷尔森对研究实践的总结,内容分析运用于评价传播的具体方法主要有三种:①以事先确定的作为"平衡"或"社会目的"的标准来评价表现;②通过对比两组

---

1 具体研究设计思路详见第 2 章。

2 Albig, W. (1938). The content of radio programs, 1925-1935. *Social Forces*, 16, 338-349. 转引自 Berelson, B. (1952). *Content analysis in communications research*. New York: Hafner. p.29.

3 Pool, I. de S. (1951). *Symbols of internationalism*. Stanford, CA: Stanford University Press.

4 见:Skill, T., & Robinson, J. D. (1994). Four decades of families on television: A demographic profile, 1950-1989. *Journal of Broadcasting & Electronic Media*, 38(4), 449-464.

5 见:Naisbitt, J., & Patricia. *A burdence*, 1990, *Megatrends 2000: Ten new direction for the 1990's.* 1st ed., New York: Morrow.

内容(内部标准)来评价表现;③通过内容与外部非传播内容标准的比较来评价表现。[1] 最常用的是第一种。这种比较评价一般是将所要探究的现象/对象与一定的标准相比照,由此辨识该现象/对象属于哪类性质,评估其好还是坏,判断其与预期目标的远近。[2]

在媒介研究领域,一个复现至今的研究主题是新闻报道的公正平衡性问题以及与此相关的偏见问题,通过内容分析来考察新闻报道是否公正平衡或是否存在偏见问题,[3] 这实际上就是对传媒表现的评估。按照美国联邦通信委员会(FCC)[4]的规定,美国广播电视在公共利益下运作的义务之一是对每一个主要社会团体以及在公共议题上辩论的各方,在广播时间上予以对等的分配并对各方予以公平、平衡的介绍。那么在新闻实践中各大广播电视媒体是否或在多大程度上履行了这一职责和义务呢?这样的研究问题,对于理解新闻规范理论和传媒政策的制定和实施均具有重大意义。对新闻报道的评估研究在很大程度一直聚焦在两类偏见问题:一是报道准确性(真相)中的偏向,二是争论中是否偏袒一方胜过另一方。既然是一种评估,那么就需要有评估的标准。为此,相关研究者一直在探索如何在内容分析中衡量新闻报道的不平衡或偏见问题。虽然这类新闻实践的评估研究并未完全解决"至今已有百年之久的缺乏无争议的统一标准这个老问题"[5],比如其中一个问题是需要有对"平衡"数量的适当分配的标准,而简单的一半对一半也许还缺乏足够的根据以成为评价的合理基础,但通过几十年的研究实践,内容分析毕竟在相关类目建构和概念的操作化定义上有了长足的进展,比如报道方向以及实际报道与理想状态的偏离程度等方面的测量方法和公式(详见第

1　Berelson, B. (1952). *Content analysis in communications research*. New York: Hafner. p. 46.

2　另参见:Krippendorff, K. (2004). *Content analysis: An introduction to its methodology* (2nd ed.). Thousand Oaks, CA: Sage. pp. 54-58.

3　研究实例如:1) Klein, M., & Maccoby, N. (1954). Newspaper objectivity in the 1952 campaign. *Journalism Quarterly*, 31(3), 285-296;2) Stoodley, B. (1960). Bias in reporting the FCC investigation. *Public Opinion Quarterly*, 24(1), 92-98;3) Lacy, S., Fico, F., & Simon, T. F. (1991). Fairness and balance in the prestige press. *Journalism Quarterly*, 68(3), 363-370;4) Dickson, S. H. (1995). Understanding media bias: The press and the U. S. invasion of Panama. *Journalism Quarterly*, 71(4), 809-819; 5) Carter, S., Fico, F., & McCabe, J. A. (2002). Partisan and structural balance in local television election coverage. *Journalism & Mass Communication Quarterly*, 79(1), 41-53.

4　美国联邦通信委员会是美国根据 1934 年《通信法》将州间商务委员会与联邦无线电委会(FRC)合并组建而成的一个由美国国会拨款、负责美国广播电视管规的机构,具有立法、司法和行政权力。该委员会被授予广泛的广电许可权和管理权,国会为其提供的唯一标准就是"公共利益、便利或必需"。

5　Krippendorff, K. (2004). *Content analysis: An introduction to its methodology* (2nd ed.). Thousand Oaks, CA: Sage. p. 55.

5 章）。

内容分析的另一种标准比较研究与新闻传播学理论"拟态现实"和新闻建构论有关。前一种观点认为媒体呈现的是"拟态现实"，比如著名的新闻理论学家李普曼就认为，是什么构成一个社会的现实从来都不是既定的，它通常是基于新闻媒体的建构，特别是在一个遥远的情景下（如一个国家对另一个国家的认知和了解）。[1] 后一种论述则认为社会真实是由记者个人、每一种新闻渠道和媒体机构共同建构出来的。这两种视角具有一个共同点：媒介现实并非社会现实的客观反映。在建构主义看来，语言被隐喻成一个建构厂（construction yard），语言不再如同明镜一般反映世界，而是透过语言的描述隐喻来记录和建构世界，甚至这些描述和记录本身就是被建构的。所有对这个感官世界之外的"真实世界"的相关记述，都是经过观察者用语言所生产出来的，而观察者的能力、背景、教育训练等，以及更大背景因素如社会结构（social structure）中的新闻场所或位置以及记者的社会位置（social location），均会影响到这个"真实世界"怎样被记述。换言之，我们所感知的世界，都是经过文化加工、转型过的世界，都是某种语言与社会的建构。在此视角下，不少学者将内容分析运用于媒介呈现的"拟态现实"与客观现实之间的比较，考察媒介对事件、群体和事物的描述是否符合现实世界里它们发生的频率和本质。

这类比较分析的一个常见主题是对犯罪的描述或报道。例如，传播学者布朗以犯罪片《法律与秩序：犯罪倾向》（*Law and Order*）[2]为研究对象，将美国联邦调查局（FBI）的犯罪统计与写实犯罪片的内容分析结果进行比较，考察影片中犯罪者的性别、年龄、社会经济地位等与现实的犯罪统计是否相似，[3]这也就是上文中贝雷尔森所提到的第三种方法。不少研究者更进一步将这样一种比较引向对媒介刻板印象的揭示，比如在美国电视新闻中黑人更容易被呈现为犯罪行为者而非受害人，其犯罪行为也被描述得更具威胁性，[4]虽然在实际生活中并非一定如此。有学者指出，虽然这种刻板印象式的再现也许并非出于有意识的偏见，而往往是由于传统的新闻规范和实践与政治和社会现实互动的结果，但也由此提出了一个

1 Lippmann, W. (1922). *Public opinion*. New York: Free Press.
2 《法律与秩序：特使受害》（*Special Victims Unit*），于 1999 年开始播出，是首播于 1990 年的美国电视史上播映时间最长犯罪剧集《法律与秩序》的三部姐妹剧之一。其他两部分别是 2001 年开播的《法律与秩序：犯罪倾向》（*Law & Order: Criminal Intent*）和 2005 年《法律与秩序：陪审团》（*Law and Order: Trial By Jury*）。
3 见：Brown, N. J. (2001). A comparison of fictional television crimes and crime index statistics. *Communication Research Reports*, *18*(2), 192-199.
4 研究实例如：Entman, R. M. (1992). Black in the news: Television, modern racism and cultural change. *Journalism Quarterly*, *69*(2), 341-361.

重要的规范理论问题,即记者在遵循电视新闻职业常规时再现某一特殊群体"现实"的能力问题。[1]

另外,媒介现实与社会现实的这种比较又可以进一步与媒介效果研究联系起来,如电视研究中经典的涵化分析路径。一些具体的研究问题可能包括,报纸对犯罪的报道是否对现实中经常发生的犯罪(如犯罪类型和频率等)产生影响? 在电视虚构的内容中不同的人或社会群体对犯罪行为的参与率是否影响他们在现实中真正的犯罪参与率? 电视新闻中黑人犯罪的报道是否会在白人对黑人的态度方面产生影响? 等等。

1.4.2 推断传播内容的效果

尽管在一些方法论学者眼里,内容分析本身也许不具有强有力的推断传播效果的自我解释力,但是在内容分析法逐渐成熟的演进过程,利用内容分析来展开传播效果推断的研究一直与之相伴相随,而且其研究设计也日渐缜密和科学,其研究结果也更具说服力。从笔者对国外新闻传播学领域 20 年内容分析研究的调查来看,这样一类的研究并不少见,且在近年有更大发展。前文表 1.1 显示,有12.4%的内容分析研究论文是推断传播效果的。

由传播内容指向其效果,这样的学术关注其实早在内容分析法发展之初即已显现。这首先表现在通过传播内容的呈现来揭示人们的关注焦点。在人际传播时代、口耳相传的社会里,人们的注意力局限于他们自身或邻里直接关注的事物上,也即他们亲眼看到或亲耳听到的。而在大众传媒社会里,公众的注意力则相当广泛和多样。内容分析一直被用来以一种系统的方式描述不同群体在不同话题上的关注焦点。从某种程度上讲,"每一项内容研究都是对人们关注什么的分析"。[2] 一方面,早期研究者往往通过对媒体所承载的内容进行分析来展现公众或媒体人对身边甚至遥远的世界的关注点以及相关态度和看法,如传播学先锋之一拉斯韦尔 1941 年发表的《世界关注调查》[3] 及其后的研究;[4] 另一方面,也有不少研究者将传播内容某方面的特征与读者的注意力直接联系起来以考察其间的

---

1 Entman, R. M. (1994). Representation and reality in the portrayal of blacks on network television news. *Journalism Quarterly*, 71(3), 509-520.

2 Berelson, B. (1952). *Content analysis in communications research*. New York: Hafner. p.99.

3 Lasswell, H. D. (1941). The World Attention Survey: An exploration of the possibilities of studying attention being given to the United States by newspapers abroad. *Public Opinion Quarterly*, 5, 456-462.

4 Lasswell, H. D., & Goldsen, J. M. (1947). Public attention, opinion, and action. *International Journal of Opinion and Attitude Research*, 1, 3-11.

关系,比如文本中具有相当高的社会经济地位的人物如何更加吸引某类型的读者。[1] 类似的研究还包括由内容来推导内容接收者的个性特征、社会结构地位及其所处的环境。然而,早期的此类研究严重受限于其研究的一个假设前提及其方法论上的认识局限,也即这些研究者或多或少将媒介上所能看到或听到的与实际上看到和听到的等同起来。而事实上,在现实中的许多情况下,可获得的传播资料与不同群体所看到和听到的往往并不是一对一的关系。另外,什么样的内容引起什么样的读者的注意,如果仅仅从某杂志文章中人物的社会经济地位与该杂志读者的整体社会经济地位的相关性这样一类数据,是不足以说明媒介内容在吸引特定读者方面的影响的,至少是说服力不够强。因此,要建立类似的相关关系,需要更为缜密的研究设计(详见第 2 章)。

内容分析法运用于传播效果的研究至少有如下几种方式或路径:[2]①分析作为先前传播的效果表达这样的传播内容,也就是说将内容作为读者和听众的不同反应的指标,直接分析处理的是反应资料,而不是像在许多情况下将传播作为刺激。通过直接分析这样的资料,可以描述反映对传播的态度和行为。②从内容数据中直接推断影响效果,而不是参照反应数据。这是最常见、最常用的一种以内容分析来检视效果的方式,大量以效果为目的的内容分析在对内容数据本身进行了描述后,结合与情境相关的因素如受众类型、受众的心理特点和倾向等(却无相应的数据)来直接推断其效果,其推断效力往往受到质疑,因其无法与反应数据建立直接关系。③直接将内容数据与反应数据关联起来,比如将内容中出现的某些类目的频次与受众的回应频次以统计分析手段联系起来。这种方式因其技术上的难度在实践中相对少见,特别是在早期的内容分析研究中,而且该方法本身也存在着一定的限制条件,如需要建立因果关系链上的前后时点关系等。但早期内容分析者在此方面的积极尝试,为后来的研究者将内容分析法较为科学地运用于传播效果研究至少开启了一种研究方向。近些年这方面的研究有了长足的进展,从研究设计到研究手段都大为改观,内容分析法已成为传播效果研究不可或缺的重要研究方法之一(内容分析运用于传播效果研究的研究设计路径详见第 2 章)。

1.4.3 反观传播内容的前因

从传统的传播模式来看,内容分析所针对的研究对象处于传播链条上的中心,也即传播源头与传播接受者之间。因此,以内容分析为中介,不但可以直接描述

1 Muller, H. (1942). *Social stratification of reading*. Ph. D. dissertation, University of Chicago.
2 进一步参阅:Berelson, B. (1952). *Content analysis in communications research*. New York: Hafner. pp. 105-108。另见第 2 章有关传播效果内容分析研究设计的阐述。

传播内容本身,也可以通过科学的研究设计、恰当的研究手段和合理的非传播内容数据的运用,推断传播内容的后果,还可以实现逆向反推,对传播内容的前因也即内容何以如此这般的各种条件和情况进行推论。此时的内容是作为导致内容产生的各种因素的外化指标来对待的,因此研究的目的不在内容本身,而通常在于如下两大方面:

(1)通过内容揭示和洞察传者的特征,诸如其写作或传播背后的动机意图、心理状态、目标兴趣等,从种种特征中折射出传者的价值观、信念、态度、感知力或智力水平,以及传者所处的社会结构地位、生活背景或社会环境等,或者其他信息。比如对于战争期间的宣传分析,也许其主要目的并不在于宣传本身(如宣传内容、手段和技巧等),而是试图推断宣传者的意图、价值观及其相应的策略,又或是从中挖掘出洞察敌方动态的军事情报(如部队士气、军事动向等)。这种推导性分析在"二战"期间体现得尤为突出,贝雷尔森就曾和他的同事展开过一项对德国和意大利的广播宣传的内容分析研究,[1]试图从内容来推导出这两个国家的宣传机构的合作程度。结果发现两国的广播宣传内容持续性的不同,根据以往对条件或事件与内容特征的相关性经验,研究者得出这两个国家在宣传方面并无合作的结论。这一点在战争结束后得到了证实。克里本多夫曾总结了11条由内容推导传者及其他内容生产信息的应用,如:由政治领导人在演讲中所使用的隐喻来推测其宗教隶属关系;由市民给市长办公室的来信中所表达的关切之所在看出城市存在的问题;从作者在其散文中所使用的图像发现其精神变态的迹象;通过将一份未署名的文件与已知作者名的文本进行相似性统计分析识别判定该文件的作者身份;通过对公众选择观看的电视节目的内容来判断他们的政治派别;等等。[2]

对传者特征或背景信息的逆向推导,很多时候是借助于差异的比较分析而得以实现的。比如,对于同一事物由两位不同类型的传者而产生的信息内容之间的差异对比,由此反映出传者的不同特征;根据由同一传播源在不同社会情境下产生的不同内容,判断该传播源的特征演变轨迹或时代变迁的烙印;从同一传播源对不同受众的演说方式折射出其不同的传播意图,等等。另外,类似于人类学家或考古学家借助社会性实物或历史遗留物来描述人类文化的常态特征或演变轨迹,内容分析者还可以从既存的内容资料推测其产生时代的文化或文化变迁。著名的传播学者乔治·格伯纳基于其深厚的理论涵养、对内容分析法应用的独到理解,以及熟练的操作技巧,创建了一套借助于大众传媒所刊载的公开信息来对一

1 案例转引自 Holsti, O. R. (1969). *Content analysis for the social sciences and humanities.* Reading, MA: Addison-Wesley Publications. p. 69.
2 Krippendorff, K. (2004). *Content analysis: An introduction to its methodology* (2nd ed.). Thousand Oaks, CA: Sage. p. 37.

个社会进行把脉的"文化指标"(*cultural indicators*)。[1] 这套"信息系统分析"通过对内容(成分)的任一类目进行四种测量,以此追踪大众传媒文化的历时发展,这些测量包括:①一个系统的组成成分出现的频次,或曰"是什么";②赋予这些组成成分的优先次序,也即"什么是重要的";③与这些组成成分相关连的"情感"品质(affective qualities),或曰"什么是对的";④特别组成成分之间的接近关系或逻辑关系,或曰"什么与什么相关"。

(2)由传播内容的分析逆向反推的另一大应用目的是探索影响传播内容的因素及其与内容之间的关系。以此为研究目的的论文数量在 20 年的内容分析研究调查结果中显得相当突出,占总论文数的 10.5%(见上文表 1.1)。在这样一类的研究中,传播内容的某些方面的特征(如议题显著性,议程多样性,新闻框架呈现,新闻报道基调、深度和广度,国际信息流的流向,新闻偏见或形象建构,网站结构特征等)一般是作为因变量(详见第 5 章对各种变量的介绍),研究者依据研究理论和研究旨趣的不同,来探讨可能对这些内容特征具有影响的因素在何种程度或何种情境下与内容产生关联,这些因素可以涵盖各种层面,包括微观层面如消息来源的多样性、[2] 把关人如新闻主编、调度或新闻报道者的性别差异、[3] 竞选人特质 [4] 等,中观乃至宏观层面如新闻实践的客观局限(新闻报道常规、[5] 国际新闻报道对通讯社的依赖 [6] 等),媒介所处外部环境因素,如媒介外行动者因素(利益集

1　Gerbner, G. (1969). Toward "cultural indicators": The analysis of mass mediated public message systems. In G. Gerbner, O. R. Holsti, K. Krippendorff, W. J. Paisley, & P. J. Stone (Eds.), *The analysis of communication content: Developments in scientific theories and computer techniques*, pp. 123-132. New York: John Wiley.

2　研究实例如:Voakes, P. S., Kapfer, J., Kurpius, D., & Chern, D. S. -Y. (1996). Diversity in the news: A conceptual and methodological framework. *Journalism & Mass Communication Quarterly*, 73(3), 582-593.

3　研究实例如:1)Beam, R. A., & Cicco, D. T. D. (2010). When women run the newsroom: Management change, gender, and the news. *Journalism & Mass Communication Quarterly*, 87(2), 393-411;2)Lauzen, M. M., & Dozier, D. M. (2002). Equal time in prime time? Scheduling favoritism and gender on the broadcast networks. *Journal of Broadcasting & Electronic Media*, 46(1), 137-153;3)Rodgers, S., & Thorson, E. (2003). A socialization perspective on male and female reporting. *Journal of Communication*, 53(4), 658-675.

4　研究实例如:Culbertson, H. M. (1992). Measuring agenda diversity in an elastic medium: Candidate position papers. *Journalism Quarterly*, 69(4), 938-946.

5　研究实例如:Berkowitz, D., & Beach, D. W. (1993). News sources and news context: The effect of routine news, conflict and proximity. *Journalism Quarterly*, 70(1), 4-12.

6　研究实例如:Cho, H., & Lacy, S. (2000). International conflict coverage in Japanese local daily newspapers. *Journalism & Mass Communication Quarterly*, 77(4), 830-845.

团、政客、环保组织的群体属性[1]等）、经济因素（媒介所有权、市场大小、地区竞争、经营方式[2]等）、社会结构因素[3]、政治因素（外交政策、政治体制、政治变革[4]等），以及各种因素的综合考量（如地理距离、游客量、文化接近性、人均 GDP、国家实力、新闻出版自由、民主程度、宣传模式、各种文化维度[5]等）。将这些因素纳入内容分析研究中，目的其实都是指向一个，即研究者试图跳出内容文本自身，将其与文本使用的情境及其对各种社会现象的意义联系起来。这种研究注意力的

---

[1] 研究实例如:1) Callaghan, K., & Schnell, F. (2001). Assessing the democratic debate: How the news media frame elite policy discourse. *Political Commmunication*, *18*(2), 183-212; 2) Huckins, K. (1999). Interest-group influence on the media agenda: A case study. *Journalism & Mass Communication Quarterly*, *76*(1), 76-86; 3) McCluskey, M. R. (2008). Activist group attributes and their influences on news portrayal. *Journalism & Mass Communication Quarterly*, *85*(4), 769-784.

[2] 研究实例如:1) Adams, E. E., & Baldasty, G. J. (2001). Syndicated service dependence and a lack of commitment to localism: Scripps newspapers and market subordination. *Journalism & Mass Communication Quarterly*, *78*(3), 519-532; 2) Bernstein, J. M., & Lacy, S. (1992). Contextual coverage of government by local television news. *Journalism Quarterly*, *69*(2), 329-340; 3) Harry, J. C. (2001). Covering conflict: A structural-pluralist analysis of how a small-town and a big-city newspaper reported and environmental controversy. *Journalism & Mass Communication Quarterly*, *78*(3), 419-436.

[3] 研究实例如:Chang, T.-K., Wang, J., & Chen, C.-H. (1998). The social construction of international imagery in the post-Cold War era: A comparative analysis of U. S. and Chinese national TV news. *Journal of Broadcasting & Electronic Media*, *42*(3), 277-297.

[4] 研究实例如:1), Althaus, S. L., & Edy, J. A. (1996). Revising the indexing hypothesis: Officials, media, and the Libya crisis. *Political Commmunication*, *13*(4), 407-421; 2) Brown, W. J., & Vincent, R. C. (1995). Trading arms for hostages? How the government and print media "spin" portrayals of the United States policy toward Iran. *Political Commmunication*, *12*(1), 65-79; 3) Livingston, S., & Eachus, T. (1995). Humanitarian crises and U. S. foreign policy: Somalia and the CNN effect reconsidered. *Political Commmunication*, *12*(4), 413-429; 4) Malinkina, O. V., & McLeod, D. M. (2000). From Afghanistan to Chechnya: News coverage by *Izvestia* and The *New York Times*. *Journalism & Mass Communication Quarterly*, *77*(1), 37-49.

[5] 研究实例如:1) Buckman, R. T. (1993). How eight weekly newsmagazines covered elections in six countries. *Journalism Quarterly*, *70*(4), 780-792; 2) Krishnaiah, J., Signorielli, N., & McLeod, D. M. (1993). The evil empire revisited: *New York Times* coverage of the Soviet intervention in and withdrawal from Afghanistan. *Journalism Quarterly*, *70*(3), 647-655; 3) Van Belle, D. A. (2000). *New York Times* and network TV news coverage of foreign disasters: The significance of the insignificant variables. *Journalism & Mass Communication Quarterly*, *77*(4), 50-70; 4) Wu, H. D. (2000). Systemic determinants of international news coverage: A comparison of 38 countries. *Journal of Communication*, *50*(2), 110-130; 5) Zhou, X. (2008). Cultural dimensions and framing the Internet in China: A cross-cultural study of newspapers' coverage in Hong Kong, Singapore, the US and the UK. *International Communication Gazette*, *70*(2), 117-136(见附录二)。

转向将内容分析法带向一个更为广阔的研究应用天地,同时也促使相关研究者探讨更为科学的策略来应对该方法运用于此类研究和推论中遇到的问题,进而在实践摸索中不断使该方法的应用更加严密和完善,比如怎样使影响因素与传播内容之间的链接更合乎逻辑、更科学、更能为数据所支持,从而使研究更具有说服力和效力(参见第 2 章)。

　　内容分析法发展至今,因其实用性和方法上的日渐成熟,已在多种研究领域和研究主题方面获得了丰硕成果。虽然其应用领域广泛,但并不是所有应用都会富有成效。这其中的原因之一与方法本身有关,就如同其他所有研究方法一样,内容分析法在具有突出优势的同时,其劣势和局限性也同样明显。

1.5　内容分析法作为一种传播学研究工具的优劣

　　社会科学领域的研究者大多有这样一个共识:测量行为会干扰正在被评估的现象,致使观察受到影响;观察者调查越深入,受影响越严重。对于社会科学,维卜、坎贝尔、舒尔茨和塞莱斯特等人曾列举了研究对象对参与科学调查的几种反应方式,以及这些反应如何会将错误引入所分析的数据资料中,[1]这些反应包括:研究对象对被观察或被测试的知觉意识;任务的人为状态或研究对象对任务缺乏经验;研究对象对作为被试者或回应者的角色期待;测量过程对研究对象的影响;研究对象所持的刻板印象和描述某些回应的偏好;以及实验者/访员对研究主体的影响等。在社会科学研究方法中,控制实验、访谈、焦点小组、问卷调查和投射测试等都特别容易因这些影响而产生错误。与此形成对比的是,内容分析则是非反应性的或非介入性的。克里本多夫认为这是该方法的四大优势之一。[2] 他指出,社会研究者也许出于两大主要理由而希望避免反应性情境,其一是对情境的过度影响有可能扭曲数据资料,进而危及研究的效度,其二是研究者需要隐藏他们对数据资料的兴趣所在,担心被数据来源操纵。而内容分析则因其对数据资料本身的非介入性,不需麻烦任何回应者,而相对减少了这类失误的可能性。内容分析所面对的数据资料是既存的,如已经见诸媒体的新闻报道,或者,虽非研究时已有的但其内容本身的生成不受研究者掌控,如在研究设计后抓取既定时间段内的网站内容。这种非介入性使得内容分析者既能研究当前的事件,也能研究过去的历史,也即分析者的在场与否被排除在研究前提条件之外。可以说,内容分析

1　Webb, E. J., Campbell, D. T., Schwartz, R. D., & Sechrest, L. (1966). *Unobstusive measures: Nonreactive research in the social sciences*. Chicago: Rand McNally.
2　Krippendorff, K. (1980). *Content analysis: An introduction to its methodology*. Thousand Oaks, CA: Sage. pp. 29-31.

法在所有社会科学研究方法中是唯一一种不受时空限制的方法,分析者可以在其方便的时间和地点展开其研究。

内容分析法的第二大优势是对非结构性资料的可接受性,也即它可以将非结构性问题作为数据来处理。与问卷调查和结构性访谈所不同的是,内容分析研究者通常是在数据资料已生成之后才对它们产生兴趣,可以处理因不同目的而生成的各种形式的文本,分析者无法完全预料到文本创作来源所使用的术语和类目。这种非结构性数据的主要优势在于它保留了数据来源的概念构想,而这却是结构性方法在很大程度上所忽略的。

另外,内容分析对语境具有敏感性,因而允许研究者处理那些对其他人而言重要的、意味深长的、富有信息的、甚至代表性的数据文本。对语境不敏感的方法,如控制实验、问卷调查和结构性访谈等所生成的数据无法指涉原有的语境,因而与观察脱节。在这类方法中,什么产生数据、数据中不同成分如何相互关联、其他人如何理解数据、或者数据对于其来源意味着什么,这样的问题都无关紧要。而对语境敏感的方法则承认数据的文本性(textuality),也即这类方法认识到数据由他人阅读,为他人所理解,并在指涉其自身的语境中展开。通过采用这类方法而得出的推论更有可能与所分析文本的使用者相关。

同样是对语境敏感的方法,内容分析法又不同于民族志方法、历史编撰学方法和诠释研究等,这些方法往往依赖于小样本量的文本,很难处理大批量数据,而内容分析法则因其程序的明确性和统一操作性而可以处理大批量的文本,也就是说,如果程序规则清楚并严格执行,类目的界定准确清晰,信度可以得到保证,从而可以被许多编码员或计算机软件重复应用,这样就可以处理大大超过单个人所能胜任的文本。在内容分析研究中,样本量超过数百的案例不胜枚举,成千或上万篇文本的也是屡有所见,[1]这在运用其他研究方法分析文本的研究中是难以想象、甚至是无法实现的。

量化内容分析所产生的数字型数据在很多时候是具有很强的说服力的,比如类似于"45%"或者"30次中有27次"这样的描述所传递的信息要比"不到一半"或"几乎总是"更具体,更准确。并且,基于量化的数据可以通过统计分析手段进行基于样本的总体推断。

然而,事物总是有其两面性,是利也即是弊,各种研究方法均是如此。而成熟的研究者应该了解各种研究方法各自的利弊,并懂得如何扬长避短,充分利用其

---

1 例如,一项研究的样本多达 9 285 篇报纸报道和 2 225 个电视新闻,见:Meijer, M. -M. (2006). Issue news and corporate reputation: Applying the theories of agenda setting and issue ownership in the field of business communication. *Journal of Communication*, 56(3), 543-559; 另一项研究的样本也有 8 224 篇报纸和电视新闻报道,见:Johnson, T. J. (1993). The seven dwarfs and other tales: How the networks and select newspapers covered the 1988 democratic primaries. *Journalism Quarterly*, 70(2), 311-320.

各自的优势。就内容分析法而言,其程序化和量化有赖于所下定义的质量和研究者的诚实,这使得研究结论受制于所使用的定义和分类架构,同时也给后期的成果评估带来一定的不确定性。内容分析的材料虽然较为容易获取,并可以处理大样本数据,但也正是因为所涉及的材料一般都很多,所以内容分析的时间消耗量和人工强度都很大。有时,研究成本还很高,如果需要雇用编码员的话。另外,内容分析的一大弱点在于其在解释传者动机和测试对受众的影响等方面的推断性分析能力,不如其他一些研究方法如实验法和问卷调查法直接,仅内容分析本身较难构成强有力的论断,要实现这一点,需要相当精巧的研究设计并结合其他研究方法(详见第 2 章)。

2 内容分析研究设计

研究设计是任何一项研究中最基础、最重要和最关键的一个环节。研究设计既是一项研究的整体规划和架构,更是研究探索的一种逻辑思路和结构。在实际开始搜集和分析数据资料之前,研究者首先需要明确自己的研究问题和研究对象,然后再着手构建研究设计,就如同建筑师先要知道他/她所要设计的是什么建筑、功能又怎样之后,才可能谈得上其设计是有的放矢,平衡满足各种需求。

其实任何一种研究方法首先都是一种思考方式,加之一组有针对性的分析策略,从而使研究能有系统、有步骤地展开。研究设计既是思考方式的重要体现,也是分析策略的组成部分。其功能无他,就是确保所要获取或已经获得的证据能使研究者尽可能清晰、有效地回答最初的问题。在研究设计时,一方面,研究者需要清楚明确地知晓其可资利用的证据类型,另一方面,各证据类型可用来描述怎样的现象和回答怎样的研究问题,或者研究者所要检验的理论和所要评估的项目要求怎样的证据类型来实现其目标,也就是说"针对某个研究问题(理论),需要哪种类型的证据来回答问题(或检验理论)才是令人信服的"。[1]减少研究证据的诸多模糊性,增强研究证据的有效性和说服力,就是研究设计的根本之所在。简言之,一个好的设计确保理论、数据收集分析和解释能有机地融合。[2] 所有对具体的研究操作程序、测量工具和研究方法的考虑都是围绕"我需要搜集什么样的证据"[3]这个问题而展开。

研究设计在内容分析研究中发挥着同样的功能。一个好的内容分析研究设计

1　[澳]戴维·德沃斯.社会研究中的研究设计[M].郝大海,等,译.北京:中国人民大学出版社,2008:10.

2　Holsti, O. R. (1969). *Content analysis for the social sciences and humanities*. Reading, MA: Addison-Wesley Publications.

3　[澳]戴维·德沃斯.社会研究中的研究设计[M].郝大海,等,译.北京:中国人民大学出版社,2008:10.

能够明确并整合这样一些过程,如选择用于分析的样本、内容分类、放入各类目的内容单元、类目之间的比较,以及由数据导出的各种推论。这意味着研究者十分清楚地知道并思考他/她询问的问题及背后原因,他/她能明确说明需要用来检测他/她的想法的各种证据,并知道一旦数据收集解码后他/她将用到的分析类型和手段,以及这些分析能容许他/她作出的推论。

尽管传播学研究初学者往往从内容分析开始起步,以为开展内容分析研究要比其他研究容易得多,且无需太多的培训或前期筹划,任何人都可以完成。这其实是一个大大的误解,是纽恩多夫所指出的需要破除的“神话”之一。[1] 内容分析既可以如初学者所祈愿的那般简单、容易,也完全可能像其他研究方法如问卷调查和实验等那般复杂、深入。简单未必即是粗鄙,复杂亦未必就是大美,关键在于研究者需要“回答什么问题”以及需要得出怎样的结论,一个恰当而精致的研究设计则往往可以将研究引领至更高的境界。

本章将介绍如何根据内容分析研究的三大目的(描述传播特征、推论传播前因和推断传播效果)来设计有针对性的研究方案,进行多种类型的比较设计,如同种变量跨时段、跨情境、跨受众的比较,以及不同变量在同一类型文件数据中的比较,媒体内容与传播标准的比较,发送者信息与接收者信息的比较,媒介内数据与媒介外数据的比较,等等。

2.1 分析前的准备和决定

与任何系统的经验调查一样,内容分析研究必须在做好了充分的计划和准备后方可进行。内容分析者在分析前需要思考、把握、规划和决定的几个方面有:①科学逻辑的运用;②文献的类型和作用;③理论的作用;④研究问题/假设的类型与后期分析思考;⑤数据资料的选择与使用;⑥对原始资料的浸入;⑦决定是人工编码还是电脑编码。下面将就前五个方面详细阐述。

2.1.1 科学逻辑的运用

作为社会研究的科学方法之一,对内容分析法的运用同样需要懂得遵循科学的原则(如演绎和归纳的推理过程)、比较的原则、研究假设的推导和验证以及理论的建构和检验。从内容分析法的研究步骤和研究应用来看,它具有很明显的推论性质,可以说,推论贯穿于内容分析研究过程的始终。推论既充分体现在研究问题和假设形成中,也隐含在编码方案的构建和人工编码环节上,还可以反映在

---

[1] Neuendorf, K. A. (2002). *The content analysis guidebook*. Thousand Oaks, CA: Sage. p. 2.

分析者对量化统计结果的诠释以及研究结论的推断上。研究者在着手设计一项内容分析研究之前,需要十分清楚可能会采取哪种推论方式,采用的程度怎样,以及通过怎样的推论方式得出研究结果。在逻辑学中至少有三种推论的方式,即归纳、演绎和外展推理。这三种推论方式虽然其使用程度和场合会有所不同,但在内容分析研究过程中都被研究者不断运用着,只是在研究过程各环节上的运用各有侧重。

- **演绎**(deductive)的推论隐含在其前提假定中,它是一个由一般到特殊的过程。比如,这里有个一般法则是"这个袋中取出的所有豆子都是白色的",而个案是"从袋中取出的豆子",那么我们可以得到一个推论的结果,即"取出的豆子都是白色的"。这一推论方式在内容分析特别是量化内容分析研究中,很大程度上体现在由既有理论、前人研究或大的现实背景推导出具体的研究问题和研究假设(详见本章下文),以及由相关概念衍生出相应的变量和编码类目(详见第 5 章)这两个研究环节上,而且进一步由此指导编码员在编码中进行推论。

- **归纳**(inductive)的推论是由诸多类似的个案一般化为一个通则。比如这里的个案是"这些豆子都是从这个袋中取出的",我们发现"这些豆子都是白色的",由此我们可以推论出一个法则"这个袋子中取出的所有豆子都是白色的"。这种推论在逻辑上虽然不是确定无疑的,但具有相当程度的正确的可能性。由较小的样本对较大的总体进行统计意义上的推广以及研究假设的统计显著性的测量,都涉及这种推论。而且,这种归纳的方式有时还运用于量化内容分析并常见于质化内容分析的代码生成和类目建构中,特别是用于浮现式编码(详见第 5 章和第 8 章)。

- **外展推理**(abduction)的过程则跨越了逻辑上不同的领域,从一种特殊情况到另一种特殊情况。假设我们看到的结果是"这些豆子都是白色的",而我们同时又知道这样一个法则"这个袋子中取出的所有豆子都是白色的",那么我们可以推出这样的个案情况,也即"这些豆子都是从袋中取出的"。这种推论方式对内容分析而言具有特殊意义,尤其是在通过内容分析推导内容本身以外的信息(比如第 1 章中反推内容前因)时,大多都是采用此种推论方式。

在所有经验性研究中,这三种推论方式都很少以纯粹的三段论形式出现,而且在内容分析研究中,它们也不是以一种对等的方式出现的,通常是基于各自的研究目的,以不同的方式结合,同时需要对每种形式都产生一些新的见解。研究的过程或者是演绎的,或者是归纳的,又或者是两者的结合。三种推论方式都是科学的方法,但有不同的目的。通常来说,演绎的方法是来证明一个理论的,归纳的方法则用于导引一个理论。这一点将在下面有关"理论的作用"这一小节中进一步论述。下面就外展推理的解释逻辑及其在内容分析研究中的体现做些具体说明，因为国内有关研究方法的文献中多提到前两种推论方式，而少有外展推理的相关论述，特别是在传播学研究方法的讲解中。

外展推理是由哲学家查尔斯·桑德斯·皮尔斯（Charles Sanders Pierce）于1860年首先引入的一种解释逻辑。如果要解释一种推测，就需要找到能解释结果的一项法则。皮尔斯认为，在任何推理中都要涉及三个不同的实体，即法则（关于世界组成方式的看法）、情况（世界上存在的已知事实）和结果（如果把法则运用于该情况，预期将发生的事情）。这也就是皮尔斯所提出的分析性外展推理。比如上一章提到的以内容分析法来推断某部作者归属不明的作品到底是由谁创作的，研究者需要在两个特殊情况（不知作者身份的作品与某位已知作者）之间搭建关系，这中间就用到了外展推理。要实现这一推理过程，发现一种法则（或者通则）是关键。研究者首先要做的是，对该已知作者的所有作品进行内容分析，分析出该作者行文的规律（比如常用语汇、词频、词语组合，等等），由此规律来预期其他作品的可能，然后再对那部待鉴定的作品进行类似的内容分析，并将其结果与已知作者的作品进行相似性统计分析，从而推断该作品的作者身份。可见，外展推理始于一套有关事实、观察或已知情况的数据，使用一个假设（也即我们的分析构念）去解释这些数据，如果该假设为真的话。而且，如果其他假设不具有与该假设同等的解释效力的话，该假设很有可能为真，可以被用于推断其他合乎逻辑的结果，也可以说是回答我们的研究问题。[1]

内容分析研究之所以常常利用外展推理，是由于其本身的性质（如非介入性，文本与其产生背景的断接等）所限，内容分析者很多时候不得不对无法直接观察到的现象进行推断。此时，研究者往往要充分调用其掌握的各种资源，"综合运用其统计知识、理论、经验和直觉去问答从文本中而来的研究问题"[2]。

内容分析法大师克里本多夫教授曾套用英国哲学家史蒂芬·图尔敏（Stephen Toulmin）的论证理论给出一个用于文本外展推理的精简明了的示意图。图尔敏1958年出版的当代学术名著《论证的使用》被誉为"《论题篇》的复活"。其著名的"图尔敏模式"由主张（claim）、根据（ground）、正当理由（warrant）、支援（backing）、反驳（rebuttal）和模态限定词（modality）等六因素组成，其表述为：有了根据G，就可以诉求W（它依赖于支援B），在缺乏某个特殊的反驳R或没有出现取消资格的情况下，来证明主张C，或者至少证明C可以成为一个假设M。根据图尔敏的理论，如果要从数据D推向结论或主张C的话，必须有一个正当理由W也即恰

1 Josephson, J. R., & Josephson, S. G. (1994). Introduction. In J. R. Josephson & S. G. Josephson (Eds.), *Abductive inference: Computation, philosophy, technology*. New York: Cambridge University Press.

2 Krippendorff, K. (2004). *Content analysis: An introduction to its methodology* (2nd ed.). Thousand Oaks, CA: Sage. p. 38.

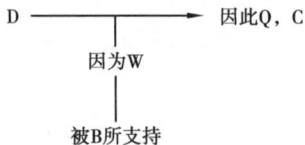

图 2.1 图尔敏的论证逻辑示意图

图尔敏推理例子和图示说明引自：Krippendorff, K. (2004). *Content analysis: An introduction to its methodology* (2nd ed.). Thousand Oaks, CA: Sage. p. 38.

当的依据为其辩证。图尔敏给出的例子是，如果我们已知"X 是瑞典人"，那么要做出"X 极有可能是一个新教徒"这样一个推论，就必须以"大多数瑞典人都是新教徒"这样一个常识为依据。由于这种推论并不是无例外的，因此需要在主张 C 中加上限定 Q（这里是"极有可能"）。推理中依据 W 在数据和结论之间搭建了逻辑桥梁。图尔敏还在其逻辑框架图（见图 2.1）中引入了另一个成分，即依据 W 需要证明的基础，或者支援 B。

依照此逻辑程序，克里本多夫推衍出一个从文本到研究问题的可能性答案的类似的推理路径图（见图 2.2）。他特别指出，这里的推理依据是假设性分析构念并确保分析实施的可靠性，而这种推理依据又反过来为分析者对文本产生或被诠释的语境的了解所支持。

基于克里本多夫的解说和对大量的内容分析研究实例的考察，笔者在此特别指出，在内容分析研究中实现这种推论并使之具有较强的说服力，除了概念的有效性外，程序上的可靠性成为一个不可缺少的环节，这也就意味着内容分析者在进行研究设计，特别是在进行由内容本身推及内容以外的研究设计时，除了一定要很清楚地明白两种事物或现象间的连接桥梁可能是什么、如何搭建这种桥梁以外，还需要对内容分析所涉的关键概念和核心变量，以及研究步骤和程序有着充分的把握，并在研究设计的过程中给予相应的思考和安排。

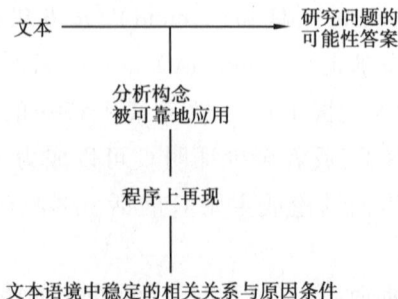

图 2.2 克里本多夫的文本推理示意图

2.1.2 文献的类型和作用

文献对于人文社科领域的任何研究而言,都具有生命线一般的重要性。就内容分析而言,以过往研究为基础,研究者可以从多方面获益:或者是将以前研究的发现扩展至不同的媒体、地方或内容形式;或者通过比较前人研究来考察内容的跨时变迁;或者借助于已有概念或标准来检视或评估新的内容;或者根据新的内容为原有概念增补新的维度;或者直接运用原有研究的测量工具(包括编码表或计算机辅助内容分析词库等);偶尔也会有将当前研究发现与过往研究结果进行比较的情况,但如果不是小心复制原有方法(如测量、抽样),这种比较并不如设想中的那么有意义。因此,对以往研究工作的仔细检视也许可以为展开一项更完整的纵向研究项目提供一把关键钥匙。无论是哪种情况,在对内容分析研究进行设计和发展的预期中,研究者应该对所关注的相关话题的以往研究工作进行详尽的搜索。而且在搜索过程中,研究者应该根据项目的需要,在研究的不同环节对不同类型的文献有所侧重。

根据其性质和使用目的的不同,内容分析研究常常运用的文献可分为理论性文献与非理论性文献。这两种分类是比较宽泛的,前者不单单指纯理论阐释或理论思辨性文章,它是以有无理论为研究指导或是否围绕论述、验证或建构某一或多个理论来展开为评判标准;而非理论性文献则是以文献是否具有专业学术性且在研究方法或操作层面有所贡献为分类基础。

理论性文献包括以核心概念或相关理论为基础,以验证、发展或建构理论为目标的符合专业学术领域写法的研究论文及纯理论和哲学性的文章,具体而言,这就包括那些对已有的理论假设在新的时间、空间、事件、媒体等条件下进行实证检验,或利用已有的理论或概念来描述、解释或预测新事物、新现象、新媒体、新受众等,或对已有理论、概念或假设进行扩展、引入新维度新变量新关系并予以验证,或对已有概念作出操作性定义,或对已有理论关系提出新的操作性检验的研究论文,以及规范理论或思辨性理论文章;其他与理论无涉、基本上属于纯粹的现象描述的研究论文或其他文献均为非理论性文献。

理论性文献对内容分析的研究设计具有至关重要的作用,集中体现在如下四个方面:

1)提升研究者的理论触觉(theoretical sensitivity)。在研究过程中,研究者需要充分利用其理论触觉,这种触觉指的是研究者本身的一种人格特质和研究素养,是研究者在面对资料时所展现出来的一种概念化能力。[1] 也就是说,研究者凭借着这种理论触觉,能察觉到资料中意义精妙之处,并有能力去赋予资料意义,能了解、区分相关与不相关的事物并具有洞察力。而这种理论触觉,除了与研究者本人的特质有关以外,在很大程度上是来源于研究者长期对理论性文献的追踪、浸入、理解、把握和不断的实践运用。有着良好的理论触觉的研究者,相对比较容易、快速地从大量的文献和原始研究资料中抓取关键性的问题,而且往往能够在研究设计及整个研究过程中保持良好的方向感。

2) **刺激研究者提问题**。这种刺激有的是指向一些尚未开拓的领域或建议,尚未充分研究的概念,或不甚完备的关系体系,或未曾涉及的概念和概念维度,有的则是通过发现文献资料之间或理论关系之间彼此不一致的冲突矛盾或暧昧不明之处,来引导我们展开研究,以此消弭其中的矛盾、不确定性或问题。另外,某些领域的文献也可能会显示,一个即使已被多方研究过的老问题,如果其中仍有某些难以捉摸之处时,研究者亦可采取另一种切入角度的思考方式来进行研究,或可对问题中的难解症结做进一步的探讨。

3) **为内容分析的类目**(categories)**建构和编码方案**(coding scheme)**设计搭建骨架**。虽然许多纯粹描述性的内容分析研究往往可以脱离任何文献进行类目建构,但这种建构通常流于内容的最表层,或者说无特定针对指向的显性内容,以致研究千篇一律。如国内常见的新闻报道内容分析,无论何种研究主题,经常将报道版面、位置、发稿地、消息来源地、字数等诸如此类的信息编码一遍。可以说,这是缺乏理论指导、缺乏问题意识、缺乏研究设计的最突出的反映之一。对相关议题的理论性文献的熟悉和把握,可帮助内容分析研究者在类目建构时抓住关键性的类目,并对类目之间的关系有一个较为清晰的认识,从而为编码方案的初步设计提供一个整体框架(类目建构和编码问题详见第 5 章和第 6 章)。

4) **帮助研究者选取内容分析对象**。在新闻传播学内容分析研究中,各类媒体往往是主要的研究对象,但由于媒体的多样性及其所承载的内容的丰富性和海量性,研究者通常都需要在至少三个层面上进行样本的选择(参见第 3 章第 2 小节)。其中在信息载体这个层面,具体选择哪些媒介实体作为研究的考察对象,是分析者在研究设计时就需要考虑的。从笔者所调查的 20 年内容分析研究来看,大多都是从以往研究文献中获取了选择研究对象的参考借鉴,成为其研究在媒介实体层面上进行立意抽样的根据。另外,质化内容分析者也可通过以往相关文献的熟悉和把握,在内容单位层面进行理论抽样时获得灵感或作为理论饱和度的参照标准之一(详见第 8 章)。原则上,研究者所要研究的对象应是一些经常出现而

1　[美]Strauss, A. , & Corbin, J. 质性研究概论[M]. 徐宗国,译. 台北:巨流图书公司,1997:45.

富有研究潜力的现象(如蕴含多种特征、多方维度和歧异性等)。所以案例要达到某种程度的"多"才足以成为研究者搜集分析的对象,这个多或不足的判断是要研究者去实现的,而这种判断力是基于研究者的理论触觉的。

非理论性文献也许在构建概念核心体系方面不如理论性文献所发挥的重要作用,但在内容分析研究中同样也具有不可忽略的价值。非理论性文献又分为技术性文献和非技术性文献。技术性文献是指学科专业内无明确理论为指导,或是以单纯描述现象、现状、时空变化或主体对象间差异等为主体研究内容的专业学术性研究,以及以研究方法或方法论探索为研究目标(如对内容分析研究抽样类型的使用进行差异和利弊比较、考察全文数据库在内容分析研究中的运用、新闻报道的可读性测量研究等)的研究论文,或是反映行业或专业领域动态或走向的研究报告等。对于技术性文献而言,其作用主要表现在如下两个方面:

1)提供研究背景和研究的基础理由。虽然纯粹描述性研究论文的理论贡献比较有限,但好的此类研究往往为进一步探讨深度问题提供了事实基础,许多概念理论问题通常是在摆出事实和现象的基础上进一步展开。前人对事实和现象的较为可靠、可信的描述,有可能引发研究者在把握和比较不同事实或不同现象的基础上发现其中的关系问题,进而提出更深一步的概念问题或理论问题,或者刺激研究者从各种事实或现象所展现的变异模式中获得不同的研究视角的灵感。

2)为完善具体研究方法的设计和实施提供路径参考或借鉴的直接来源。技术性文献中有不少是以探索各种研究方法的优劣、研究质量的掌控和途径为主要研究内容和目标的,这些文献不但为内容分析的抽样设计、信度效度测量的选择和使用等指出了扬长避短的注意事项和操作程序,而且也往往为类目变量的操作化这一内容分析的核心环节提供了参照样本,有时甚至可以被后来研究者直接拿来应用,如文本可读性的测量公式和计算机编码词库等。

非理论性文献中还有一类属于非技术性文献,包括私人信函、日记、传记、政府公报和政府搜集的数据统计、机构所出的定期报告、报纸和录音带等。这一类文献如果不是用来作为内容分析的主体资料(即内容分析直接指向的目标对象,如私人信函、日记、报纸等),它们往往是拿来辅助主体资料的,也即提供一种标准参照或辅助性的佐证,比如量化内容分析在进行内容前因或后果分析时往往借用非媒体内容资料数据(如新闻出版自由指数、盖洛普民意测验报告、国际货币基金组织贸易统计、市政部门犯罪率统计、行业组织公布的报纸发行量与市场占有份额、农村发展报告、其他学者关于性行为研究的数据报告等),以此来考察各种自变量对因变量(某种内容特征)的影响(详见本章下面第2节),又或者在质化内容分析中将这些辅助性资料与所分析的主体资料所显现的特质互为参照对比,以辨析主体资料文本中的隐含意义等。

2.1.3 理论的作用:演绎和归纳

在内容分析研究设计前所要思考的各个方面中,与文献密切相关的一个问题是研究者需要在多大程度上利用理论,或者说,理论将在其内容分析中发挥多大和怎样的作用。在内容分析中理论的作用有三种可能:演绎、归纳和无作用。有学者会认为所有的研究都是由理论驱动的,但在实际研究中,不用任何理论框架的情况也是常见的。这里,笔者需要指出的是,理论与设计更为实际的关系是:不用理论,也可能会有好的内容分析设计,也可以得出有用的结果,比如在媒介形象研究和电视暴力研究中,同样都是没有理论的论文,亦明显有设计好与坏、研究质量高与低的分别;然而,不用理论的话,会有各种不同的挑战,必须做出不同的决定;反过来讲,好的内容分析设计则往往是以理论为基础,其核心概念和概念关系在设计中发展明确。

有许多内容分析,研究者都是始于一个理论,也就是理论发挥着演绎的作用。这里的理论指的是克林格所说的正式理论(formal theory)。当研究者直接针对"一系列互为关联的构念(概念)、定义和命题,通过将变量间的关系具体化来呈现对现象的系统见解,目的旨在解释和预测现象"时,即可见正式理论。[1] 一个正式理论可以帮助内容分析研究设计者聚焦于某些概念,以这些概念在理论中被界定的方式衍生出编码规则和赋值,从而发展出编码方案。一些学者认为,理论对指导内容分析的设计是必要的;[2] 有的则甚至认为每项内容分析都必须以理论框架为指导,比如内容分析研究著名女学者金伯丽·纽恩多夫在近期指出,较之于内容分析研究的其他许多领域,性别角色领域的研究似乎更需要理论基础的投入,这可能是由于性别研究的直接来源是女性主义、马克思主义、性别角色效果、刻板印象、性别歧视(sexism)、体格形象影响和性别差异生物基础等理论。[3] 笔者对五份国际期刊 20 年里发表的 588 篇内容分析研究论文的调查(见附录一)发现,有42%的论文明确以某种理论框架的阐述为基础来展开研究。

总体上说来,理论在内容分析研究中的演绎作用主要体现在三个方面:

1)根据某一理论的概念及其关系体系,直接以经验性证据来验证该理论。在

---

1 Kerlinger, F. N. (1986). *Foundations of behavioral research* (3rd ed.). New York: CBS College Publishing. p. 6.

2 如,Folger, J. P., Hewes, D. E., & Poole, M. S. (1984). Coding social interaction. In B. Dervin & M. J. Voigt (Eds.), *Progress in communication science*, Volume IV, pp. 115-161. Norwood, NJ: Ablex.

3 Neuendorf, K. A. (2011). Content analysis——A methodological primer for gender research. *Sex Roles*, *64*, 276-289.

国际关系和国际传播领域,著名的挪威学者约翰·盖尔顿(Johan Galtung,或译高顿)曾在 1971 年提出过一个非常著名的结构帝国主义理论,其理论核心是中心—边缘国家模式和机制,成为 1970 年代直至 1990 年代主导国际新闻/信息流研究的范式之一。盖尔顿提出该理论时并没有以实证数据加以验证,后有不少学者以内容分析研究不断地从各项维度和各种环境定向因素,包括国家体系的层级秩序、文化接近性、社会距离和经济关系等对其理论加以验证或推衍,[1] 其中最直接的验证性研究是梅耶于 1991 年发表的一篇论文,[2] 他为了验证盖尔顿的中心—边缘国家模式,首先将其理论主题操作化,也即对国际新闻流进行了动态的、多面向的操作化界定,在此基础上对南北国家(分别以美国、法国和英国,以及拉美和撒哈拉非洲国家为代表)的国际新闻流进行了内容分析。

2)有一些内容分析虽然也是验证性质的,但是首先由原理论衍生出针对具体文本或所关注的研究主体的研究假设,然后予以验证。比如,有研究运用霍夫斯泰德的文化维度之一男性特质来比较高分和低分国家的广告内容。[3] 这里,自变量是一个国家的男子气水平,被霍夫斯泰德定义为性别角色差异程度,因变量包括一系列性别角色描写,如端庄或诱人的女性服装、工作或非工作角色、由女性扮演的非工作角色的类型(家庭/消遣/装饰性的)等。研究者由霍夫斯泰德的对国家间的性别差异程度的论断,演绎出有关广告性别角色差异程度的研究假设,然后通过对广告性别角色的描写进行内容分析,并对这种描写进行性别间差异的比较,以此来验证其一般性理论推衍出的有关具体事物的假设。

3)大量的内容分析主要利用理论作为研究信息的基本的逻辑依据,而这通常反映在信息效果理论的应用上。比如,在媒介形象研究中有学者援引关于接触媒介中性别角色描写的认知效果理论、[4] 格伯纳的涵化分析(或称培养分析)和媒介

1　研究实例如:1)Chang, T. K. (1998). All countries not created equal to be news: World system and international communication. *Communication Research*, 25(5), 528-563; 2)Chang, T. K., Shoemaker, P. J., & Brendinger, N. (1987). Determinants of international news coverage in the U. S. Media. *Communication Research*, 14(4), 396-414; 3)Rosengren, K. E. (1974). International news: Methods, data and theory. *Journal of Peace Research*. 11(2): 145-156.

2　见:Meyer, W. H. (1991). Structures of North-South information flows: An empirical test of Galtung's theory. *Journalism Quarterly*, 68(1/2), 230-237.

3　研究实例如:1)An, D., & Kim, S. (2007). Relating Hofstede's masculinity dimension to gender role portrayals in advertising. *International Marketing Review*, 24, 181-207; 2)Odekerken-Schroder, G., De Wulf, K., Hofstee, N. (2002). Is gender stereotyping in advertising more prevalent in masculine countries? *International Marketing Review*, 19, 408-419.

4　研究实例如:Eschholz, S., Bufkin, J., & Long, J. (2002). Symbolic reality bites: Women and racial/ethnic minorities in modern film. *Sociological Spectrum*, 22, 299-334.

形象的感知效果理论,[1] 也有学者引用以往研究来支持其想法,认为性别刻板印象会影响自我概念(self-concept),对他人的评价和任务绩效等。[2] 从笔者对 20 年间的内容分析研究调查来看,最常见且较好地被用来作为内容分析基础的重要的媒介效果理论,包括框架理论(framing/frames)、[3] 议程设置(agenda setting)和首因效应(或译启动效应,priming)、[4] 社会学习理论(social learning theory)、[5] 社会认知理论(social cognitive theory)、[6] 使用与满足(use and gratification)、社会认同理论(social identity theory)、自我表现理论(self-presentation theory)等。这些理论除了用于演绎新的研究假设也即上述第二种情况以外,还往往作为对假设中有影响力的内容进行内容分析的逻辑基础。

以上三种情况均为理论在内容分析研究中的演绎性作用,这种作用在量化内容分析中显得尤为突出和重要,也是其在量化内容分析中最集中的体现。但有些内容分析,特别是第 8 章讲述的质化内容分析,其遵循的科学方法是以观察内容为始,然后再进行经验概括的陈述。这就是归纳。这些经验概括虽然常常与理论命题的情形相符合,但也时常会有新发现。在这种归纳的作用下,理论直至数据搜集和分析之时或之后才发挥作用。这也就是巴利·格拉泽(Barney Glaser)和安

1　研究实例如:1)Dietz, T. L. (1998). An examination of violence and gender role portrayals in video games: Implications for gender socialization and aggressive behavior. *Sex Role*, *38*, 425-442;2)Tamborini, R., Mastro, D. E., Chory-Assad, R. M., & Huang, R. H. (2000). The color of crime and the court: A content analysis of minority representation on television. *Journalism & Mass Communication Quarterly*, *77*(3), 639-653.

2　研究实例如:Milbum, S. S., Carney, D. R., & Ramirez, A. M., (2001). Even in modern media, the picture is still the same: A content analysis of clipart images. *Sex Role*, *44*, 277-294.

3　研究实例如:Pan, P. -L., Meng, J., & Zhou, S. (2010). Morality or equality? Ideological framing in news coverage of gay marriage legitimization. *The Social Science Journal*, *47*, 630-645.

4　研究实例如:Balmas, M., & Scheafer, T. (2010). Candidate image in election campaigns: Attribute agenda setting, affective priming, and voting intentions. *International Journal of Public Opinion Research*, *22*(2), 204-229.

5　研究实例如:1)Thomas, S., & Sam, W. (1990). Family interactions on primetime television: A descriptive analysis of assertive power interactions. *Journal of Broadcasting & Electronic Media*, *34*, (3), 243-262;2)Sung, Y., & Hennink-Kaminski, H. J. (2008). The Master Settlement Agreement and visual imagery of cigarette advertising in two popular youth magazines. *Journalism & Mass Communication Quarterly*, *85*(2), 331-352.

6　研究实例如:1)Smith, S. W., Smith, S. L., Pieper, K. M., Yoo, J. H., Ferris, A. L., Downs, E., & Bowden, B. (2006). Altruism on American television: Examining the amount of, and context surrounding, acts of helping and sharing. *Journal of Communication*, *56*(4), 707-727;2)Wilson, B. J., Smith, S. L., Potter, W. J., Kunkel, D., Linz, D., Colvin, C. M., & Donnerstein, E. (2002). Violence in children's television programming: Assessing the risks. *Journal of Communication*, *52*(1), 5-35.

瑟姆·斯特劳斯(Anselm Strauss)所称的扎根理论的一个重要环节[1](参见第8章相关内容)。因此,这样的内容分析编码方案设计之初是没有理论作指导的,但理论在编码类目的归纳提炼以及类目关系组合与分析时却常常发挥着重要作用。

理论对于内容分析研究很重要,但也有不少内容分析既不以理论为始也不以理论为终。[2] 对于那些基本上没有理论指导的研究设计而言,设计者往往将其研究任务视为仅仅描述显性内容,因此这类分析的目的在于对所分析的内容中的某事物进行描述或分析。而隐性内容的描述则往往涉及一些复杂的概念,因此其理论性难免随之增强。而在显性内容的单纯描述中,事物通常是以单变量的方式进行汇报的;比如要编码员记录手枪开火的次数。研究者对什么是手枪(以区别于来复枪等)和什么构成开火(以区别于没有上子弹等情况)给出一个简要的定义。这是一项相对简单的设计任务,编码员无需太多的培训即可完成好编码的任务。这样一类的分析中也许有不止一个的变量,但研究结果也只是一次对一个变量的计数或百分比的描述,如此对多个变量逐一进行描述性汇报。当研究者开始以双变量的方式汇报变量情况时,[3] 就开始迈向对关系进行经验概括的王国了,此时也就开始将研究描述为归纳或解释研究了。

2.1.4　研究问题/假设的类型与后期分析思考

在正式进行内容分析研究设计之前,除了清楚地把握各种文献和理论的作用并恰到好处地予以运用以外,其中一个很重要的环节是研究者需要通过各种方式来明确自己的研究题目以及随之而来的研究问题,比如吃透各种文献和理论,不断地在个人和专业经验的基础上与文本或现实问题进行对话,浸入到社会情景和社会现象之中,并请教询问同行以求得提示和灵感,这些都是打磨研究题目和研究问题的重要途径。研究问题要能确认所要研究之现象,题目需要透露研究者特别要了解哪些现象。内容分析所研究的题目往往是点出所要分析的内容的某种/某些特质及其与其他因素之间的关系。

设计之初,研究者通常会提出一个范围较大的题目,不过在研究进行的过程

1　Glaser, B., & Strauss, A. (1967). *The discovery of grounded theory*. Chicago：Aldine.
2　在笔者的调查中,这一点在 *Journal of Broadcasting & Electronic Media* 这本以电视节目内容分析为主的期刊上较为突出。这样的论文比例在所调查的这份刊物论文中高达67.7%,远高于所有五份刊物中此种论文的比例(57.7%),较为明显地反映出该刊物相对于其他四份刊物而言理论性要弱很多,其他四份刊物是 *Journal of Communication*、*Journalism & Mass Communication Quarterly*、*Political Communication* 和 *Journal of Advertising*。调查介绍详见本书附录一。
3　各种变量的区分与分析参见第5章和第7章。

中,随着概念的逐渐形成以及现象与现象间关系的浮现,研究者逐渐对何为有关或无关的资料有了基本的判定,此时研究题目便会逐渐窄化而有了焦点。研究题目既不宜太过开放,以致似乎什么都要网罗进去,但也不宜太过狭隘,以致把许多可能的发现,因题目的格局所限而被排除在外。研究题目如一个引子,除了帮助研究者能顺利地着手进行研究之外,还能保持整个研究计划的焦点所在。当研究者可能迷失于庞大多样的资料时,研究题目能将其注意力拉回,再次厘清所要研究的问题是什么。

任何研究过程都是从一个研究者感兴趣的议题(issue)或难题(problem)开始的。一项研究的开始,必定有研究的目的,并相应地会有研究问题或研究假设。有的研究目的是纯理论型,有的则侧重解决实际问题,无论是哪种类型,都可以转化成为具体的经验性的研究问题(research questions)或研究假设(research hypotheses)。[1] 在附录一笔者的内容分析研究调查中,所有588篇论文中只明确提出了研究问题但没有研究假设的有44%,只有研究假设但没有研究问题的占24.7%,既明确提出了研究问题也有研究假设的有18.9%,其余的论文只是点出研究的主旨但并没有拟定专门的研究问题或假设。

研究问题和研究假设在本质上基本相同,但较之于研究问题而言,研究假设需要更加细节化,是一种预测性的陈述,研究问题则不需要细节的预测。而且两者在表述方式上存在着差异,研究问题是疑问形式,而研究假设则采用陈述形式,且往往是对两个变量的关系进行方向性的假设。例如,同样是"属性议程设置"这样的研究主题,探索性的研究者可以提出这样的研究问题:

研究问题 R:报纸新闻报道的议题属性与读者对议题属性的议程在显著性方面存在着怎样的关系?

由上述这样一个比较宽泛的研究问题,研究者基于理论文献的梳理,可以进一步根据属性议程的两个具体方面,分别构建出如下两个陈述性的较为细节化的研究假设:

研究假设 H1:报纸新闻报道议题属性的显著性将与读者对议题属性的议程排序呈显著正相关。

研究假设 H2:报纸新闻报道议题属性的显著性将与读者对议题评价的重要维度呈显著正相关。

2.1.4.1 事实问题、价值问题与政策问题

内容分析研究乃至传播学研究的初学者在思考和设计具体的研究问题/研究

---

1 需要特别指出的是,本章所讨论的研究问题和研究假设均为经验研究中操作层面上的具体问题和假设,不同于问题意识中的"问题"。

假设时往往出现四种缺陷：①习惯性地想到的是最基本、最表面的描述性问题，这既是初学者研究经验和文献理论的掌握较为匮乏的表现，同时也是问题之二的体现；②在不同类型的研究问题之间缺乏基本的判断和分辨；③拟出的研究假设在经验上无法验证；④在设计时只想到问题和假设，却未能考虑到如何以相应的正确方法如统计手段来解答问题或验证假设，而实际上，问题/假设的拟定与其解答方法应该在研究设计的阶段就要一并思考。因此，从技巧的学习上来看，学会分辨内容分析研究的研究问题/研究假设的基本类型及其所需要的相应的分析路径，对于初学者是大有帮助的。

从问题的性质来看，问题可以是事实性的，也可以是关乎价值的，又或可为政策服务的。事实问题（questions of fact）试图根据我们进行研究时所知道的情况来描述世界本来存在的面貌。一个事实问题的提出是对我们心灵的外部世界属性的疑问，其答案很大程度上存在于可观察的环境中。因此，事实问题往往被称作经验问题（empirical questions），也即可以通过观察而被验证或反驳的问题。比如下面几个问题：

（1）电视娱乐节目中攻击行为的描写现实性程度如何？

（2）网络公民记者和报纸网站记者，哪个更可能使用机构消息源提供的信息？

（3）网络新闻使用的超链接中指向站外网页的频率是多少？

（4）党报的读者是否少于都市报的读者？

以上的每个问题都可以通过观察调研而找到答案。如果两位不同的研究者以同样的方式进行观察调研，在寻找答案的过程中采取同样的步骤，遵循同样的观察规则，而且这些规则足够明确，那么，他们得到的答案应该是相同的，或至少是八九不离十。这种问题的答案不在于研究者自身，而在于外部世界。

事实问题可以通过实证答案获得求解，但这并不意味着它们容易回答。许多事实问题实际上相当复杂，尽管已被研究了多年，不同的实证研究也许只是说明了不同的答案，而未能达到统一，有的答案甚至相反。之所以如此，是因为许多复杂的事实问题在不同人的研究中，是根据不同的定义、使用不同的方法和规则来回答的。比如说，"大众传媒对暴力行为的描述和呈现是否帮助形成了接触这样一类媒体内容的人的暴力行为？"近半个世纪以来，传播学研究者一直在研究这个问题，并就其答案而争论不休。现实社会构成暴力的因素多种多样，要以一种确定可靠的方式将相关因素鉴别挑选出来，是一项相当复杂的任务。回答这样一类问题的困难不在于断定答案是否就存在于那个外部环境中，而是如何开展实施与问题相关的观察和如何进行甄别筛选。

事实问题可以关乎过去，也可以是有关现在的。关于现在的问题将研究者引向直接的观察（direct observation），而且答案往往是第一手的。比如互联网的普及程度和范围，什么人在使用、使用频率怎样以及如何使用等，这些都是事实问题，观察人们现在和将来的使用状况即可得出直接的答案。而对于有关过去的事实问题,我们只能进行间接的观察。比如,美国前总统富兰克林·罗斯福的"炉边闲话"广播节目曾享誉 20 世纪 30 年代,而现在的传播学研究者想考察该节目在当时的影响,包括罗斯福是否通过该节目恢复了当年低迷的国民的自信心,他的闲谈是否激发了人们发挥他们的新的活力去解决当年美国面临的重重困难等诸如此类的问题。尽管这些问题是事实性的,可是研究者却无法直接进行观察。当然,许多传播学历史学家都会声称"炉边闲话"的确产生了这样的影响,然而,他们对事实的论断是建立在间接观察的基础上的。这些研究者或许阅读了大量的新闻报道,分析当时新闻报纸有关该节目和听众反应的报道;又或许采访了对当年的广播还记忆犹新的人;还有可能认真听过了该广播节目的录音带。

事实问题可以有很多方式来解答。针对这类问题,传播学研究者通常通过**科学**的方法来探寻和回答。科学的研究要求十分小心地控制和界定观察,而且观察是可以不断重复进行的。科学的原则之一就是尽量缩小描述世界时的人为影响,比如个人偏见等。

评价事实问题的标准

1. 该问题是事实性的吗?

2. 该问题是关于传播(或者具体地说是关于人类符号传输)的吗?

3. 该问题是清晰而明确地陈述的吗?

4. 该问题是关于两个或更多变量之间的关系的吗?

5. 该问题具有潜在的理论旨趣吗?有无理由认为所考察的变量是相关的?有无其他变量与这两个变量都相关呢?(该研究是否有可能会引起科学社群的兴趣,因此结果有可能被发表而成为"公共知识"的一部分?)

6. 以往有无研究考察过该问题或与此相关的问题?

7. 我们个人有无兴趣投入精力去探索回答该问题?

8. 我们是否有能力以一种首创的方式来回答该问题?

9. 让我们去回答该问题是否切实可行?也就是说,考虑到我们的资源,我们是否能够开展该研究?我们如何将变量操作化?要回答该问题,哪些步骤和程序是必须的?

10. 如果我们知道了该问题的答案,这个世界是否有可能变得更好?

译自:Hockings, J. E., Stacks, D. W., & Mcdermott, S. T.(2003). *Communication research*(3rded.). Boston, MA: Pearson Education. p. 12.

与事实问题所不同的是,价值问题(questions of value)所提出的询问关系到对事物的评价,也即判断某个对象、某种情景或者行为是好还是坏,正确还是错误,漂亮还是丑陋,等等。这类问题所关心的是世界**应该**怎样,而不一定就是它本来存在的那样。比如,相对应于上面几个事实问题,我们提出这样几个价值问题:

(1)将有大量的攻击行为血腥描写的电视娱乐节目播放给原本是要观看星期六早间教育节目的七岁以下儿童,这是否合乎道德?

(2)汶川地震中,网络公民记者与报纸网站记者的报道哪个更权威、更可信?

(3)新闻网站深层页面上指向站外网页的超链接是否有侵权嫌疑?

(4)党报的公信力是否高于都市报?

尽管这样的问题都能够回答,但每个人却未必给出同一个答案。有关价值的问题可以是影响社会的重大议题,也可以是在日常人际交往中我们对孰是孰非的判断。虽然存在争议,但一般人都认为绝大多数有关价值的问题并不存在完全正确或错误的答案。任何价值问题都是可争论的,这是因为答案不在于外部世界,而在于每一个人的心中。每个人的价值判断标准都是不同的。人自身以往的经历造就了人之所以成为如此这般的人、之所以如此思考并拥有如此这般的价值观。任何两个人都不可能拥有完全相同的人生经验和精神状态。但另一方面,因为同处一个社会里的人共享相同的文化和相同的语言系统,由此也共享许多相同的价值。比如,大多数人认为教育对于国民素质是重要的。这也是我们谈论价值问题的基础,也是研究者能够对涉及价值问题的概念进行概念化和操作化定义,从而对相关问题进行衡量的基础。

正如霍金斯等人所指出的(见图2.3)[1],针对事实问题和价值问题的解答,极端点定在"答案纯粹来自于提问者"和"答案纯粹来自于外部世界"。然而,在现实中,两类问题的答案从来既不是纯粹来自于提问者,也不纯粹来自于外部世界,而往往是在两个极端中间的某一处。依据问题性质本身,其答案在提问内部世界和外部世界中的偏向也就不同,比如价值问题的答案倾向于中间偏右,有关价

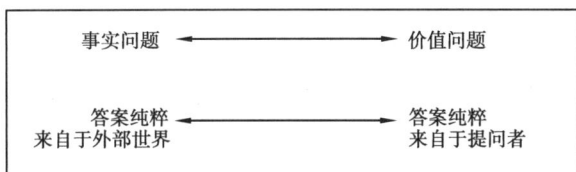

图2.3　事实问题与价值问题的两级对照

1　Hockings, J. E., Stacks, D. W., & Mcdermott, S. T. (2003). Communication research (3rd ed.). Boston, MA: Pearson Education.

值问题的讨论倾向于"答案纯粹来自于研究者"。

还有一类问题在解答时都要或多或少涉及并首先解决上述两个问题,即政策问题,它事关在管理事务和决策制定中选择恰当而明智的行动方案和路线。政策采用正式或非正式的规则的形式,而这些规则是有关行动或行为的,也就是说政策规定在一定环境中去做什么。通常情况,当我们提到政策时即会想到正式的组织比如政府部门或机关、商业和教育机构。例如像下列的政策问题:

(1)国家电视管理部门是否应该制定政策,限定含有电视暴力内容的节目在周六和周日的白天里播出?

(2)美国联邦贸易委员会(FTC)是否应该禁止在酒类广告中使用名人代言?

一项政策的出台,往往是建立在调查事实、拷问价值的基础之上的,因此政策问题通常都非常复杂,需要相当多的信息包括事实信息和价值信息方能解答,而且还要求对相关事物的定义(比如何谓新闻报道平衡、何谓黄色网络信息等)达成一致。内容分析研究有不少是在描述现象和事实的基础上进一步追问其背后隐含的政策意义和决策基础,比如电视暴力内容分析和媒体内容多样性分析,前者背后的政策关照是有没有必要从媒体管规和政策上保护儿童避免接受电视暴力节目的负面影响,如果电视暴力确实达到一定的危害程度且的确在现实生活中给儿童造成了负面影响的话;而后者则在西方的民主国家常常被视为一个事关民主健康发展的重要政策问题,因为媒体内容的多样性是民众成为知情公众的重要信息渠道的保证,也是媒体之所以成为服务于"公共利益"的公器之所在。

2.1.4.2 描述性问题、关联性问题与差异性问题

除了按问题的性质划分,研究问题还可以从量化研究的角度根据分析重点和分析方法划分为描述性、关联性和差异性问题(见图 2.4),不同类型的问题所运用的统计分析方法也各有不同(有关具体分析方法的解释详见第 7 章)。其中,最基本、最常见也最简单的一类是**描述性研究问题**,对于此类问题的解答只是描述或归纳数据,多半仅涉及某个/某类事物的特征和性质本身,并不需要推广至大范围的个体,因此一般不使用推断性统计(inferential statistics)[1]来分析解答问题。该类问题又分为基本的描述性问题和复杂的描述性问题。前者一般是关于一个变量的相关问题,例如这样一个具体的研究问题:"电视中 20 岁以下的暴力者出现的频繁程度怎样?"这样的问题从统计分析的角度来看往往问的是集中趋势(central tendency)、频率分布(frequency distribution)、每个类别的百分比(percentage)、变异(variability)或分布形状(shape of distribution)。有些问题简单地描述样本人口统计数据(demographics);而另一些问题则描述一个因变量。复杂的描述

---

1 描述性统计与推断性统计之间的区别及其相应的具体统计分析方法参见第 7 章。

性问题一般同时涉及多个变量,但不涉及推断性统计,比如,两个定类变量(cate-gorical variables)的交互表(或交叉表,cross-tabulations)、多变量的因子分析(factor analysis),以及量表的多个题项的信度测量(如克隆巴赫系数,Cronbach's *alpha*)。[1]

图 2.4 中的其他两类问题**差异性研究问题**和**关联性研究问题**的研究总体目标是探索变量与变量之间的关系,而且对两类问题的解答大多需要运用推断性统计方法。然而,二者在概念上却有所不同,[2]差异性和关联性问题的区别在于具体目标和用以回答问题的统计分析类别。当研究者比较两个或更多组(在因变量上)的差异,以此来解决问题时,所涉及的问题是**差异性**的。此时,每个组都是由在自变量上具有一个价值或层面的个体组成的。这一类型的问题试图解释在因变量上组与组之间是不同的。比如这样的研究问题:"在美国 2004 年总统选举中全国广播电视网较之于地方电视台的新闻报道是否更加平衡?"又或者:"某某报纸是否赋予了不同的种族/族群以相同的机会就种族问题发表言论?"这类问题或是涉及两组之间差别性的对比(如前个问题中的全国广播电视网与地方电视台在播出

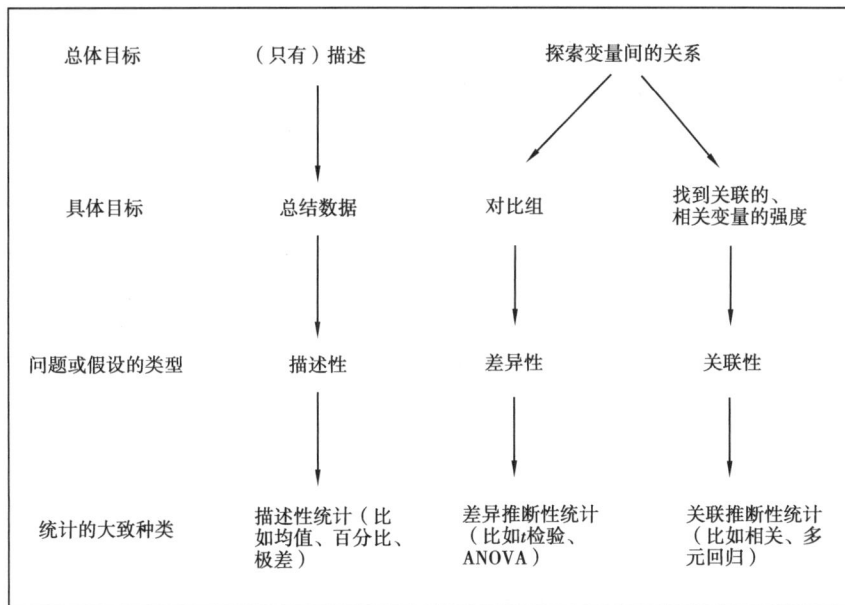

图 2.4　研究问题的目的、类型及相应的统计分析方法

1　一些专著和教材中将其中一些统计分析称为多重变量统计分析,但在文献中并没有一个对多重变量统一的定义。

2　相似之处在于,统计学家在表述上一致同意所有的普通参数推断性统计都是有关系的。此处将第二种研究问题称为关联性研究问题而非有关性或相关性,是为了使之与研究关系的差别性和关联性研究问题或假设的总体目标区分开。同样,我们也想将之视为一种特定的统计分析方法,以此区分相关性、更大范围的关联性问题和相关的统计。两种问题类型的相关统计分析方法的应用参见第 7 章。

内容平衡性方面的对比），或是涉及更多的组间比较（比如美国国内多个种族间就种族问题发表言论的机会方面的比较）。这些问题经过对关键变量进行操作化定义并搜集到相关量化数据后，可以采用卡方检验、t 检验、z 检验、ANOVA、MANCO-VA 等统计方法实现组间比较分析。

另一类探索变量关系的研究问题是**关联性**的，同样也是关系到两个或更多变量，然而此类问题的侧重点是试图解释这两个或更多的变量如何共变，比如报纸报道内容或广告内容如何因应其发行量的不同而不同，或者，一个或更多变量如何预测另一个变量，比如多种外在的系统因素如国与国之间的贸易量、人均 GDP、地理接近性、语言接近性、灾难事件的频次和轻重等如何预测国际新闻报道量及其流向。这些共变关系的建立一般通过相关性和回归统计分析（如皮尔森相关统计、斯皮尔曼秩相关统计、多元线性回归、logistic 回归等）来实现。

研究假设的拟定基本上也是与这三类研究问题相类似，同样可以分为描述性假设、关联性假设和差异性假设。上文的两个研究假设即是一种典型的关联性假设。作为一种科学方法的量化内容分析一般被认为是假设演绎性的，也就是说，由理论推导出一个或多个假设。所谓假设，就是有关变量之间关系的推测性陈述或预测。[1]每个假设是演绎性地进行检测的：首先为每个变量设计测量方法，然后对它们之间的关系进行统计上的考察，看所预测的关系是否成立。如果成立，则假设得到支持，并进一步导向支持推导出该假设的理论；如果不成立，则假设没有得到支持，相关理论在某种程度上便受到质疑。如果现有理论不够强大至保证一种预测性的假设的提出，那么退一步的方案是提出一个或多个研究问题。一个研究问题是一个关于变量之间可能的关系的询问。在演绎性的科学模式中，假设和研究问题都是在数据搜集前提出的。但假设的提出，并不意味着研究者为确认假设的成立而有意识地选择有利于假设推断的样本数据，这种做法其实是有倾向性的例证法，而非量化研究中所指的科学的验证。在假设提出后，研究者应对所有的数据资料一视同仁，尽可能在现有条件下采用最为科学的抽样方法搜集数据资料。

2.1.5 数据资料的选择和使用

研究目的和研究问题基本确定之后，研究者在正式开展研究设计前需要考虑的是根据内容分析的基本形式来确定数据资料的选择和使用，好的内容分析设计往往不只是关注传播内容资料的搜集，而是通常会根据研究目的寻求更多渠道的数据资料，以实现超越单纯描述的较为复杂的研究。与研究目的和研究问题相对应的是，内容分析最为基础的形式是：①仅仅描述信息内容，这种形式的内容分析

---

1 Neuendorf, K. A. (2002). *The content analysis guidebook*. Thousand Oaks, CA: Sage. p. 13.

所选择的数据资料一般是研究所关注的传播信息内容本身,如电视或报纸的新闻报道、电视娱乐节目、网页内容或结构特征、各种演讲、家庭对话,等等。但是,其考察的范围可以通过如下途径颇有成效地得到扩展:②考察信息内容变量之间的关系;③将信息内容数据与有关信息来源的数据相结合;④将信息内容数据与有关信息接收者的数据相结合。最后两个途径可以被称为"聚合的"形式,[1] 它们提供了确定信息产生前因和信息接收效果的有力手段。

内容分析的第一种扩展类型,也就是考察信息内容变量之间的关系,研究设计者可以根据自己的需要选择如下两种方式之一或者将其综合以实现其目的:第一种方式是考虑在传播内容内部依据变量属性的不同或者不同的变量来选择和搜集数据资料,这在性别角色的内容分析中是一种常见的选择。在最低限度上,研究者通常会依照性别这一变量,有意识地在大众媒体内容中根据男性和女性角色或表演者的划分来分别选择样本资料,然后在两者之间进行统计比较。例如,有研究通过此种方式发现了视频游戏杂志上呈现的男女游戏角色之间的显著差异,[2] 男性更有可能是主角或英雄,能力更强,更多地使用武器,并且更强有力、更具有男性特质;女性则更有可能是配角,衣着袒露,并被刻画成有吸引力、性感和无知的形象。此种方式更为复杂的代表性例证是纽恩多夫等人利用含有 17 个预测变量的 logistic 回归法,[3] 发现了对詹姆斯·邦德电影里女性死亡率的显著预测模型;第二种方式是引入非传播内容或非媒介内容的数据资料,对内容分析变量之间的关系进行比较和关联分析。在这种方式中,除了内容分析直接面对的数据资料也即传播内容本身以外,研究者还需要考虑选择合适的非传播内容或非媒介内容数据作为内容分析数据的辅助性资料,以更好地分析变量之间的关系。比如上一小节中关于关联性研究问题的一个例子是对国际新闻报道的多项预测因素的考察,国际传播学者丹尼斯·吴曾对 38 个国家在两个星期内的国际新闻报道进行了内容分析,[4] 描述该样本中所报道的 214 个国家被报道的情况和数量,并将它们作为研究中的因变量。而后将 9 个可能影响国际新闻报道的系统因素作为自变量,由此考察多个自变量如何预测主宾国的被报道量。研究者引入了各种非媒介内容数据,如报道国与被报道国两国首都的地理距离(通过网站 Indo. com [5] 的

1　Neuendorf, K. A. (2002). *The content analysis guidebook*. Thousand Oaks, CA: Sage.

2　见:Miller, M. K., & Summers, A. (2007). Gender differences in video game characters' roles, appearances, and attire as portrayed in video game magazines. *Sex Roles*, 57, 733-742.

3　见:Neuendorf, K. A., Gore, T. D., Dalessandro, A., Janstova, P., & Snyder-Suhy, S. (2010). Shaken and stirred:Acontent analysis of women's portrayals in James Bond films. *Sex Roles*, 62, 747-761.

4　见:Wu, H. D. (2000). Systemic determinants of international news coverage:A comparison of 38 countries. *Journal of Communication*,50(2), 110-130.

5　该网站网址见:http://www. indo. com/distance/。

在线服务获取信息）、来自国际组织"自由之家"（Freedom House）1995 年对各国新闻自由程度的年度评估、报道国与被报道国进出口贸易量（来自国际货币基金组织的《1996 年贸易统计年鉴指南》），以及《1996 年世界年鉴》汇总的各国人均GDP 和地理面积等。这种非媒介内容或非传播内容的二手数据的应用在笔者对近 20 年的内容分析研究的调查中屡见不鲜，其种类可说是无所不包，如人口统计数据、报纸发行量、行业协会年度文件、法院判定案例数据、农村发展报告、经济发展报告、城市犯罪统计指数或自杀率、市场数据、教会记录、医学索引、国家档案馆记录及其他政府数据来源，等等，不一而足。可见，内容分析研究者在研究设计时需要充分发挥想象力，调动各种数据来源的可能，从而使内容分析尽可能突破对内容现象本身的描述，提升研究对传播内容的分析深度和解释力。

内容分析的第二种扩展方式是将内容分析信息数据与信息来源数据结合，由此可以发现信息产生过程中重要的因素。这类研究较为有代表性的一个例子是一项对女性再现的台前幕后的调查。[1] 研究者关注的是美国黄金时段播出的现实类和虚构类电视节目生产，探讨的是在这种节目生产过程中幕后女性的参与如何与电视节目上的女性再现相关。结果发现，在制作虚构类的情景剧和电视剧时，如果女性编导占据节目制作的高层位置，那么节目中女性角色会有更好的再现，解决冲突的方式也更为平等；而这种关系在现实类节目中却不曾出现。

第三种扩展方式是将内容分析信息数据与信息接受者数据整合，为检测信息效果提供了机会。此类内容分析研究往往是综合了其他研究方法，由内容分析数据与另一组研究调查数据如信息接受者的问卷调查或实验数据组合而成。例如，柯林斯等人将内容分析和调查数据相结合，[2] 发展出一套详细的测量青少年接触电视上性内容情况的方法，结果发现这种接触可以跨时预测青少年是否会开始性行为。同样是研究媒介对受众的性态度和性行为的影响，另有研究者则将内容分析与实验结果相连接，[3] 他们首先对在线报纸在 2003—2004 年对一起强奸案的新闻报道标题进行了内容分析，发现新闻标题对强奸"神话"的普遍支持，然后从内容分析的新闻报道标题中分别挑出支持或反对"神话"的样本，对男性受众进行实验，发现男性在接触了支持"神话"的新闻标题后容易持更强的支持强奸的态度。

1　见：Lauzen, M. M., Dozier, D. M., & Cleveland, E. (2006). Genre matters: An examination of women working behind the scenes and on-screen potrayals in reality and scripted prime-time programming. *Sex Roles*, *55*, 445-455.

2　见：Collins, R. L., Elliott, M. N., & Miu, A. (2009). Linking media content to media effects: The RAND television and adolescent sexuality study. In A. B. Jordan, D. Kunkel, J. Manganello, & M. Fishbein (Eds.), *Media messages and public health: A decisions approach to content analysis*, pp. 154-172. New York: Routledge.

3　见：Franiuk, R., Seefelt, J. L., & Vandello, J. A. (2008). Prevalence of rape myths in headlines and their effects on attitudes toward rape. *Sex Roles*, *58*, 790-801.

2.2 研究目的与研究设计

研究设计并非对任何内容分析都是一成不变，其类型取决于研究者想要回答的问题和数据。围绕传播内容，研究者关心的研究问题基本上涉及三个方面：①传播内容及其特征是什么？②传播内容是如何产生的？或者说，为什么会产生这样的传播内容？③传播内容可能/会产生什么效果？这三个方面的问题实际上分别偏向于三种研究目的或路径，即内容描述性研究、生成前因推断性研究和后果影响预测性研究。下面将针对三种不同的研究目的分别解说内容分析研究的设计思路和注意事项。

2.2.1 描述性的内容分析设计

内容分析最频繁地用于描述传播内容的属性和特征，或者识别内容特征之间的关系，也就是说，研究只是回答各种"是什么"的问题，主要就诸如传播的关注焦点、传播内容趋势或媒体间的内容差别等提出具体的研究问题和假设。此类分析的研究者通常是非常小心地将其研究结论限定于所研究的内容，尽管其动机也许很显然就是希望由内容特征推断内容来源或者预期内容可能产生的结果。

描述性的研究吸引人之处在于其清楚、简洁，可以提供细致、精确的画像。但它们有时成为那些质疑内容分析深度研究的可能性及其作为一种方法的科学重要性的人的攻击目标。当然，从研究的实际状况来看，确有不少内容分析研究者特别是初学者，常常将描述退化成拙劣的事实堆砌，或如赖特·米尔斯所说的"抽象经验主义"。[1] 有大量主题不明、缺乏针对性的调查和个案研究仅仅报告了微不足道的信息，并没有激发出任何"为什么"的问题，或提供任何通则化的基础。然而，这里说的是那些无意义的描述功能，而并非是对描述性研究本身的指责。

虽然有人不重视描述性研究，将其视为"纯粹描述"，或者也有大量的研究新手将描述性研究低级化，但真正抓住现象和问题的细致的描述对于研究计划还是很有必要的，它极大地丰富了我们有关社会形态和本质的知识。而且，细致的描述可以激发研究者提出解释性研究中"为什么"的问题。如果我们探索到过去25年中存在着较大的社会两极分化，我们就不得不问"为什么会发生？"但是，在问"为什么"之前，我们必须首先要确认社会两极分化现象加剧的存在及其程度。最

---

1 ［美］赖特·米尔斯. 社会学的想象力［M］. 第 2 版. 陈强，张永强，译. 北京：生活·读书·新知三联书店，2008.

好发展出理论来解释为什么现在的社会两极分化比过去要严重,但是,如果基本假设是错误(也即社会两极分化并没有加剧),那么试图解释并不存在的现象就颇为荒谬了。同样,在对媒介的认识历史上,常常有一种对于新媒体负面影响的恐慌论,认为新兴的媒体如 20 世纪 20 年代的电影和广播、三四十年代的电视,乃至于当代的互联网,其承载的"负面"内容(如色情、暴力等)会对特定人群产生极为不良的影响。那么这样的负面内容到底在何种程度上存在,是一个我们进一步推论其影响的前提性的研究问题。因此,描述性研究是任何其他研究的基础。

2.2.1.1 单一型与比较型描述性内容分析

对于内容分析而言,描述性的研究设计大致有两类,即单一型与比较型。前者很简单,因为只是单纯具体的对某一现象某一属性的描述,而且通常是在一个时点或时段上对一个变量的描述,因此,此类研究的设计思路一般呈直线型,也即需要什么就寻找直接对应的数据资料即可,其对应的研究问题是上面小节中提到的描述性研究问题。虽然有的描述可能相对比较抽象,如"电视情景剧中所呈现的社会世俗化程度怎样?",但这样一类的研究一般只要按照内容分析正常的操作流程即可实现(参见第 1 章第 3 小节),无需在设计环节上费太多周折,而对于较为抽象的描述性研究而言,其最需要考虑解决的是抽象概念或类目的操作化定义问题(详见第 5 章),比如如何界定电视情景剧中的社会世俗化并使之操作化。

需要明白的是,描述性的内容分析并不总是意味着单变量(也即仅在一个时点上描述一个变量的结果),也可能是,而且往往应该是,在对比中发现差异,并由此发现更深层次的现实问题。从研究境界上说,为了获得有意义的结论,所有内容数据都必须在比较中提升其价值,这一点在学术性研究中尤其重要。比如,一篇社论或一份报纸在一段时间内使用"自由"一词 n 次,这种发现本身其意义并不是很大,可是当研究引入时间维度以后,将一个国家的同一媒体在不同政治体制统治下进行对比,其研究意义就大不相同。因此,描述性内容分析的研究设计在很大程度上其实往往是比较型的,这种类型的研究设计对应的一般是差别性研究问题。比较型研究设计大致有三种情况:同一信息源生成内容的比较、不同信息源生成内容的比较、信息源内容与外部参照的比较。

2.2.1.2 同一信息源生成内容的比较

该类型的比较以同一个信息源(如同一位演讲者、同一个媒体等)所生成的内容为分析资料,或是在同一个文献资料范围内比较变量 X 和 Y,或是以某一个关键变量 X(或多个变量)为轴心,进行跨时段或跨情境比较。

1)比较内容变量 X 和 Y。这种比较不但描述了内容/风格特征与传播方式,而且可以揭示同一信息源生产的内容中不同变量之间的关系(见图 2.5)。这一类型的内容分析实例最多的是探索传播内容某一特质的性别差异或种族差异,其中的变量 X 是研究者所关注的某传播内容特征比如电视暴力的呈现,而变量 Y 则是性别、种族或其他。电视暴力研究最早的分析仅涉及暴力呈现(比如频次、程度等),后来的研究即向纵深发展,在研究设计中引入各种内容变量,多层面、多维度地建构类目,如暴力的真实程度、实施方式、情景信息,暴力交锋和暴力镜头等,不但注意分析各种变量(如暴力与性形象、暴力与施暴者正反面角色、暴力与情境幽默成分)之间的关系,而且还把考察情景信息的各个变量分配到分析单位的各个层次,[1] 从而为有效地探讨暴力节目的影响(如暴力脱敏问题、[2] 暴力的强化作用等)奠定了更为坚实的基础。其他考察不同的内容变量的研究实例还有,比较虚构和非虚构电视节目对医生在能力、种族性格、人际沟通风格、体谅他人、权力和外在吸引力等方面的描绘,看不同的节目类型(如黄金时段虚构性节目、白天肥皂剧、电视网新闻、新闻杂志和电视"脱口秀"节目等)之间在这些描述特质方面有无差别;[3] 再如,比较政治广告三种形式(积极、消极、混合)的不同语言和情感诉求,并在此基础上探讨语言对政治广告的情感反应的作用。[4]

在麦克姆斯等人对二级议程设置的一项研究中,[5] 这种内容变量之间的比较以及相互关系的揭示体现得尤为突出,可谓是此类研究的代表之作。该研究对1996 年西班牙大选中候选人形象进行研究,同时考察二级议程设置的两个属性面

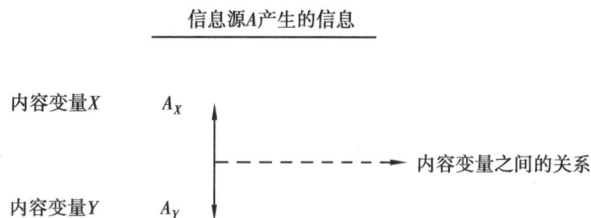

图 2.5 内容变量 X 和 Y 的比较

在该设计示意图中,实线箭头表示关系或比较,虚线箭头表示所作的推论。
本图绘制参照:Holsti, O. R.(1969). *Content analysis for the social sciences and humanities.* Reading, MA: Addison-Wesley Publications. p. 30.

---

1 有关不同层次的分析单位的讨论详见第 5 章。
2 对电视暴力接触的增加会让观众麻痹而形成一定程度的"脱敏"。
3 见:Chory-Assad, R. M., & Tamborini, R.(2001). Television doctors: An analysis of physi-cians in fictional and non-fictional television programs. *Journal of Broadcasting & Electronic Media,45*(3), 499-521.
4 见:Gunsch, M. A., Brownlow, S., Haynes, S. E., & Mabe, Z.(2000). Differential lin-guistic content of various forms of political advertising. *Journal of Broadcasting & Electronic Media,44*(1), 27-42.
5 见:McCombs, M., Lopez-Escobar, E., & Llamas, J. P.(2000). Setting the agenda of attrib-utes in the 1996 Spanish general election. *Journal of Communication,50*(2), 77-92.

表 2.1　二级议程设置的两个属性面向关系

候选人	实质面向	情感面向		
		正面的	中性的	负面的
候选人 A	意识形态/议题立场	26[a]	13	41
	生平细节	0	4	0
	可感资质条件	65	27	76
	正直诚实	24	0	2
	个性形象	56	13	73
候选人 B	意识形态/议题立场	6	18	16
	生平细节	3	3	1
	可感资质条件	64	62	71
	正直诚实	22	0	3
	个性形象	31	8	95

[a]每个单元格内的数字是对选民就候选人所提出的开放性问题的回答的内容分析中所识别出的断言(assertions)的数目。

向(attribute dimensions),即实质性描述(substantive descriptions)和情感性描述(affective descriptions)。研究者通过内容分析常用分析手段之一交互表(见表 2.1)显示了两个面向之间的关系,并在不同候选人之间进行了比较。在此基础上,研究者进一步测试媒介的属性议程设置影响选民的议程设置这一假设。

2)比较跨时段信息。从这种比较中,不但反映出内容本身的发展趋势(如 1885 年到 1985 年这一百年间报纸头版设计发展的趋势和转变特点,[1]体育插图杂志中广告明星代言人的使用趋势以及与此相关的性别和种族问题、[2]通过分析学术期刊发表的研究论文来揭示传播学研究的发展趋势和新进展[3])(见图 2.6),而且分析者可以作出有关世俗走势的推论,例如,通过对 30 年间美国三本流行杂志(*Sports Illustrated*,*Rolling Stone*,*GQ*)中的图片分析,研究者调查了美国男性吸引力的社会文化标准的变化和发展;[4]通过对期刊杂志四个不同时代的样本广告的内

1　见:Barnhurst, K. G., & Nerone, J. C. (1991). Design trends in U. S. front pages. *Journalism Quarterly*,68(4), 796-804.

2　见:Ruihley, B. J., Runyan, R. C., & Lear, K. E. (2010). The use of sport celebrities in advertising: A replication and extension. *Sport Marketing Quarterly*, 19(3), 132-142.

3　见:Tomasello, T. K. (2001). The status of internet-based research in five leading communication journals, 1994-1999. *Journalism & Mass Communication Quarterly*,78(4), 659-674.

4　见:Law, C., & Labre, M. P. (2002). Cultural standards of attractiveness: A thirty-year look at changes in male images in magazines. *Journalism & Mass Communication Quarterly*, 79(3), 697-711.

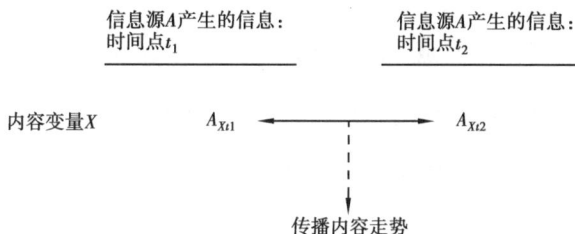

图2.6　跨时段信息的比较

本图绘制参照：Holsti, O. R. (1969). *Content analysis for the social sciences and humanities*. Reading, MA：Addison-Wesley Publications. p. 28.

容分析揭示出广告中文化价值观念的变迁，[1]因为广告常常体现了某种消费者的价值观，或是被用来解释目标群体、目标社会所支持的主导价值观；由分析美国四大广播公司（ABC、CBS、FOX和NBC）在1950—1990年黄金时段播出的电视连续剧的家庭人口特征和结构特征来展现美国家庭结构的时代变化。[2]

另外，有的跨时段比较则是以此来折射社会、政治或经济环境的变化对内容生产带来的影响，或者至少是这种环境因素的变化体现在内容上的不同反映。比如，在国际媒介体制研究中，有不少学者对当代一些国家的媒体如何因应政治体制变化投入了极大的关注，其中就有研究者以俄罗斯三大高质量报纸之一《消息报》（*Izvestiya*）为例，分析俄罗斯纸质媒体在争取独立构建民主的过程中遇到的主要问题。[3] 研究者通过对该报在1988年和1996年这两个重要年份的头版新闻报道进行内容比较，试图在呈现该报是如何向公众报道政治事件的同时，以此来折射俄罗斯政治体制的转变对于该报新闻报道的影响，并由此探讨外部环境的改变尤其是传播自由的深入和市场因素在多大程度上体现在新闻报道的结构上这样的深层次问题。

在跨时段比较中，时间维度是关键，选择合适的时间点和时间段是比较差异并对差异作出合理解说的关键。因此，分析者在研究设计时不但要尤为注意，而且一定要做到在正式搜集资料前心中有数，并且在汇报成果时一定要给读者清楚的交代，即选择时间点或时间段的理由何在。这种时间维度上的引入，可以是两个或两个以上的时间点（如年份）或时间段（两年期、五年期或十年期），或者一个时间段中每个年份之间的比较，有时也可以是一个时间点的选择，以该时间点为分界线，然后进行前后对比。

1　见：Gupta, A. S., & De, S. (2007). Changing trends of cultural values in advertising：An exploratory study. *Psychology and Developing Societies*, 19(1), 113-123.

2　见：Skill, T., & Robinson, J. D. (1994). Four decades of families on television：A demographic profile, 1950—1989. *Journal of Broadcasting & Electronic Media*, 38(4), 449-464.

3　见：Voltmer, K. (2000). Constructing political reality in Russia：*Izvestiya*—Between old and new journalistic practices. *European Journal of Communication*, 15(4), 469-500.

2.2.1.3 不同信息源生成内容的比较

对于不同信息源所生成的内容,其比较的目的主要是为了由内容考察内容生产主体间的差异(见图2.7),这种差异的比较又可为进一步推论内容生产主体所处的政治、经济、社会或文化大环境与传播内容特质之间的关系奠定基础。内容生成主体既有个体层面的(如个人书信、个人网页,或者在记者层面考察新闻报道的写作风格或偏向性问题),也有组织层面和国家/跨文化层面的。在内容分析研究的实践中,后者相对较多,既有不同传播层次或传播机构之间的比较,例如,比较小报和传统电视新闻杂志节目在犯罪报道方面的不同,[1] 市场份额大小不同的地方电视台在处理从外来市场引进新闻时,是否解决了已感知到的偏向问题以及处理的方式有何不同,[2] 网络在线新闻如何不同于传统的报纸、电视、有线电视和广播的新闻报道,[3] 也有不少是探究国际间的差异,如在标准化—本土化争论背景下比较美国和日本电视广告的信息内容,尤其是策略和战术(如信息线索的使用),[4] 通过比较新加坡亚洲新闻频道(CNA)与美国CNN的新闻简讯来检视亚洲新闻与西方新闻实践有着根本上的不同这样一种理念,[5] 通过对中美广告诉求的内容分析来反映两国的文化价值差异。[6] 这种中层或宏

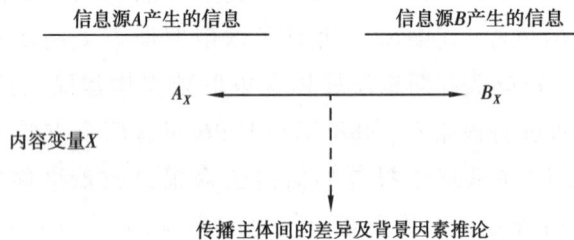

图 2.7

信息源A产生的信息　　　　　信息源B产生的信息

A_X ←——————————→ B_X

内容变量X

传播主体间的差异及背景因素推论

图 2.7 不同信息源内容的比较

本图绘制参照:Holsti, O. R. (1969). *Content analysis for the social sciences and humanities*. Reading, MA: Addison-Wesley Publications. p. 30.

1　见:Grabe, M. E. (1996). Tabloid and traditional television news magazine crime stories: Crime lessons and reaffirmation of social class distinctions. *Journalism & Mass Communication Quarterly*, 73(4), 926-946.

2　见:Carroll, R. L., & Tuggle, C. A. (1997). The world outside: Local TV news treatment of imported news. *Journalism & Mass Communication Quarterly*, 74(1), 123-133.

3　见:Maier, S. (2010). All the news fit to post? Comparing news content on the web to newspapers, television, and radio. *Journalism & Mass Communication Quarterly*, 87(3/4), 548-562.

4　见:Ramaprasad, J., & Hasegawa, K. (1992). Informational content of American and Japanese television commercials. *Journalism Quarterly*, 69(3), 612-622.

5　见:Natarajan, K., & Hao, X. (2003). An Asian voice? A comparative study of channel news Asia and CNN. *Journal of Communication*, 53(2), 300-314.

6　见:Lin, C. A. (2001). Cultural values reflected in Chinese and American television advertising. *Journal of Advertising*, 30(4), 83-94.

观层面的比较往往能将微观内容的考察与一些较为中观或宏观的机构、市场、体制或文化等方面的问题联系起来,从而加深研究的厚度。

2.2.1.4 信息源内容与外部参照的比较

上一章中我们提到内容分析研究的应用目的之一是在一定参照框架下对传播内容进行评估,这一类研究的设计涉及将某一信息源的信息与某种表现标准比较(见图2.8),因此需要在设计时斟酌援引怎样的参照标准以及如何引入的问题,这也就是本章前面小节中所提到的非传播内容数据或非媒介内容数据的使用问题。依据比较的目的,此类研究又可细分为以下三种:

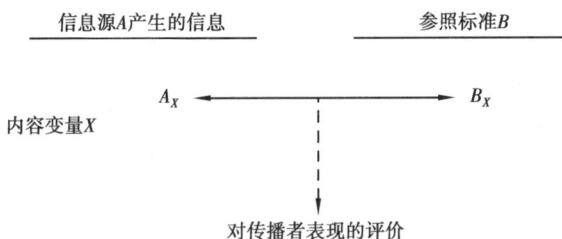

图2.8 信息内容与外部参照的比较

本图绘制参照:Holsti, O. R. (1969). *Content analysis for the social sciences and humanities*. Reading, MA: Addison-Wesley Publications. p.31.

1)将信息源内容与现实比较,以此来判断信息源传播的内容在多大程度上与客观现实相吻合。在媒介暴力研究、犯罪新闻报道研究和特殊群体形象(如女性形象、黑人形象)研究文献中会经常看到这样的实例,所使用的非传播内容或非媒介内容数据包括法院判定案例数据、城市犯罪统计指数或自杀率等。在一则题为《电视娱乐节目中攻击行为的描写有多真实?》的代表性实例中,[1]研究者为了实现媒介传播内容与现实的比照并确定电视节目描写的真实程度,他们从复制真实性(replicated reality)和情境真实性(contextual reality)这两个层面来界定真实性,前者指真实世界里攻击行为与电视上所呈现的攻击行为的匹配程度,从研究操作层面来看就是内容分析所获得的攻击性行为数据与美国刑法部统计数据的匹配程度,包括四个方面的数据,即攻击性行为的最小百分比、男性和黑人攻击行为者是否占高比率、受害者是否多为男性并且在黑人和白人中比例均等,以及多数攻击行为者是否认识其受害者。[2] 第二种真实性也即情境真实性则是指暴力所发生

---

1 见:Potter, W. J., & Vaughan, M. W. (1995). How real is the portrayal of aggression in television entertainment programming? *Journal of Broadcasting & Electronic Media*, 39(4), 496-516.

2 具体的数据分析详见该论文。

的情境特征的真实程度,这一构念的提出主要是呼应一些学者对原有类似研究的批评,指出观众依赖行为的情境来构建意义。研究者从意图、动机、回报、后果、幽默和现实性等六个方面来建构情境真实性,这一部分的分析主要依据电视节目内容分析所获得的数据。

2)**将信息源内容与某一标准比较,以此来评估传播内容的质量或与预期目标的匹配程度**。这种标准参照有的是直接援用既有的某种资料,最为常见的是用于美国电视节目是否达到美国联邦通信委员会(FCC)政策规定服务于公共利益这一标准的常规性内容分析报告以及相关学术研究,其标准主要参照 FCC 有关公共利益服务的电视节目内容要求以及以往学者对相关要求或标准的界定和总结;再比如,以美国民意报道的旗帜性报纸《纽约时报》对民意调查结果的新闻报道为考察对象,将其与美国民意研究协会(AAPOR)所采用的指导方针中有关如何撰写调查结果的建议相比较,以此检视《纽约时报》的相关报道是否与最少信息公开量这一标准相一致,并推断该报对民意调查结果的报道的质量。[1]

还有的研究不是直接援用现有参照,而是在一定的理念或某种行业标准期待的框架下,通过对相关概念的构建,研究者在已有文献和研究的基础上,拟定出一套概念化和操作化定义后的基准,然后以此基准来评估信息内容的达标程度。这类研究常见于评估新闻报道的平衡公正或客观性研究。[2] 再比如,在网站兴起之初,在还没有既定的网站交互性评估标准的情况下,路易斯萨·哈和林肯·詹姆斯两位研究者首先从理论概念上梳理交互性的定义,提出交互性的五个维度,并以此对早期的三类企业网站进行交互性程度的基准评估。[3] 另外还有些有关新闻报道偏向性研究则是以现实情况为参照来评估报道内容的选择偏向,比如有研究曾以美国最高法院各类裁定和其他诉讼的案例为基准,以此判断美国三大主流报纸对最高法院裁决的报道在案例议题上的偏向,进而说明媒体的议程设置和报道偏向问题。[4]

3)**将信息源内容与信息源主体行为比较,以此来判断信息源主体是否言行一致**。例如,在政治传播研究中,比较竞选人 A 在选举竞选中的承诺与其选举后为实现其承诺的行动,以此判定竞选人 A 履行其承诺的程度。

1　见:Marton, K., & Stephens, L. (2001). The *New York Times*' conformity to AAPOR standards of disclosure for the reporting of public opinion polls. *Journalism & Mass Communication Quarterly*, 78(3), 484-502.

2　研究实例如:Lacy, S., Fico, F., & Simon, T. F. (1991). Fairness and balance in the prestige press. *Journalism Quarterly*, 68(3), 363-370.

3　见:Ha, L., & James, E. L. (1998). Interactivity reexamined: A baseline analysis of early business Web sites. *Journal of Broadcasting & Electronic Media*, 42(4), 456-473.

4　见:O'Callaghan, J., Dukes, J. O. (1992). Media coverage of the Supreme Court's caseload. *Journalism Quarterly*, 69(1), 195-203.

2.2.2　生成前因推断性的内容分析设计

在内容分析研究发展历程中,对内容本身的关注虽然一直未脱离研究的中心地位,但也不乏研究者对超越信息描述(也即内容的前因与结果)具有浓厚的兴趣,虽然这种兴趣点在不同的研究领域中可能有所侧重。人际传播类的(特别是那些以已知接收者为对象的)内容分析倾向于试图推断信息来源,而大众传播类的内容分析则倾向于试图推断接收者或接收者效果或者两者兼顾。如第1章提到的,对于内容产生前因的推断性研究较早用于判定作者身份,而当代的此类研究则多是探索信息内容生成的影响因素(或关联因素)及其与内容之间的关系。

与描述性内容分析相比,推断性内容分析更具学术性,因为应用型研究往往限于描述层面,说明事物或现状是什么,而学术性研究则更着眼于变量之间的关系和因果解释。纽恩多夫建议,在学术性内容分析中,"变量应该在研究问题或假设的形式下相互联系在一起"。[1] 她指出,一方面,内容分析本身只能描述信息特征或者识别信息特征之间的关系,但另一方面,其方法是构成全面理解人类行为的整体之必需,进而构成社会与行为科学之要素。在与以个人为调查单位的其他研究的结果相结合时,内容分析可以为研究人际传播行为和受众对中介化传播的反应的多重方法提供经常缺失的重要连接环节。纽恩多夫所说的连接集中体现在两种推断性内容分析上,一是对内容生成的前因进行推断,二是对内容可能产生的结果或效果进行推断或预测。

虽然贝雷尔森认为研究者可以从对信息内容的考察中推论信息来源的特征或意图,或者对信息接收者作出某种论断,[2] 但纽恩多夫却对此持有异议,认为此种推论缺乏经验根据,"不受支持",与科学哲学的原则不相一致。[3] 一方面,我们要认识到纽恩多夫警示的重要性,因为其质疑所指的问题实际上往往来自于研究设计、数据使用和关系建立上,因而在这三方面对研究者都提出了很高的要求;另一方面,我们同时也应看到内容分析在实现这种推断性研究的可能性与合理性之所在及其局限性,如此方能更为理性、有效地运用此种方法解决实际研究问题。

从近20年间的研究实践来看,对内容生产的前因推断性分析在探究内容的影响因素及其与内容之间的关系时,主要有三种路径和方式来搭建其间的联系:①无经验性数据连接的逻辑推理,②内容数据与内容影响因素数据的相互比照下的逻辑推理,③内容数据与内容影响因素数据的经验性直接连接。第一种方式因

1　Neuendorf, K. A. (2002). *The content analysis guidebook*. Thousand Oaks, CA：Sage. p. 107.

2　Berelson, B. (1952). *Content analysis in communications research*. New York：Hafner.

3　Neuendorf, K. A. (2002). *The content analysis guidebook*. Thousand Oaks, CA：Sage.

为缺乏直接的数据连接,因而在推断上往往被视为不太可靠或至少是不够坚实的,这也是纽恩多夫质疑的主要对象。相比之下,后两者特别是第三种路径的有效性更强,说服力也更大。

2.2.2.1 无经验性数据连接的逻辑推断

这种推断性内容分析是在缺乏经验性数据连接下的一种替代分析,也即在一种逻辑推理(主要是外展推理)的基础上对所分析的内容特征进行反向推论,而非建立一种内容与前因之间经验数据的直接的相关关系。在这类研究中,研究者通过对现状和以往研究的考察,或者基于某种理论的演绎,推导出在某种影响因素存在或不存在的情况下,从理论逻辑意义上内容应该呈现的不同特征,然后通过内容分析获得一组而且也是研究中唯一的一组经验性数据,来反观实际获得的数据是否印证了逻辑推理上应该呈现的特征型态,如果是,则说明这种影响因素与内容特征有关,甚至进一步推断这种影响的实际存在(见图2.9)。

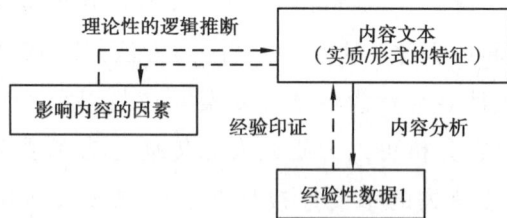

图2.9 无经验性数据连接的内容前因推断

政治传播领域里的一本以刊载高质量量化研究论文著称的权威期刊《政治传播》(*Political Communication*)1996年发表过一篇论文,[1]其探讨的核心问题是美国和加拿大电视台对社会抗议的新闻报道受到哪些情境性因素的影响并如何受其影响。在此研究中,内容与影响内容生成的因素之间关系的建立,并无直接的经验数据的支持,也即由内容分析而获得的数据并没有在经验性层面上与体现影响内容因素的数据产生直接的联系,后一种数据在研究中是缺失的。为实现其研究目的,研究者在比较不同情境的基础上进行逻辑推理。该研究的具体推论路径是,在考察现实社会背景的基础上,比较美国和加拿大两国媒介系统所生存的环境,如政治体制、媒体融资和美国作为超级大国的影响等,然后进一步由以往有关抗议和国家媒体关系的研究发现和理论阐述中,找出影响媒体报道社会抗议活动的关键因素(如媒体的制度性焦点、反映精英论争和挑战现行体制基础的抗议的不同性质,以及抗议群体提升其议题被报道并影响其如何被报道的能力等),并从

1　见,Wittebols, J. H. (1996). News from the noninstitutional world: U. S. and Canadian television news coverage of social protest. *Political Communication*, *13*(3), 345-361.

以往研究中梳理出一些有关社会抗议运动的媒体报道与情境因素之间关系的较为宽泛意义上的隐含假定,由此进一步推导出其研究要验证的美国和加拿大媒体报道抗议的不同的三个具体研究假设,如果这三个有待经验性验证的假设被内容分析数据印证了的话,反过来则可以说明那些因素的影响作用存在的可能性。

从实践总结来看,这种对内容生成的影响的推断往往又是建立在比较分析基础之上的:

1) **由比较不同情境下产生的内容来推断**。其中一种设计是比较在不同状况下由某一个信息源产生的信息,这种设计适用于推断变化的情况对传播的具体特征的影响(见图2.10)。比如,面临激烈竞争的报纸是否要比那些在发行区内垄断的报纸提供明显好得多的新闻报道,以此来推断媒体所有权垄断对新闻报道内容的影响。再比如,同样是考察媒体所有权与媒介内容的关系问题,研究者可以选择一份原来是家族所有,后来被媒体垄断集团购买的报纸作为研究对象,比较这两种情景下的报纸中将少数族裔作为消息来源的情况,由此推断所有权变迁对报纸的影响。情境的比较还有一种设计是比较不同信息源在不同情境下生成的内容,就如同上述比较加拿大和美国的电视新闻对社会抗议的报道这一例子。

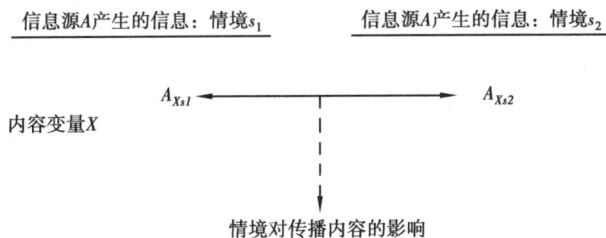

图2.10　同一信息源在不同情境下生成的信息比较推断

本图绘制参照:Holsti, O. R. (1969). *Content analysis for the social sciences and humanities.* Reading, MA: Addison-Wesley Publications. p. 29.

2) **通过比较针对不同的目标受众而产生的信息来推断信息目标受众的影响。** 例如,通过比较某电影公司生产的G片(面向普通观众)与R片(严格限制在17岁以上观众),来推断目标受众对电影中所使用的语言的影响。[1]《纽约时报》和《洛杉矶时报》的发行地区不同,面对不同的读者,因此有可能导致这两份报纸对某个事件比如1995年第四届联合国世界妇女大会的报道主题或关注点有所不同。

1　见:Phalen, P. F., & Algan, ECE. (2001). (Ms) taking context for content: Framing the Fourth World Conference on Women. *Political Communication*, *18*(3), 301-319.

由信息源A面向C而产生的信息   由信息源A面向D而产生的信息

内容变量X A_xC ◄――――――――――► A_xD

受众对传播内容的影响

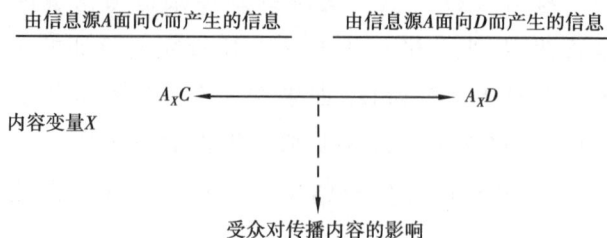

图 2.11　针对不同的目标受众而产生的信息比较推断

本图绘制参照：Holsti, O. R. (1969). *Content analysis for the social sciences and humanities*. Reading, MA：Addison-Wesley Publications. p. 29.

2.2.2.2　内容数据与影响因素数据相互比照下的推断

　　推断某种/某些因素对内容的影响的第二种路径，与前一种最大不同之处在于，此类研究是在两套经验数据的比照下进行逻辑推理，以此来印证和解释内容影响因素与内容实质/形式特征之间的关系（见图 2.12）。在此类研究中，反映内容本身的经验数据也即由内容分析生成的数据与可能对内容产生影响的因素的经验数据这两者在统计分析上是独立进行的，并没有直接作为自变量和因变量关联在一起进行分析[1]，而是在各自单独分析的基础上相互进行比照，然后通过逻辑上的关联和解说来进一步印证和推导内容文本与影响内容的因素之间的关系或者后者对前者产生的作用。

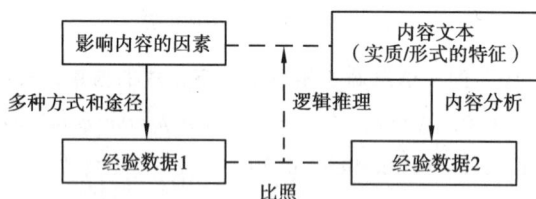

影响内容的因素 ┈┈┈ 内容文本（实质/形式的特征）

多种方式和途径　　逻辑推理　　内容分析

经验数据1 ┈┈┈ 经验数据2

比照

图 2.12　经验数据比照的内容前因推断

　　在政治传播研究和新闻话语研究中，一直以来都有一个经久不衰的主题，也即各种政治力量如何通过各种手段来左右新闻话语，在大众传播环境中营造出有利于己方的战略话语。对此，研究者的一个基本假定是，如果前者真的会发挥作用的话，那么这种作用必然会或多或少在新闻文本中有所体现。经验研究所要做的便是在两者之间以经验数据验证的方式建立起可信可靠的桥梁，而不是简单地停留在观点论证或是个别案例的非系统化的论说层面上。传播学领域的两份重头刊物《传播季刊》（*Journal of Communication*）和《政治传播》都曾登载过不少以此

1　有关变量的基本概念详见第 5 章，统计分析的相关内容详见第 7 章。

为研究主题的实证研究,其中一种路径即采纳的是两组数据的比照。例如,凯文·科等人在探讨西方思想界用二元话语来建构现实的趋势以及美国布什政府在后"9.11"时代如何运用二元话语赢得政治优势时假定,如果美国总统运用了一种二元话语,那么美国主流报纸的社论就会有相应的效仿。[1] 这种有关政治利益方作用于媒介话语的假定如何在经验层面得到印证和推断呢?其研究的总体思路和实施路径如下。

首先需要考察作为影响因素的美国总统的话语。研究者选取了布什总统从2001 年 1 月 20 日的就职演说到 2003 年 3 月 17 日以通缉萨达姆拉开序幕的伊拉克战争这段时期的 15 篇重要演说。以段落为分析单位对总统演说进行内容分析,[2] 也就是说,每个段落中只要出现一套二元话语即赋予一个编码。如此获得第一套经验数据,以"9.11"事件发生日期为时间切分点,对该套数据独立进行交互表分析,[3] 看每种二元话语(如"善 vs. 恶"、"安全 vs. 危险"等)在"9.11"前后的呈现在分布上是否有所不同。其次对美国主流报纸的相关社论也进行内容分析。分析样本从美国 20 家报纸在每篇总统演说发表后两天之内的社论中搜集,报纸样本展现了地理上的多样性,而社论也与新闻报道不同,因为从新闻操作规范来讲,新闻报道是实录,而社论则极大地体现了报纸的观点立场,因此新闻报道如果有对总统演说内容的投影式复现的话,也很难将其归因于总统演说的话语建构作用,而在很大程度上可能更多的是因为受制于新闻操作常规(如消息源援引等)的问题,因此选择总统演说发表后的社论为样本在逻辑上具有更强的说服力。对相关社论进行类似的内容分析即生成了第二套经验数据,并做类似的交互表分析。在建立了两套数据并分别进行统计分析之后,研究者再将两套数据进行比照(表2.2),通过逻辑上的关联解释来分析总统演说的话语建构与报纸社论的话语呈现之间的关系,看社论中二元话语的呈现是否与总统演说具有一致性。

这样类似的内容分析研究设计在国际新闻报道和媒体议程研究中颇为常见,诸如一国的对外政策如何体现在该的国际报道、对总统国情咨文报告中的话题议程与媒体议程之间关系的考察等。虽然这种比照以内容前后关系双方的两组数据为基础,较之于说明内容前因的经验数据缺失的第一种路径在经验证据上迈进了一步,但在数据的直接连接上仍然存在着可靠性和可信性问题,如果逻辑推断稍欠严密的话,基于这样的数据比照而得到的推论结果就会令人质疑。纽恩多夫所警示的关系连接问题多指第一类和第二类的推断。因为无论是这两类中的哪

1　见:Coe, K., Domke, D., Graham, E. S., John, S. L., & Pickard, V. W. (2004). No shades of gray: The binary discourse of George W. Bush and an echoing press. *Journal of Communication*, *54*(2), 234-252.
2　有关以段落为分析单位的优劣阐述详见第 4 章。
3　有关交互表分析和相应的卡方检验的说明解释详见第 7 章。

表 2.2 二元话语呈现交互表比较分析

时间段	"善 vs. 恶"二元话语			
	乔治·布什演说		社论	
	无	有	无	有
"9.11"前	97.6%	2.4%	98.3%	1.7%
	($n = 125$)		($n = 59$)	
"9.11"后	92.5%	7.5%	71.4%	28.6%
	($n = 80$)		($n = 56$)	
	$\chi^2 = 3.0$, $df = 1$, $p = .08$		$\chi^2 = 16.5$, $df = 1$, $p < .05$	
时间段	"安全 vs. 危险"二元话语			
	乔治·布什演说		社论	
	无	有	无	有
"9.11"前	99.2%	0.8%	96.6%	3.4%
	($n = 125$)		($n = 59$)	
"9.11"后	95.0%	5.0%	85.7%	14.3%
	($n = 80$)		($n = 56$)	
	$\chi^2 = 3.6$, $df = 1$, $p = .06$		$\chi^2 = 4.3$, $df = 1$, $p < .05$	

一种,一是在统计分析上缺乏前因后果的两组经验性数据的直接关系,更勿论关系显著性检验问题,二是在推论中缺少其他因素的排他性以及建立影响关系所需要的时间前后确认问题,也就是类似于在麦克姆斯创造性地运用交叉滞后分析(cross-lag analysis)的研究设计之前议程设置研究所面临的一个困境,或者说一个有关影响方向,也即变量 A 和 B 到底是谁影响了谁的问题。

2.2.2.3 内容数据与影响因素数据的经验性直接连接

与前两种设计不同的是,第三种路径不单分别建立了有关内容特征的经验数据和代表影响内容的潜在因素的经验数据,而且在数据分析中直接将两套数据关联聚合在一起,成为新的一套数据进行统计分析和检验(见图 2.13)。而所涉及的统计分析方法则有多种,如相关性检验、线性多元回归、logistic 回归等。

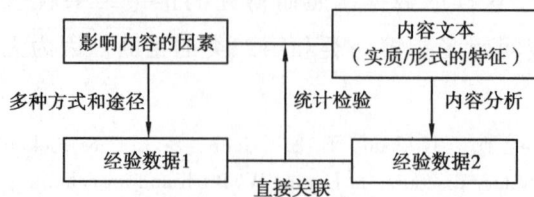

图 2.13 经验数据直接关联的内容前因推断

在国际传播学分领域国际新闻/信息流研究中有一个持续的主导话题,即由国际信息流不平衡现象而带来的对影响国际新闻报道的因素的思考和探索。以施拉姆在1960年代展开的系列研究为伊始,[1]该领域许多学者都在长期不断地考察影响国际新闻流的媒体内部和外部因素,在实证研究中不断提出和验证作为自变量的影响流量和方向的各种环境定向因素,包括国家体系的层级秩序、文化接近性、社会距离和经济关系等,以此解释和预测影响国际事务报道的新闻价值和因素。另外,以事件定向因素为核心的研究脉系在观照媒体内容本身的同时,注重对决定国际事件新闻价值的媒体内外因素及其相互关系的系统构建和验证,[2]使得国际新闻流/信息流的经验研究成为国际传播领域中继宣传与传播效果研究之后实证研究范式的突出代表。在此范式下,国际事件特征和媒体报道内容是因变量,而非流量和方向。可以说,以经验数据直接相关联为基础的内容分析在此类研究中占据着核心地位。比如在上文有关"数据资料的选择和作用"一小节中所提到的丹尼斯·吴的研究即是将内容分析数据与代表影响的系统因素(如两国地理距离、各国新闻出版自由程度、两国贸易、各国GDP、语言等)的相关数据直接关联起来,并以前者为因变量、后者为自变量的方式融合在一起,形成一套包含214个主宾国的完整、自成系统的数据集,然后进行多元回归分析以考察每种决定因素对国际新闻报道量影响的预测力。

其他类似的研究还有评估国际事件与国家特征在预测媒体对国际事件报道的显著性方面的新闻价值,[3]从世界范围内考察可能影响灾难报道的因素(如与某一灾害相关的死亡数也即受害程度、这种灾害是不是新类型的,以及灾害发生地点属于世界上的哪个地区范围等)及其与报纸新闻报道的关系,[4]等等。这种研究在影响因素数据方面会因应研究主题而有不同的考虑,虽也有像上一种类型的

1　详见其两部代表性专著:1)Schramm, W. L. (1960). *One day in the world's press*. Stanford, CA: Standford University Press;2)Schramm, W. L. (1964). *Mass media and national development: The role of information in the developing countries*. Stanford, CA: Stanford University Press.

2　研究实例如:1)Chaudhary, A. G. (2001). International news selection: A comparative analysis of negative news in the Washington Post and the Daily Times of Nigeria. *Howard Journal of Communication*, *12*(4), 241-254;2)Peterson, S. (1981). International news selection by the elite press: A case study. *The Public Opinion Quarterly*, *45*(2), 143-163;3)Sande, O. (1971). The perception of foreign news. *Journal of Peace Research*. 8(3/4), 221-237;4)Shoemaker, P. J., Danielian, L. H., & Brendlinger, N. (1991). Deviant acts, risky business and US interests: The newsworthiness of world events. *Journalism Quarterly*, *68*(4), 781-795.

3　见:Shoemaker, P. J., Danielian, L. H., & Brendlinger, N. (1991). Deviant acts, risky business and US interests: The newsworthiness of world events. *Journalism Quarterly*, *68*(4), 781-795.

4　见:Singer, E., Endreny, P., & Glassman, M. B. (1991). Media coverage of disasters: Effect of geographic location. *Journalism Quarterly*, *68*(1/2), 48-58.

研究那样采用两套不同的内容分析数据，[1]但更多的是使用以各种方式和渠道获得的非媒介内容或非传播内容数据，将这些数据与内容分析所获得数据直接联系起来，[2]建立统计模型或关系，以考察内容以外的各种因素与内容本身的关系。这些非媒介内容或非传播内容数据的来源大多来自于相关领域权威机构发布的统计数据，一般需要与当下研究相匹配的及时更新的数据，或者即便不是最新数据，也必须是在时间维度上具有持续有效性。

2.2.3　效果影响预测性的内容分析设计

内容分析研究还有很重要的一类，就是通过测量信息内容的关键特征来验证或预测接受者或受众对信息内容的反应，其主要目标是揭示传播内容对传播对象的影响，预测所考察的信息的结果或与之相关的传播者行为。在西方传播学研究中一个经典传统是探寻竞选传播对选民意见形成的影响，在这方面早期研究的代表是保罗·拉扎斯菲尔德、贝雷尔森及其同事所做的伊里县调查，其中就包括了对报纸、杂志、广播讲话和广播新闻中竞选信息的广泛的内容分析，在此基础上，这几位先驱者在《人民的选择》一书中用两章的篇幅报告分析了"选民被告知了什么"，并特别辨析了广播和印刷媒体的影响。[3]自此，几乎已形成了一种研究惯例，将竞选期间民意形成的研究辅以对广告、辩论和新闻报道的竞选传播的分析。这也是西方民意研究一个长久不衰的问题，也就是说新闻媒体和媒介信息是否以及怎样形塑了民意。将民意与媒介内容在个体层面与宏观或系统层面上联系起来，是许多研究路径的一个核心成分，而此类研究的关键是在传播内容与内容接受者之间建立证据连接。

1　有些议程设置研究关注的是媒介议程是由哪些因素决定的，其中很大程度上与政府职能部门或个体相关，比如有从历史研究层面上来探讨罗斯福总统的议题议程如何影响了他所阅读或不阅读的报纸，研究涉及两套数据，一套是罗斯福国情咨文演讲的内容分析数据，另一套是演讲前后的媒体相关报道的内容分析数据。与前一种类型的研究所不同的是，研究者将二者结合起来，运用秩相关统计方法检验两套数据之间的关联性。参见：Johnson, T. J., Wanta, W., Byrd, J. T., & Lee, C. (1995). Exploring FDR's relationship with the press: A historical agenda-setting study. *Political Communication*, *12*(2), 157-172.

2　如笔者的一篇论文，Zhou, X. (2008). Cultural dimensions and framing the Internet in China: A cross-cultural study of newspapers' coverage in Hong Kong, Singapore, the US and the UK. *International Communication Gazette*, *70*(2), 117-136. 研究介绍和编码表见附录二。

3　Lazarsfeld, P. F., Berelson, B., & Gaudet, H. (1948). *The people's choice: How the voter makes up his mind in a presidential election*. New York: Columbia University Press. 转引自［美］希伦·A. 洛厄里，梅尔文·L. 德弗勒. 大众传播效果研究的里程碑[M]. 第3版. 刘海龙，等，译. 北京：中国人民大学出版社，2009：64-85.

2.2.3.1 提升研究效度的关键

如何将传播内容数据与信息接受者的反应或传播内容的效果(如民意结果)连接起来?研究者们在实践中已摸索出不同的逻辑和操作策略。最常见但也是连接最弱的一种策略是对聚合数据(aggregated data)的推测性阐释。这种推测有两个方向,或者由受众反应(如民意)反推至作为刺激因素的传播内容,或者由新闻媒体(或其他信息源)中的信息推论其对受众的影响。如果这种关系的某部分观察不到,或者仅仅基于印象性的观察而非系统研究的话,那么这种策略有助于衍生假设,但对因果证明却于事无补。这就使得内容分析法与其他以人作为数据采集和分析单位的方法(典型的有问卷调查和实验)相融合成为必需。因此,在民意效果研究中,更为有效的结果可通过测量或操作性地整合传播内容和民意这两者来获得。除了民意数据外,操作性策略还包括三个要素,也即对传播内容的分析、对信息接触的测量以及联系民意与传播内容的理由,并通过操作上的和统计上的程序建立证据。在这一系列的操作性策略中,除了内容分析本身的有效性和准确性外,其他两个方面是提升研究效度[1]的关键:

1)获得接受者对信息内容接触的测量数据。当民意数据与大众媒体内容相联系时,如果除了内容分析结果外还可获取公众接触媒体和/或信息的信息,那么研究的效度将大为增加。有诸多不同方法可用于获取这样的信息,受众收视率/收听率研究是一个便捷来源,可提供有关印刷和电子媒体包括互联网的受众范围和使用的广泛而不断更新的信息。对电视或其他媒体受众的测量可提供受众接触内容类别(如新闻或广告)、具体的媒体出路(渠道、印刷产品或类似其他)、某一天或某一时段播放的节目、某些特别网站、某份报纸或杂志的议题、甚至是某议题内的特殊部分或条目等相关情况。国外对媒体使用的常年测量包括由芝加哥大学国家民意研究中心(NORC,National Opinion Research Center)所主持的美国国家社会普查(GSS,General Social Surveys)以及目前由密歇根大学社会研究所(ISR)和斯坦福大学社会科学研究所(IRISS)合作主持的全美电子调查(ANES,American National Election Surveys)。GSS自20世纪70年代一直就相同的媒介问题进行调查,因此它可以追踪长期走势。在欧洲,由欧洲委员会委托、在欧共体成员国实施的欧洲变化晴雨表标准调查,定期调查人们使用媒体以获取在电视、日报、广播上的新闻以及他们接触欧共体媒体报道的情况。另外,像盖洛普、Roper和其他商业性调查机构也频繁地发布媒体使用数据,这些媒体使用数据可作为考

---

1 何谓效度,参见第6章。

察大众媒体内容对民意产生影响的连接分析手段。[1]

然而,当研究者将这些数据与媒体内容相联系时,通常局限于在聚合的层面上比较,而并非是表达民意的个人其本身的媒体接触的一对一比较,从而使研究证据受到限制(这将在下文解释)。如果研究者想在个体层面上考察关系的话,他们不可避免地必须测量那些用以搜集民意数据的问卷调查的受访者样本(以此与媒体内容相比较),看这些受访者的媒体使用情况。研究者除了询问接触频率外,[2]还设计出大量的测量工具探寻媒体使用的不同维度,例如对不同媒体来源的依赖、关注和评价。[3] 与标准的调查所不同的,一些重点关注传播行为的特殊研究采用更为复杂的测量,测量对特殊信息(如竞选广告、电视播放的辩论、特殊议题,或者特殊新闻报道等)的接触和接收等。这里存在的一个问题是,绝大多数传播行为的测量不得不依赖于受访者的自我报告。如此一来,方法论的效度也许会受到质疑。[4] 恰如媒介内容分析著名学者舒梅克及其同事的一项研究所证明的,[5]测量报纸接触的结果会随着如何操作化“接触”(比如测量阅读所花时间的多种方法)而有着很大的不同。[6]显然,对人们接触信息的测量越具体、越准确,从民意(或传播内容结果)与传播内容相关联所得出的证据就越具有结论性。但是,细致的接触测量需要大量的访问时间,因此它往往是一个在所愿和所能付出这两者之间寻找合理的折中点。

2)建立传播内容与效果之间的证据连接。测量人们的信息接触并分析人们所接触的信息是建立传播内容与接受者反应之间联系的唯一的第一步。在传播内容与其效果的连接分析全模式(见图 2.14)中,对传播内容特征和属性的内容分析、接受者对传播内容的接触测量,以及能显示和说明接受者反应或所受到的传播内容的影响(如上所述的民意)这三个方面的数据均不可或缺,而且这种全模式连接分析的不同数据组在分析单位上是一对一的关系,这种一对一的连接关系可以基于不同的分析单位。

---

1 Schulz, W. (2008). Content analyses and public opinion research. In W. Donsbach and M. W. Traugott (Ed.), *The SAGE handbook of public opinion research*, pp. 348-357. Thousand Oaks, CA: Sage. p. 351.

2 比如类似这样的问题:1)你阅读报纸的频率是:每天一次,每周几次,一周一次,一周不到一次,还是从来不阅读? 2)在一个平常的日子中,你个人观看电视大约多少小时?

3 比如类似这样的问题:1)你觉得你获取的新闻大部分是来自于何处,是报纸、电视、电台、杂志还是其他? 2)一般来讲,你对有关总统竞选的新闻给予了多大的关注? 极大的关注、相当的关注、有点关注、极少关注或者不关注?

4 Bartels, L. M. (1993). Messages received: The political impact of media exposure. *American Political Science Review*, 87, 267-285.

5 见: Shoemaker, P. J., Breen, M. J., & Wrigley, B. J. (1998). *Measure for measure: Comparing methodologies for determining newspaper exposure*. Paper presented at annual conference of the International Communication Association. Jerusalem.

6 不少研究者都提倡将动机指标(如信息注意、信息搜寻和媒介卷入等)与媒介接触测量结合起来,以提高媒体使用测量的效度。

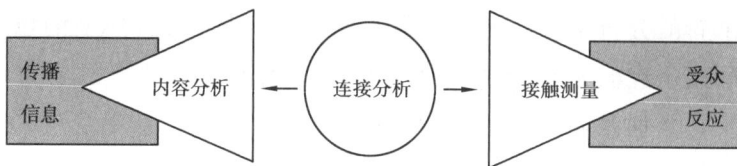

图 2.14　传播内容与其效果连接分析模式图

本图绘制引自：Schulz，W.（2008）. Content analyses and public opinion research. In W.
Donsbach and M. W. Traugott（Ed.），*The SAGE handbook of public opinion research*，
pp. 348-357. Thousand Oaks，CA：Sage. p. 352.

2.2.3.2　一对一连接关系的全模式设计

传播内容及其传播效果之间的关系研究在聚合数据和个体数据两个层面上都
可以进行。以聚合数据为基础的解释通常将信息内容的传播效果比如民意的形
成或变化归因于媒介信息的社会散播。经典的议程设置研究路径即为代表实例
之一。议程设置是探究媒介内容对竞选影响的研究得最多的一个概念和理论假
设，它将媒体中的议题报道与公众的议题显著性问题联系起来。一个典型的议程
设置研究包括问卷调查，让选举区内的受访者指出国家所面临的最重要的问题，
并以此与主要关注新闻报道议题频率的内容分析相结合，而且这两方面分析的结
合是基于聚合数据，也即在两套数据各自总结后再进行比较，而不是在两套数据
个体案例的一对一的基础上进行比较分析的。如此一来，调查样本在两方面的总
体倾向的吻合也许并不能代表个体在媒介内容接触和议题重要性评价的特质与
媒介内容特征（也即媒体议题呈现）的一致性，因此有可能损害研究的效度。而且
议程设置研究中大多都没有真正测量媒介接触情况，那么假设中影响民意的相关
信息就无法得到足够的具体说明。另一个在当代传播中广为认可的路径涵化分
析基本上也是采用聚合数据而非个体数据。典型的涵化分析研究通过将人口调
查的结果与电视节目的内容分析相比较，其基本假设是电视节目的具体内容特征
（如强调暴力）与公众的信念（如相信大多数不可信）是相关的。

将媒体内容与个人层面上内容接受者受到的影响相互连接起来，可以基于三
种不同的分析单位，即个体的问卷调查受访者、信息单位或者是混合单位。[1]　德国
当代著名的民意研究专家、前国际传播学会会长沃尔夫冈·董仕巴（Wolfgang
Donsbach）教授曾以"索引模式"之名包括了前两种策略，因为两者都是将一套数
据的聚合数据作为一个新变量加入至第二套数据单位中。与此相反，第三种策
略，也即董仕巴教授标记为"个体数据模式"，则把由两套数据而来的个体层面数

---

[1]　有关分析单位的解说详见第 4 章。另可参见第 7 章图 7.11 所示的一个有关内容分析变量
　　与受众反馈间关系的研究案例解说。

据合并成一个新的分析单位。与聚合数据路径所不同的是,典型的以个体数据为基础的微观层面研究假定单个的具体信息或一系列信息的接触有可能影响其意见和态度。根据数据是如何紧密相连,纽恩多夫考察了信息变量与来源或接收者变量之间的连接质量和强度,并在此基础上区分了连接信息和受众两种数据的不同层级,连接强度从一级至三级不等。[1] 最强的连接是内容和受众数据的分析单位存在着一一对应关系,纽恩多夫称之为一级连接。其研究设计即包含了图 2.14 中所示的连接模式中的所有组成部分。如下例证说明了三种策略或程序的区别:[2]

1) **受访者作为分析单位**。在一项颇为独到的议程设置研究中,研究者使用问卷受访者作为连接单位,测量美国人口总体的公众议程,以熟悉的开放式问题,询问在 1974 年全国大选研究中提出的该国面临的最重要的问题。[3] 另外,他们还询问受访者阅读什么地方报纸,对受访者阅读的报纸的头版新闻进行内容分析,从而将受访者接触过的相关媒体议程具体化。最后,研究者将每位受访者与他/她阅读过的特定报纸配对,并将(个人层面上的)问卷数据与对应的(聚合层面上的)内容分析结果合并。较为新近的一个类似的例子是贝克等人对新闻媒体对投票选择的影响研究。[4] 作者将四种不同的数据来源与以个体受访者为中心分析单位的美国全体选民问卷数据合并。数据来源包括对受访者阅读的主要报纸和收看新闻的电视网的内容分析。内容分析关注的是新闻报道和社论中的实际偏见,同时访谈调查的是受访者感知的媒体偏见。

2) **信息成分作为分析单位**。利用信息成分作为连接的全模式设计很典型地体现在麦克姆斯等人的一项研究中。[5] 作者考察了新闻报道的哪些特征对报纸读者的接受产生最强的影响。与前文提到的实例一样,研究由两部分组成:一是对一家地方报纸的内容分析;二是对该地方报纸读者的问卷调查。研究者测量了该报某一天中所报道的 199 条新闻的读者接受情况,所询问的问题包括读者注意到该报的哪些新闻报道,是否阅读了报道文章的部分且阅读了多少。另外,他们还

1　Neuendorf, K. A. (2002). *The content analysis guidebook*. Thousand Oaks, CA: Sage. pp. 61-65.

2　三种策略的归纳和实例讲解援引自:Schulz, W. (2008). Content analyses and public opinion research. In W. Donsbach and M. W. Traugott (Ed.), *The SAGE handbook of public opinion research*, pp. 348-357. Thousand Oaks, CA: Sage.

3　见:Erbring, L., Goldenberg, E., & Miller, A. H. (1980). Front-page news and real-world cues. A new look at agenda-setting by the media. *American Journal of Political Science*, 24, 16-49.

4　见:Beck, P. A., Dalton, R. J., Greene, S., & Huckfeldt, R. (2002). The social calculus of voting: Interpersonal media, and organizational influences on presidential choices. *American Political Science Review*, 96, 57-73.

5　见:McCombs, M. E., & Mauro, J. B. (1977). Predicting newspaper readership from content characteristics. *Journalism Quarterly*, 54, 3-7, 49.

对该份报纸进行了内容分析,对每条新闻就不同的内容和形式特征进行了归类,以此作为衡量读者的三个指标的预测因素。与前面实例所不同的是,此例中的连接分析是以每条独立的新闻报道为分析单位,以其特征为自变量,而以每条新闻的读者接受情况的聚合数据为因变量。

与此类似的是纳卡拉多与纽恩多夫合作的一项有关广告效果的研究。[1] 他们有意识地将内容分析作为一种预测性的方法论来指导其研究实践,将印刷广告的关键特征与受众回忆、读者群和对广告的评价联系起来,探寻的是"为什么一个广告要比另一个表现更好?"以及"一个既定广告如何有了吸引人之处?"这样的有关传播内容效果的问题。他们将内容分析作为一种连接已有读者数据与广告特征的方法,以此来发现某些广告是否承载着某种与读者关注情况相关的属性。如果是,尽管无法求证因果关系,但至少可以由广告特征对读者的接受情况进行预测。研究所用的分析单位是每个单个的广告,在此基础上将内容分析和读者调查的两组数据相融合,分析广告特征与每个以受众为中心的因变量(包括广告回忆、读者身份、感知的信息性、感知的吸引力等四个变量)之间的关系,分别对四个因变量运行逐步回归分析,以发现在 75 个自变量中哪些是构建预测模型的最佳变量。

3)**混合分析单位**。沃尔夫冈·董仕巴教授 1991 年发表的一项研究设计极为精细,用的是混合分析单位,考察媒介内容与读者政治预设立场(predispositions)之间的一致(consonance)和不协调如何引导了受众的选择。[2] 他调查了德国两份全国性日报和两份地区性德文日报的读者,具体测量了这些读者对这四份报纸刊登的政治性文章的接触情况,问卷还包括询问读者对新闻报道的主要政客的意见倾向。另外,与其他许多一般性的报纸内容分析所不同的是,董仕巴教授专门针对读者阅读过的所有报纸文章进行内容分析,获得了大量的有关内容和形式特征的数据。一个关键的内容特征是某政治领导人在新闻报道中所扮演的角色(分为"支持的"、"不支持的"、"中立的"等几类)。为了在两组数据间建立强有力的关系,董仕巴教授创立了一种新的分析单位,将其定义为"一位读者和一篇文章之间每一个潜在的联系",以便将新闻报道信息与读者调查信息合并。这样,新产生的成套数据用于观察读者行为是如何受到媒介内容与读者预设政治立场之间协调与不协调关系的影响的。

1　见:Naccarato, J. L., & Neuendorf, K. A. (1998). Content analysis as a predictive methodology: Recall, readership, and evaluations of business-to-business print advertising. *Journal of Advertising Research*, *38*(3), 19-33.

2　见:Donsbach, W. (1991). Exposure to political content in newspapers: The impact of cognitive dissonance on readership selectivity. *European Journal of Communication*, *6*, 155-186.

2.2.3.3 非一对一连接关系的横向设计

在实际操作中,以全模式设计方式将传播内容及其结果或影响联系起来的研究较为少见,这与设计难度和数据采集的局限性均有关系。常见的倒是在内容分析或内容接触测量这两个环节上,或是缺失其中一个或是全部缺失。如果连接分析模式不完整,至少可以采用纽恩多夫所指称的二级连接和三级连接。[1] 虽然数据集合之间的联系强度随一级连接至三级连接而逐级递减,但是所有这些连接对简单描述和无保障的逻辑推论都是极大的改进。

根据纽恩多夫,如果研究没有将单位以一一对应的关系匹配起来,也就是说,内容分析中的分析单位与信息源或接收者研究中的单位并不匹配,那么这种连接是临时性的,连接的建立不需要分析单位上一对一的相符合。比如一项针对某个公共议题的新闻报道所做的研究,将新闻报道的内容分析与社会政治环境下间歇性出现的事件联系起来,两者的分析单位各自不同。[2] 二级连接分析虽然在分析单位上不存在一对一的关系,但毕竟是建立在个体层面数据上的连接,图 2.14 中的连接各环节没有缺失,这是二级连接与三级连接的区别所在。

三级连接是三种分析策略中数据联系强度最弱的一种,它只是假定从不同研究中获得的数据之间具有逻辑关系。其连接分析会受到限制,不单是因为连接中间有缺失的环节,而且也因为它是建立在聚合数据之上的。在三级连接分析中,个体层面上缺乏较强的经验证据,不得不以逻辑推导和诠释为弥补或替代。在这种情况下,分析单位没有一对一或临时偶然的对应关系,但是内容分析与以内容分析变量为基础的其他研究具有总体上的逻辑联系。这种三级连接利用信息源或受传者研究所得到的证据,来为内容分析提供理由,或据此以内容分析作为信息源或受传者研究的动机。比如,通过对有关酒类广告的一系列内容分析,研究者发现在啤酒和葡萄酒广告中最常见的两种诉求,即名人赞助和性吸引,并借助于另外的对青少年和成年人进行的实验研究结果,说明这两种诉求(两个内容分析变量)对于青少年而言,明显的要比年长的成年人更具有吸引力。[3]

民意研究中常见的三级连接分析适用于推断的依据只有两套数据。也就是说研究者除了民意数据之外还要测量的只有人们的媒介接触情况,却不对媒介内容进行考察,这样就使人们所接触到的信息特征得不到具体说明。而且,媒介使用通常只是通过一些粗糙的指标来测量,无法准确地确定人们接收的是哪些信息。

---

1 Neuendorf, K. A. (2002). *The content analysis guidebook*. Thousand Oaks, CA: Sage. pp. 61-65.

2 见:Andsager, J. L., & Miller, M. M. (1992). *Exploring patterns of controversy*: *Newspaper coverage of RU-486*. Paper presented at the annual meeting of the Midwest Association for Public Opinion Research, Chicago, IL.

3 见:Atkin, C. K., Neuendorf, K. A., & McDermott, S. (1983). The role of alcohol advertising in excessive and hazardous drinking. *Journal of Drug Education*, *13*, 313-325.

由于这样一些研究运用的是不完整的分析模式,由此得出的有关信息—内容连接的证据是有限的。这种设计上的不足,一般的弥补方式是揭示媒介与信息内容之间的某种一致性,或者想当然地认为人们(自我汇报的)媒介接触产生一种具体影响,其研究的可靠性和有效性受到很大的影响。

基于洛基奇和德夫勒的媒介依赖假设的研究具有更为复杂的推理特征。[1] 比如,典型的涵化分析研究将媒介内容特征与受众对"生活事实"的看法联系起来,假定信息会对接受者施加培养效果。然而,涵化分析研究即使是对信息做了内容分析,且对媒介使用进行了测量(例如重度电视观看者的识别),其设计也不符合全模式设计的要求,因为其内容分析结果在操作上没有与个体的受众及其各自的媒介接触相连接,而且测量媒介接触所使用的是聚合数据。在此情况下,证据必须得到辅助性前提(ancillary assumptions)的支持,也即需要效果推导的前提根据,比如,电视是人们无法规避的一个"共同的象征环境",或者如其他学者所言,"几乎每个人都直接或间接地接触媒体广播的内容"。[2] 这类似于本章前文在介绍外展推理时所涉及的图尔敏模式中的正当理由 W,它为数据和结论之间搭建了逻辑桥梁。

总之,以传播内容和接受者反映的聚合数据为基础的研究在原则上是不能建立一一对应的连接分析单位的。在这种情况下,个体意见与聚合的信息结构(或者单个信息与聚合的民意)之间的关系性质仍不清楚。而且,除非有较强的证据证明存在一种诸如媒体报道一致的独特情境,对一个聚合总体内的下属单位进行的推论就很容易犯生态谬误[3]的错误,而且聚合数据易于导致"聚合偏差"(aggregation bias)。[4]

2.2.3.4　非一对一连接关系的纵向设计

为弥补聚合数据的不足,研究者尝试采用其他设计思路和研究手段来搭建传播内容和接收者反应/效果(比如民意)之间的关系,其中,以时间序列分析(time-series analysis)[5]设计方式米连接二者,已成为一种越来越常用的操作策略。这种允许因果推论的高级统计方法可用来跟踪媒体内容的变化进而推论民意的变化,

1　Schulz, W. (2008). Content analyses and public opinion research. In W. Donsbach and M. W. Traugott (Ed.), *The SAGE handbook of public opinion research*, pp. 348-357. Thousand Oaks, CA: Sage. p. 354.

2　Gerbner, G., & Gross, L. (1976). Living with television. The violence profile. *Journal of Communication*, 26, 173-199.

3　生态谬误,又称层次谬误,它源于分析单位的错误配对,也即以较高层次或集合层次的分析单位搜集资料,但对较低层次或非集合层次的单位做出论断。

4　Langbein, L. L., & Lichtman, A. J. (1978). *Ecological inference*. Newbury Park, CA: Sage. 转引自:Willnat, L., & Zhu, J. -H. (1996). Newspaper coverage and public opinion in Hong Kong: A time-series analysis of media priming. *Political Communication*, 13(2), 231-246.

5　时间序列分析所研究的是随时间变化的相关结构。详见第7章相关小节。

或者相反。[1] 如纽恩多夫所主张的,时序研究可以视为 B 型一级连接设计,以时间单位(如一周或一个月)作为操作上的连接。[2] 拉斯·威尔纳特和祝建华两位教授曾在媒介启动效应的理论框架下,以时序分析法探讨了新闻内容与民意间潜在的密切联系。[3] 该研究除了对 1992 年 10 月到 1993 年 10 月间香港地区三份主要报纸进行内容分析外,还连续 52 周每周对民意进行调查,由此获得一段时间序列内的数据,在此基础上测试媒体报道是否以及如何影响了公众对当时的香港总督彭定康的评价。与以往基于横剖设计的启动效应研究所不同的是,该研究采取了一种纵向的设计布局,使用实地研究的数据而非实验数据去检测媒介启动效应在自然环境中的有效性,从而更有效地建立因果关系。虽然该研究只是图 2.14 中一对一连接分析的全模式设计与以往启动效应研究的横剖设计之间的一种折中方式,但也凸显了其设计上的一大优点,即通过同一连续时段内(从 1992 年 10 月 7 日至 1993 年 10 月 5 日,即港督彭定康在 1992 年 10 月的第一次政治演讲至他在 1993 年 10 月的第二次演讲之间的这段时间)两组数据的比对,发现一段较长时间跨度内的启动效应,一组是有关彭定康改革计划的新闻报道数量,另一组是用于反映受访者对彭定康的评价变化的每周民意调查数据。这样一种跨时段的研究设计,既不容易受到时段内引人注目的事件影响的牵制,也可避免实验性的操控。最后研究者通过自回归滑动平均混合模型(autoregressive integrated moving average, ARIMA)程序来完成对时序数据的统计分析,并在此基础上验证和解释媒体的启动效应。

与此类设计相似的还有以事件为连接单位的。例如,在一项考察新闻结构与民众对政治事件知晓度之间的关系的研究中,研究者在所选的四种大众媒体(电视和报纸)历时三个月的报道中识别出 555 个至少同时有两家媒体报道了的事件,用媒体报道内容分析来分辨这些事件的新闻因素和新闻价值(以报道的显著性为标识)等特征。[4] 这些事件变量在统计上与通过问卷调查而获得的反映事件知晓情况的不同测量数据关联起来。

其实,关注事件、以事件为中心展开研究,这在社会科学领域并不独特。社会科学的所有领域都对事件及其发生的原因怀有巨大兴趣。政治学家的兴趣往往在暴乱、革命、政权的和平更替,人口学家的注意力集中在生育、死亡、结婚、离婚

1 研究案例如:1)Fan, D. P. (1988). *Predictions of public opinion from the mass media. Computer content analysis and mathematical modeling.* Westport, CT: Greenwood Press;2)Brosius H. -B., & Kepplinger, H. M. (1990). The agenda-setting function of television news. Static and dynamic views. *Communication Research*, *17*, 183-211.

2 Neuendorf, K. A. (2002). *The content analysis guidebook.* Thousand Oaks, CA: Sage. p.61.

3 见:Willnat, L., & Zhu, J. -H. (1996). Newspaper coverage and public pinion in Hong Kong: A time-series analysis of media priming. *Political Communication*, *13*(2), 231-246.

4 见:Schulz, W. (1982). News structure and people's awareness of political events. *Gazette*, *30*, 139-153.

和迁移,而新闻传播学者则关心社会和政治事件何以受到媒体的关注和报道。事件由发生在某一特定时点上某种性质的变化构成,这种变化必须由在前后相继的事件间的一个相对明确的阶段构成。正因为事件是以某一时间段内发生的变化来定义的,所以人们逐渐认识到研究事件及其发生的原因的最好方法是收集事件史的数据,其最简单的方式就是,对某一时段内发生于个体或集体的事件做纵向记录。这一方法为研究传播内容效果也提供了拓展设计思路的参照。

这种对时间维度的重视同样也反映在对于麦克姆斯和肖恩开创的议程设置横剖设计传统的反思上。批评者认为这种分析所假定的媒体报道与人们感知到的议题重要性之间的因果关系无法得到横向比较数据的支持,而且,这种静态的研究设计其实与议程设置过程的动态性质并不吻合,[1]也没有将可能存在的效果时滞问题考虑进去。虽然有些学者也尝试以纵贯设计的路径展开相关研究,但毕竟相当少见,而将两种路径同时加以运用的更是微乎其微。对议题发展的纵贯分析的一大难处在于它有赖于方法论上的突破。时间序列分析可以说是助推媒介效果研究的一大灵感之源,因为它契合了事关理论和实证旨趣的议题发展的三个自然属性:①一个议题的持续时间,②一个议题成为不同媒体的话题与受到公众关注之间的时间差,以及③公众注意的时间段和在大众媒体中话题的回落。也就是说,媒体报道的变化与问题的感知变化之间存在着相当大的时滞差。在此思路下,有研究者大胆地同时从横向的静态分析和纵向的动态分析两个方面来揭示媒体报道与公众认知态度的关系。[2]在纵向的动态分析中,研究者特别将四个时滞变量纳入考量,利用两个不同的模式来对问题知晓度进行预测,一个模式中的预测变量完全是反映公众以往的问题知晓情况的变量,而在另一个模式中则在此基础上加上了之前的媒体报道变量,两个模式的对比可以反映出第二个模式(也即媒体报道)在多大程度上额外解释了民众知晓度方面的差异。

2.2.3.5　信息源主体行为的推断预测

无论是全模式设计还是其替代性方案,都是旨在验证或推测传播内容对接受者可能产生的影响。还有另外一种类型的传播内容后果的预测研究,即对信息源主体也即内容传播者本身在其传播之后的行为推断预测。虽然这不属于经典的传播效果研究,但在某些方面如评估传播主体公信力、政策制定及其走向的把握等方面却发挥着重要的指导作用。比如,在政治传播研究中,由美国老布什总统批判伊拉克的言辞及其走向对伊战争的内容分析和历史关照,再对照乔治·布什批

1　Behr, R. L., & Iyengar, S. (1985). Television news, real-world cues, and changes in the public agenda. *Public Opinion Quarterly*,*49*, 38-57.

2　见:Brosius H. -B., & Kepplinger, H. M. (1990). The agenda-setting function of television news. Static and dynamic views. *Communication Research*,*17*, 183-211.

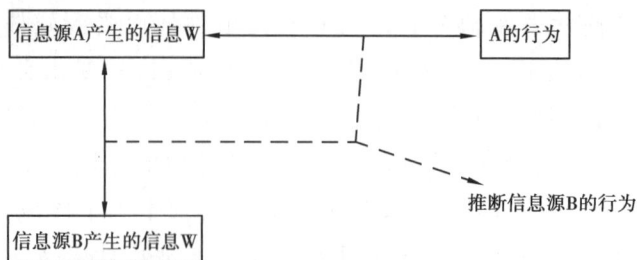

图 2.15　不同信息源主体言行相似性比照

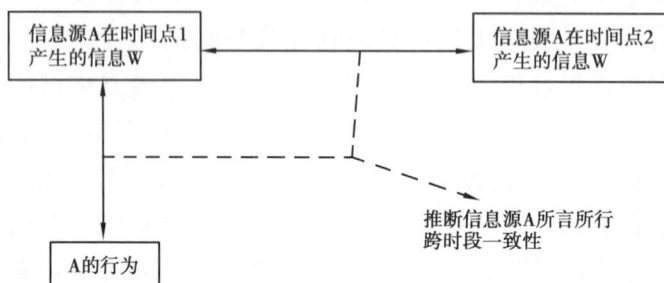

图 2.16　信息源内容与信息源主体行为跨时段一致性比较

判伊拉克的言辞(见图 2.15),并分析父子俩在外交政策和行事风格等诸多方面的相似性,由此推断预测,子如其父,乔治·布什也会走向对伊战争。

同样是在政治传播领域,西方的民主国家的民众特别重视候选人对竞选承诺的履行和兑现,认为这是其政治可信度的重要衡量指标。有不少研究者通过对某候选人以往言行的一致性来预测其履行新一任期的竞选承诺的可能性,这样的预测必然在研究设计中引入不同时点的比较。例如,首先对候选人 A 在第一任期大选前竞选时发表的各种演说进行内容分析,将其与 A 在大选后第一任期履行其竞选承诺的行为进行比较,考察 A 第一任期履行大选前竞选承诺的情况;然后再对 A 在第二任期大选前竞选时发表的演说进行第二项内容分析,在此基础上,由 A 完成第一任期承诺的程度以及第二任期大选前的竞选承诺的现实性来推论他是否同样会履行第二任期承诺(见图 2.16)。

3 抽样原理与方法

由于传播过程中生成的信息量相当之多,研究人员往往不可能分析所有的内容,他们通常是从海量的传播内容中选择一个样本,通过分析样本来形成对整体内容的理解。因此,根据传播的内容和形式,选择恰当的抽样方法,进行科学抽样,是决定内容分析特别是量化内容分析的研究结果是否有效的主要因素之一,抽样的合理与否将决定对总体推断的有效与否。由于传播形式和内容的特性,以及内容分析的独特性,内容分析的抽样亦与其他形式的抽样如问卷调查有着显著区别。内容分析中涉及的随机抽样方法主要有简单随机抽样、系统抽样、连续日期抽样、分层抽样、复合周抽样、整群抽样。使用最普遍的抽样方法主要是前五种。

既然有如此多的抽样方法,在研究中使用哪种最好呢?事实上,没有最好的,只有最适合的。研究者总是希望其所使用的抽样方法能够在实际研究中基于各方考虑将误差减到最低,使样本最能够代表整体。芬克和甘兹曾有过非常精要的总结:"对于社会科学传统而言,由样本推断总体非常重要。结果是,概率(随机)抽样成为理想方式。当受到(诸如时间或资金等)限制时,社会科学家则转向非概率(非随机)抽样"。[1] 由于内容分析所面对的研究对象的特殊性和复杂性,要保证样本单位抽取的科学性相当困难,有时甚至是不可能的,因此该项工作非常复杂。但是另一方面,即使手头上可获得的材料并不完全适合研究目的,符合材料本身整体情况依然是对样本抽取的首要要求。例如,如果想研究好莱坞电影,却以放映给预映委员会的电影正片合辑为样本显然就不是好的代表性样本。[2]

---

1 Fink, E., & Gantz, W. (1996). A content analysis of three mass communication research traditions: Social science, interpretive studies and critical analysis. *Journalism & Mass Communication Quarterly*, 73(1), 114-134. p. 117.

2 见:Jones, D. B. (1942). Quantitative analysis of motion picture content. *Public Opinion Quarterly*, 6, 411-428.

3.1 抽样的基本概念和原理

所有做内容分析的研究者都面临同样一个问题:需要多少内容单位才能获得有效的结论? 该问题涉及传统内容分析法的重要步骤也即内容样本的选取。与抽样问卷调查一样,任何内容分析的目的在于反映内容的全部,就像期望一个样本代表总体一样,研究者希望从少数推论总体,以简驭繁,见微知著,而偏差过大的样本不能代表总体。因此,样本选择的标准应是符合研究目的、信息含量大、具有连续性、内容体例基本一致,简言之,应能从样本的性质中推断与总体性质有关的结论。[1]

总体(population)和样本(sample)是一个样本调查的两个基本要素。总体是理论上研究要素的特定集合体,也即所要研究对象的全体,它是根据一定研究目的而规定的所要搜寻的信息的所有对象、项目(items)或物体的集合,组成总体的各研究对象称之为总体单位。研究的总体往往由具体的研究目的而确定。一个总体可以很小,也可以很大,取决于研究者所要调查的是什么对象、什么事物或事件以及年代的跨度等。比如说要研究某国报纸报道本国某一特殊群体或族群的刻板印象问题,调查的总体可以是全国所有登录在册的各类报纸,也可以仅限于全国性综合报纸,或者地方报纸,或者以报道群体(如农民)为主要读者对象的所有报纸。因此研究时常有目标总体之说,也即随研究目标对象而确定的总体。在内容分析中,常常是通过设立明确标准来界定目标总体。比如在分析小型发展中国家的官方网站时,研究者参照以往研究,依据如下三项标准确定官方网站:在陈述或内容上明显是官方的,所属国家在研究范围内,并且由当地政府和政府机构主办、管理或制作。[2]

样本从总体中取得,它是从总体中按一定程序抽选出来的那部分总体单位所组成的集合,也即实际观察的总体的一部分或下属集合(subset)。当总体包含个体数量非常庞大时,直接对个体抽样在操作上往往是不方便的。为使随机抽样(或称概率抽样)能够实施,同时也为了方便具体的抽样,通常将总体划分成互不重叠且有穷尽的若干部分,每个部分称为一个抽样单位(sampling unit),每个抽样单位都是由单个或若干个体组成的集合。如果抽样单位只是由一个个体组成,那

---

1   参见如下文献中的相关论述:1)Krippendorff, K. (1980). *Content analysis:An introduction to its methodology*. Beverly Hills, CA:Sage;2)[美]迈克尔·辛格尔特里. 大众传播研究:现代方法与应用[M]. 刘燕南,等,译. 北京:华夏出版社,2000;3)邱均平,邹菲. 国外内容分析法的研究概况及进展[J]. 图书情报知识,2003(6):6-8。

2   见:Mohammed, N. S. (2004). Self-presentation of small developing countries on the World Wide Web:A study of official websites. *New Media & Society*,6(4), 469-486.

表 3.1　抽样总体和样本的常见对应值

	总　体	样　本
对其单位的研究	普查	问卷调查、实验、内容分析
下属单位的数目标识	N	n
总结关于一个变量及其分布信息的数字	参数值	统计值
一个变量的均值	μ	M
一个变量的标准差	σ	sd
一个变量的方差	σ^2	sd^2

译自：Neuendorf, K. A. (2002). *The content analysis guidebook*. Thousand Oaks, CA：Sage. p. 75.

么就称为最小抽样单位。抽样单位的划分应视具体情况而定，它可以是自然形成的，也可以是人为划定的，比如在人口变动抽样调查中可将县（区）、乡（街道）或村（居）民委员会作为抽样单位，在内容分析研究中将一本杂志的每一期或每一个栏目作为抽样单位。因此，在一项研究中，抽样单位与总体单位既可以是一致的，也可以不相同。

从量化统计的角度来看，样本推断的研究逻辑是根据调查所得的样本统计值（statistic）来估计和推断被研究对象的总体参数值（parameter）。所谓总体参数值，是指总体中所有单位的某种特征的综合数量表现，比如最常见的是总体某一特征或变量（如一份全国性日报国际新闻报道的实际总量、日报新闻报道的消息来源数或图片数等）的均值和标准差。总体参数值是确定的、唯一的，而且通常是未知的。所谓样本统计值，是指样本中所有单位的某种特征的综合数量表现，最常用的有样本平均数、样本标准差等。样本统计值是不确定的，即对于同一个总体来说，不同样本所得的统计值往往是有差别的；同时，样本统计值是可以通过计算得到的（见表 3.1 中总体和样本的常见对应值）。但是，对于内容分析而言，样本推断更多的是变量的属性及属性变量之间的关联性，比如变量 A 报纸类型（党报或都市报）与变量 B 对某一人物报道倾向（正面、反面或中立）之间的关联。[1]

根据抽样单位的选择、对选中几率的估计和选择的平等性等三大关键要素，抽样方法从总体上可以分为随机抽样（或概率抽样）和非随机抽样（或非概率抽样）两大类。随机抽样是按照概率论和数理统计的原理从研究的总体中，根据统计意义上的随机原则来抽选样本，也即单位的选择完全是靠几率，总体中每一个单位都有一定的概率被抽中，且总体每一个单位被选中为样本的机遇是对等的。因此，随机抽样可以从数量上对总体的某些特征作出估计推断，对推断出可能出现的误差可以从概率意义上加以控制。而非随机抽样则不同，在非随机抽样中，很

---

[1]　参见第 7 章中关联性分析的相关内容介绍。

多时候研究者是有意识地选择抽样单位,总体中每一个单位被抽中的机会不知道,无法保证总体中每一个单位有着相同的被选中的机遇,因此,由非随机抽样而产生的样本在多大程度上具有总体代表性是非常不确定的,所产生的样本误差(即样本值或样本特性与实际的真正的总体值或总体特性之间的差距)也比随机抽样要大得多,由此常常受到严谨的内容分析研究学者的拷问和质疑。一般来讲,在内容分析的研究实践中,量化内容分析要求尽量使用随机抽样方法,但在实际研究中研究者的判断和以往研究的经验也往往是确定抽样方法的根据;而质化内容分析则因其研究性质的不同而对样本的采集有着不同的处理方式,采取理论抽样和其他非随机抽样的时候居多(见第 8 章)。

虽然抽样有多种方法和形式(详见本章下面小节),但所有形式都需要考虑如下两个问题:首先是上文已提到的根据研究目的定义总体的问题,其次是确定抽样框(sampling frame)。抽样框是指用以代表总体,并从中选取样本的一个框架,其具体表现形式主要有包括总体全部组成单位的名册、目录或地图等。从理论上讲,抽样框必须与所要研究的总体一致,因为抽样框的完整性和代表性对于推断总体具有相当大的影响。即使总体与抽样框是一致的,为了说明组成抽样框的总体,所有要素必须具有同等的代表性。显然,一个有效的抽样框所包含的抽样单位应是既无遗漏又无重复。编制高质量的抽样框是保证随机抽样达到预期目的的前提条件之一。但在具体研究中,抽样框通常并未真正包含所有的要素,因此,省略几乎是不可避免的做法。所以研究人员的首要任务是先评估被省略的内容,继而在可能的情况下进行更正。而且,根据样本得到的研究成果,在许多情况下特别是在网络传播内容的研究中只能代表组成抽样框的各个要素的集合。[1]

在内容分析研究中,作为抽样框的抽样单位目录往往由行业内权威性的信息档案编制而成。比如说,由行业期刊获得尼尔森受众收视率,在收视率高低排列的基础上编制电视节目的抽样框。一项研究美国黄金时段电视节目的性问题的内容分析,就曾使用了尼尔森针对 2～11 岁儿童的节目收视率调查结果作为其抽样框根据。[2] 其他类似的有:利用 *Billboard* [3] 排行榜上年度"热门单曲 100 首"

1　有关网络传播内容分析研究中的抽样框问题,详见本章第 4 节内容。

2　见:Ward, L. M. (1995). Talking about sex: Common themes about sexuality in the prime-time television programs children and adolescents view most. *Journal of Youth and Adolescence*, 24, 595-615.

3　*Billboard*(《公告牌》)是 1894 年由美国俄亥俄州的两位专门为马戏团、展览会设计告示牌的年轻人创办的一份刊物。最初是以州内大事、狂欢节日和娱乐演出为主的月刊,后改为周刊,杂志内容更加娱乐化。至 1913 年,该杂志首次刊发"上周最畅销的前十名流行歌曲",成为第一本拥有排行榜的杂志。1955 年推出首份综合歌曲销售及点唱机最常播放的排行榜 Top 100,并于同年更名为 Hot 100 单曲榜,该单曲排行榜,被认为是美国乃至欧美国家流行乐坛最具权威的一份单曲排行榜。

（*Hot* 100）对欧美流行歌曲进行跨时段的长期追踪研究，[1] 其他如《财富》杂志网站上世界 500 强公司名单、[2] 中国国家政务网站上国家级和各省政府网站目录、[3] 英国的年度《电影评论》（*Annual Film Review*）所列举的电影目录总和 [4] 等。

3.2 内容分析抽样的特殊性与抽样层次

内容分析因传播内容的丰富和海量而颇为耗时，因此，在大量的个案中筛选出适当且典型的样本显得尤其重要。为了减少分析研究的工作量，小心地选择与总体内容吻合一致的样本，将会以较少的时间和精力获得正确或接近总体内容的分析结果。简言之，与社会调查一样，抽样在内容分析中有着相同的价值。样本选择是内容分析设计中需要做出的一个关键决定，在条件许可的情况下，尽量确保每个抽样单位有机会被选中以代表抽样单位集合体。[5] 内容分析学者对此问题的高度关注，促使新闻传播学领域内出现了一大批有关内容分析抽样方法论的专门研究，其中以丹尼尔·里夫和斯蒂文·赖斯等人为代表。自 1990 年代初以来，他们就开始了针对传统新闻媒体（如报纸和电视等）报道的内容分析的抽样标准的系

1　见：Zullow，H. M.（1991）. Pessimistic rumination in popular songs and newsmagazines predict economic recession via decreased consumer optimism and spending. *Journal of Economic Psychology*，*12*，501-526.

2　如：1）Singh，N.，& Baack，D. W.（2004）. Web site adaptation：A cross-cultural comparison of U. S. and Mexican web sites. *Journal of Computer-Mediated Communication*，*9*（4）. Available at http：//jcmc. indiana. edu/vol9/issue4/singh_baack. html；2）Young，J.，& Foot，K.（2005）. Corporate e-recruiting：The construction of work in Fortune 500 recruiting web sites. *Journal of Computer-Mediated Communication*，*11*（1），44-71. Available at http：//jcmc. indiana. edu/vol11/issue1/young. html.

3　见笔者的一篇论文：Zhou，X.（2004）. E-Government in China：A content analysis of national and provincial websites. *Journal of Computer-Mediated Communication*，*9*（4）. Available at http：//jcmc. indiana. edu/vol9/issue4/zhou. html.

4　如：Allen，J.，Livingstone，S.，& Reiner，R.（1997）. The changing generic location of crime in film：A content analysis of film synopses，1945-1991. *Journal of Communication*，*47*（4），89-101. 该研究考察的是 1945—1991 年期间在英国发行的所有电影，而《电影评论》是唯一一份在研究时间段内持续、全面地列出在英国发行的电影的刊物。《电影评论》是英国第一份发行的、也是持续时间最长的电影杂志，由弗雷德里克·M. 斯彼德（Frederick M. Speed）于 1944 年以年鉴形式创立出版。

5　克里本多夫的提法更绝对，是无条件的"必须确保"。参见：Krippendorff，K.（1980）. *Content analysis：An introduction to its methodology*. Beverly Hills，CA：Sage.

列研究。[1] 如这些学者所指出的,内容分析者不断面临的一个问题是,"在既定的一段特殊时期内需要多少抽样版本日期才足以代表总体?"[2]

3.2.1 内容分析抽样的特殊性

除了抽样一般要遵循的基础要点以外,对于媒体内容分析的抽样而言,还有一些特殊考虑,比如每天都出版的媒体工作日的选择、新闻媒体和新闻采集是如何组织的、文本的可获得性,以及研究者是否要对新闻决策行为或者读者和听众所接触到的内容作出推断等,这些考虑往往意味着随机性的分层抽样在某些情况下是必需的,而在另一些情况下非随机性的立意抽样却非常有用。而且,在抽样的具体要素和程序方面,尽管内容分析抽样在抽样原理和重要性上与问卷调查抽样别无二致,但较之于后者,前者在许多方面要复杂得多,具有其特殊性,至少从以下七个方面来看,两者是有所不同的。

(1)对于问卷调查抽样而言,其抽样单位是自然的个体,彼此独立,因此可以根据其性质、意见或行为来个别地计数。然而,内容文本则属于人造产物,可根据研究者需要用不同的方式来概念化和单位化,计数文本的方式也可以多样化,没有一个单一的"自然的"方式(详见第4章有关单位化和分析单位的探讨)。比如,文本单位可以根据一个层级包含下一层级的多级式来构建(电视节目种类、电视节目、情节、场景、镜头、人物动作等,又或者如新闻报刊类别、期数、新闻报道文章、文章主题、段落、句子、词语等)。

(2)在一次单个的问卷调查研究中,抽样单位往往仅涉及一类,如单个的受众个体,或者独立的新闻组织机构等,而在一个单项的内容分析中,抽样单位则通常会因为不同的抽样层级(详见本章下文)而有所不同。假设我们想对媒体集团化与媒体内容多元化进行关联性研究,内容分析通常涉及的三个抽样层级在本研究中均可能需要考虑:在媒体选择层面上,抽样单位是每个独立的媒体机构,集团化

1 如,1)Riffe, D., Aust, C. F., & Lacy, S. R. (1993). The effectiveness of random, consecutive day, and constructed week sampling in newspaper content analysis. *Journalism Quarterly*, 70(1), 133-139;2)Riffe, D., Lacy, S., & Drager, M. W. (1996). Sample size in content analysis of weekly news magazines. *Journalism & Mass Communication Quarterly*, 73(3), 635-644;3)Riffe, D., Lacy, S., Nagovan, J., & Burkum, L. (1996). The effectiveness of simple and stratified random sampling in broadcast news content analysis. *Journalism & Mass Communication Quarterly*, 73(1), 159-168;4)Riffe, D., Lacy, S., & Robinson, K. (1995). Sample size in content analysis of weekly newspapers. *Journalism & Mass Communication Quarterly*, 72(2), 336-345.
2 Lacy, S., Riffe, D., Stoddard, S., Martin, H., & Chang, K.-K. (2001). Sample size for newspaper content analysis in multi-year studies. *Journalism & Mass Communication Quarterly*, 78(4), 836-845.

的或非集团化的;在时间层面上,抽样单位可能是时间段,以媒体机构实行集团化为时间切分点,分段抽样;在具体的媒体内容层面上,抽样单位则可以细化为媒体新闻报道篇章,或者单个独立的电视节目,或者新闻报道消息来源,依具体研究问题而定。

(3)问卷调查所抽取的抽样单位通常就是计数单位或分析单位。而在内容分析中,这种情况极为少见。内容分析的抽样单位也许是报刊期数或电影生产的时间期段,但回答研究问题的却往往是计量句子或某种具体内容,如不同种类的主题、消息来源、新闻框架等,或者对参照物(人)分门别类,又或者是阐释视觉形象的细节,也就是说,内容分析中存在着抽样单位和记录/编码单位或分析单位(详见第4章)之间的区别。抽样单位的选取限制了记录/编码单位(往往是计数的那个单位)的选取。

(4)问卷调查者控制着向被调查者所提的问题,并决定着被调查者回答的合法性。所有被抽样的个体被当作是对研究问题具有同等的信息量。而在内容分析中,很少有不同的文本单位对一个内容分析者的研究问题来说具有同等的相关性,也就是说,在内容分析中,许多情况下不是所有的抽样单位对于某个研究问题都具有同等的信息量。这也在一定程度上为内容分析常常使用立意抽样或判断抽样提供了一种合理解释。[1]

(5)传统的抽样理论是一种关于代表性的理论,也就是说从总体中抽出来的样本与总体具有相同的分布特征。而在内容分析中,得至少同时考虑两个总体:回答研究问题的总体与包含或引向对问题回答的文本的总体。内容分析者虽然也需要考虑样本对文本总体的代表性问题,但其兴趣则更多地在于所考察的文本与研究问题的相关性,因此,对文本的抽样必须能让他们的研究问题有被正确回答的充分的机会。[2]

(6)由于不同媒体本身的物理特性,在衡量某些内容面向如显著性时,不同媒体会有不同指标(见表3.2),[3]因此存在着跨媒体间样本代表性问题,也就是说对某一类媒体的内容属性的考察未必能说明其他媒体,这也就要求研究者在抽样设计时需要考虑某种特殊传播渠道在某一内容属性方面的特征是否反映所有传播渠道的整体情况这样的问题,特别是在研究目标是指向整体时。所以,在媒体内容分析中,需要考虑到媒体本身的物理因素和特质对相关内容某些重要类别的分布的影响,从而作出能合理、正确地回答研究问题的抽样判断。

1　参见后文有关非随机抽样的论述。

2　第4点和第5点主要依据参见:Krippendorff, K. (2004). *Content analysis: An introduction to its methodology* (2nd ed.). Thousand Oaks, CA: Sage.

3　史蒂沃尔特区分了两种"重要性"的测量:内容物理特征(出现频率和凸显手段)和语义学特征(语言或标点的重要性、论断以及符号强度)。

表 3.2　不同媒体内容的凸显手段

报　　纸	广　　播	电　　影
空间	时长	时长
地点	顺序	顺序
版面位置	语调	语调
标题尺寸	声音	声音
标题字体	音乐	音乐
色彩运用		色调
插画使用		

译自：Stewart, M. (1943). Importance in content analysis: A validity problem. *Journalism Quarterly*, 20, 286-293.

（7）对于媒体传播内容而言，以什么样的方式来抽取样本从而获得较好的代表性，在许多情况下并不是简单地依照统计学原理即可实现的，而往往需要视媒体出版周期、报道对象性质和报道事件的特殊性等诸多非统计学因素而定。比如，1970 年代末 1980 年代初发生的轰动全球的伊朗人质事件引起各国特别是美国媒体的持续关注和报道。对于这样一类重大事件的连续报道进行内容分析，使用统计学意义上更具代表性的抽样方法如简单随机抽样或分层抽样等，也许反而会系统地扭曲美国媒体对该事件的新闻报道的理解。这是因为，由于该事件涉及大批美国人质，美国媒体在一段时间里的跟踪报道经常集中在某几天，比如节假日的前后几天，特别是在人质危机发生后的第一个和第二个圣诞节期间，由此折射出人类亲情的关怀，而且媒体倾向于播发那些反映出这场严酷考验在一个连续几天的时段内某种特色的互为关联的系列报道。[1] 当所关注的内容的分布在整体上呈现出严重不均衡的状态时，如果简单墨守统计学随机抽样的要求，便很有可能造成抽样上的系统偏差。正因为这些特殊性，内容分析的抽样要比问卷调查复杂得多，运用非随机抽样的时候也相对较多。因此，对将内容分析研究中严格意义上的随机抽样的比例不高这一问题，简单地归结为方法不到位的那种批评，笔者并不是很赞同，而是认为这种评判应当建立在对每个不同的案例进行具体情况了解和判断的基础上。

3.2.2　内容分析总体的确定

在内容分析中，总体通常是所要研究和概括总结的一套内容信息，虽然也有以

1　有研究曾做过调查，发现在整个人质危机事件报道中，有关人质家庭的特写虽然在总体样本中只占 12%，但在危机发生后的第一个和第二个圣诞节期间却分别占 37% 和 25%，也就是说人质事件的某些相关内容集中呈现在事件发生的最初阶段。参见：Altheide, D. L. (1987). Ethnographic content analysis. *Qualitative Sociology*, 10(1), 65-77.

人的集合为总体的,但最终搜集和分析的数据还是由人生产出来的信息,这种情况多见于心理学和人际传播的内容分析研究。如前所述,总体既可大亦可小。对于研究报刊新闻报道的内容分析,大可至一个国家 100 年以内所有报纸刊登的新闻篇章,小可至某一份报纸对为期一周的某国际会议的新闻报道。有些传播内容如人际传播,总体规模往往比较有限,比如日托所里儿童与看护老师之间的互动对话。在总体量偏小的情况下,往往采取普查的方式进行研究,也即将总体范围内所有的内容单位都进行分析,但多数情况下内容分析都面临抽样问题。

20 世纪 80 年代以来,随着文献数据库的广泛运用,通过相关内容的关键词搜索目标数据库来确定目标总体的方式日益常见。在研究报刊和电视新闻报道时,两大常用的外文数据库是律商公司的 NEXIS 数据库 [1] 和美国田纳西州纳什维尔市范登比尔大学的电视新闻档案(Television News Archives)[2],另一个广为应用的中文新闻数据库是慧科新闻数据库(WiseNews)[3]。在利用这类数据库时,通常是根据研究报刊、研究时间范围以及研究内容具体指向,进行关键词搜索,所产生的相关文章序列目录也即抽样框下所包含的单篇文章即是组成目标总体的抽样单位,

---

1　律商联讯(LEXIS/NEXIS)是高等教育中最常用的数据库之一,它是一家美国公司,为传媒、法律和商业领域的专业人士和研究人员提供计算机辅助研究的服务,是世界上最大的公共事务和法律相关信息的数据库。其中,联讯数据库(NEXIS)主要提供新闻、报道、电视和广播的播放文本的权威资源,是世界上最大的全文新闻与商业出版物数据库,包括 750 多种美国和世界各地的报纸全文,超过 300 种杂志和期刊以及 600 种新闻信,来自主要电视和广播网(如 ABC、CBS、CNN、FOX、NBC 等)的难以找到的广播文本,以及每日更新数次的各大新闻通讯社发布的文稿。其提供的政治文本还覆盖了美国国会委员会听证、政府新闻发布会、司法和国防部门以及总统的记者招待会。可用的非英语新闻来源包括西班牙语、法语、德语、意大利语和荷兰语的报纸和杂志。NEXIS 目前已成为国际学界进行新闻报道内容分析接入最多的最大的在线信息档案库。研究实例如:1) Kerr, P. A., & Moy, P. (2002). Newspaper coverage of fundamentalist Christians, 1980-2000. *Journalism & Mass Communication Quarterly*, 79(1), 54-42;2) Sumpter, R. S., & Braddock, M. A. (2002). Source use in a 'news disaster' account: A content analysis of voter news service stories. *Journalism & Mass Communication Quarterly*, 79(3), 539-558.

2　范登比尔大学的电视新闻档案是世界上搜集电视新闻最齐全的数据库,包含了自 1968 年以来美国主要广播网播出的每日晚间新闻。用户支付一定费用,可以订购根据自己特殊需要量身定做的集合磁带。而且,电视新闻摘要有供用户使用的电子文档,可以利用计算机辅助的文本分析进行分析。研究实例如:1) Wu, H. D., & Bechtel, A. (2002). Web site use and news topic and type. *Journalism and Mass Communication Quarterly*, 79(1), 73-86;2) Ziegler, D., & White, A. (1990). Women and minorities on network television news: An examination of correspondents and newsmakers. *Journal of Broadcasting & Electronic Media*, 34(2), 215-223.

3　慧科新闻数据库是大中华区内最具规模的中文新闻出版物数据库,它网罗了来自中国内地及香港、新加坡、马来西亚等国家和地区超过 2 500 个顶尖级的媒体来源的内容,包括中国国家和地方级数百家媒体,香港地区主要中英文报章,大中华区内重点的报章、杂志、新闻社、电视台及电台等。新闻及信息内容每日 24 小时源源不断实时上载,每日平均上载多达 280 000 篇新文章(参见其网站介绍)。

研究者在这样的抽样框基础上进行抽样。

在内容分析研究实践中,对应于总体的抽样框并不总是很容易获取,研究者也会遇到很难或无法确定范围总体的时候。对于历史文献、早年出版的报刊等这样一些存档有限、难以寻找的内容的总体确定,只有通过大量的文献记载,将散落于各存档之处的现有资料汇总,构成一个可能不太完整的总体。这种问题在进行新闻传播史上特殊历史时期的文本研究中常常遇到。[1]

很多时候,即便是对当代传播内容进行研究也会遇到难以确定总体范围的问题。研究者会对某种特殊的具体内容感兴趣,而这种内容一般是没有专门的存档的,于是研究者需要采取各种策略尽可能搜集与之相关的内容。一般来讲,针对某类具体内容的内容分析研究可能用到两种数据资料:一是通过调查与内容相关的人来获取内容目标对象;二是设定一个特定时间段作为目标总体,或者理解为时间段抽样。例如一项内容分析研究试图通过对公众集会在娱乐类电视节目中的呈现,运用程序公正的方法来分析公民参与政治集会的问题,从而考察虚拟公众集会和现实民众参与公众集会的关系,以及两者之间的相互影响。[2] 在该研究中,"娱乐节目中的公众集会"这样的内容主题,很难在一个特定的时间段内从节目中获取足够的数据。而且,很少有谁对所有被研究的电视作品的每一季、每一集都看过并且很了解,因此使用常规办法是无法确定目标总体的,随机抽样也不可行。研究者最后决定用粉丝集中的网站作为突破口,比如 www. tv. com,www. twiztv. com 等由粉丝的搜索行为自发生成的电脑数据库,根据对一些与公众集会相关的关键词(如 town meeting, town forum, public hearing)等数据的挖掘,搜索出适合研究主题的相关内容,在此基础上决定是进行普查还是使用样本。此案例的研究者认为,这种利用网络数据挖掘的方法,能够寻找出很多有意义的数据。他们运用这种方法,最后选出了三部电视作品《母女情深》(*Glimore Girl*)、《辛普森一家》(*The Simpsons*)和《南方公园》(*South Park*)作为内容分析的主体样本。

除此以外,另有一种不太常见的确定总体的方式,即通过对所要研究内容的相关制作者或用户进行调查而产生目标总体名单。如曾有学者在比较中美两国在人际互惠关系方面的文化差异时,假设这种差异体现在流行歌曲的主题中,也即中国歌曲主题较之于美国的会更多地呈现成年儿女向其父母表达积极的回报愿望。[3] 由于没有像 *Billboard* 那样针对研究目标的抽样框,因此研究者不但对公共

1　研究实例如:Shapiro, G., Markoff, J., & Weitman, S. R. (1973). Quantitative studies of the French revolution. *History and Theory*, *12*(2), 163-191.

2　见:Besley, J. C., & Diels, J. (2009). Public meetings in entertainment television programming: Using procedural justice to analyze fictional civic participation. *Journal of Broadcasting & Electronic Media*, *53*(3), 419-443.

3　见:Rothbaum, F., & Xu, X. (1995). The theme of giving back to parents in Chinese and American Songs. *Journal of Cross-Cultural Psychology*, *26*(6), 698-713.

图书馆和音乐图书馆数据库进行了关键词搜索,还对大学生进行了调查,由学生来提名他们所知道的涉及父母与孩子关系的歌曲。当然,在这样类似的情况下,研究指向可能发生一定的偏离,比如由所有有关父母与其成年儿女的流行歌曲偏向大学生所感知的这类歌曲,而将大学生记忆不深乃至其他群体深有记忆的此类歌曲排除在了目标总体之外。因此,这样确定总体的方式一般仅用于目标内容难以确定的情况。

在确定内容分析的总体时,还有一个问题也是容易被忽略的,即样本的选择与所确定的总体的层级相匹配的问题。如果所要研究的目标总体是全国性广告,那么在确定总体范围并在此基础上选择样本时就不宜将区域性和地方性广告包括进来,广告样本搜集的地方性限制将会严重影响到假定中全国性样本的性质。斯帕克曼在对 1977—1993 年发表的关于美国广告的 163 篇内容分析论文进行考察后发现,有 97% 的论文虽然都声称是全国性广告研究,但实际样本却包含了区域性和地方性广告。[1]

3.2.3 内容分析的抽样层次

传播学内容分析抽样通常涉及三个不同层次:

3.2.3.1 信息载体/资料来源抽样

这是指内容资料来源于何种载体的取样,如在传统媒体内容分析中选择哪一类、哪几份或怎样的媒介实体(报刊、杂志、电视节目、书本等)。媒体内容分析抽样首先面临的问题是选择什么样的资料来源,该层次的抽样多为立意抽样或判断抽样,[2] 也即研究者根据自己对总体的知识如对总体构成要素和研究目标的认识或对研究目的的判断来选择适当样本的抽样方法。因此,在内容分析研究中,如果是采取这样一种方式在此层面上进行抽样,通常需要给出选择资料来源样本的理由,有不少研究是根据资料来源的权威性和代表性来选择媒介实体样本。比如,在国际新闻报道研究中常常选用美国颇负声望、影响其他媒体议程设置的《纽约时报》和《华盛顿邮报》等;在研究美国电视新闻报道中常以 ABC、CBS、FOX、NBC 等在美国收视率最高、受众覆盖面最广(或者说拥有黄金时段节目的大部分观众)的四大主要电视网为代表;在研究中国党报报道的时代变迁时,《人民日报》则成为首选。再比如,在研究国内报刊对一些特定群体如 80 后或新生代农民工

---

1 Sparkman, R. (1996). Regional geography, the overlooked sampling variable in advertising content analysis. *Journal of Current Issues and Research in Advertising*, 18(2), 53-57.
2 有的学者(如金伯利·纽恩多夫)将这一层次的抽样视为窄化总体范围也即基于一定理由确定目标总体的过程。参见:Neuendorf, K. A. (2002). *The content analysis guidebook*. Thousand Oaks, CA: Sage.

的新闻报道时,可以有目的性地选择读者群与报道群体相吻合的报刊如《中国青年报》或《农民日报》等。

还有一大批内容分析研究的样本总体是在符合研究主旨和研究问题的基础上挑选而成的。笔者在对1991—2010年20年间发表在五份国际权威期刊上运用内容分析法的原创性研究论文进行普查后发现,在588篇论文中有484篇(占82.3%)给出了选择具体媒体的理由。[1] 除了上述对媒体声望、影响力/引领作用和代表性的考虑外,归纳起来主要有表3.3中所显示的九大类选择判断的根据,包括了不同内容分析研究中具有各自针对性的媒体实体来源的样本选择。这些都很好地展示了内容分析抽样中所遇到的第一个问题,也就是,哪些报纸、杂志或电台(或其他信息来源)会被选择。

表3.3　选择媒体样本的判断根据

判断根据	研究案例主旨	研究案例中媒体样本选择
地域/地理	分析美国威斯康辛州报纸对当地核污染地所做的新闻报道2	争议中的核废料储存库所在地区内或附近的33个社区,在这些社区中从主要地点选四份日报三份周报,从次级地区选一份日报四份周报
	通过分析报纸对美国换过党籍的国会议员的新闻报道来探讨报纸对政党的报道偏向(bias)问题3	同时选择了美国主要的全国性报纸和十个换党籍的国会议员所在家乡的州报
市场分布	基于知沟效果,从地区差异和健康信息接触差异考察教育与癌症防御知识之间的关系4	根据美国标准价格和数据服务公司(SRDS)所发布的指定市场区域(DMA)层级不同的市场选择了美国的18张报纸5

1　调查简要说明参见本书附录一。

2　Rossow, M. D., & Dunwoody, S. (1991). Inclusion of "useful" detail in newspaper coverage of a high-level nuclear waste siting controversy. *Journalism Quarterly*, 68(1/2), 87-100.

3　见:Niven, D. (2003). Objective evidence on media bias: Newspaper coverage of congressional party switchers. *Journalism & Mass Communication Quarterly*, 80(2), 311-326.

4　见:Slater, M. D., Hayes, A. F., Reineke, J. B., Long, M., & Bettinghaus, E. P. (2009). Newspaper coverage of cancer prevention: Multilevel evidence for knowledge-gap effects. *Journal of Communication*, 59(3), 514-533.

5　SRDV是美国具有权威性的报纸杂志发行量监督中介机构之一,利用DMA市场分层来确定报纸的选择。研究实例如:Carlyle, K. E., Slater, M. D., & Chakroff, J. L. (2008). Newspaper coverage of intimate partner violence: Skewing representations of risk. *Journal of Communication*, 58(1), 168-186.

续表

判断根据	研究案例主旨	研究案例中媒体样本选择
发行量	探讨传统报纸向网络版转化的过程中把关人角色发生着怎样的变化 1	在同一发行地区根据美国报业协会发行量划分的四个类别选择了具有代表性和竞争性、且网络版每天更新的七份地方报纸
	通过分析报纸新闻报道中男性和女性消息源的位置、使用频率和故事主题等来考察记者性别对消息源选择的影响 2	美国的 18 份分别代表了发行量大和发行量小的报纸
编辑立场	通过对德国波洛克党选举获得进展期间的媒体内容进行跨时段分析考察政党议题、新闻内容与选举成功之间是否存在关系 3	三个不同党派倾向的弗兰蒙报纸、小报和传单，以及两个主要的电视频道，一个公共广播和其他商业广播
	通过对美国三本杂志上有关美国入侵巴拿马的新闻报道，探讨媒体与对外政策关系问题 4	除了发行量大和代表美国主流媒体外，所选杂志《时代》相对亲保守党，《新闻周刊》亲民主党，《民族》一向敢于批判政府政策和行为
媒体定位类型	分析亚裔、非洲裔和西班牙裔美国人在美国杂志广告上的形象，探讨"少数族裔模特"的刻板印象问题 5	分别从技术类、大众新闻类、商界新闻类和妇女类杂志中选取最有代表性的两份杂志
	从情感诉求、信息量、幽默的使用和性表现等方面考察美国和法国的杂志广告的不同 6	分别从美国和法国挑选了一份新闻杂志和一份女性杂志，而且其政治倾向最少、发行量最大

1 见：Singer, J. B. (2001). The metro wide web: Changes in newspapers' gatekeeping role online. *Journalism & Mass Communication Quarterly*, 78(1), 65-80.

2 见：Armstrong, C. L. (2004). The influence of reporter gender on source selection in newspaper stories. *Journalism & Mass Communication Quarterly*, 81(1), 139-154.

3 见：Walgrave, S., & Swert, K. D. (2004). The making of the (issues of the) Vlaams Blok. *Political Communication*, 21(4). 479-500.

4 见：Gutierrez-Villalobos, S., Hertog, J. K., & Rush, R. R. (1994). Analyses of strategic and tactical critique in the domestic press. *Journalism Quarterly*, 71(3), 618-627.

5 见：Lee, K. -Y., & Joo, S. -H. (2005). The portrayal of Asian Americans in mainstream magazine ads: An update. *Journalism & Mass Communication Quarterly*, 82(3), 654-671.

6 见：Biswas, A., Olsen, J. E., & Carlet, V. (1992). A comparison of print advertisements from the United States and France. *Journal of Advertising*, 21(4), 73-81.

续表

判断根据	研究案例主旨	研究案例中媒体样本选择
目标受众群	对比分析为商业服务的广告和为消费者服务的广告,考察两者在广告诉求、广告标题、价格信息、质量申明等方面的不同 1	所选杂志的目标受众既包括从商者,也包括产品消费者,并且发行量较大
	对比嘻哈杂志和主流杂志的人物广告,评估杂志广告对美国非洲裔男性的描绘 2	三份主要定位于嘻哈受众群体的杂志和四份受众定位于主流人群的杂志
媒体所有权/归属性	跨国比较分析冲突和经济影响等新闻框架在关于启用欧元的电视新闻中影响的程度 3	分别从英国、丹麦、芬兰和德国四个国家中选取收视最广的一个公共电视频道和一个私人电视频道
	对美国主流媒体及其网站比较分析,考察战争新闻报道图片的框架及其转换 4	根据不同地区、不同所有权选择的美国 18 份主要日报
内容相关性	探讨接近性、权力地位等因素与美英精英报刊对撒哈拉以南非洲的艾滋病报道之间的关系 5	英美两国有代表性的对政治、社会文化趋势和世界事务提供深度报道且发行量大的四份精英新闻杂志
内容相关性	分析美国主流印刷媒体用于描写女权运动第三次浪潮的框架 6	对女权运动关注较多的《纽约时报》和美国三份主要新闻杂志

1　见:Turley, L. W., & Kelley, S. W. (1997). A comparison of advertising content: Business to business versus consumer services. *Journal of Advertising*, *26*(4), 39-48.

2　见:Bailey, A. A. (2006). A year in the life of the African-American male in advertising: A content analysis. *Journal of Advertising*, *35*(1), 83-104.

3　见:De Vreese, C. H., Peter, J., & Semetko, H. A. (2001). Framing politics at the launch of the Euro: A cross-national comparative study of frames in the news. *Political Communication*, *18*(2), 107-122.

4　见:Schwalbe, C. B., Silcock, B. W., & Keith, S. (2008). Visual framing of the early weeks of the U. S. -led invasion of Iraq: Applying the master war narrative to electronic and print images. *Journal of Broadcasting & Electronic Media*, *52*(3), 448-464.

5　见:Swain, K. A. (2003). Proximity and power factors in Western coverage of the sub-Saharan AIDS crisis. *Journalism & Mass Communication Quarterly*, *80*(1), 145-165.

6　见:Bronstein, C. (2005). Representing the Third Wave: Mainstream print media framing of a new feminist movement. *Journalism & Mass Communication Quarterly*, *82*(4), 783-803.

续表

判断根据	研究案例主旨	研究案例中媒体样本选择
可比性	通过分析涉及亚裔美国人的影视广告探讨广告中的偏向问题 1	延续前人的研究所选择的媒体,使研究结果具有可比性
	分析直接面向消费者(DTC)的品牌药品网站的风险信息呈现的影响 2	穷举搜索所有的 DTC 品牌药品网站,使被调查的品牌网站与之前的研究相匹配

就内容分析而言,哪些媒体需要纳入重点考察的对象是研究者必须谨慎对待的,不但要在论文中明确交代选择的理由,而且这些理由是与内容分析的研究主题密切相关并有助于回答研究问题的。下面一例可称为此方面的典型范本。在一项关于地方报纸网络版的编辑把关人角色变化的研究中,研究者试图探究报纸网络版提供给读者的内容是不是把关人从报纸纸质版中选择出来的世界各地信息的集合,或者把关人是否通过报纸网络版向读者呈现出与纸质版不同的世界观。[3] 为此,研究者考察了美国科罗拉多州六份报纸的纸质版和网络版,比较每份报纸中的本地新闻和非本地新闻,其对报纸选择的思考相当周密。首先,作者将地区性报纸的选择放在美国正在经历的社会结构的迅速变革中,指出地区性报纸面临着如何服务于数量巨大且不断在增加的归属感较弱的读者的挑战。科罗拉多州区域位于落基山脉东部,整个区域人口快速增长的同时,许多人却不在这里长期居住。有研究表明,在人口密度高的地区,人们会疏远所在的社区,不太喜欢阅读本地新闻。因此,研究者有意识地选择了处于人口增长迅速的弗兰特地区的六份地区报纸,并给出了其他更为详尽合理的选择根据,包括①这些报纸都有每天更新的网络版;②它们代表了美国各报业协会按发行量划分的由小至大的四个类别;③一些报纸在发行区域上有重叠,它们之间发行量的竞争有的在十年间一直处于白热化状态。由于这些报纸服务于同一个地区,就需要在市场中探寻有别于对手的特点来同对手竞争,比如通过增加本地趣味新闻的数量的手段与对手竞争。这些选择研究对象的理由都与研究主旨直接相关,在揭示问题的复杂性的同时也增强了研究的针对性和有效性。

1　见:Taylor, C. R., & Stern, B. B. (1997). Asian-Americans: Television advertising and the "model minority" stereotype. *Journal of Advertising*, *26*(2), 47-61.

2　见:Sheehan, K. B. (2007). Direct-to-consumer (DTC) branded drug web sites: Risk presentation and implications for public policy. *Journal of Advertising*, *36*(3), 123-135.

3　见:Singer, J. B. (2001). The metro wide web: Changes in newspapers' gatekeeping role online. *Journalism & Mass Communication Quarterly*, *78*(1), 65-80.

3.2.3.2 信息时段/日期抽样

在确定信息资料来源这一层次的抽样的同时,内容分析者还需要考虑的另一个层次是选择哪一段时间、哪些日期或哪几个时点的资料进行分析,针对研究对象和研究目的的特殊性来确定时间段。这在考察某一特殊事件或进行长期纵向研究时是特别需要考虑的。即便是在做横剖研究时,研究的内容也可能不只是一个时点上的。"由于传播活动是持续不断进行的,并且经常是有规律地定期发生的,不去考察不同时间段的内容,就很难理解塑造内容的力量以及内容的效果。"[1]内容分析研究中确定分析时间的范围,是在抽样设计甚至整个研究设计和定义阶段时的一个必要环节。这也涉及对该时段范围内媒介来源的期数或节目进行选择的问题。例如,布西和格雷伯在研究美国总统竞选报道时,选择了1992年、1996年、2000年和2004年作为考察的年份,原因是这四个选举年中,出现了各种形态的政府官员,有强有弱,也出现了拥有强大资金支持的或是被媒体所熟知的第三党派候选人,情况多样化,能够代表多样的竞选情况。[2] 在对电视媒体的选择方面,研究者选取了美国三大电视网——ABC、CBS和NBC作为考察对象,因为这三大电视网在总统选举报道方面是使用最广泛并最受关注的媒体,有着广泛且稳定的受众群。在此基础上,研究者进一步从这三大电视网在所选四个年份的每年劳动节[3]到选举日期间播出的总统竞选电视节目中获取样本。

对于特殊事件(如北京世界妇女代表大会、伊拉克战争、哥本哈根世界气候大会、西方国家全国性大选等)而言,一般以事件全程所覆盖的时段或者事件发生前后一段时间(比如某一国际会议开幕前后一段时间)作为研究时间段。文献研究发现,在此情况下,一般有两种抽样处理方式:一是普查,也即当所考察的时间段不长时对该时段内所有相关信息进行分析;二是对研究时段内相关内容单位再进行抽样。以事件发生前后时间段为样本时段的方式,常见于探讨事件影响或由此带来的后果的内容分析中。例如,台湾知名学者陈炳宏在一项考察台湾媒体产权与内容多元化的关系的内容分析研究中,以被东森媒体集团并购的《民众日报》以及被中时报系并购的中天新闻台为考察对象,以两家媒体产权转移之前后一年为研究时间范围,然后再抽取天数,选中日子里出版或播发的新闻即构成最终

---

1 [美]丹尼尔·里夫,斯蒂文·赖斯,弗雷德里克·G.菲克.内容分析法:媒介信息量化研究技巧[M].第2版.嵇美云,译.北京:清华大学出版社,2010:98.

2 见:Bucy, E. P., & Grabe, M. E. (2007). Taking television seriously: A sound and image bite analysis of presidential campaign coverage, 1992-2004. *Journal of Communication*, *57*, 652-675.

3 美国的劳动节是九月的第一个星期一。传统上,劳动节是美国选举活动拉开序幕的日子。

样本。[1]

　　对于那些研究跨时间段（比如 10 年、一个总统任期、一个编辑任期、一本杂志的整个历史、或者某一特殊关系时间段）发展趋势的内容分析来说，虽然也有根据特殊时间段如高峰期、谈判期等采取立意抽样或判断抽样的时候，[2] 但一般采用的是随机抽样，此时往往需要解决的一个问题是，要搜集多少数据以充分利用资源才能可靠地代表这样的时间段？就跨年度时段而言，是否需要对每一年都进行抽样？内容分析家们通过研究实践，在不断摸索无需对每一年都进行考察的各种方法。例如吉尔·福勒对《芝加哥论坛报》、《纽约时报》和孟菲斯的《商业呼声报》（*Commercial Appeal*）三份报纸 63 年期间（1904—1966 年）的可读性进行了研究，仅用了三个数据采集时点：1904 年、1933 年和 1966 年。[3] 更早些时候，史蒂文森对《纽约时报》、《纽约论坛报》和《华盛顿邮报》的可读性研究跨时 89 年（1872—1960 年），择取了"非规则性的"（系统间隔不一致）系统抽样，考察期数来自 1872 年、1895 年、1925 年和 1960 年。[4] 这样的方法可以对相当宽的时间段内的变迁进行一般性评估，但对时间点之间的变动的观测却不太敏感。虽然有些研究者就此提出的对策是在每个数据点择取相当大的样本量，[5] 但问题的核心还是：需要抽取多少个日期才能足够代表一个特殊时间段（不是一个年份，而是多年）的总体？[6]

　　另外，在某些情形下，为了使研究调查同时达到广度和深度的效果，研究者可能还会在同一项研究中，为了不同的研究目的分别进行不同的样本采集。比如一项有关北美地区德语广播的研究[7]，在选取了一个跨度达七个月的普通分析样本之外，又增加了一个重大事件发生前后两周时间段内的特殊样本。

　　设置和选取多少日期或什么日期以求得代表性样本，有多方面的考虑因素，比

1　见：陈炳宏. 媒体集团化与其内容多元化之关联性研究[J]. 新闻学研究. 2010,7:1-30.

2　研究实例如：Chang, K. -K. (1999). Auto trade policy and the press: Auto elite as a source of the media agenda. *Journalism & Mass Communication Quarterly*, 76(2), 312-324. 该研究考察的是美国有关美日汽车贸易报道与美日贸易关系以及美国自由贸易政策之间的关系，因此研究者选取了美日贸易关系处于顶峰时期的 1981—1995 年研究时间段，并在此限定内又分别选取了两国汽车贸易谈判和对话的两个各 14 天的时间段里的相关贸易报道。

3　见：Fowler Jr., G..L. (1978). The comparative readability of newspapers and novels. *Journalism Quarterly*, 55(3), 589-592.

4　见：Stevenson, R. L. (1964). Readability of conservative and sensational papers since 1872. *Journalism Quarterly*, 41(1), 201-206.

5　研究实例如：Danielson, W. A., Lasorsa, D. L., & Im, D. S. (1992). Journalists and novelists: A study of diverging styles. *Journalism Quarterly*, 69(2), 436-446.

6　参见本章下文有关样本大小的相关内容。

7　见：Bruner, J. S. (1941). The dimensions of propaganda: German shortwave broadcasts to America. *Journal of Abnormal and Social Psychology*, 36, 311-337.

如,相关内容或许受周期性变量的影响。如果是年度性时间变量成为具有代表性的必要问题,那么内容分析研究必然要考虑到时间周期性的影响,这种影响既可能与研究议题所涉及的社会因素有关,也可能源自于媒体报道本身的常规特点或机制性因素。20 世纪 40 年代曾发表过一个有关《纽约时报周日版》社会栏目中婚礼消息的研究,发现六月份没有犹太人结婚消息。[1] 研究发现本身无可指责,但因研究者忽略了犹太人的宗教习俗,却无法对其样本和由此得出的结果作出恰当的说明和解释,因此招致质疑。批评家指出,"犹太人不会在逾越节和圣周节之间的七周内以及犹教圣殿哀悼日的前三周举行婚礼。而几乎不变的是,以上某一个或其他的时节都是在六月份。"[2] 在此类情况中,什么日子或时间构成"常规"或"异常",是一个需要在研究设计时考虑到并在抽样方案中得到解决的问题。已有很多研究论证了重要时节对传播内容的决定性影响,这通常被看作是抽样时需要"控制"的因素。比如,传播学早期著名的学者格雷、卡普兰和拉斯韦尔等人曾进行过对包含了三种时间段的内容材料的信度测试,分别以有利、不利或中立的事件为特征。[3] 这种社会性因素也构成了内容分析研究不能简单以随机抽样为最佳选择方案的一项重要的辩护理由。

除了研究议题的社会性因素以外,自斯坦普尔 1952 年的研究开始以来,许多研究已表明,传统媒体因本身报道机制而造成的内容循环性质会使简单随机抽样(较之于其他类型的抽样)产生较大偏差。比如,日报在一周内会因版面和栏目设置(如国际新闻版)或广告的循环周期而每天都不相同,简单随机抽样有可能过多抽取新闻篇幅很多的周三和周日版,而过少抽取篇幅很少的周六版。[4] 广播新闻也存在着类似的循环变异影响(详细说明参见下文"简单随机抽样"相关内容)。因此许多专家学者建议以基于分层抽样原理而产生的复合周(有时是复合月)来解决这种系统差异问题,从而保证一个具有循环变异周期的每一天,或者各星期、各月甚或各年均能被代表。分层效果有两层:一是构成了同质的子群体(如所有的星期一在一个群体);二是防止了大容量的周日和周三或者小容量的周六被抽中的样本过多。

---

1 见:Hatch, D. L., & Mary, A. (1947). Criteria of social status as derived from marriage announcements in the *New York Times*. *American Sociological Review*, *12*, 396-403.

2 Cahnman, W. (1948). A note on marriage announcements in the *New York Times*. *American Sociological Review*, *13*, 96-97.

3 Grey, A., Kaplan, D., & Lasswell, H. D. (1949). Recording and content units: Four ways of coding editorial content. In Lasswell and Leites (Eds.), *Language of Politics*, pp. 113-126. Stewart.

4 Lacy, S., Riffe, D., Stoddard, S., Martin, H., & Chang, K.-K. (2001). Sample size for newspaper content analysis in multi-year studies. *Journalism & Mass Communication Quarterly*, *78*(4), 836-845.

而且,有不少学者还就这种复合样本大小与总体大小以及媒体类型的适应性和代表性等问题进行了方法论上的实证研究。[1] 所涉及的问题有,一个复合周样本是否能对报纸纸质版的六个月总体进行可靠的估计? 一年期、两年期或更长时期的日报、周报、电视新闻和新闻周刊等需要多少内容单位(复合周或复合月)才能获得有效的推论?

3.2.3.3 信息内容单位抽样

即便是信息来源(如媒体实体和种类)、日期或期数选择好了以后,依然存在着诸多问题,如需要包含具体内容的哪些部分,或者有多少在定义范围内相关的内容需要被包含在内。这一层次的抽样同样要尽可能地满足研究目的,而且内容分析抽样的复杂性和抽样技巧的灵活运用往往也体现在这一层面的内容选择上。该层次的抽样是要确定抽取资料的单位,可能是一期整份报纸、一段资料、一篇文章、一则广告、一个电视节目等。比如,一旦某几种报纸被选择出来后,分析也许限定在某个部分(例如头版),而不是整份报纸。在以上所述三个抽样层次中,本层次的抽样相对而言属于微观层面,通常是在确定前两者抽样范围的基础上而进行的。常见的方式要么是在既定范围内的全部样本单位,也即普查,要么是随机抽样(如简单随机抽样、系统抽样或分层抽样等)或非随机抽样(如方便抽样、立意抽样或配额抽样等,具体方法详见本章下面小节)。

总之,内容分析的抽样程序在传播学研究运用中往往是在上述三个层次上展开的,在一项研究中三个层次的抽样设计往往不同(见表3.4)。在信息载体抽样层次上,使用立意抽样或分层抽样较多,有时会进行界定范围内或者说目标总体的普查;在信息时段层次上,通常是在根据研究目的需要确定时间范围的基础上,然后进行普查或抽样如复合周抽样等;在信息内容单位层次上,常见的情况是在确定前两个层次的目标范围下开展的普查,或者进行多种方式的抽样。在很大程度上,前两者的样本选定多是研究者有目的性的选择而非随意决定的。

---

1 比如以著名的传播学方法论学家、俄亥俄大学丹尼尔·里夫教授为首的代表性系列研究: 1) Lacy, S., Riffe, D., & Randle, Q. (1998). Sample size in multi-year content analyses of monthly consumer magazines. *Journalism & Mass Communication Quarterly*, 75(2), 408-417. 2) Riffe, D., Lacy, S., & Drager, M. W. (1996). Sample size in content analysis of weekly news magazines. *Journalism & Mass Communication Quarterly*, 73(3), 635-644. 3) Riffe, D., Lacy, S., Nagovan, J., & Burkum, L. (1996). The effectiveness of simple and stratified random sampling in broadcast news content analysis. *Journalism & Mass Communication Quarterly*, 73(1), 159-168. 4) Riffe, D., Lacy, S., & Robinson, K. (1995). Sample size in content analysis of weekly newspapers. *Journalism & Mass Communication Quarterly*, 72(2), 336-345.

表3.4　内容分析研究抽样层次组合实例(U:目标总体全域；S:样本)

研究实例样本描述 1	信息载体/资料来源	信息时段/日期	信息内容单位
(1)(暂未发现研究实例)	U	U	U
(2)在探究小型发展中国家网站的内容及特点时,利用世界银行根据人口和经济指标等一系列因素而确定的小型发展中国家列表,再利用四大搜索引擎(包括谷歌、雅虎、远景和Dogpile公司)以及另外三个网站搜索和确认这些国家由政府机构主办的所有官方网站,对这些网站的页面进行分析 2	U	U	S
(3)以美国所有周报上的康涅狄格州版为目标对象,对所选取的两个月内所有社论内容进行分析 3	U	S	U
(4)在研究美国辛辛纳提市警民互动关系的内容分析中,以该市所有交警填写的阻拦讯问联系卡为抽样框,选取2004年9月1日至12月31日之间的事件,以分层随机抽样方法选取事件样本 4	U	S	S
(5)从USENET中抽取新闻组,无论时间,再从被选中的新闻组中抽取讨论主题及其讨论帖子 5	S	U	S
(6)针对1988年美国民主党内大选,选择美国的几家主流报纸和电视台,从新闻索引数据库(如Television News Index and Abstracts)中搜索出与之相关的所有新闻报道8 224篇,全部进行分析	S	U	U

1　所提到的具体抽样方法详见本章下面小节说明。

2　见:Mohammed, N. S. (2004). Self-presentation of small developing countries on the world wide web: a study of official websites. *New Media & Society*, *6*(4), 469-486.

3　见:Willey, M. M. (1926). *The country newspaper: A study of socilization and newspaper content*. University of North Carolina Press.

4　见:Dixon, T. L., Schell, T. L., Giles, H., & Drogos, K. L. (2008). The influence of race in police-civilian interactions: A content analysis of videotaped interactions taken during Cincinnati police traffic stops. *Journal of Communication*, 58(3), 530-549. 同时参见后文有关分层抽样的具体说明。

5　见:Hill, K. A., & Hughes, J. E. (1997). Computer-mediated political communication: The USENET and political communities. *Political Communication*, *14*(3), 3-27. 同时参见后文有关多阶段抽样的具体说明。

续表

研究实例样本描述 1	信息载体/ 资料来源	信息时段/ 日期	信息内容单位
（7）选取美国三本大众流行杂志，在锁定的30年间每隔三年的一年中所发行的期刊中随机抽取期数，对所抽取的杂志期数上所有内容进行分析 2	S	S	U
（8）以立意抽样的方式分别从中国和美国选取两份报纸，在所确定的研究时间段所有相关报道中以分层抽样方法抽取报道样本 3	S	S	S

3.3　抽样方法与样本容量的确定

3.3.1　普查

　　普查（census）就是将目标总体中每个组成单位都纳入到内容分析中，一一进行考察。但这只是一个相对的概念，它是随目标总体而定的，且基本上是在信息来源和信息时段这两个抽样层次上确定，但也有在确定了上面两个层次的目标范围后对范围内的所有信息内容单位进行分析的。如果研究旨趣所涉及的相关内容有限，特别是针对某一特殊事件或某一不常见的独特内容时，往往在既定的范围采取普查的方式而无需抽样。由于内容分析所面对的信息通常是海量的，因此所有三个抽样层次上均采用普查的方式（见表3.4中的目标全域U）往往非常少见，多为相对意义上发生在其中一个到两个层级上的普查，以抽取样本的方式进行内容分析成为一种必需。

1　所提到的具体抽样方法详见本章下面小节说明。
2　见：Law, C., & Labre, M. P. (2002). Cultural standards of attractiveness: A thirty-year look at changes in male image in magazines. *Journalism & Mass Communication Quarterly*, 79(3), 697-711.
3　见笔者的一篇论文：Luther, C. A., & Zhou, X. (2005). Within the boundaries of politics: News framing of SARS in China and the United States. *Journalism & Mass Communication Quarterly*, 82(4), 857-872. 抽样的具体方法和步骤详见下面有关分层抽样的实例介绍。

3.3.2 抽样的具体方法及其运用

如前文所述,抽样方法大体上有两大类,即"随机抽样"(又称"概率抽样")和"非随机抽样"(又称"非概率取样")。二者之间关键的区别主要体现在表 3.5 中的三个方面,即样本单位的选择、对选中几率的估计和选择的平等性等。据此,随机抽样的关键特征是每个抽样单位被选入样本中的概率是可以确定的。比较简单的情形是每个抽样单位被选中的概率相同,如六面色子掷出后每面朝上的概率均等,都是 1/6,但在复杂的随机抽样方式并不一定如此。随机抽样所必要的是对每个个体单位必须有某种确定的几率,使之选入样本,其具体方法包括简单随机抽样、系统抽样、分层抽样、整群抽样和多阶段抽样等。而非随机抽样则恰好在这三个方面与随机抽样的情况相反,由于其抽样单位的选择往往或是因为便利性或是由研究者根据某种判断而决定的,其被选中的概率是无法预知和估计的,因此也无法保证每个抽样单位被选中的几率对等。内容分析所采用的抽样方法与其他研究方法如问卷调查类似,只是因其研究对象的特殊性而在原有方法的基础上有了一些变通,如连续日期抽样和复合周抽样等。

表 3.5　随机抽样与非随机抽样的区别

	随机抽样	非随机抽样
样本单位的选择	随机的 单位的选择完全是靠机遇	非随机的 研究者有意识地选择样本单位
对选中几率的估计	一个总体的每一个单位被选中为样本的机遇是可以计算的	选中机遇不知道
选择的平等性	一个总体的每一个单位被选中为样本的机遇是对等的	无法保证一个总体的每一个单位有着相同的被选中的机遇

3.3.2.1 简单随机抽样

内容分析中常见的随机抽样方法之一是简单随机抽样(simple random sampling),它是从具有 N 个项目的总体中抽选出 n 个项目,总体中每个单位都有均等的机会被选中,而且每个样本单位是被单独选出的,是一种元素抽样。在某种程度上,这是简便、适用且能满足获得代表性样本要求的一种方法。以一个劳工报研究为例,30 种地方和洲际劳工报通过简单随机抽样选择出来[1];类似的,这种抽样方法被应用于对广播电台的选择[2]。再比如,在确定了报纸和新闻通讯社以及与事件发展相吻合的时间框以后,同样也可以在内容单位层次上进行类似的抽样,研究者借助于新闻报道全文数据库 NEXIS,以关键词搜索获得目标范围内所有相关文章 5 250 篇,然后再以简单随机抽样的方式在这些文章中获得样本。[3]虽然简单随机抽样在上文所述的三个抽样层次上都可以运用,但由于该方法需要对每个抽样单位进行编号和排序,因此它更适用于目标总体较小的情况,且无论哪种情况都需要有个抽样框也即包含每个抽样单位的目录/清单。

实施这一抽样,最便捷的方法是使用随机数字表。[4] 在使用数字表之前,首先要对所有的样本单位进行编号,接下来才能使用随机数字表。以研究报纸内容为例。比如要分析《中国教育报》在 2007 年 6 月 1 日—8 月 31 日间有关高考这一主题的新闻报道。首先要收集这段时间内每期报纸关于此话题的新闻报道(可通过电子数据库搜索完成),再将其进行编号(假设有 90 篇),接下来,对照随机数字表,随机抽取所需要的样本数(比如 25 篇)。同样,如表 3.4 中的实例七是一项分析美国杂志中男性形象、跨度为 30 年的研究,研究者选取三本目标定位于青年男性的大众流行杂志,将每隔三年的一年中(如 1967、1970、1973…1997)发行的所有期数排列,以随机数字表产生样本期数。[5] 电视节目的简单随机抽样与报刊内容抽样基本相似,在获取总体节目后对其进行编号,之后使用随机数字表进行抽样。

简单随机抽样在具体实施过程中有重复抽样和不重复抽样两种情况。在重复抽样中,抽取样本单位后,已被选中的个体又放回到总体中,因此在同一样本中,某一个样本单位可能不只一次地出现。在不重复抽样中,被选为样本的个体不再放回到总体中,每个单位在样本中只可能出现一次。根据抽样理论,重复抽样比

1　"Fortune Press Analysis." *Fortune*, *30*, 1944, 29-30ff.

2　如:Baker, K. (1949). An anlysis of radio's programming. In P. F. Lazarsfeld, & F. N. Stanton (eds), *Communication research*, 1948-1949, pp. 51-72. Harper. 转引自 Berelson, B. (1952). *Content analysis in communications research*. New York:Hafner.

3　见:Hertog, J. K. (2000). Elite press coverage of the 1986 U. S. -Libya conflict:A case study of tactical and strategic critique. *Journalism & Mass Communication Quarterly*, 77(3),612-627.

4　使用数码表的具体方法详见:[美]艾尔·巴比. 社会研究方法[M]. 邱泽奇,译. 北京:华夏出版社,2005:195-196.

5　见:Law, C., & Labre, M. P. (2002). Cultural standards of attractiveness:A thirty-year look at changes in male image in magazines. *Journalism & Mass Communication Quarterly*, 79(3), 697-711. 该研究所选取的三本大众流行杂志分别为 *Sports Illustrated*(目标受众为对体育、时尚和健身有兴趣的年轻男性)、*Rolling Stone*(目标对象是对流行文化有兴趣的青年成年人)、*GQ*(主要内容为男性时尚和生活方式)。这三本杂志在研究时的发行量都至少有 60 万份。

较完善,但是当总体足够大时,两种类型的抽样差别很小,不重复抽样的"概率变化对抽样误差估计的影响微不足道"。[1]

自斯坦普尔 1955 年发表了有关内容分析信度的论文[2]以来,许多研究已表明,传统媒体内容的循环性质会使简单随机抽样(较之于其他类型的抽样)产生较大偏差。比如,日报在一周内会因版面和栏目设置(如国际新闻版)或广告的循环周期而每天都不相同,简单随机抽样有可能过多抽取新闻篇幅很多的周三和周日版,而过少抽取篇幅很少的周六版。[3] 广播新闻也存在着类似的循环变异影响,广播网所播出的新闻会随事件而可长可短,在新闻片段的长度上会有差异;另一方面,与政府和政策活动相关的规管也可能造成循环变异。比如,美国周一晚间新闻播出是在政府和商业活动休止两天后。在一些月份(如十二月),同类机构相对而言会比其他月份活动更少,而且还有季节性差异(比如夏天,某些体育季节)。所有这些偏差都可能带来样本中某类抽样单位的过多或不足从而影响整体样本的代表性问题。正因如此,许多学者都建议在有可能遇到周期性循环问题的情况下,尽量避免采取简单随机抽样或下面要谈到的系统抽样,可以利用复合周抽样的方式(详见下面小节介绍)来减少误差。从笔者对五份 SSCI 国际期刊 20 年内容分析研究论文的调查来看,在运用了随机抽样的研究中只有少数使用的是简单随机抽样,不少研究采用的是复合周(或复合月)和分层抽样。

3.3.2.2 系统抽样

系统抽样(systematic sampling)亦称系统间隔抽样或等距抽样,即系统化地选择完整名单中的每第 K 个要素组成样本。若总体中的抽样单位都按一定顺序排列,在规定的范围内随机抽取一个单位作为初始单位,然后按照一套事先定好的规则确定其他样本单位。与简单随机抽样方法不同的是,这里只有初始单位是随机抽取的,其他样本单位都随着初始单位的确定而确定。最简单的系统抽样是在取得一个初始单元后按相等的间隔抽取后继样本单位。该方法的优点是实施简单,整个样本中只是初始单位需随机抽取,其余单位皆由此决定。另外,系统抽样有时甚至不需要编制抽样框,只需给出总体抽样单位的一个排列即可。在抽样框目录无法生成、内容是即时生成的语流性质的情况下,采用系统抽样的方法以达

---

1 [美]丹尼尔·里夫,斯蒂文·赖斯,弗雷德里克·G.菲克.内容分析法:媒介信息量化研究技巧[M].第 2 版.稽美云,译.北京:清华大学出版社,2010:108.

2 见:Stempel III, G. H. (1955). Increasing reliability in content analysis. *Journalism Quarterly*, 32(4), 333-334.

3 Lacy, S., Riffe, D., Stoddard, S., Martin, H., & Chang, K.-K. (2001). Sample size for newspaper content analysis in multi-year studies. *Journalism & Mass Communication Quarterly*, 78(4), 836-845.

到随机样本的效果是比较理想的。比如,对危机热线上的来电内容或广播台播出
的即时新闻进行抽样,可以在随机抽取的时间段内以每五个热线电话或每五篇新
闻稿为间隔来择取样本。在系统抽样中,如果对总体抽样单位的排列规则有所了
解并加以正确利用,那么抽样就能达到相当高的精度。

　　系统抽样所使用的间隔如何确定? 一般采取如下公式:抽样间隔 = 总体数
(N)/所需样本数(n)。比如要对过去一年某日报的国际新闻报道进行分析,首先
要获取总量样本(假定有 365 篇),确定所需样本量(假定需要 30 篇),用 365 除
以 20,得到 12.2,也就是说每隔 12 篇报道选择一篇。使用数码表随机抽取第一
篇,比如第 8 篇报道,随后的 29 篇就是 20,32,44……直到获取了 30 篇报道。颇
为典型的一个系统抽样实例是,在一项通过考察回应媒体网站邀请的电子邮件来
研究媒体网站与受众互动的内容分析中,研究者在剔除无关信息后从 3 200 封电
子邮件总体中,以 5 为间隔系统选取样本。[1]

　　在实际应用中,系统抽样与简单随机抽样本质上几乎是一致的。如果这一系
列的要素在抽样前确实是随机分布的,我们可以将系统抽样看成简单随机抽样。
从经验上说,两种方式所得的结果本质上是一样的。但是系统抽样也有一定缺陷,
与简单随机抽样一样,系统抽样的总体不能过大,而且系统抽样比较适用于系统
间隔不是太大、样本量较多的抽样。另外很重要的一点是,当调查总体按照某种
标志排列后,其抽样间隔如果接近个案类别的间隔或与某种模式不谋而合时,可
能会形成周期性偏差,造成样本过于或不足以代表总体、类似于上一小节中提到
的简单随机抽样可能存在的循环变异情况。假如在上例中所需要的样本是 50 个,
那么抽样间隔就是 7,这样的话,获取的就是每周同一天的报道,这就很有可能因
日报常规报道的周期循环而带来系统性偏差,如果该报周三有国际新闻专版,间
隔为 7 的系统抽样产生的样本要么恰好都是周三这一天的报道,从而无形中使样
本的国际新闻报道平均量远高于实际平均量,要么则相反。因此,在内容分析中,
系统抽样方法需要谨慎使用。

　　为避免系统抽样可能产生的这种系统差异问题,许多专家学者建议采用以分
层抽样原理而产生的复合周(有时是复合月)(详见后文说明),从而保证一个具
有循环变异周期的每一天、或者各星期、各月甚或各年均能被代表。或者,在随机
产生初始单位的基础上人为错开循环周期。比如,在一项关于美国明尼苏达州周
报的研究中,周报期数的选择是按二月的第 1 周、五月的第 2 周、八月的第 3 周以

1　见:Newhagen, J. E., Cordes, J. W., & Levy, M. R. (1995). Nightly@ nbc. com: Audi-
　　ence scope and perception of interactivity in viewer mail on the Internet. *Journal of Communica-
　　tion*, 45(3), 164-175.

及十一月的第 4 周进行选择的;[1] 再比如对杂志特写故事的研究,可以从每期刊物中依次抽取第 1、3、5 篇,以"避免在排版中可能出现的偏见"。[2]

在技术处理上,避免因抽样框周期问题可能带来的系统性偏差的另一种方法是,采取系统抽样的变异方式即重复系统抽样,也就是将抽样框内所有抽样单位分成几个部分,在每个部分内分别以不同的随机起点进行小型的系统抽样。这种方法还有个附带好处是,一个既定变量的各子样本的均值变异性(variability)是该变量整个样本估计的方差(variance)。

3.3.2.3 连续日期抽样

顾名思义,连续日期抽样(consecutive-day sampling)就是在总体中或研究特定的目标时间段内(也即在时间层面上对目标总体进行确定后)通过简单随机抽样择取一天,接下来的样本紧跟此天。这种抽样方法也可以算是系统抽样在内容分析研究中的一个特殊形式,其抽样间隔实际上为零。以高考报道为例,对 2007 年 6 月 1 日至 8 月 31 日间《中国教育报》的报道进行内容分析,假设需要 30 天的样本,可以在 6 月 1 日至 8 月 1 日间随机抽取一天,接下来的 29 天样本就紧随此天,且不间断。在视频(如电视节目、音乐视频等)内容分析中,也有不少研究者常常利用连续日期抽样法选取一个样本周,对整个样本周内播出的所有相关内容进行分析。[3]

在一项研究德国科技新闻报道的内容分析中,研究者选定了四份德国报纸,在 2003—2004 年和 2006—2007 年两个时间段内分别以一个随机产生的天数为起点,采取连续日期抽样方式分别抽取了连续 13 周,两个样本时段内所有科技报道新闻都纳入考察范围。[4] 研究者之所以采用这种抽样方法,而不是内容分析专家里夫等人所建议的更为有效的复合周方法,[5] 很大程度上是出于实用理由和教学目的的考虑。研究者特别指出,所选 13 周正好是德国高校教学的一个学期。他们假定,与人为的复合周样本相比,学生会对研究连续自然的每日新闻的项目更有

1 见:Taeuber, I. B. (1932). Changes in content and presentation in Minnesota weekly news-papers, 1860-1929. *Journalism Quarterly*, 9, 281-289.

2 Berelson, B. (1952). *Content analysis in communications research*. New York: Hafner.

3 研究实例如:Tapper, J., Thorson, E., & Black, D. (1994). Variations in music videos as a function of their musical genre. *Journal of Broadcasting & Electronic Media*, 38(1), 103-114.

4 见:Elmer, C., Badenschie, F., & Wörmer, H. (2008). Science for everybody? How the coverage of research issues in German newspapers has increased dramatically. *Journalism & Mass Communication Quarterly*, 85(4), 878-893.

5 Riffe, D., Aust, C. F., & Lacy, S. R. (1993). The effectiveness of random, consecutive day, and constructed week sampling in newspaper content analysis. *Journalism Quarterly*, 70(1), 133-139.

兴趣。

连续日期抽样这种特殊抽样方法在实际操作中因具体情况不同,其性质会有所不同。对于研究持续性的新闻或事件时,特意以事件发生为起始时间,我们可以称之为立意抽样;如果所抽取的第一天是由研究者因便利而任意择取的,比如样本的可获得性和研究资金等方面的原因,则是便利抽样。这两种情况均属于非随机抽样(参见后文详述)。

3.3.2.4 分层抽样

从笔者对国际期刊 20 年的跟踪调查来看,内容分析研究采用随机抽样方法的论文中最为常见的是分层抽样及其特殊变种复合周抽样。分层抽样(stratified sampling),又称类型抽样或分类抽样,就是按照不同的层次对样本总量进行抽样,也就是将总体中的抽样单位按某种原则划分成若干个子总体,每个子总体称为层,然后在每个层内独立地进行抽样。对于内容分析中的内容选择,有可能根据研究问题的重要项目分类来对内容分层。以报纸为例,不同的报纸类型、所有权性质、发行量大小层级等都可能成为独立的层次,在此基础上分别在各层内进行抽样,并进行层与层之间的比较分析。这种分层抽样在比较性研究中往往较之其他抽样方法更能保证样本的代表性。例如,在通过对市民写给参议员的信件来研究民意的表达时,研究者根据信件作者的态度、性别和居住地进行分层,分别处理"赞成"参议员和"反对"参议员的信件。[1] 研究者指出,样本在所有邮件中并不具代表性,但出于比较两个组别特征的目的,使它们平等比较是必要的。

有关人际传播和组织传播的内容分析研究,也往往因为群体间相互比较的考虑而采用分层抽样。比如前文表 3.4 所列举的一项有关警民互动的内容分析研究,其切入视角是以传播适应理论为框架考察种族因素影响下警民互动的不同表现和传播机制,而研究文献发现,现实社会经济体制下黑人与白人群体间权力的不平衡导致黑人通常更偏向于向白人妥协,如果加上另一种内部权力的不平衡,即互动中警察与市民的不平衡,那么传播中的同化范式就尤其引起研究者的兴趣和关注。[2] 因此,警察和市民的种族身份和权力关系成为研究的关键变量,在此前提下,研究者根据互动双方警察和司机的种族划分将交警阻拦讯问事件分为四层:黑人警察/黑人司机、黑人警察/白人司机、白人警察/黑人司机,以及白人警

1 见:Wyant, R. , & Herzog, H. (1941). Voting via the senate mailbag. *Public Opinion Quarterly*, 5, 359-382, 590-624.
2 见:Dixon, T. L. , Schell, T. L. , Giles, H. , & Drogos, K. L. (2008). The influence of race in police-civilian interactions:A content analysis of videotaped interactions taken during Cincinnati police traffic stops. *Journal of Communication*, 58(3), 530-549.

察/白人司机,通过电脑生成的随机数字分别从这四层事件中进行随机抽样。为了能最好地达到研究的目的,四层中每一层抽样的事件数量都是相等的,从而最大限度地保证了描述互动中种族差异的分析力。

在分层抽样中,把握分层的两个基本原则非常重要。原则之一是要使每一类型也即每层内部的差异尽量缩小,而各层之间的差异尽量增大;原则之二是要有清楚的界限,在划分时不致发生混淆或遗漏。分层抽样通过划分类型把总体中标志值或在某一变量(通常是控制变量)的属性上比较接近的单位归为一种类型,一方面,它使各类型中的单位之间共同性增大,差异程度缩小;另一方面,它使样本在各类型内的分布比较均匀,而且保证各组都有中选的机会。在此基础上进行随机抽样,就可提高样本的代表性,具有较好的抽样效果。因此,在总体构成复杂、内部各单位差异较大、单位数目较多的情况下,最适宜采用此种抽样方法。如根据发行量规模和市场分层来选取报纸以考察新闻报道内容和方式与各级各类报纸市场营销之间的关系。如果在每层内均采用简单随机抽样,就称为分层随机抽样。在分层抽样中,先根据层样本对层的参数进行估计,然后再将这些层估计加权平均或求和作为总体均值或总值的估计。

在进行分层抽样之前,不仅要确定事物作为样本的特征,且如果需要的话,还得提供它们所占的比例大小。由此分层抽样在实际操作过程中又可以分为分层定比抽样和分层异比抽样两类:①分层定比抽样指按各类型在总体中所占的比例而在各类型内随机抽取样本。②分层异比抽样指当某个类型所包含的个案数在总体中所占比例太小,为了使该类型的特征能在样本中得到足够的反映,需要适当加大该类型在样本中的比例。

例如,笔者曾在一项中美两国报纸"非典"报道的比较研究中,选取了《人民日报》、《中国日报》、《纽约时报》和《华盛顿邮报》四份报纸,以"非典"爆发高峰期2003 年 2 月 1 日至 2003 年 6 月 30 日为研究时段。[1] 首先通过《人民日报》在线数据库和 LEXIS/NEXIS 数据库搜索,分别从四份报纸中获取时间段内所有相关新闻报道。因《人民日报》的报道量所占比例最大,是其他三份报纸的总和,同时,此研究的目的之一还需考察报道中关注的主要国家/地区,因此笔者决定采用分层异比抽样的方法,将《人民日报》报道抽样百分比确定为 10%,而另外三份报纸则适当增大抽样比例,加之三份报纸在研究时段内报道量相近,故分别在三份报纸的所有相关报道中抽取 20%,此为第一层抽样;第二层,根据报道关注地区(经过前期考察后,将该变量设定为中国内地、美国、中国台湾、加拿大和其他国家/地区

1　见:Luther, C. A., & Zhou, X. (2005). Within the boundaries of politics: News framing of SARS in China and the United States. *Journalism & Mass Communication Quarterly*, 82(4), 857-872. 报纸和时段的选取说明详见该文。

等五个类别），再从《人民日报》样本中按五个类别分别抽取 10%，另外三份报纸则分别抽取 20%（如果五个类别中有某类别如"其他国家/地区"在某份报纸中的报道量不到 10 篇的话，则统统纳入样本中）。

分层抽样特别适用于既要对总体参数进行估计也要对子总体（层）参数进行估计的情形。分层抽样实施和组织都比较方便，抽样单位分布比较均匀。当层内单位指标差异较小而层间单位指标差异较大时，采用分层抽样可以大大提高估计的精度。上述研究实例中正是基于对中美政治体制的不同以及公共危机报道"我"与"他者"差异的假设，笔者才采用了两级分层抽样的方法。同样，笔者在对中国政府网站的分析中，[1]考虑到在 21 世纪初国家级与省级政府网站以及省级政府网站内部，因财力物力支持和地方性经济差异等方面原因会造成网站建设上的层级差异，因此将分层抽样与系统抽样这两种方法结合起来运用，如此一来，大大提高了对我国政府网站的整体状况的评估的准确性，同时也可以反映出各层级之间的巨大差异。

3.3.2.5　复合周抽样

复合周抽样（constructed-week sampling），又称构造周抽样，是指在连续不同的星期里随机并按照顺序抽取周一至周日，抽取的这些样本构成一个"周"。相对来说，复合周抽样适用于较长时间跨度的研究，对于同一天有数量较多的样本尤其适用，并保证考察期间的每一天都有合乎主题的报道。它实际上是分层抽样在内容分析研究中的特殊变种，其分层基础是时间。分层效果有两层：一是构成了同质的子群体（如所有的星期一在一个群体），二是防止了大容量的周日和周三或者小容量的周六被抽中的样本过多。

同样以高考报道来说明这种抽样方法。要考察 2007 年 6 月 1 日至 2007 年 8 月 31 日间《中国教育报》有关高考的报道。这 92 天总共有 14 周，由于第 1 周和第 14 周并不是完整的周，可以先剔除，剩下 12 周。假设需要一个复合周样本（即 7 天的样本量），可以在第 1 周至第 4 周之间，随机抽出周一的样本，在第 5 周至第 12 周间按照顺序抽取周二至周日的样本，由此形成一个复合周，而抽中日子当天的所有报道都要涵盖在内。

再以电视报道为例。要考察 1998 年 1 月 1 日至 2008 年 1 月 1 日，《新闻联播》关于全国矿难的报道。由于 10 年的时间跨度非常之巨大，样本总体也必然非常之多，因此使用复合周抽样尤其适合。首先我们确定所需样本数量，假设每年

1　见：Zhou, X. (2004). E-Government in China: A content analysis of national and provincial websites. *Journal of Computer-Mediated Communication*, 9(4). Available at http://jcmc. indi-ana. edu/vol9/issue4/zhou. html.

需要一个复合周样本,10 年一共为 10 个复合周。以抽取 2007 年 1 月 1 日至 2008 年 1 月 1 日的样本为例。2007 年的第一周恰好为一个完整的周,因此只需要将最后一个周剔除即可,剩下 52 周。要从 52 周中抽取七天的样本,周一可以从第 1 周至第 4 周中抽取,剩下每隔八周依次抽取周二至周日的样本。其他年份以相同方式进行抽样,但需根据各周排列灵活抽样。

复合周抽样要求一周七天的每一天都有代表样本,从而可以避免上文提到的一星期内媒体内容生产的周期性循环差异问题。它也可以与连续日期抽样结合起来,直接以一个或多个连续七天的一周为样本,但这种抽样程序却"忽略了周与周之间的差异"。[1] 与复合周抽样类似,复合月则是从多个年份中以每年的 12 个月为抽样层,分别随机抽取一个 1 月,2 月,3 月,直至 12 月。那么,复合周这类抽样方式需要多少个周才算是有效的呢? 这个问题将在后面有关样本大小的章节中进一步阐述。

3.3.2.6 整群抽样

在实践中,总体单位数目往往很大,而各单位在时间和空间上的分布又很分散,给抽样带来很大困难。为了便于组织调查,有时可以利用现成的集体,随机地一群一群地抽取集体单位,加以研究,由此推断总体的情况。在二阶抽样中如果把初级抽样单元称作由次级抽样单元组成的群,在抽中的群内不再对次级单元进行抽样而是进行普查,那么这种抽样方法就称为整群抽样(cluster sampling),也即从总体中随机抽取一些小的群体,由所抽出的小群体内的所有单位构成调查样本的抽样方法。可见,在整群抽样中,抽样单位和分析单位(参见第 4 章)是不同的。而且,由于被抽取的群体内所包含的单位在类型和数目上都无法事先知道,因此,一个特定单位在一项分析中被选中的概率取决于被抽取的群体的大小。对于媒体内容分析而言,还取决于多种因素,如"所研究的报纸的出版地,哪份报纸发表哪种文章,以及哪份报纸倾向于反映哪种观点、话语或态度",等等。[2]

在内容分析中,整群抽样的使用实际上比许多人所意识到的要多得多。表 3.3 中信息内容单位标注为目标全域 U 的例 3 和例 7,从整体上看其实可以说是采取了整群抽样,也即在初级单位(信息载体/资料来源或者信息时段)进行抽样后,直接以所抽取的初级单位所包含的所有下属次级单位(如例 3 中所选两个月内所

1　Riffe, D., Aust, C. F., & Lacy, S. R. (1993). The effectiveness of random, consecutive day, and constructed week sampling in newspaper content analysis. *Journalism Quarterly*, 70(1), 133-139.

2　Krippendorff, K. (2004). *Content analysis: An introduction to its methodology* (2nd ed.). Thousand Oaks, CA: Sage. p. 117.

有社论和例 7 中所选杂志期数内所有登载的内容)作为分析的对象,也即这些下属次级单位是分析单位或记录单位,而非抽样单位。再比如,一项关于电视广告中女性形象描述的研究在随机选择月份和星期的基础上,将整个一周内所有广播电视网黄金时段播出的电视广告都作为样本。[1]

当总体包含的次级单位为数众多且又缺少必要的档案资料因而无法直接对次级单位编制抽样框,而由次级单位组成的群的抽样框是现成的或者很容易编制时,常常采用整群抽样。整群抽样的优点是只需具备群,即初级抽样单元的抽样框即可,无需具备关于次级单元的抽样框,因此在一些情况下是一种较为便利的随机抽样方法,能够节省时间与费用。但是,整群抽样的效率与群的划分密切相关,如果总体划分成群后,样本分布过于集中,群内差异小而群间差异大则估计精度就比较低。因此群的划分原则应是尽量缩小群间差异程度、扩大群内差异,因为在群内差异大、群间差异小的情况下,抽样误差是不会太大的,可以使每个群都有较好的代表性。这时采用整群抽样就具有较高的代表性。由此可知,划分群的原则正好和分层的原则相反。这种情况下,整群抽样不仅组织方便,而且结果较为准确。但从统计学上来讲,整群抽样通常因为群内差异容易被放大,抽样误差无法控制,而不如简单随机抽样或者一级分层抽样那样准确。

3.3.2.7 多阶段抽样

多阶段抽样(multistage sampling)是指在两个或两个以上抽样阶段上使用任一随机抽样的方法。在调查对象数目庞大、分布很广、总体成员呈现一种自然分组状态的情况下,很难直接抽取调查单位,常常把总体分成两个或多个级别的抽样单位:初级抽样单位,次级抽样单位,或更次一级抽样单位。总体由若干初级单位组成,每个初级抽样单位由若干次级抽样单位组成,先按某种方法在由初级单元构成的一级抽样框中随机抽样,然后在中选的初级单元中由次级单元构成的二级抽样框中随机抽样。如果抽样过程分为两个阶段,则称为二阶抽样(two-stage sampling)。例如有研究者在通过考察 USENET 新闻讨论组[2]与政治社区的关系来探

1　见:Lin, C. A. (1997). Beefcake versus cheesecake in the 1990s: Sexist portrayals of both genders in television commercials. *Howard Journal of Communication*, 8, 237-249.

2　USENET 新闻讨论组是 20 世纪 80 年代早期在美国出现的一个联结各大学计算机中心的网络,其主要目的是传播不同主题的新闻。参与者可以在这个网络上架设自己的新闻群组,其他人则可以依据该新闻群组组织主题张贴相关信息,也可以读取他人所张贴的相关信息,因此形成一个交流经验、分享兴趣的网络社区。参与者是主动选择的行为。这意味着只有那些对这个组织感兴趣的人才会加入其中,那些没有兴趣的人不会出现于其中。目前已有多达好几万个世界性、国家性、种族性和地区性的新闻组。

讨以计算机为中介的政治传播时，[1] 使用了二阶抽样。他们首先从 USENET 生成的目录即抽样框中随机抽取 n 个新闻组（也即初级抽样单位），然后再从被选中的那些新闻组中随机抽取 n 套成套帖子（thread），[2] 在此为次级抽样单位。再比如，在对美国政治传播中常见的竞选主题进行研究时，有学者将关注点投向了参议员竞选活动中的负面广告。[3] 在生成一份完整的参议员竞选活动清单的基础上，研究者首先对竞选活动进行抽样，然后利用美国俄克拉荷马大学的政治广告档案（Political Commercial Archive），[4] 从每个中选的竞选活动中随机抽取相关广告。

如果总体可以划分成多个级别的抽样单元，每一级别的抽样单元由若干下一级别的抽样单元组成，相应地存在多个级别的抽样框，抽样时先在一级抽样框中对一级单元抽样，再在中选的一级单元中对二级单元抽样，依次类推，这种抽样方法称为多阶抽样（multi-stage sampling）。多阶抽样实施方便，抽样前不需要总体内低级别抽样单位的完整名单，也不需要对每个高级别的抽样单元建立关于低级别抽样单元的抽样框，比较简单易行，抽出的样本相对集中，便于研究的实施开展。多阶抽样的主要缺点是估计量的结构比较复杂，对估计量方差的估计也很复杂。

3.3.2.8 非随机抽样

除普查外，以上所介绍的几种抽样方法均为随机抽样。与随机抽样不同的是，在非随机抽样中，所有的抽样单位不具有被抽中的同等机会，在由样本推论至总体时通常不如随机抽样那样具有推广性。但是，由于前文所指出的内容分析抽样

1　见：Hill, K. A., & Hughes, J. E. (1997). Computer-mediated political communication: The USENET and political communities. *Political Communication*, *14*(3), 3-27.

2　一套 thread 由主题相同的一个主帖及其跟帖组成，俗称"盖楼"。USENET 新闻讨论组的信息以小组的形式收集，每一个小组有一个描述其大致话题的标题。所有的新闻组标题有两个部分。第一个部分是领域名，领域名被归入宽口径类别中，如生物、计算机、因特网信息、娱乐、科学、社会，以及一般讨论。最大的领域是"alt"，代表任何供选择的话题或讨论的形式（如 alt. fan. rushlimbaugh 和 alt. conservatism）。新闻组标题的第二部分没有实质性的约定，通常用来更加具体的描述这个小组的话题。比如，一个旨在讨论侵犯人权的小组名为"社会、权利、人类"（soc. rights. human），一个一般性的政治小组名为"谈话、政治、混杂专题"（talk. politics. mics），这些位于下方的标题被用来辅助新闻组的分类。研究者正是利用了新闻讨论组的这种层级结构进行二阶抽样。

3　见：Hale, J. F., Fox, J.C., & Farmer, R. (1996). Negative advertisements in U. S. senate campaigns: The influence of campaign context. *Social Science Quarterly*, *77*, 329-343.

4　Political Commercial Archive 是美国俄克拉荷马大学政治传播中心主持的一个公共—私人合作项目，合作方有白宫千年委员会（White House Millennium Council）和国家历史建筑保护信托（National Trust for Historic Preservation）。该项目致力于成为收藏政治候选人的广播电视广告及其他相关政治资料的档案库，现已收藏 6.6 万个政治广告，其中广播广告追溯至 1936 年，电视广告追溯至 1950 年；广告所代表的候选人包括全美上至总统候选人，下至校董会候选人。

特殊性之一,即研究范围内的文本单位往往不具有同等的信息量(如克里本多夫所言,样本信息量的不均等在内容分析中要比问卷调查研究"典型"得多[1]),这既给统计学严格意义上的随机抽样带来实际操作上的困难,同时也使得纯粹的随机抽样在一定程度上对于观察和理解某些特殊内容并无太多的实质意义,比如对于那些本身就不怎么报道某类新闻的报刊而言,是否能被随机抽中为分析此类新闻的研究样本,其实并不事关要旨。因此,对于内容分析研究者而言,在这样的情况下重点考察某些或某类文本单位可能更具有典型意义,这也是为什么在内容分析中以立意抽样或判断抽样的方式来选取媒介实体来源/信息来源样本(如表 3.3)更为常见。[2] 像《纽约时报》、《华尔街日报》、《华盛顿邮报》、《洛杉矶时报》等这样的知名报纸,在国际报道研究中往往被有目的地选为样本,不但因为它们具有全球性视野,享有国际声誉,而且因其报道实力和质量在很大程度上被认为是影响其他媒体议程设置的消息源。大体上说,内容分析常用的非随机抽样方式有立意抽样和便利抽样两种,偶尔可见配额抽样。在质化实地研究中经常使用的滚雪球抽样在内容分析研究中则相当少见,这主要是由抽样方式和内容分析研究对象的性质所决定的。[3] 另一种社会科学研究常用的非随机抽样方法配额抽样(又称定额抽样,quota sampling)在内容分析研究也很少见,它指的是事先规定一定的样本数量,并规定一些与研究内容有关的标准,然后把样本数按不同标准加以分配,最后由研究者从符合标准的调查单位中随意地抽取样本单位进行调查。这里,将主要就立意抽样和便利抽样做进一步的介绍。

1) 立意抽样。立意抽样又称目的抽样、判断抽样(purposive sampling, judgment sampling),就是研究者根据自己对总体的知识如对总体构成要素和研究目标的认识,也即依据对研究目的的判断来选择适当的抽样方法,因而研究者在使用时往往会给出明确的正当理由。在这种抽样中,凡总体中具有代表性的单位都可作为样本,个别单位被抽取的概率是无法确定的,其抽样结果的精确度也无法判断。所以,这种立意抽样的准确程度取决于调查者的理论修养和实际经验、调查者对调查对象的了解程度以及调查者的判断能力。如果调查者具备相应的能力,则立意抽样可望

---

1 Krippendorff, K. (2004). *Content analysis: An introduction to its methodology* (2nd ed.). Thousand Oaks, CA: Sage. p. 114.

2 虽然表 3.3 中所列举的实例大多采用的是根据既定标准进行的非随机的目的抽样,但也有研究是在标准范围下进行分层抽样或其他随机抽样。

3 滚雪球抽样是根据既有研究对象的建议找出其他研究对象(如无家可归者,吸毒者,流动劳工及非法移民)的累积过程。在使用这种方法时,有一个前提,即总体分子之间应具有一定的联系。如果个体之间缺乏联系,那就缺乏滚雪球的依据。由于需要作为主体的个人的牵线,因此以文本为研究对象的内容分析基本很少采用这种样本选择方式,但也有研究流行歌曲的,利用在校学生的推荐,集合成当下校园流行歌曲的列表,然后在此基础进行抽样。

有代表性,因而有利用价值;反之,样本可能会出现各种偏差。立意抽样或判断抽样在确定样本的选取时往往要依据一项或多项陈述明确的标准。这一点在上文说明内容分析第一层抽样单位的选择时已有充分说明。可以说,内容分析研究在这一层次抽样时大多采取的是立意抽样(见表 3.3),而且这也是采用非随机抽样的内容分析研究中最常用的一种抽样方式,无论其发生在抽样的哪个层次。

对于电影而言,媒体实体单位与信息内容单位通常是一致的,因此其内容分析对象的选择也就是抽样单位的选择,由于一部电影的内容容量远远超过其他媒体内容,所以其样本的选择一般采用立意抽样方式,多将目标瞄准在获得商业成功或热门的电影上,其选择过程也往往会按照一定标准和程序。比如一项研究变态恐怖片(slasher films)中的性与暴力的内容分析所确定的样本范围是获得商业成功的电影,[1] 在三个跨时段的年份中汇集每周评出的"前 50 名热卖电影"和"前 40 名热租的录像带",然后根据电影界认可的分类标准,如被颇为著名的指南性的《视频源书》(The Video Source Book)[2] 界定为变态恐怖片的,或者是从电影的名称中就可知道其必然包含暴力和死亡场景的电影,并对根据其票房及出租金收入同一个年份的电影进行排序。接下来的一步是从排名第一的电影开始对每个年份入选的最初电影列表进行详细的检查。根据上述的变态恐怖片定义,并通过浏览全国性报纸的电影评论(如 NewsBank[3]),一一评定初选电影。依据此程序,三个年度中最成功的 10 部电影最终被选入。

2)**便利抽样**。便利抽样,又称方便抽样(convenient sampling),指的是代表研究对象总体的个体抽样单位被选入样本仅仅因为它们是研究者可获得或相对便利获得的。在内容分析研究中经常会需要或不得已必须采用这种抽样方法,因为许多过往传播内容经常由于其存档问题(如缺漏、人为破坏或历史客观条件等)致使客观上无法获得全部样本,又或者因内容采集方式的限制(如海量且流动的网

1　见:Molitor, F., & Sapolsky, B. S. (1993). Sex, violence, and victimization in slasher films. *Journal of Broadcasting & Electronic Media*, 37(2), 233-242.

2　这是一本由美国 Thomson Gale 集团出版的视频索引工具书,迄今为止已更新了 39 版。它通过超过 1.3 万份的节目列表全面覆盖了现有海量的视频产品。从课堂辅导到企业培训,从儿童专题到纪录片,从技术资源到自助指导,从戏剧正式版到电影枪版,该书收录了超过 16 万条视频。该书的目录主要分为商业、青少年、艺术、大众、教育、健康、科学、教程、电影、体育、娱乐等主题大类,并进一步细分为更具体的主题。所有的列表按标题的首字母顺序排列。每一个记录都含有节目介绍和信息,为研究查找提供便利。

3　这是一家有着 40 多年资历的全球新闻资讯供应商,面向世界范围内的公共图书馆、初高等教育院校、政府和军队图书馆、研究人员等,为它们提供第一手新闻资料。通过与全世界知名内容供应商的伙伴关系,NewsBank 汇编了上千美国和国际的资信息源以及 17 世纪至今的海量文章。NewsBank 的数据库中不但收录了超过 5 000 条报纸名称,还包括新闻专线、网页版、博客、视频、广播稿、商业期刊、杂志、政府文件和其他出版物。此外,它还拥有直观易用的交互界面和强大的搜索引擎技术,充分满足人们精准查找一手资料的需要。

络信息)等方面原因而无法确认研究对象总体,以致很难生成一个随机抽样所需要的抽样框。比如在一项对 1950 年代美国儿童电视节目中的广告进行的研究中,研究者所使用的就是一个名为皮博迪博物馆档案库(Peabody Archives) 1 中可获得的节目,以此作为便利样本。2

便利抽样虽然在对更大的总体进行推论时,与其他两种非随机抽样相比存在着更为明显的不足,但也有其合理使用之处。里夫等人总结了使用便利抽样的三种合理情况:①所研究的内容材料难以获得,这种情况在研究早年出版的报刊杂志或图书等资料时特别常见;②受到资源限制(如时间和资金等)而无法从总体中生成一个随机样本;③在对一个知之甚少、缺乏研究却很重要的领域进行探索性研究时。3 无论怎样,内容分析者在使用便利抽样时一定要谨慎,特别要小心对待在以这种方式获得的数据基础上作出的分析结论,因为其样本存在较大误差的可能性很大,由此可能大大降低了其结论推广至总体的有效性。

3.3.3 样本容量的确定

分析者在确定了抽样方案后,接下来的问题自然是样本需要多大才能有足够的信心回答研究问题,也即需要确定合适的样本容量。样本容量(也称样本规模,或样本大小)是指按照某种规则从总体中抽取出来的样本观察单位的数目,也即样本数量的多少。样本需要多大才可靠?基本常识建议样本越大,对样本的代表性越有信心;样本越大,对样本的标准误差的估计越小。数目过少,会使调查结果发生较大的误差,不能保证样本对总体的代表性,也就不能对总体作出正确的推论。然而,当样本显著大到某一点时,其对样本测量的准确性的影响就非常小了。一旦达到这么一个点时,增加样本就没什么意义了,因增加样本而带来的成本和不便也许高于其好处。特别是对于质化研究来讲,大绝非意味着美。质化研究往往使用小样本,更有利于取得深入的信息。因此质化内容分析相对于量化内容分析而言,其样本容量要小很多。

---

1 皮博迪博物馆档案收录了该馆 1866 年成立以来人类学、民族志研究及田野调查的诸多一手资料,包括照片、文件、手稿、田野笔记和录音等珍贵收藏资料。目前该馆仍在致力于通过"搜寻帮助"和"电子成像"为藏品提供电子访问途径,但还有大量收藏物未"上网"。档案材料不能出版流通,只限于档案研究室内保存阅读,访问需要提前三周预约,影音材料也需支付一笔费用。

2 见:Alexander, A., Benjamin, L. M., Hoerrner, K., & Roe, D. (1998). "We'll be back in a moment": A content analysis of advertisements in children's television in the 1950s. *Journal of Advertising*, 27(3), 1-9.

3 [美]丹尼尔·里夫,斯蒂文·赖斯,弗雷德里克·G.菲克. 内容分析法:媒介信息量化研究技巧[M]. 第 2 版. 嵇美云,译. 北京:清华大学出版社,2010:100-101.

表3.6　置信度、允许误差与样本容量之间的关系

允许误差(%)	样本容量	
	置信度为95%	置信度为99%
±1	9 604	16 589
±2	2 401	4 147
±3	1 067	1 849
±4	600	1 037
±5	384	663

3.3.3.1　统计理论下样本容量的一般要求

从统计理论的角度来看,确定样本容量需要考虑以下四种因素:

1)对调查研究结果的可信度与精确度的要求。一般而言,抽样的目的是通过样本推断总体,而推断的可靠性和精确度与样本容量有密切关系。置信度和置信区间是说明样本容量与抽样可靠性和精确度关系的两个重要概念。置信度又称置信水平,是指总体参数值落在样本某一区间的概率,它反映抽样的可靠程度;置信区间是指在一定置信度条件下,样本值与总体值之间的误差范围,它反映抽样的精确程度。在其他条件不变的情况下,置信度越高,即推断的可靠程度越高,所要求的样本容量就越大;置信区间越小,即样本值与总体值之间误差范围也即抽样误差越小,所要求的样本容量就越大。反之,则要求的样本规模越小。以简单随机抽样为例,在一个较大调查范围内抽取384个样本,就能使统计结果达到95%的置信度和不超过5%的偏差度(置信度、允许误差与样本规模之间数量变化的关系见表3.6)。在传播学领域的一般研究中,多半以95%的置信度和5%的偏差度为要求。

2)调查总体的规模大小。样本数目并不一定要与总体所包含的数目成比例。在一定范围内,样本数的多少对统计结果会有显著的影响。但当总体规模大到一定程度时,样本容量的增加对抽样误差和统计结果的影响就不大了。在确保样本数能足够代表总体的前提下,应以选择较小样本容量为宜。认为样本规模越大越好只是一种误解。

3)调查总体内部的异质性程度。在其他条件和抽样误差不变的情况下,总体各单位的异质性越大,需要的样本数就越大。因此,在考虑样本大小与抽样误差的关系时,必须把总体各单位的异质性程度考虑进去。

4)调查者的人力、财力和时间。一般来讲,样本数量越大,调查工作难度越大,人力、财力和时间等方面的成本就越高,因此,在决定样本大小时,除了统计学上的考虑外,研究者还不得不在这些现实条件和因素中寻找平衡。

3.3.3.2　内容分析中样本容量的特殊考虑

以上四个因素是社会科学研究特别是量化研究在确定样本容量时的一般要求,也是内容分析的总体原则和一般指导方向。但是在实际研究中,只有少数严格按照统计理论计算样本大小,内容分析者大多会考虑到文本或媒介载体的特殊性,在不是特别偏离总体原则的基础上针对实际情况作出相应的适当调整,以更为切合研究的需要。

与研究对象为自然主体而非人造产物的问卷调查和实验等所不同的是,内容分析所面对的是文本,抽样因文本的特殊性而可能不符合统计抽样理论的前提假定。如前文所述,内容分析的抽样单位往往与分析单位和记录单位不一样,这很有可能导致这样一种情况:即便是按照统计理论精确计算来估计抽样误差并确定了样本容量,但在实际分析中也会产生偏离,而三个抽样层次的不同则更增加了内容分析确定样本容量的复杂性。而且,文本有其自身的上下文连接性,因此记录单位也许不像统计理论所要求的那样相互独立。再者,文本单位通常在信息内涵或所提供的信息量上并不对等,不是所有的内容单位都能为研究问题的回答提供均等的信息,而研究者却必须从中选取合适的样本以使研究问题获得正确回答的机会相对公平,也就是说,文本实质内容与回答研究问题的相关性往往在实际研究中更被研究者所看重。另外,内容分析所处理的数据往往是定类测量层次上的,特别是二元变量(详见第 5 章解释),其样本量的计算方式也会有所不同(参见附录二笔者的一项研究)。因此,内容分析者在确定样本大小时在尽可能遵循一般原则的同时,往往采取一种在同行普遍接受的范围内的弹性处理方式。

针对内容分析特别是媒体内容分析的特殊性,研究者一直以来都在不断地从方法论上探索样本大小的适切性问题。不少学者通过实证性研究测试,一致显示了内容分析在不少时候适量的样本就足够,并非样本越大越好。早在 1939 年,就有学者通过一个对报纸上的电台节目介绍列表记录的抽样测试发现,每个电台每年抽取四周的数据已足够。[1] 另有研究选择了 86 种历史教科书对非洲裔美国人的描述进行分析,并额外检查了其他样本选择或者附加了一些广为使用的教材,结果这些教材样本的分析结果并无实质性的差异。[2] 内容分析早期研究对抽样方法最深入的经验调查是 1949 年发表的一项对前苏联《真理报》的研究,[3] 研究者对该报 1941 年为期 6 个月各期进行了不同选择,以对比相互之间的差异,结论是

1　见:Albig, W. (1939). The graphic arts and public opinion. In W. Albig (Eds.), *Public Opinion*, pp. 411-427. McGraw-Hill.

2　见:Carpenter, M. E. (1941). *The treatment of the negro in American history school textbooks; A comparison of changing textbook content*, 1826-1939. George Banta Publishing Company.

3　见:Mintz, A. (1949). The feasibility of the use of samples in content analysis. In P. Lasswell & Leites (Eds.), *Language of politics*, pp. 127-152. Stewart.

每周一天的样本和每月三天的样本效果一样,但是每五天和每两天抽取样本的方式显然更好。

媒体内容分析研究的抽样方法和样本容量问题,一直到 21 世纪都是一个颇受学者关注的话题。以丹尼尔·里夫和斯蒂文·赖斯为首的一批研究者自 20 世纪 90 年代开始,先后在《新闻与大众传播季刊》上发表了多篇论文,探讨在各种纸媒上运用不同的抽样方法的效力差异,以及为求得同等效力需要多少合适而经济的样本容量等问题。通过实证研究对比发现,在同样的抽样误差(一个或两个标准误差)范围,对于报纸内容而言,复合周(也即构造周)的抽样方法与连续日期抽样和简单随机抽样相比在效力方面最具优势。[1] 以五年期的日报来看,最有效的样本容量是九个复合周,比大样本的十个复合周更为有效,[2] 再次表明以往研究所提倡的在合适有效的前提下使用较小样本的建议的合理性。但作者也同时指出,研究者是否应该在五年期分析中使用九个复合周的样本,取决于该报纸内容分析项目的性质、所选择的变量在样本中的变异性,以及内容资料的可获得性等。按照统计理论,当变量的变异性较大时,应考虑适当加大样本量,因此在这种情况下,十个复合周也许是较为保守的一种选择。同样是纸媒的杂志月刊,也是五年期的研究,仍然是复合分层抽样比简单随机抽样有效,在样本容量方面,一个复合年(共 12 期)[3] 较之于 20 期随机选出的期数要更为有效和准确,后者是在所有内容测量上需要满足有效性标准的简单随机抽样的最小抽样容量。[4]

对于与纸媒大不相同的电视新闻来说,里夫和赖斯等人在比较了简单随机抽样和分层抽样的两种变异体(复合月和复合周抽样)的实证研究结果后认为,在总体均值的一个或两个标准误差范围内最有效的方法是每月随机抽取两天的电视新闻。[5] 作者还特别指出,夜间电视新闻的选择由于时段非常有限,因此较之于报纸而言对新闻环境要敏感得多。新闻报纸可以因应需要而增加版面,而且许多日报的专题是专门针对特殊话题的,结果是新闻报道的话题分布相对稳定,即使是单篇报道会有所不同;而电视新闻却只有大约 22 分钟,只有在紧急情况下才可能增加时间,结果,新闻选择过程意味着有些话题可能只有最低限度的报道时间,甚

1　见:Riffe, D., Aust, C. F., & Lacy, S. R. (1993). The effectiveness of random, consecutive day, and constructed week sampling in newspaper content analysis. *Journalism Quarterly*, *70*(1), 133-139.

2　见:Lacy, S., Riffe, D., Stoddard, S., Martin, H., & Chang, K.-K. (2001). Sample size for newspaper content analysis in multi-year studies. *Journalism & Mass Communication Quarterly*, *78*(4), 836-845.

3　也就是从一年 12 个月的每个月的各期数中随机选出一期,一共 12 期构成一个复合年。

4　Lacy, S., Riffe, D., & Randle, Q. (1998). Sample size in multi-year content analysis of monthly consumer magazines. *Journalism & Mass Communication Quarterly*, *75*(2), 408-417.

5　Riffe, D., Lacy, S., Nagovan, J., & Burkum, L. (1996). The effectiveness of simple and stratified random sampling in broadcast news content analysis. *Journalism & Mass Communication Quarterly*, *73*(1), 159-168.

至可能在某个既定晚上整个被忽略掉。重大新闻事件即使不是紧急事件,也会挤掉其他所有话题。这也就是说,电视新闻播出的话题稳定性要相对较弱。这种变异性要求比报纸选取较多一些的样本,且以不同方式分层。

　　总体来说,内容分析研究样本容量的确定会因内容的传播介质、内容文本的特殊构成以及具体的内容变量等各方面因素而变得相当复杂。巴德等人在谈到样本大小问题时,曾给出一个"最好的"回答,那就是"不一定(It depends)"。[1] 除了考虑统计理论上的一般要求,更需要根据内容分析的具体问题、研究目的以及研究对象的特殊性等多方面因素进行综合考量。克里本多夫从一般策略的角度指出,分析者可以通过如下三种路径之一来获得合适的样本容量:一是适当缩小研究问题范围,以使之能够在既定的统计抽样理论下被回答,二是对不同的抽样技术和样本容量的准确性进行实验,三是运用对半测试(split-half)技巧。[2]

3.4　网络传播内容分析研究中的抽样问题 [3]

　　作为新兴媒体之一,互联网的兴起、普及和迅速发展使得万维网成为传播研究的一个"移动的目标靶子",[4] 以网页为基础的内容因网络的这种移动性以及网络内容的呈现和载体的特殊性而给传统的内容分析法带来了诸多新的挑战,特别是在抽样这一环节上。与传统内容分析一样,当网络内容分析对象数量有限时,可以对一定范围内的所有资料进行全面考察。但由于网络信息的海量、多元和超时空以及链接的无限扩展性等特点,如果选择总体为编码对象就会增加研究成本,而且会极大地增加编码操作难度,网络内容的流动性和不确定性也使得样本的采集以及调查总体和样本容量的确定都变得更为复杂困难。为此,笔者在 2009 年专门进行了一项研究,以 1993 年(网页浏览器开始为人们所用)和 2008 年为起始和终止年,利用学术研究图书馆(Academic Research Library)、传播和大众传媒全文数据库(Communication and Mass Media Complete)和 SAGE 全文数据库(SAGE Full-Text Collections)等三大数据库,根据标题和摘要的阅读,搜取 SSCI 收录的新

1　Budd, R. W., Thorp, R. K., & Donohew, L. (1967). *Content analysis of communications.* New York: Macmillan. p. 19.

2　Krippendorff, K. (2004). *Content analysis: An introduction to its methodology* (2nd ed.). Thousand Oaks, CA: Sage. p. 121.

3　此小节内容主要取自于笔者撰写的《内容分析法在网络传播研究中抽样问题——以五本国际期刊为例(1998—2008)》一文,原载《国际新闻界》2010 年第 8 期第 86-92 页。本书后文叙述中指其为"2009 年研究"。

4　McMillan, S. J. (2000). Moving target: The challenge of applying content analysis to the World Wide Web. *Journalism & Mass Communication Quarterly*, 77(1), 80-98.

闻传播学领域颇具声望的五份国际权威刊物 1 中发表的以网络为研究对象、运用内容分析法的研究论文,共计获得内容分析运用于网络传播研究中的相关文献 52 篇(1998 年以前这五份刊物均未有一篇与网络相关的内容分析研究论文)。

调查发现,网络内容分析倾向于采用抽样样本作为编码对象,有 51.9%(27 篇)的论文采用样本,而且,以总体为研究对象(也即采用普查方式)的论文中有 63.6% 是在确定了三个抽样层次中的前两者(媒体实体来源和研究时间段)的基础上获取所有内容单位,而这两个抽样层次的确定都是基于一定的研究目的或具体的研究对象。比如,在一项考察早期公司网站的交互性程度、类型和维度的内容分析研究中,2 研究者首先确定以某一权威性目录如 The Web Digest for Market-ers(www. wdfm. com,经销商的网页汇集)上列举的所有公司网站为分析对象,然后确定研究的时间框为 1995 年 10 月至 1996 年 1 月,以代表公司网站的早期发展阶段(在此时期行业报刊开始定期给网络营销话题辟出专门栏目)。这样一类研究的总体量一般不是超乎寻常之大,而且与分析单位大小呈反比关系。分析单位如果大至网站,那么总体量为 5 到 64 家网站;分析单位如果小至网页新闻或博客文章时,总体量一般为 200~500,有时甚至达到上千篇。当界定范围内的总体相当之大、特别是分析单位属于微观层级如具体篇章时,研究者基本采用的是样本,样本量是总体的 10% 左右至大约 80% 不等,因编码分析单位的大小而不同。

在采用样本并能明确判断出随机抽样与否的 26 篇网络内容分析论文中,有 7 篇使用非随机抽样,使用随机抽样的 19 篇论文还有一些是针对研究的具体要求和对象在设定一定的时间框架下展开的,在严格意义上时间框的择取具有很强的目的性和人为性,因此只是实现了抽样下级层次的随机性。比如一项研究网络报纸新闻报道中如何体现亚洲价值观的内容分析,就是在既定时间框内简单随机抽取三天对所有相关网站上的新闻报道进行观察。3 研究时段的确定对各层级均为非随机抽样的研究也是相当重要的第一步,而且基本围绕研究的主题对象来择取。比如在一项考察无管制的匿名网络论坛里违背道德的原则是怎样呈现和个人自律机制如何发挥作用的研究中,研究者以日本最著名的 Channel 2(第二频道)互联网论坛为蓝本,选择了在 2004 年 10 月 27 日至 11 月 2 日之间发布的 5 个主题系列帖子(平均每个系列都有 1 000 个帖子)共 5 000 个帖子作为编码对

1　这五份刊物是 *Journal of Communication*、*Journalism & Mass Communication Quarterly*、*Journal of Broadcasting & Electronic Media*、*Journal of Computer Mediated Communication* 和 *New Media & Society*,其中后两者是专门针对新媒体和电脑中介传播的学术期刊。

2　见:Louisa, H., & Lincoln, J. E. (1998). Interactivity reexamined: A baseline analysis of early business Web sites. *Journal of Broadcasting & Electronic Media*, 42(4), 456-473.

3　见:Massey, B. L., & Chang, L. A. (2002). Locating Asian values in Asian journalism: A content analysis of web newspapers. *Journal of Communication*, 52(4), 987-1003.

象。其时间段的确定根据是伊拉克人质事件中日本人香田证生被斩首(2004 年
11 月 1 日)的前后一周。[1] 由于网络信息存在发布时间不明确、内容更新速度快
且不定期等新特征,使得分析样本的起讫时间确定成为一大难题,回溯分析和历
史比较分析便很难完成。而且,由于网络传播内容瞬息万变,固定框架的抽样已
经非常困难,符合抽样条件的网站也不一定有均等的被抽中概率。有研究指出,
网络内容分析在选择样本时遇到的最大困难是样本时间和抽样方法问题。[2]

笔者 2009 年研究发现,传统媒体内容分析的抽样方法在网络研究背景下得到
了不同程度的承继和借鉴,比如分层抽样(特别是复合周抽样)的运用以及抽样层
级与研究对象界定的相关关系等。另一方面,由于互联网将现有媒体的特征与超
文本、交互性和其他许多关键属性相结合,各种不同媒体特征的混合使得网络内
容分析相当复杂。研究者已发现了对互联网进行内容分析的方法上的许多问题。
如页面内容的非线性和定制化设置违背了传统内容分析方法的基础假设,因为网
页用户可以通过超链接进行跨新闻篇目甚至网站的阅读,从而造成了用内容分析
所得出的研究结果来推导内容用户的特征和行为更为困难。同时,网页内容分析
的可推广性(generalizablility)和代表性(representativeness)也因各种抽样问题受到
影响。因此,笔者的博士导师之一、美国田纳西大学萨莉·麦克米伦教授认为对
抽取样本的严格要求“也许是在网页上进行内容分析最困难的一个方面”,同时建
议研究者考察多种抽样方法在运用于网页时的有效性。[3]

而在新闻传播学的实际研究中,学者们也大都较为明确地界定研究目标总体
(比如依据时间或研究对象层级或其他特征),在缩小其范围的基础上进行抽样。
建构抽样框的方法各异、各有千秋,但这些方法不是互相排斥的,不论是在确认由
单个方法产生的样本方面还是在确认目标群体是否完整方面,研究者都可以结合
使用多种抽样方法。[4] 由于网络传播的内容瞬息万变,固定框架的抽样比较困难,
因此采用线上和线下两种手段相结合的抽样框确定方法似乎成为今后发展的一
种趋势。另外,在运用内容分析法描述和解释网络中的传播现象时,作为重要步
骤之一的抽样方法与以往传统的抽样方法相比,网络内容分析更强调样本下载的
及时性和编码时间的统一性,而且样本量相对于同样时间段的传统媒体内容来说
要求更大些。

---

1 见:Muneo, K., & Isao, W. (2007). Ethos in chaos? Reaction to video files depicting socially
harmful images in the Channel 2 Japanese internet forum. *Journal of Computer-Mediated Communi-
cation*, *12*, 1248-1268.

2 任立肖,沙勇忠. 网络内容分析研究[J]. 情报理论与实践. 2005,5:523-536.

3 McMillan, S. J. (2000). Moving target: The challenge of applying content analysis to the World
Wide Web. *Journalism & Mass Communication Quarterly*, *77*(1), 80-98.

4 Weare, C., & Lin, W. Y. (2000). Content analysis of the World Wide Web: Opportunities
and challenges. *Social Science Computer Review*, *18*(3), 272-292.

3.4.1 网络传播内容样本数据的采集

对于传统媒体内容分析来说,研究对象或样本基本上以存档的形式存在,相对具有稳定性,数据采集时间相对来说紧迫感不强。但在网络内容分析中,由于网络更新速度快,不断有新的网站和内容出现,而且已有内容也经常被移除或替换。劳伦斯和吉勒斯 1999 年就估计万维网上有 8 亿个页面,且呈指数增长,1997 年至 1999 年间网站数就翻了三倍。[1] 因此网络内容分析更强调样本下载的及时性和编码时间的统一性。[2] 笔者 2009 年研究发现,在说明下载样本时间跨度的论文中,样本下载时间短至一天,多数都在两周至一个月内完成,时间长至 2~3 月的均为同步研究,也即随事件发展而开展的即时追踪性网页内容观察分析。

在一项对网上公民新闻和报纸网络版如何运用客观性标准和外部消息源的比较研究中,[3] 研究者在所确定的一个月的考察研究时段内每天同步下载公民新闻博客文章,并在同一个月内随机选择一个复合周下载在线新闻网站文章。他们还发现,大约有 45% 的研究是利用网站/网页目录作为抽样工具,约 25% 是在研究时间段内将文字交流记录全部下载,18% 是利用搜索引擎作为样本采集工具。[4] 笔者 2009 年研究同样发现,传播学领域中最常用的网络内容数据的采集方式也是利用已有的或综合而成的在线名录或列表(占 38.5%),其次是在一定的时间段内对既定网站或是随机择取一定的天数以复合周方法来保存页面或下载(博客或网上新闻)相关文章(21%),运用搜索引擎获取样本的居第三位(11.5%),其他各种方式(如利用前人类似研究的抽样框、运用律商数据库 LEXIS/NEXIS 一类的全文数据库等)总计 29%。这种状况既说明了时间点的选择和追求即时性在网络内容分析中的重要性,也反映出近期学者对已有的在线名录和搜索引擎的有效性的考虑,特别是在进行随机抽样的情况下,在倡导充分利用这些工具的同时需要谨慎对待其可能存在的问题,尤其是后面小节将要谈到的确定抽样框的问题。

由于既有的网站/网页目录在提供范围和获取途径上存在着较大的局限性,研究者通常会借用搜索引擎作为确定研究的目标总体或抽样框,以及样本数据采集的替代方式,并适当地辅之以其他可用资源或手段,特别是以网络为基础的新手

1　Lawrence, S., & Giles, C. L. (1999). Accessibility of information on the Web. *Nature*, *400*, 107-109.

2　McMillan, S. J. (2000). Moving target: The challenge of applying content analysis to the World Wide Web. *Journalism & Mass Communication Quarterly*, *77*(1), 80-98.

3　见:Carpenter, S. (2008). How online citizen journalism publications and online newspapers utilize the objectivity standard and rely on external sources. *Journalism & Mass Communication Quarterly*, *85*(3), 531-548.

4　成波,黄晓斌. 国内外网络内容分析应用现状研究[J]. 图书情报知识. 2007,9:45-50.

段和新方法。例如在一项研究小型发展中国家官方网站的自我呈现的内容分析中，[1]研究者根据世界银行的分类，然后基于前人研究创立的步骤，[2]在现有的网络搜索引擎（包括谷歌和雅虎）上，对世界银行列出的小型发展中国家的官方网站进行了搜索。其搜索根据是，前人研究已表明许多小型发展中国家极有可能在他们主要的网站上展示与政府、总统、旅游或大使馆相关的页面。在前人研究策略的基础上，该项研究进行了扩展，应用了四个常用的搜索引擎（包括谷歌、雅虎、远景公司和 Dogpile 公司），进行了更多的搜索；而且研究者从最初的搜索中发现，在确认特定的官方网站是否存在时另有三个有用的网络资源，它们是全球大使馆网站（www. embpage. org）、政府官方网站（www. psk. keele. ac. uk/official. htm），以及世界旅游指引（www. 123world. com/tourism）。最后，由人工依据三项标准确定官方网站：①在陈述或内容上明显是官方的；②在网站范围上属于国家的；③由当地政府或政府机构主办、管理和制作。

　　另一项颇有代表性的研究是通过对法语新闻网站的考察来验证长尾理论是否适用于网络在线新闻。[3] 以代表着控制和接触媒体时权力分散以及内容多样化的多元主义这一媒体理想范式为出发点，研究者关注的是网络新闻的多样性问题，网络与传统媒体的一个主要不同之处在于前者中有很多参与到生产和传播新闻的不同网站。在面对拥有极大多样性的网站时，为了能从总体上对网络新闻进行分析，研究者必须考虑选取一个可以涵盖不同种类网站的有代表性的样本，选择那些尽可能具有代表性的并且符合作为研究材料的网站。因此，研究者首先在总结前人研究的基础上，区分了七类网站，包括作为传统媒体数字化延伸的两类网站（报刊和广电媒体网站、通讯社网站）、纯网络版的三类生产新闻内容的网站（网络杂志、参与式新闻网站和网站博客），以及作为新闻聚合器但自身并不直接生产新闻内容的门户网站，这样的分类有助于构建一个详尽的在线新闻版图。然后是在此分类下寻找合适的代表性样本。显然，现成的目录是没有的，研究者需要自己制作一个包含主要法语新闻网站，除了将在法国的七类网站全部包含在样本中，为了使样本来源多样化，研究者还根据流量数据统计，将一些很受欢迎的非法国境内的法文网站囊括进样本中。另外，研究者还利用专业化的排名服务网站如

1　见：Mohammed, N. S. (2004). Self-presentation of small developing countries on the World Wide Web: A study of official websites. *New Media & Society*, *6*(4), 469-486.

2　另参见：Dominick, J. R. (1999). Who do you think you are? Personal home page and self-presentation on the World Wide Web. *Journalism & Mass Communication Quarterly*, *76*(4), 646-658.

3　见：Nikos, S., Emmanuel, M. & Franck, R. (2010). Does the Long Tail apply to online news? A quantitative study of French-speaking news websites. *New Media & Society*, *12*(8), 1244-1261.

Technorati 和 Wikio 等 1，根据法语博客的主题和质量对法语博客类网站进行了筛选，在完成了最高排名的法语博客名单后，选取那些涵盖一般性新闻（政治、社会、文化等）和定期发表文章的博客，并制成了一个博客样本名单。一旦确立了样本来源后，研究者采用自动爬虫（automated crawling）方法，通过样本来源的 RSS 种子在 20 天内全天 24 小时地提取样本数据。

3.4.2 网络传播内容抽样方法的选择

互联网带来的巨大飞跃之一是可以在线获取数据，电子数据的集中能够给研究者采用科学的抽样方法提供很大便利，也因此提高了研究的外部效度。虽然互联网在搜集数据方面展示了强大的能力，但它巨大的存储量和不稳定性使得随机抽样的发展之路走得并不顺畅。由于万维网（WWW）是分散、通用的交流平台，混合了不同的媒体和互动形式（如文本、一对一交流、异步多媒体信息、音频流等），目前尚没有一个主导的方法可以用来衡量和区别它们不同的用途，因此，对网上如此丰富的信息进行分类是一项难以逾越的任务，再加上网页不断地出现和消失这样的动态特性，可用的网页目录通常不完整或多有重叠，使得这项任务更为艰巨。如果采用随机抽样对网络信息进行内容分析的话，难度可想而知。一些研究者认为这些挑战是如此难以对付，以至于他们觉得"选择真正的随机抽样几乎是不可能的"。2

麦克米伦在她关于 19 篇网络内容分析论文的研究中发现，有九项研究没有抽样，而是研究抽样框内的全部网站，它们的研究目的都是为了描述或是设定一个分析特定类型网站的标准。在其余的进行了抽样的研究中，利用随机数字表是最常见的抽样方法，缺点在于这样产生的排列大多是无序的，导致研究者要进行繁复的人工计数。搜索引擎可能产生多种超文本的子目录形式，而使安排随机数字变得复杂。

相对于大范围的随机抽样，在研究对象的设定范围内进行普查式分析显得相对容易操作些，比如几个目标网站在一定时间段内保存所有网页以进行分析，或在一定研究时间段内对所研究的网站论坛利用其站内搜索引擎搜索所有相关话题的文章或发帖，或利用一份完整的目录考察目录上所有网站的首页（如意大利右翼门户网 77 家右翼集团或组织网站）等。但对于抽样研究而言，问题就复杂得多，也因此造成了不少网络内容分析采用的是便利抽样或立意抽样等非随机抽样

1 这些网站可以自动测量导入的链接。
2 Weare, C., & Lin, W. Y. (2000). Content analysis of the World Wide Web: Opportunities and challenges. *Social Science Computer Review*, *18*(3), 272-292.

方法。如前所述,笔者 2009 年研究发现,采用抽样的网络内容分析研究的比例是
51.9%(27 篇),其中有七篇研究使用的是非随机抽样(占采用抽样的论文的
25.9%),而那些使用了随机抽样方法的研究(19 篇,70.4%;另有一篇未明确指
明抽样方法)在很大程度上都是在严格限定目标总体后进行的。学者们所提出的
利用类似电话问卷调查随机数字拨号的一种简单随机抽样方法(比如利用 Web-
Crawler 软件并结合 HotBot 搜索引擎来随机选择网址 URLs),[1] 在笔者所考察的论
文中未发现一例。这主要与该方法的使用对象性质和局限性有关,该方法特别适
合针对无限定范围的网上资源(也即广义的目标总体)且研究重点不在于具体内
容的随机调查,因为互联网的全球性妨碍了研究者将 URL 地址定位于特定的区
域,所以对于一些小的目标总体来说,随机抽样法就不是那么有效了。而网络传
播的内容研究则往往是对象明确且重在具体内容。

　　总体上说,网络内容分析使用纯粹的简单随机抽样,理论上非常困难,在实际
操作中也相对少见。在笔者 2009 年研究中仅发现四例,占采用随机抽样方法的
论文的 21.1%。其中一例是在一定时间段随机产生三天作为样本,直接观察权威
机构 Newslink[2] 网站上所列举的亚洲报纸网络版网站;[3] 另一例是在研究时间段
内随机择取一周,并在所观察的论坛内随机选取 100 个发帖者,然后分析这 100
个发帖者在这一周内发布的所有帖子;[4] 还有一例是通过 YAHOO! 句法链接搜索
得到所有相关网站链接后随机抽出 100 个个人网页。[5] 其他随机抽样方法是系统
间隔抽样(6 篇,31.6%)和分层抽样(5 篇,26.3%),另有 4 篇未明确指明使用的
哪种随机抽样方法。

　　如本章前文所述,分层抽样主要有两种:一种是根据研究对象的层级性质,另
一种是根据时间周期,如复合周抽样。例如有研究者在一项记录了 2004—2006

1　研究实例如:Koehler, W. (1999). An analysis of Web page and Web site constancy and per-
　manence. *Journal of American Society for Information Science*, *50*(2), 162-180. 另参见 Law-
　rence, S., & Giles, C. L. (1999). Accessibility of information on the Web. *Nature*, *400*,
　107-109.
2　NewsLink. org 是按媒介类型查询新闻媒体的工具式网站,收录了美国及世界范围内的报
　纸、杂志和广播电视等新闻媒体网站链接,并根据地区、新闻圈和链接热度建立进一步索
　引。
3　见:Massey, B. L., Chang, L. A. (2002). Locating Asian values in Asian journalism:A con-
　tent analysis of web newspapers. *Journal of Communication*, *52*(4), 987-1003.
4　见:Rodgers, S., & Chen, Q. (2005). Internet community group participation:Psychosocial
　benefits for women with breast cancer. *Journal of Computer-Mediated Communication*, *10*(4). ht-
　tp://jcmc. indiana. edu/vol10/issue4/rodgers. html.
5　见:Kim, M. (2008). The Creative Commons and copyright protection in the digital era:Uses of
　Creative Commons licenses. *Journal of Computer-Mediated Communication*, *13*(1). http://jc-
　mc. indiana. edu/vol13/issue1/kim. html.

年三年间 24 家新闻网站动态内容的增长趋势的研究中，[1] 利用《国际编辑和出版家年鉴》的日报百强名单作为抽样框。为体现网站规模的差异性，研究者将百强名单与报纸的发行量结合起来，分别从报纸发行量在 40 万—200 万份间的报纸中抽取八家，发行量在 18 万—23 万份的报纸中抽取八家，发行量在 10 万—12 万份间的抽取八家，由此组成抽样样本。尽管最近有学者指出，与以往着眼于传统媒体的研究一致的是，复合周抽样较之于简单随机抽样或者连续日抽样等方法更为有效，[2] 但笔者 2009 年研究却仅发现三例使用复合周抽样的论文，而且都是在2004 年以后才开始使用，说明这种按时间周期分层抽样的方法虽然在近期得到推崇，并在纸媒内容分析中多有应用，但尚未在网络内容分析实践中得到普遍推广。

3.4.3 网络传播内容抽样框的确定

网络内容分析中确定研究的目标总体是关键一步，实际操作中往往体现在获得一个包含目标总体各单位的类似于目录清单的抽样框，并在此基础上或是进行普查式分析，或是更方便快捷地实施抽样。这个清单中的每个目录项与实际总体的每个单位之间存在某种确定的对应关系，即根据一个目录项可以找到实际总体中特定的一个或一些单位。抽样框的形式多种多样，有名单和手册，也有地图、数据包或列表。但不管抽样框采用哪种具体形式，其目的是相同的，即在抽样之后调查者必须能够根据抽样框找到具体的抽样单位。

抽样框的来源大致可分为两种，现成的目录和经过研究者多方搜索整合后而成的列表。网络内容分析中最常见的是利用某个权威性相关机构网站上现有的在线列表，比如，本章上文提到的笔者对中国政府网站的研究，[3] 笔者利用中国政府门户网站上的全国各级政府网站导航目录，以此为目标总体，采用系统分层抽样对 177 个政府网站首页的内容进行了国家级和省级政府网站、沿海和内陆政府网站的比较分析。据笔者 2009 年研究统计，在使用了抽样框确定目标总体的 30 篇网络传播内容分析研究论文中，像这样一类利用在线列表的有 18 篇（56.7%）。对于分析那些关于特殊资源或关于特殊话题的网站来说，汇总网站十分有效。在

---

1 见：Tremayne, M., Weiss, A. S., & Alves, R. C. (2007). From product to service: The diffusion of dynamic content in online newspapers. *Journalism & Mass Communication Quarterly*, *84*(4), 825-839.

2 Hester, J. B. & Dougall, E. (2007). The efficiency of constructed week sampling for content analysis of online news. *Journalism & Mass Communication Quarterly*, *84*(4), 811-824.

3 见：Zhou, X. (2004). E-Government in China: A content analysis of national and provincial websites. *Journal of Computer-Mediated Communication*, *9*(4). http://jcmc.indiana.edu/vol9/issue4/zhou.html.

一项对常规(*routine*)是如何影响网上公民新闻和报纸网络版的内容的研究中,[1]研究者依据 cyberjournalist. net [2] 和 Placeblogger Directory [3] 综合而成的博客排名表制作成一个较为综合全面的抽样框。

另外一种省时省力的方法是使用搜索引擎搜索到符合条件的相关网站综合为一个目录总表,如通过各大搜索引擎创建少女网站目录。这样的论文在笔者 2009年的观察中有 6 篇(20%)。这种方法的缺点在于万维网内容是瞬息万变且没有进行普遍分类。有研究指出目前主要的一些搜索引擎只能获取不到一半数量的网页,而且任何一个单个引擎获取网页的指数不超过 16%,而且这个比例还在萎缩。[4] 如果要分析一些新建的或短命的网站而利用搜索引擎构建抽样框的可行性就比较低了。影响样本误差的原因还包括这些排名是基于一些潜规则排列的,比如 Yahoo! 会根据用户的个人使用偏好对结果进行暗中排序;以及搜索引擎会根据链接数和流行程度对网站进行排名。因此,利用搜索引擎构建抽样框会导致样本偏向点击率更高的网站。研究者发现网上冲浪者更易于通过搜索引擎(85%)和链接(88%)发现新的站点。因此,利用搜索引擎构建的抽样框更利于反映出普通用户的需要。[5] 因此要采用该方法的话最好是利用元搜索引擎进行搜索,这是一种集合了多个搜索引擎的结果的综合搜索引擎,结果优于其他单个引擎。

笔者统计发现的其他两种获取抽样框的方式分别为:①在目标网站或相关数据库利用关键词搜索,获得所有相关文章如新闻报道或博客帖子等,以列举清单为抽样框(4 篇,13.3%);②利用相关权威机构发布的线下目录(如《国际编辑和出版家年鉴》的日报百强名单、《美国新闻》公布的世界年度各专业最佳大学名单等),以此为依据确定相应网站的目标总体(3 篇,10%)。

从研究实例来看,网络内容研究抽样框的确定颇为注重权威性、相关性和目标性等三性。抽样框来源无论是线上的还是线下的,都必须是研究对象所涉及的相

1　见:Carpenter, S. (2008). How online citizen journalism publications and online newspapers utilize the objectivity standard and rely on external sources. *Journalism & Mass Communication Quarterly*, 85(3), 531-548.

2　cyberjournalist. net 是一个关于数字科技是如何改变媒介的一手新闻资料供应网站,曾被 Cnet 提名为百强数字媒体网站,并被《哥伦比亚新闻评论》、《名利场》和《今日美国》等期刊和报纸推荐。网站风格简约,分为媒体未来、创新、社会媒体、移动媒体、视频等板块。其访问者来自于 200 多个不同国家和地区。该网站由乔纳森·杜布(Jonathan Dube)创建于 2000 年,他本人亦是一位备受赞誉的数字媒体先锋人物,曾任美国在线新闻与信息部的高管和在线新闻协会的会长。

3　Placeblogger 曾是一个支持搜索的本地博客索引网站,聚合和组织了来源于同一地区、城市或社区等的博客内容,分享网民基于地点的新闻和文化、生活记录。该网站由丽莎·威廉姆斯(Lisa Williams)创建于 2007 年,并于 2012 年 12 月正式关闭。

4　Weare, C., & Lin, W. Y. (2000). Content analysis of the World Wide Web: Opportunities and challenges. *Social Science Computer Review*, 18(3), 272-292.

5　同上。

关领域内的权威机构,其名录得到广泛共识和行内人士认可。除上述提到的名录以外,其他如《财富》杂志网站上的世界 500 强公司名单、NewsLink 网站上所列举的亚洲报纸目录、Blogosphere Ecosystem [1] 博客名单、Yahoo! 医疗健康网站导航、全美高等教育理事会网站上的教育机构名单等。依靠搜索引擎或其他方式获取的抽样框则具有较强的目标性和相关性。迈克尔·齐诺斯在运用公共传播理论来分析比较《纽约时报》和政治博客对"阿利托"案的相关报道从而探讨政治博客的影响时,利用国际学术界权威的全文数据库 LEXIS/NEXIS 来搜索研究时段内《纽约时报》的相关报道,同时利用跟踪最新新闻和博客内容的 Blogrunner 聚合服务来搜集研究时段内相关的并有链接到《纽约时报》的博文。[2]

3.4.4 其他对策探讨

从目前研究的主流来看,尽管随机抽样运用于网络研究中存在着这样或那样的困难或问题,但总体倾向还是提倡在尽可能的范围内避免使用便利抽样,因为无论是在何种层级上采取哪种随机抽样方法,都不会像便利抽样那样给内容分析带来那么多的方法论上的困扰和质疑。为了随机抽样更为科学地运用于网络内容分析,学者们着力在两个方面展开研究,一是拓展抽样框的确定途径,二是样本量有效性和代表性的性能比问题。

一个主机和独立网站在互联网上的地址系统给研究者提供了开展大范围的、特别是跨国界、跨地区和跨领域的网络内容分析的一种科学方法,以此产生随机样本,这种样本建立在由互联网上的信息构成的综合抽样框之上。互联网就像是一个大家庭,IP 地址就像每个家庭成员的身份证号码,可以在全球范围内识别通用。[3] 每个网络服务器与联网的每台计算机所分配的一个 IP 地址在整个互联网中是唯一的。每个 IP 地址都是由 32 位二进制位数码构成,由于数字地址标识不便直观记忆,因此又产生了一种字符型的地址标识,即"域名"。域名地址在实际运行时,仍是由专用的互联网域名服务器(DNS)转换为 IP 地址后,计算机才能识别。IP 地址和域名都可以作为一个抽样框,但在实际操作中域名地址更为实用,除了更易识别之外,当更换一台新的主机时其 IP 地址也会相应更改。[4] 想要灵活

1 Blogosphere Ecosystem 是由 truthlaidbear. com 开发的一套应用程序。该程序每天将在其网站上登记过的博客搜索一遍,并按照每个博客导入链接的数目来排序,曾在 2003—2005 年前后红极一时,现已不可用。

2 Xenos, M. (2008). New mediated deliberation: Blog and press coverage of the Alito nomination. *Journal of Computer-Mediated Communication*, *13*, 485-503.

3 廖卫民,赵民. 互联网媒体与网络新闻业务[M].上海:复旦大学出版社,2001.

4 Weare, C., & Lin, W. Y. (2000). Content analysis of the World Wide Web: Opportunities and challenges. *Social Science Computer Review*, *18*(3), 272-292.

运用这一抽样框的话,需要了解域名地址的层次命名机制,它与互联网的层次相对应,体现出层次的管理方法。域名末尾部分是一级域名或者顶级域名,代表某个国家、地区或大型机构,如 cn 代表中华人民共和国,uk 代表英国,如果省略则表示在美国注册的顶级域名。倒数第二部分为二级域名,代表部门系统或隶属一级区域的下级机构,例如 gov 代表政府,net 代表网络中心,com 代表商业组织。再往前为三级及其以上的域名,是本系统、单位或所用的软硬件平台的名称,如"人民网"使用了"people"作为其三级域名。最高一级的 IP 地址由国际网络信息中心(NIC)负责分配,并授权分配第二级 IP 地址,并有权刷新 IP 地址。层级命名机制和 DNS 的完全性使得域名成为一个十分有用的抽样框,特别是当研究问题的设计贴合域名的分类标准的时候。当研究对象为商业网站、政府网站或跨国公司的网站内容时,DNS 为其提供了一个行之有效的抽样框。[1] 不过 DNS 也有其局限性。中心域名注册只包括二级和三级域名。此外,一个基于 DNS 的抽样框里不包括嵌套在一台主机的地址结构中的网页。因此这一抽样框更适用于关于网页内容的宏观问题,对基于低层级的网站而提出的研究问题则不适用。

当研究者要从一个大的并且没有抽样框的总体中抽取随机样本的时候,他们经常采用多级抽样法。[2] 乍眼看来,万维网网址的分层结构很适于多级抽样。研究者可以根据一级域名抽取顶级域名样本,以此类推。但因为在二级域名下缺少定址的标准,所以目前还没有内容分析的研究采用这种方法。随着今后互联网规范地发展,相信多级抽样会成为一个严密、实用的方法。

另外,一些学者则关注于研究网络内容的样本大小问题,特别是将分析传统媒体内容所运用的复合周方法借用于网络环境时不同样本量的有效性问题。网络新闻内容分析中的抽样分层决定一直都是以里夫和赖斯等人为传统印刷和广播内容(报纸、杂志和广播网新闻)而发展出来的惯例为指南。[3] 但在样本量的确定上却有着不同。比如,在比较了用于对网络新闻聚合器集合的新闻进行内容分析的几种不同抽样方法和样本量之后,赫斯特和道格尔发现,对于考察报纸印刷版六个月的总体而言,一个复合周抽样具有可靠的估计,但至少需要两个复合周甚至多至五个复合周的抽样才能准确地代表同样长时间的网络版,具体要多少个复合周则取决于所要分析的变量类型。[4]

总之,从国外内容分析专家有针对性的方法论研究以及内容分析研究实践来

1 Weare, C., & Lin, W. Y. (2000). Content analysis of the World Wide Web: Opportunities and challenges. *Social Science Computer Review*, *18*(3), 272-292.

2 同上。

3 参见上文所提到的相关研究。

4 Hester, J. B., & Dougall, E. (2007). The efficiency of constructed week sampling for content analysis of online news. *Journalism & Mass Communication Quarterly*, *84*(4), 811-824.

看,内容分析抽样方法和抽样容量的确定并无定规,也无严格精确的计算方法。由于内容资料千变万化,分析者在很多时候都是参照统计理论对抽样的一般要求,根据前人经验并结合研究实际面对的内容资料的特殊性,作出自己的判断和决定。在此,笔者总结出至少如下四点一般性的经验,供未来研究者参考:

(1)尽可能在条件允许的情况下采用随机抽样方法,复合周一类的方法尤其值得考虑;

(2)如果在内容分析抽样的三个层次上都无法实现随机抽样,那尽可能至少在内容单位层面上使用随机抽样方法;

(3)如果确实只能采用非随机抽样方法,一是最好给出选择样本的合理理由,二是参照随机抽样的样本容量标准,适当增加样本数量;

(4)如果已了解到或预计到内容资料的内部变异性较大的话,尽量避免使用简单随机抽样,而更多地考虑分层抽样或系统抽样,或者二者的结合,而且最好是在原有基础上适当加大样本容量。

4 单位类型与分析单位的选择

　　量化内容分析与其他量化研究方法一样,是通过各种测量手段对研究对象进行数字化处理,也即确定观察对象是什么、如何记录所观察的内容乃至如何考量数据,从而实现研究目的。在这样一个文本的数字转换过程中,根据研究目的或假设对所分析的内容进行单位化也即选择合适的分析单位至关重要,因为分析单位的大小和性质的确定直接影响到测量的层级和结果,并进而关系到统计分析的内容和质量以及对内容实质的解释。

　　比如,同样是以电视暴力为研究主题,从笔者对近几十年的电视暴力内容分析研究的考察来看,研究者所设计和使用的分析单位至少有暴力节目、暴力镜头和暴力交锋(PAT)三种分析单位(详见本章最后一小节),这三种分析单位在层级上由大到小。以节目为分析单位的内容分析所获得的信息从整体上远不如以暴力交锋为分析单位的研究来得丰满细致,因为其单位大至整个电视节目,因此,其数据搜集基本上是有关暴力的背景和结果等较为宽泛和宏观的信息,且多为定类数据,而且以二元数据居多,如节目是否呈现出暴力的后果,以及后果的类别(如情绪或心理上的伤害等)、节目中是否出现惩罚以及惩罚维持的时间(如仅仅在节目最后出现,还是贯穿整个节目等)、节目是否传递出反暴力的信息、节目的类型等。而以暴力交锋为分析单位的研究,则可以捕捉到有关发生在施暴者(perpetrator,P)和攻击目标(target, T)之间暴力行为(act, A)[1]的三个方面的各种细节性信息,进行统计分析的单位数也大为不同。与事关内容分析实质的核心要旨类目建

1　研究实例如:Wilson, B. J. , Smith, S. L. , Potter, W. J. , Kunkel, D. , Linz, D. , Colvin, C. N. & Donnerstein, E. (2002). Violence in children's television programming:Assessing the risks. *Journal of Communication*, 52(1), 5-35.

构一样,设计确定分析单位也是内容分析研究在操作层面上的重要步骤。[1]

本章将首先介绍单位的类型和单位化的目的,并在此基础上探讨分析单位的层级大小、界定单位的几种不同方式,以及各种分析单位在内容分析研究中的适用和优劣之所在,以此提高内容分析的质量、有效性和可靠性。

4.1 单位概述

4.1.1 单位化的实质和基础

在传播学量化研究中,分析单位是指要具体统计的对象,是统计分析中最小,也是最重要的单位。[2] 在问卷调查中,常见的分析单位就是接受调查、填答问卷的相互独立的受访者个体,又或者是以整体形式出现的一个机构如新闻单位。但在内容分析研究中,分析单位比较复杂,层级和形式也较为多样,变化很多,容易在实际研究过程中造成混淆,而且存在着分析单位与其他单位的区分,因此需要分析者在研究设计时结合其研究目的和研究假设清楚明确地辨析和确认。在对分析单位有个清楚的认识以前,我们首先需要对单位化(unitizing)和单位类型有个初步的了解。

其实,所有的量化研究都是在将分析对象进行切分的基础上,以每个切分的部分为单位,按照一定的要求和标准进行赋值和数字化转换。在这样一种单位化的过程中,研究者在一个观察范围内分出相关的不同区隔,在此基础上进行观察,反映出信息负载的实质内容的多样性。也就是说,研究对象首先是一个整体,但在文本数字化的计数过程中,被计数的对象却是不同的,或是概念上的,或是逻辑上的,分析者对其区别对待,将其视为独立元素,否则数字化的结果将没有意义。这种单位化的需求就好像我们以每升几元几角几分来计算汽油一样,面对一个整体的文本我们以词汇或段落或句子来对某种特质的出现(如消息来源或者某种类型的新闻框架)计数。而且,如果要使得计数具有意义,我们在计数时一方面要保证被计数的单位之间相互独立,更要确保各单位在意义上的确有所区分。分析单位的整体性意味着它在一个分析中或分析的某一阶段中不能再分解。单位的自然界定要求单位之间的界限不能重叠,而单位统计上的界定则强调"(一个单位之

---

1 国内发表的不少内容分析研究论文往往未能真正区分各种不同层级的分析单位,以及分析单位与其他单位之间的区别,以致所搜集的数据在可信度上大打折扣。

2 柯惠新,祝建华,孙江华. 传播统计学[M]. 北京:北京广播学院出版社,2003:41.

内）差异的自由度很小，但界限的自由度较高"，[1] 也就是说，在区分界定单位边界时研究者有多种选择，可以根据各自不同的研究目的和要求制定相应的界定标准，由此划定不同的单位。但是一旦标准界定出来，各单位的切分和分析应该是统一的，不能在同一分析整体中出现互相叠加或缺失的部分，比如同一篇文本，文本有的部分以句为单位，有的则以段落为单位，以致有些单位被包含在另一些单位中。

单位化的划定基础和界定标准主要是由研究目的所决定的。面对同一个政治演讲，政治分析家可能发现该演讲者提及多种不同的公共议题，由此可以根据这些不同的议题将演讲划分为不同的部分，然后分别对不同部分进行分析，探究这些议题如何被演讲者定义，提出哪些问题与何种解决办法，以及演讲者探讨这些问题时使用了哪些修辞手段、论证方式，或者是否利用这些问题来攻击对手，发表申明或辩护。[2] 与此形成对照的是，语言学家可能会将这个演讲的内容拆分为句子，因为句子从语法规则来讲就是一个独立的结构。然而，能够识别诸如单词或词汇一类的字符串的计算机文本分析软件则可以生成出大小极为不同、类别也不同的分析单位。因此，不同的内容分析者因研究目的或研究手段的不同，其对同一研究对象的内容单位的关注和切分也会不同。而且，内容分析者也许搜集的不只是一次演讲，而是一场政治运动中的许多次演讲，可以在这些演讲中辨析出不同分析单位，以此相互对照，或者将它们与其他数据联系起来。

尽管由字符构成的文本似乎可以实现自然的单位化，但文本的单位化提出了许多认识论方面的问题。研究者不应将单位视为一种理所当然的既定，它们其实是在阅读过程中凸显出来的，因此也暗含着分析者作为一个有能力的读者的经验。[3] 单位通常被认为是随观察对象经验性的变化而变化，但实际上是单位化这一行为创造了单位，并被认为原本就是如此。对此，克里本多夫特别指出，单位化的成功依赖于三个方面：①分析者具有在阅读体验的连续性中发现有意义的概念片段的能力，②分析者对研究项目的目的明确，以及③能否满足数据分析技术的要求。[4]

1　Pool, I. de S. （Ed.）. （1959）. *Trends in content analysis*. Urbana：University of Illinois Press. p.203.

2　研究实例如：Benoit, W. L., Blaney, J. R., & Pier, P. M. （1998）. *Campaign '96：A functional analysis of acclaiming, attacking, and defending*. Westport, CT：Praeger. 转引自：Krippendorff, K. （2004）. *Content analysis：An introduction to its methodology* （2nd ed.）. Thousand Oaks, CA：Sage. p.98.

3　Krippendorff, K. （2004）. *Content analysis：An introduction to its methodology* （2nd ed.）. Thousand Oaks, CA：Sage. p.98.

4　同上。

4.1.2 单位的类型

在内容分析研究中,至少需要分清楚四种不同的单位:抽样单位、记录/编码单位、分析单位和情境/观察单位。

4.1.2.1 抽样单位

第3章已对什么是抽样单位(sampling unit)[1]有所解释,简单地讲,就是为了抽取样本而将研究的目标总体划分成的互不重叠且有穷尽的各个元素或元素的集合。在一项分析中,抽样单位具有"选择性包含"(selective inclusion)的性质,[2]也即研究者根据研究目的来确定目标范围和单位大小,抽样单位在一种有选择的状态下被区分开来而纳入到研究中。当一项研究报告说分析了一定期数的新闻杂志时,其所指的就是抽样单位。这些抽样单位可以从更多期数的杂志中获得,或者可以包括刊发过的每一期,每一期的杂志也可以作为抽样单位来进一步选取样本。(但此时每一期杂志既是抽样单位,也可能作为分析单位来对待。)

在问卷调查研究中,研究者面对的抽样单位往往是可以回答问卷问题的作为单个个体的人,从目标总体也即一定范围内的人群中抽样是很直接的,此时,抽样单位与其他类型的单位如分析单位和记录单位不存在区别,而是一致统一的,而且情境/观察单位也是无关紧要的,因为问卷调查基本上与情境相脱离。而在内容分析中,由于其研究的特质,也即其分析往往涉及主题或概念的不同层面,且意义的解读和类别归属的判断依赖于上下文语境,因此这几种分析单位往往具有不同的功能和特性,以致在同一个研究中时常会出现不一致的情况。

从统计学上来讲,抽样单位必须具有相互独立性,因为用推断统计来验证统计假设是建立在这个基础上而得以预测的。如果没有相互独立性,也即各抽样单位之间存在着相互包容或部分重叠的情况,那么一个样本中的频次、概率,以及用计算出来的样本统计数值来代表总体的可能性均将失去意义。因此,问卷调查的实施者需要努力确保其受访对象没有注意到其他受访人的回答并受其影响,做实验的人要保证他们所控制的实验刺激物相互之间是不相关的,而探究因果关系的社会学家则要保证自变量和因变量之间的区分明显。缺少了这些预防措施,研究结果所得出的统计相关性(statistical correlation)可能会是种假象,并且难以解释。[3]

然而,内容分析者感兴趣的数据却并不是如此可控。人们很自然地在几乎任

1 在统计学中更常用抽样单元来表述。

2 Krippendorff, K. (2004). *Content analysis: An introduction to its methodology* (2nd ed.). Thousand Oaks, CA: Sage. pp. 98-99.

3 同上,p. 99

何事物之间建立起有意义的联系,包括在内容分析者所抽取的抽样单位之间也会建立起联系。例如,当分析者选取报纸期数作为样本时,有理由认为这几期报纸并不是真正相互独立的,因为大多数新闻事件都是随时间展开并连续好几期滚动报道,后面的报道必然会与前面的有重复之处,因此从严格意义上来讲报纸样本期数之间并非相互独立。这对于电视新闻节目来讲更是如此。同样的,政治候选人在选举期间的演讲往往会涉及其他人的演讲,或者是由对他人演讲的回应,其中一些还可能是出自演讲者之间策略性的联盟。如果这样的联系又恰恰是与研究者的分析相关,那么抽取单个的演讲作为样本,不但可能妨碍研究者辨别出数据之间的关联,还可能混淆研究的发现。因此,克里本多夫建议内容分析者在界定抽样单位时应该确保两点,也就是:①抽样单位之间的联系(如果这种联系存在的话)不要使分析造成某种偏差;②在单个的抽样单位中需要包含所有相关信息,或者至少保证这种信息的缺失不会使分析变得贫乏。[1]

4.1.2.2 分析单位

"分析单位(unit of analysis)是用来考察和总结同类事物特征、解释其中差异的单位",[2]也就是研究者描述和解释的个体单位。从量化统计意义上来讲,分析单位是"进行假设检验或回答问题等统计分析时所用的单位"。[3] 在绝大多数社会科学研究中,特别是问卷调查和实验研究中,分析单位都很清楚,而且往往与抽样单位吻合一致。比如我们想描述或解释不同群体中的个体心理或行为以及某种事物对其心理或行为的影响,问卷调查或实验的研究目标总体是某个或数个群体,但抽样单位和分析单位就都是目标群体中的个体,因为研究所要观察和注意的是个体特征及其在某种因素影响下的变化。因此,个体在社会科学研究中是最常见的分析单位,研究者可以在个体的基础上,将个体特征集合起来构成一个群体的整体形象。但是,如果研究者是通过分析个体比如新闻记者或编辑所属的各新闻机构来探究不同政治体制或所有权下各新闻机构在组织管理或报道常规机制方面的差异的话,那么以此为研究目的的问卷调查的抽样单位和分析单位通常都是各个新闻机构;但有时二者也有所不同,即抽样单位是新闻机构,分析单位是各新闻机构里的组织管理者或新闻报道者,以比较不同机构下的个体特质以及管理或报道方式,从而反映不同体制对机构的影响。

在内容分析中,与问卷调查一样,分析单位也是有大小层级之分,而且因为内容分析面对的研究对象是作为意识结果的人工制品(artifact),并依托于不同的载

1 Krippendorff, K. (2004). *Content analysis: An introduction to its methodology* (2nd ed.). Thousand Oaks, CA: Sage. p. 99.

2 [美]艾尔·巴比.社会研究方法[M].邱泽奇,译.北京:华夏出版社,2005:93.

3 柯惠新,祝建华,孙江华.传播统计学[M].北京:北京广播学院出版社,2003:48.

体(如报纸、电视、网络等),因此其层级之分更为复杂,既可以因其解读内容意义和语境的方式与研究主旨的关系而变化,也可以随其依托的载体而有不同的层级之分。与问卷调查和实验研究不同的是,设计缜密的内容分析研究还可以在同一研究中有多种分析单位的并存(见本章最后小节),而分析单位的这种多元立体化在前两种研究中一般是没有的。而且,内容分析中的分析单位与抽样单位和下文介绍的其他类型的单位时常有不一致的时候,需要特别谨慎地区分对待。

分析单位的具体选择取决于文本的性质、解读文本的惯例和解答研究问题/假设的适切性。另外,由于内容分析的解读对象是富有意义的文本,因此在选取或切分具体的分析单位时时常会带有人为限定的性质,在这种情况下,研究者尤其需要对分析单位的界定进行明确的说明。报纸新闻界的惯例是,认为段落是有意义的最小单位,句子通常依赖于段落的上下文所具有的意义。段落也可能包含一些想法,并且每个段落也都是可以单独编码的。在报纸内容的实际研究中,将词语、句子、断言(assertion)、段落或是整篇文章作为一个分析单位的情况都有,具体情况具体对待,而且需要与其他类型的单位如计数单位、观察单位等结合起来。比如在新闻框架研究中,虽然有不少研究是以一篇新闻报道文章为分析单位,但在一个单篇的新闻报道中往往存在着不止一个框架互为冲突的观点,如果将整篇文章编码为一个框架则会忽视其他被呈现的框架。特别是在社会问题的报道中,报道者从新闻专业主义出发往往会试图确保至少相对平衡地再现问题的两方面,也就是说,如果表达了一个保守的观点,那么一个自由主义的观点也很有可能会被提出。在这种情况下,将一篇新闻报道作为一个报道单位来考察的话,新闻的微属性(microattributes)常常会被忽视。

但在另外一些情况下,也许会采取一种相反的选择。比如由于电视新闻的结构颇为复杂,同时具有视觉与听觉的特点,并且分段常常不明显,因此电视新闻报道难以分解为更小的单位,电视新闻内容分析者经常将电视新闻报道作为一个单独的报道单位来进行研究。但为了同时顾及新闻微属性方面的信息和意义的捕捉,也有不少研究者将电视镜头和场景作为电视新闻研究中的微单位。比如韩国的两位研究者将场景定义为"(电视)新闻报道中具有一个贯穿一致的人物、地点、主题、思想、话题或视角的一个或多个镜头的组合构成"。[1] 因为这样定义下的分析单位不像字词、段落或作为个体的人那样是一种自然的或既定的切分,所以需要分析者在单位意义的界定下,基于内容实际情况进一步提出切分各单位的标准。因此这两位韩国研究者便提出了将一则电视新闻报道切分出多个不同场景

---

1 Choi, Y. J., & Lee, J. H. (2006). The role of a scene in framing a story: An analysis of a scene's position, length, and proportion. *Journal of Broadcasting & Electronic Media*, 50(4), 703-722.

的两个主要标准,即再现形式的变化和内容的变化,每个标准之下又有多项下属标准(每个标准都有详细的界定说明,详见本章第 4 小节)。只有在明确的标准界定下,每个分析单位的划分在后期编码处理时才有可能统一,不至于因为分析单位问题而影响编码员间信度。[1]

内容分析者在选择抽样方法时就要考虑到什么是分析单位。假如分析单位是文本的个别作者,那么抽样设计应选择适合于解答研究问题的全部或是部分作者。假使分析文本材料,那么就既可以以作者为抽样单位,也可以以某个时期某类作品为抽样单位,而分析单位则可能是字词、标题、体裁、段落、篇章、角色、人物行为、单件作品(例如一本书、一封信件、一篇新闻报道)、概念、语义、时间或空间(比如报纸新闻的版面尺寸、版面大小、广播电视节目镜头或脚注的时长等),或者是以上各项的不同组合等。

在内容分析中,分析单位往往与抽样单位不一致,首先是因为如第 3 章中所指出的内容分析的抽样涉及三个层次,信息载体/资料来源和信息时段/日期这两个层次的抽样基本不涉及分析单位的问题,而在信息内容单位这一层面,抽样单位也往往不一定就是分析单位,比如新闻偏向性研究中,抽样单位可能是每一篇报纸新闻报道,分析单位既可以与抽样单位一致,但也可能是以每篇报道中出现的每个新闻消息源或每个段落为分析单位。分析单位可能与抽样单位不一致,但是从来不会大于或超越抽样单位。而且,分析单位也与记录/计数单位和观察/情境单位有所区别,虽然它们常有一致的时候,特别是分析单位与记录单位。

4.1.2.3 记录/计数单位

记录/计数单位是"一个以既定类别为特征的具体内容部分",[2] 以此为单位就某一内容特征或属性独立描述、分类、记录或者编码,因此有的学者也以编码单位来指称这种单位。[3] 比如要研究黄金时段电视广告中的女性形象,分析单位可以是黄金时段的每个电视广告,而记录/计数单位则可以是广告中出现的每个女性形象,以此为单位记录女性形象的族裔、年龄、外形打扮、形象判断种类等。但在许多内容分析研究中,分析单位往往就是记录单位。

如果从层级上来讲,记录/计数单位应该是内容的最小组成部分,在此部分中分析者对某个所指事物或属性的出现(也即一种内容要素的单次出现)进行计数。

---

1 有关编码员间信度的内涵和重要性,详见第 6 章。

2 Holsti, O. R. (1969). *Content analysis for the social sciences and humanities*. Reading, MA: Addison-Wesley Publications. p.116.

3 贝雷尔森和克里本多夫等人使用的术语是记录单位(recording unit),理查德·巴德(Richard Budd)等人用的则是编码单位,参见 Budd, R. W., Thorp, R. K., & Donohew, L. (1967). *Content analysis of communications*. New York: Macmillan.

比如说,笔者在分析网络讨论协商性问题时,[1]采用包含一个表明或引出讨论主题的主帖加之以一整套反映参加讨论的网民互动情况的跟帖串(a thread)为分析单位,但分别记录每个跟帖对主帖回应的性质(比如是赞成还是反对),并对赞成或反对的帖子进行计数,因此在此研究中每个具体的跟帖就是记录/计数单位。但是有的时候,尽管不常见,记录单位和计数单位可能又有所区别,这主要涉及分析内容或对内容分类的基础与该内容被计算或汇报的基础之间的区分。比如分析者可以根据一定的标准(如报道性质类型)将整篇新闻报道归入一个既定的类别(如时政要闻),却根据整篇报道在报纸版面上所占篇幅尺寸来计数,并以此汇报统计结果,也就是说各类新闻的统计汇总不是篇数,而是版面大小。一旦分析者对记录单位进行了描述,那么这些描述,也就是被划定的类别就会在之后进行比较、分析和总结,并作为研究要进行的推断的基础。

由于是对文本具体属性的独立描述和分类,当记录单位不是作为抽样单位的整体篇章时,包括在各记录单位中的文本部分不一定是毗邻关系。比如克里本多夫曾指出,假定一个分析者对虚构的叙事进行抽样,旨在研究出现在其中的人物总体,叙事有确定的开头和结局,因此即使不需要阅读太多内容,分析者就可以构建自然的抽样单位,确定哪些应该包含或排除在样本中。然而在一个典型的叙事中,很少一次性将人物充分交代,如每一个段落描绘一个人物。这些人物往往是在一段时间内随着叙事的发展不断地进行互动并展开,与他们相关的信息也会一点一滴地呈现出来,通常情况下在故事结局时,该人物的真实面目才会变得相当明朗。从叙事的性质来讲,分析者不可能通过每一个人物角色来分辨出一个文本单位,有关单位的信息可能贯穿于整个文本。[2]

总的来说,记录/计数单位要小于抽样单位和分析单位,理由很简单,就是后两者特别是抽样单位通常由于过大、过于丰富或复杂,而难以得到较为具体而可信的描述和说明。在研究实践中,分析单位不可能小于记录单位,而记录单位可能就是分析单位,但也可能不是分析单位。例如,以一篇完整的新闻为分析单位,同时在分析新闻类型层面上也可将其视为记录单位,将每篇新闻样本记录为"时政新闻"、"科教文卫"、"经济新闻"、"社会新闻"、"娱乐新闻"、"体育新闻"、"军事新闻",等等。然而,这种分类记录流于表面,只能有限地说明每篇新闻在一般意义上大致是怎样一种类型的,并不具有内容上的特殊涵义,因此对于各个具体的新闻内容分析研究项目而言无实质性区别,无法对每个具体研究做出特别的贡

---

1 见:Zhou, X., Chan, Y. -Y., & Peng, Z. -M. (2008). Deliberativeness of online political discussion: A content analysis of the *Guangzhou Daily* website. *Journalism Studies*, 9(5), 759-770.

2 Krippendorff, K. (2004). *Content analysis: An introduction to its methodology* (2nd ed.). Thousand Oaks, CA: Sage. pp. 99-100.

献。为了对更大的文本单位获取可信的说明，首先描述那些小一点的单位是较为方便的，比如一个语义段或一个消息源，分析者不但容易达成共识，而且能攫取具体的内容信息。之后，再通过分析过程来完成对较大单位的描述。

例如，一篇新闻报道往往会涉及多个议题，但如果记录单位与分析单位一致也即都是整个新闻报道的话，那么整篇文章只能以最重要或占主导的那个议题为分类记录基础，只能以该议题为准计数一次，如此便无法体现该篇新闻报道内容的复杂性，而且有时候很难分辨到底哪种议题最重要或者占主导地位，也许各种议题在文章中重要性大致相当；但如果记录单位小于分析单位（如主题或段落）的话，则可以在同一篇章内记录和编码多种不同的议题，从而捕捉到丰富得多的信息。在记录不同议题之后，再通过汇总分析可以计算出一篇文章中某种议题涉及的次数以及整个样本中每类议题涉及的总次数。再比如说，假定小说家是研究的分析单位，分析者希望通过分析这些小说家的作品内容来区分他们，那么记录单位必须是小说，分析者可以在最后将单个的小说在某种/某些特征上的分数合计起来，以此区分每一位小说家。

克里本多夫指出，记录单位也可以在不同层级的包含性（inclusion）上有所区分并得以描述。例如，在记录报纸数据的时候，分析者可能会有几套类目对相关内容进行记录，第一套类目描述样本所包含的各报纸，比如是世界性报纸还是地方报纸，或者发行量是多少范围的；再有一套类目说明样本所包含的某一期报纸，是工作日版还是周末版，页数达到多少；第三套类目则关注那一期报纸上所发表的某篇具体文章，记录它的作者或信息来源，报道某事件的位置（头版、中间或者末版），以及报道的长度；最后，第四套类目涉及那篇文章中的个人意见。这些多重级别的记录单位形成了包含性等级。因此，在一项内容分析中，记录单位可能是多个。[1]

传统的内容分析以内容的量化为特征，这种量化通过编码而实现，而且主要是从记录单位中计算得来的，尤其是从记录单位归入的类别中得出。无论它们是否属于与样本有关的表达，或是在记录单位的结构层次中，又或是在共现的交互表中，[2]量化都表明了单位种类的大小。这些数字指的是在分析过程中形成的类别，它们描述的不是文本单位。在具体研究中，记录单位既可能是在具体编码时的编码单位，也可能是计数单位，如图片的大小、文章专栏的尺寸或演讲的长度、一段时间内演讲的中断次数。这些测量或计算都是描述性的、明确的。这也是内容分析编码中的一种量化。

1 Krippendorff, K. (2004). *Content analysis: An introduction to its methodology* (2nd ed.). Thousand Oaks, CA: Sage. p. 100.
2 有关交互表的详细说明参见第 7 章。

4.1.2.4 情境/观察单位

情境单位是"在描述一个记录单位的特征时所要考察的最大的内容主体部分"[1],也就是说,情境单位为确立记录单位的边界和描述记录单位的特征提供了需要考察的背景信息,并在信息之间设立了限制。假定在一项有关新闻框架的内容分析中,为确定框架类型的记录单位是单个的词语,因为同一词语可以有不同的理解,为了确定词语是正面的还是反面的,是积极的还是消极的,分析者需要考察该词语出现的那一整个句子(也即情境单位)。也有可能句子是记录单位,而段落是情境单位。一般而言,词汇的意义通常依赖于它在整句话中的句法作用,否则我们就无法知道该词的真正含义。比如说脱离了词语所在的句子,我们就无法知道"走了"这个词到底意味着是刚来过对话者所在场所的人离开该场所了,还是说对话者所认识的某个人已经离世。

情境单位的大小与确定一个记录单位的内容性质或所涉及的范围有关。句子是单个词汇的最小的情境单位,但在某些情况下句子作为情境单位仍然还是不够的。为了判断一场政治评论对于一个候选人来说是积极的还是消极的,分析者需要去考察更大的情境单位,比如段落或整个演讲。再比如,同样是以一个叙事中的人物作为记录单位,如果分析者要记录的是每个人物所扮演的角色,很自然的选择就是将描述该人物扮演角色的整个叙事作为一个情境单位。然而,如果分析者试图确定的是具体人物的发展状态(人物在何处出现,做了什么,发生了什么),也就是说这种内容的确定可能涉及某种动态的变化,是在某种叙事过程中完成并可能发生改变的,因此会需要通过多个叙事的综合参照才能予以判断,在此情况下,选择章节作为情境单位也许更为合适一些。

情境单位类似于观察单位,也就是将分析单位纳入到内容的某种参照背景之下来进行观察。艾尔·巴比曾经引用过一个经典例子,是通过对电视商业广告来研究电视暴力及其赞助者之间的关系,其研究问题是"男性用品的制造商比其他赞助者更有可能赞助暴力性节目吗?"研究以每则商业广告为分析单位,以每则广告和该广告之间的电视节目为观察单位,也就是同时观察这两个单位,并以电视节目中出现的暴力实例为记录/计数单位,分别记录每则广告是男性产品还是非男性产品及其前后所伴随的电视暴力实例的数目,通过比较男性和非男性产品广告所伴随的暴力实例之间的差异比较,确定男性产品的厂商的确比其他厂商更可能赞助暴力性的电视节目。[2]

与抽样单位、分析单位和记录单位不同的是,情境/观察单位不用于计数,各自

---

1 Berelson, B. (1952). *Content analysis in communications research*. New York: Hafner. p. 135.
2 [美]艾尔·巴比. 社会研究方法[M]. 邱泽奇,译. 北京:华夏出版社,2005:308-309.

之间不需要相互独立,也可以相互重合,并在记录单元的描述中得到探讨。虽然情境单位不用于计数,但它却能帮助编码员就某种属性确定赋值。比如在考察涉及干细胞和克隆争论的组织机构的公信力与其获得的新闻报道之间的关系时,[1]研究者以每篇相关新闻报道为抽样单位和分析单位,记录/计数单位是提及某一参与讨论的组织机构的句子,并以包含这样的句子的段落为情境单位,分析者一方面计算每个组织在每篇报道中被提及的次数,另一方面以情境单位为参照,给相关组织赋值,如果提及和讨论某组织的一个句子是置于一种积极的语境,那么该组织的赋值为 3 分,如果是一种中立的语境,则为 2 分,如果是一种消极的语境,则为 1 分,每个句子的倾向判定也有明确的规定,最后以总分值来测量有关该组织的新闻报道的总体倾向如何(积极、中立或消极)。

尽管情境单位通常围绕着经它们帮助而识别出的记录单位,情境单位也许先于记录单位的出现而出现,或者位于记录单位所在的其他地方,如脚注、索引、词汇表、标题或引言中。情境单位的大小也没有逻辑上的限制。[2] 但情境单位的大小同样会影响到描述的信度和有效性。例如,为了确定某部小说、电影或者电视系列剧中的人物角色定位(比如好与坏)或人物关系疏远等,分析者需要通读整部小说、电影或者电视剧,然后才有较大的可能性将每个人物正确地归入到合适的类别中。这个过程不仅相当耗时,而且由于每个人的解读方式不同,还会使结果并不十分可靠。分析者在做出判断的时候必须具备整体意识,每次都要逐句通读文章,或者观察电视节目中的某一个场景(甚至是慢动作),记录他们即时场景中戏剧性的相逢,找到在不长于一段文字的上下文语境中对人物特征的概念性描述。最好的内容分析所确定的情境单位都"尽可能大到有意义(以提高其效度),同时又尽可能小而可行(以提高其信度)",[3] 也就是在大小之间找到一个适中的点。

总之,抽样单位、分析单位、记录单位和情境单位这四种重要的单位类别具有不同的分析功能。抽样单位是选择研究对象的单位,为分析者提供判断数据代表性(也即样本代表总体的可能性)的基础;分析单位是具体考察和研究的分析对象,以此作为总结类属特征、比较差异的统计分析的基本单位,它决定了研究者测量变量的方式;记录单位是在编码过程中描述具体属性特征并根据特征进行归类的内容单位,以此集合内容分析过程中的所有信息,为数据统计提供基础;情境单位描述信息的全貌,编码者在描绘记录单位的过程中需要以情境单位作为参考,以此判定记录单位的性质。

1　Yoon, Y. (2005). Examining journalists' perceptions and news coverage of stem cell and cloning organizations. *Journalism & Mass Communication Quarterly*, 82(2), 281-300.

2　Krippendorff, K. (2004). *Content analysis: An introduction to its methodology* (2nd ed.). Thousand Oaks, CA: Sage. p. 101.

3　同上,p. 102.

4.2　单位的界定方式与选择

分析单位受到研究主题和研究问题的限制,这在所有实证研究中都是研究者在研究设计时需要考虑的一个问题,也即分析单位的界定划分与选择使用如何呼应研究主题,其划分单位下所捕捉到的信息如何满足解答研究问题的需求。另一方面,同样的主题也可以用不同的分析单位来加以探讨,只是其获取信息和解释问题的层次会有所不同。另外,在内容分析中,研究者还同时需要考虑承载内容的介质属性,针对其不同特质和要求找到单位切分的恰当方式。与其他量化研究方法如问卷调查和实验法不同的是,内容分析的分析单位往往不是基于分析对象的物理属性而划分的自然单位,也不像前两种研究方法那样通常以个人为分析单位,因此内容分析者尤其需要在清楚地把握单位切分下信息内容获取的程度和层级的基础上对分析单位进行明确的界定。

由于内容分析所要处理的对象是一种带有人的意识的人工制品,如文字作品和图片影像等,既具有物理属性,又富含人类思想意义,因此辨识和界定单位的方式大体上可以分为两类:一是自然区分,二是意义区分。不同单位的确定,对编码员会有所不同的要求,也就是说编码员为识别文本中的单位而必须经历的认知方式和认知力度上会有所不同。通常情况下,自然区分的单位所需的认知较简易,因此其文本的单位化较有效、较可靠。由于意义区分的单位与文本意义的识读密切相关,因此编码员所要付出的认知力度要大得多,因而识别起来也困难得多,又由于个人认知方面的差异,因此分析可靠性会相对较低。但也恰恰是由于其指涉文本意义,因此以意义为基础的单位化在分析成效方面要比自然单位较有优势些。内容分析研究者所要达到的目标是,"在不丧失过多效能和可靠性的前提下将分析成效最大化"。[1]

4.2.1　自然区分

如同在问卷调查和实验法中以个体的人作为分析单位一样,内容分析研究中经常以自然单位的切分方式来辨识和界定分析单位,这种单位抑或是由内容形式的物理属性和结构所自然决定的,比如时间、长短、大小和容量等,又抑或是与承载文本数据的介质或载体本身的自然性或语法属性相关。克里本多夫将这两者

1　Krippendorff, K. (2004). *Content analysis: An introduction to its methodology* (2nd ed.). Thousand Oaks, CA: Sage. p.109.

分别称之为"物理区分"（physical distinctions）和"句法区分"（syntactical distinctions）。[1]

1）**物理区分**。它是基于一种物理介质的切分机制而对内容资料进行的单位化，这种切分是将物理介质的自身结构施之于分析目标所指的资料，由此生成的单位与人们在该介质中通常辨认到的间断恰好相一致，也即这种单位化是一种非人为结果。比如以报纸新闻所占版面的尺寸大小或版面位置来记录相关新闻报道的议题显著性，根据节目播出时间将公共广播节目以每 30 秒为一个间隔进行编码，等等。还有的情况是像问卷调查或实验法一样，直接以作为自然单位的个体的人（如电影电视节目或叙事文本中的人物，甚至现实生活中的个人）或现实世界中发生的事件为分析或记录单位。虽然这种方式并不是很常见，但在某些情况下却能更为准确地捕捉到研究所需要的信息。例如在一项评估南非广播公司（SABC）竞选电视报道中的视觉偏见问题的研究中，[2] 研究者以各个党派的独立政党候选人为分析单位，并以每一个拍摄镜头为观察单位，根据拍摄镜头的结构特征（如拍摄长度、摄像机角度和运动）以及对拍摄镜头的编辑处理，来确定每个镜头中的每个候选人是否被歪曲呈现或表现得不那么吸引人。这种以自然人为分析单位还主要用于第 2 章所提到的一对一连接的全模式设计中，这种设计以独立的个体作为连接单位，同时进行问卷调查和内容分析，以验证或预测传播内容的效果。

由于物理区分是基于物理属性的自然切分机制而产生的，从本质上来说具有相对可靠性，所以当人们以此为根据来识别单位时，误差主要源于没有认真遵守划分单位的规则。但是，由于物理区分的单位无视意义，当相互关联的意义跨越多个单位时，物理区分会强行排除掉相关信息，从而降低编码可靠性。以会话分析为例，无论是实际生活中的谈话也好，还是电视访谈类节目也好，如果以秒数间隔为单位，可能要因这种自然切分而使分析单位面临意义不完整的危险。因此，物理区分的单位也许更适用于抽样单位的界定，比如年份时间段、对一份日报每隔五期抽取一个样本、杂志封底上的广告等。这样的使用对于如何解读意义是不会造成太大妨碍的。

2）**句法区分**。它与作为文本载体的媒体介质本身的自然句法相关，比如像字词、句子、引用语、段落、章节、期刊文章、专著或者书籍、系列丛书等这样一些语言文本中容易识别的按照句法定义的单位，其中，字词是"用于书写性文件资料的最

---

1 Krippendorff, K. (2004). *Content analysis: An introduction to its methodology* (2nd ed.). Thousand Oaks, CA: Sage. pp. 103-105.

2 见: Grabe, M. E. (1996). The South African broadcasting corporation's coverage of the 1987 and 1989 Elections: The matter of visual bias. *Journal of Broadcasting & Electronic Media*, *40*(2), 153-180. 有关镜头结构特征赋予人物的视觉评价意义详见本章后面小节的说明。

小单位,而且就信度而言也是最安全的单位"。[1] 与物理区分的单位一样,这些自然性的单位不需要对文本意义作出判断即可自然辨识出来,这种单位特别是字词对风格分析、心理诊断推论和可读性研究尤其具有重要作用。由句法区分而自然生成的其他诉诸非书面文字的单位还包括广播电视节目、一个网站的首页、生活谈话中以中断为间隔的话语片段等。

分析者在使用句法区分时,需要注意文本层次与编码提取内容的性质之间的关系问题。一般来讲,文本层次越低,越能反映内容的微属性,反之,文本层次越高,在此层次上的句法区分越容易造成不易获取微属性内容,但在文本主题的提炼上却比较富有成效。也就是说,分析者如果以句子为分析单位或记录单位,逐句进行分析,那么,诸如事关要点的段落、说明话题的章节以及凸显主题的一本书等这样的句法单位层次就容易被忽略掉。如要解决此问题,特别是当分析者需要兼顾多种层次的文本分析时,需要考虑运用比记录单位较大的情境单位,至少能够将两个层次上的信息,也即来自记录单位的信息和来自该单位周围语境的信息,纳入到对这两种单位的下一步描述中,这两种信息都在记录单位中得到编码。

4.2.2 意义区分

与自然区分不同的是,以意义区分为基础的单位往往需要分析者根据一定的人为标准,基于某种意义的解读或判断来对分析资料进行界定划分。它包括克里本多夫所说的类别区分、命题区分和主题区分等三种。[2]

1)类别区分(categorial distinctions)。顾名思义,就是通过属于某一种类或类别的内容也即它们具有的共性特征来界定单位。如果人是分析的目标,那么单位也许可以根据同样表示某一个人的指代来界定。比如,无论是"美国第 37 任总统"还是"美国第一位访华的总统",或者是"1969 年至 1974 年的白宫主人",所有这些指代都指的是同一个人——理查德·尼克松。其他类似的表示同一事物的指代,如某一特殊的对象、时间、行为、国家或者想法,也是如此。除了同义词之外,类别区分往往依赖于分类学,或从分析历来所采用的理论中得出。比如当分析者记录家庭如何在文本中出现时,社会学家根据婚姻或遗传联系而对家庭所做的传统界定为分析者提供了便利,虽然这种定义可能会与家庭成员界定他们的家庭的方式有所不同。可见,对于类别区分,分析者需要熟悉符号串的意义、名字的关联、象征的内涵以及内容的替代表达等。由于这样的单位是根据诠释来界定

1　Krippendorff, K. (2004). *Content analysis: An introduction to its methodology* (2nd ed.). Thousand Oaks, CA: Sage. p.104.

2　具体分类和解说引自:Krippendorff, K. (2004). *Content analysis: An introduction to its methodology* (2nd ed.). Thousand Oaks, CA: Sage. pp.105-109.

的,因此当可能有多种诠释时,这些单位的辨识就会变得不可靠。

2)**命题区分**(propositional distinctions)。它是根据特殊的结构来描述分析单位,这些结构包括具有特殊命题的形式,或在概念元素之间表现出某些语义上的关联。这种区分借鉴了语言学研究,特别是语义学和语用学。正因如此,命题区分往往需要分析者熟悉源材料语言表达的语义和句法逻辑,掌握重述这些表达的规则。卡尔·罗伯兹(Carl Roberts)在将语言学路径引入内容分析时,建议将从句(clauses)作为单位,有感知、认知、辩护和评价等四种从句类型可供选择。[1] 感知从句描述的是一种行为,如"绝大多数商人支持共和党";认知从句将一种现象归入某一类别或从该类别中排除出去,如"他是一个政客"或"这不是一句科学的陈述";辩护从句说明一种行为是否合理;而评价从句则强调一种现象在多大程度上适合归入一个具体的类别。又如在奥斯古德等人的评价性断言分析中,"他患有艾滋病,并生活在无法完成其唯一一本小说的恐惧中"这样一句话可以转换成四个单位:①他/患有/艾滋病;②他/正在撰写/(他唯一一本)小说;③小说/是/有价值的;④小说/可能无法/完成。在这一分解中,原句中"恐惧"的概念由最后两种单位形式替代了。[2]

3)**主题区分**(thematic distinctions)。它是利用相对综合性的语义单位比如主题(这也许综合了类别、主题、形象和思想等)来切分内容资料的单位化方式,这种区分在极大程度上取决于分析者对文本中表达了一个完整的思想或主旨的理解,在此基础上来寻找和切分语义单位。比如,A. 舒尔茨在对电视脱口秀中政治人物、娱乐明星和专家的自我展示和表演进行对比分析时,[3]以人物在对话中所表达的一个完整的思想为主题单位,也就是其编码单位。

更为典型的一个例子是麦克里兰德研究团队对于主体成就动机的推断分析,[4]该研究虽然也是以任何一个体现某种中心意义的语义(一句话、一段话甚至几段话)为主题单位的,但研究者所关注指涉的主题意义是有所限定的,仅与主体动机相关,而且这种主题单位是依据较大的情境单位而确定的。研究者首先从文

1 Roberts, C. W. (1989). Other than counting words: A linguistic approach to content analysis. *Social Forces*, *68*, 147-177.

2 Osgood, C. E., Saporta, S., & Nunnally, J. C. (1956). Evaluative assertion analysis. *Litera*, *3*, 47-102. 转引自:Krippendorff, K. (2004). *Content analysis: An introduction to its methodology* (2nd ed.). Thousand Oaks, CA: Sage. pp.106-107.

3 见:Schütz, A. (1995). Enterainers, experts, or public servants? Politicians' self-presentation on television talk shows. *Political Communication*, *12*(2), 211-221.

4 McClelland, D. C., Atkinson, J. W., Clark, R. A., & Lowell, E. L. (1992). A scoring manual for the achievement motive. In C. P. Smith (Ed.), *Motivation and personality: Handbook of thematic content analysis*, pp. 153-178. Cambridge: Cambridge University Press. 转引自:Krippendorff, K. (2004). *Content analysis: An introduction to its methodology* (2nd ed.). Thousand Oaks, CA: Sage. pp. 107-108.

本中寻找表明了作为主体的个人目标陈述以及个人在与其他人竞争中根据他们自己的优秀标准来断言其成功与否的故事,然后以六个与动机相关的(即下文楷体字标识的)方面将故事个人特征化,如有需求或动机,期待目标达成,或在未能实现其目的时沮丧,或在试图达到目的时采取工具性行为,这种行为可能会受到阻碍也可能会受到环境或其他人的帮助,结果引发消极或积极的情感。在一个故事中,凡以上述这六组楷体词中的任何一个为中心意义的语义成分就构成了一个主题单位。最后,研究者再对这些主题单位进行评分加总,由此推断主体的成就动机的高低。

以主题为分析或记录单位的研究,一方面因其在描述方面的丰富性以及它们与读者理解的关联性,而使得这种单位对抱有再现目的的内容分析者颇具吸引力;另一方面,由于对主题单位的识别需要编码员具有极高的辨识度并付出极大的认知力度,而且在辨识过程中往往不得不依赖于贯穿整个文本的文本特征,因此即使是经过小心培训的编码者也会很容易在确定主题分类时产生分歧,从而导致以这种单位为基础的内容分析在编码信度方面较难达到理想状态。在笔者对五份国际期刊近 20 年的内容分析研究论文调查中,仅发现十余例以主题为分析单位的(仅占全部论文的 2.2%),个中原因也许与此有着很大的关系。

4.3 传播形式与分析单位的应用

如上文所述,虽然分析单位与记录单位有所区别,但在实际分析中,如果不是以自然个体的人为分析单位的话,分析单位与记录单位往往是一致的,都是指分析者根据内容属性将其编码划类,归入某一内容类别并实际计数的那个单位。因此,在本章节中,分析单位即是记录单位,除非有具体实例对二者进行了明确的区分。

分析单位的确定有诸多考虑因素。首先是取决于研究目的。如果一项研究客户来信或来电的目的是要发现客户为什么给一家广告公司写信或打电话,那么选择比信件或来电更小的单位将会是无效的;但是如果研究目的是要发现写信者或打电话的人对公司的评价是否更为负面或正面的话,那么分析单位既可以是信件或来电,也可以是其中的某一独立部分比如一段话或一句话,这取决于分析者需要在多大程度上获取丰富的细节信息。确定分析单位时,另外要考虑的是如何操作化界定所要研究的变量,在为研究设立变量时,变量的操作化定义相当关键。[1]在内容分析中,所研究(也就是编码计数的)的变量必须明确,能让编码员在培训

---

[1] 有关变量及其操作化定义,详见第 5 章。

后容易识别。因此分析单位的确定直接关系到最终它如何被编码。如上所有考虑的基础都是要充分了解和熟悉不同传播形式的特性及其与不同层级的分析单位的关系。因此,本节将根据书写传播和视觉传播的不同传播形式,来分别说明传播学内容分析研究中分析单位的选择和运用,尤其是对每种分析单位的特殊性的理解和把握。

4.3.1 书写传播内容的分析单位及其应用

传播学内容分析研究大量处理的是书写传播中以文字为载体的内容,特别是印刷媒体如报刊和书籍上的文字内容。有的虽然是视觉传播如电视新闻,但研究者仅仅以作为电视新闻脚本的文字内容为研究对象,因此这类研究与处理印刷媒体内容一样采用大致相同的方式确定分析单位。从大半个世纪以来的国外研究实践来看,以文字内容为研究对象的分析单位主要有字词、词对、句子、段落、主题/断言(theme/assertion)、条目/篇章(item/article)、空间(space)、新闻框架(news frame)、消息来源(news source)、指称(reference)和人物(character)等。其中,字词、词对、句子、段落、条目/篇章、空间、指称和人物等均为自然区分的单位,而主题/断言和新闻框架则是意义区分的单位。这里,将重点就字词、词对、条目/篇章、空间、主题/断言、新闻框架、消息来源等分析单位进行解释说明。

4.3.1.1 字词

在文字内容的分析中最小的单位应该算是字词(word)了。[1] 这种单位既包括单个的字词,也包括由字词组成的短语,如同哈罗德·拉斯韦尔所用的象征(symbol)。这种分析单位的应用,在内容分析的编码中所生成的是所选字词或字词类别的频次列表。长期以来,这种单位最为广泛地运用于三类研究中:第一类研究是由拉斯韦尔开创的政治象征分析,比如他主持的颇负盛名的世界关注调查(World Attention Survey)。[2] 在考察美国境外报纸对美国的关注情况时,拉斯韦尔研究了现代政治学中的"关键象征"在世界各地报纸上的出现情况,这些关键象征由一系列字词组成,如自由(freedom, liberty)、立宪政府(constitutional government)、法西斯主义(fascism)、国家社会主义(national socialism)、共产主义(com-

---

1 严格地讲,在以西洋文字内容为研究对象的西方传播学内容分析中,也有以字母为分析单位的研究,如在密码分析学(cryptanalysis)研究中。但这种研究极为罕见。

2 1)Lasswell, H. D. (1941). The World Attention Survey: An exploration of the possibilities of studying attention being given to the United States by newspapers abroad. *Public Opinion Quarterly*, 5, 456-462;2)Lasswell, H. D. (1942). The politically significant content of the press: Coding procedures. *Journalism Quarterly*, 19, 12-23.

munism），等等。分析结果是这些字词或者字词的集合群（如"民主的"与"反民主的"等）在不同国家报纸上的不同时段的不同频次。第二类以字词为分析单位的运用是在可读性研究中，也就是判定传播内容资料在阅读和理解方面的难易程度。这类研究在搜集文本的不同难词、带有前缀后缀的字词、介词短语等数据资料的基础上形成反映可读性程度的公式，如著名的佛莱齐公式（Flesch formula）。[1]第三类是文学风格的分析，如对许多英国诗人、莎士比亚或当代诗人的研究。

这种对有特别内涵的关键词的研究兴趣自拉斯韦尔以来延续至今，特别是在计算机辅助内容分析和以概念共现为关注焦点的框架分析研究中。因为这种以字词为分析单位的研究，往往能抓住文本细微的意义特征，加之可以在字词基础上进行概念关系的探索，所以这种研究在探讨文本的个性特点和概念体系并进而推及文本创制者的思维框架方面发挥着很大的作用。例如，在一篇计算机辅助的内容分析论文中，[2]作者的着眼点在于畅销作家的品牌个性是怎样借助个人网站传播的。作者认为畅销作家都有着独特的个性特征，这种个性特征的差异性因能满足有特殊兴趣的潜在读者群，从而提高作品销量。作者将研究目标对准畅销作家的个人网站，分析所选取的 10 个畅销作家的主页内容，以词为分析单位，借助于大不列颠百科全书对文本中的词进行分类，分析词语的出现频率，主要基于两个假设：一是人们使用的语言体现了他的个性、关注点、计划和打算；二是网站上使用词语的频率暗示了畅销作家在品牌个性维度塑造的倾向性。两个独立的研究人员同时对一个文本进行分析，得出的同义词经过二者协商并为一类，然后第三个独立的研究人员对初次形成的词库进行审核，最后决定哪些词能进入词库，最终得到的词汇被分在阿科尔品牌个性五大维度中。[3] 接着把这些同义词输入专门用于内容分析的数据处理软件，根据关键词与概念分析，得到每位作家在五大品牌个性维度上的分布情况，并据此得出了品牌个性五大维度与畅销作家关系的

1　又称 Flesch 易读性指数，与 Fog 指数、Flesch-Kincaid 公式和 SMOG 公式并称为测量文本可读性的四大有效公式。有关 Flesch 公式，参见：1）Flesch, R. (1948). A new readability yardstick. *Journal of Applied Psychology*, *32*, 221-233；2）Flesch, R. (1951). *How to test readability*. Harper.

2　Opoku, R. A., Pitt, L. F., & Abratt, R. (2007). Positioning in cyberspace: Evaluating bestselling authors' online communicated brand personalities using computer-aided content analysis. *S. Afr. J. Bus. Manage*, *38*(4), 21-32.

3　这五大维度在研究中同时用作词库类目，它们是：1）真诚（sincerity），包含的关键词有"实事求是的"（down-to-earth）、"诚实的"（honest）、"坦率的"（genuine）、"诚意的"（cheerful）等；2）激励（excitement），下属关键词有"勇敢的"（daring）、"生气勃勃的"（spirited）、"富于想象力的"（imaginative）、"新式的"（up-to-date）；3）能力（competence），包含"可靠的"（reliable）、"有智慧的"（intelligent）和"成功的"（successful）等关键词；4）教养（sophistication），包含"上等阶层"（upper-class）和"有魅力的"（charming）等关键词；5）强健（ruggedness），包含"坚韧的"（tough）和"喜好户外活动的"（outdoorsy）等关键词。

分析直观图。

4.3.1.2　词对

由字词变异而来的一种分析单位是词对（word-pair），也即相关联的一对词。它源于计算机网络分析中的词语连接（wordlink）方法，该方法能揭示词语之间的关系并将其以绘图形式呈现出来。计算机语言学研究者认为，词语在宏观层面上的意义广为人们共享，并与特殊的社会、族群或语言共同体中的成员相联系。为了揭示词语的这种意义，可以通过考察相互接近或共现的词出现的频率，也即通过一个词经常伴随的另一个词来揭示该词的含义。而且这种共词分析（co-word analysis）可以提供一种语境，在很大程度上可以消解一个词语的含混意义或有歧义的地方。

在此思想指导下，不少学者在研究群体形象偏见或新闻框架时以词对为分析单位。例如，在一项研究美国电视新闻和公共事务节目中如何框架化女性主义者和女性主义的内容分析中，[1] 研究者以词对为分析单位进行共词分析，认为通过计算女性与特定词语相关的频率，可以评估女性主义和女性主义者与某些词语、概念、态度和价值观之间关系的程度，从而更全面地揭示和解释媒体所展现的女性主义者和女性主义的主题和新闻框架。他们通过计算机软件 Wordlink 筛出距离目标词汇（表示女性、女性主义者和女性主义的词汇如"feminism"、"feminist"、"feminists"、"women"和"woman"等）前后七个单词的词语，将所有词对记录下来，然后与由前人总结出的六个指导性媒体框架（妖魔化框架、个人化和平凡化框架、目标框架、牺牲品框架、能动框架和奋斗场所框架等）进行比较。

4.3.1.3　句子/段落

文本中自然独立的句子和段落（特别的一种变异是新闻导语[2]）属于句法单位，这种自然切分的单位易于辨识，而且较之于字词来讲，从语义上有相对独立、完整的含义，且能在一定程度构成语境以供分析者更好地判定文本的意义，如主题分析和风格分析等；同时相对于篇章而言，像段落这样的分析单位也不至于过于宽泛，以致无法捕捉到文本的消息源、象征使用、叙述语言或主题等这方面的诸

1　见：Lind, R. A., & Salo, C.（2002）. The framing of feminists and feminism in news and public affairs programs in U. S. electronic media. *Journal of Communication*, 52(1), 211-228.

2　研究实例如：Corrigan, D. M.（1990）. Value coding consensus in front page news leads. *Journalism Quarterly*, 67(4), 653-662.

多信息。因此,以句子和段落为分析单位在实际运用中也相当常见。[1] 有时段落被当成对整个篇章进行归类的线索或指标,比如当一篇文章的大部分段落都被归入某一个特定的主题类目或指向一个评定方向(比如正面的或负面的,详见第5章有关"方向"的章节)时,那么整篇文章也按照同样的类目或方向归类。但以段落为分析单位有时也会成问题,即当一个段落包含不止一个主题或不止一个方向时,此时就需要参照更大的情境单位来进行判断。

4.3.1.4 项目/篇章

内容分析中使用最频繁的分析单位是项目(item),也就是内容资料生产者所使用的那个完整的"自然"单位,如记者采写的新闻报道、编辑撰写的社论、读者给编辑部的一封来信、或小说家创作的一部小说等。项目因不同的媒体而不同,对于报刊媒体的新闻报道或社论来说是篇章,而在电视媒体分析中,项目则可能是一则电视新闻或一部电视剧,也可能是一个商业电视广告。较之于句子和段落等,项目这种分析单位在较大规模上对资料归类,也正是因为这个原因,它经常被内容分析者使用。当研究目标和所使用的类目系统属于一般化性质的,不是直接指涉具体内涵(比如当我们只是在一般性内容上比较几家报纸或几家新闻电视台)时,以篇章作为分析单位是合适的。又或者是,当项目内的变异性很小或不重要,或者这种变异性与研究主旨所涉及的关键变量关系不大或无关时,以整个项目/篇章为单位来分析也是很合适的。无论哪种情况,以项目/篇章作为分析单位时,研究者都要预计到在编码员间信度测试(详见第6章)时所获得的一致性会比较小单位的要低。另外,正是因为篇章的层级较大,以篇章为单位的分析在解读内容的具体信息方面往往会遇到一些实际问题,比如在新闻框架分析中,如果将整篇文章编码为一个框架,将会忽视文中呈现的其他框架,在一个单篇的新闻报道中也许还存在着不止一个框架或者多个相互冲突的观点。将一篇新闻报道当作一个报道单位来考察时,新闻的微属性常常会被忽视。

4.3.1.5 空间

空间(space)分析单位是指书写文字所占面积大小这样以空间为单位化区分基础的分析单位(如报纸杂志版面尺寸和页面,或者排版上的行和段落等),这种

1　研究实例如:1)King, E. G. (1990). Thematic coverage of the 1988 presidential primaries:A comparison of *USA Today* and the *New York Times*. *Journalism Quarterly*, 67(1), 83-87;2)Danielson, W. A., Lasorsa, D. L., & Im, D. S. (1992). Journalists and novelists:A study of diverging styles. *Journalism Quarterly*, 69(2), 436-446;3)Kim, S. T. (2000). Making a difference:U. S. press coverage of the Kwangju and Tiananmen pro-democracy movements. *Journalism & Mass Communication Quarterly*, 77(1), 22-36.

单位使项目篇章内的区分更为精确。比如一个含有两个论题的新闻报道,在以项目篇章为分析单位的情况下,在确定主导性论题时,也许会出现两种截然相反的结果,也就是说,这则新闻报道可能会被认定为两个论题中的任何一种。而在以版面尺寸比如英寸为分析单位的情况下,那么也许一个论题是六英寸,另一个则是五英寸。如此将所有报道样本进行编码后,就会计算每种论题的总英寸数,从而更为精确地计算出各种论题在新闻报道中的分量,以此作为论题重要性的衡量指标之一。因此这种测量与在视觉传播(如电视、电影等)以时间为单位一样,在记录内容侧重点时是较为准确的工具,一直以来几乎无一例外地用于直接的论题分析。

4.3.1.6 主题/断言

作为分析单位的主题(theme)是一个具有特别的中心意义的语义单位,它也许就是文本中的一个完整的句子,也可能是围绕一个中心思想而构成的包含多个语句的语言片段,也即分析者需要从中提炼出一个主题。换言之,主题是关于一个论题的一个总结性断言,在此断言下,可以涵盖诸多具体的形式。在具体分析中,该分析单位被赋予了不同的名称,除了断言(assertion)外,还有陈述(statement)、命题(preposition)、思想(idea)和论点(argument)等。主题单位在编码中可以是直接引用文本现成的语句,但更多的时候需要分析者从文本语句中提炼,比如拉斯韦尔在对"二战"中纳粹轴心国广播宣传的分析中所提炼的主题(见表4.1)。它们和其他类似主题用作比较标准,分析在轴心国广播电台播出的"猜疑"传播内容。

如果主题是根据文本意义而不是自然单位来提炼的话,往往会碰到一个主题转换的问题,也即随着文字叙述的展开,内容焦点由一个主题转向另一个主题,在这样一种转换中,分析者需要识别主题转变的信号,由此辨识不同的主题并予以分

表4.1 拉斯韦尔宣传分析中主题单位示例

主 题	文本语句
美国本质上是腐败的	美国存在着政治和经济不公平、战争投机暴利、财阀剥削、共产党煽动言论、犹太人耍阴谋和精神堕落
美国总统是应受指责的	他是无耻的战争贩子和骗子,是犹太人、共产党人或财阀的爪牙,要对(战争造成的)苦难负责
纳粹德国是强大的	德国有欧洲的支持;它拥有人力资源、武器装备、物资和胜利所需的士气
联合国是分裂的	它们互不信任,相互欺骗、妒忌和猜疑

别编码。在对纸质新闻进行内容分析时,范迪克和金仕奇曾提出在一篇报道中主题信号转变的七项标准:可能存在的世界的变化(如切换到做梦)、时间或时间的变化、地点的变化、引入新的参与者、重新引入旧的参与者、视角或观点的变化以及不同的谓语范围(框架或是脚本的变化)。[1] 总之,如果一个句子不再包含于现在的主题或话题之下,那么一个新的话题就建立了。

在内容分析中,特别是在研究传播对民意的影响时,主题是最为有用的单位,因为其形式通常可以讨论议题和态度问题。但从可靠性的角度来讲,它同时也是最难的分析单位之一,特别是当它相当复杂(也即不止一个简单句)时。在有些情况下,主题必须根据内容的物理区分单位如语法单句或者段落来计数。对于一个特殊的主题而言,它有可能在一个含有五个句子的段落只出现一次,也有可能每一个句子就含有这么一个主题。这个主题是计算一次还是五次,将取决于整个研究所使用的物理单位是什么。

4.3.1.7 消息源

在对新闻报刊的内容分析研究中,有不少研究者关注新闻报道平衡和偏向问题,其中涉及的一个与新闻产制密切相关的重要议题就是新闻常规与消息来源的使用问题。基于消息源使用来论证新闻报道平衡与偏向问题的早期研究基本上是以报道篇章(也即项目)为分析单位,主要是搜集消息源数量的信息,有时也可获取消息源种类的信息,但这样搜集到的数据往往只能作为单变量(如消息源总数)的描述统计如百分比和均值等来进行分析,顶多用于单变量内部组间差异的比较,如具有某种党派倾向的各地方报纸之间消息源种类分布差异的比较,却难以反映消息源本身属性的各种变量(如消息源性别、种族、态度倾向、叙事语调等)与其他变量之间的关系。因此,随着研究的深入,后来的此类研究逐渐开始以比篇章要小的单位如消息源作为分析单位,以此获得更为丰富的信息并进行较为复杂的变量相关分析。

比如在一项对美国日报男性与女性记者的新闻报道差异进行的内容分析中,[2]消息源是分析单位,编码员针对每个消息源及所援引的内容记录消息源的性别和种族、叙事话题和语调,然后记录下该消息源所出现的那篇报道的记者性别,在此基础上再总和所有新闻报道样本中所有消息源的性别、种族、内容话题和叙事语调的类别总数和百分比,及其在男女记者所写的报道中各自的总体分布,这样就能将消息源的具体运用的情况直接与使用消息源的记者的性别相互关联起

---

1 van Dijk, T. A., & Kintsch, W. (1983). *Strategies of discourse comprehension*. New York: Academic. p.204.

2 见:Rodgers, S., & Thorson, E. (2003). A socialization perspective on male and female reporting. *Journal of Communicaton*, *53*(4), 658-679.

来,进而从变量的关系和比较中体现出男女记者的报道差异。而在以整篇报道作为分析单位的研究中,同样是对比消息源的使用,却只能限于将消息源作为计数单位,记录下每篇报道的消息源总数,无法对消息源本身的各项特征做进一步的信息采集,因此也就无法将消息源的特质与新闻报道写作者的性别关联起来。这也即是消息源作为层级较小的分析单位的优势所在。这种运用在研究政治新闻报道的党派平衡、国际新闻事件中对各利益方的报道处理等问题时,同样发挥着举足轻重的作用。

4.3.1.8 其他

以印刷媒体内容为对象的研究所采用的分析单位还有人物和事件等。用虚构的或真实的人物来做分析单位,在分析杂志、广告和小说时比较常见,也偶见于新闻报道的内容分析中,后者也偶尔使用事件作为分析单位。运用这样的分析单位一般是为了回答一些相当具体的专门的问题。前者常见于由媒介形象来揭示文化偏见或报道偏向问题的研究中,如报纸杂志新闻和广告以及小说中所再现的种族、性别或文化群体人物以及政党人物形象分析,这种运用在视觉传播特别是电视节目分析中更为多见。[1]

以事件为单位的分析主要聚焦于研究事件的新闻价值及其与新闻报道之间的关系研究。例如,著名学者帕梅拉·舒梅克(Pamela J. Shoemaker)与其合作者在探讨怎样的国际事件会更多地得到美国主流媒体的新闻报道时,[2] 就是以国际事件为分析单位,对每个事件所具有的各种新闻价值如事件的离异性(deviance)、美国卷入事件的程度、涉及国家与美国的经济联系和文化相似性等进行编码分析,并记录该事件在美国主流媒体样本中的报道量和报道显著性,在此基础上将事件的新闻价值与其获得报道的情况关联起来。

4.3.2 视觉传播内容的分析单位及其应用

在视觉传播内容的分析中,有些单位是与书写传播内容相类似的,只是具体形式有所不同,比如人物、消息源和项目(如整幅照片、一个完整的电视节目、一部完

---

1 研究实例如:1)Elasmar, M., Hasegawa, K., & Brain, M. (1999). The portrayal of women in U.S. prime time television. *Journal of Broadcasting & Electronic Media*, *44*(1), 20-34; 2)Grabe, M. E. & Elizabeth, M. (1996). The South African Broadcasting Corporation's coverage of the 1987 and 1989 elections: The matter of visual bias. *Journal of Broadcasting & Electronic Media*, *40*(2), 153-180.

2 见:Shoemaker, P. J., Danielian, L. H., & Brendlinger, N. (1991). Deviant acts, risky business and US interests: The newsworthiness of world events. *Journalism Quarterly*, *68*(4), 781-795.

整的电影和一台完整的脚本），其中，以整个节目（show 或者 program，如电视新闻报道、表演秀、情景剧、电视广告等）作为分析单位的最为常见，[1] 其次是人物。[2] 而与印刷媒体的空间单位对应的则是电视节目或电影播放的时间，这种时间的切分有时是人为硬性的，如每 30 秒等；有时则是根据视频或片中的自然间断，比如以连续没有中断的一个片段为分析单位，[3] 每个单位以秒计数，以此计算出含有某种特定内容的节目时间总数。除了这些分析单位以外，还有许多单位是视觉传播内容所独有的，有些还富有特殊意义。本小节的内容将主要涉及视觉传播内容特有的分析单位。

如果说报纸的新闻报道是由词语、句子和段落构成，那么电视节目（如电视新闻报道）或电影则是由静帧（still frames）、镜头与场景构成。静帧是电视视觉分析的最基本的单位。一幅静帧就是一个显著的或是具有代表性的静止的镜头。[4] 对于电视新闻来说，播出一秒钟即显示了 30 幅静帧。因此，这样的分析单位在实际研究中操作难度过大，耗时耗力，而且，如果研究是重在内容意义的解读而非画面结构构成的解析的话，往往会因这种物理上的切分而导致画面意义上的不连贯，以致影响分析的完整性和全面性。也许正是这些原因，在笔者 20 年的内容分析研究调查中尚未发现以静帧为分析单位的实例。

4.3.2.1 镜头

从技术经验上来说，数百幅静帧就构成了下一个层级单位——镜头。在一个

1　研究实例如：1）Alexander, A., Benjamin, L. M., Hoerrner, K., & Roe, D. (1998). "We'll be back in a moment": A content analysis of advertisements in children's television in the 1950s. *Journal of Advertising*, *27*(3), 1-9；2）Besley, J. C., & Diels, J. (2009). Public meetings in entertainment television programming: Using procedural justice to analyze fictional civic participation. *Journal of Broadcasting & Electronic Media*, *53*(3), 419-443；3）Entman, R. (1992). Blacks in the news: Television, modern racism and cultural change. *Journalism Quarterly*, *59*(2), 341-361；4）Skill, T., & Robinson, J. D. (1994). Four decades of families on television: A demographic profile, 1950-1989. *Journal of Broadcasting & Electronic Media*, *38*(4), 449-464.

2　研究实例如：1）Hopmann, D. N., Vliegenthart, R., de Vreese, C., & Albæk, E. (2010). Effects of election news coverage: How visibility and tone influence party choice. *Political Communication*, *27*(4), 389-405；2）Powers, S. P., Rothman, D. J., & Rothman, S. (1993). Transformation of gender roles in Hollywood movies: 1946-1990. *Political Communication*, *10*(3), 259-283.

3　研究实例如：Bagdasarov, Z., Green, K., Banerjee, S. C., Krcmar, M., Yanovitzky, I., & Ruginyte, D. (2010). I am what I watch: Voyeurism, sensation seeking, and television viewing patterns. *Journal of Broadcasting & Electronic Media*, *54*(2), 299-315.

4　Iedema, R. (2001). Analyzing film and television: A social semiotic account of hospital: An unhealthy business. In T. V. Leeuwen & C. Jewitt (Eds.), *Handbook of visual analysis*, pp. 183-206. London: Sage.

镜头中,摄像机的运动是未经剪辑的,因此,一个镜头描述了由一个摄像机拍摄的未经中断的连续画面,[1]其单位区分标志是两个明显的摄像转换之间的间隔。以镜头为分析单位,在很大程度上关注的是视觉传播的形式结构上隐含的意义。单就每个镜头的构成成分而言,就可从镜头视距、摄像机视角和镜头移动等不同方面进行编码,由此来解析每个镜头的内在意义。在视觉传播长期以来的实践中,已形成了理解镜头构成成分的隐含意义的一定共识。

从镜头视距来看,超近距离的特写往往是为了给镜头中的对象/人与观众营造出一种亲密的关系,中景会在镜头中的对象/人与观众之间建立舒适的关系,而长镜头则使对象/人和观众之间产生距离感。[2] 长镜头、中景和特写镜头能起到强化观众和媒介内容之间不同层次上亲疏关系的作用,这种理念经常用于内容分析中。例如,梅里特在分析美国民主党人杰西·杰克逊因何在政治上受阻的原因时,[3]用特写镜头的概念定义亲密关系,而用长镜头概念定义分离,她认为杰西·杰克逊在1984年民主党人竞选辩论中的电视形象不甚理想,总是在长镜头下出现,这潜意识地拉远了与观众的距离。在另一项分析中,[4]美国总统大选的两位候选人卡特和福特的视觉描绘有着细微差别,卡特出现在近景拍摄的次数明显超过福特,是电视出镜的受益者。

对镜头的第二个构成成分摄像机视角的关注和解读也是由来已久。据诸多学者的分析,[5]仰视镜头中出现的人和物体常被视为强大和优势,这种仰视拍摄的传

1　Mascelli, J. V. (1965). *The five C's of cinematography*. Hollywood, CA：Cine/Graphic.

2　参见如下专著的相关论述:1)Baggaley, R. (1980). *Psychology of the TV image*. Westmead：Gower Publishing;2)Edmonds, R. (1982). *The sights and sounds of cinema and television：How the aesthetic experience influences our feelings*. New York：Teachers College Press;3)Gianetti, L. D. (1982). *Understanding movies*. Englewood Cliffs：Prentice Hall;4)Monaco, J. (1977). *How to read a film：The art technology, language, history and theory of film and media*. New York：Oxford University Press;5)Tuchman, G. (1978). *Making news*. New York：The Free Press;6)Zettl, H. (1991). *Television aesthetics*. New York：Praeger.

3　见:Merrit, B. D. (1984). Jesse Jackson and television：Black image presentation and affect in the 1984 Democratic campaign debates. Paper presented at the Annual Meeting of the Speech Communication Association. Chicago, Illinois.

4　见:Tiemens, R. (1978). Television's portrayal of the 1976 presidential debates：An analysis of visual content. *Communication Monographs*, 45(4), 362-370.

5　研究实例如:1)Adams, W., & Scheibmann, F. (1986). *Television network news*. Washington：George Washington University;2)Baggaley, R. (1980). *Psychology of the TV image*. Westmead：Gower Publishing;3)Gianetti, L. D. (1982). *Understanding movies*. Englewood Cliffs：Prentice Hall;4)Livingston, D. (1958). *Film and the director*. New York：The Macmillan Company;5)Millerson, G. (1970). *The technique of television production*. New York：Hastings House;6)Tuchman, G. (1978). *Making news*. New York：The Free Press;7)Zettl, H. (1991). *Television aesthetics*. New York：Praeger.

统意义可以追溯到人们童年时期对其父母权力和地位的认知经验。[1] 当摄像机从这个角度拍摄时,观众会把童年时对权力、强势和地位的记忆与通过低角度镜头展现的这些对象联系起来。与之相反,俯拍,也被称为"上帝视角",则赋予物体或人以弱势地位,而水平拍摄显然展现了观众和拍摄的物体或人之间的平等。

摄像机/镜头移动如倾斜、跟踪、平移、摄影机推车和镜头推近或拉远等也被赋予了与摄像机视角类似的意义和功用。向上倾斜的摄像机运动赋予所描绘的人或物权力,而向下倾斜式的摄像机运动则意味着弱势地位。[2] 研究者在分析萨尔瓦多内战的电视新闻报道时发现,向上倾斜和向下倾斜的相机移动可以凸显实力和弱势等属性。[3] 而且,镜头向内推动可以增加观众对主题的卷入程度,而向外推动则起到相反作用。[4]

镜头的这种内涵意义在内容分析中往往被用于分析电视新闻报道中形象建构(如少数族裔、女性和政党候选人等)的偏向问题。镜头结构技术和特征的有意味性的使用,可能夸大或扭曲某些"事实",特别是极端角度的使用可能会导致物理特性的负面失真,象征意义从物体的拍摄背景或前景转移到被拍摄的人物身上,以致在效果上有利于或不利于被镜头建构的人物形象。特别是西方政治大选报道中,电视新闻拍摄的结构特征往往暗示了候选人与观众之间的不同亲密程度,也即意味着正偏向和负偏向问题。[5] 当结构特点暗示所描绘的候选人是观众的知心朋友,就会产生正偏向。长镜头或明显缩小的运动可以降低观众和党的代言人之间关系的融洽程度,以此贬低政治候选人的论点,成为一种负偏向的表现。

由于单纯以镜头为单位来解析镜头的内涵,一般是无法将具体镜头的所指对象联系起来,因此在实际研究中有时是将人物作为分析单位,以镜头为观察单位,围绕人物,观察镜头的各种结构成分的使用和特征。如此一来,镜头的偏向意义更具有指向性,能辨析出镜头在不同的具体人物身上产生的不同效应。另外,镜头单位还常见于电视暴力研究中,且时常与其他单位结合起来使用,构成一种复合型分析单位,以捕捉有关暴力的全方位信息(详见本章下面小节)。

1　Edmonds, R. (1982). *The sights and sounds of cinema and television: How the aesthetic experience influences our feelings*. New York: Teachers College Press.

2　Caldwell, D. (1985). *Silent film in the German classroom*. Paper presented at the Annual Meeting of the Central States Conference on the Teaching of Foreign Languages. Kansas City, Kansas.

3　见:Kervin, D. (1985). Reality according to television news: Pictures from El Salvador. *Wide Angle*, 7(4), 61-70.

4　参见:1) Millerson, G. (1970). *The technique of television production*. New York: Hastings House;2) Zettl, H. (1991). *Television aesthetics*. New York: Praeger.

5　Grabe, M. E. & Elizabeth, M. (1996). The South African Broadcasting Corporation's coverage of the 1987 and 1989 elections: The matter of visual bias. *Journal of Broadcasting & Electronic Media*, 40(2), 153-180.

4.3.2.2 场景

比镜头较大的下一个层级单位即是场景,它通常由几个镜头构成。一个场景包含了一个完整的叙事单位。然而对场景的定义却有多种,而且在电视和电影的具体研究中也时常有细微的差异。这就需要研究者在具体分析中给出一个明确的界定。

根据梅兹所说,"一个场景建构的一个单位仍然被视为'具体的',也即一个地方,一个时刻,一个动作,紧凑而明确的"。[1] 对于怀特克而言,一个场景是"电影形式的最小等级,它有着亚里士多德哲学的完整性,据此让人敢于做出有意义的声明和批判"。[2] 这两种定义实际上体现了场景区分的两种方式,一种是自然区分,另一种是意义区分。这种区分实际上也反映在电影研究对场景的不同理解上。在电影研究中,场景在狭义的层面上被简单地定义为"发生在一个地点并且涉及一个单独的行动的一系列的镜头(或者一个镜头)"。[3] 当作为一个宽泛的定义时,场景指的是**序列**或是**蒙太奇**。序列是按照事件发生的时间顺序来描述事件细节的一系列镜头,[4]蒙太奇则指的是一组在时间或是空间上并不一定相关的镜头,但是它们结合起来可以产生一个特别的效果或是整体的主题。[5] 可见,前者是一种自然区分的单位,而后者则是由意义区分的。

在意义区分的基础上,影像研究专家泽特还提出了两种与思想相关的蒙太奇,即对比蒙太奇和冲击蒙太奇。[6] 对比蒙太奇指的是对多于两个与主题相关的事件进行描述,从而加强一个主题或是一个基本观点。比如,一系列表现行进中的士兵、安装于军车的导弹以及朝鲜领导人金正日与核设施的镜头,传达了朝鲜是一个大规模杀伤性武器的制造者这样一种观点。冲击蒙太奇是两个相反的观点或是事件的结合,它创造出了这两种相反观点所没有描绘出的第三个观点。比如,一个再现受饿的小孩的镜头与一个暴饮暴食的肥胖者的镜头建构出社会不平等的思想。也就是说,单个的镜头并不互相联系,但是这些镜头的结合却产生了一个比单个镜头更大并且与原来表现的观点不同的观点 [7]。在实际研究中,场景有

---

1 Metz, C. (1974). *Film language: A semiotics of the cinema*. New York: Oxford University Press. pp. 127-128.

2 Whitaker, R. (1970). *The language of film*. Englewood Cliffs, NJ: Prentice-Hall. p. 48.

3 Monaco, J. (1977). *How to read a film: The art technology, language, history and theory of film and media*. New York: Oxford University Press. p. 427.

4 Green, M. (1969). *Television news: Anatomy and process*. Belmont, CA: Wadsworth.

5 Zettl, H. (1999). *Sight, sound, motion: Applied media aesthetic*. Belmont, CA: Wadsworth.

6 同上。

7 1)Whitaker, R. (1970). *The language of film*. Englewood Cliffs, NJ: Prentice-Hall;2)Zettl, H. (1999). *Sight, sound, motion: Applied media aesthetic*. Belmont, CA: Wadsworth.

时被定义为一个同时包含了序列与蒙太奇的概念。场景既是描述发生在同一个地方的单个动作的一系列镜头,也是一个描述某种无时间和空间限制的概念、主题或思想的蒙太奇。

这种以意义区分为基础的对场景的理解在电视新闻报道研究中同样有所体现。在不少学者的界定中,场景是包含着有意义的叙述、论证或是新闻报道视角的最小的单位。比如两位来自韩国的学者就认为,场景是具有统一的人物、地点、主题、思想、话题或是视角的一个或多个镜头的合成物。[1]

以意义区分为基础的对场景的界定,会在一定程度上给数据采集和内容编码带来一些困难。其划分如果缺乏某种既定的标准,那么在分析操作中就很难获得一以贯之的结果,且会极大地影响编码信度。因此,电视新闻内容分析者针对场景划分问题进行了不同的探索,本特尔早在 20 世纪 80 年代即提出,将一个电视新闻报道以三项标准来进行微单位的划分,它们是视觉再现形式、镜头边界和内容标准,其中,内容标准涉及主题或地域上的相关性,它应该只有在内容自身明显地划分出一个微单位时才应该使用。[2] 本特尔认为,内容元素往往有可能与视觉表达格式相对应,例如,在一则电视新闻报道中,评论常常是由出现在屏幕上的评论员做出,结果往往由通讯记者或是新闻播音员来进行说明,而事件则是由新闻影片来进行视觉描绘。在本特尔标准的基础上,结合范迪克和金仕奇针对纸媒新闻所作的主题转换辨识标准,韩国的两位研究者近期提出在分析电视新闻报道中划分场景的两个主要标准,即再现形式与内容的变化。[3] 无论内容有无变化,形式的变化总是标志着一个场景的变化,但是在内容上有一个明显的转变时,也被认为是场景的变化。而且,这两位研究者进一步细分出七项标准作为电视新闻报道中场景划分的标识。其中,表明再现形式变化的标准有五项,分别是:

1)表明一个新闻现场的视觉变化。如由演播室主播现场切换到附带叙事的新闻视像影片,由现场面访到演播室电话访谈,从计算机图形到记者图像等。

2)远景或是插入访问都包括在采访场景之中。当记者使用其他类似主题的

1　Choi, Y. J., & Lee, J. H. (2006). The role of a scene in framing a story: An analysis of a scene's position, length, and proportion. *Journal of Broadcasting & Electronic Media*, 50(4), 703-722.

2　Bentele, G. (1985). Audio-visual analysis and a grammar of presentation forms in news programs: Some mediasemiotic considerations. In T. A. van Dijk (Eds.), *Discourse and communication: New approaches to the analysis of mass media discourse and communication*, pp. 159-184. New York: Walter de Gruyter.

3　Bentele, G. (1985). Audio-visual analysis and a grammar of presentation forms in news programs: Some mediasemiotic considerations. In T. A. van Dijk (Eds.), *Discourse and communication: New approaches to the analysis of mass media discourse and communication*, pp. 159-184. New York: Walter de Gruyter.

画面或是原声摘要播出的新闻采访中人物的图像,介绍、阐述、澄清或是解释了采访的内容,这些镜头都属于采访场景。例如当有一个大量反战示威人群的短时镜头时,如果采访某一个人,或是如果主题与报道的基调不变的话,那么这些镜头就被认为是同一个场景。

3)**一个新的场景通常是通过一个转场镜头来表现**。大多数常规的转场镜头是建立新的背景或是介绍观众到新的地点与主题的广角拍摄这样的镜头。

4)**一个场景至少包含一个完整的记者的画外语或是原声摘要的句子**。记者叙述的一个段落或是句子,通常应该在一个场景之内完成。然而,有时画外音会超过几秒钟到下一个场景中。在这种情况下,场景的划分应该由视觉效果来决定。

5)**一个场景通常具有视觉的连续性**。一个连续的动作的序列不能划分为两个场景。

另有两项表明内容变化的标准,分别是:

6)**当一篇报道中主题结构的新闻六要素中的一个或者多个变化时,这表明一个新场景的开始**。也就是说当一篇报道的六个组成部分(五个 W 与一个 H)中至少有一个语义发生了变化或新近被引入报道时,就被认为是一个新的场景。具体而言,有关**谁**(who)的变化包含两种情况,一是当报道的主体发生变化时,二是当持有不同观点的人物被介绍进来时;有关**动作或是事件**(what)的变化也有两种情况,一是当一个动作或是一个状态或情况发生变化时,二是当介绍一个新的动作或状态时;有关**时间**(when)的变化是指一段时间或是一个动作或状态的期限发生变化;有关**地点**(where)的变化是地点发生转换;有关**原因**(why)的变化包含三种情况,一是当提出一个原因或是一个新闻事件时,二是当提出结果的其他可能的原因时,三是当呈现新闻事件的若干原因时,这些原因各自组成一个独立的场景;有关**分析新闻事件的方式**(how)的变化是指如下三种情况,一是当提出动作或是事件如何发生的解释时,二是当介绍新闻事件的数量或是程度时,三是当提出解决当前问题的不同的方法时。

7)**场景应该建立凝聚力**。比如,在纸媒文本中,如果由两个单个的句子看出,事件是前一个句子所指出的情况或是事件的可能或必要条件,那么这两个句子之间就具有凝聚力。[1] 这样的标准同样可以运用于电视新闻中,根据记者叙述的内在凝聚力来区分场景。

崔和李这两位韩国学者提出的这七项区分场景的标准综合考虑了电视新闻的形式和内容方面的要素,因而同时具有自然区分和意义区分的特点,在实际操作

---

1 van Dijk, T. A. (1988). *News analysis*: *Case studies of international and national news in the press*. Hillsdale, NJ: Lawrence Erlbaum Association, Inc.

中显示出区分场景的一定弹性,也就是说场景因各种因素的考虑而显示出丰富性和复杂性,并能使分析具有相当的内涵。与此同时,由于这七项标准相当具体明确,实际可操作性很强,因此也不会因其复杂性而在编码信度方面造成困难。

4.3.2.3 分析单位的立体多元化 [1]

由于视像表达形式的多样性和丰富性,使得电视节目的内容分析在分析层面上较之于印刷媒体要复杂得多。因此,在解析电视节目内容、特别是当分析目的不在于一般性内容时,使用单一的分析单位往往会有乏力不足之感,从电视暴力内容分析研究的发展演进中即可窥见一斑。

20 世纪六七十年代关注暴力数量的内容分析研究多以电视节目(如,一个完整的电视广告或一部完整的电视片等)为分析单位,记录每个单位中暴力行为或暴力镜头的次数,也即暴力行为或暴力镜头是作为分析单位下的计数单位来对待的。对暴力呈现的数据分析也是建立在计算暴力行为或暴力镜头出现频次的基础上。1970 年代末,有学者开始认识到暴力性质与暴力总量同样重要。为了更好地分析暴力角色的差异,研究采用暴力片段(episode of violence)为分析单位,因为在电视节目为分析单位的情况下,只能记录角色的个数和类型,而无法将角色与每个具体暴力行为的性质相关联。这种以暴力片段为分析单位的传统一直延续至 1990 年代甚至现今。

暴力片段被操作化定义为涉及同样的参与方(无论是个人、群体、组织、社区或国家)的持续场景或镜头(一秒、一分钟、五分钟、或更长),比如,一次谋杀、一个枪战追击场景、或者一个战争故事中的战斗场景。在这样的分析单位下,可以界定每次暴力的性质(如攻击类型)和卷入方,包括性别(比如男性有几个、女性有几个)、年龄段(比如儿童和青少年有多少、年轻人或中年人有多少)、暴力受害者有多少等,还可以对每个片段进行基调(轻喜的还是严肃的)、武器总数和类别、片段中展示的暴力后果(是否呈现暴力的即时后果,以及后果的类别,如身体上或情绪心理上的痛苦和伤害或无能为力等),以及法律执行者是否起到作用等。作为分析单位,暴力片段较之于电视节目层级要小,不但可以基于片段从总量上统计暴力次数,还可以将暴力实施者和其他参与方的人口信息与暴力类型和其他相关变量相联系,在后期数据处理时进行交叉表分析,因而大大细化了研究。但是这种以暴力片段而非整个节目为分析单位的研究,在分析情景信息时常常遇到一些问题,比如暴力的后果以及暴力的奖惩等,很有可能仅仅在节目最后出现,或者贯穿整个节目,而不是在一个暴力片段中就能即时呈现的,而且有可能出现编码错

---

1 本小节的主要内容引自笔者的一篇论文:《从内容分析方法论看电视暴力攻击研究的发展》,原载《新闻与传播评论》,2011 年卷第 1-10 页。

位的情况,也即前一个暴力片段中呈现的暴力,在后一个暴力片段中呈现其后果而被编码为后一个暴力的后果。

无论是电视节目还是暴力片段,这种单一型的分析单位在综合分析暴力数量和暴力性质,并将暴力的种种情景信息纳入全面考量时,均会使研究者在具体分析时会有捉襟见肘之感。因此,1990 年代末以后的电视暴力内容研究者开始尝试运用二维甚至三维的复合型分析单位,如同时使用电视节目与节目主配角,[1] 电视节目与暴力情景,[2] 或者电视节目、攻击行为与电视人物[3] 等。而其中最为突出、最具创造力的则当属以威尔森、科尔文、史密斯和波特等人为主打的"国家电视暴力研究"后期系列内容分析。[4] 他们在前人研究的基础上超越了已有研究框架,颇具想象力地构建了一个三维一体的立体化复合型分析单位模式,在暴力交锋、暴力镜头和暴力节目等三个不同层面上同时展开类别建构,全面综合分析暴力行为本身、暴力的性质、暴力的情景信息以及暴力的强化作用。

所谓的暴力交锋(PAT),即发生在施暴者(perpetrator)和攻击目标(target)之间的一种特定的暴力行为(act),[5] 是三维分析单位中最小层级的微观单位。施暴者、攻击目标和暴力行为三者之中任一项的变化都是区分每一个分析单位的标志。在每一个 PAT 互动当中,研究者可以获得一系列针对该互动的情境信息,如施暴者的角色特征和暴力行为本身的特征。在这一层面的分析单位中,研究者主要研究施暴者和受害者的特性(年龄组、性别、人物类型、吸引力、好坏之分等)、暴力性质(确凿的威胁、行为动作和危害性后果等)、施暴动机(保护生命、愤怒、报

---

1 研究实例如:Signorielli, N. (2003). Prime-time violence 1993-2001: Has the picture really changed? *Journal of Broadcasting & Electronic Media*, 47(1), 36-57.

2 研究实例如:Potter, W. J., & Smith, S. (2000). The content of graphic portrayals of television violence. *Journal of Broadcasting & Electronic Media*, 44(2), 301-323.

3 研究实例如:Glascock, J. (2008). Direct and indirect aggression on prime-time network television. *Journal of Broadcasting & Electronic Media*, 52(2), 268-281.

4 研究实例如:1)Smith, S. L., & Boyson, A. R. (2002). Violence in music videos: examining the prevalence and context of physical aggression. *Journal of Communication*, 3, 61-83; 2)Smith, S. L., Wilson, B. J., Kunkel, D., Linz, D., Potter, W. J., Colvin, C. M., et al. (1998). *National television violence study* (Vol. 3). Santa Barbara: University of California, Center for Communication and Social Policy;3)Wilson, B. J., Colvin, M. C., & Smith, S. L. (2002). Engaging in violence on American television: A comparison of child, teen, and adult perpetrators. *Journal of Communication*, 52(1), 36-60;4)Wilson, B. J., Smith, S. L., Potter, W. J., Kunkel, D., Linz, D., Colvin, C. M., & Donnerstein, E. (2002). Violence in children's television programming: Assessing the risks. *Journal of Communication*, 52(1), 5-35.

5 1)Smith, S. L., & Boyson, A. R. (2002). Violence in music videos: examining the prevalence and context of physical aggression. *Journal of Communication*, 3, 61-83;2)Wilson, B. J., Colvin, M. C., & Smith, S. L. (2002). Engaging in violence on American television: A comparison of child, teen, and adult perpetrators. *Journal of Communication*, 52(1), 36-60.

复、个人痛苦、精神不稳定、意外或其他等)、攻击行为的合理性(道德上是否正当)、暴力手段(自然手段、常规武器、非常规武器等)、暴力动作的重复次数、攻击目标受到的伤害等。

三维分析单位的中间层级是暴力场景(violence scene),也即由一系列不间断发生的暴力行为组成的连续镜头,以出现明显的间断为区隔标记。一个暴力镜头通常会包括几个相关的 PAT。在此层面上,研究者确定相关暴力交锋的更一般性的特质,考察暴力行为的正强化和负强化(即施暴者是否受到惩罚或奖励,以及惩罚或奖励的来源),血腥程度,以及镜头系列中是否包含幽默成分等。

在最为宏观的节目层次上,研究者关注的是暴力强化的总体方式以及整个故事情节的结果。[1] 比如,对角色的惩罚是贯穿整个节目,还是仅在节目最后出现,或者完全没有惩罚;其他分析还包括节目的类型,节目是否呈现出暴力的后果以及后果的类别(如身体、情绪、心理或财产上的伤害等),节目是否传递出反暴力的信息,节目的真实程度,等等。

在这样多维的分析单位下,每个电视节目要进行多次编码。虽然编码工作量大大增加,但却能全面捕捉暴力的意义和复杂性,兼顾显性内容和隐性内容的分析,并在系统化的深度分析中观察变量与变量之间的关系。更为重要的是,在如此立体化的关系建构中,其分析结果对电视暴力的效果推论更具针对性和有效性。比如,对施暴者特征与暴力后果的交互分析发现,[2] 与成年罪犯相比,年轻一些的暴力者往往更具魅力,他们的暴力行为往往不会给他们带来惩罚,而且,在电视节目中,他们的暴力行为很少对受害人造成负面的伤害。这样的暴力呈现给青少年观众更会产生负面影响。较之于暴力数量的单纯分析,这样具体反映特征关系的研究发现给业界和政策制定者的参考指导意义更为显著。研究者可以由此建议儿童节目的制作者关注暴力在电视中的表现形式,减少富有魅力或看似较为温和善良的青少年暴力分子形象的出现,让青少年角色更多地为其暴力行为付出代价,接受惩罚,以告诉青少年暴力其实并非那么迷人,观看暴力电视也并不是不会带来任何痛苦的问题解决方式。

1　Smith, S. L., & Boyson, A. R. (2002). Violence in music videos: examining the prevalence and context of physical aggression. *Journal of Communication*, *3*, 61-83.

2　见:Wilson, B. J., Colvin, M. C., & Smith, S. L. (2002). Engaging in violence on American television: A comparison of child, teen, and adult perpetrators. *Journal of Communication*, *52*(1), 36-60.

5 变量与类目建构

　　传统的量化内容分析在本质上是一个设定与研究问题/假设或研究目的相关的变量和类目、并在此基础上进行编码的分析过程,也即将原始文本资料转换成标准化形式材料的过程。一旦确定了分析单位后,内容分析者接下来需要考虑的是如何建立类目系统,将每个分析单位归入到一定的类目(categories)中。这也是量化内容分析将内容资料转换为数字数据的过程。在操作层面上,类目建构在传统的内容分析六大关键步骤(见第 1 章)中是最为关键的一个,因为它不但为编码分析奠定了基础,而且它更是内容分析中联系理论架构和实际操作的最直接、最关键的一座桥梁。出色的类目建构可以成为一项内容分析研究的亮点,而肤浅乃至拙劣的类目建构则可能导致整个内容分析流于表面化以致泛化平庸,甚至毫无意义。[1]

　　一个类目体系或者一组类目的建构从本质上说就是一种概念化和操作化的设计。这一程序建立在概念界定或对传播现象进行概念化(conceptualization)的基础上,具体到操作层面上,就是确定与研究问题(假设)或研究目的相关的变量,并在操作化定义指导下对文本资料进行归类。类目事实上是变量的属性体现,与研究问题和作为研究基础的理论相关联。而且,类目区分并描述所考察的(报纸、杂志、广播或电视、卡通或者文档上的)内容,并且在实际的计数测量与较大的理论和概念领域之间形成关键性的联系。这些类目不仅仅是一个个的标签,更像是一个个有明确定义的分界线、对材料进行分组以便分析的分类箱。[2] 因此,在相关理

1　周翔. 从内容分析方法论看电视暴力攻击研究发展[C]. 新闻与传播评论. 2011:1-10.
2　Budd, R. W., Thorp, R. K., & Donohew, L. (1967). *Content analysis of communications.* New York: Macmillan. p. 39.

论和前人研究文献指导下,根据研究目的需要,识别关键变量、准确并详细地阐述和定义恰当的类目至关重要。如何设计出能准确反映内容及其方向(direction)的类目系统,且能将内容方向分析中的一个最大障碍即编码者的偏向最小化,是所有内容分析需要极力达成的目标。

因此,在类目建构这一环节中,分析者主要关注的是两个问题,一是如何辨识和界定关键变量及其类型;二是如何将分析单位分隔划入有意义的类目中。分析单位选择和确定后,就要决定必须使用哪些和多少类目从而体现研究项目的目标。

5.1 变量的理论概述

5.1.1 变量的性质和分类

研究问题和研究假设中的关键要素是变量。除了极少数非常单纯的描述性研究可能只考察单个变量外,几乎所有的研究都会涉及至少两个以上的变量。一个**变量**可以定义为一项研究的参与者或情景的具有不同赋值(values)的一种属性特征,也即"其实质可以有变异的一个概念"。[1] 所谓变量,即在于一个"变"字。如果一个概念在一项特定的研究中只有一个赋值,那么它就不是一个变量,而是一个常数(constant)。比如,性别作为人的属性特征之一就是一个变量,因为它有两个赋值,男或女。如果在一项研究中所有的参与者都是女性,那么性别在该项研究中就不是一个变量;同样,如果所有的参与者都是汉族,那么民族就不是一个变量。在多数情况下,一个变量都有两个以上的值。从对传播现象的理论解释或理论建构的角度看,变量主要包括自变量(independent variable, IV)、因变量(dependent variable, DV)、控制变量(controlling variable)、中介变量(mediated variable)和调节变量(moderator variable)等。这里重点说说前三种变量,因为后三种多见于实验研究,内容分析研究少有涉及,或在与实验研究相结合验证传播效果时才有所涉及。

在传播学研究中,我们往往需要基于文献分析和理论推断,对一些传播现象提出假设,也就是对两个或两个以上变量之间关系的猜想或预测。在这种需要验证的关系中,一种变量叫做**自变量**,它在假设关系中是一个"前提",或是"推断"的

---

1 Krippendorff, K. (2004). *Content analysis: An introduction to its methodology* (2nd ed.). Thousand Oaks, CA: Sage. p. 155.

原因,不因其他变量而变化、却能影响其他变量发生变化。自变量一般是对所研究对象的一种解释。另一种变量是**因变量**,依赖于其他变量的变化而变化;在假设关系中,它是一个结果或是一个推断的效果。因变量一般是我们所希望解释的那个现象,用以测量或评估自变量的效果。它被视为假设性的结果或标准。比如,在媒体管制与政策研究中,一个经常讨论的重要话题是媒体所有权与媒体内容的关联性问题。在西方媒体所有权管制放松之后,不少西方学者开始担忧媒体所有权高度集中化会严重损害媒体及其内容的多样性(diversity),其中颇为著名的一位学者是巴格迪基安。[1] 这种假设在媒体政策研究中只有在得到验证后方可作为决策的基础,因此自 20 世纪 70 年代以来,与此相关的内容分析研究一直延续不断,其中,媒体所有权结构(如报业集团或独立报社、报系或非报系、商营电视与公共电视等)即被视为自变量,而往往由多项指标来衡量的媒体内容多样性即因变量。[2]

需要记住的是,两类变量的区分完全取决于具体研究的目的。一项研究中的自变量在另一项研究中很可能就成了因变量。而且,一项研究任务有时考察的是一个因变量与多个自变量的相关关系。比如,在新闻框架(news frames)的研究中,研究者既可以将新闻框架当作自变量,[3] 考察新闻框架如何对个体认知产生影响,使之形成对世界的不同看法,并作出决定和判断;而在另一些研究中,[4] 则把新闻框架当作因变量,考察研究记者或编辑的个体经验、社会文化因素或者政治体系等一个或多个自变量如何影响了新闻框架的形成。

1 巴格迪基安长期以来关注媒体所有权对媒体内容的影响,并曾在美国国会的"媒体所有权:多样与集中"听证会上强调,媒体所有权集中趋势会严重影响媒体内容的多样性,不仅影响民众知情的权利,还可能进而控制民众知情的自由。参见:Bagdikian, B. H. (1989). Media ownership: Diversity and concentration. *Media ownership: Diversity and concentration. Hearing before the subcommittee on Communications of the Committee on Commerce, Science and Transportation. United State Senate, One Hundred First Congress. First session on media ownership: diversity and concentration, June 14, 21 and 22, 1989*, pp. 77-80. Washington, DC: US Government Printing Office.
2 研究实例如:1)杨蕙萍. 报纸新闻多元化之研究——以中国时报、联合报、民众日报、台湾时报高雄市版为例. 政治大学新闻研究所硕士论文,1996 年;2)Hale, F. D. (1988). Editorial diversity and concentration. In R. G. Picard, M. E. McCombs, J. P. Winter & S. Lacy (Eds.), *Press concentration and monopoly: New perspectives on newspaper ownership and operation*, pp. 161-176. Norwood, NJ: Ablex Publishing Corporation.
3 研究实例如:Valkenburg, P. M., Semetko, H. A. & De Vreese, C. H. (1999). The effects of news frames on readers' thoughts and recall. *Communication Research 26*(5), 550-569.
4 研究实例如:Zhou, X. (2008). Cultural dimensions and framing the Internet in China: A cross-cultural study of newspapers' coverage in Hong Kong, Singapore, the US and the UK. *International Communication Gazette, 70*(2), 117-136. 研究介绍和编码表参见本书附录二。

有时候,有些变量并非某个研究的兴趣点,与特定研究目标无关,但却能够影响因变量和研究进程,我们把这样一类变量统称为**额外变量**(extraneous variable)。比如研究两种不同的广告宣传手法对受众购物倾向的影响,在这里"广告宣传手法"是自变量,"购物倾向"是因变量,广告播放时间和参加实验者的特征(如原有的商品知识基础、购物经验、朋友邻居的介绍)等都是一些额外变量,虽然不是研究的兴趣,却会干扰自变量和因变量的对应关系。当这些因素与自变量"广告宣传手法"的作用混杂在一起时,往往导致人们难以确定两种广告宣传效果的优劣,无法判断最终的研究结果(对因变量的影响)是来自广告宣传本身(自变量),还是来自广告播放时间、受众原有的商品知识基础、购物经验或朋友邻居的介绍等其他各种因素(额外变量)。因此,研究者需要对这些额外变量施加控制,使研究结果比较明确可靠,而这些被控制的变量就是**控制变量**。

5.1.2 变量的概念化和操作化定义

在构建研究问题、假设和预测的过程中,每引入一个概念或变量,都需要小心进行界定,大多会涉及两个面向的定义,即概念化定义(conceptual definition)和操作化定义(operational definition)。概念化定义指的是用来描述变量的术语,是研究者对精确描述他/她所想要研究的对象的概念陈述。由于每个人头脑中的印象并不能直接用来交流,因此人们借用一种"标签"来交流彼此观察到的事物和代表事物的"观念",这种标签使人们可以相互交流,且使人们可就标签的含义达成共识,这一达成共识的过程被称为(广义的)"概念化",概念化过程可以促使研究者缜密思考其研究的性质。概念化定义对整个研究过程至关重要,因为它是研究者对其所要研究的内容或对象的明确说明。构建概念化定义实际上是迫使研究者对其研究的性质进行理论性思考。而每一个概念化定义则是对该变量的后续测量也即操作化的指南。

变量的操作化必须与概念化定义匹配,这种匹配一致性就是内在效度(详见第6章)。比如对于性角色(sex roles)这个概念,有研究者在对香港的儿童卡通片进行分析时提出了这样一个概念化定义:"一个既定社会认为对于一种性别的成员来说比另一种性别更为合适的行为或活动的集合。"[1] 该定义中的"集合"(collection)暗示了多项指标而不是一个综合的感知测量,"行为或活动"则要求测量显性特征而非内在状态。与之相对应的是,研究者对此概念化变量的操作化包括

---

1 Chu, D., & McIntyre, B. T. (1995). Sex role stereotypes on children's TV in Asia: A content analysis of gender role portrayals in children's cartoons in Hong Kong. *Communicaton Research Reports*, *12*, 206-219.

了 39 项不同的测量,每一项都与概念化定义相吻合,分别有一项职业角色的测量、17 项不同个性特质的测量(如粗犷、顺从)、七项外部特征(如头发长短、着装)、11 项活动爱好和技能(如体育)和三种社会和家庭权力角色(如最后决定者)。

理论上来说,对于任何一个变量,都应该首先进行概念化;但在实际上,如果该变量的含义本身比较明了,而当前的研究并未在概念的内涵层面上突破此前的界定,很少引起歧义,则不需要专门进行概念化的界定工作,比如互联网接入、互联网使用、电视新闻接触频率等这样一些概念。

表 5.1　内容分析研究中变量操作化定义的研究示例

变　量	操作化定义
作为文化维度之一的权力距离(power distance)在网页上的体现	1)权力距离高分值特征包括:页面设计对称、网站内部结构层级复杂深层、注重官方标志或国徽等、领导者图像、纪念性建筑物等; 2)权力距离低分值特征包括:页面设计不对称、网站内部结构层级浅显、学生照片而不是教师照片、公共领域的图像、日常活动的图像等 1
网站表面可信度(face credibility)	包含几个方面:内容(信息来源是否明确、内容是否平衡等),作者身份(有无作者姓名、是否表明网站所有者、附属机构、赞助单位等),联系方式和法律问题(有无免责声明和版权说明等) 2
新闻出版自由(press freedom)	使用自由之家(Freedom House)这一组织的年度评估方式将新闻出版自由分为从 1 至 100 来度量 3
科技新闻报道深度和广度	深度的操作化定义是报道中包含对科学概念的理论解释,而且这种理论解释是可以有较为广泛的而不仅仅是最直接的应用;广度则被操作化为在报道中多方面提及作为科学突破结果的新行为、行动或选择 4
焦点情绪(focal emotion)	(在分析家庭系列电视剧中情绪描写时)被定义为在那一场景中出现时的最主要的情绪,依据面部表情、语调、姿态、动作和引发的情况来判定(使用了前人内容分析研究的定义)

1　见:Callahan, E. (2006). Cultural similarities and differences in the design of university web sites. *Journal of Computer-Mediated Communication*, *11*, 239-273.

2　见:O'Grady, L. (2006). Future directions for depicting credibility in health care web sites. *International Journal of Medical Informatics*, *75*, 58-65.

3　见:Zhou, X. (2008). Cultural dimensions and framing the Internet in China: A cross-cultural study of newspapers' coverage in Hong Kong, Singapore, the US and the UK. *International Communication Gazette*, *70*(2), 117-136. 另见附录二。

4　见:Ramsey, S. (1999). A benchmark study of elaboration and sourcing in science stories for eight American newspapers. *Journalism & Mass Communication Quarterly*, *76*(1), 87-98.

概念定义的另一面向是操作化定义,指的是将概念和命题转换成可以进行经验观察的指标的过程,也即用可感知、可度量的事物对抽象的概念化定义作出界定、说明和衡量的过程,或者用调查指标来反映抽象概念的方法,是"实际、具体的测量技巧的建构"。[1] 可以说,操作化定义是具体描述我们观察或测量一个概念/变量的程序,研究者需要清楚地说明所要观察的是什么,被考察的对象如何被测量,数据如何一步一步地搜集(表5.1列举了一些操作化定义的研究实例)。操作化是科学研究中不可或缺的,其逻辑在于,研究依赖于观察,若对所要观察的对象没有清晰的界定,观察将无从进行。具体到内容分析而言,操作化也即意味着一份编码方案(coding scheme)的建构(详见本章下面小节)。

任何变量的操作化定义都应该包含它本身内在的特征,使操作化定义与被研究概念的概念化定义相匹配,这一点非常重要。此外,这些特征应该同时具有互斥性及周延性。例如,一份报纸的社论不应该同时被描述为自由派的与保守派的,尽管编码者可能认为有一些内容成分是介于两者之间。或者,研究者可以从层级上来区别报社社论的这种属性,用代表不同层级的数字来进行编码:1 = 非常自由派,2 = 适度自由派,3 = 适度保守派,等等。

5.1.3 变量的测量层次

为了理解变量并对其作出相应的正确的统计分析,区分变量的测量层次(the level of measurement)是非常重要的。各变量测量层次不同,数据所代表的含义也是有所不同的。例如,数字1可能是代表"电视暴力动作持续1秒钟",也可能是代表"男性"(相对于数字2代表"女性"),或者也可能是代表"在所属类目中被排在第一级(如对某位政治人物非常有利的报道)。为了帮助理解被区分的变量的不同,传统上将变量按照测量的层级或尺度由低级到高级、由粗略到精确划分为定类、定序、定距和定比等四个测量层级的变量(几种变量的识别参见附录三的编码本及其脚注说明),以描述变量赋值下的观察对象的种类。不同的测量尺度在很大程度上决定了用于组织、呈现和分析数据的技巧(详见第7章)。

5.1.3.1 定类变量

定类变量(nominal variable,亦称名义变量、类目变量、分类变量等)是最基本的变量测量类型,它具有这样一种品质标志,即按照它可对研究客体进行平行的分类或分组,使同类同质,异类异质。例如,按照性别将人口分为男、女两类;美国

---

1 Babbie, E. (1995). *The practice of social research* (7th ed.). Belmont, CA: Wadsworth. p. 5.

党派分为民主党和共和党；中国的报纸按地区级别分为国家级报纸、省级报纸、地市级报纸等。这里的"性别"、"党派"和"报纸类别"等就是定类变量。其中，只有两个变量赋值的，如"性别"，我们称之为二元变量（dichotomous variables，或二分变量）。定类变量是最粗略、计量层次最低的测量尺度，利用它只可测度事物之间的类别属性的不同，而不能了解各类之间的其他差别，其变量赋值的数字仅表示不同类别。比如用 1 表示男，2 表示女；用 1 表示民主党，2 表示共和党；用 1 表示国家级报纸，2 表示省级报纸，3 表示地市级报纸，等等。被分配给每一类别的数值代表该类别的名称，而不是真正的数字，没有顺序和大小之分，更不能进行任何数学运算。这一级别的测量尺度是对事物做最基本的测度，是其他计量尺度的基础。在内容分析中，定类变量是最常见的测量层级，类目建构的主体多为定类变量，由此我们可以分辨出两个单位之间的不同，却无法以此判断谁大谁小。

由于定类变量其实是一种分类体系，因此必须注意所划分的类目既互相排斥，又互不交叉重叠。其数学特征主要是等于与不等于，属于或不属于。比如电视暴力研究中的节目类型、角色、暴力使用武器、施暴者性别、人物类型、暴力性质、施暴动机等，报刊新闻报道研究中的新闻报道类型、新闻事件类型等特征的测量，都是最常见的定类变量。

5.1.3.2 定序变量

对于定序变量（ordinal variable，亦称有序变量、序数变量、顺位变量等），不仅有像定类变量一样具有相互独立的类目，而且这些类目还能反映研究对象的高低、大小、先后、强弱等序列差异或等级差别，也就是说所观察的类目之间在属性上是有序的。不同的属性代表了变量的相对多寡程度，如政治保守态度、有关政策立场等。根据定序变量，我们除了可以说出两个人是否一样之外，还可以说其中一个比另一个更怎么样，比如更保守、更虔诚，等等。

例如，在考察"电视新闻报道对非洲裔美国人的不利程度"时，[1] 可以以具体陈述的方式，要求编码员就每篇报道样本在非常不利（strongly unfavorable）、不利、中立、有利和非常有利（strongly favorable）这五个等级选项中作出选择。因此，在定序测量中，可以知道哪种陈述得到更多的认同，传播内容（如新闻图片、新闻人物形象等）所体现出的态度倾向，或者哪一种参与者在研究中是最高的或者最受关注的，但是，尽管定序尺度对事物的计量要比定类尺度精确些，但它至多测量了类目之间的顺序，而未测量出类目之间的准确差值。不同层级之间的距离是不等的，因此，定序尺度的计量结果只能比较大小，不能进行加、减、乘、除等数学运算。

1　见：Rada, J. A. (2000). A new piece to the puzzle：Examining effects of television portrayals of African Americans. *Journal of Broadcasting & Electronic Media*, 44(4), 704-715.

你可以说这种数据的单位与单位之间是不同的,也可以说谁大谁小,但你无法明确地说,大多少,好多少。当然,在传播学研究的实际操作中,定序尺度的变量也往往计算均值,但这种均值的含义与真正数值意义上的均值是不同的,其大小和意义的解释取决于变量的每个赋值对应的具体所指。[1]

5.1.3.3　定距变量

定距变量(interval variable,亦称等距变量、区间变量、间隔变量等)是能测度事物类目或次序之间间距的数量标志,更具体点说,在定距变量测量中,可将事物区分为不同类目,对这些类目进行排序,并且能较准确地度量类目之间数量差距的一种计量尺度。以这种度量而获得的数值数据,你可以分辨出:两值之间是不同的;哪个值大;大多少,或差异有多大。定距变量的赋值可做加、减法运算,例如,一个地区的温度 20 ℃与另一个地区的 25 ℃相差 5 ℃,但不能做乘、除法运算,且无法说其中一个值要比另一个值大多少倍。比如温度,40 ℃要比 20 ℃高20 ℃,也可以说 40 ℃和 30 ℃之间的差距与 30 ℃和20 ℃之间的差距是相等的,但不能说 40 ℃是 20 ℃的两倍。而且,定距尺度没有绝对的零点。温度是零度,并不意味着没有温度,零下 30 ℃也不代表比没有热度低 30 ℃。摄氏和华氏的零度标准是随意定下的,温度这一测量没有绝对的零。再比如,一个 IQ 测验得零分的人不能被视为没有智力。

在内容分析中,这种定距数据不是很多见,而且往往依据研究所指的对象而定,需要小心鉴别。比如,在统计一份报纸所有报道样本中词语的数量时,零是没有意义,因为一份报纸的新闻报道必然是有一定数量的词语的,否则报纸是没法出版的。在这个意义上,词语数量是定距变量。可是,如果研究关注的是体现某新闻框架的关键词,那么零是有意义的,也即在该报纸的新闻报道中没有这种框架的呈现。此时,相关关键词数量是定比变量。

5.1.3.4　定比变量

定比变量(ratio variable,亦称为比率变量)的计量结果也表示为数值,跟定距变量属同一层次,有时对两者可不作区分。定比变量这种数量标志不仅能测度各类目的大小和多少,还有一个绝对零点(absolute zero)作为起点。这个绝对零点是它跟定距尺度的明显差别,就是说,定距尺度中没有绝对零点,即使其计量值为"0",这个"0"也是有客观内容的数值,即"0"水平,而不表示"没有"或"不存

---

[1] 比如,如果非常不利的赋值是 1,非常有利的赋值是 5,那么均值 1.45,则意味着报道总体倾向于不利;而如果变量赋值对调过来,则同样是均值 1.45,其含义却是报道总体倾向于有利。

在"。例如,某个学生传播学概论的考试成绩为"0"分,这个"0"分是他的这门课的客观成绩,并不表示他没有考试成绩或没有任何传播学知识;一个地区的温度为0℃,这表示一种温度的水平,并不是说没有温度。而定比尺度中绝对零点的"0",表示"没有"或"不存在"。再比如,在分析电视节目时,以秒数来计算,如果反映某种内容属性的电视片段秒数为零,则表示这种内容属性在该电视节目中没有体现;如果一个人的收入为"0",就表示这个人没有收入;等等。现实中,大多数场合人们使用的都是定比测量。但在内容分析中,因其主要研究对象是内容实质,且运用物理区分来划分单位的情况较少,因此纯粹的内容分析是较少应对定比层次上的变量的,大多数情况是在内容分析与其他数据相结合时才会需要处理这种变量。

定比测量与上述三种计量层级相比还有一个特性,就是可以计算数值之间的比值。例如,一类人群(比如男性)可以得出一个人的收入是另一个的两倍。定比尺度可以做加、减、乘、除法运算。总之,定比变量的数值具有真正数字的属性,任何数学计算都是有意义的,不但可以加减,而且可以乘除。由定比测量的数值数据,你可以作出如下分辨:两值之间是不同的,哪个值大,大多少和大多少倍(其中一个是另一个的多少倍)。

5.1.3.5　变量层级的结构和转换

上述四种测量尺度对事物的测量层次是由低级到高级、由粗略到精确,逐步递进的(见图5.1)。高层次的测量尺度可以测量低层次测量尺度能够计量的事物,但不能反过来。显然,可以很容易地将高层次测量尺度的测量结果转化为低层次测量尺度的测量结果;将考试成绩的百分制转化为五等级分制就是一例,又比如将自然年龄(定比变量)按照一定的间距分成不同的年龄组(定类或定序变量)。尽管自然"年龄"是个定比变量,我们仍可以按如下方式对其进行测量层级上的转换:1＝20岁以下,2＝20—30岁,3＝31—40岁,4＝41—50岁,5＝51—60岁,

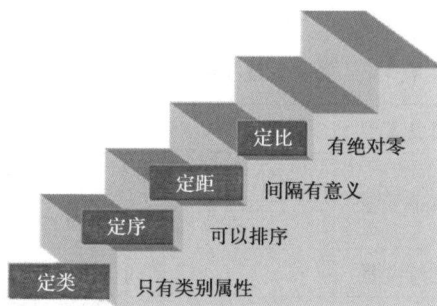

图5.1　变量的四个测量层级

6＝60 岁以上。这种分类结构将 20 岁以下和 60 岁以上的人分别划为一组,并将 20—60 岁的以十年为间距划分成四组,是有某种依据的。如何定义"年龄"将直接决定这个分类结构。经过如此转换后,定比变量就成为了定序变量,也即按照从年轻到年老的顺序分组排序。但如果以"少年"、"青年"、"中年"和"老年"划分,变量"年龄"也就成了定类变量。定距和定比变量可以很容易地转换成定类或定序变量,但定类和定序变量却无法反转成定距或定比变量。

传播学研究中还常用到离散变量(discrete variable)和连续变量(continuous variable)这样的变量类型区分(见表 5.2)。离散变量只包含有限的一系列值,不能分成子部分。如,电视节目中一个家庭成员的数量。离散变量的一种特殊情况是上面提到的二元变量。与离散变量相对应的是,连续变量的赋值可以是任何值(包含分数),可以被分成有意义的子部分,如新闻报道所占版面的尺寸大小、电视暴力镜头持续时间等,尺寸和时间在理论上是可以无限切分下去的。在处理连续变量时,我们需要记住变量和变量测量的区别。比如,在测量电视暴力的血腥程度时,假定有七个可能的分数:0、1、2、3、4、5 和 6,但是,完全有可能的是,变量潜在的计数却是连续性的,尽管测量层次是离散的。事实上,传播学研究中大多数测量都基本上是连续变量的离散型近似测量。也正因为如此,传播学研究通常将测量态度或评价的类似于"非常不同意"到"非常同意","非常负面"到"非常积极"的李克特五点(或七点)制量表当作连续变量和定距尺度来处理。但这一点是受到严格的统计学家的挑战的。

表 5.2 总结了传播学研究中离散变量和连续变量所对应的测量层次,我们不能说它在统计学意义上是绝对的正确,而只能说它反映了传播学研究的常规做法。一般来讲,定类尺度总是离散变量,定序尺度通常是离散变量,但其背后却可能隐含着连续性测量维度。定距或定比尺度,多为连续变量,但也可能是离散变量,如每户订阅的杂志数或报纸数,可以相互比较大小,也可以计算倍数,但其种类的数和数之间无法无限切分,两份杂志就是两份,不可能像阅读杂志的时间那样不断切分下去。总之,了解变量的性质及其测量层级,其根本目的在于研究者在研究设计时就能够做到心中有数,并能在后期数据分析时正确运用各种统计方法,从而有助于保证研究结果的正确性和可靠性。

表 5.2　离散变量和连续变量的层级结构

测量层次	变量类型	示　例
定类	离散变量	种族(白人＝1,黑人＝2);性别(男＝1,女＝2)
定序		非常消极的(1)到非常积极的(5)
定距	连续变量	新闻报道版面尺寸
	离散变量	报道文章字数
定比	连续变量	年龄;电视收看时间
	离散变量	每户订阅的杂志数

5.1.4 关键变量的识别

对于一项内容分析来说,无论其研究目的是什么,也无论其是否以理论为分析基础,都应该是一个谨慎考虑的过程,其中需要考虑的是选择内容的哪一方面(也即哪些变量)作为研究对象。在选择内容分析变量的过程中,一个有用的途径是,思考哪些变量是关键性的,以及这些变量的关键性特征,也就是对全面理解某种特定媒介所承载的信息而言至关重要的那些变量。识别和拣选出这种变量及其关键性特征既不容易,但也极具创造性。

研究者也许会因为缺乏对一整套信息变量的所有形式和内容的区分,或者由于没有抓住与研究要旨直接相关的关键变量,而产生误导性结果,无法解释生活中的现象。例如20世纪80年代,媒介批评界对音乐视频中的女性形象再现提出质疑,批评者凭直观感受就认为 MTV 视频过多地将女性表现为攻击性行为的受害者,这种质疑与社会上普遍流行的看法相吻合。但是,两位女学者卡里斯和纽恩多夫却以一项内容分析研究颠覆了普通大众甚至许多媒介批评家的一般看法,[1] 她们在对随机样本的研究基础上得出了与过往研究和社会流行看法相反的结论。她们的研究引入了摄像机镜头的聚焦或视距(长镜头、中镜头、近距和特写)和镜头长短等一些她们认为对于研究快节奏媒介而言至关重要的变量,而且她们对这些关键变量在镜头开始和结束部分都分别进行了测量。由于这些变量的引入,加之细微的测量,她们发现,之所以人们普遍有女性被描绘为受害者形象这样一种印象,其实是因为音乐视频中在将女性展现为攻击性行为的接受者时,不但镜头持续时间长,而且较之于男性而言更多地使用近距或超近距镜头,以致使观众印象更为深刻,留下持久的记忆。而实际上,这些视频中女性其实更多的是攻击性行为的实施者,而非接受者。可见,如果研究者没有将两个关键性的视频特征变量引入到研究中,是不可能发现这种社会上普遍流行的误解的,而且也无法揭示出镜头特征在形象传播效果方面所起到的作用。

因此,内容分析者在思考建构研究问题和研究整体框架时,就应该同时考虑需要识别出哪些关键变量,以及如何甄别的问题。根据纽恩多夫对国际学界近几十年的内容分析研究总结,实践者们主要采用了四种技巧或路径来选择变量:①采用普适性变量;②利用理论和前人研究搜集汇总变量;③经由扎根或"浮现"过程

1　见:Kalis, P., & Neuendorf, K. A. (1987). Aggressive cue prominence and gender participation in MTV. *Journalism Quarterly*, 66, 148-154, 229.

来实现变量的识别;以及④发现反映介质特殊性的关键变量。[1]

5.1.4.1 采用普适性变量

有些变量是可以运用于所有媒介信息单位并广为研究者使用的,这种变量在很大程度上是没有内容具体性的,也无需针对某种媒介的既定特征,具有普遍性的适用范围,因此我们可以称之为普适性变量(universal variables)。

以文本可读性著称的语义学家查尔斯·奥斯古德等人是最早尝试揭示“意义”的普适维度的一批学者。他们在其代表著《语义测量》一书中将语义意义(也即个体的人如何区分概念)划分为三个主要维度,即评价、能力和活动。[2] 它们被广泛认为是语义学上的经典分类,已成为无数的社会科学和行为科学研究的基础。[3] 这种语义维度也为内容分析者提供了分解意义概念维度的一种通用参照。

与此类似的是,劳伦斯·马克斯的研究一直在试图寻找相关证据,[4] 以求证人类感官(听觉、视觉、味觉、嗅觉和触觉等)感知事物的统一方式。最后他发现,人类所有的这些经验都有着相同的维度,无论是用何种感官,也无论感知到什么刺激物,人们都会以“类似的感觉属性”去感知这些刺激物。这些属性包括:①范围(extension):一种知觉的显而易见的空间量度(比如在内容分析中可以是一部电影中一个镜头持续的时间,或者一篇新闻报道所占的版面大小,等等);②强度(intensity):一种知觉的显而易见的强度(比如照相镜头有多近);③亮度(brightness):一种知觉的显而易见的刺激度(比如镜头的黑暗对比度或者颜色的明亮度等);④品质(quality):涵盖了属性的方方面面,是由几个世纪前的哲学家提出的术语,马克斯认为它是感官的**普遍**特征(如镜头中的场景或背景)。

这种属性维度与奥斯古德的语义维度一样都不具有内容载体的针对性和特殊性,因此在很多时候可以通用于各种内容的测量。如果一项研究并不十分关注于某个文本的具体内容的话,可以考虑借用这样一些普适性变量,特别是在试图进行跨媒介、跨传播主体或跨文化比较研究时,可以以此为基本框架,然后再对比实质性内容。

---

1 以下小节四个方面的内容总结和实例引用主要参照:Neuendorf, K. A. (2002). *The content analysis guidebook*. Thousand Oaks, CA: Sage. pp. 95-106.

2 详见:Osgood, C. E., Suci, G. J., & Tannenbaum, P. H. (1957). *The measurement of meaning*. Urbana: University of Illinois Press.

3 奥斯古德的语义差异量表,也即利用配对概念来测量评价(如“好”与“坏”)、能力(如“强”与“弱”)和活动(如“积极”与“消极”),已成为实验和问卷调查研究的一种标准测量形式。

4 详见:Marks, L. E. (1978). *The unity of the senses: Interrelations among the modalities*. New York: Peter Lang. 转引自:Neuendorf, K. A. (2002). *The content analysis guidebook*. Thousand Oaks, CA: Sage. pp. 97-98.

5.1.4.2 利用理论和前人研究

本书第 2 章已详尽阐述了理论和前人研究在内容分析研究设计中所起到的重要作用,同样,在探索和辨识关键变量这一操作环节上,理论和前人研究亦对内容分析者具有不可低估的启发和指导意义。总的来说,其利用价值主要体现在三个方面:①提供不同类型的信息效果的预测(如提供研究的基本原理,但通常不提供仅通过内容分析就可以测试的假设),②提供对信息来源的推测,以及③提供在一个内容分析中变量与变量间关系的预测。[1]

在第一种路径中,研究者将信息效应的证据与内容分析的发现联系起来。此时,理论提供了对这种效果的预测(这种预测可能与研究结果一致,也可能不一致)。例如,在心理学和行为学领域,之前有不少研究认为由一个刺激因素造成的一般唤醒可能会影响个体对另一刺激因素的反应。[2] 对兴奋转移理论的测试也支持了如下观点,[3] 即一般生理唤醒会影响一个人后续发生攻击性行为的可能性。沿续着这样的脉络,研究进一步发现电视节奏(如镜头剪辑速度)会全面引起观众的生理唤醒,这反过来又加强了其随着快速节奏而产生的对暴力内容的反应。鉴于以往类似的研究,将影片速率这一变量纳入到电视暴力内容分析中进行测量,可以为研究观众对电视暴力节目的反应提供部分预测。

第二种路径的着眼点是信息源特征和信息属性之间的关系。例如丁迪亚试图通过考察性主体及其性伙伴在交往中的打断来质疑一系列前人的研究,[4] 这些研究表明男性更多地打断女性,而女性则比男性更多地被打断。丁迪亚对具体变量及其精密测量方法的选择,都是建立在对人际互动理论最新文献的梳理基础之上,重点考察性别特征与男女各方在交往中各自信息的属性和打断对方的方式之间的关系。从实践意义上看,利用前人研究中已有的测量方法通常是很有用的。

---

1 Neuendorf, K. A. (2002). *The content analysis guidebook*. Thousand Oaks, CA: Sage. pp. 99-102.

2 研究实例如:1)Berkowitz, L. (1964). Aggressive cues in aggressive behavior and hostility catharsis. *Psychological Review*, *71*(2), 104-122;2)Berkowitz, L., & LePage, A. (1967). Weapons as aggression-eliciting stimuli. *Journal of Personality and Social Psychology*, *7*(2), 202-207.

3 研究实例如:1)Gardstrom, S. C. (1999). Music exposure and criminal behavior: Perceptions of juvenile offenders. *Journal of Music Therapy*, *36*(3), 207-221;2)Zillmann, D., Johnson, R. C., & Day, K. D. (2000). Attribution of apparent arousal and proficiency of recovery from sympathetic activation affecting excitation transfer to aggressive behavior. In E. T. Higgins & A. W. Kruglanski (Eds.), *Motivational science: Social and personality perspectives*, pp. 416-424. Philadelphia: Psychology Press/Taylor & Francis.

4 见:Dindia, K. (1987). The effects of sex of subject and sex of partner on interruptions. *Human Communication Research*, *13*, 345-371.

比如前人已积累了不少"标准"词库(dictionary),可用来进行文本分析,这种使用的好处是可以生成直接用以比较的数值,比如词频比较,这对于跨文化、跨媒介或跨时间的比较而言是特别需要的。例如欧尔特等人将编码方案运用于关于人性这一概念的访谈中,[1]访谈在德国、中国、斯洛文尼亚和克罗地亚等四个国家进行,将同样的编码方案和词库运用于不同国家的访谈对象的分析中,考察不同信息源特征与信息属性的关系,从而使跨文化比较更为彻底。

第三种利用理论和前人研究的方式是为只需内容分析即可回答或检验的研究问题和研究假设提供基础。例如罗杰斯和法拉斯从关系沟通理论的构念中发展出了对人们在面对面互动中的对称性、短暂性和互补性的测量方法。[2] 他们的概念基础还包括了其他学者的一系列相关研究。[3] 在应用中,其编码方案使他们得以研究单个发言者的行为、发言者之间的互动以及传播过程中的系统性方面。

有时,研究者可能会试着"转化"来自其他调查或实验的变量,使之符合内容分析的情境。例如,史密斯试图将之前被广泛应用于测量外向性和神经性的性状特征的题项和类目应用于故事片人物。[4] 这种从主观的自我报告式的测量转为客观的内容分析式的评估是相当不容易的,结果编码信度总体上偏低,编码员很难在电影人物在"社交"或"紧张"程度上达成一致。但也有一些转化却十分成功。比如科尔特把人际启动策略应用到报纸中个人广告的研究,获得了很高的信度,并发现了面对面初识和印刷品初遇的惊人相似性。[5]

如同问卷调查研究者有时会利用质化研究技巧如焦点小组或深度访谈来形成其问卷编制一样,内容分析研究者也会使用来自文化或批判学者的深度的、通常是冥想的和敏锐的观察。采取这种路径的量化研究者通常见于对电影内容的分析。沙龙蒙曾指出,"电影可能是被最彻底地分析了的技术媒介之一",大量的"哲

1　见:Oerter, R., Oerter, R., Agostiani, H., Kim, H.-O., & Wibowo, S. (1996). The concept of human nature in East Asia: Etic and emic characteristics. *Culture and Psychology*, 2, 9-51.

2　见:Rogers, L. E., & Farace, R. V. (1975). Analysis of relational communication in dyads: New measurement procedures. *Human Communication Research*, 1, 222-239.

3　研究案例如:Watzlawick, P., Beavin, J. H., & Jackson, D. D. (1967). *Pragmatics of human communication: A study of interactional patterns, pathologies, and paradoxes*. New York: Norton.

4　见:Smith, A. M. (1999). *Girls on film: Analysis of women's images in contemporary American and "Golden Age" Hollywood films*. Unpubished master's thesis, Cleveland State University, Cleveland, OH. 转引自:Neuendorf, K. A. (2002). *The content analysis guidebook*. Thousand Oaks, CA: Sage. pp. 97-98.

5　见:Kolt, J. (1996). *Relationship initiation strategies: Interpersonal communication in personal advertisements*. Unpublished master's thesis. Cleveland State University, Cleveland, OH. 转引自:Neuendorf, K. A. (2002). *The content analysis guidebook*. Thousand Oaks, CA: Sage. pp. 97-98.

学的、语义的、历史的和心理的分析"都基于这一媒介的内容而进行。[1] 对电影的量化内容分析在西方传播学界颇为多见,研究者从对电影的批判和质化研究的丰富历史中吸取了营养。例如,史密斯在她对 20 世纪 30、40 和 90 年代票房最高的美国电影的两性角色刻画的研究中,[2] 大量依赖于有关女性电影的批判研究文献,其研究虽然支持了一些文化批判研究者对电影内容的既定看法,但也有许多结论却是相反,说明作为对既定批判的再研究的量化内容分析并不是多余的。

5.1.4.3 "扎根"与"浮现"

有时,鉴于既有理论或前人研究相对缺乏,无法引导研究者抓取相关内容信息的关键变量及其概念维度,内容分析者需要采取实践的路径,"入乡随俗",也就是研究者可能需要将自己浸入内容信息的世界里,也即深深扎根于信息内容之中,并对研究内容中具有代表性的子集进行质性考察。比如说,如果一个研究者想要对肥皂剧的关系发展进行内容分析,那么他/她必须成为或者至少暂时成为一个肥皂剧迷。如果要研究单口相声的非语言风格,研究者必须成为相声的名义上的鉴赏家。也就是说,研究者不但要熟悉了解其研究对象,而且需要通读并读透所要分析的文本。[3] 通过这一方法,对研究至关重要的变量便会从信息内容中浮现出来。

如果无法识别那些被一般信息接受者认为是很重要的关键变量,也无法发展出对变量在其语境中的全面理解的话,就有可能导致琐碎的甚至是尴尬的结果。例如,曾有一位研究者在一次学术会议报告中展示其研究发现,说是其研究样本中所有的美国电视商业广告都没有烈酒广告。但实际情况是,当时的美国国家广播电视协会规则禁止播出这样的广告,而这是只要熟知美国广电产业的人都会知道的。[4] 因此,内容分析者在进行媒介内容分析时,需要熟悉和具备媒介内容研究的专业标准和指导方针。为了防止过失甚至更严重的问题,在编码方案定稿前,研究者最好邀请业界专业人士来评价一下其研究工作。而这些专家的贡献对研究会有所帮助。同时我们也不能忘记一线人员,比如一项对受虐女性的研究,运用了访谈方法并对其进行内容分析,那么相对于管理者的意见而言,该研究从受虐的女性被访者中的获益可能会大得多。

1　Salomon, G. (1987). *Interaction of media, cognition, and learning*. San Francisco: Jossey-Bass. p. 51.

2　见:Smith, A. M. (1999). *Girls on film: Analysis of women's images in contemporary American and "Golden Age" Hollywood films*. Unpubished master's thesis, Cleveland State University, Cleveland, OH.

3　这种扎根路径的具体操作参见本书第 8 章。

4　Neuendorf, K. A. (2002). *The content analysis guidebook*. Thousand Oaks, CA: Sage. p. 103.

然而,以此种方式来定义浮现式变量(emerging variable)存在着潜在的问题,即研究者可能无法看到信息变化的全部方面。例如,假如你阅读日报的每一则新闻,你是否能将它们变化的无数方面一一予以定义? 在实际操作过程中,有可能甚至连简单的变化都很难被捡选出来。

5.1.4.4 发现针对媒介特殊性的变量

许多内容分析考察的是某种媒介承载的信息,因此有很多的努力是试图描绘那些区分每种传播媒介的关键变量。在识别具体媒介的哪些关键变量适合于其内容分析研究的时候,有两个主要问题需要考虑:①所关涉的信息媒介的性质怎样? ②对于所要研究的在此种媒介内所发现的信息而言,什么变量是特殊的或者是相关的?[1] 因此首先是定义一种媒介的问题,这看上去是个简单任务,实则不然。比如电视,就不存在标准定义。试着分条列举电视之所以成为电视的特征,这很难做到,而且没有两个人的列表会完全一样。麦克卢汉有关媒介的经典话语,如"媒介是人的延伸","媒介即信息",尽管相当具有思想启发性,但这样的定义并未成为一种标准,特别是对于媒介内容分析而言。

另有一些学者试着为已有的或设想中的媒介技术进行了实体分类。比如鲁迪·布里兹的分类方案将媒介分为七类:①音频—动态—视觉,②音频—静态—视觉,③音频—半动态,④动态—视觉,⑤静态—视觉,⑥音频,以及⑦印刷。他给出了一个电讯媒介对录音媒介的附加维度。[2] 另外,他坚持还有两个用来区分媒介的标准:①是否结合使用多种信息展现方式(声音、图像、线条、图表、印刷、动作),以及②是否基于不同硬件。在此基础上,赫克特又发展出了对52种"设想的媒介系统"的定义,通过对它们的功能属性进行经验描述。[3] 纽恩多夫等人则用多维定标的方法获取了调查对象对15种媒介类型和10种感官概念的看法,发现了三个主要维度:①中介程度,②印刷与非印刷,以及③个人的或主观的与非个人的和客观的。[4] 这些变量和类目建构在进行跨媒介比较分析时,至少可以从一般意义上给研究者提供一种整体比较的框架,以对比不同媒介之间一般性的内容差异。

1　Neuendorf, K. A. (2002). *The content analysis guidebook*. Thousand Oaks, CA: Sage. p. 105.

2　Bretz, R. (1971). *A taxonomy of communication media*. Englewood Cliffs, NJ: Educational Technology. 转引自:Neuendorf, K. A. (2002). *The content analysis guidebook*. Thousand Oaks, CA: Sage. p. 105.

3　Hecter, C. J. (1986). *Perspectives for the development of research on media systems*. Unpublished Ph. D. dissertation, Michigan State University, East Lansing, MI.

4　Neuendorf, K. A., Brentar, J. E., & Porco, J. (1990). Media technology hardware and human sensory channels: Cognitive structures in multidimentional space. *Communication Research Reports*, 7, 100-106.

　　但在涉及具体内容的具体分析时，一个更为重要并更具有指导性意义的考察方面是，一个特定媒介是否具有独特的特征，使之对于某一内容分析格外重要。总体上来讲，媒介的诸多变量并不具有仅是该媒介所独有的特征，比如说，与图像设计有关的变量（字体大小及颜色、使用的照片、照片主题等）同样也适用于杂志、报纸、电视、电影和网站；与听觉强度有关的变量（对音乐的使用、响度、音乐的密度和速度、演讲的副语言方面等）同样也可以被运用到诸如演讲的音频录制、CD、广播、电视，以及电影等方面的内容分析研究中。这样的变量可以说都是一般性媒介变量。

　　那么，到底如何寻找和拣选出适用于特定媒介的关键变量呢？对于特定媒介的信息内容研究而言，可能会同时有形式变量和内容变量与之特别相关。至少是在形式变量而非内容变量方面，前人研究已经为我们提供了大量的可供借鉴的重要变量，因此对过往研究的文献回顾和梳理或许会卓有功效。但另一方面，在缺乏值得强烈认可的类目这种情况下，研究者在借鉴前人研究时应该重新评估与之媒介选择紧密相关的关键变量。

　　休斯顿和怀特在他们对儿童观看行为的研究中，[1]针对电视定义了"突显形式特征"（salient formal features），这些特征包括人物身体活动、快节奏、场景变化、视觉特效、大声的音乐、音效、特殊声音和非人类声音。两位研究者提供的不只是一份简单列表的变量分类，而是展示了这些形式特征的连续统一体，从"纯语法的"（结构内容流的特征）到"与理解内容整体相关的"（为心理表征、替代或诱发认知操作提供模型的特征，如放大图像以帮助观众理解的特写），并总结了电视的形式特征如何对内容的认知过程产生影响。龙巴德等人为这些电视形式特征加入了一些新变量。[2] 经他们完善的编码方案包含衔接、速度、摄影技术、物体或实体移动、文本和图像，以及特效等，其目标是实施一系列大规模内容分析，为当下和未来的电视生产规定提供基准。

　　在新媒体方面，一批对网站的质性特征和属性深感兴趣的学者提供了用来评估网站的相当广泛的变量集，所测量的变量大致归为四种类别，如功能性、可用

1　见：Huston, A. C. , & Wright, J. C. (1983). Children's processing of television: The informative functions of formal features. In J. Bryant & D. R. Anderson (Eds.), *Children's understanding of television: Research on attention and comprehension*, pp. 35-68. New York: Academic Press. p. 39. 转引自：Neuendorf, K. A. (2002). *The content analysis guidebook*. Thousand Oaks, CA: Sage. p. 106.

2　见：Lombard, M., Snyder-Duch, J., Bracken, C. C., Ditton, T. B., Kaynak, S., Linder-Radosh, J., & Pemrick, J. (1999, May). *Structural features of U. S. television: Primary results of a large scale content analysis*. Presentation to the Mass Communication Division of the International Communication Association, San Francisco, CA. 转引自：Neuendorf, K. A. (2002). *The content analysis guidebook*. Thousand Oaks, CA: Sage. p. 106.

性、效能和网站可靠性等。[1] 再比如,自万维网诞生以来就不断有学者对网站的交互性特质进行多重维度的解析,[2]并分析了网站的其他属性如持续性和永久性,[3]以及健康网站的可信度[4]等。虽然这些变量的分类方法和维度建构尚有待进一步探索完善,但也为后来者建构更具分析效度的概念维度和寻找核心变量奠定了基础。

5.2 传播内容的性质与变量的操作化实现

内容分析者所关心的传播内容有哪些不同的性质和形式呢?某个具体的研究项目是针对内容本身还是其结构形式展开分析?就内容而言,如何根据其不同的性质来构建指涉关键变量的类目体系并实现变量的操作化呢?研究者只有首先决定他们所要分析的内容的性质以及理论在其研究中的作用,才能充分应对内容分析设计和实施所带来的挑战。一旦作出这些决定,内容分析研究的核心工具编码表的设计和形成也就水到渠成了,而且编码者发挥何种作用也变得非常清晰明了。

5.2.1 内容的性质与变量的概念化和操作化

内容分析法在本质上是一种编码运作,编码蕴含着概念化和操作化逻辑。研究者必须在确定内容性质的基础上推敲概念框架,由此发展出与概念框架相关的类目体系和辨识的具体方法,即确定分析单位的归类标准。对于不同性质的内容而言,其归类标准和操作化的方式和难易程度会有很大的不同。

1　研究实例如:Olsina, L., Godoy, D., Lauente, G. J., & Rossi, G. (1999). *Specifying quality characteristics and attributes for websites*. Paper presented at the First ICSE Workshop on Web engineering.

2　研究实例如:1)Ha, L., & James, E. L. (1998). Interactivity reexamined:A baseline analysis of early business Web sites. *Journal of Broadcasting & Electronic Media*, *42*(4), 456-473; 2)Paul, M. J. (2001). Interactive disaster communication on the Internet:A content analysis of sixty-four disaster relief home pages. *Journalism & Mass Communication Quarterly*, *78*(4), 739-753;3)Rafaeli, S., & Sudweeks, F. (1997). Networked interactivity. *Journal of Computer Mediated Communication*, *2* (4), Available at http://www.207.201.161.120/jcmc/vol2/issue4/rafaeli. sudweeks. html.

3　研究实例如:Koehler, W. (1999). An analysis of Web page and Web site constancy and permanence. *Journal of American Society for Information Science*, *50*(2), 162-180.

4　研究案例如:O'Grady, L. (2006). Future directions for depicting credibility in health care web sites. *International Journal of Medical Informatics*, *75*, 58-65.

5.2.1.1 客观性与主观性内容变量

虽然传播内容多为作为主体的人所创制,在很大程度上具有主体性和主观性,但从分析者的角度来说,研究目标所指的内容有时是相对客观的,也即较少体现内容创建者的主观意识投射,因而在分析者对内容进行归类的过程中基本上是能够一眼辨识的,无需调动分析者的主观性理解和判断。比如在一项对美国社会运动网站的分析中,[1]研究者建构了与社会运动密切相关的六个互联网传播功能类目,分别为是否"提供信息"、"支持行动及动员"、"促进互动与对话"、"提供相关链接(制造横向链接关系)"、"用于创造性表达"和"促进募款及资源聚集"等。各传播功能类目下又分别列举出若干网页结构特征变量,如"提供信息"类目下包含"主流媒体批评"、"RSS服务"和"领导演讲及文章"等,"支持行动及动员"类目下包含"在线请愿"、"电子邮件运动"和"大事日程"等,"促进互动与对话"类目下则包含"在线讨论组织事务"、"在线投票及调查"和"参与式论坛"等。这些内容和结构特征在相关网站的页面上是客观存在的,因此分析者只要明白这些功能类目和结构特征变量的命名或标签所指,也即只要具备这方面的一般性知识,就能够将它们一眼辨识出来。

类似性质的内容变量还包括电视剧中家庭组成成员(有无小孩、种族、双亲或单亲家庭)、新闻报道或节目展现中所指涉的人物类型(军人、正规警察、公民、政府官员、外交官)和种族(美国黑人、白人、西班牙裔、亚裔及其他)、音乐主唱的性别、广告内容中的产品类型和模特视线姿态等,可以说,这些都是现实世界中的客观存在在传播内容中的直接再现,是不以分析者的意志而转移的。另外还有些内容的归类是根据长期以来在实践中形成、并得到广为认可的一套标准,比如新闻类别(通讯、特写、短讯、时事评论等)和流行音乐的类别(说唱、重金属、乡村、摇滚等),这样的类目区分虽然在某种程度上需要分析者一定的主观判断,但由于其判定标准已在相当程度上成为一种通例,因此在很大程度上也排除了分析者的主观意识。

可以说,以上所有内容都是客观性的,因为它们通常都在人们的常识性认知范围以内,判定标准具有很大的普遍性,而且体现这类内容的变量所指的概念涵义是大家都很明确的,一般不会产生歧义,在操作层面上容易与经验性的测量直接相对接,因此反映此类内容的变量一般不需要进行专门的概念化和操作化定义或编码说明,即使需要进一步明确界定,通常以示例法(详见本章下面小节)即可予以说明。由于其客观性,这些内容的编码往往较为容易达到较高的编码员间

1　见:Stein, L.(2009). Social movement web use in theory and practice: A content analysis of US movement websites. *New Media & Society*, *11*(5), 749-771.

信度。

与客观性内容不同,主观性内容在进行归类或定性判断时,则往往需要分析者的主观感知和理解,如图片基调(勇敢的、快乐的、轻松的、恐惧的、阴郁的、同情的等)和体现的态度(消极的或积极的),又或者对此类内容的判断隐含着某种文化价值理念,如杂志广告中模特的美丽类型,东西方女性杂志广告中的美丽形象大为不同,西方模特比亚洲模特更多地呈现"性感",或较多地使用"时髦"的形象,而亚洲模特则更多呈现"可爱/邻家女孩"的形象。[1] 分析者对于美丽的判断也会存在着主观上的差异,因此在对美丽类型的编码类目建构时需要进行明确的概念化和操作化界定。同样,对于网站内容的感知危害性,[2] 在判定危害级别时主要依赖于个体的主观判断。再比如在电影研究中,经常会运用基于意义区分的分析单位蒙太奇,对蒙太奇所涉及的内容的判定需要分析者在具备一般性知识的基础上同时具有较强的主观感知和理解,因为这样的内容通常在表达形式中隐含着某种意义模式。联想式蒙太奇就是一种"看似毫无联系的两张图像并置起来却可以创造第三种主题思想或概念"的意义模式,这种蒙太奇可以用比喻(比较)或讽刺(冲突)的形式对社会问题发表评论。[3] 例如,在比喻蒙太奇中,画面显示一个褪色和衰败的教堂,并紧接着出现一个垃圾场,意蕴着对社会道德败坏的描绘;在冲突蒙太奇中,富人从奔驰轿车里出来,跟着就是一个衣衫褴褛的人翻垃圾桶的场景,这可能是在描绘社会的不平等。

在实际研究中,分析者所关照的往往是客观性内容和主观性内容相互交织或相辅相成,共同构成类目体系的指向目标,少有研究仅针对其中一种类型的变量。比如一项有关战争图片报道的内容分析研究,[4] 其目标是检视美国媒体是否公正平衡地报道了科索沃战争,分析单位是新闻图片。对图片的分析,既包含了附属国家、领土位置、人物类型、有无关联图片等这样一些客观性内容变量,同时也指向了图片的一般主题(如苦难、毁灭、声称的暴行、人道主义援助、各种军事行动、军事后勤和军事装备维修工作、抗议、骚乱和集会、战俘、外交的以及其他的官方行动,等等)、图片基调和体现的态度等这样一些主观性判断较强的内容变量。通过对这样一些内容的呈现和各种内容之间相互关系的揭示,分析者说明了美国媒

1 见:Frith, K. T., Cheng, H., & Shaw, P. (2004). Race and beauty: A comparison of Asian and Western models in women's magazine advertisements. *Sex Roles*, *50*(1/2), 53-61.

2 见:Borzekowski, D. L. G., Schenk, S., Wilson, J. L., & Peebles, R. (2010). E-Ana and e-Mia: A content analysis of pro-eating disorder web sites. *American Journal of Public Health*, *100*(8), 1526-1534.

3 Tapper, J., Thorson, E., & Black, D. (1994). Variations in music videos as a function of their musical genre. *Journal of Broadcasting & Electronic Media*, *38*(1), 103-114.

4 见:Nikolaev, A. G. (2009). Images of war: Content analysis of the photo coverage of the war in Kosovo. *Critical Sociology*, *35*(1), 105-130.

体对塞尔维亚人的图片报道是否以及如何带有明显的偏见。

5.2.1.2 显性与隐性内容变量

内容分析一旦实质性地展开,它首先面对的是这样的内容,如某一特定的词语在书写文本中的出现,一部电影中一个角色的性别和种族,一个电视广告节目的播出电视网络、广告时长(20—30 秒或者 60 秒)、播出日期、播出前后节目、广告主和旁白(男的、女的或者没有),或者个人谈话中的某种行为(眨眼、挠头等)。这些内容在很多时候就是上文所说的客观性内容,同时也是本书第 1 章所讨论的显性内容。但客观性内容未必就是显性内容,有些客观性内容虽然并不以分析者主观意愿为转移,但也不一定就能一眼辨识出来,其内容的分类处理也许需要分析者对一组相关客观内容的表征符号进行整理,辨识其间的联系,才能判断处理。比如,电视新闻人物的着装这样的内容,单从衣服本身(如夹克、衬衣、围巾、裙子、裤子、毛衫等)来看,是一眼可见、一眼可识的客观性内容,同时也是显性内容,但是,如果要进一步判断人物的整体着装样式和风格(如正式套装、软式女性套装、礼服、便装,或者混搭),那么就需要内容的编码者对人物的每一件服饰的搭配组合方式进行整理,从这种搭配组合间所体现出的有规律性的联系识别出一定的模式,才能进行类别的划定。这其实是隐性内容的一种,也即模式内容(pattern content)。

本书第 1 章已指出,内容分析即使是量化的内容分析,也绝不仅仅限于对那些外在于表面的、容易观察得到的内容即显性内容进行分析。在学术性研究中,内容分析一般都会超越显性内容,进一步分析我们所说的隐性内容,也即将关注点转移至信息表面成分下的意义。[1] 虽然对隐性内容的评估及其分析的质量保证(如信度和效度问题)颇具挑战性,但对隐性内容的关注和分析是极具研究价值的,内容分析作为一种研究方法的生命活力的维系和影响力的拓展也恰恰在于此。如果我们仅仅局限于分析显性内容,内容分析研究的历代文献就不会显得那么有趣。所幸的是,内容分析文献中大量的是范围广泛的隐性内容研究,仅在《新闻与传播季刊》的 1995 年中就有多篇,如商业杂志特稿中消息源偏向,[2] 报纸新闻中总统候选人诚实正直的呈现,[3] 音乐视频中的政治信息,[4] 地方电视台新闻节

1 Babbie, E. (1992). *The practice of social research*. Belmont, CA: Wadsworth.

2 研究实例如:McShane, S. L. (1995). Occupational, gender, and geographic representation of information sources in U. S. and Canadian business magazines. *Journalism & Mass Communication Quarterly*, *72*, 190-204.

3 研究实例如:King, E. G. (1995). The flawed characters in the campaign: Prestige newspaper assessments of the 1992 presidential candidates' integrity and competence. *Journalism & Mass Communication Quarterly*, *72*, 84-97.

4 研究实例如:Tapper, J., Thorson, E., & Black, D. (1994). Variations in music videos as a function of their musical genre. *Journal of Broadcasting & Electronic Media*, *38*(1), 103-114.

目的新闻价值,[1]以及报纸新闻报道的质量[2]等。

隐性内容涵盖诸多领域。但大体上可以将其区分为两种类型,一种是关注内容本身的模式,也即上文提到的模式内容,另一种则更关注于编码者对内容意义的诠释,称为投射内容(projective content)。[3] 比如在约翰斯顿和怀特所做的政治广告内容分析中,[4]他们对参议员选举中女候选人的交际风格的测量中包含了三种类型的内容:有些是显性内容,如广告长度和男女旁白;有些是模式内容,如上文提到的着装样式;还有些则是投射内容,如候选人的修辞风格(劝告式、官僚式、情感式和知会式等)。就后两种类型的隐性内容而言,二者都依赖于内容线索和编码者图式(schema),区分的关键在于分析时的侧重点是在于内容本身还是编码者的主体判断。对于模式内容,内容分析设计者将内容置于优先,编码者通过对文本符号的整理并识别其间的联系,从中发现文本中内含的某种客观模式。相比之下,对于投射内容的分析,编码者的判断占据重要地位,其主导思想是,作为象征符号的内容成分是需要受众进入到他/她既有的心理图式从而对内容意义作出判断的。

对于不同类型的内容,其类目的界定和相应的编码规则会有所不同。对于着装样式这种模式内容,变量的类目界定非常明确,概念化和操作化定义都比较容易确定,类别间的区分界限也相对明显,因此编码规则会比用于修辞风格的规则更为具体、涵盖内容的边界性强,而属于投射内容变量的修辞风格的编码规则则更富有暗示性,除了需要研究者概念化定义的指南以及与之相应的操作化定义外,在相当程度上还依赖于编码者的经验区别各种风格。另一个说明例证是一项对 MTV 上性别刻板印象的分析,[5]分析者对 MTV 人物的魅力进行了五点制评级,从非常有吸引力到讨厌的/丑陋的。魅力显然是投射内容的一个例子,因为它非常依赖于编码者个人的主体意识图式。

在对模式内容和投射内容进行区分时,内容分析设计者所需要作出的决定主

1 研究实例如:Davie, W. R. , & Lee, J. -S. (1995). Sex, violence and consonance/differentiation: An analysis of local TV news values. *Journalism & Mass Communication Quarterly*, 72, 128-138.

2 研究实例如:Coulson, D. C. , & Hansen, A. (1995). The Louisville Courier-Journal's news content after purchase by Gannett. *Journalism & Mass Communication Quarterly*, 72, 205-215.

3 Potter, W. J. , & Levine-Donnerstein, D. (1999). Rethinking validity and reliability in content analysis. *Journal of Applied Communication Research*, 27, 258-284. p.261.

4 见:Johnston, A. , & White, A. B. (1994). Communication styles and female candidates: A study of the political advertising during the 1986 senate elections. *Journalism Quarterly*, 71(2), 321-329.

5 见:Signorielli, N. , McLeod, D. , & Healy, E. (1994). Gender stereotypes in MTV commercials: The beat goes on. *Journal of Broadcasting & Electronic Media*, 38, 91-101.

要与研究焦点以及主观诠释的允许程度相关。[1] 就前者而言,分析者需要衡量和把握在多大程度上他们愿意将内容分析的焦点从内容成分转移至内容接受者对内容的诠释。如果是着眼于电视节目中的暴力模式,内容分析设计者通常会持续聚焦在内容成分上,诸如暴力镜头(血腥程度、镜头远近、影响框架等)和暴力角色信息(是否为英雄、正面角色还是反面角色、施暴者类别)等,然后努力撰写出有关编码规则的长长的目录,目的是要划出清晰的界限,将所有可能的暴力内容形式从那些不被认作暴力内容形式中区别出来,并通过识别各种成分内在组合而构成的模式来判断暴力层级和影响程度。结果,这样拟定出来的规则通常非常复杂。如果这样的研究仅用于告知读者相关理论,并且阅读对象只是接受过复杂的编码和分析技术培训的学者,那么将这种内容处理为隐性模式不成问题。但是,如果将一般公众作为其研究发现的主体接收者,这就会带来理解上的问题,因为即使研究者将编码规则的所有复杂性都事无巨细地表达出来,内容接收者自己的判定也并非一定与编码决定一样。

模式内容和投射内容的区分还在于研究者在多大程度上允许将主观诠释引入到分析中。有时候,内容分析研究者可能会在设计时达到这样一个临界点,他/她会意识到,即便是一个长长的细节化的编码规则说明,也无法充分指引编码者迎接编码时所有的挑战。此时需要作出决定的是,到底是需要继续发展出更为广泛的规则呢,还是转而依赖于编码者既有的图式来完成编码工作?前者会引导分析者深入到更为微观和细化的层面,致使编码更为复杂,以致降低了分析的生态效度(ecological validity);[2] 而后者的选择则多半是在对所谓的原初概念(primitive concept)进行编码时特别有用,这些概念是大多数人都理解并共享一个相同的意义的。

总之,三种内容类型的关键区分在于编码时作为类目判定根据的意义的定位(见表5.3。)[3] 如果意义是包含在内容的一个离散性成分中,也即该成分与其他成分无意义关联,那么这种内容是显性的,也就是说,类目划分的判定直接以该内容成分即可确定,该成分的辨识与划类由其自身即可判定,是显而易见的,无须以其他内容为参照。这种显性内容的界定和识别,无须以任何理论或概念为指导,编码员在编码时直接记录即可。如果意义的定位虽在某内容中,却需要通过编码者辨识由成分之间的相互关联而显现的一种模式,来推断完成其类目的判定,那么这属于隐性内容中的模式内容。对于模式内容,理论可以提供一种化简编码方案的基础,也即可以基于理论对内容成分之间的关系的预先阐述来构建类目系统。

---

1 Potter, W. J., & Levine-Donnerstein, D. (1999). Rethinking validity and reliability in content analysis. *Journal of Applied Communication Research*, 27, 258-284. p. 261.

2 详见第6章有关外在效度的详细论述。

3 Potter, W. J., & Levine-Donnerstein, D. (1999). Rethinking validity and reliability in content analysis. *Journal of Applied Communication Research*, 27, 258-284. p. 261.

因此,在研究实践中对模式内容的编码以演绎式的居多,归纳式编码通常是辅助手段。[1] 如果在编码时意义的定位被认为是主要依赖于人们由内容线索而构建判断的方式,那么编码所面对的内容则是另一种隐性内容,也即投射内容。在实际分析中,这种内容的类目建构往往是以一种诠释力也许较为薄弱的理论开始,由理论演绎出不是那么能够概括内容的初始编码规则,然后在对初始编码结果的反思归纳中再提炼出具有较强诠释力的理论。也就是说,这种内容的编码在很大程度上有赖于浮现式编码(参见上文并详见第 6 章),即在文本中不断归纳提炼出新的类目,由此产生新的变量。这是一种带有质化研究特征的过程。由文本自身而非理论预设产生编码方案,至少是二者相结合,能使研究者更加聚焦于并更好地指涉文本接受者的编码图式和诠释图式,从而更加贴近内容隐含的意义。

表 5.3　三种内容类型的比较和对照

	内容类型		
	显性内容	隐性内容	
		模式内容	投射内容
意义定位	离散性的内容特征	内容特征的模式	靠线索指向接受者的诠释图式
理论作用	无关	理论是化简编码图式的基础	从基于弱理论的编码演绎,由结果归纳到较强的理论
编码员任务	书记记录	识别模式	建构诠释
效度 1)编码图式 2)标准	准确; 基于定义的二元规则; 客观准则	准确; 以指向识别模式的要素而制定规则; 由专家设定的准则	强规范的创制; 以指向个人图式所隐含的识别模式的要素而制定规则; 由编码员设定的主体间准则
信度 1)信度威胁 2)信度和效度的关系	与标准一致; 编码员疲劳; 信度为先;	与标准一致; 规则运用的不一致; 有时是一种交换	编码员间的主体间性; 编码员图式的宽范围; 二者等同

译自:Potter, W. J., & Levine-Donnerstein, D. (1999). Rethinking validity and reliability in content analysis. *Journal of Applied Communication Research*, 27, 258-284. p.261.

1　演绎式和归纳式编码及类目建构的详细论述参见第 8 章相关内容。

5.2.2 内容变量的操作化实现方式

　　由于传统的内容分析是以客观性和系统性为特征的研究方法,因此为求得经验层面上的可观察性和可测量性,研究者在对目标内容进行编码分析前,首先需要为抽象的概念搭建一座桥梁,使之落地成为可供测量的具体的内容对象。变量的操作化实质上就是这样一个在抽象的概念层次与具体的经验层次建立桥接关系的过程。不同内容类型的变量对操作化的要求以及操作化实现的难易程度不是同等的。客观性内容和显性内容往往因为概念的明确性和共识性,因此其操作化也相当直接明了,有时甚至无需进行特别的操作化定义。与之相比,主观性内容和隐性内容在实现变量的操作化方面显然会遇到更多的困难和问题,因为这样的内容特别是投射内容所指涉的意义会因人的不同理解而使测量结果的稳定性大大降低,也即测量的信度不容易得到保障。也正因为这种概念的复杂性和意义的多种理解的可能,主观性内容和隐性内容一般都需要在理论基础上经过小心谨慎的界定,通过各种适切的方式来实现变量的操作化,从而使相关内容得以测量。从对国外内容分析研究的长期实践来看,研究者已积累了相当多的经验,特别针对隐性内容变量,探索出了不少切实可行的操作化实现方式和途径。笔者总结出常见的五种方式,即分解概念维度、问题解构式、公式计算法、示例法和指数法。

5.2.2.1 分解概念维度

　　一个概念特别是复杂抽象的概念往往不是单面向的,因此在对一个代表复杂概念的变量进行操作化的时候,往往首先是对其概念所指涉的不同维度进行分解。而这种对概念维度的探索和分解,往往是建立在既有理论或前人研究的基础之上的,并且要结合研究项目所特别针对的具体内容来建构和定义。

　　关于概念的多维度操作化的一个典型例子是网络"交互性"(interactivity)这样一个含义复杂的概念。在对前人有关交互性的理论研讨和既有的一套考察互联网与互动关系的量表进行概念梳理后,玛丽·保罗从网站创建者和网站用户这两个视角着手其概念维度的分解工作。[1] 由于研究者关注的是灾难救助网站上互动性的灾难传播,网站创建者为用户之便所做的努力以及用户为获得信息所需付出的努力成为研究者考察二者之间的互动交流关系的重要内容,因此保罗首先从这两方面将网络"交互性"这个抽象概念分解为两个维度,然后分别对这两个维度进

1　见:Paul, M. J. (2001). Interactive disaster communication on the Internet: A content analysis of sixty-four disaster relief home pages. *Journalism & Mass Communication Quarterly*, 78(4), 739-753.

行操作化,划分下属类目并予以操作化定义。第一个维度"用户获得信息所必须付出的努力"分别包含选择的复杂性(进一步分为新闻、广告、解释信息、代理、非灾区情况、商务等六项下属类目)、添加信息的容易性(也即有没有为用户提供提交信息的机会,比如电子公告板和在线投票等)以及人际交流的便利性(比如有没有监视或未监视的聊天室等)。在"网站创建者必须付出的努力(以减少用户所需的努力)"这一维度中,保罗则将交互性操作化为四个类目,分别为信息监控的使用(如站点计数器、"小甜饼"[cookies]、在线用户调查等)、对用户的回应(具体界定为"不单是简单地在首页上标注电子邮件地址,而是及时回应用户",分为潜在的回应和实际的回应)、网站导航的便利性(也即网站结构和设计是否清晰明了,比如主页上是否有站点地图的链接或者搜索选择项)以及信息的及时性(比如是否有网站发布日期或更新指示器存在与否)。

在新闻报道分析中,也经常面临着概念维度的分解问题。比如,以建构主义的视角来看,新闻建构可以被操作化为选择(selection)、再现(presentation)和评价(evaluation)等三个维度。在沃特默对俄罗斯《消息报》(Izvestiya)在国内政治体制变动前后的新闻报道的研究中,[1]选择是指媒体对话题或议题的选择。沃特默假设《消息报》作为政治工具,话题选择是为了满足当权者的需要。但日益发展的政治自由会允许新闻媒体采取西方的新闻价值观念,尤其是在话题选择上不再是陈述共产党的成就,而是更关注现有的问题和危机。市场竞争可能会使媒体改变新闻选择的模式并更加倾向于读者的需求。因此,在具体分析中,研究者测量选择的两个指标是话题范围和危机程度,话题范围又进一步以大约 90 个主题类目来归类测量,而且这些主题类目以层级方式建构,最后可以被聚合至七大政策领域。而选择的另一个指标"危机程度"则是以新闻报道对现存问题有多大的参考价值来衡量,这是一个程度排序的数字化过程(也即以"-1"代表"提及现存问题"、以"+1"代表"问题的解决或否定"、以数字 0 代表"中立或含糊的描述,通常包含正面和负面两方面")。[2]

新闻建构的第二个维度是再现,即表现手段,是指媒体选择如何描述一个事件,主要用视觉呈现和语言呈现两种形式来考量。视觉呈现被操作化定义为版式设计,版式设计最主要的是标题的设计,研究者分析了标题尺寸大小长短所包含的意思,标题尺寸越大越吸引读者的眼球;版式设计的另一个方面是文章的密集度;版式设计的第三个分析单位是图片图表的使用和使用数量。语言呈现则分为三个测量指标来进行分析,分别是戏剧化、个人化和事实性,三个指标均用"强度

---

1   见:Voltmer, K.(2000). Constructing political reality in Russia: *Izvestiya* - Between old and new journalistic practices. *European Journal of Communication*, 15(4), 469-500.

2   如果文章未提及任何关于问题或问题解决,该文章就解码为缺失值。

三点值"来测量(2 = 强使用,1 = 弱使用,0 = 未使用)。

第三个维度即评价,是指媒体自身对政治争论的喜好倾向,同样也进行了维度分解,分为"程度"、"安置"和"方向"等三个方面。"程度"被操作化定义为所研究的报纸中有多少篇新闻报道明确地表示支持或者反对某一政治人物或政治立场;"安置"主要看报纸如何处理区分新闻报道和评论并安排不同版面;"方向"则是考察在两个时间点、两种政治制度下媒体的报道偏好(-1 = 反对,0 = 中立,+1 = 支持)。

概念维度的分解一般要借助于相关理论的阐述,且可能来自于各个学科领域,因为内容分析所面对的文本一是源于各个领域,二是指涉的对象也千差万别。因此研究者需要对相关核心概念在系统性文献梳理的基础上,针对研究目标的特殊性来有选择性地提取重要的相关维度。比如在一项评估畅销书作者运用在线方式传播品牌个性的内容分析中,[1] 研究者将个人心理学中的个性概念移植到市场营销语境中来,提出"品牌个性"这样一个概念,在这一语境中,研究者假设品牌与人是相似的,能够发展人所具有的个性特点。借助于个人心理学的相关理论阐述,研究者将"个性"分解为"自我"和"他我"两个维度,前者指的是"我"对自己的看法,后者是他人对自己的看法。而且研究者还利用了阿科尔的品牌个性理论观点对品牌个性进行了操作性的定义。研究者将阿科尔的品牌个性定义("一特定品牌拥有的一系列人性特征")植入到网络传播语境,重新操作化定义为"一个畅销作家拥有的一系列个性特征并使之通过个人网站传播来帮助他或她在竞争者中取得一席之地的因素",并利用阿科尔的品牌个性测量量表,通过一次大规模的品牌特性的调查和广泛的数据收集,在此基础上建立了品牌个性的五个维度,[2]以此分析文本里的品牌象征意义。在这里作者并不是像阿科尔那样通过消费者的态度和看法决定品牌个性,而采取个性意义的另一层次即自我层面来分析,即通过畅销书作者在个人网络传播的信息来决定其品牌个性。

5.2.2.2 问题解构式

对概念进行维度分解,应该是内容分析类目体系建构中的一个基础,特别是对于隐性内容和主观性内容而言,进行这样的分解有助于明确概念所指,并在编码指南中给予编码员以清晰可辨的界定范围。概念维度分解后,需要分别对各维度进行操作化。这种操作化除了像上一小节所举例子那样直接进行定义的方式外,还可以采取问题解答、层层推进的方式,将概念如剥洋葱一般层层剥离,从而逐步

1　见:Opoku, R. A., Pitt, L. F., & Abratt, R. (2007). Positioning in cyberspace: Evaluating bestselling authors' online communicated brand personalities using computer-aided content analysis. *S. Afr. J. Bus. Manage*, 38(4), 21-32.
2　详见第 4 章第 4.3.1.1 小节相关脚注。

触及概念的核心指向之所在。笔者将此种变量操作化方式称之为问题解构式,这种方式在新闻框架的演绎式编码分析中颇具代表性。

新闻框架的内容分析研究大体上有两类:一类是从文本的具体解读中提炼构建各种新闻框架的关键词,并在词语共现和搭配组合的基础上建立概念关系,由此发现各种新闻框架的概念构成体系,此类研究可以说是归纳式的,多见于特定框架(*ad hoc* frame)研究,按麦考姆斯和格纳姆的说法,这种特定框架"是特别为一项单独的研究而作的定义,而不注意详述它们的基本特征或理论语境",[1]因此这种框架研究较难以将从文本中提炼出来的特定框架运用于其他类似研究,因而在比较性研究中较难发挥作用。另一类则是演绎式的,也即在前人研究或相关理论基础上,预设一些通用框架(generic frames),以此来辨识分析者当下研究的文本中是否呈现了这样一些框架。例如笔者在一项考察文化维度因素与新闻框架呈现之间的关系的内容分析研究中,[2]在前人和本人前期研究的基础上,提出了几种通用框架,如冲突框架、人情味框架、经济后果框架等,并以问题解答式的方法操作化各种框架。其中,对于冲突框架的编码,其操作化遵循至少三个步骤:①所编码的新闻是否涉及具有不同利益的两个党派、个人、团体或国家?或者,该新闻是否提到正在争议当中的议题、事件、问题、思想或辨论的两个或多个方面?②如果上述两个问题中任何一个的回答为"是",那么,该新闻是否反映出了不同党派、个人、团体或国家之间的分歧?或者,是否其中一个党派、个人、团体或国家指责另一个?或者,该新闻是否描述了一场战争、对抗、碰撞或纠纷等?③如果第二步中的三个问题任何一个的回答为"是",那么,编码员将该篇新闻判定为呈现了冲突框架。[3]这种操作化方式以一问一答的形式,一步一步地解构概念,最后指向冲突框架这一变量的核心实质,由此判断文本是否呈现了该新闻框架。这样具体的步步追问,与要求编码员在编码表中直接勾选文章是否呈现了某种新闻框架这种传统而简单的方式相比,会准确有效得多,因为在这样一个步步深入的过程中,编码员会不断反思文本内容与概念含义,并相互参照,从而作出尽可能与文本和概念都相匹配的判断。其他类似的通用新闻框架的问题追问方式见表5.4:

1 McCombs, M. , & Ghanem, S. I. (2001). The convergence of agenda setting and framing. In S. D. Reese, O. H. Gandy, & Jr, A. E. Grant (Eds). *Framing public life*: *Perspectives on media and our understanding of the social world*, pp.79. Mahwah: Lawrence Erlbaum.

2 见:Zhou, X. (2008). Cultural dimensions and framing the Internet in China: A cross-cultural study of newspapers' coverage in Hong Kong, Singapore, the US and the UK. *The International Communication Gazette*, *70*(2), 117-136. 研究介绍和编码表见本书附录二。

3 详见本书附录二(C)编码指南。

表 5.4　通用新闻框架的问题解构式操作化示例

新闻框架	操作化问题
经济后果框架	1）文中有无提到事件相关的费用成本？ 2）有无涉及一项行动事业追求与否的经济后果？ 3）有无提及现在或未来的财政金融损失或收益？
人情味框架	1）它是否通过给出涉事方的传闻轶事来谈论议题？ 2）它是否采用了能唤起移情、同情、担心、怜悯和愤怒感觉的形容词或个人化描述？ 3）它是否突出了个体和团体被特定议题或政策影响的过程？ 4）它是否深入了政客或官员的私人或个人生活？
议题/政策框架	1）它是否呈现了关于候选人或政党对某个美国相关议题或全球一般性议题的举措？ 2）它是否提及了某个美国相关议题或全球一般性议题带来的结果？ 3）它是否提供了某个美国相关政策或全球一般性政策执行的理由？ 4）它是否呈现了某个美国相关议题或全球一般性议题的历史发展？
区域视角框架	1）它是否提供了报纸所在地区官员或平民的评论？ 2）它是否提到了报纸所在地区某项政策带来的影响？ 3）它是否比较了某个议题或政策如果在该地区发生所可能采取的措施？ 4）它是否提到了和报纸所在地区有关联的过往？

经济后果框架来源自：De Vreese, C. H., Peter, J., & Semetko, H. A.（2001）. Framing politics at the launch of the Euro：A cross-national comparative study of frames in the news. *Political Communication*, 18, 107-122；人情味框架至区域视角框架均来源自：Gan, F., Teo, J. L., & Detenber, B. H.（2005）. Framing the battle for the White House：A comparison of two national newspapers'coverage of the 2000 United States Presidential Election. *Gazette*, 67(5), 441-467. 另参见本书附录二（C）编码指南。

　　由于一个概念可能因其丰富的内涵而在经验层面上有多重体现，为反映变量所对应的概念的这种复杂多样性，同样可以采用问题解构式方式来将一个较为抽象的变量具体化，此时问题的提问更多的是一种横向扩展，而非上面所列举的冲突框架那样层层递进，纵向深入。这样的横向扩展可以较好地涵盖概念的外延。比如在一项研究国际新闻报道中的价值呈现的内容分析中，[1] 关注的焦点是典型的隐性内容，因此将抽象的概念具体操作化极为重要，这是将概念接入到经验层面的关键。作者在前人研究的基础上，建立了一个多维价值标准系统，包含了利他主义、美丽、舒适、平等、自由、友谊、物质主义、道德、和平、权力、唯心论、安全和

---

[1]　见：Beaudoin, C. E., & Thorson, E.（2001）. Value representations in foreign news. *International Communication Gazette*, 63(6), 481-503.

表 5.5　价值变量的操作化问题

价　值	操作化问题
利他主义	1）新闻报道中的人或国家是否呈现出想要帮助他人或其他国家？ 2）新闻报道是否是透过一个国家努力开发、投资和援助他国来看待该国的？ 3）是否提及一个国家的救援或人道主义努力？
美丽	1）新闻报道中的人和地方是不是根据美丽来描绘的？ 2）是否（以正面的方式）提及着装的风格和样式？
舒适	1）是否直接指涉一个人的健康、名声或快乐？ 2）是否提及一种"好的生活"？
平等	1）人们在就业、发展方面是否站在平等立场上？ 2）是否提到了"所有种族平等"的概念？
自由	1）是否提到了言论自由？ 2）是否提到了公平、自由选举？ 3）是否提到了独立国家？ 4）是否提到了实现和维持民主？
友谊	1）是否提到了家庭关系和价值？ 2）是否提到了联盟？ 3）是否提到了人们的互爱？
物质主义	是否从追求财富方面来看待人民和国家？
道德	1）人民是否被认为是诚实、善良的？ 2）人们是否表现出具有对错感？
和平	1）有没有提到维持和平、和平谈判或和平协议？ 2）有没有通过被动行为、外交手段或非侵略方式寻求解决方法？ 3）一个国家是否被明确地描述为和平？
权力	1）人们是不是通过等级权威、职位或地位来描述？ 2）权力被明确地提及了吗？ 3）一个国家和人民是否通过侵略（包括战争和冲突）来获得财富、控制权、利益和权利？
精神性	1）人们是按照宗教信仰的倾向来描述的吗？ 2）有没有提到国家和个人的宗教信仰？
安全	1）有没有提到保护一个国家或其边界？ 2）有没有提到个人安全的困境？
智慧	1）在描述或通过其他方式提到一个人的时候是否有提到教育？ 2）是否提及对知识的需求？ 3）公平正义有没有被当作一个重要的目标？ 4）教育有没有被当作发展的工具呢？ 5）一个人是否因为有知识而获得称赞？

智慧等,并以问题解构的方式对各种价值进行操作化(见表 5.5),同时运用举例法(详见后文)来说明有关价值标准的问题如何代表每一种文化价值标准,以及它们在国际新闻中如何呈现出来。这些价值并不是排他性的,所以在一篇文章中总是可以同时发现几种价值的呈现。

5.2.2.3 公式计算法

有些时候,可以直接将某一变量以计算的形式将其转化为可测量的公式。比如新闻报道研究常涉及新闻显著性这一变量,研究者或者以此来说明新闻平衡或新闻框架等问题,或者将其与新闻生产联系起来考察影响新闻显著性的新闻常规、社会和文化等因素。威廉姆斯和狄更森所创建的一套操作化方法应该是这方面的代表。[1] 他们在研究新闻报纸的个人暴力犯罪(PVC)报道时,将 PVC 报道与报纸整个报道比较,建立了八个分项测量的指标:①每份报纸报道犯罪的版面空间比例;②每份报纸报道 PVC 的版面空间比例;③每份报纸犯罪新闻版面中 PVC 报道所占比例;④头版版面中 PVC 报道所占比例;⑤PVC 报道在总体版面中的显著性;⑥PVC 报道在头版中的显著性;⑦PVC 报道标题的显著性;⑧PVC 报道附加图片的数量、大小和相对面积,等等。其中,第⑤、⑥和⑦项中的显著性,是将 PVC 报道版面比例与报纸其他新闻报道版面比例相比较,运用如下两个公式分别计算得出:

$$公式一:\left(\frac{PVC\ 报道的版面均值}{所在版面均值}\right) - \left(\frac{所有其他报道的版面均值}{所在版面均值}\right)$$

该公式因应的要素有三个:①PVC 报道的版面(版面量越大,该报道就越显著);②版面大小(所在版面越小,该报道就越显著);③同一版面其他报道的混杂效应(这些报道的版面量越大,PVC 报道的影响越小)。与此类似的另外一个针对标题的公式如下:

$$公式二:\left(\frac{PVC\ 报道标题所占版面均值}{所在版面均值}\right) - \left(\frac{所有其他报道标题所占版面均值}{所在版面均值}\right)$$

5.2.2.4 示例法

有时,为了使概念界定的变量下各类目所涵盖的范围更加明晰化,研究者可以在给出定义的同时提供一些具体实例,以使读者更好地理解概念所指。

---

1 见:Williams, P. , & Dickinson, J. (1993). Fear of crime: Read all about it? The relationship between newspaper crime reporting and fear of crime. *BRIT. J. Criminal*, *33* (1), 33-56.

表 5.6　莫里斯对七种玩笑语气的界定

类　目	定　义	举　例
称赞型	个体或群体因积极的行为或好的想法而得到称赞。通常用来建立对另一个体或群体的批判性观察,或对目标同侪的批评,批评时通常不提及姓名	1）John Edwards 被 Stewart 介绍为"相对漂亮的乡村律师"; 2）Jimmy Carter 被称为"贴心男",同时也是诺贝尔和平奖得主
自嘲型	主持人明确地揶揄节目的重要性,并/或揶揄与制作的节目有所关涉的人;也可以是一个记者表现得非常无知,并/或缺乏基本的理解力	1）Rob Corrdry 访问波士顿(其家乡),这里是他哀悼童年的错误,嘲笑他的老朋友们痛饮,然后醉醺醺地寻找他女朋友的地方; 2）Stewart 将他此次大会的报道称作"必不获奖"之作
外表型	陈述目标对象非关键性的弱点,如肢体外表、瞬间的失仪、偶然的错误、或政治误判,并非对政策或人物的批评	1）Stewart 将民主党候选人 Dennis Kucinich 称作"神秘小矮人",将 Richard Gephardt 称作"大饼脸"; 2）John Kerry 穿着美国宇航局的"清洁服"的照片; 3）George Pataki 演讲时讲了个拙劣的笑话后,在背景播放蟋蟀的声音
刻板型	对个人或党派符合与政客和/或政治有关联,或者迎合政客、政治这样的刻板印象时的陈述	1）Stewart 在共和党全国代表大会时的评论是"麦迪逊广场官员自有史以来就没见过这么多白人"; 2）当民主党在选举中呈现失败趋势时,被比喻为波士顿红袜队,一个经常落败的队伍
轻蔑型	这种陈述强调一个概念,某一个人、党派或利益集团与竞选和/或政治过程无关	Stewart 没能认出一个前政党提名候选人,并说"我不知道那家伙是谁"
政策型	这种陈述强调政策(过去的和现在的)的缺陷和失败的政策	Stewart 展示了一连串共和党委员会的抗议者被捕的镜头,并开玩笑说他们正前往关塔那摩湾
品质型	强调个体的特征缺陷,但不对政策作出批评	1）Zell Miller 因为追随共和党委员会的政策演讲而被嘲笑为愤怒的和/或疯狂的 2）Dick Cheney 因逃避在越南服兵役而被批评

译自:Morris, J. S. (2009). *The Daily Show with Jon Stewart* and audience attitude change during the 2004 Party Conventions. *Political Behavior*, *31*, 79-102. p.86.

　　莫里斯在一项结合了问卷调查以探求传播效果问题的内容分析中，[1]考察的是美国喜剧中心电视台的一档新闻讽刺节目"乔恩·斯图尔特每日秀"[2]怎样利用搞笑的形式讽刺新闻事件和政治人物，如何运用幽默对普通人政治生活观念和美国总统大选产生影响，以及对民主党和共和党表现出来的不同的政治倾向。在对共和党和民主党召开其各自的大选候选人全国代表大会期间播出的该节目内容进行分析时，莫里斯重点分析了主持人在节目中所使用的富有感情色彩的各种玩笑语气（如称赞、自嘲、轻蔑、刻板偏见等），对它们出现的频率进行统计。所有这些玩笑语气都具有抽象性质，对不同人而言也许其意指都不相同，或者研究者在某一具体的研究中所指称的概念/变量具有特殊的内涵与外延。所以，内容分析研究者在对某一概念或变量进行相关频率统计前，首先需要对其进行定义，以明确其概念所指，并为频率统计的一致性和科学性奠定基础。比如，在莫里斯的研究中（见表5.6），他将其中的两类玩笑语气"称赞"和"自嘲"分别定义为"个体/群体因积极的行为或好的想法而获得称赞，通常用来建立对另一个体/群体的批评性观察或者对目标同侪的批评，批评时通常不提及姓名"，以及"主持人明确地揶揄节目的重要性，并/或揶揄与制作的作品有所关涉的人"，同时分别给出说明此类玩笑语气的具体的代表性例子，这样明确的定义和举例有助于编码员充分理解研究者对类目和概念的所指，从而准确有效地对所要分析的内容进行划类，以达到较高的编码员间的信度。

5.2.2.5　指数法

　　内容分析发掘一个概念需要用到不止一种的测量方式，尤其是在概念很宽泛时；因此为满足对内容效度（见第6章说明解释）的要求需要进行多重测量。当两种以上的测量方式通过数学方式合并成一个指数。这种变量操作化的方式称之为指数法。

　　指数通常用在文本内容分析中，以词语为分析单位的内容分析中所使用的最标准和自定义的词库实质上就是指数。例如，笔者的老师马克·米勒教授等人在利用其自创的内容分析软件VBPro[3]进行新闻框架分析时，设立了多项自定义词

1　见：Morris, J. S. (2009). *The Daily Show with Jon Stewart* and audience attitude change during the 2004 Party Conventions. *Political Behavior*, *31*, 79-102.

2　"乔恩·斯图尔特每日秀"（*The Daily Show with Jon Stewart*）是美国的一档深夜政治喜剧秀，主持人斯图尔特曾先后访谈过国家外交首脑、诺贝尔奖得主、总统候选人和美国的多位前总统，使其在2005年成为美国第二最受欢迎的主持人［第一位是美国著名的脱口秀主持人奥普拉·温弗瑞（Oprah Winfrey）］，并位列当年《时代》周刊评选出的全球100位最具影响力的娱乐界人士之一。该节目以其风趣的形式激起了本来对政治和政府淡漠的美国公众的政治兴趣，因而近些年来获得了政治传播学者越来越多的关注，许多研究的一项共识是，该节目具有影响政治话语和态度的潜力，已成为美国政治新闻的先锋性新渠道。

3　该软件的简介参见附录四。

库,其中,"税收"词库包括了对以下词汇的测量:公寓、抵押、抵押贷款、超额征税、税收、可征税的、课税、已税的、纳税人、税金和征税等。[1] "税收"一项的总体指数就是所有该项词库内的单个词汇出现频率的总和。

标准指数的建立方式与为调查和实验目的建构量表和指数的方式相类似。[2] 这包括了一系列的数据搜集过程,便于逐渐地改进指数。比如新闻框架词库的建立首先是在对文本中出现的相关关键词的采集与汇总,并在意义甄别的基础上以最能体现某种新闻框架的核心词语作为词语指数。

至于人工编码分析的混合测量方式,有时候是改编自用于调查和实验应用的自我报告指数。在这种情况下,需要检查一组测量方式的内部一致性也即内在效度,这包括使用统计方法如克隆巴赫(Cronbach)α值来评估单个测量方式在多大程度上互相关联。[3] 例如,史密斯[4]修改了艾森克[5]在实验研究中所使用的人格三维度(外向—内向、神经质和精神质),转而用于她对美国电影中女性形象的研究。她用于独立编码的15项测量汇总在一起便生成了这三项指数(由于面对客观性编码的挑战将原有指数的数目削减了),而且用克隆巴赫α值检验了每项指数内各项之间的关联性。

人工编码内容分析的指数建构中最成问题的大概是,是否要将一个指数限定在个别符合某程度的编码员间信度的测量方式上。正像下面第6章所要讨论的那样,编码员间信度的评估对人工编码很关键,达不到标准的变量通常要在后面的分析中剔除掉。另外,即便是全部指数在编码员间信度方面都达标了,那么是否在信度要求上就足够了呢?或者,是否每个单项测量都需要达到标准?显而易见的是,希望使内容分析达到最高标准的研究者会选择后者。然而遗憾的是,到目前为止,有关方法论的文献并未提出这个问题。

1　见:Miller, M. , Andsager, J. , & Riechert, B. P. (1998). Framing the candidates in presidential primaries: Issues and images in press releases and news coverage. *Journalism & Mass Communication Quarterly*, 75(2), 312-324.

2　参见德威利斯有关量表建构的理论和操作论述:[美]罗伯特・F.德威利斯.量表编制:理论与应用[M].第2版.魏勇刚,龙长权,宋武,译.重庆:重庆大学出版社,2004.

3　Carmines, E. G. , & Zeller, R. A. (1979). *Reliability and validity assessment*. Beverly Hills, CA: Sage.

4　见:Smith, A. M. (1999). *Girls on film: Analysis of women's images in contemporary American and "Golden Age" Hollywood films*. Unpubished master's thesis, Cleveland State University, Cleveland, OH.

5　见:Eysenck, H. J. (1990). Biological dimensions of personality. In Lawrence A. Pervin (Eds.), *Handbook of personality theory and research*, 244-276. New York: Guilford.

5.3　类目建构的原则与方法

在内容分析法的研究设计的过程中,设计分析维度和类目体系是十分重要的组成部分,其目标是发展出准确反映内容和内容方向的类目。一项内容分析的好与坏、成功与失败,关键就在于它的类目。[1] 对于内容分析而言,大量应对的是定类变量,类目建构在很大程度上是为定类变量设立下属类别系统,予以不同赋值。发展出完整、精确的内容类目是为了尽可能降低编码者的偏见误差,这在态度或评价方向的分析中尤其是一个主要的障碍。设计分析维度和类目有两种基本路径,一是采用现成的分析维度系统,二是研究者根据研究目标自行设计。如果是后者,那么就要遵循一些基本的原则,也有一些成熟的方法可供选择利用。

5.3.1　类目建构的原则和提示来源

分类,是保证内容分析的"客观性"与"系统性"的主要手段。在创建一套类目系统时,分析者首先要谨记类目系统应符合研究需要,也就是类目系统与研究问题的相关性,因此研究者在设计时需要不断地自问这样一个问题:"什么类目可以最有效地产生满足研究问题需要的数据?"可以依照研究问题本身性质、研究所形成的具体假设或者需要回答的问题(也即研究目的)、所要分析的内容和所选择的分析类型来寻找分类提示。其次要确定一整套对内容信息分类的标准。

5.3.1.1　类目建构的三项原则

设计分类标准时,需要对每一个类目进行明确无误的定义,以确保类目系统可行,能够发挥作用。一套分类标准是否有效、可靠,主要看以下三项特性指标。

第一,分类是否详尽,也即穷尽性原则,具体而言,分类必须完全、彻底,能适合于所有分析材料,使所有分析单位都可归入相应的类目,不能出现某些分析单位无处可归的现象,从编码操作层面上来讲,就是所有分析的样本都应该能被某个变量下的某一赋值所代表。

第二,各类目是否互斥,也即互斥性原则,就是说在分类中,应当使用同一个分类标准,即只能从众多属性中选取一个作为分类依据,每个分析单位或记录单位只能分配到一种类目中而不能跨类,针对该单位,有且只有一个合适的选项,这

1　相关论述另可参见:1) Berelson, B. (1952). *Content analysis in communications research*. New York: Hafner;2) Budd, R. W., Thorp, R. K., & Donohew, L. (1967). *Content analysis of communications*. New York: Macmillan.

就意味着每一个客观的类目必须完全并彻底地定义,并说明应该包含什么类型的材料,以及不应该包含什么。

第三,分类是否同层,也即同层性原则,就是说分类界限清楚,层次明确,分类逐级展开,不能越级和出现层次混淆的现象。除此以外,在操作程序上,分析维度和类目必须在进行具体评判记录前事先确定,而且在设计分析维度时,应考虑如何对内容分析结果进行量化分析,即考虑到如何以适合的数据分析方法来处理编码结果的问题。国际学界以往的内容分析研究为我们已提供了许多遵循了这些基本原则和要求的很好的样本和参照,其类目得到清晰的阐述,并且很好地应用于问题和内容中。

在类目建构时,类目数量的多少也是需要内容分析设计者慎重把握的。一个变量的类目太多,会相应地要求编码者过度精密地思考各类目之间的划分界限,有可能使编码者在确定类目时出现定位上的困惑。而且,类目的数量不应多于要回答的问题,只有当类目针对正在被检验的假设时,才应该加进去。但反过来说,如果类目数量太少,则会迫使编码者将观察对象强行纳入既不太合适又颇为模糊的类目中,因此可能遗失许多重要的洞察信息和意义,同时也有可能在数据分析方面产生过于简化的问题。比如在选择有无(也即二元变量)的基础上完成的内容分析,如果缺乏明确构建的研究问题,类目模糊不清或不大相关,那么做出的研究几乎肯定是意义不大或者质量不高的。因此,类目建构时的数量把握问题不但重要,而且还有些棘手。尽管在分析过程中其他组成部分的功能强大的表现也是必须的,但对于内容分析来说,阐述和定义恰当的类目却是重中之重。由于类目包含了研究内容的实质,所以一项内容分析的好坏可以说取决于关键变量的选择及其类目系统的建构。

建立类目从本质上说是概念化的编码方案设计,具体到操作层面就是确定与研究问题(假设)或研究目的相关变量且对其进行归类。如前面操作化实例所表明的,任何变量的操作化定义都应该包含它本身内在的特征。此外,这些特征应该同时具有互斥性及周延性。例如,一份报纸的社论不应该同时被描述为自由派的与保守派的,虽然你们可能认为有一些是介于两者之间,或者有层级上的区别,如用数字来代表编码(1 = 非常自由派,2 = 适度自由派,3 = 适度保守派,等等)。

类目建构的过程较为抽象,直接以实例来说明更为直观。比如要考察《纽约时报》和《华盛顿时报》对美国2004年总统大选的报道是否存在偏见,即是否偏向两位候选人(布什和克里)之一,可以以段为分析单位,对每段的基调进行归类,即对每段中涉及布什和克里的报道倾向分别进行归类,遵循以上三原则,类目可以是 +1 = 积极,0 = 中立,-1 = 消极。总的来说,这三项囊括了所有的可能性,并且彼此之间互相排斥,即排除了能够选择两项或三项的可能性;同时这一归类完全符合研究的需要。然后在此基础上,对每篇文章两位候选人在所有段落所获得的分数加总,计算出每篇文章的报道倾向总分,由此进行两份报纸对两位候选人的总体偏向的比较（以段为分析单位在此显示出了与篇章单位相比的优势）。

再比如，如果要对电视黄金时段（晚上 8 点至 10 点）中电视暴力情况进行研究，首先需要对电视节目的类型进行归类。遵循以上三原则，类目也许可以如此设置：1 = 电视新闻，2 = 电视连续剧，3 = 电影，4 = 动画卡通片，5 = 其他（并要求注明具体类型）。这样的分类可以清晰了解到哪类节目包含的暴力镜头最多，属于研究目的之一。此外，类目范围较大，各种细小类目能够包含在内，且互相排斥。

按照贝雷尔森总结的经验来看，内容分析类目建构的通常做法是，应该利用对手头上现有的特殊问题最有意义的类目；相对明确具体的类目往往是最有意义的。但同时要尽可能地努力使类目一般化，从而扩展由使用这些类目而产生的命题，但同时也不要扭曲或冲淡它们被运用于所考察的具体内容中的作用。[1] 在框架分析中，之所以有一派学者致力于上文所提到的通用框架研究，其目的之一就是希望使这样的变量和类目一般化，从而推广到更多的文本框架分析中，并在此基础上进行更为广泛的比较。如果缺乏通用性变量和一般化类目，针对不同事件的不同文本的分析在比较基础上会显得颇为乏力。然而，至少可以说，无论这种技巧的未来发展可能给我们带来什么，试图形成对所有问题和所有材料都适用的内容分析类目，还为时过早。但这并不是说内容分析的类目阐述和建构是完全无序混乱的，它还是有规律可循的。

5.3.1.2　类目建构的提示来源

内容分析由研究问题开始，并且问题的性质应该使人想到研究者的首要问题之一：什么样的类目将最有效地服务于数据的需要从而达到回答和解决研究问题的要求？也就是说，分析者首先要在问题本身的性质中找到一些提示来构建类目。

如第 2 章所述，内容分析的研究主旨或研究重心会依每个具体项目而有所不同，研究设计也会相应地采取不同路径。研究者也许首先对内容特点（如民主的标志）感兴趣，或者是内容本身揭示了其制造和产生的因素，内容表明了什么样的消息来源或受众视角，又或者是内容对受众可能产生的影响。在最后一种研究中，分析者必须像第 2 章所阐释的那样小心谨慎，为了确定影响，它必须既研究内容又研究受众。无论研究重心何在，研究者所要寻找的答案就应该是构建类目系统的第一决定因素，因为类目在任何调查研究中一般都是与所问的问题相对应。

1　参见：Berelson, B.（1952）. *Content analysis in communications research*. New York：Hafner. pp. 147-168.

西方竞选活动的政治内容分析可以说明这一点。[1] 如果研究的性质和目的是"描述每一个候选人和他的支持者所使用的宣传主题内容"并"测量这些新闻的报道方向",那么这样的研究目的给予分析者的提示是需要围绕竞选活动构建有关竞选宣传主题的类目,诸如个人特征(如"候选人的个人品德和政治道德原则")、竞选议题(如"国家安全"),以及一些方向性类目(如候选人对议题的立场等)。这种特征、议题和立场等方面的类目建构可以从多角度反映主题内容。

内容建构的第二个提示来源涉及研究假设。尽管有不少内容分析研究并没有明确提出研究假设并予以测试,但是很多时候研究者会通过陈述研究目的将假设间接地点出。在一些研究中,也许因为理论基础太少或处于探索研究阶段以致不能提出有意义的假设,在这种情况下指出问题或给出建议也许更有用。然而,科学的假设陈述能预期变量间的关系,也有助于将研究集中在问题的关键部分。在研究假设的导引下,类目建构会更为集中,凸显关键变量的性质及其相互之间的关系,而且也会在数据分析阶段有助于明确说明阐释数据。这些假设来源问题的性质在某种意义上有助于使研究假设和相关研究本身变得更完善。

5.3.2 类目建构的方法

由上文中的例子我们可以看到,在编码操作层面上,类目实际上就是一个变量下属赋值所代表的各个项目。无论是针对什么具体性质的类目,对类目组成的界定方法在区分开放式的或有限定的形式的基础上,主要分为三种:①至少在原则上,数字型变量(numerical variable)通常设定为开放式的,没有最大也无最小,比如记录镜头持续的时长。开放式变量要求编码者概念明晰,或者在自然科学中,要知晓测量工具的构念。当变量的类目是有限定的时候,分析者②既可以含蓄地界定变量,只是指明其范围,比如在社会调查和语义学研究中常常用到的语义量表(如"亲社会的—反社会的",其间含有 7 点,但并不标注具体对应的语义)。

---

1 研究实例如:1)Balmas, M. , & Scheafer, T. (2010). Candidate image in election campaigns: Attribute agenda setting, affective priming, and voting intentions. *International Journal of Public Opinion Research*, 22(2), 204-229;2)Benoit, W. L. , Stein, K. A. , Hansen, G. J. (2005). New York Times coverage of presidential campaigns. *Journalism & Mass Communication Quarterly*, 80(1), 356-376;3)Hale, J. F. , Fox, J. C. , & Farmer, R. (1996). Negative advertisements in U. S. senate campaigns: The influence of campaign context. *Social Science Quarterly*, 77, 329-343;4)King, E. G. (1995). The flawed characters in the campaign: Prestige newspaper assessments of the 1992 presidential candidates' integrity and competence. *Journalism & Mass Communication Quarterly*, 72, 84-97;5)Wirth, W. , Matthes, J. , Schemer, C. , Wettstein, M. , Friemel, T. , Hänggli, R. , & Siegert, G. (2010). Agenda building and setting in a referendum campaign: Investigating the flow of arguments among campaigners, the media, and the public. *Journalism & Mass Communication Quarterly*, 87(2), 328-345.

③也可以明确地界定它们,列出所有替代的赋值,如上文提到候选人报道倾向和电视节目类型的类目赋值。

5.3.2.1 "说了什么"与"怎么说"之分

虽然对于类目组成的界定有上述三种一般性的方法,但在针对不同内容对象时,建构类目的具体类型、方法和问题会各自有所不同。需要记住的很重要的一点是,类目的选择除了考虑与研究问题和需要测验的假设相匹配以外,还应该根据内容的性质,因为类目源于内容。从文献来看,运用于实际研究中的具体类目虽然涵盖面非常广,但可以归纳为几种类型,也即内容分析总体上来说是对"说了什么"以及"怎么说"进行处理。[1] "说了什么"有客观事物和主题意义之分,它们包括方法和行为,经常与价值、特征或能力相关联。方法和行为也许能说明行为中含有特定的价值,在传播能力中描述人的特征。其他"说了什么"类目还包括行动者或目标接受者类别等,也许还关系到研究焦点从发送者和信息本身到受众的转变。内容分析类目建构的另一大类"怎么说"则分成内容方向,也即内容所反映出的态度或情感倾向、强度和密度,以及如何陈述和结构形式(如新闻标题的字体大小、视觉图像的版面位置和色彩等)的问题。

其他有用的类目包括陈述类型(如新闻、评论、虚构或非虚构),一般性类目经常用作框架以做更进一步的分类,如陈述的形式,逐句分析以描述语法和句法的形式以及强度,以说明强度和兴奋度的评估。强度分析可能用于测验消息来源或者内容之间的区别,这是很有价值的,因为内容材料的强度被认为是可以对读者产生影响。常见的一般性类目还包括时间和印刷媒体显著性(如头条的大小、位置、每一篇报道的长度)等。

从研究文献来看,大量的内容分析的类目构建主要集中在有限的客观事物上,如新闻报道研究中的消息来源和频率、国际新闻由通讯社提供的消息比率、新闻消息发布的地理位置等这样的类目。另一类最为常见的类目建构是主题,这可能是在内容分析研究中最一般的类别,它回答了最基本的问题,即"传播是关于什么的?"这是基本分析中决定传播内容不同话题的相关重点的一个基本问题。话题是主题事物类别,同样地,每一个动态句子都会有一个主题。因此一个段落或空间的测量或者一篇文章或较大的内容单位可以有一个突出的主题。主题一般在传播内容中很明显,因此较为容易分析。主题类目长期以来特别用于各种媒体的趋势研究,也即通过不同的时点使用相同的类目来分析时间段或时间点上的差异。

无论是客观事物还是主题,这些类目的界定划分相对明确直接,往往可以根

---

1 Berelson, B. (1952). *Content analysis in communications research*. New York: Hafner. pp. 149-162.

据事实情况进行列举,或基于一般人的常识性理解来进行类别区分,因而无需太多的定义,而且在很大程度上具有普遍性,也即其使用可以超越具体内容。因此,本章节将着重讲解和论述因含有特定价值和较强的主观性而会产生分歧的方向分析[1]的类目建构。

5.3.2.2 方向分析的类目建构

在内容分析中,决定内容呈现的态度或情感方向可能是研究者面临的最容易受挫的一个问题,因为这是主观性因素的一个方面,很难控制也不能完全消除。尽管在传播内容中方向是一个被研究者普遍意识到的特性,但是在客观形式中却不是那么容易分析。许多文本所表达的立场(正面、反面或中立的)并不一定很清晰,它们的分界线经常是模糊的。因此,对分析者在研究的效度和信度方面提出了很高的要求。但从另一方面来说,如果研究可以较好地辨析和表明方向,内容分析又会成为最具创造性的研究活动之一。

方向类目指的是对一个主题、目标人物等的赞成或反对的处理方式。其相关研究的问题是,某传播主体对某一特定的主题是赞成还是反对,或是持中立态度?这个一般化公式可能细分出多种问题,但基本上说来,这种类目的实质就是针对一个话题的内容进行"加"或"减"的定位。主题分析汇报的是有百分之几的内容属于某一特定主题,而方向分析则报告这百分之几内容中有多少是支持、反对和中立的。方向类目的建构在当代内容分析研究史中经历了一个由简单到复杂、由单向维度到多维面向、由低测量层级(如定类变量)向较高测量层级的发展历程,这其实也反映出内容分析法不断向内容深层挖掘的推进过程。

在方向分析中,内容分析者无法通过直接渠道了解传播中作者想要传达的态度。而对于态度的表达,不同的分析者在类目建构时使用不同的标签,如正面—反面,积极—消极,友好—敌对,奉献—剥夺,同意—不同意,乐观—悲观,轻松—不轻松,和谐—不和谐,肯定—否定,等等。所有这些反向配对组合一般都包括一个中间的类目"中立",并且记录时通常用 +1、0 和 -1 来命名这些类目。

一个事物怎样才是让人满意的或者不让人满意的呢?这一般也是定义的一个问题。充分阐明并且合理地定义满意和不满意的内容材料,也就是使什么类目包括或不包括什么明确化,这对于分析者来说是一种负责任的表现。定义越准确和完整,编码和分类数据的工作越容易。尽管这些定义有些主观,但它们至少可以告诉读者判定方向的最后指数是如何获得的。而且,因为方向分类使用的许多标准和方法需要基于对外在事物的了解,并对读者或观众的回应有所期望,所以研究者应该将这些标准包括在它的定义中。

在方向分类中常常遇到的一个问题是,倾向于将一些特征孤立起来看,或者说

---

1 也有学者将此类分析以"倾向"或"特征"冠名。

没有结合情境就把这些特征视为一个方向。之所以许多错误会出现在内容分析的结果中,是因为所用的方法对语言材料缺乏足够的概念。为了说明情境,判定满意或不满意、正面还是负面的标准必须对内容意义敏感,而不仅仅是一些孤立的现象或陈述。比如,假定力量是用以判断对劳动力满意的特征,如果分析者简单生硬地把这个规则应用于以下这个陈述中,"乔治是如此的有力量,以致他能毁坏美国的工业并且对美国的经济造成巨创",那么是否可以断定这是让人满意的呢? 实际上,在一些情景中表示力量的"强大"的词语出现,也许并不被人们认为是让人满意的。

　　一般而言,内容分析者在确定方向时面临两大主要问题,一个是如何完成应对所需的问题,另一个是对于议题分析者可以在何种程度上主观以及怎样主观的问题,它们都涉及分析的量化如何准确的问题。方向的量化方案应该是在最后确定,而不应该在材料确定之前就设计。分析者应该首先彻底熟悉分析材料,并且应该确定所要运用的揭示既定议题立场的方式。只有充分完成熟悉的过程,研究者才能确定一个有关分类和方向的有效的量化方案(包括定义)。而且,在确定量化的准确程度时,分析者应该考虑到可能获得的研究结果在百分比上的一些小差异将会怎样影响问题处理的方法。

　　研究者列出了分类方向中要注意的一系列重要原则后,下一步就是对将要分析的材料进行一次试验性的研究。在实施过程中,他/她不需要担心要选取一个科学的并且能代表所要研究问题的样本,尽管他/她应该选取样本,但并不是正式的,因此根据其评定,样本将会各式各样。在试验性研究中,研究者可能不会遇到他/她在研究中所有可能遇到的问题,但是如果进行了这种试验之后,分析者却没有对方向构建进行或多或少的修改,这种情况一般来讲是不太寻常的。试验性研究将会表明设计阶段所规定的编码和记录体系是否起作用,并且可能提出建议改动或彻底变更最初的计划。这对于主题定义、类目设置以及对于客观事物方向性的记录或信度的测试都是有利的。这意味着允许多位不同的编码者应用这一套类目体系对将要分析的材料进行编码,力图获得类似的研究结果,并且会给出该类目体系的信度系数(参见第 6 章详细讨论)。

　　在内容方向的分析中,最具有典型意义的是新闻报道方向研究。早年的一项代表性研究是沃尔特·吉伯 1955 年发表的一篇有关报纸是否过度呈现负面新闻的内容分析。[1] 在此研究中,吉伯设计出了一套较好的正负内容分类,这些分类既简洁又完整。在概念化定义上,吉伯明确将负面新闻和正面新闻分别界定为"报道社会冲突和无组织的新闻"和"反映社会内聚力和合作的新闻"。而在操作化层面上,负面新闻下属的类目包括:①国际紧张(国家间的冲突,如军事、政治和经济

1　见:Gieber, W.(1955). Do newspapers overplay "negative" news? *Journalism Quarterly*, *32*(3), 311-318.

等），②公众破坏（组织间的冲突，如政治，经济和社会等）；③犯罪和恶习；④事故和疾病，等等；正面新闻则包括：①国际合作（国家间的一般交流）；②政府工作（政府工作事务信息，分析者特别是没有异议的）；③社会工作（关于民众与政府工作合作组织的信息）；④"生命在进行"（关于个人的新闻），等等。

但是在吉伯的类目体系中，有些主题类目如犯罪和事故只在负面类目之下，这也许会引起不同的看法，因为从另一个不同的角度来看，一个编码员可能把某些关于犯罪的文章分类为正面的新闻，如犯罪率降低这样一个可喜结果。所以，方向类目的构建定义必须在试验分析阶段修改到足以清楚地说明和界定这样一些情况。正因如此，为了说明在方向的分类中每一种可能出现的情况，研究设计者有时难以掌控构建定义的大小，也即类目涵盖的概念外延。为了使其分类有用，方向的定义必须足够大至能够覆盖每一种可能出现的情况，但是一般很难做到这样。一般是在文献框架内定义操作，而且也有学者指出，可以要求编码者在一小部分案例中在定义框架内练习其主观判断。[1]

在吉伯的研究基础上，克林顿·布什通过对所要分析的文本的阅读扩展了其定义，进一步将判定报道是否有利于美国的标准确定为"有利的"（favorable）、"中立的"（neutral）和"不利的"（unfavorable）。[2] "有利的"的类目反映社会内聚力和合作，以及政治经济的稳定或力量。国际事务方面根据（政治、社会和经济）国际合作来判断，在美国或其他代表美国的组织和个人是否被描述为强大/公正或具有合作性。在国内事务上，"有利的"是由个人在政治社会经济事务上的合作来判断。如把美国或美国国内具有代表性的组织和个人描述为进步、成功、充满和平与爱、道德、智慧、法治、统一，或者具有领导力的事件，这样的报道被认为是有利的。

报道的"不利"倾向则是由报道社会冲突、无组织和政治经济的不稳定或者弱势的各项类目来测量。与测量"有利的"一样，布什同样给出了对"不利的"测量的操作化说明和示例，比如，美国或代表美国的组织和个人被描述为弱小、失误或者不合作。在国内事务上，对"不利"的判断根据是有无报道市民破坏，美国国内人与人或者组织之间在政治经济和社会事务上是否存在冲突，如，把美国或者代表美国的组织和个人描述为退步、压制、不道德、不实务、不法制、不同意、缺乏领导。对于"中立的"的类别判定，标准是有利不利的情况在报道中都未呈现，或者报道展示的是平衡内容或缺少争议的问题。为了尽量消除主观因素，布什列出了一个目录，预先为没有包括在基本方案之内的特殊案例的方向分类设定了标准。

1　Cony, E. R. (1953). Conflict-cooperation content of five American dailies. *Journalism Quaterly*, *30*(1), 15-22.

2　见：Bush, C. R. (1951). The analysis of political campaign news. *Journalism Quarterly*, 28(2), 250-252.

　　布什的研究说明可以采用另外一个方法进行方向类目的定义。根据新情况的出现,或在研究展开之后扩展方向的定义,这样的做法并非不科学,而是常见的一种实际操作。如果分析者遇到一个陈述、段落或一篇文章,如果原来的规则并没有提供分类方法,他/她可以重新修改其规则以使该陈述、段落或文章可以分类。然而,如果研究者不通过这种方式扩展他的规则,那么他必须通过其他方式,制定出一个能涵盖他之前没有包括进来的类目的相似标准。分析者会发现,在分析中即时作出改变是有价值的。

　　对于这种“正面”或“负面”、“有利”或“不利”的分析模式,后来的研究者将其进一步细化,衍生出层次更加丰富的类目结构,这种多层面的方向分析有助于更加准确地辨析内容在态度和风格上的差异性。比如,卡普兰和戈德森曾概括并使用了这样的方向类目:①绝对的正面(“＋＋”代表有利的符号,对于它的好感特征没有明显的条件);②有条件的正面(“－＋”代表基本上有利,同时也含有明显的不利方面);③绝对的负面(以“－－”为代表符号);④有条件的负面(“＋－”代表基本不利,同时也含有明显的有利和改善的方面);⑤平衡(“±”表示的是明显平等地反映了有利的和不利的两个方面);⑥没方向(以“0”表示既不有利也非不利的方面)。[1]

　　与方向紧密相连的是强度问题,这是内容分析中一个比较难并且经常很有争议的领域。就如前文指出的,方向仅仅决定内容(或符号)是否表达一个看法或作出一个支持或者反对有关既定事物、人、组织或活动的观点。强度是确信表达的程度,也即内容反映的是些许的反对或满意,还是非常反对或满意所指的人、组织或活动?严格地来说,强度是指通过显现内容的符号或符号组合形成的对某种观点产生的评价倾向程度,也即涉及赞同或抨击既定人、组织或活动的语言的强度。在更广泛的层面上,强度涉及所给定的内容符号或单个内容的程度。然而,强度也可以从综合的视角上来理解。比如在考察一本出版物某种整体风格的强度时,包括频率、版面安排、头条大小及其他可能激起读者心理反应的因素,都可以是强度的测量。

　　上述方向类目层次上的增加虽然可以体现程度上的差异,但从强度上来讲还有不少局限。因此研究者引入平衡的分析理念,先是提出了平衡类目,后提出了一种不平衡度的全面评估,以此显示方向的强度。比如詹尼斯和法德勒为测量不平衡发展了一个统计概念,叫作不平衡系数。[2] 这种系数将正反两个方向和中立方向进行比较,通过三种比例上的差异强度来考察“不平衡”,因此,较之于单纯的

1　转引自:Budd, R. W., Thorp, R. K., & Donohew, L. (1967). *Content analysis of communi-cations*. New York: Macmillan.

2　Janis, I. L., & Fadner, R. H. (1943). The coefficient of imbalance. In Lasswell & Leites (Eds.). *Language of Politics*, pp.105-119. Stewart.

方向类目,这种系数能在比较中显示出问题来。其基本设计如下:

(1)有利内容单位频率增加的时候,该系数总是向正方向增加;

(2)不利内容单位频率增加的时候,该系数总是向负方向增加;

(3)中立内容频率增加的时候,绝对值总是减少;

(4)总体内容单位数量增加的时候,绝对值总是减少;

(5)如果没有相关的内容,系数值必然是零;

(6)如果所有相关内容单位都属于中立内容,系数值必然是零;

(7)如果有利内容单位数量与不利内容单位数量相等,系数值必然是零;

(8)如果有利内容单位数量与不利内容单位数量不相等,系数值必不会是零;

(9)如果所有相关内容都是有利(或不利),任何变量在有利(或不利)内容单位的频率下会直接得出一个比例系数;

(10)如果没有中立内容,系数值必然是有利值与不利值之间的直接比率,只要有利与不利内容间的差异保持不变。

据詹尼斯和法德勒称,该系数可以应用到任何类型的传播中,因为这个指数是每一出版物(或者手机和电视广播)在所有相关内容的总数的基础上计算出来的,它可以用于与其他媒体做直接的对照。计算不平衡系数的两套公式如下。

$$C_f = \frac{f^2 - fu}{rt}, f > u \qquad (公式1)$$

$$C_u = \frac{fu - u^2}{rt}, f < u \qquad (公式2)$$

其中,f = 内容的有利的单位数,u = 内容的不利的单位数,t = 所有内容的单位数,r = 相关内容的单位总数(t = 有利 + 不利 + 中立内容单位数,r = 满意 + 不满意 + 中立 + 不相关内容单位数)。

计算方式具体说明如下:假设我们编码的内容总共有80个段落,都与研究议题相关。其中70段被编码为有利,10段为不利。因为 $f > u$,所以我们用公式1:

$$C_f = \frac{70^2 - 70 \times 10}{80 \times 80} = \frac{4\,200}{6\,400} = 0.66$$

如果总共有100个单位,70个有利的单位,10个不利的,10个中立的,10个不相关的,那么这个系数就是:

$$C_f = \frac{70^2 - 70 \times 10}{90 \times 100} = \frac{4\,200}{9\,000} = 0.47$$

6 编码与测量的质量控制

　　传统的内容分析编码和变量的测量是由研究者人工完成的,[1]遵循一些既定的程序,这种程序性的操作对于任何一项内容分析来说都是一样的。但其编码的质量却是千差万别。对于他人而言,一项内容分析研究的结果看起来也许会很主观,而在实际分析过程中,编码者主观成分所带来的偏差往往也确实会极大地影响到内容分析的质量。传统的内容分析方法论学者一贯主张要将分析者的主观性最小化,"以努力获得对传播内容的客观描述。这种取得客观性或接近客观性的需要产生了信度问题"。[2] 因此,国际传播学界广泛认可的一个共识是,内容分析的一个关键组成部分是测试编码员间信度(intercoder reliability)。纽恩多夫曾指出,"考虑到内容分析的一个目标是识别和记录信息的相对客观的(或者至少是主体间的)特征,信度至关重要。如果不确立信度,内容分析测量是无用的。"[3]

　　无论是量化研究还是质化研究,"所有的研究者都希望自己的测量是可信和有效的"。[4] 对于内容分析而言,编码员间信度通常被视为其研究品质的标准测量。如果信度测试的结果令人信服,研究者可以继而分析其数据,并在此基础上进行阐释。相反,如果编码员间的不一致程度高了,则意味着研究方法中存在缺

1　计算机辅助内容分析的编码可以完全由计算机根据一定的规则和编程来完成,也可以是由人工或者两者结合来进行。

2　Berelson, B. (1952). *Content analysis in communi cati ons research*. New York: Hafner. p.171.

3　Neuendorf, K. A. (2002). *The content analysis guidebook*. Thousand Oaks, CA: Sage. p.141.

4　[美]劳伦斯·纽曼. 社会研究方法:定性和定量的取向[M]. 第5版. 郝大海,译. 北京:中国人民大学出版社,2007:228。

陷,包括操作化定义、类目建构和编码员培训等方面的问题。[1] 其底线是内容分析研究者必须对编码员间信度谨慎小心,因为其恰当的评估不但可以使编码更为有效,而且,如果缺了它,研究者的所有工作(包括数据搜集、分析和阐释等)都可能引起期刊论文匿名评审者或研究批评家质疑,以致拒稿或驳回。低信度或无信度的测量都会使人们对数据如何产生,以及该数据意味着什么产生怀疑,进而对根据这种测量做出的分析无法报以信任。从实践层面来看,要使编码方案有效化,确立高水平的信度虽然还不是足够的一步,但却是必需的一个环节。而且,它可以使研究者在信度检测的基础上将编码任务分配给不同的编码员来承担,这对于多位编码员(可多达 30—50 位)的大型内容分析研究(如美国"国家电视暴力研究")来说具有操作上的便利之处,分派编码任务可以处理更多的信息,但必须由两位或两位以上的编码员相互校准。具有高信度的研究会使其成果很好地应用于决策中,比如公共信息宣传运动和媒介市场决策等。

6.1 内容分析编码的操作程序与方式比较

内容分析的类目体系一旦建构好了以后,就进入到了内容分析的实施操作阶段,也即在编码指南下完成编码这一程序。在内容分析的正式编码之前要设计撰写编码指南和编码表,而它们只是类目体系的一种形式转化,也就是说,分析者在辨识出研究需要测量的变量,并设定与之相关的类目后,将这些变量和类目以一种列表的形式呈现出来,并作为编码员对目标内容资料进行编码判断的根据,每个分析单位或编码单位的内容资料将会有一张编码表与之相对应。

虽然规范的内容分析研究在正式对内容样本进行编码之前会对编码员进行培训,但在实际编码过程中,各种情况都有可能发生,并影响编码员间信度。因此,选择部分样本让编码员做试点编码(pilot coding),再计算编码员间信度系数,以此来考察信度,这一点非常重要。如果编码员间信度系数在可以接受的范围之内,证明编码员对样本的理解一致程度较高,则可以进行正式编码;若系数不在可接受范围之内,则需要进一步明确各个变量和类目定义,重新培训编码员,再重新进行编码测试。此外,测试编码员间信度系数还能够发现编码表本身存在的问题,在此基础上进行再修改,使编码表进一步完善。

1 Kolbe, R. H., & Burnett, M. S. (1991). Content-analysis research: An examination of applications with directives for improving research reliability and objectivity. *Journal of Consumer Research*, *18*(2), 243-250.

6.1.1 编码操作程序与编码员间信度测试步骤

假设所有编码员都能就同样的内容信息给出同样或近似的分类决定,而且每个编码员都始终如一地编码而不受时间变化的影响,这就要求首先界定好研究和编码类别的清楚界限,然后设计出详细的编码表,并训练编码员正确地使用编码表,最后检查所有的工作以求得较高的信度。如果研究者采取正确的步骤以保证研究工作的质量,信度和效度问题是可以最大限度地降低的。从具体的操作程序来看,内容分析人工编码与信度测试的关键步骤和主要环节如下:

6.1.1.1 在类目建构的基础上制定编码指南与编码表

每项依赖于人工编码的内容分析研究都需要在研究设计理念下,针对研究问题找出关键变量,在变量和类别建构的概念定义和操作化定义的基础上设计制作出编码表。如同问卷调查中的问卷一样,编码表是内容分析研究的测量工具。在制作完成编码表的同时,研究者还需要给出与编码表相应的编码指南,详尽地说明编码表的建构逻辑、变量和类别的定义以及编码过程中判定将某一编码单位归入某一类别的标准,对于那些可能产生歧义的类别,有时还需要给出编码实例。编码指南和编码表常常统称为编码方案(coding scheme)。

编码方案对于内容分析特别是演绎性内容分析至关重要,其创建过程也是建立研究效度的关键的第一步(参见本章后文有关效度的内容)。创建编码方案的目的在于使研究主旨所关涉的变量及其下属类别界定清楚并列举完整,从而最大可能地消除编码员之间的个人差异。一套编码方案包含了一系列告知编码员如何将观察对象分配到正确的类目中的说明。在创建编码方案中,理论的指导非常重要,它可以帮助研究者更为有信心地完成编码方案,化约文本复杂性,也即将呈现在文本中的所有属性缩小至既对研究目的至为关键又可操作处理的有限范围。比如在设计模式内容的编码方案时,研究者有两项任务:一是从理论中推衍出与内容相关的重要的显性特征,二是告诉编码员如何从显性成分的具体呈现中推断出模式,也就是要规定编码员能够统一使用、并构成编码员判断基础的细则,编码员运用这些细则将文本中的显性线索集合为某种模式,这些细则会告诉编码员哪些线索是必需的或充分的,哪些是可替代的。

无论是编码指南还是编码表,都应以清楚、明确、完整、操作性强为基本要求,这与上一章所谈到的类目建构的原则是完全一致的。编码方案和编码表实际上就是类目建构的操作化延伸,是一种"对真实的建构,具象化测量的技巧"。[1] 许多

---

1 Babbie, E. (1995). *The practice of social research* (7th ed.). Belmont, CA: Wadsworth. p. 5.

单变量:推广基本策略类目建构

0　无推广策略

1　信息化多于感情化:在广告中,对产品或服务有更多的事实信息,而不是迎合情感。

2　情感化多于信息化:在广告中,对产品或服务有更多的情感迎合而不是事实信息。

3　产品展示:广告中展示的产品或服务表现了其质量和功用。

4　解决问题:广告中表现了一个问题,可以通过使用产品或接受服务解决。

5　图像广告:广告设计目的是增加产品或服务的声望,并不给出产品或服务的具体细节。

6　产品比较:广告明确或不明确地将广告品牌与至少一种其他竞争产品或服务进行比较。

好的调查和实验研究的操作化指导方针也可以直接应用于内容分析人工编码的测量的建构。

如上一章所述,类目和层次需要穷尽和互斥,测量层次也需合适。也就是说,每一个编码单位都应该被适当地编码,这意味着会用到"其他"或"无法确定"这样的类目。在数据搜集过程中,很可能会有我们无法轻易想到或预期到的背景或其他信息,因此作为变量选项的"其他"是一个非常重要的笼统用语。另外,每个编码单位都应该**仅有**一种合适的编码。如果有多重编码的可能性,那就应该被化解成不同的测量。例如,依照以下方式对网络横幅广告的"推广基本策略"进行编码,会导致信度和效度的问题。[1]

从上文方框中这些类目的建构和说明可见,各类目相互之间并不互斥,列表中的多种特征可以同时出现在同一个横幅广告,因此编码员很容易将一个编码单位编码成具有多项特征,尽管从编码常规来讲,这种单变量的编码一般是单项选择。比如"产品展示"这一类目同时与"图像广告"或"产品比较"都有可能重叠。对这些特征进行测量的一种更合适的方法是定义成不同的指标,即不同的变量。

针对这一问题,纽恩多夫对该编码方案进行了修正(如下一页方框中类目建构所示)。纽恩多夫的编码方案实际上很好地体现了编码维度是如何显现和建构的,而辛格的一篇有关美苏态度的研究论文则详尽地说明了这种编码维度建构的

1　举例援引自:Neuendorf, K. A. (2002). *The content analysis guidebook*. Thousand Oaks, CA: Sage. pp. 119-120.

多变量：推广基本策略类目建构

变量1：信息化或情感迎合

　　1　信息化多于感情化：在广告中，对产品或服务有更多的事实信息，而不是迎合情感。

　　2　情感化多于信息化：在广告中，对产品或服务有更多的情感迎合而不是事实信息。

　　3　无法确定。

变量2：产品展示

　　1　产品展示：广告中展示的产品或服务表现了其质量和功用。

　　0　无产品展示。

变量3：问题解决方法

　　1　解决问题：广告中表现了一个问题，可以通过使用产品或接受服务解决。

　　0　未使用问题解决方法。

变量4：图像广告

　　1　广告设计目的是增加产品或服务的声望，并不给出产品或服务的具体细节。

　　0　未使用图像广告。

变量5：产品比较

　　1　广告明确或不明确地将广告品牌与至少一种其他竞争产品或服务进行比较。

　　0　未使用产品比较。

设计和实施步骤，[1]具体说明如下：

　　本研究的目的是描绘出一幅关于美苏外交政策和策略的图画，只要这些政策和策略反映在以下这四个方面的精英表述中即可：①国际环境；②权力的分配；③对方的操作规则；④他们自己的操作规则。

　　这个程序由两个主要阶段构成：设计并完善我们的编码步骤并加以应用，第一个阶段主要由六个或多或少不同的步骤组成：

　　（1）汇集与所研究的主题最相关的问题。这些问题一定是基于多种来源的：比如作者对主题的一般性了解，他自身的社会科学概念图式的参数，以及本领域其他作者的写作和研究中提议过的外交政策的维度。

　　（2）一旦一整套试验性质的维度建立和组织起来后，作者、作者的助手、

1　见：Singer, J. D. (1964). Soviet and Americna foreign policy attitudes: A content analysis of elite articulations. *Journal of Conflict Resolution*, 8, 424-485. pp. 432-433.

某些顾问以及作者的学院同事就会对这些维度进行讨论、批评,并进行修订。

（3）这种维度于是会被其他编码者作为样本应用到有待编码的材料中,这样一来,有些维度会被删除,有些会被重新措辞,也可能有几个新的维度被增加进来。

（4）作者于是会重新评估这些维度,加固每个维度之下的三种范畴,以便每个维度下其范畴之间相互的排斥度和穷尽度达到最大化。

（5）这些维度及其范畴会由编码者亲自进行前测并确保:

①被编码的文献对有编码价值的维度具有足够的参考价值;

②维度本身没有相互重叠（除非在一些案例中是在寻求态度的细微差别）;

③维度本身足够清晰,不含糊,可以确保单个编码者能够对于某一篇文章是否应该以此维度来编码做出高度一致的决定。

④这三种范畴,在每个维度之下都尽可能地具有排斥性,且对于可能范围内与此相关的回答都具有穷尽性。

（6）当前测证明（由两个或者两个以上独立的编码者取得一致同意的）这些维度和范畴是足够精确、清楚时,就可以确定下来了。

6.1.1.2 编码员培训与编码

所有内容分析项目都应该至少由两个或多个编码员来完成,而且编码员的培训过程在实际研究过程中往往并不是一次性到位的,通常会有几个反复。因此,纽恩多夫以三个词来描述好的编码员准备,即"培训"、"培训"和"培训"。[1] 国际学界规范的学术论文一般也都要求汇报是否有编码员培训。在笔者对五份 SSCI 期刊进行的 20 年内容分析研究调查（见附录一）的所有 588 篇论文中,61% 的论文直接或间接表明在正式编码前对编码员进行了培训。另外,在挑选编码员时,内容分析者还应注意不要低估编码员对所研究的现象的熟悉程度这个问题的重要性。为了能够阅读和解释文本,有时甚至要观察视觉形象,编码员需要在一定程度上熟悉他们所要编码的对象,而这些通常在任何编码指南中都不会明确说明,比如读文识字的能力,这是一种社会性的能力,它是需要通过在一定社群内长期使用文本才会获得的。熟悉度是编码员必须带入到内容分析中的理解感觉。拥有共同的相似背景（比如涉入文本的类似历史、类似教育和类似的社会敏感性等）会有助于编码信度的达成。

记录/编码并非一项中立的或日常性的活动,它也许是受到涉及有关文本的语

---

1 Neuendorf, K. A. (2002). *The content analysis guidebook*. Thousand Oaks, CA: Sage. p.133.

境及其相关的抽象理论的启发而来,又或者是出于复杂研究设计的必要性。编码员也许被要求根据他/她不熟悉或感到困难的方式去诠释文本,有时会因对研究问题的无知,致使那些方式在编码员看来甚至是毫无意义的。尽管编码指南在理论上会给予编码员方向上的指引,且应该如其所撰写的那样被理解,但通常还是需要内容分析研究者为编码员提供额外的培训,使之更好地理解和使用编码指南。从研究文献来看,有的编码员培训时间甚至超过数月,特别是对于那些概念较为复杂或者规模比较庞大的项目。在培训中,需要向编码员详细解释每个变量和每个类目的意义所指、涵盖的现象范围,并予以实例讲解,同时研究者也可能要相应地完善定义和类目,调整指南,并修改编码表。

6.1.1.3 编码员间信度测试及其步骤

一项内容分析研究的编码过程中,最重要的一个环节是编码员间信度测试,其具体操作步骤如下:

1)选择一种或者多种合适的编码员间信度测试指数。这种选择要基于变量的特性,包括变量的测量层次、在编码类别中的预期分布,以及编码员的个数。从目前的研究文献来看,通常不推荐使用百分比一致性(percent agreement)这种方法,因为它没有考虑到编码员偶然一致性的情况(详见下文说明)。如果要使用该方法的话,最好是再使用一种顾及偶然一致性问题的指数。无论是哪种,研究者都需要针对其研究的特殊性特别是变量性质和研究目的,为其选择作出解释或合理性说明。而且需要注意的是,编码员间信度测试方法的选择是在数据搜集和计算编码员间信度系数之前就要确定下来的。

2)获取必要的工具以计算所选择的编码员间信度测试指数。有些测试指数可以人工计算(具体计算方法详见本章下面小节),尽管这种计算也许乏味,而另一些则需要借助计算机完成。国外已开发出一些专门的软件如 PRAM [1] 来计算测试编码员信度,有些统计软件包也带有这方面的应用程序。

3)针对所使用的信度测试指数确定一个合适的最低接受水平。虽然社会科学领域里的大多数研究方法专著或教材并未给出信度测试的一个具体的标准或边界数,而那些注明了标准的,其推荐的指数也有所不同。但无论是哪种信度测试,信度系数达到或高于 0.90,都是可以接受的。在此之下,如果是等于或大于 0.80,那么在大多数情况下是可以接受的。低于此标准的话,则存在着很大的不

---

1   PRAM 是一款以 Windows 操作系统为基础的适合于 PC 机的软件,用于两人以上编码员的信度测试计算。它要求输入数据的文件是 Excel 格式(以 .xls 为文件命名尾缀;SPSS 统计软件对这样命名的数据文件是可以进行存储的)。在 Windows 系统环境下,PRAM 使用者在每一项信度测试分析时可以选择如下几项:①编码员的 ID 代码;②要评估的测量变量的名称;③要计算的统计值。对 PRAM 的进一步介绍参见本书附录四。

同意见。虽然有学者称 70% 的一致性即可被认为是可靠的,[1] 也有学者曾指出可以将超过 0.75 ~ 0.80 的相关系数视为高信度,[2] 但不少内容分析法权威学者还是认为,在这种情况下要谨慎对待,需要看是何种指数以及什么类型的研究,比如,这一信度水平对于某些测试指数而言,仅仅是在探索性研究的情况下才是可以被接受的。著名的内容分析专家克里本多夫虽然没有具体指明信度系数的类型,但他提出,只有在信度高于 0.80 时才报告变量的结果,当信度系数为 0.67 ~ 0.80 时只能对变量作出"高度不确定且小心谨慎的结论"。[3]

一般来讲,百分比一致性系数的接受门槛是 85%。[4] 像斯科特 *pi* 和科恩 *kappa* 这样的排除偶然因素的统计方法,会采取更为自由宽松的标准。但具体标准也有或多或少的分歧,比如,珀批提议将科恩 *kappa* 的接受标准定为 0.80 或更高。[5] 对于此指数,其他学者还提出了这样较低的标准:大于或等于 0.75,表明排除偶然的非常好的一致性;0.40 ~ 0.75,表明排除偶然的一般至良好的一致性;低于 0.40,表明排除偶然的很差的一致性。[6] 与此有所不同的是,里夫等人却赞同一种相对较高的标准,但他们也未具体指明信度系数的类型,只是一般性地认为研究通常报告的信度系数"为 0.80 ~ 0.90",并且"信度评估低于 0.70 的研究很难予以解释,其方法值得怀疑,不宜复制"。[7]

4) 对信度进行试点评估。在内容分析中,信度往往进行两次评估,一次是正式研究开始之前的试点评估,一次是研究信度报告所需的最终评估。信度的试点评估从研究所用的整体样本中随机选取子样本来进行,子样本需要有代表性,样本大小可以视研究情况而定,但一个不错的一般法则是选取 30 个样本单位。如果可能的话,在为一项内容分析研究抽取样本的同时,另外抽取一个具有代表性的独立样本,用于编码员培训和信度的试点评估。编码员必须独立完成编码,不要借助咨询或指导。而且,如有可能,研究者本人在此阶段不应作为编码员。如

1　Frey, L. R., Botan, C. H., & Kreps, G. L. (2000). *Investigating communication: An introduction to research methods* (2nd ed.). Boston: Allyn & Bacon.

2　Ellis, L. (1994). *Research methods in the social sciences.* Madison, WI: WCB Brown & Benchmark.

3　Krippendorff, K. (1980). *Content analysis: An introduction to its methodology.* Beverly Hills, CA: Sage. p. 147.

4　Kassarjian, H. H. (1977). Content analysis in consumer research. *Journal of Consumer Research*, 4(1),8-18.

5　Popping, R. (1988). On agreement indices for nominal data. In W. E. Saris & I. N. Gallhofer (Eds.), *Sociometric research: Volume* 1, *data collection and scaling*, pp. 90-105. New York: St. Martin's.

6　Banerjee, M., Capozzoli, M., McSweeney, L., & Sinha, D. (1999). Beyond kappa: A review of interrater agreement measures. *Canadian Journal of Statistics*, 27(1),3-23.

7　Riffe, D., Lacy, S., & Fico, F. G. (1998). *Analyzing media messages: Using quantitative content analysis in research.* Mahwah, NJ: Lawrence Erlbaum. p. 131.

果试点测试的信度水平足够的话,即可对所有样本进行编码;如果测试结果不行,就得另外培训编码员,修正编码表和编码程序,只有在极端情况下才替换一个或多个编码员。一般来讲,如果测试发现严重问题,通常需要修改编码方案。在这种情况下,测试样本数据就不能包含在最终数据分析中,必须以修正后的方案来重新编码。对测试阶段的信度所产生的问题,纽恩多夫提出了三种诊断和矫正方法。[1]

（1）找出有问题的变量。当试点评估发现一个变量的编码员间信度很低时,可以从至少四个方面进行修正:①进一步培训编码员并重新检测该变量的信度;②重新修改、撰写编码指南,使该变量的测量清晰化;③更改该变量的类目（如合并类目）;④如果可能的话,将该变量根据概念维度分解成两个或更多的更简单、更具体（更显性）的变量。

（2）发现一个变量内部有问题的类目或赋值。[2]　通过观察编码员 A 与编码员 B 的编码赋值矩阵（矩阵图参见本章表 6.1）,也许能发现关键的分类混淆点,也即一个变量中哪些类目在编码方案中不是很清晰地被区分开来。比如,在实际编码中我们也许看到,编码员 A 偏向于将某种口头话语编码成“攻击的”,而编码员 B 则倾向于系统地将同样的口头话语编码成“反对的”。此时,就要首先弄清楚两位编码员各自的依据,找出编码员对编码指南中类目划分的概念说明在理解上的系统误差或距离,并进一步培训该编码员;或者,修改编码表,以消除这种系统性的测量误差。

（3）识别有问题的编码员。对于多位编码员,通过配对检测编码员间信度,也许能发现一个编码员是否与其他编码员相匹配。在作出放弃该编码员的决定之前,也许需要对该编码员进行额外的培训。

5）对信度进行最终评估。在信度试点评估的基础上对信度水平获得足够信心后,需要使用另一套随机抽取的具有代表性的子样本对研究项目所需要编码的整个样本进行信度的最终评估,以此代表整个研究过程中编码员的表现。研究报告或发表论文中所汇报的信度系数就是由最终评估获得的。该阶段的信度测试所需的样本量大小取决于许多因素,但一般而言应该不少于 50 个单位,或者是整个样本的 10%,而且很少有多于 300 个单位的时候。在附录一笔者的调查中,有57.1%的论文明确汇报了用于信度测试的样本数,其中,绝大部分论文（85.5%,288 篇）所汇报的信度测试样本数要么达到或超过 50 个样本单位,要么占实际研

1　参见:Neuendorf, K. A.（2002）. *The content analysis guidebook*. Thousand Oaks, CA:Sage. pp. 147-148.

2　Krippendorff, K.（1980）. *Content analysis:An introduction to its methodology*. Beverly Hills, CA:Sage.

究样本数或总体数的 10% 或以上（最多达 100%）。虽然有学者通过研究表明样本的 5% ~ 7% 足以用于信度测试，[1]但经验研究告诉我们，当研究所用的整体样本很大并且预估到内容差异较大，或者信度水平估计较低时，就需要较大的信度测试样本量。[2] 与试点评估类似，此阶段的编码测试也必须由编码员独立完成，不要借助咨询或指导。

6）选择并遵循一种合适的程序从而将信度测试样本的编码与研究所用的整体样本的编码结合起来。除非信度十分完满，信度测试样本中总有些单位会出现编码不一致的情况。编码员之间如果达到足够的一致程度，那么每位编码员的编码决定有理由被纳入至最后的编码数据，而且信度测试样本所获得的结果仅能说明在评估信度过程中所发现的潜在的编码员之间不一致的数据，但尽管如此，研究者还是必须决定如何处理这些编码不一致的问题。处理解决的办法根据数据和编码员的特点而定，或者随机选取不同编码员的编码决定，或者以多数人决定为准的原则（如果编码员数量为奇数的话），或者将研究者本人或另一位专家当做最后裁决者，又或者研究者与编码员商讨并解决不一致的问题。不论采取何种方式，研究者都需要说明选取该处理办法的合理性。

7）在所有研究报告中小心、清楚、仔细地汇报编码员间信度。即便是编码员间信度测试充分，读者也只能根据所提供的信息来评价一项研究，这些信息必须完整和清晰。至少需要提供如下信息：①信度样本量大小，以及用于择取信度样本的方法和理由；②信度样本和整体样本的关系（也即信度样本是否等同于整体样本，或者是整体样本的下属子集，或者是与整体样本不同的另外的样本）；③信度测试编码员的数目（必须是两个或更多）以及编码员是否包括研究者本人；④每位信度测试编码员和非信度测试编码员所完成的编码量；⑤用于计算信度的指数及其选择理由；以及⑥每个变量针对所选择的每种信度指数所获得的编码员间信度水平。

其他可用于参考的信息还包括：①达到所获信度水平所需要的编码员培训时间（如多少小时）；②信度测试编码中的不一致问题如何在整体样本中得以解决；以及③读者从哪里以及怎样（比如从作者处）可以获取到关于编码工具、程序和指南的细节信息。

6.1.2 六种报纸编码方式的问题比较

如第 4 章所述，报纸的内容分析有多种分析单位，因此有多种相应的编码方

1 Kaid, L. L., & Wadsworth, A. J. (1989). Content analysis. In P. Emmert & L. Barker (Eds.), *Measurement of communication behavior*, pp. 197-217. New York: Longman.

2 Lacy, S., & Riffe, D. (1996). Sampling error and selecting intercoder reliability samples for nominal content categories. *Journalism & Mass Communication Quarterly*, 73(4), 963-973.

式。以不同编码方式进行的研究在信度方面是否会有所不同,或者是否会带来不同的问题,这对于研究者在具体分析报纸内容时,是一个要考虑的实际问题。对此,温德豪瑟和斯坦普尔曾以美国地方报纸的政治竞选报道为研究对象,比较了报纸内容分析常见的 6 种编码方式。[1]

(1)文章法:将所有关于民主党和共和党候选人的新闻和评论文章编码和分类为民主党的/共和党的。

(2)空间法:先测量所有政治竞选报道的篇幅(近至四分之一英寸),然后再将其分为民主党的/共和党的。

(3)陈述法:将一篇竞选报道内的每个陈述(statement)编码和分类为民主党的/共和党的。

(4)单议题法:一个议题在竞选报道里出现一次,则记录和分类一次(民主党的/共和党),但在单个党派的给定报道里只编码一次。

(5)多议题法:将一篇竞选报道里出现的所有议题记录并分类为民主党的/共和党的。

(6)标题法:记录所有地方竞选报道的标题,并将其按照党派和类型分类。

研究者使用这六种方式对俄亥俄州的 12 份都市日报进行了编码,所有编码内容同时按照支持/反对分类,所含信息有:偏向性的强度、与党派无关的中立内容、政治广告、党派非竞选活动,以及非发行区域的地方报道。在此基础上,两位研究者考察了这六种方式的各自的信度,并从多个方面阐述了各自的优劣势,以及相比而言哪些是最好的使用方式。就编码时间而言,标题法最快,空间法和文章法其次,再其后依次是单议题法、陈述法和多议题法。就一致性而言,六种方法之间都呈现了显著的关联性。在新闻内容单位方面,关联度最高的是空间法和文章法,其次是空间法和单议题法、标题法和单议题法,且空间法与其他几种方法都有十分高的关联度;在党派偏向性内容方面,关联度最高的是多议题法和陈述法,其次是单议题法和陈述法、单议题法和多议题法。

可见,该研究所涉及的六种编码方式之间都具有高度显著的关联性,而无论报道的内容类型和倾向如何。六种方法中,陈述法和多议题法是最花费时间的,合理记录和归类每个陈述和议题需要 1~5 分钟的时间。这是可想而知的,因为其中的陈述法编码单位较小,另外一个则涉及多项语意的判断,需要更为认真和细致的阅读。当寻找报道模式时(如不同党派本地竞选活动的日报道频次和趋势),这两种方法可以一起使用,且都适用于内容的所有变异情况和类型。但是当研究只是寻找诸如偏向性的报道模式时,陈述法和多议题法不太实用,因为用它们编

1　参见:Windhauser, J. W., & Stempel III, G. H. (1979). Reliability of six techniques for content analysis of local coverage. *Journalism Quarterly*, 5(1), 148-152.

码信息太费时间,可以采用更简单的方法。

如果是对新闻和评论中的政治宣传议题进行编码,除了多议题法,一种更快的方式是单议题法。它比多议题法更快,并提供了类似的信息,包括议题在各种主题领域内的分布情况。比单议题法更快捷的是标题法,但它在对新闻或评论内容的党派关系进行编码时是最不尽如人意的。对于混合新闻和评论内容,这种方法整体上与其他五种方法有高关联度,但将内容按党派归类时关联度就低得多了。研究者对此的解释是,有党派倾向的标题数量较少。美国新闻实践的一种惯例做法是,在新闻报道中,尤其是评论,编辑会挑选一个普通中立的标题而非一个偏向文中某候选人或某党的标题。

要区别本地竞选活动中的党派差异,可使用文章法和空间法。两者都能轻松、快捷地应用于判断两党相关新闻、评论内容的数量和偏向。且它们都与其他四种方法有高度可预测水平。空间法是最有名、最广泛使用的基础方法,它包括了文章中所有其他类型的内容。空间法比文章法更好用,因为它在篇幅方面显示了报道的重点。这个重点通常反映了标题大小和内容。空间法和文章法是继标题法之后编码最快的方法,其后是单议题法、陈述法和多议题法。

在这样的分析基础上,针对以地方政治竞选报道为基础的内容分析程序,研究者提出了如下建议:

(1)要获得日报报道频次和趋势时可采用**陈述法**和**多议题法**,适用于所有内容类型。缺陷是因为需要细读文章而耗时过长。可以用来测量报道模式偏向性但不实用。

(2)对新闻和评论中的政治宣传议题进行编码时可采用**多议题法**,或者**单议题法**。后者更快并提供了类似的信息,包括议题在各种主题领域内的分布情况。

(3)**标题法**是编码最快的方法。它适用于编码混合内容,但缺陷在于不太能反映党派偏向性的信息。因为地方报道中含党派倾向的标题数量较少,这也是地方选举的独特之处。它总体上与其他方法高度相关。

(4)要区别本地竞选活动中的党派差异可使用**文章法**和**空间法**。两者编码速度仅次于标题法,且都与其他方法高度相关。其中空间法比文章法更好用,因为它在篇幅方面显示了报道的重点。

总而言之,研究者认为空间法是评估地方竞选党派报道的最佳方法。同时使用空间法与单议题法、标题法以及主题分类则可以对报道模式进行更完整的描述。其他方法如陈述法和多议题法针对的是选定的信息。

6.2　信度测试及其相关问题

6.2.1　信度的基本概念

　　所谓**信度**(reliability),是指测量数据独立于测量工具的程度,也即根据一种测量程序,不同的研究者对同一现象进行重复测试产生一致结果的程度。[1] 重复测量的结果越一致,该测量程序的信度就越高;相反,结果越不一致,信度就越低。如前所述,对于内容分析而言,内容的分类或类目建构是其核心,一套分类体系如果准确、完整,将其运用于同样的内容,由不同的分析者依次划分类目进行编码,无论其执行的具体环境如何,理论上应该得出相同或类似的结果,否则这样的分类体系是令人质疑的,至少是存在着歧义或分类标准不统一的可能。这也就是贝雷尔森指出的传播内容分析所依赖的两种一致性之一,分析者之间的一致性,[2] 也即**编码员间信度**(intercoder reliability),它被定义为"独立的编码者评估一则信息或人工制品的特征并达到相同结论的程度",[3] 也就是说,不同的编码员在运用同一份编码表中相同的类别设定去分析相同内容时所达到的一致程度。编码员间信度是使主观编码数据具备有效性的根本标准,用以测量两个或两个以上编码员对一组信息评估的一致程度。在新闻传播学研究和其他社会科学学科中,编码者间信度常常作为内容分析的一个重要部分,一种总结中介信息实质内容的标准方法。除此以外,另一种信度是跨时间的一致性,也就是,一个或一组编码者,当他们对同样的内容在不同时间运用同样的类目建构时,其每次产生的分析结果应该是相同或一致的。这种跨越时间的信度,也被称作**稳定性信度**(stability reliability)。[4]"将内容分析作为一种科学研究的工具,在很大程度上取决于在这两方面

1　参见如下专著的相关论述:1)[美]艾尔·巴比.社会研究方法[M].邱泽奇,译.北京:华夏出版社,2005:137-140;2)[美]迈克尔·辛格里特里. 大众传播研究:现代方法与应用[M].刘燕南,等,译.北京:华夏出版社,2000:94-97;3)Carmines, E. G., & Zeller, R. A. (1979). *Reliability and validity assessment.* Beverly Hills, CA: Sage. p.12.

2　Berelson, B. (1952). *Content analysis in communications research*, pp.172-173. New York: Hafner. pp.172-173.

3　Lombard, M., Snyder-Duch, J., & Bracken, C.C. (2004). A call for standardization in content analysis reliability. *Human Communication Research*, 30(3),434-437.另参见:[美]丹尼尔·里夫,斯蒂文·赖斯,弗雷德里克·G.菲克.内容分析法:媒介信息量化研究技巧[M].嵇美云,译.第2版.北京:清华大学出版社,2010:124。

4　参见:[美]劳伦斯·纽曼.社会研究方法:定性和定量的取向[M].第5版.郝大海,译.北京:中国人民大学出版社,2007:228。

获得高信度"。[1] 克里本多夫指出,高信度的内容编码具有稳定性、可复制性和准确性等三个特征。[2]

信度对于内容分析之重要,借用卡普兰和戈德森的话说,首先在于"确保数据是独立于测量的事件、工具或人而获得的"。[3] 从程序上来讲,信度的测试可以在科学抽样的基础上进一步预先防范研究者对数据内容的有意或无意的偏向或歪曲处理。一个可接受的编码员间信度水平可以保证使编码方案获得基本的有效性,也就是说,必须确保不止一个人使用该编码方案获得相似结果,即使由主要调研者负责所有编码,也需要有第二个编码者来检查信度。[4] 而且,内容分析编码员间的高信度的获得,意味着在类目建构的明确性和准确性基础上达到相当程度的同感阅读,也就是说,"对文本数据的阅读以及研究结果是可以在他处被复制的",研究者们对他们所谈论的,也即代表和指向所研究现象的经验的相关数据,"明显地持一致意见"。[5]

尽管编码员间信度在各学科领域的使用有所不同(如在医学领域或健康传播的内容分析中,它常常用来确认疾病诊断分类系统等的有效性),但无论是哪个领域,它都是受到学者高度推荐的用以防止文本分析中测量错误或操作定义不连贯的方法,[6] 国际学术界对信度统计报告的重视也大大增加。贝雷尔森在其1952年的专著中曾指出,对于内容分析的信度问题,当时并没有得到学界足够的关注,只有15% ~20%的研究把信度分析呈现在报告中。这种状况在其专著出版四十年后大为改观。据龙巴德等人在2002年发表的一篇论文的统计,[7] 1994—1998年间传播学领域内200个内容分析研究中有69%汇报了编码员间信度。在附录一笔者对五份SSCI期刊的588篇内容分析论文的调查中,有81.5%的论文(479篇)至少汇报了一种编码员间信度测试,这些论文中汇报了两种信度的有76篇

1 Berelson, B. (1952). *Content analysis in communications research*. New York: Hafner. p. 172.

2 参见 Krippendorff, K. (2004). *Content analysis: An introduction to its methodology* (2nd ed.). Thousand Oaks, CA: Sage. pp. 214-216.

3 Kaplan, A., & Goldsen, J. M. (1965). The reliability of content analysis categories. In H. D. Lasswell, N. Leites, & Associates (Eds.), *Language of politics: Studies in quantitative semantics*, pp. 83-112. Cambridge: MIT Press. p. 83.

4 Evans, W. (1996). Computer-supported content analysis: Trends, tools, and techniques. *Social Science Computer Review*, 14(3),269-279.

5 Krippendorff, K. (2004). *Content analysis: An introduction to its methodology* (2nd ed.). Thousand Oaks, CA: Sage. p. 212.

6 参见:1)Lombard, M., Snyder-Duch, J., & Bracken, C. C. (2004). A call for standardization in content analysis reliability. *Human Communication Research*, 30(3), 434-437; 2) Neuendorf, K. A. (2002). *The content analysis guidebook*. Thousand Oaks, CA: Sage.

7 Lombard, M., Snyder-Duch, J., & Bracken, C. C. (2002). Content analysis in mass communication: Assessment and reporting of intercoder reliability. *Human Communication Research*, 28(4),587-604.

（12.9%），另有六篇（1.02%）使用了三种。

内容编码过程中缺乏一致性是信度的最大威胁，特别是当编码不是基于文本的显性内容，而是表示方向或强度，以及隐性构念等隐性内容时，这一问题会更大。很显然，不同的编码者对一个陈述所表达的某种态度的强度，或者该陈述是有利、中性，还是不利等类似问题进行编码时，也许会持不同的意见，从而作出不同的编码决定，甚至有可能随着时间而改变想法，这种可能性在编码表要求基于隐性内容作出判断或推论时会大大增加。而这样的问题也许甚至会发生在分析显性内容如新闻体裁和新闻表现手段时，只要人作为数据搜集的工具，这样的问题就有可能会发生。

为了测量信度，研究者必须比较两种相同的测量情境。在社会科学研究中，测试信度一般有三种路径：①前后测试法，也就是一个编码员在不同时点在类似条件下对同样的内容资料进行编码测试，这其实考察的就是上面所说的编码员的编码稳定性问题；②同等形式法，也就是方法论专著或教材中常说的编码员间信度测试，由不同的编码员在相同的时间在类似条件下对同样的内容资料进行编码测试，规范的学术期刊上刊登的研究论文多半汇报这一信度测试的结果；③分半测试法，也就是将样本分为对等的两部分，各自进行信度测试，然后将两部分所获得的分数进行比较，可以说，这种方法主要考察的是编码表对不同内容资料的切合性问题。

一般情况下，当概念和变量类别越简单，类别设定越清晰、越完整，编码指南的说明阐释越详尽，编码员经验越丰富或所受训练越充分时，信度测试结果就会比较高。而在实践中，却时常会有一些主客观因素对信度造成威胁，纽恩多夫和其他学者就曾总结了必须考虑到的几个关键性因素。其中主要包括：[1]

（1）编码方案编制糟糕：这可能意味着编码手册中的指南用词不当或类别定义不明确，或者，研究者在试测编码方案后未作相应变化，又或者这两种情况皆有。

（2）编码员培训不充分：编码员培训通常涉及几个部分，要进行编码操作练习，为试测编码方案建立良好的初始信度。

（3）编码员疲劳：编码时间安排需要合理，不要给编码员施加过多精力负荷。这既是指编码表的长度，也是指在一个既定时间段里要编码的单位数量。

（4）存在一个离群编码员：尽管很少碰到，但总是会有这种可能，一个编码员就是无法接受培训以获得信度。这样的编码员也许必须从研究中去除，但这只有在反复培训，并将其在各变量上的信度表现与其他编码员进行

1　在参照多种文献并结合笔者对研究实例的考察总结的同时，要点提炼框架主要引自 Neuendorf, K. A. (2002). *The content analysis guidebook*. Thousand Oaks, CA: Sage. pp. 145-146.

比较考察后才可以决定是否排除(例如在美国著名的国家电视暴力研究[1]中就出现过此种情况)。

6.2.2 编码员间信度测试标准与计算

前面章节详细介绍了编码员间信度测试的步骤以及三种信度测试的路径,在三种信度测试中,编码员间信度对于内容分析研究而言尤其重要,也最为常见。那么,编码员间信度测试的标准是什么?具体用什么方法来测试?另外,编码员间信度达到什么样的水平是可以接受的呢?学界对接受水平这一问题尚有争论,没有统一的标准,且对于不同的测试方法标准也不尽相同。

编码者间信度测试方法多种多样,社会科学领域中最通行的有如下几种:百分比一致性(percent agreement)、斯科特 *pi*、科恩 *kappa*、克里本多夫 *alpha*、以及共变(如斯皮尔曼 *rho* 和皮尔森 *r* 等)。其中,只有科恩 *kappa* 和克里本多夫 *alpha* 这两种适合于同时有两个以上的编码员的研究。其他测试多用于两位编码员的情况(见表 6.1)。针对各种信度测试的不同计算方式,研究者已开发出专门的计算机软件 PRAM 供内容分析者使用(见附录四),该软件可以计算百分比一致性、霍尔斯蒂系数、斯科特 *pi*、科恩 *kappa*、斯皮尔曼 *rho*、皮尔森 *r* 以及林的一致性相关系数(Lin's concordance correlation coefficient)等。可以计算信度测试系数的其他软件还

表 6.1 编码员间编码结果通用列联表

	编码类别	编码员 A					行边际总数
		1	2	3	…	k	
编码员 B	1	一致					f2,1
	2		一致				f2,2
	3	不一致		一致			f2,3
	…				一致		…
	k					一致	f2,k
	列边际总数	f1,1	f1,2	f1,3	…	f1,k	边际分布

注:所有对角单元格代表的是两位编码员在所测试的某一变量 V 下属的某个类别上的一致数;比如,本单元格的观察数代表那些编码员 A 和编码员 B 均将其编码为变量 V 的属性类别 1 的案例数。所有非对角单元格代表的是编码员间的不一致数;比如,本单元格的观察数代表那些被编码员 A 编码为类别 1 却被编码员 B 编码为类别 3 的案例数。

---

1 见:National Television Violence Study (Volume 1). (1997). Thousand Oaks, CA: Sage.

有 Simstat、SPSS、AGREE、克里本多夫 alpha 3.12a 等。[1]

6.2.2.1　偶然一致性控制问题

所有这些具体的编码员间信度测试方法,其实可以按照是否控制了偶然性因素影响划分为两大类别,即简单一致性信度标准与控制偶然一致性影响的信度标准。这种划分是基于这样一种统计概率现象,即编码员之间的一致性有部分应归因于偶然,用专业术语来讲就是偶然一致性(chance agreement)。比如说,如果两位编码员对一个二元变量(例如新闻报道中是否呈现了某一种新闻框架)进行"是"或"否"的判定时,从概率上来说,他们的判断一致有50%仅仅是出于偶然性,也就是说,如果他们靠扔硬币而不是解读新闻报道文本,或者他们闭上眼睛进行编码,他们也会有50%的机会达到一致。

在两类标准中,简单一致性信度标准考察的是编码员是否对一个既定变量赋予同样的值,这种标准特别适合于测量定类数据,尤其是二元定类数据(如"是/否"、"男/女"等)。它包括了在早期的内容分析中最为常用的两种方法,百分比一致性和霍尔斯蒂指数,但它们的计算都没有将偶然性因素纳入考量,无法校正编码员之间的偶然一致以及对编码员分数的精确匹配,因此在大多数情况下这样的信度测试是过于自由了。[2] 这是简单一致性的重要缺陷。正因如此,自20世纪90年代以后简单一致性信度标准的使用明显减少了,但由于其计算的简便性,也还时有运用,特别多见于内容分析初学者和行业性研究中。比如,有人在20世纪80年代末对市场研究论文做过调查,[3]发现在其调查的样本中报告信度系数的论文有65%用的是简单百分比一致性。但根据附录一笔者的调查,在汇报了信度测

1　1)Simstat 由 Provalis Research 公司(www. provalisresearch. com)出品,可以计算百分比一致性、斯科特 pi、科恩 kappa、自由边际(定类数据、定序数据)、克里本多夫 r 和克里本多夫 R(定序数据)等系数。2)统计软件 SPSS 只能计算科恩 kappa。3)AGREE 是由波平(Popping,1984)开发的一款基于 Windows 系统的计算科恩 kappa 和一种被称为 D2 的指数的软件,该指数据说适合于试点研究,试点研究中的编码员在给分析单元分配类目时不断开发类目,最后每位编码员可能开发出一套不同的类目,因此特别需要进行信度测试。该软件目前可以从 SciencePlusGroup(www. gamma. rug. nl)获得。4)克里本多夫 alpha 3.12a 也是一款 Windows 系统软件(早年是 DOS 版本),专门计算克里本多夫 alpha 系数,但遗憾的是该软件还是测试版,尚未广泛推广。克里本多夫教授曾表示正在开发一款新的更加全面的软件应用。

2　参见:1)Lombard, M. , Snyder-Duch, J. , & Bracken, C. C. (2002). Content analysis in mass communication research: An assessment and reporting of intercoder reliability. *Human Communication Research*, 28, 587-604;2)Neuendorf, K. A. (2002). *The content analysis guidebook*. Thousand Oaks, CA: Sage.

3　见:Hughes, M. A. , & Garrett, D. E. (1990). Intercoder reliability estimation approaches in marketing: A generalizability theory framework for quantitative data. *Journal of Marketing Research*, 27,185-195.

试的479篇论文中,使用简单百分比一致性的只有44%(百分比一致性的论文有29.9%,霍尔斯蒂系数的有15%)。[1]

自20世纪七八十年代后,研究者通常会考虑到这种偶然成分,开始更多地使用一些排除了偶然因素的一致性系数指标。常见的替代方法有斯科特 *pi*、科恩 *kappa* 和克里本多夫 *alpha* 等,这些方法更为保守,计算起来也更为复杂,因为要对偶然一致进行数学校正,融入至公式中。由于这个原因,专家们普遍认为这几种方法是最具权威性的编码者间信度指数,要远远优于百分比一致性。[2] 附录一中笔者的调查显示,汇报了信度测试的479篇论文中,使用排除了偶然一致性的信度系数(如斯科特 *pi*、科恩 *kappa*、克里本多夫 *alpha*、共变及其他)的论文百分比高达63.9%,在这306篇中,使用了这些系数中任何一种方法的论文有90.65%(277篇),同时使用两种方法的有27篇(8.8%),另有两篇(0.65%)使用了三种方法。[3]

6.2.2.2 百分比一致性

这是一种非常简单的百分比计算,即编码一致的单位数除以所有编码的单位总数,其公式如下:

$$PA_O = \frac{A}{n}$$

公式中,PA_O 表示"观察到的一致比例",A 表示两位编码员编码一致的单位数,n 表示测试中两位编码员编码的单位总数(也即他们所能达到的最大一致数)。这一计算方法的统计数范围是0.00(无一致性)至1.00(完美的一致性)。

例如,假设我们对某网站上的BBS论坛帖子进行内容分析,以每篇主帖为分析对象,以10篇主帖为编码信度测试的样本(也即案例数 $n=10$),其中一个测量的变量是主帖类型,其下属的属性类目分为"1=提供信息为主"、"2=以意见言论为主"和"3=其他"三个。两位编码员A和B对这10篇主帖都进行了编码。结果如下:

---

1 因有的论文同时使用两种方法,因此两种方法的百分比之和超出运用简单百分比一致性方法的论文百分比。

2 参见:1)Krippendorff, K.(2004). *Content analysis: An introduction to its methodology* (2nd ed.). Thousand Oaks, CA: Sage; 2) Lombard, M., Snyder-Duch, J., & Bracken, C. C. (2002). Content analysis in mass communication research: An assessment and reporting of inter-coder reliability. *Human Communication Research*, 28, 587-604; 3) Neuendorf, K. A. (2002). *The content analysis guidebook*. Thousand Oaks, CA: Sage.

3 与此相比,国内目前的状况相差甚远,新闻传播学领域所发表的内容分析论文要么没有信度测试,要么用的多是没有排除偶然一致性的信度标准。

表 6.2　百分比一致性编码案例列联表

案例单位	编码员 A	编码员 B	一致或不一致
主帖 1	类目 1	类目 1	一致
主帖 2	类目 2	类目 2	一致
主帖 3	类目 1	类目 1	一致
主帖 4	类目 3	类目 3	一致
主帖 5	类目 2	类目 1	不一致
主帖 6	类目 1	类目 1	一致
主帖 7	类目 3	类目 3	一致
主帖 8	类目 2	类目 2	一致
主帖 9	类目 2	类目 3	不一致
主帖 10	类目 2	类目 2	一致
			一致总数 = 8
			不一致总数 = 2

那么,最为简单的百分比一致性(percentage agreement)计算即为:

$$PA_O = \frac{一致总数}{n} = \frac{8}{10} = 0.8 （也即 80\% 一致）$$

尽管百分比一致性由于没有校正偶然的一致而可能存在过高估计信度的局限,但有些研究者还是使用这种方法,其中一个原因是,与其他方法相比,它提供了较为实际和清晰的指证,尤其当所测量的类目多有缺位时,也即出现无此情况的时候,其他许多测试方法如斯科特 pi 和克里本多夫 $alpha$ 等都基本上无法计算,或者计算出来的结果极度地偏低,以致有违正常状态。[1]

6.2.2.3　霍尔斯蒂系数

霍尔斯蒂系数[2]计算公式与前者稍稍有所不同。

$$PA_O = \frac{2A}{n_A + n_B}$$

公式中,PA_O 表示"观察到的一致比例",A 表示两位编码员编码一致的单位数,$n_A + n_B$ 表示测试中编码员 A 和编码员 B 各自编码的单位数。这一计算方法的统计数范围也是 0.00(无一致性)至 1.00(完美的一致性)。

1 Bachen, C., Raphael, C., Lynn, K.-M., McKee, K., & Philippi, J. (2008). Civic engagement, pedagogy, and information technology on web sites for youth. *Political Communication*, 25(3), 290-310.

2 Holsti, O. R. (1969). *Content analysis for the social sciences and humanities*. Reading, MA: Addison-Wesley.

那么,上述举例的霍尔斯蒂指数计算即为:

$$PA_O = \frac{2 \times 8}{10 + 10} = 0.8$$

6.2.2.4　斯科特 pi

斯科特 pi(Scott's pi,π)[1]是目前国际上非常通用的针对定类数据的一种测试方法和标准。该计算方法因使用了两位编码员间的联合分布,从而纠正了偶然一致性。它不但考虑了类目数量,而且也将编码员如何使用类目纳入考量。[2] 其系数范围在 0.00 ~ 1.00。如果系数在 0.70 以上,是可以接受的信度系数;介于 0.60 ~ 0.70,勉强接受;低于 0.60,则表明不可接受。该方法要求数据为定类尺度的变量,忽略了两位编码员在给变量解码类目时判断分布的差异。其计算公式为:

$$斯科特\ pi = \frac{PA_O - PA_E}{1 - PA_E}$$

该公式至少有两种处理方法:

方法一:公式中,PA_O 表示观察一致性百分比,PA_E 表示期望一致性百分比($PA_E = \sum pi^2$,pi 为变量下属的每个类别的联合边际比例)。

如果将表 6.2 所举例子转化为表 6.1 这样的通用形式,即如表 6.3:[3]

表 6.3　斯科特 pi 编码案例列联表

编码类目	编码员 A			行边际总数
	类目 1	类目 2	类目 3	
编码员 B　类目 1	3	1	0	4
类目 2	0	3	0	3
类目 3	0	1	2	3
列边际总数	3	5	2	10

注:表中各数字所代表的含义参见表 6.1 下的注释说明。

1　Scott, W. A. (1955). Reliability of content analysis: The case of nominal scale coding. *Public Opinion Quarterly*, *19*,321-325.

2　Neuendorf, K. A. (2002). *The content analysis guidebook*. Thousand Oaks, CA: Sage. p. 150.

3　笔者的一篇论文即是根据这样的列联表和计算方法对论坛帖子的类目划分进行信度系数计算的。见:Zhou, X., Chan, Y.-Y., & Peng, Z.-M. (2008). Deliberativeness of online political discussion: A content analysis of the *Guangzhou Daily* website. *Journalism Studies*, *9*(5),759-770.

其中,观察一致性百分比 PA_O 为 0.80(表 6.3 中对角线上各一致数的总和 8 除以信度测试样本数 10),而每个类别的联合边际比例 P_i 计算如表 6.4:

表 6.4　斯科特 pi 编码案例计算表

编码类目	边际数		边际数之和	联合边际比例
	编码员 A	编码员 B	A + B	P_i
类目 1	3	4	7	7/20 = 0.35
类目 2	5	3	8	8/20 = 0.40
类目 3	2	3	5	5/20 = 0.25
	10	10	20	1.00

那么, $PA_E = \sum pi^2 = (0.35)^2 + (0.40)^2 + (0.25)^2 = 0.122\ 5 + 0.160\ 0 + 0.062\ 5 = 0.345$;

于是,斯科特 $pi = \dfrac{PA_O - PA_E}{1 - PA_E} = \dfrac{0.8 - 0.345}{1 - 0.345} = \dfrac{0.455}{0.655} \approx 0.695$

方法二:上述公式中, PA_O 表示观察一致性比例, PA_E 表示期望一致性比例。计算步骤如下:

(1)计算一致的帖子总数(读取表 6.3 中对角线上的三个数字):3 + 3 + 2 = 8

(2)计算一致的帖子总数的比例。一致的帖子总数除以编码的帖子总数,得到观测一致(Observed Agreement)的比例:8 ÷ 10 = 0.8

(3)计算每个类目选项一致的帖子总数除以一致的帖子总数所得结果的平方和,得到期望一致(Expected Agreement)的比例:

$$(3 \div 8)^2 + (3 \div 8)^2 + (2 \div 8)^2 = 0.343\ 75$$

(4)斯科特 $pi = \dfrac{PA_O - PA_E}{1 - PA_E} = (0.8 - 0.343\ 75) \div (1 - 0.343\ 75) \approx 0.695$

无论是哪种,都得出同样的结果。可见,在排除了偶然一致性的因素后,同样的编码结果,斯科特 pi 系数要比前面两种简单一致性系数低很多。这也是为什么简单一致性系数的接受门槛要比斯科特 pi 高,至少要达到 0.8,甚至 0.9。

斯科特 pi 虽然排除了偶然一致性因素,但同时也带来另一方面的局限。它被普遍认为是一种非常保守的测试,因为它过分纠正了偶然一致性,其系数计算结果一般偏低;特别是在这样的编码情况下:一个变量只有非常少数的几个选项而编码员又相当频繁地选择了其中一项。例如,假设是两位编码员对于一个二元变量(选择“是”或“否”),互相之间达到了 90% 的一致,如果两位编码员对测试样本中的一半都选择了“是”,另一半选择了“否”,那么计算出来的斯科特 pi 只有.80。同样是 90% 的一致,如果两位编码员的选择 80% 为“是”,20% 为“否”,那么斯科特 pi 更低至.69,尽管在两种情形下编码员数量一样,编码选项数目一样,两位编码员的一致百分比也一样。唯一使得 *pi* 系数产生这么大差异的因素是选择"是"的频率在两种情形下有所不同。斯科特 *pi* 公式将编码选项的同等选择的偏离处理为偶然一致性,因此这种处理上的转移会增加纠正偶然一致的因子,由此降低了 *pi* 系数值。

斯科特 *pi* 的另一个局限是,它假定编码员经常选中的变量赋值(即便它们是有效选择)构成了误差,因此要进行最大纠正。换句话说,它排除了被编码的内容特征在代码赋值方面本身就存在着不平衡这种可能。这其实是一种对变量赋值(或者说同一变量下各类目)均衡分布的偏向,在处理内容实质差异颇大的文本时尤其会造成问题。

6.2.2.5 科恩 *kappa*

内容分析自引入科恩 *kappa*(Cohen's *kappa*,κ)[1]以来,有许多报告称,*kappa* 是使用颇为广泛的信度系数,[2]同时也有学者先后提出许多改进版。[3] 如同 *pi* 一样,*kappa* 也要求数据是定类尺度的。其公式在形式上与斯科特 *pi* 相同,但具体计算有别,该方法原是用来改进 *pi* 的,通过使用乘法而不是加法而将编码员判断分布的差异纳入考量中,也即把表 6.3 中每个单元格的观察数改为各观察数在编码总数中所占比例来表示(见表 6.5)。

表 6.5 科恩 *kappa* 编码案例列联表

编码类目	编码员 A			行边际比例
	类目 1	类目 2	类目 3	
编码员 B 类目 1	0.3	0.1	0.0	0.4
类目 2	0.0	0.3	0.0	0.3
类目 3	0.0	0.1	0.2	0.3
列边际比例	0.3	0.5	0.2	1.0

并将各行边际比例与列边际比例两两相乘如表 6.6:

1 Cohen, J. (1960). A coefficient of agreement for nominal scales. *Educational and Psychological Measurement*, 20(1),37-46.
2 参见:1)Perreault, Jr., W. D., & Leigh, L. E. (1989). Reliability of nominal data based on qualitative judgments. *Journal of Marketing Research*, 26(2), 135-148;2)Zwick, R. (1988). Another look at interrater agreement. *Psychological Bulletin*, 103,374-378.
3 如,Banerjee, M., Capozzoli, M., McSweeney, L., & Sinha, D. (1999). Beyond kappa: A review of interrater agreement measures. *Canadian Journal of Statistics*, 27(1), 3-23; Kraemer, H.C. (1980). Extension of the kappa coefficient. *Biometrics*, 36, 207-216.

表 6.6 科恩 *kappa* 编码案例计算表

编码类别	边际比例		联合边际比例之积
	编码员 A	编码员 B	A × B
类目 1	0.3	0.4	0.12
类目 2	0.5	0.3	0.15
类目 3	0.2	0.3	0.06
	1.0	1.0	

$$科恩\ kappa = \frac{PA_O - PA_E}{1 - PA_E}$$

$PA_O = 0.3 + 0.3 + 0.2$（表 6.5 中对角线上的一致比例数）$= 0.8$

$PA_E = 0.12 + 0.15 + 0.06$（表 6.6 中联合边际比例之积）$= 0.33$

由此得出科恩 $kappa = \dfrac{0.8 - 0.33}{1 - 0.33} = \dfrac{0.47}{0.67} \approx 0.701$

科恩曾指出,使用该方法时,有三个前提假设需要注意:①分析单位或编码单位必须相互独立,也就是说用于编码的任何单位相互之间不应有关联、重合等现象,比如一篇新闻报道是另一篇新闻报道的后续报道,部分内容与后者重复;②定类测量的类目必须相互独立,彼此互斥且具穷尽性。比如说一个学科类别分为数学、科学、文学、生物和微积分,那么就违反了该假设,因为生物和微积分都可以同时属于科学,且还有些学科未纳入归类中,这一点在类目建构原则中已讨论过;③两位编码员必须各自独立操作编码,不得一起工作以达成编码共识。[1]

科恩 *kappa* 与斯科特 *pi* 一样都是仅将超出偶然因素的一致计算在内,这在极度分布的情况下会是一种严峻的挑战,因此这两种系数一直以来皆因其过于保守而受到批评。[2]

6.2.2.6 克里本多夫 *alpha*

克里本多夫 *alpha*(Krippendorff's *alpha*,α)[3]信度系数可以用于两位以上编码员的测试,且既可用于定类数据,也可用于定距数据。如若是后者,则也许需要对

---

1 Cohen, J. (1960). A coefficient of agreement for nominal scales. *Educational and Psychological Measurement*, 20(1), 37-46.

2 参见:1) Perreault, Jr., W. D., & Leigh, L. E. (1989). Reliability of nominal data based on qualitative judgments. *Journal of Marketing Research*, 26(2), 135-148;2) Potter, W. J., & Levine-Donnerstein, D. (1999). Rethinking validity and reliability in content analysis. *Journal of Applied Communication Research*, 27, 258-284.

3 Krippendorff, K. (1980). *Content analysis: An introduction to its methodology*. Beverly Hills, CA: Sage.

边际乘积进行加权处理。该系数较之于 pi 或 $kappa$，可应用于更多的情况，但是计算较为复杂，较难以确立。在此，仅就定类数据进行说明。同样是表 6.2 中所举的例子，以另一种方式重组数据如下。

表 6.7 克里本多夫 $alpha$ 编码案例计算表

案例单位	编码员 A	编码员 B	两个编码员编码类别频数合计分布		
			类目 1	类目 2	类目 3
主帖 1	类目 1	类目 1	2	0	0
主帖 2	类目 2	类目 2	0	2	0
主帖 3	类目 1	类目 1	2	0	0
主帖 4	类目 3	类目 3	0	0	2
主帖 5	类目 2	类目 1	1	1	0
主帖 6	类目 1	类目 1	2	0	0
主帖 7	类目 3	类目 3	0	0	2
主帖 8	类目 2	类目 2	0	2	0
主帖 9	类目 2	类目 3	0	1	1
主帖 10	类目 2	类目 2	0	2	0
			$\sum = 7$	8	5

$$克里本多夫\ alpha(定类数据) = 1 - \frac{nm-1}{m-1}\left(\frac{\sum pfu}{\sum pmt}\right)$$

公式中，n 表示不同编码员共同编码的案例单元数（本例中 $n=10$），m 表示编码员数，pfu 表示一个不一致的案例单元的频数乘积（本例中有两个单元即主帖 5 和主帖 9 不一致，因此 $\sum pfu = 1 \times 1 + 1 \times 1 = 2$），$pmt$ 表示边际总数的所有配对乘积（$\sum pmt = 7 \times 8 + 7 \times 6 + 8 \times 6 = 146$）。

因此，对于本例来说，克里本多夫 $alpha = 1 - \left(\frac{10 \times 2 - 1}{2 - 1}\right)\left(\frac{2}{146}\right) = 1 - 19 \times 0.013\ 7 = 1 - 0.260\ 3 \approx 0.740$

6.2.2.7 共变

对于那些度量性质（也即定距或定比层面）的测量，研究者的兴趣常常在于编码员间的分数共变，特别是当精确的一致性不太可能的时候。比方说，两位编码员对电视暴力镜头的持续时间以秒计算分值，即便是以秒表为辅助工具，他们也不可能总是给出相同秒数的。但是信度却可以以分值共变的方式显示，更确切地说，他们的秒数记录是否"共同变化"，也即，当一个编码员记录高的时候，另一个所记录的秒数也高，反之，当一个编码员记录低的时候，另一个的秒数也低。这样，成对的镜头秒数值会呈现出如下高共变的情况。

| 编码员 A | 5.4 | 7.7 | 6.8 | 15.1 | 34.2 | 58.2 | 18.4 |
| 编码员 B | 6.1 | 8.5 | 7.0 | 13.9 | 33.5 | 57.4 | 17.6 |

如果以上述几种一致性来看,针对定距或定比数据这类测量的一致性将会是零,除非我们使用某种范围一致性。但是,学者们却一致同意,两位编码员至少显示出可接受的信度,因此也许可以使用一种计算共变的信度统计。将共变考虑在内的系数有两种,它们更为常见地用于测试两个变量之间的关系:

(1)皮尔森积差相关系数(Pearson's product – moment correlation coefficient)用于定距和定比变量的信度测试。[1] 假设两位编码员对一个定比变量(如主帖的跟帖数)进行计数统计,获得表6.8中的数据:

表6.8　皮尔森相关系数编码案例计算表

案例单位	编码员 A	编码员 B	A^2	B^2	$A \times B$
主帖 1	12	11	144	121	132
主帖 2	16	14	256	196	224
主帖 3	8	7	64	49	56
主帖 4	0	0	0	0	0
主帖 5	9	8	81	64	72
主帖 6	5	5	25	25	25
主帖 7	3	3	9	9	9
主帖 8	10	12	100	144	120
主帖 9	1	1	1	1	1
主帖 10	2	2	4	4	4
$\sum$ = 66	63	684	613	643

按照皮尔森相关系数公式计算:

$$\gamma_{AB} = \frac{n \sum AB - (\sum A)(\sum B)}{\sqrt{\left[n \sum A^2 - (\sum A)^2 \right]\left[n \sum B^2 - (\sum B)^2 \right]}}$$

公式中,n表示每个编码员编码的相同案例数,A表示每个离差值(编码员A所给出的每个分值减去其均值),B表示每个离差值(编码员B所给出的每个分值减去其均值)

因此,本例的 $\gamma_{AB} = \dfrac{10 \times 643 - 66 \times 63}{\sqrt{(10 \times 684 - 66^2)(10 \times 613 - 63^2)}}$

1　Riffe, D., Lacy, S., & Fico, F. G. (2005). *Analyzing media messages: Using quantitative content analysis in research* (2nd ed.). Mahwah, NJ: Lawrence Erlbaum.

$$= \frac{6\,430 - 4\,158}{\sqrt{(6\,840 - 4\,356) \times (6\,130 - 3\,969)}}$$

$$= \frac{2\,272}{\sqrt{2\,484 \times 2\,161}}$$

$$= 0.98$$

（2）斯皮尔曼秩相关系数（Spearman rho）与皮尔森类似，只是它用于定序变量的信度测试（如对主帖态度的评估，采用从非常赞成到非常不赞成的十点制）。其计算公式如下：

$$斯皮尔曼\, rho = 1 - \frac{6 \times \sum d^2}{n^3 - n}$$

公式中，n 表示每个编码员编码的相同案例数，d 表示每一案例两位编码员排序之差（也即编码员 A 的排序减去编码员 B 的排序）

表6.9 斯皮尔曼秩相关系数编码案例计算表

案例单位	编码员 A	编码员 B	排序之差
主帖 1	3	2	1
主帖 2	7	8	-1
主帖 3	11	9	2
主帖 4	8	7	1
主帖 5	1	1	0
主帖 6	2	3	-1
主帖 7	6	5	1
主帖 8	4	4	0
主帖 9	9	8	1
主帖 10	6	7	-1

因此，本例的 $rho = 1 - \dfrac{6 \times [1^2 + (-1)^2 + 2^2 + 1^2 + 0^2 + (-1)^2 + 1^2 + 0^2 + 1^2 + (-1)^2]}{10^3 - 10}$

$$= 1 - \frac{6 \times 11}{1\,000 - 10}$$

$$= 1 - \frac{66}{990}$$

$$= 1 - 0.067$$

$$= 0.933$$

6.2.2.8 其他信度测试方法

上文所列举的信度测试方法是内容分析研究中最常用的几种。据不完全统计，仅定类数据的一致性指数就有近40种。笔者对20年国际权威期刊的调查发现,除了上述几种常用的信度测试方法以外,当代内容分析研究者还使用了佩鲁尔特和雷信度指数 l_r(见下文详细介绍)、克隆巴赫 α 系数、波特和列文—多纳尔斯丁公式(Potter & Levine-Donnerstein formula)、斯坦普尔(Stempel)的一致百分比公式、中位数信度系数、布里南和普里迪格 kappa、CIAM 模式、古兹考(Guetzkow)的 U 指数、克里本多夫的矩阵公式、罗森瑟尔(Rosenthal)的有效信度法、类别内相关系数等。

由于内容分析在许多时候处理的都是定类数据,因此方法论学者针对定类数据的信度测试做过不少探讨,在科恩 kappa 的基础上或是探索其应用的更广范围,或是提出改进方案,或是演绎出新的计算公式。例如,弗雷斯将科恩 kappa 推广应用到这样的情况,即由同样数量的编码员在定类层级上对多重观察样本(如消费者反应、被诊断的病人等)进行编码判断,但一种刺激的评估人并不一定与另一种刺激的评估人是同一拨编码员。[1]同一时期的莱特提出将科恩 kappa 应用于不同类型的编码员评判的不同扩展版;比如,他认为其方法可以应用于测量多位评判员之间的一致模式,并可以测量将评判员的一致性与某种预先标准相比较。[2] 此后,兰迪斯和科奇提出了一种基于对定类变量之间的关系进行加权最小平方估计的观察者间一致模式。[3] 可是由于该模式计算执行起来相当复杂,可能致使其成果的推广进展缓慢,而且,该模式还要求大量样本,加之加权最小平方估计所要求的其他前提,也限制了他们的方法在许多研究中的应用。

佩鲁尔特和雷[4]在对前人研究的各种利弊进行了详细讨论之后所提出的一种信度指数计算方法与科恩 kappa 非常不同,其主要区别在于该方法不是像科恩 kappa 或斯科特 pi 将编码员间的观察一致数与对偶然一致的估计进行比照,而是发展出一种明确的模式,可以在已知一种信度的真实(总体)水平条件的情况下预计一致水平。运用这种方法,可以直接计算以样本为基础的信度估计以及该估计的相关标准误。而且,其计算所涉及的前提也颇为合理,不像斯科特 pi 和科恩 kappa 那样因在前提中假定偶然一致的存在而实际增加了偶然一致成分,它是明确测量由信度真实水平而预期的一致水平。其公式如下:

$$I_r = \left[\left(\frac{F_o}{N} - \frac{1}{k} \right) \left(\frac{k}{k-1} \right) \right]^{0.5}$$

1 Fleiss, J. L. (1971). Measuring nominal scale agreement among many raters. *Psychological Bulletin*, 76, 378-382.
2 Light, R. J. (1971). Measures of response agreement for qualitative data: Some generalizations and alternatives. *Psychological Bulletin*, 76(5), 365-377.
3 Landis, R. J., & Koch, G. G. (1977). The measurement of observer agreement for categorical data. *Biometrics*, 33, 159-174.
4 Perreault, Jr., W. D., & Leigh, L. E. (1989). Reliability of nominal data based on qualitative judgments. *Journal of Marketing Research*, 26(2), 135-148.

公式中，I_r是信度指数，F_O表示编码员判断一致的数目，N是每位编码员编码的总数目，k是所编码的那个变量的类目数（$F_O/N \geqslant 1/k$）。

由该公式的推导来源我们可知这种指数在偶然一致性考量方面优越于斯科特 pi 和科恩 $kappa$ 的地方：

N 是进行信度测试的编码总数，因此包含了可靠的编码和不可靠的编码（比如仅凭猜测而判定的编码）。现在我们来看看那些可靠的编码，也就是每位编码员的编码中有 l_r 百分比的判断是可靠的，但是，由于每位编码员是独立操作的，因此每位编码员作出的可靠的具体判断是独立于另一位编码员的可靠判断的，所以我们可以预计两位编码员都是可靠地编码且一致的观察总数应该等于 NI_r^2（也即两位编码员一致的可靠判断数）。需要注意的是，该指数对编码判断的边际分布没有任何假定前提，而是关注于隐含在独立判断中的真实（但也许不是完美的）信度水平。既然 NI_r^2 是两位编码员一致的可靠判断数，那么其他所有的编码判断数即为 $N(1-I_r^2)$，其中有些判断的情况是，两位编码员的判断都是可靠的（也即不是仅凭猜测而得出的），但两者的判断却不一致，这也就是所谓的可靠的不一致判断；其他的情况是，两位编码员的一位或者两位都不可靠，这些都被归为不可靠的判断。有的不可靠判断也许会一致，但也可能不会。那么，编码员归类一致的判断中有多少不可靠的猜测呢？

佩鲁尔特和雷解决该问题的方法是将编码变量的类目数纳入信度测试中。从理论上说，每位编码员可以有 k 种方式对每个观察的编码单位进行编码，那么对于两位编码员而言就是 k^2 种可能，在这 k^2 种可能中，可以产生 k 个一致判断（也即表6.1中对角线上的一致总数），那么编码员一致的"猜测"（也即不可靠的一致数）在编码判断总数中的比例将是 $N(1-I_r^2)(k/k^2)$，也即 $N(1-I_r^2)/k$。

这样，综合"一致的可靠判断数"和"一致的不可靠判断数"，即可在给定一个信度的真实水平下估计预期的一致数：$F_O = \{NI_r^2\} + \{N(1-I_r^2)/k\}$，也即：$F_O = N[I_r^2(1-1/k)+1/k]$，这种预期一致数在真实信度水平上与观察到的一致数应该相等，也就是说，$Fo = N[I_r^2(1-1/k)+1/k]$，由此可以反推出：

$$I_r = \left[\left(\frac{F_O}{N}-\frac{1}{k}\right)\left(\frac{k}{k-1}\right)\right]^{0.5}$$

运用此公式计算非常直接，指数值也在 $0.0 \sim 1.0$。比如，当两位编码员之间的一致达到80%时，对于一个有三个赋值类目的变量而言，其信度指数为：

$$I_r = \left[\left(0.8-\frac{1}{3}\right)\left(\frac{3}{3-1}\right)\right]^{0.5} = 0.84$$

6.2.3 特殊问题讨论

虽然上面小节讲解了内容分析法信度测试的一些通则和常用的计算方法，但在实际研究中往往会遇到一些具体问题。这些问题虽然并无定律可循,但研究者却从实战中积累了大量的经验,且有学者专门针对一些问题进行了方法论上的经验研究。

6.2.3.1 多位编码员的信度测试

很多内容分析采用了两个以上的编码员,笔者对 20 年来内容分析的调查发现,[1] 虽然使用两位编码员是最为常见,但 3 ~ 5 名编码员的情况也不少见,有的多达十几位,甚至 50 多位。可是,在所调查的论文中并没有讨论如何进行信度检验。对于多位编码员内容分析的信度计算,经验总结出如下几种可能性:

(1)以既有的信度统计来适应多位编码员的信度测试,最常见的是利用科恩 kappa[2] 和克里本多夫 alpha。这样会为每个变量提供一个同时计算所有编码员的信度值,这有利于报告最终信度。然而这种做法对于试验性信度分析是存在问题的,因为信度系数可能会掩盖编码员间的两两差异,使得研究者无法挑选出还需要额外训练或者根本不合格的编码员。

(2)以配对方式采用两位编码员间的信度统计,为每个变量创建信度矩阵。这对于诊断试验性信度相当有帮助,但会使报告最终信度很难处理。

(3)对所有多位编码员进行两两配对,分别计算编码员间信度后再取平均值。这种做法经常在简单的信度百分比一致性中出现,其他研究中并不常见(研究中的信度报告经常缺失或者不完整,因此该做法可能比我们想象中的要常用的多)。根据编码员数量增加均值的权重就成为了该做法的一个逻辑选择。另外,在多变量指标测量中经常被作为一个内部一致性信度的克隆巴赫 alpha 值,可以看作是一个均值 r,作为对编码员数量的修正。[3] 罗森瑟尔 1987 年提出了校正版的斯皮尔曼—布朗(Spearman-Brown)公式,[4] 从编码员间相关系数的均值中计算出了"有效的信度",其公式和克隆巴赫 alpha 是一致的。在应用罗森瑟尔信度和克隆巴赫 alpha 的研究中,研究假设是研究人员试图将一组特定的编码员扩展到更多的潜在的编码员中,而不是一个目前已经被广为接受的信度准则。简单地增加编码员数量而不增加编码员间信度均值,将会使信度系数明显地被夸大,增加编码员的这种表面好处实际上是应该批评的。

---

1 调查简介和编码表参见本书附录一。

2 Fleiss, J. L. (1971). Measuring nominal scale agreement among many raters. *Psychological Bulletin*, 76(5),378-382.

3 Schulman, P., Castellon, C., & Seligman, M. E. P. (1989). Assessing explanantory style: The content analysis of verbatim explanations and the attribution style questionnaire. *Behavioral Research and Therapy*, 27,505-512.

4 Rosenthal, R. (1987). *Judgment studies: Design, analysis, and meta-analysis*. Cambridge, NJ: Cambridge University Press.

（4）还有另一种可能是，建立所有编码员的信度系数的分布表，观察它的形状和异常值来找到可能需要排除的编码员。

6.2.3.2　低信度水平时的处理办法

假设信度测试已经完成，并对编码方案做了相应修正，编码员也已接受了严格的训练，但经验告诉我们，在最后的信度检验中往往会有几个变量不能获得可接受的信度水平。此时，有以下几个选择：

（1）从分析中去除该变量。[1]

（2）用更少的定义更好的类目重新配置变量。[2] 当然，这应当在试验性编码过程处理完之后，但先于最后的数据收集时进行。

（3）仅将变量当作多测量指数的一个组成部分，而这个指数本身已被证明是可靠的。[3] 但目前这是一个值得怀疑的做法，它掩盖了指数的单个测量的不可接受的信度。另一方面，务实的做法是，应该专注于最初的意图是什么，如果它是衡量某个特殊变量，那么也许所要计算的信度系数应该是那个针对该变量的系数，而不是那些该指数的几个单独的组成部分。

（4）对特定的变量使用非内容分析数据（如调查数据），并将数据融合到该内容分析研究中使之与其他内容分析变量相结合（同时参见第 2 章有关全模式设计的论述）。例如，卡里斯和纽恩多夫使用问卷调查数据来发现音乐录影带中"感知侵略性水平"变量的线索。[4] 另有研究者通过呈现个人语言创建了一部情感词典，受试者被要求沿着愉悦和激活率的维度评级。[5] 成年人对 4 300 个词语进行评级，这些评级得分在后续的内容分析得到试用。基于使用大词语样本的调查工作（比如样本规模大至上万），怀瑟尔识别出不同情感特征的音素，这支持她根据文本对不同类型的音素，[6] 以及音素情感语调的优先使用来创建文本描述。值得

1　研究实例如：Naccarato, J. (1990). *Predictors of readership and recall: A conten analysis of industrial ads.* Unpublished master's thesis. Cleveland State University, Cleveland, OH.

2　研究实例如：Fink, E., & Gantz, W. (1996). A content analysis of three mass communication research traditions: Social science, interpretive studies and critical analysis. *Journalism & Mass Communication Quarterly*, *73*, 114-134.

3　研究实例如：Schulman, P., Castellon, C., & Seligman, M. E. P. (1989). Assessing explanantory style: The content analysis of verbatim explanations and the attribution style questionnaire. *Behavioral Research and Therapy*, *27*, 505-512.

4　研究实例如：Kalis, P., & Neuendorf, K. A. (1987). Aggressive cue prominence and gender participation in MTV. *Journalism Quarterly*, *66*, 148-154, 229.

5　见：Sweency, K., & Whissell, C. (1984). A dictionary of affect in language: 1. Establishment and preliminary validation. *Perceptual and Motor Skills*, *59*, 695-698.

6　见：Whissell, C. (2000). Phonoemotional profiling: A description of the emotional flavour of English texts on the basis of the phonemes employed in them. *Perceptual and Motor Skills*, *91*, 875-888.

注意的是,对于这样的研究,感知的估计可能较为接近研究者对变量的概念化定义,因此优于传统的内容分析方法。

6.2.3.3　跨国内容分析中的信度问题

虽然内容分析研究在大多数的时候都是在同一国家和文化语境下展开的,但也不乏对传播内容的跨国或跨文化比较,而且在全球化大背景下,随着国家之间的交流日渐频繁,这种内容比较也日趋增多。要实现这种比较,一般要求编码员至少是双语者,这样就会带来一些编码信度问题。

在单一语言的跨国比较研究中,通常只涉及国家内编码员间信度,这些研究通常要汇报研究中所有国家的信度,尽管有些研究只评估和汇报对一国研究的编码信度,并试图暗示对其他国家的编码信度与此一致。单一语言的内容分析的特殊之处就在于,在编码前有可能要将多种语言的内容分析单位翻译成研究所用的语言。这里潜在的一个问题是,作为研究项目语言的非母语使用者的编码员,在多大程度上会因其文化背景和语言习惯的影响而导致信度测试上的偏差。跨国内容分析比较研究的另一种项目是属于双语性质的,也就是内容分析所使用的编码协议通常是用所有项目参与国的语言写成的。编码员基本只需流畅使用项目语言即可,原则上确保了研究者进行跨国的编码员间信度测试时只需使用项目语言。但据文献考察来看,只有少量调查是这样做的。

无论是哪种情况,跨国比较内容分析常常缺少对信度或可靠性系数的汇报以及对测试过程的记录,许多研究都没能测量跨国的编码员间信度,或对其如何进行信度测试的描述非常模糊。因此,在跨国比较内容分析中,如何进行信度测试显得尤为重要。即使在跨国内容分析中,有的项目的确评估和汇报了编码员间信度,但这些信度也是趋向于国内的,并主要是根据研究项目的单语言组织的编码进行测试的。如果对跨国的编码员间信度进行评估,这些研究也很少明确提及方法论基本原理,或多少缺乏对这样做的方法论意义的认识。即使暗示地提到,也很少对编码员和训练员间的信度进行评估或汇报。最重要的是,编码员特质对于跨国比较内容分析的信度的潜在影响还未被检验。跨国内容分析者不能想当然地认为编码员—训练员间信度是令人满意的,这需要在详细的测试前进行类目界定和紧张的训练,并对这些累人的工作进行督导。在进行需要多个编码训练员和位于许多不同国家的跨国内容分析时,尤其是这样。

彼得和劳弗认为,从理论逻辑上来讲,由于国家内编码员间信度得分的不可比性,在跨国研究中加入信度评估是必要的,这样可以提高研究结果的质量和可信度。[1] 同时他们还指出,鉴于有的跨国内容分析没有汇报信度,我们更需要增强识

1　Peter, J., & Lauf, E. (2002). Reliability in cross-national content analysis. *Journalism & Mass Communication Quarterly*, 79(4),815-832.

别跨国测试时可能会有的错误的意识,同时需要认识到除了传统的编码员间测试,跨国内容分析特有的编码员—训练员间测试的必要性。因此,针对编码员特质是否可能会影响跨国的编码员间和编码员—训练员间的信度这个问题,这两位学者专门进行了研究,检验跨国研究背景下编码员—编码员和编码员—训练员间的信度问题,尤其是检验这两种信度是如何受到编码员特质的影响,这些特质包括语言能力、政治知识、编码经验、编码确定性等。

对于编码员如何影响信度,他们提出了如下一系列的研究假设:

H1　编码员的语言技能越好,其编码员间信度及编码员—训练员间信度越高。

H2　编码员的政治知识越多,其编码员间信度及编码员—训练员间信度越高。

H4　编码员的语言技能越好,其编码确定性越强。

H5a　编码员的编码确定性越强,其编码员间信度及编码员—训练员间信度越高。

H5b　当控制了编码员的编码确定性,编码员的语言技能便不再影响其编码员间信度及编码员—训练员间信度。

结果,彼得和劳弗发现编码员的语言技能、政治知识和编码确定性都可以正向预测编码信度,也即,语言技能越强、政治知识越多、编码确定性越强,编码信度也就越高。然而编码确定性作为一个中介变量,当控制了编码确定性后,语言技能便无法对信度进行预测。而在研究者考察的编码员的诸多特质中,编码员的编码经验却并未显著影响到信度。彼得和劳弗的经验研究说明,在跨国内容分析中,一方面要求编码员的语言能力够强,另一方面也要求编码方案和编码表一定是撰写得清楚、明了,明确界定各个变量和类目,这样,即便编码员的编码经验不足,也可以胜任这种跨国内容分析编码的任务。

在这种跨国分析的情况下,编码员可能只是由于外语材料而产生压力。因此在实践层面上,彼得和劳弗建议在多国多编码员进行的统一语言的研究中,采用替代程序。第一,需要在不同编码训练员间进行信度评估。假设编码训练员间有相当的一致性,那么这个测试就确保了不同国家间的可比性。第二,在同一国家组中,编码员间信度必须由编码训练员通过随机选择的组员编码的材料进行衡量。第三,组内每个编码员的编码员—训练员间信度,都需要与编码训练员的编码进行评估。如果满足以下条件,就可以认为所有国家间的信度是可比的,这些条件是:①编码训练员的编码一致;②同一国家组内的编码员的编码一致;③编码员与训练员间编码一致。

最后,彼得和劳弗还特别指出,只要跨国内容分析的信度存疑的话,那么有可能那些汇报的媒体报道的跨国差异性或相似性纯粹是一种人为的结果。

6.3 效度的分类与建立

与信度一样,效度也是所有测量质量的中心议题,所有的研究者都希望自己的测量既是可信的,也是有效的。比较特殊的是,在许多内容分析中,效度问题根本就不是问题。举一个典型的象征分析为例:分析者想要测量有关"民主"和"共产主义"的指称出现的频率,计算这些词语及其同义词的发生率。假使同义词无可置疑,那么分析的效度也就无可置疑。可以说,这样的工具测量的是研究者想要测量的。同样,内容主题的分析也大多如此。换句话说,在对相关类目的定义一致性程度很高时,求得内容分析数据的效度是毫不困难的。

从国际学术期刊刊登的内容分析研究论文来看,论文作者一般都不像给出信度测试方法和结果那样,明确说明研究的效度问题,因为内容分析的研究效度往往就隐含在概念定义和研究设计过程中,特别是体现在变量识别和类目建构这一环节上。在许多情况下,效度似乎在内容分析中不像信度那样具有显著的重要性,对类目的小心界定和对指标的明智选择应该可以解决效度的问题。尽管如此,研究的系统性和科学性还是要求分析者能够注意到不同类型的效度对于内容分析而言意味着什么,以及可能会存在些什么问题。

6.3.1 效度的分类

信度主要是针对测量方法的品质而言,而效度则主要是指让我们接受研究结果为真的品质,也即一个经验测量本身在多大程度上能够反映所研究的概念的真实意义,或者说在多大程度上"说明了有关人、现象、事件、经验和行动的真实世界"。[1] 所有的效度都在试图回答一个问题,即我们是否测量到了我们想要测量的东西。

6.3.1.1 内在效度和外在效度

从效度的类型来讲,诸多方法论专家对内在效度(internal validity)和外部效度(external validity)进行了区分。内在效度确保的是研究项目的设计不存在或尽可能减少内部错误,它衡量的是某个研究设计是否严谨,研究手段或工具是否指涉想要研究的对象,是否测量了想要测量的东西。换句话说,在操作层面上是否能排除任何可能混淆的变量,实质上也就是第5章所讨论的操作化定义是否与概念性定义相匹配的问

---

1 Krippendorff, K. (2004). *Content analysis: An introduction to its methodology* (2nd ed.). Thousand Oaks, CA: Sage. p. 313.

题;在内容分析中,大多数内在效度的问题都源自测量问题和定义问题。

与内在效度不同,外在效度衡量的是某个研究的结果能否"一般化"(generalizability),推及至现实情境,或推广到更多的人群和更大的现实世界范围中,或推及到其他设置、时间等因素,这涉及内容分析的可复制性问题。从统计学上来讲,评估外在效度需要考虑样本的代表性,也即样本在多大程度上代表目标总体(这一点已在第 3 章说明);另外,还要考虑内容分析的测量过程是否真实无误,也即一些学者所称的生态效度(ecological validity)。例如,在大屏幕上对电影进行编码或许会比从计算机屏幕的缩略图来编码更为有效,因为大屏幕电影更能如实反映电影内容和形式。对内容分析所有过程的完整报告(包括词库、编码本、信息处理的附加方案等)对于确保可复制性非常重要,可复制性是他人可以利用另一组信息来重复这项研究的能力。可复制性对于外在效度而言是非常必要的,复制的成功实际上支持了测量的外部有效性。[1]

研究结果的推广性是否重要,当然取决于研究的目的。如果推广性很重要,那么使用合适的随机抽样方法是需要首先考虑的。即便是研究者考虑到外在效度问题并采取了恰当的随机抽样方法,其他两个因素如重复和文件缺失也会影响外在效度。比如电视台有时重复播放节目,报纸偶尔刊登同样的文章两次,或者在一周综述里重复提起。把这些重复性的内容包括进来,会影响到由内容分析作出的有关频率和内容显著性方面的推论的有效性;但如果把这些重复性的内容排除在外,又有可能导致低估其报道或影响。因此,并没有一个确定的可行规则来处理重复性报道。部分程度上解决该问题的办法是,设定明确的反映研究目的的规则,然后在解释和报告研究发现时将这些规则考虑进去。

在内容分析研究中,对外在效度更大的威胁是,不是所有文件都会保存下来。与研究相关的记录会因各种原因而遗失、错放位置或销毁。许多旧报纸、老电影和广播电视节目都没有保存;而有的也许会遗失,或者其保存的质量是如此糟糕,以致无法进行分析。而在一般情况下,研究者无法知道遗失文件是否与所保存的文件相似。无论是哪种情况,遗失文件都会减少一项研究所包含的内容条目的数目。因此,质量控制要求采取各种手段以尽可能地找回遗失文件。

6.3.1.2 表面效度

佛格等人将表面效度(face validity)定义为对"编码系统的逻辑一致性程度以及类目定义的清晰程度"的一种评估。[2] 简单地说,表面效度是用来考察一个测量"从表面上看"在何种程度上与所研究的概念相联系。这听上去简单得不可思议,而且似乎有

1　Neuendorf, K. A. (2002). *The content analysis guidebook*. Thousand Oaks, CA: Sage. p. 115.

2　Folger, J. P., Hewes, D. E., & Poole, M. S. (1984). Coding social interaction. In B. Dervin & M. J. Voigt (Eds.). *Progress in communication sciences*, *Volume IV*, pp. 115-161. Norwood, NJ: Ablex. p. 137.

点主观。事实上,表面效度在很大程度上是基于一种常识,也即人们对某种事物的判断的共同认知,其检查是非常有益的。在操作上,这要求研究者退后一步,审视编码方案的操作化,然后重新检查测量,并尽可能做到客观。最好能让其他人在不知道研究目的的情况下来审视这些测量,让他们说说他们认为被测量的是什么,这是对操作化和概念化的一种反译。

表面效度之所以谓之"表面",即在于一种测量从表面上即明显让人觉得有意义,或者通俗地讲,觉得是那么一回事。用"所见即所得"的方法来检查表面效度是很有益的。[1] 假如我们测量口头攻击,那么我们心里指望看到的是对吼叫、侮辱、骚扰之类的测量,而不会预期是对说谎的测量。尽管说谎也是一种口头行为,但似乎与"攻击"这部分概念不符(当然这是建立在对**口头攻击**进行了精确定义的基础之上)。再比如说,在媒介议程设置研究中,经常会通过大众传媒上提到某类议题的次数来测量公众对该议题的关注;在政治传播研究中,通过讨论中所含的多种不同理由的数量来测量政治商议性的程度。这样的测量让哪怕是非研究者都能从直观上感觉有道理。

与其他研究方法相比,内容分析者相对较多地依赖于表面效度,因为内容分析根本上关注的是文本的阅读、象征意味着什么、形象如何被看到等这样一类的问题,而这些问题的解答在很大程度上是基于常识,或者进行此类解读的共享文化,虽然难以测量,但在某一特殊时期却往往非常可靠。可以说,表面效度是其他所有效度的"守门员"。[2]

6.3.1.3 效标效度

效标效度(criterion validity,也称工具效度,instrumental validity)是用来考察一个测量在何种程度上与测量外部的现有标准或重要行为相关。[3] 所谓效标,就是检验测量有效性的一种参照标准,效标常用一种公认比较可靠或权威的测量结果表示。这实际上就是用一种已知的且认为是"有效"的测量结果去检验另一个新测量的有效性。比如在我国的中学里,为应对高考经常会给学生出高考模拟试题,学校也会常用学生的实际高考成绩与模拟高考试题得分之间的相关来检验高考模拟试题的有效性。这里应用的就是效标效度的检测方法,高考就成了模拟考试的效标。在社会科学研究或其他学科如医学中,之所以不直接用效标测量去代替新测量,往往是因为新测量可能比效标测量更为简单、易行。

1　Neuendorf, K. A. (2002). *The content analysis guidebook*. Thousand Oaks, CA: Sage. p. 115.

2　Krippendorff, K. (2004). *Content analysis*: *An introduction to its methodology* (2nd ed.). Thousand Oaks, CA: Sage. p. 314.

3　相关论述进一步参见:1)Carmines, E. G., & Zeller, R. A. (1979). *Reliability and validity assessment*. Beverly Hills, CA: Sage;2)Elder, G. H., Jr., Pavalko, E. K., & Clipp, E. C. (1993). *Working with archival data*: *Studying lives*. Newbury Park, CA: Sage.

效标效度可以是并发性的,也即测量与标准或行为同时存在,也可以是预测性的,也即标准或行为在测量后发生。在一个并发性的效标效度检查的例子中,[1] 研究者应用精神分裂症的临床诊断标准,对个体对墨迹的开放式反应进行了内容分析。而在一个预测性的效标效度评估的案例中,[2] 分析者将有关"希望"的内容分析量表,应用到了从个体采集的口头话语样本上,显著预测了病人在接受推荐之后寻求精神治疗,根据"希望"量表所获得的分数同样预测了癌症病人的存活期。戈特斯乔克及其同事一共使用了四种不同的标准测量(心理学的、生理学的、药理学的和生物化学的)来验证他们通过对口头样本的内容分析进行心理构念的测量。[3] 例如,为了验证他们的焦虑量表,他们观察了个体在量表上的得分,并通过实验得分来验证他们的内容分析焦虑量表,发现在涉及验证过程时,根据需要对内容分析量表进行修正是十分重要的。

一般而言,要使研究获得较高的效标效度,研究者需要在研究设计阶段就应从四个方面来严格把关:①理论构思要符合逻辑、结构严谨、层次分明,形成某种"构思网络"。比如人的自我意识发展由自我认识、自我体验和自我控制三个维度构建,在每一个维度下又可细分为下级维度,如自我认识可进一步分为对生理自我的认识、对心理自我的认识和对社会自我的认识,在此基础上,研究者可以对其研究对象比如儿童的日志进行内容分析的编码处理;②清晰、准确地界定研究的环境条件和变量;③对研究变量进行准确、严格的操作定义,并选择对应、客观的观测指标;④避免采用单一方法或单一指标去代表或分析多维的、多层次的、多侧面的事物和活动,尽可能采用多种方法、多种指标,从不同角度分析研究相同的理论构思。

6.3.1.4 内容效度

内容效度(content validity)指的是测量在何种程度上能够反映被测量概念的全部领域,[4] 也即在多大程度上包含了概念定义的所有特征。因其主要涉及对想

1　见:Pershad, D., & Verma, S. K. (1995). Diagnostic significance of content analysis of SIS-II. *Journal of Projective Psychology and Mental Healty*, 2(2), 139-144.

2　见:Gottschalk, L. (1995). *Content analysis of verbal behavior: New findings and clinical applications*. Hillsdale, NJ: Lawrence Erlbaum. 转引自:Neuendorf, K. A. (2002). *The content analysis guidebook*. Thousand Oaks, CA: Sage. p.116.

3　见:1)Gottschalk, L. (1995). *Content analysis of verbal behavior: New findings and clinical applications*. Hillsdale, NJ: Lawrence Erlbaum;2)Gottschalk, L., & Bechtel, R. (1993). *Psychological and neuropsychiatric assessment survey: Computerized content analysis of natural language or verbal texts*. Redwood City, CA: Mind Garden;3)Gottschalk, L., & Gleser, G. C. (1969). *The measurement of psychological states through the content analysis of verbal behavior*. Berkeley: University of California Press.

4　Carmines, E. G., & Zeller, R. A. (1979). *Reliability and validity assessment*. Beverly Hills, CA: Sage.

要测验的内容或行为范围取样的适当程度,或者说测量内容的适当性和相符性,所以它也被称为逻辑效度。正因如此,一种测量要获得内容效度就必须至少具备两方面的条件:一是内容范围要定义得完好,也即要有一个明确而有限的题项总体;二是测量项目的样本对于已界定的内容范围来说具有代表性,样本代表总体的程度决定了内容效度的高度。

例如,前面小节所提到的有关电影中女性的研究,[1] 研究者想试探出电影人物中女性性别角色刻板印象的多种方面,因此测量了在过去研究中被定义为与女性主要相关的 27 种性格、特质和行为,目的就是涵盖结构中的所有重要部分。再比如说,在测量沟通技巧这个概念时,如果是在与病人沟通的情况下,可以从有利沟通(如移情,你担忧你目前所患的疾病会恶化吗?)、不利沟通(如命令,你们两个人应该相互尊重,平等对待对方)和其他沟通技巧(如鼓励,不要泄气)等三个维度上来测量。[2] 可以说,这种对沟通技巧的概念测量是比较充分的,测到了试图测量的特征,因而是有效的。

6.3.1.5 构念效度

构念效度(construct validity)指的是一种测量与其他测量(构念)相关联的程度,或者在多大程度上与源自理论的假设相一致。[3] 构念效度提出的前提是承认社会科学领域中的许多概念都是非常抽象的,无法直接观察,因此,如果要对这样一些抽象概念(如自尊、孤立和种族偏见等)进行观察测量并使之有效,就必须详细说明能观察得到的体现自尊的行为和言语反应,并将其与假设中的测量关联起来。例如,上文提到的戈特斯乔克在发展一系列心理记录内容分析测量(如,沮丧、敌意等)时,心里总在思索着其测量是否如理论上所应该的那样与其他变量相关联。他和他的同事尝试着首先将所有与其内容分析相关的测量"定义彻底",然后实施一系列构念效度研究,以此确定口头语行为分析究竟是怎样进行测量的。[4]

1　Smith, A. M. (1999). *Girls on film: Analysis of women's images in contemporary American and "Golden Age" Hollywood films.* Unpubished master's thesis, Cleveland State University, Cleveland, OH.

2　见:Ullrich, P., Wollbrück, D., Danker, H., & Singer, S. (2010). Evaluation of psycho-social training for speech therapistsin oncology. Impact on general communication skills and empathy. A qualitative pilot study. *J Canc Educ,10*,104-111.

3　Carmines, E. G., & Zeller, R. A. (1979). *Reliability and validity assessment.* Beverly Hills, CA: Sage.

4　见:1)Gottschalk, L. (1995). *Content analysis of verbal behavior: New findings and clinical applications.* Hillsdale, NJ: Lawrence Erlbaum;2)Gottschalk, L., & Bechtel, R. (1993). *Psychological and neuropsychiatric assessment survey: Computerized content analysis of natural language or verbal texts.* Redwood City, CA: Mind Garden. 转引自:Neuendorf, K. A. (2002). *The content analysis guidebook.* Thousand Oaks, CA: Sage. p.117.

　　尽管很多学者指出建立构念效度的必要性,[1]却鲜有好的例子来说明。少见的一个是,在一项对美国参议员首次进行选举活动的新闻报道的内容分析中,[2]分析者对意识形态测量进行了一系列的构念效度测试,发现国家、宗教、党派意识形态都关系到并能预测参议员的表决。出于示范目的的考虑,这里特将纽恩多夫提供的一些在非内容分析测量中发展得很好的实例列举出来。[3] 比如,罗宾森等人撰写的《个性和社会心理态度测量》[4]以及鲁宾等人主编的《传播学研究测量资料集》[5]这两本社会心理学和传播学著作呈现了许多标准的自我报告式测量的绝佳文献。例如,学生动机量表是通过 16 个两级题项来测量学生的动机状态。前人通过一系列的研究发现,该测量以一种可预测的方式与其他构念相关联。例如,有额外加分的学生动机得分更高,而动机量表也和陈述焦虑得分正相关。[6] 动机量表除了与学生提供演讲的时长呈正相关以外,[7]还与教师使用权力策略、教师亲近行为以及有关的学生学习方面相联系。[8] 这一关系网络与对测量的理论预期相一致,从而建立了其构念效度。

　　从研究实践来看,构念效度的检验往往是通过一系列研究,测试所要检验的测量与其他指标间的不同关系来实现的。从这个意义上来说,内容分析使用以往研究用过的测量应该在常理之中,但研究实际状况却是与此相反。因此,纽恩多夫在笔下似乎流露出了对这种看似违背常理的状况一直没有得到改善的忧虑。[9]

1　如,Folger, J. P., Hewes, D. E., & Poole, M. S. (1984). Coding social interaction. In B. Dervin & M. J. Voigt (Eds.), *Progress in communication sciences*, Volume IV, pp. 115-161. Norwood, NJ: Ablex.

2　见:Hill, K. Q., Hanna, S., & Shafqat, S. (1997). The liberal-conservative ideology of U. S. senators: A new measure. *American Journal of Political Science*, 41,1395-1413.

3　Neuendorf, K. A. (2002). *The content analysis guidebook*. Thousand Oaks, CA: Sage. p. 117-118.

4　Robinson, J. P., Shaver, P. R., & Wrightsman, L. S. (1991). *Measures of personality and social psychological attitudes*. San Diego, CA: Academic Press.

5　Rubin, R. B., Palmgreen, P., & Sypher, H. E. (Eds.) (1994). *Communication research measures: A sourcebook*. New York: Guilford.

6　Beatty, M. J., Behnke, R. R., & Froelich, D. L. (1980). Effects of achievement incentive and presentation rate on listening comprehension. *Quarterly Journal of Speech*, 66,193-200.

7　Beatty, M. J., & Payne, S. K. (1985). Is construct differentiation loquacity? A motivational perspective. *Human Communication Research*, 11,605-612.

8　1)Christophel, D. M. (1990). The relationships among teacher immediacy behaviors, student motivation, and learning. *Communication Education*, 39, 323-340;2) Richmond, V. P. (1990). Communication in the classroom: Power and motivation. *Communication Education*, 39,181-195.

9　Neuendorf, K. A. (2002). *The content analysis guidebook*. Thousand Oaks, CA: Sage. p. 118.

6.3.2 效度的建立

在经验操作层面上,内容分析研究效度的建立一般关涉两大过程:

(1)第一步就是发展出一套合理、适用、直指研究问题的编码方案,从而引导编码员分析内容。这一点在上文已详细说明。如果编码方案忠实于研究所运用的理论,能够很好地帮助编码员定位于极其重要的概念,或聚焦在研究涉及的核心问题和方面,那么它就是一套有效的编码方案。普勒和佛格曾指出,编码方案在本质上是一种"翻译手段",借此"让调查者将话语置入理论类目中"。[1] 他们将创建一套好的编码方案视为效度的关键,特别是看编码方案的表面效度、预测效度或构念效度如何。

对于如何使编码方案有效,普勒和佛格以人际互动研究为例,提出相关的有效化策略会依随三种编码员视角(或方式)而不同:①在有经验的(experienced)方式中,编码员是从一个外在的观察者的立场来分析互动;作为一个外在观察者,编码员被认为是具有直接的渠道触及那些对解释或理解互动最为重要的变量,此时,对于编码方案而言,表面效度和构念效度是必需的,而且也是充分的;②在体验的(experiencing)方式中,编码员聚焦于理解互动参与者所共享的社会建构的现实,此时不但要求表面效度和构念效度,还需要有再现效度(representational validity),他们将其视为构念效度的一种特殊类型,当编码方案忠实于研究所运用的某种理论时即获得了构念效度,而当编码方案抓住了"社会定义的社会情境现实"时则有了再现效度;③在经历者的(experiencer)方式中,编码员试图进入到参与互动的每个人的视角中,从而对主体的个人参照框架予以解码,此时要求的是表面效度、构念效度和意识图像效度(idiographic validity)。[2]

(2)建立效度的第二步就是以一定的标准,对编码员的编码决定进行评估。如果这些编出来的代码与正确决定的标准相吻合,那么编码员的编码就被认为是准确的,产生了有效数据。问题是,谁来设定标准? 这需要依内容的类型而定。对于显性内容,可以运用客观标准,也即标准明显地存在于所分析的内容表面。当编码员记录在一次人际交谈中的眨眼次数时,定会有一个正确的眨眼次数,只要任何人十分注意谈话的情形就可以确定下来。编码员记录穿插在一个电视节目中的广告个数也属于同样的情形。对于模式内容,通常由专家设定标准,因为专家是最有能力充分理解编码规则的正确应用的,而这些规则是以这样的方式设计的,也即减少诠释程度,直至达到对每种内容情景的正确编码。而对于投射内

---

1 Poole, M. S., & Folger, J. P. (1981). Modes of observation and the validation of interaction analysis schemes. *Small Group Behavior*, *12*, 477-493. p. 477.

2 同上。

容,社会规范可以作为标准,或者说在一个社会文化背景下符合大多数价值判断、或为一般人接受的基本的概念定义。

但由于效度很大程度上是一个定义的问题,因此当基本定义不是很清楚,或者没有被广泛接受时,要取得高效度也不是一件容易的事。比如分析关于"情感主义"(emotionalism)的传播内容。这个术语目前也许有好些个定义,涉及几组不同的指标。如果不同的指标内在相关,那么至少构成了类目效度的一种根据。如果它们内在不相关,但频率却足够多,那么至少其中一些指标对该语境下的类目不合适。于是就有了定义的问题,也就是在此特殊情况下研究者打算选择"情感主义"的哪个含义。

有些人为内容术语在理论和实践上寻求外在效度。于是,为了得知"情感主义"的哪个定义有效,原则上分析者会研究一个受众样本,如果研究假设与"情感主义"、或传者的效果、或"情感主义"的原因相关,那么,通过这样的方式,内容类别由参照一个外在标准来确认其效度。这种以外在标准来进行直接的效度验证,其价值已得到许多学者的认可,但实施起来相当困难。简妮丝建议使用"产出性"标准,所谓"产出性"(productivity)是指内容分析的分类在建立实证命题时有用的程度。这纯粹是个实用性的标准,它衡量的是对内容的分类在建构与意向因素、效果因素或其他内容因素的关系时能否奏效。简妮思认为这个标准是有效的,"由使用一种内容分析技巧而建立起来的关系数目越多,在研究过程中正确估计有意义的反应的可能性就越高,因此效度也就越高"。[1] 然而,这一建议也并非一个令人十分满意的解决方案,因为高度相关可以被当作效度的一种显示,但低度相关也并不一定意味着无效。

---

1 Janis, I. (1949). The problems of validating content analysis. In Lasswell & Leites (Eds.). *Language of Politics*, pp. 55-82. Stewart. p. 72.

7 统计分析及其他数据处理方法的运用

在内容分析研究中,完成编码员间信度系数测试且系数在可接受范围内后,便可开始正式编码,编码生成的数据需要输入到数据分析软件中进行分析。显然,分析前的数据是如何采集的,会直接影响到可以运用哪些统计方法以及可能会得出什么样的结论。如第 5 章所说,变量分为定类、定序、定距和定比等四个层级,如果在搜集数据阶段,将本来是属于高阶的变量(如人的自然年龄)直接以定类或定序形式(也即分为几个年龄段)来确定类目,那么会大大缩减可以使用的统计方法。因为可用于分析高阶变量的统计方法往往要远多于低阶变量。

一旦文本按照编码表被记录后,内容分析者需要做的是:

(1)以各种手段分析数据,并总结从文本中得出的推论,使之易懂、易解释,或者与意图要做的判断决定关联起来。以统计分析手段来说,较为低级的分析主要是描述性分析,包括频数、平均值、标准差、方差、中位数、众数、百分比、列联表或交互表等;中高级分析则包括卡方检验、t 检验、相关性检验、因子分析、回归分析等。量化内容分析研究的数据分析与其他量化研究方法一样,都要遵循统计学原理和规则,在这一点上,各种量化研究方法之间是没有实质性区别的,只是在内容分析研究中因其常用数据的性质(如多用定类数据)会对某些统计方法有所偏重,比如卡方检验等。

(2)从研究结果中发现模式和关系(而这些模式和关系是一个非专业或未经训练的旁观者所容易忽略的),并以这些发现来检验对各种不同关系作出的研究假设。

(3)将研究发现与以其他手段或从其他情境下获得的数据相比较,它们是从其他研究中所得出的支持结论的数据(这也是多重操作化的方式之一),由此获得使研究者自己手头上的这项内容分析有效化,并对此获得信心,或者是为意图要做的推论增加新的维度,又或者是提供一些以往研究所遗漏的信息。

(4)以一种简洁、清楚、明了的方式呈现和汇报数据分析和研究发现。

在实践中,这几项任务并不是完全分开独立的,它们也不是内容分析所特有的,社会科学领域中大量的学术研究分析都会涉及总结批量数据,进行多种比较,并对研究假设进行检验。其中,会使用相当之多、相当之繁复的数据分析方法。本书毕竟不是统计分析专著,因此笔者仅在此择选出与内容分析尤其相关,对内容分析最为有益的一些方法予以讲解。[1]

7.1 统计分析概述

从统计学上来说,每种层级的测量尺度都对应着各自适合的统计分析方法。特定的统计分析手段要求变量满足其最低测量层次的要求,有些变量是受限于特定的测量层次的,也就是说,一定测量层次上的变量是无法以某种运用于其他测量层次的统计方法来进行分析的。因此,应该有针对性地为分析技术安排测量层次。更确切地说,在研究设计阶段就应该预先考虑与变量测量层次相应的研究结论。表7.1列举了适用于各个测量尺度的一些主要的但并不完全的统计方法。

一般来讲,测量层次越高,可以使用的统计方法越复杂、越高级。因此,内容分析者在研究设计阶段,如在内容分析类目建构和设计编码表时,就一定要清楚其研究可能会涉及什么样的分析手段。某个变量需要测量的层次是由分析者预期中的对该变量的分析而决定的。如果一个变量有不同的分析用处,那就需要不同的测量层次,设计研究时就应取得最高测量等级,比如上文提到的年龄。在传播学领域中,研究者不会特别在意定距和定比尺度之间的划分,因为在传播学研究中,真正的定距变量往往也是定比变量,如收入、年龄等;加上定距变量与定比变量所适用的统计方法并无不同,二者均含有算术计算特性,因而这两种变量常被合二为一,数据分析中,似乎不必严格区分变量是属于定距变量还是定比变量。

表7.1 适用于不同测量尺度的统计方法示例

测量尺度	最佳描述性统计方法	可以运用的推断性统计方法
定类	众数	卡方检验
定序	中位数;全距	斯皮尔曼 rho 检验;卡方检验
定距或定比	均值;标准差;全距	t 检验;F 检验;皮尔森相关系数;多元线性回归

---

1 本章内容重在各种统计方法和数据处理手段在内容分析研究中最为常见的实际运用,而非具体操作层面的讲解,相关统计方法的具体操作可参见本系列丛书"新闻与传播学研究方法"中的另一本书《传播内容分析数据处理与 SPSS 操作实现》(近期出版)。

这也是为什么在 SPSS 的变量设置中没有将这两种测量尺度区分开来的缘故之一。[1]

7.1.1 统计分析的三个重要区别

对于传播学研究者理解和使用统计知识而言,了解统计分析的三个主要区别会大有裨益。同时,懂得这三个区分,在进行数据搜集前的设计时也会大有帮助,因为如前所述,数据在分析前是如何被搜集和处理的,将影响到可以使用哪种统计方法,并获得怎样的结论,这一点研究者在设计数据搜集方法和程序时就应该心中有数。

统计分析可分为多种层次。按照统计分析的性质,可分为描述性统计(descriptive statistics)和推断性统计(inferential statistics)。**描述性统计**不涉及对总体做出判断,而仅仅是就研究者所搜集到的样本数据来总结样本特征。该类统计研究的是如何取得反映客观现象的数据,是一种在解释研究结果时对相关数据的简化,也即通过整理、作图和计算,对所搜集的数据进行加工处理和展示,进而通过综合、概括与分析得出反映客观现象的规律性数量特征、趋势和关系。描述统计学的内容包括统计数据的搜集方法、数据的加工处理方法、数据的显示方法、数据分布特征的概括与分析方法等。数据分析的第一步经常是初步描述研究者获得的数据是什么样的,尽管对某些数据和研究来说,这仅仅是统计分析的一个步骤而已。例如这样一类的陈述语句:"看暴力电视节目的时间与儿童暴力行为倾向指标这两个变量的皮尔森相关系数是 0.55。"在此,统计分析的结果以描述的方式呈现出来。因此,描述性研究只告诉我们"是什么",而且,这种描述又以单变量居多,尽管像上述陈述举例中对双变量关系的描述也很常见。就单变量而言,常见的描述性统计量汇总在表 7.2 中。在内容分析的实际研究中,描述性统计是最基本、最常见的分析方法,有不少研究往往仅用到描述性统计。在附录一笔者对588 篇内容分析论文的调查中,仅有五篇没有汇报任何描述性统计量,其他论文所用的描述性统计量种类从一到九种不等。

与此对应的是,**推断性统计**所呈现的信息让分析者用以做如下进一步的判断:通过样本获得的结果是否能够推广到其所代表的总体?也就是说,推断性统计研究的是如何根据样本数据去推断总体的参数值和性质特征的方法,它是在对样本数据进行描述的基础上,对统计总体的未知特征作出以概率形式表述的推断,因此此类统计更多地运用于解释性研究,也即告诉我们"为什么"。因此,当我们看到两组均值的差别"显著性系数小于 0.05",我们可以有把握对样本所代表的总体进行推论;简单地说,就是观察此样本所得的结果能够推论应用到总体的概率

---

1 在 SPSS 的变量属性设置中,定距和定比变量的度量标准均设置为"度量"一类。

表 7.2　描述性统计量汇总表

百分位数	集中量数 1	离散量数 2	分　布	其　他
四分位数	平均数	标准差	偏态	频次
百分点	中位数	方差	峰度	百分比总和
百分位数	众数	全距		
		最小值		
		最大值		
		平均数标准误		

是 95%,我们有 95% 的把握说这两组均值之间存在着实际差异,而非抽样误差造成。[3]

　　描述性统计与推断性统计的划分,反映了统计方法发展的前后两个阶段和使用统计方法探索客观事物数量规律性的不同过程。统计研究过程的起点是统计数据,终点是探索出客观现象内在的数量规律性。在这一过程中,如果搜集到的是总体数据(如普查数据),那么运用描述性统计就可以达到认识总体数量规律性的目的;如果获得的只是研究总体的一部分数据(样本数据),那么要寻求总体的数量规律性,就要运用概率论的理论并根据样本信息,对总体进行科学的推断。显然,描述性统计和推断性统计是统计方法的两个组成部分。描述性统计是整个统计学的基础,推断性统计则是现代统计学的主要内容,这是因为在对现实问题的研究中,所获得的数据主要是样本数据。但这并不等于说描述性统计不重要。如果没有描述统计搜集可靠的统计数据并提供有效的样本信息,再科学的统计推断方法也难以得出切合实际的结论。从当代内容分析研究的发展来看,推断性统计已得到广泛运用。附录一笔者所进行的 20 年调查显示,使用至少一种推断性统计方法的内容分析论文占了绝大多数(73.6%),而且有 40.5% 的论文使用了2—5 种推断性方法。[4]

　　第二个重要的统计概念区别是明白研究所描述的**数据类型**,也就是我们在第

1　集中量数是用以表示一群量数的集中趋势,它们是反映分布中心的很好的统计量。
2　离散量数与集中量数正好相反,是用以表示一群量数的离散趋势或离中情况,也即围绕中心值(如平均数)的值的分布。
3　因本专著并非关于统计学的教材或专著,因此对许多相关概念以及类似的推断性统计话语应该具体如何理解,请读者参阅一些基本的统计学教材。另见:柯惠新,祝建华,孙江华. 传播统计学[M].北京:北京广播学院出版社,2003。
4　在 433 篇使用了推断性统计方法的论文中,有 54.5% 使用了卡方检验,19.2% 使用了 t 检验,17.6% 使用了 ANOVA,15.2% 使用了皮尔森相关检验,5.3% 使用了斯皮尔曼相关检验,32.9% 使用了其他推断性方法(如多元线性回归、logistic 回归、时间序列分析、因子分析、Z 检验、MANOVA、MANCOVA 等)。

5 章中所讨论的变量类型和层级。在四个层级的变量中,定类和定序数据可用以描述,这些数据从样本到总体的推论所运用的是**非参数统计**(non-parametric statistics);定距和定比数据则可以做**参数统计**(parametric statistics)。总体的特性被称为参数,也就是说参数统计能使研究者对总体的特性得出结论,参数统计都是假定样本所来自的总体分布为已知的函数形式,但其中的参数为未知,统计推断的目的就是对这些未知参数进行估计或检验。但是在许多实际问题中,总体分布的函数形式往往不知道或者知之甚少,例如只知道总体分布是连续型的或离散型的,这时参数统计方法就不适用,此时需要借助另一种不依赖总体分布的具体形式的统计方法,也就是说不拘于总体分布,称为非参数统计,或称分布自由统计(distribution-free statistics)。

第三,根据分析所涉及的变量的多少,统计方法也相应有别。我们对非参数或参数数据进行的描述或推论可以是**单变量**的(univariate,仅表示某单一性质的单个变量本身),或者是**双变量**的(bivariate,表示两个相互关联的变量,往往是一个自变量和一个因变量),或者是**多变量**的(multivariate,表示三个或更多的互为关联的变量)。一般而言,变量数目越多,所运用的统计方法也就越复杂高级。

7.1.2 选择合适的统计方法

在统计方法具体运用时,研究者需要将研究假设或研究问题与有关统计量的样本模式和其他信息相互匹配起来,这意味着研究者需要非常明确以下系列问题:是以一个还是多个变量来进行分析和汇报? 如果是多个,哪些是自变量和因变量? 自变量和因变量分别是什么测量层级的数据? 根据变量类型和多少,需要选用参数统计或非参数统计,描述性统计还是推断性统计? 这诸多要素将如何搭配组合?(见表7.3)

例如,如果一个研究问题问的是,"纸媒广告的哪些形式特征与内容特征具有很强的相关关系",而且,所有变量是在定距或定比层级上测量的,那么,考虑要使用的统计方法也许是皮尔森相关(person correlation)或典型相关(canonical correlation)分析。皮尔森相关用于一个自变量(如纸媒广告的某个形式特征)和一个因变量(如纸媒广告的某个内容特征)的情况,而典型相关分析却可以将多个自变量(多种形式特征)与多个因变量(多种内容特征)之间的线性关系模式揭示出来。再比如说,一个研究假设如此陈述,"一个肥皂剧人物的外形吸引力、年龄和明显的社会地位将正向预测该人物的口头命令被他人遵从的频率。"此例中前三个变量为自变量,最后一个则是因变量;如果假设中的四个变量都是在定距或定比层级上测量,那么多元回归分析就是合适的。可如果研究假设是"在担心失败、担心被拒绝和避免不确定性方面,未婚者要比已婚者更甚",那么也许需要使用多元方差分析(MANOVA),也即由一个定类层级的自变量(即婚姻状态)来预测三个定距或定比的因变量,或者说,我们将样本人群根据不同婚姻状态(已婚者、未婚者、离婚者等)来进行三方面的均值比较。但如果我们将这三个方面分别在不同婚姻状态下的人群中进行单独的比较,那么也许还可以考虑使用较为简单的单因素方差分析 ANOVA。

表7.3 选择合适的统计方法

	$U/B/M$ [a]	IVs [b]	DVs [c]	P/NP [d]	D/I [e]
频率/百分比	U	1:定类/定序	/	NP	D
众数	U	1:定序	/	NP	D
全距/中位数	U	1:定序	/	NP	D
均值(M)	U	1:定距/定比	/	P	D
标准差(sd^2)/标准方差(sd)	U	1:定距/定比	/	P	D
置信区间(全距)	U	1:定距/定比	/	P	I
置信区间(百分比)	U	1:定距/定比	/	NP	I
卡方检验(χ^2)	B	1:定类	1:定类	NP	I
t 检验	B	1:定类(两组)	1:定距/定比	P	I
单因素方差分析(one-way ANOVA)	B	1:定类(三组)	1:定距/定比	P	I
皮尔森相关(r)	B	1:定距/定比	1:定距/定比	P	I
斯皮尔曼秩相关(rho)	B	1:定序	1:定序	NP	I
双变量回归	B	1:定距/定比	1:定距/定比	P	I
两因素/多因素方差分析(two or more-way ANOVA)	B/M	2+:定类	1:定距/定比	P	I
多元方差分析(MANOVA)	M	2+:定类	2+:定距/定比	P	I
判别分析	M	2+:定距/定比	1:定类	P/NP	I
因子分析	M	2+:定距/定比	/(因素合并)	P	I
聚类分析	M	2+:定距/定比	/(聚类合并)	P	I
多元回归	M	2+:定距/定比	1:定距/定比	P	I
logistic 回归	M	2+:定距/定比	1:定类(二元变量)	P/NP	I

注:[a] U 代表单变量,B 代表双变量,M 代表多变量;[b] IVs 代表在相应的分析模型中自变量可以有的个数;[c] DVs 代表在相应的分析模型中因变量可以有的个数;[d] P 代表参数统计,NP 代表非参数统计;[e] D 代表描述性统计,I 代表推断性统计。

　　然而,这显然是一种简单的套用,因为每一种统计检验都有些额外的前提和特性。就拿 MANOVA 来说,统计学上是假定因变量之间相互关联的,否则,就没有必要进行 MANOVA 整个模型的检验,如果每个因变量要独立进行评估的话,会有比 MANOVA 更清晰更简单的程序。因此,即便是清楚明白了表7.3 中各种变量类型、统计量和统计方法之间的组合搭配关系,如果不进一步了解每种统计方法的一些使用前提(比如样本分布上的要求),在实际使用中也会出现偏差,从而影响结果的总结和解释。许多量化研究经验不足的人,往往在套用各种统计方法时忽略了这些问题。[1]

7.2　内容分析研究中数据分析方法的运用

7.2.1　单变量分析

7.2.1.1　频率、百分比和列表法

　　在内容分析中,最常见也是最基本的对单变量进行描述性统计的方法是频率(frequency)和百分比(percentage),它们虽然通常以精确和简便著称,却无法赋予其特别的科学意义。本书附录一的调查中,分别有80.1%和87.9%的内容分析研究论文使用了频率和百分比。对于基本的单变量频率分析而言,主要有数字频率、饼图和柱形图等几种选择。比如,在对美国社会运动组织(SMO)网站进行分析时,[2]研究者在建构了与社会运动密切相关的六个互联网传播类型的基础上,对86个美国社会运动网站进行编码归类,每种功能类型下又归纳出若干特征变量,如表7.4中“创造性表达”这种传播类型下的六个特征变量的频率,并根据某 SMO网站所记录的活动频率程度分别对六种传播类型归类计算频率,综合汇总为表7.5。表7.4细化和呈现了每种传播类型下各特征变量的具体频率、百分比和信度测试系数等原始信息,而表7.5则实际上是由六个类似于表7.4的六种传播类型各自的活动频率程度分布表汇总而成,两者虽无实质性区别,但从形式上来说因后者的简化方式,可以大大缩减研究报告的篇幅,因此在正式发表的论文中,研究者多以此种汇总性表格的方式来呈现描述性统计数据。

1　因此,笔者在此强烈建议希望做好量化内容分析或其他量化研究的有志者一定要稍微系统地学习一下统计学,从而能更好地理解本章所提到的各种分析方法。

2　见:Stein, L. (2009). Social movement web use in theory and practice: A content analysis of US movement websites. *New Media & Society*, *11*(5),749-771. 表7.4 和7.5 改译自该实例。

表7.4　简单频率表范例

创造性表达的特征变量	频率	百分比	alpha[a]
滑稽模仿作品	1	1.2	1.00
音乐	2	2.3	.94
诗歌	4	4.7	1.00
卡通和连环漫画	6	7	.94
视频	14	16.3	.76
视觉艺术	28	32.6	.78

注:[a]此为信度测试的克里本多夫 alpha 系数

表7.5　频率表汇总范例

传播类型	无活动	低度活动	中度活动	高度活动	活动总数	alpha 范围
提供信息	0 0%	39 45.3%	42 48.8%	5 5.8%	86 100%	.67 – 1.00
行动与动员	5 5.8%	50 48.1%	26 30.2%	5 5.8%	86 100%	.69 – 1.00
促进募款及资源聚集	6 7%	51 59.3%	26 30.2%	3 3.5%	86 100%	.68 – 1.00
横向链接	16 18.6%	28 32.6%	35 40.7%	7 8.1%	86 100%	.61 – .95
互动与对话	3 3.5%	72 83.7%	9 9.3%	3 3.5%	86 100%	.64 – 1.00
创意性表达	52 60.5%	30 34.9%	2 2.3%	2 2.3%	86 100%	.76 – .94

　　表7.4 和表7.5 就是所谓的列表法(tabulation),是内容分析用于处理巨量文本时最为常用的表现技巧。这种方法将类目中相同或相似的记录单位整合在一起,并将每个类目中的单位计数呈现出来,从而使数据易读易懂。所列表格中呈现的一般是绝对频率(较少列举累积频率)及其在总数中的相应的百分比数。这种频率和百分比及其对应的饼图或柱形图一般是针对定类变量,但容量、栏目尺寸、时间、空间或其他量化指标的测量同样可以转化成以频率和百分比的形式来表达。这些测量列举了测量文本某种品质的标准单位,可以按照区段进行分段频率和百分比统计,无须在这里被区别对待。列表法除了用于定类变量外,同样也适合于其他三个层级的变量,只是通常不是以原始数字的方式呈现,而多半以每个变量的样本均值或比率来呈现。而且,对于定距和定比数据而言,一般是先划分一定数量区间(比如每20 一组,0 – 20,21 – 40,等等),然后再分组统计每个区

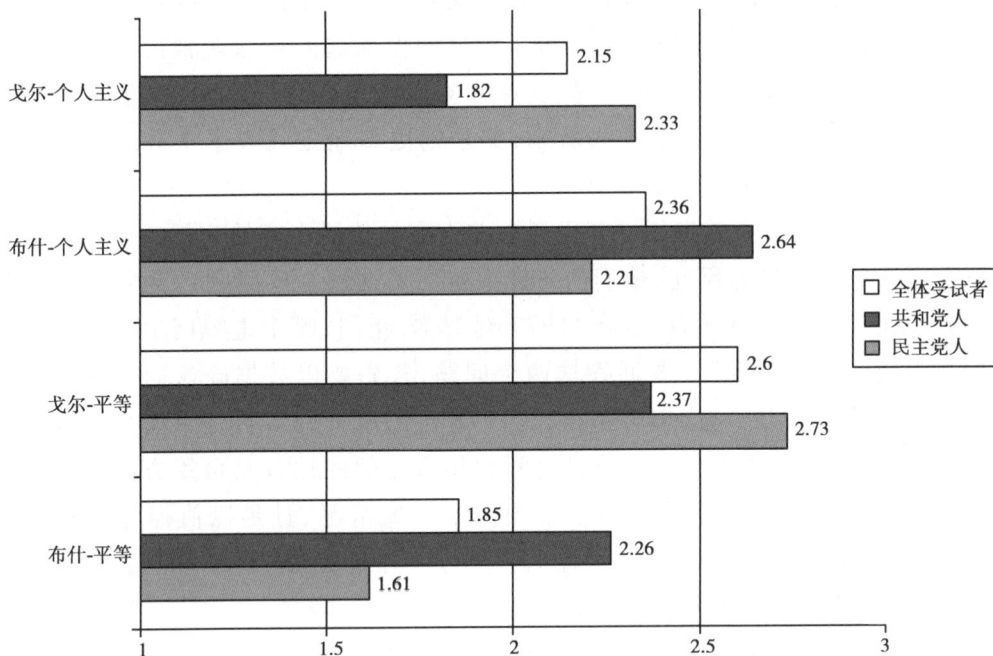

图 7.1 柱形图示例

改绘自：Gordon, A., & Miller, J.（2004）. Values and persuasion during the first Bush-Gore presidential debate. *Political Communication*, *21*(1), 71-92. 1

间的频率，并进行列表。总之，频率和百分比是列举这些量化指标的便捷途径之一，为统计考量提供入口。

从内容分析研究历年的文献来看，分析者在运用频率来发现和说明问题时，大致运用了一致分布（uniform distribution）、准确再现（accurate representation）与稳定模式（stable pattern）等三种标准。2 就一致分布标准而言，最常见的是用于新闻报道偏见的分析中，也即通过观察报道某个分类的频率是否比所有分类的平均频率要大或小来考察报道中是否存在偏见。运用这一标准的一个最为典型的例证就是，观察一份报纸对政府职能部门的某位候选人的关注（以某种属性出现的频率来测量）是否多于其他人，也就是说，如果该报纸对竞争同一职位的两位不同党派候选人的支持性报道在频率分布上是一致的或是无甚差异的话，分析者即可判断该报纸在此问题上的报道不存在偏见。这种运用在有关新闻偏见的内容分析研究以及在政治传播中关于竞选候选人印象研究极为常见。假定研究者对美国共和党人、民主党人的地方报纸以及所有不分党派的报纸在总统竞选期间的报道进

1　改绘者：武汉大学新闻与传播学院戴淑进。

2　Krippendorff, K.（2004）. *Content analysis: An introduction to its methodology*（2nd ed.）. Thousand Oaks, CA: Sage. pp. 192-193.

行内容分析,看这些报纸的报道如何再现了戈尔和布什这两位总统竞选人对个人主义和平等这两种价值观的体现,并分别给这两位候选人在这两种价值观上给予评估分数。从图 7.1 可以明显发现,在共和党人眼里,布什较之于戈尔更为体现了个人主义价值观,而在民主党人看来,戈尔则更多地是代表了平等。这种柱形图在两两比较中尤显直观醒目。

类似的数据处理方式运用还常见于对非常态的传播内容的分析。如格伯纳和格罗斯等人的电视暴力研究,他们的研究中包括了这样一些问题:"为什么周末儿童节目要比其他节目更暴力"以及"1977 到 1978 年间,哪个电视网增加或减少了他们节目中的暴力元素"。要回答这两个问题,首先要以数据确认周末儿童节目是比其他节目更暴力。与 1977 年相比,1978 年的电视网节目是否增加或减少了暴力元素。这时候,频率分布在节目之间和年份之间的比较是可用方法之一。当内容分析者发现所观测的某组频率呈现出不一致情况、且足以值得注意和汇报时,周末白天的儿童节目明显多于晚上 8—9 点,并且在 1978 年也明显高于其他年份,也就意味着这种频率分布偏离了常态。

同样重要并可能更为典型的另一个标准是准确再现。当分析者注意到相关频率不同于预期结果时即会用到此标准,这种预期指的是数据在统计意义上正确代表了总体时所应有的结果。贝雷尔森和索尔特早在 1946 年就将此标准引入到了纸媒的内容分析研究中,[1] 这也就是本书第 2 章有关研究设计中所提到的信息内容与外部参照的比较方式之一。贝雷尔森和索尔特比较了杂志小说中特写角色的总体与美国人的人口统计数据,发现少数族裔和贫困人口在杂志小说中几乎缺场,而流行英雄则被过多地呈现。许多大众传媒批评者也注意到电视角色相对于美国总体人口或大众传媒的受众而言不具有代表性。在美国早期的电视内容分析研究中,分析者宣称这一准确再现的标准尤其适用于族群,也适用于特定职业的从业人群、低社会经济地位的人、领导地位的女人和老年人。这些研究被用于推断社会偏见,或者经济利益和技术偏见。许多受欢迎的人物,从电影明星到电视评论员,只存在于媒体中,而不是其他非媒介化人口中。这种准确再现标准的应用能够产生政治结果。例如,20 世纪 50 年代晚期的内容分析研究显示了非裔美国人在美国电视上系统性的表现不足,这些研究发现至少有助于在某种程度上实现电视上的种族平等。

频率分析的第三个标准,稳定模式一般用于传播内容的历时比较分析,也就是说,当分析者观察到频率的历时变化,他们多半都会问,这种变化是不是有规律性的(也即是否呈现出一种稳定的变化方式或发展趋势)?为什么有些变化是非规律性的?为什么这些非常规性的变化会偏离预期,如果变化是规律并可预测的

---

1 见:Berelson, B., & Salter, P. J. (1946). Majority and minority Americans: An analysis of magazine fiction. *Public Opinion Quarterly*, *10*,168-190.

话? 在回答这类问题时,分析者一般会以一个稳定模式作为解释性标准,如果出现偏离,分析者就会注意到这种情况并认为是重要的。这种频率走势分析往往是通过时间线(time line)来呈现的,并在比较中分辨出偏离情况。

7.2.1.2 时间线

针对历时数据,时间线(或称趋势线,trend line)是最清楚易懂也是最基本的一种处理和呈现方式。图 7.2 选自科比特和莫里两位研究者对媒体有关乳腺癌的报道与医学期刊研究论文的内容分析研究,其研究目的在于考察医疗行为和媒介内容之间的关系,这种研究的重要性在乳腺癌病发率高升而媒体和医学界的关注度却相对较低的情况下尤显突出。该图显示了美国五本最具影响力的研究癌症的医学期刊、电视新闻网(ABC、CBS、NBC),以及《纽约时报》上有关乳腺癌的文章或报道的 36 年趋势线。由于小剂量的乳房 X 线照相术是在 1960 年发明的,因此研究者将这一年选为起点。该图以乳腺癌发病率为参照线,自 1973 年,乳腺癌在各年龄层的总发生率持续增加,发病率保持平稳。美国医学杂志上关于乳腺癌的文章增长相当稳定,尤其在 1976 年以后。媒体报道则在 1974 年和 1994 年呈现出两个不同峰值。之所以出现这两个非常态的峰值,是因为有两位名人[1]的妻子在 1974 年的前后几周内对媒体宣布进行了乳房切除手术,而在 1994 年,媒体

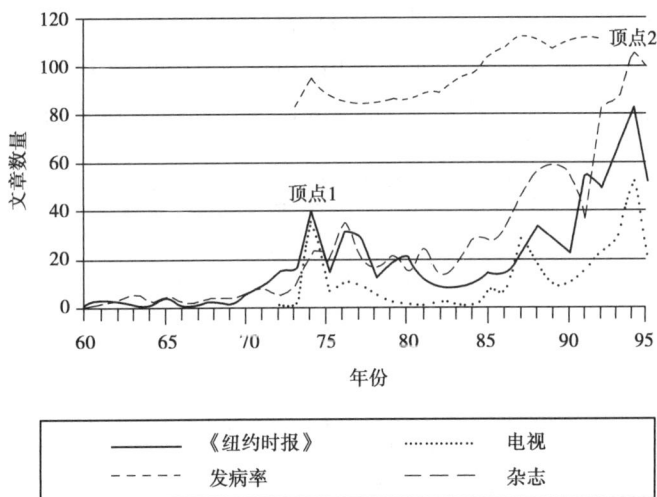

图 7.2 时间线图示例

改绘自:Corbett, J. B., & Mori, M. (1999). Medicine, media, and celebrities: News coverage of breast cancer, 1960-1995. *Journalism & Mass Communication Quarterly*, *76* (2), 229-249. [2]

---

1 一个是美国当时的福特总统,另一个是参议员尼尔森·洛克菲勒。
2 改绘者:武汉大学新闻与传播学院戴淑进。

报道了两个著名事件,一是"乳腺癌基因"BRCA-1 的发现,二是加拿大的一位研究者承认在一项由美国联邦政府资助的以匹兹堡大学为中心的乳腺癌研究中篡改了数据。通过时间线的对比图示与历史背景的解说,研究者将乳腺癌病发情况与媒体内容的互动关系较好地揭示出来。

以历时性数据为基础的内容分析能够呈现出沿着某条时间线而得出的研究发现,但是单纯以频率来揭示沿时间线的变化,还仅限于频率变化本身的描述性分析,而且,虽然从时间线的对照中可以直观地看到医学界关注度与媒体关注度的同步增加,但毕竟无法从统计分析上建立两者的相关性以及相关的统计显著性。要实现这种推断性统计,对这类时间线进行统计检验还需要比较复杂的时滞相关(lagged correlations)或时间序列分析(time-series analysis)等高级统计方法。[1] 时间序列法将在下面有关双变量分析的小节中介绍。

7.2.1.3 共现关系

本书第 4 章在解说词对这种分析单位时指出,关键词的共现(co-occurrences)在内容分析研究中对于建立语义和概念关系非常重要。这种共现关系实际上是将语言学研究中对字词的分析推进到语境中来考察,从而更能揭示出字词的内在含义以及它们对文本的整体语义表达的贡献。虽然 KWIC(keyword in context,上下文关键字)研究的发现往往是相当微观且个案化的,并不是真正本着内容分析概括性质的精神,然而,它们占据了内容分析研究文献的很大一部分。比如,罗伯特·韦伯比较了美国民主党和共和党使用"right"(包含"权利"、"正确的"、"正常的"、"右的"、"保守的"等多种含义)的 KWIC 表,发现了两者在使用这个词的时

表 7.6 柯勒律治《古舟子咏》中"fear"一词的 KWIC 分析

233 行	I	fear	thee, ancient Marinere!
234 行	"I	fear	thy skinny hand;
237 行		Fear	not, fear not, thou wedding guest!
237 行	Fear not,	fear	not, thou wedding guest!
305 行	Doth walk in	fear	and dread,
348 行	I turned my head in	fear	and dread

---

1 除了图 7.2 研究外,另参见两例具有代表性的研究:1) Rhee, J. W. (1996). How polls drive campaign coverage: The Gallup/CNN/*USA Today* tracking poll and *USA Today*'s coverage of the 1992 presidential campaign. *Political Communication*, 13, 213-229;2) Willnat, L., & Zhu, J. -H. (1996). Newspaper coverage and public opinion in Hong Kong: A time-series analysis of media priming. *Political Communication*, 13(2), 231-246.

候存在着十分有趣的显著差异。[1] 表7.6展示了上下文关键字分析的一个样本,是对柯勒律治《古舟子咏》中"fear"(恐惧)一词的搜索结果。[2] 这些研究发现能够回答诸如"恐惧的概念是如何被柯勒律治使用的"这类问题。

当代内容分析研究将这种共现关系分析进一步由关键词推衍至相同或不同类型的特征项共同出现,以及相关分析对象的网络关系研究。比如张瓒国教授非常有创意地运用了一种富有视觉吸引力的方式(见图7.3),用以表现国际新闻报道研究中国家之间简单的共现关系。他聚焦于1996年第一次世贸组织大会,对路透社关于参会国家的新闻报道进行了内容分析,并图解出参与国在新闻报道中的共现频率和关系。在图7.3中的28个国家内,有四个核心国家和地区(美国、欧盟、日本、加拿大)居于报道的主要地位,且相互之间的共现频率远远高于其他配对国家。这为这样的研究问题提供了答案:"世贸组织大会报道的网络模式是以核心国家为中心的吗?"这样的可视化呈现也非常有助于读者理解国际传播研究

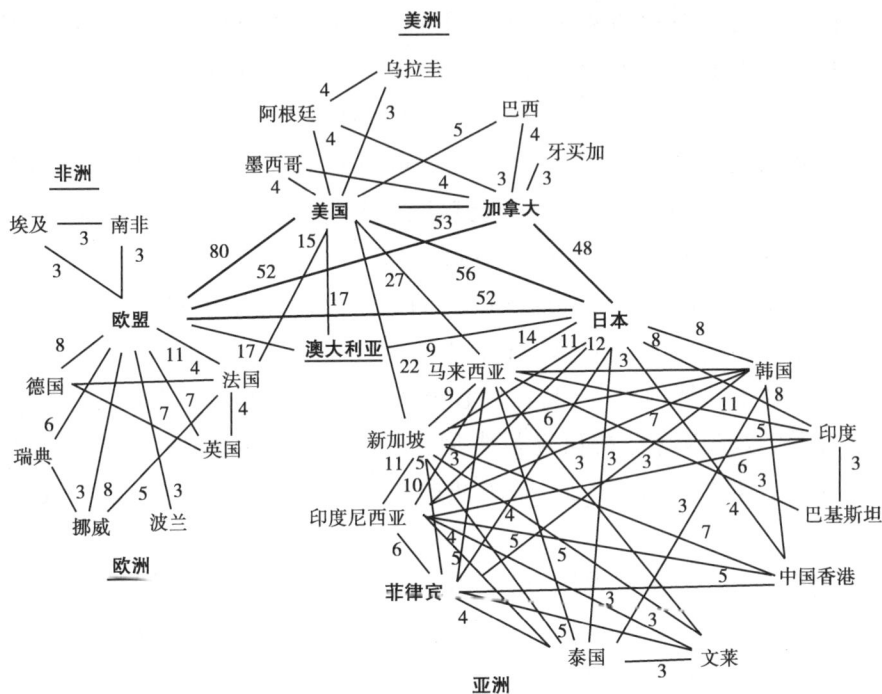

图7.3 路透社对世贸组织大会的新闻报道国家网络图

改绘自:Chang, T. K. (1998). All countries not created equal to be news: World system and international communication. *Communication Research*, 25 (5), 528-563. [3]

---

1 Weber, R. P. (1984). Computer-generated content analysis: A short primer. *Qualitative Sociology*, 7, 126-174.

2 引自:Neuendorf, K. A. (2002). *The content analysis guidebook*. Thousand Oaks, CA: Sage. p. 176.

3 改绘者:武汉大学新闻与传播学院戴淑进。

中一个久经不衰的主题,即国际新闻报道和国际信息流呈现出中心—半边缘—边缘模式。这种共现分析通过将共现信息定量化,可以揭示出信息的内容关联性以及特征项所隐含的寓意。一般而言,共同出现的特征项之间一定存在着某种关联,关联程度用共现频次来测量,即见图7.3中国家名在报道中的共现关系那样。共同出现的频次越高,说明共同出现的双方关联程度越大。

7.2.2 双变量分析

7.2.2.1 关联性分析

最早的内容分析研究中,最常用的报告形式是简单数据格式,百分比、比例、均值、比率通常以表格的形式有时也会用制图来表示,如前文所示。然而,这种单变量分析仅能就每个单独的变量自身进行描述,却无法获得对变量之间关系的了解。即便是上述的共现关系,其实观察到的也只是单变量下不同赋值之间的共现关系(见图7.3一例中,所观察的单变量是一篇报道同时提到的国家;又或者是,在对某个主题的报道中,报道来源国与被报道国的配对关系,等等)。随着研究内容的深入和技术手段的推进,为了研究双变量甚至多变量相互之间的关系,更复杂的测量方式开始得到运用且获得了有力的分析结果。交互表(cross-tabulation,又称交叉表)和卡方检验(Chi-square test)的运用可以说为内容分析研究的第二阶段的发展提供分析工具上的保障。它们是在第1章所提到的列联分析(contingency analysis)基础上发展而来,自其在内容分析研究中得到应用以来,一直受到分析者的普遍钟爱,也是内容分析研究最常用到的分析方法,这是因为内容分析的数据很多时候是定类层级的。因此,该方法的介绍和解说将是双变量分析这一小节的重点。

当双变量都是定类变量时(一组未排序的分类),研究者所谈论的二者之间的统计关系指的是关联性(association),交互表和卡方检验往往是这种统计的首选,它们考察的一个定类变量的各种类别与(另一个定类变量的)某种属性或特征存在着关联性,由此确定在各类别呈现出的属性特征上是否有差异,比如电视暴力中男性和女性(性别变量)在攻击行为类型或方式上的差异。其分析的第一步是计算内容类目在文本样本中出现的次数,生成类似于表7.7的数据阵,表中类目类型一般是研究者希望比较的组群,属性类型则是研究者要比较的组群在某个方面或变量(比如咖啡品牌喜好、电视节目观看倾向、对政治候选人的支持立场等)上呈现的类似或不同的分布状况。交互表的核心是将每个分组在属性类型中各个类型上出现的次数计算出来,在相应的单元格中列出,并计算该分布数占该组在该属性的所有类型上出现的总次数的百分比(也即按表7.8显示方式的行百分比)并同时列在该分布格中。最后计算卡方值,以确定这种分布是否呈现统计显

表7.7 交互表通用数据阵

类目类型	属性类型		
	1	2	3
1			
2			
3			
……			

著性差异,也就是说,分组中的各小组在属性类型各类型的分布次数上是否呈现显著性差异。比如,男性和女性对电视节目类型的选择是否各有偏好?

从表7.8所列实例中,我们可以清楚地明白交互表和相应的卡方检验的具体含义。该表显示的是美国与中国主流报纸样本在SARS报道中是否呈现冲突框架的差异。虽然从整体上看,两国纸媒呈现了冲突框架的新闻报道都相对较少,但从行百分比来看,美国报纸呈现了这种新闻框架的文章在所有样本中占23.62%,比中国报纸(仅3.7%)要高出许多。卡方检验($\chi^2 = 25.9, p < .0001$)也证明,报纸的国别这一变量与是否呈现冲突框架存在着关联性,具体地说就是,美国和中国报纸间的这种频率和百分比分布模式在统计上具有显著性差异,其差异明显区别于随机分布。因此该研究支持了其研究假设,"美国报纸要比中国报纸更多地呈现冲突框架"。

表7.8 美国与中国报纸中冲突框架呈现的 2×2 交互表

国别	是否呈现冲突框架		
	是	否	
美国	30 23.62% 83.33%	97 76.38% 38.34%	127
中国	6 3.70% 16.67%	156 96.30% 61.66%	162
总计	36	253	289

$$(\chi^2 = 12.97, d.f. = 1, p < .001)$$

注:每个单元格内的第一个百分比是行百分比,第二个百分比是列百分比。

数据取自笔者本人与博士指导老师合作的一项研究,论文见:Luther, C. A., & Zhou, X. (2005). Within the boundaries of politics: News framing of SARS in China and the United States. *Journalism & Mass Communication Quarterly*, 82(4), 857-872.

表7.9　电视剧节目中角色动作频率的 3×3 交互表

虚构角色的动作,该角色是:			
暴力与执法的关系	好的	中立的	坏的	
与法律执行相关	369 194	27 64	23 161	419
与法律无关	751 710	328 233	252 590	1 533
犯罪	5 221	15 73	458 184	478
总计	1 125	370	935	2 430

注:每个单元格中第一个数字是实际观察频率数,第二个数字是根据统计概率计算出的随机分布的期望频率数。

　　根据交互表涉及的各变量下赋值的多少,可以分为 2×2、2×3、3×3 表等,具体地说,如果是 2×2 表(如表7.8),则表明两个变量的赋值都有两个,也即两个变量分别有两个类别。交互表两组比较(如表7.8中的国别)最为常见,三组的也比较多。表7.9 展示的是,布鲁威等人在研究电视暴力问题时如何将电视虚构人物的类型(好的、中立的、坏的)与其暴力的性质(与法律执行相关、与法律无关、犯罪)联系起来。[1] 电视暴力研究的系列假设中有一个假设认为,如果暴力实施者是好的正面人物,且如果这种暴力是为了正义的执法目的,那么观众更容易接受这种电视暴力,并会更容易受到影响而对其效仿。因此,布鲁威等人对电视虚构角色的 2 430 个动作进行了内容分析。从表7.9可以看出,暴力动作大多数来自于好角色,总计 1 125 个,随后是坏角色(935 个)和中立角色(370 个)。好角色的 1 125 个动作中,大多数(751 个)与执法无关,从简单计数来看似乎要比根据随机分布统计出来的期望数(710)多了不少,似乎无法支持研究假设,然而,尽管这些频率数大大超过随机分布,但仅凭实际观察频率数是不能说明电视角色的好坏是否与执法存在着显著关联性,这需要进一步以卡方检验来进行验证。

　　从统计学上来讲,卡方检验的实质是将两个变量共现的观察频率与那些随机获得的频率(也即期望数)相比较。在交互表中,当所有列和行都与它们各自的边际成比例,频率处在随机水平上,就意味着边际频率解释了表内的频率分布。表7.9 中值得注意的是分类的共现关系,分类的观察频率与期望频率显著偏离(当变量是自变量,共现关系是随机事件)。从整个表来看,与其他分布格相比,最大

1　见:Brouwer, M. Clark, C. C., Gerbner, G., & Krippendorff, K. (1969). The television world of violence. In R. K. Baker & Sandra J. Ball (Eds.), *Mass Media and Violence*, Vol. 9, pp. 311-339. 519-591. Washington, DC: Government Printing Office. 表7.9 改译自该实例。

的频率751与期望的710最为相近,但这无助于两个变量之间关系的显著性。实际上,当使用卡方检验来建立这种显著性时,对这种关系贡献最大的单元格是四个边角的单元格,表明了好和坏、遵守和破坏法律的极端情况。单元格中观察频率和期望频率之间的差异如果被检测为具有统计显著性(比如在95%的置信度水平上 p < .05),即可解释为支持了"好人更倾向站在按法律来行动的一边,而坏人的行为则与之相反"的统计假设。

上述两组或三组比较的交互表和卡方检验在内容分析数据分析中最为常见,但也不乏三组以上的情况。不过,当有三组以上比较时,尤其是在属性类型的种类也很多的时候,卡方检验会出现不稳定的问题,测试结果有可能不可靠,因为卡方检验要求每个分布小格中的计数不得低于5,而在种类较多的情况下,每格低于5的情况却很难避免。[1] 另外,交互表不限于两个或三个变量,但是当变量数量更少的时候,它们更容易被视觉化和解释说明。多变量技术适用于检测多维度数据内的复杂结构。[2]

从表格呈现方式来说,当研究包含多对双变量关系时,可以进行适当的汇总,整合至一个大表,或者为了排版方便,将类目类型和属性类型的位置互换,如果不具备阅读数据的基本常识,可能会造成混淆。比如,表7.10是笔者将五个类似于表7.8的2×2表经过行列位置互换、仅保留呈现框架的行百分比数据后合并为一张表而成的。[3] 而这样的处理方式是国际学术界所通行的,在国际刊物发表中也是应篇幅要求所必须使用的手段。

表7.10 中美报纸 SARS 报道中新闻框架呈现比较

新闻框架类型	美国报纸 (N = 127)	中国报纸 (N = 162)	$\chi^2 (d.f. = 1)$
经济后果框架	44.88%	24.69%	12.97*
责任框架	25.2%	10.49%	10.93*
领导力框架	42.62%	26.54%	8.93*
冲突框架	23.62%	3.70%	25.9**
人类情趣框架	46.46%	45.68%	0.02

注: $^*p < .001$, $^{**}p < .0001$(无 * 则表明不具有统计显著性)

---

1 在此情况下,如果是用 SPSS 进行卡方检验的话,在数据输出表中可以选择读取似然比的值,而不是正常情况下读取的 Pearson 卡方值。

2 Reynolds, H. T. (1977). *Analysis of nominal data*. Beverly Hills, CA: Sage.

3 见:Luther, C. A., & Zhou, X. (2005). Within the boundaries of politics: News framing of SARS in China and the United States. *Journalism & Mass Communication Quarterly*, 82(4), 857-872.

这种多表格的合并在处理很多组雷同的统计测试、精简优化版面时尤其需要。表7.11实际上是将 21 对双变量（国家与各种杂志中的广告形式和内容变量）之间的关系集合在一张表格中（其中还包含几组针对定距/定比变量的 F 检验），并把要比较的国家分组这一变量（通常情况下在交互表中位于行）与各种属性类型的变量的位置进行了互换。在类似情况下在读取 SPSS 数据输出表的行百分比时也需做相应的调整。

表 7.11　国家与广告产品的形式和内容之间的关系

假设数量	美国	英国	法国	显著水平	假设支持
无特定产品					
1c 黑白	5.7%	11.3%	13.2%	$\chi^2=10.1, n=795, p=.01$	支持
2b 对比	10.0%	4.7%	1.0%	$\chi^2=19.7, n=800, p=.00$	支持
3a 少数族裔*	6.8%	4.8%	7.1%	单元格计数过小,无法运行	
3b 老人*	2.7%	2.4%	1.4%	单元格计数过小,无法运行	
3c 儿童*	15.5%	3.6%	5.7%	$\chi^2=10.4, n=302, p=.01$	支持
耐用产品					
1a 尺寸	336 cm	315 cm	390 cm	$F=4.8, n=277, p=.01$	支持
1b 照片	72.9%	74.7%	48.5%	$\chi^2=17.9, n=278, p=.00$	支持
1d 产品展示	57.3%	60.2%	49.0%	$\chi^2=2.6, n=277, p=.28$	
1e 产品大小	117 cm	124 cm	157 cm	$F=3.1, n=288, p=.05$	支持
1f 价格展示	16.7%	24.1%	16.3%	$\chi^2=2.2, n=277, p=.33$	
2a 描述	68.8%	67.5%	72.7%	$\chi^2=0.7, n=278, p=.72$	
2c 联系	51.0%	37.3%	42.4%	$\chi^2=3.5, n=278, p=.17$	
2d 象征符号	10.4%	16.9%	37.4%	$\chi^2=22.5, n=278, p=.00$	支持
非耐用品					
1a 尺寸	362 cm	389 cm	431 cm	$F=4.6, n=521, p=.01$	支持
1b 照片	82.3%	68.4%	60.0%	$\chi^2=21.6, n=522, p=.00$	支持
1d 产品展示	41.6%	49.1%	37.5%	$\chi^2=4.1, n=520, p=.13$	
1e 产品大小	88 cm	96 cm	126 cm	$F=3.9, n=536, p=.02$	支持
1f 价格展示	6.2%	8.6%	15.2%	$\chi^2=7.4, n=521, p=.02$	支持
2a 描述	43.2%	42.0%	39.0%	$\chi^2=0.5, n=522, p=.77$	
2c 联系	65.0%	43.7%	51.4%	$\chi^2=19.4, n=522, p=.00$	支持
2d 象征符号	6.2%	23.6%	20.0%	$\chi^2=27.3, n=522, p=.00$	支持

*百分比是在含有一个人的广告而不是所有广告的（有38%的广告至少显示了一个人）。

译自:Cutler, B. D. , & Javalgi, R. (1992). A cross-cultural analysis of the visual components of print advertising: The United States and the European community. *Journal of Advertising Research* ,32(1),71-80.

7.2.2.2 相关性分析

与定类变量的关联性分析所不同的是,当双变量均为定序及以上层级的变量时,所考察的二者之间的关系是相关性(correlation)。针对定序变量的是斯皮尔曼秩相关关系(Spearman rho 系数),它考察的是对一个变量下属序列的排序是否与对另一个变量下属序列的排序相关,比如在议程设置研究中,将媒体报道的议题显著性的排序与受访者个体对议题显著性的排序评估相关联(二者均以定序层级来测量),以此考察媒体报道对公众意见的议程设置影响的可能性;[1] 或是将政府要员如总统的演讲议程排序与媒体报道议程排序联系起来,来看二者之间的相关关系。[2]

双变量相关性分析最常遇到的情况是,观察两个定距或定比变量之间的相关关系,需要使用皮尔森相关关系(Pearson r 系数),比如通过检验报纸纸质版和网络版在某类新闻报道的篇幅上(以该类报道篇幅在当日报道总篇幅中所占比例来衡量)的相关性来说明两者在新闻报道的处理上是否雷同。[3] 比如一项分析 20 世纪 30 年代、40 年代和 90 年代以女性为中心的电影中女性形象的研究即采用了皮尔森相关关系这种方法。[4] 分析者随机选取了 60 部电影,考查了其中的 307 个主要人物,广泛测量了大量描述性的、基于心理的变量,如女性性别角色特征和精神个性特征倾向,二者呈显著线性负相关($r = -.698, p < .001$)。

在统计学上,这种相关关系除了随机标准外,还增加了另一个标准,即线性标准。图 7.4 即展示了这种线性相关关系。如果数据碰巧符合期望,所有数据落在一条直线上,那么相关系数 r 的绝对值为 1。r 描述的是两个变量间线性相关强弱的程度。r 的取值在 -1(见图 7.4 中右上图为完全负相关)与 $+1$(见图 7.4 中左上图为完全正相关)之间;若 $r > 0$,表明两个变量是正相关,即一个变量的值越大,另一个变量的值也会越大;若 $r < 0$,表明两个变量是负相关,即一个变量的值越大

---

1 研究实例如:Wirth, W., Matthes, J., Schemer, C., Wettstein, M., Friemel, T., Hänggli, R., & Siegert, G. (2010). Agenda building and setting in a referendum campaign: Investigating the flow of arguments among campaigners, the media, and the public. *Journalism & Mass Communication Quarterly*, 87(2), 328-345.

2 研究实例如:Johnson, T. J., Wanta, W., Byrd, J. T., & Lee, C. (1995). Exploring FDR's relationship with the press: A historical agenda-setting study. *Political Communication*, 12(2), 157-172.

3 研究实例如:Maier, S. (2010). All the news fit to post? Comparing news content on the web to newspapers, television, and radio. *Journalism & Mass Communication Quarterly*, 87(3/4), 548-562.

4 见:Smith, A. M. (1999). *Girls on film: Analysis of women's images in contemporary American and "Golden Age" Hollywood films*. Unpublished master's thesis, Cleveland State University, Cleveland, OH.

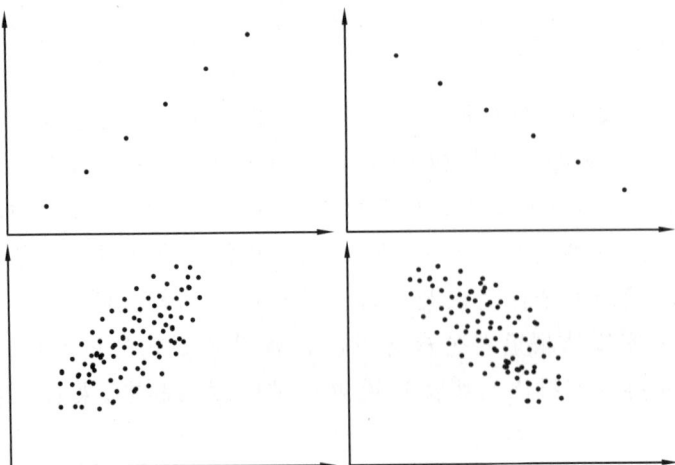

图 7.4 皮尔森相关关系示意图

另一个变量的值反而会越小,即见图 7.4 所示。r 的绝对值越大表明相关性越强,要注意的是这里并不存在因果关系。若 r = 0,则表明两个变量间不存在线性相关关系,但有可能是其他方式的相关(比如曲线方式)。另外,相关性测量的是数据类似于回归线的程度,与随机正好相反。

相关关系的技巧偶尔也应用到部分内容或全部内容与零内容变量之间的关系测量中。例如,雷兹和普尔在考察不同时期内共产国际宣传的几个不同层面关系时,[1]就是通过这种技巧进行大范围分析的。从总体上来说,两位研究者用 11 个

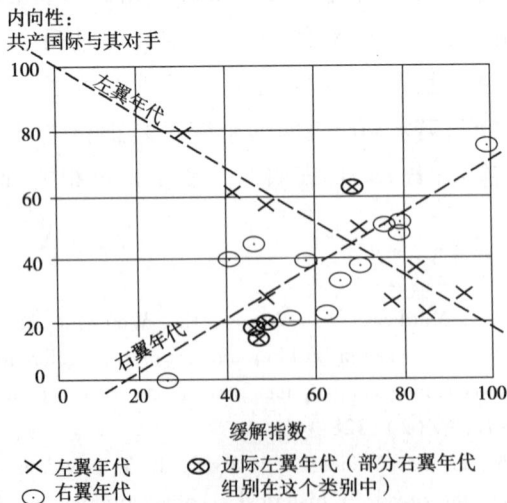

图 7.5 双变量关联案例示意图

1 见:Leites, N. C., & Pool, I. de S. (1942). *On content analysis*. Library of Congress, Experimental Division for Study of War-Time Communications, Document no. 26, Washington, D. C. 转引自:Berelson, B. (1952). *Content analysis in communications research*. New York: Hafner.

相关关系(见图 7.5)证实了在右翼年代象征主义从共产国际党派转向了大众和对手这一假设。同样地,相关关系在西方政治传播研究中还经常被用于媒体报道重大政治争议的显著度与民众对此的认同程度的关系,或者媒体间的政治议程设置关系。如果加入时间维度,便以时滞交叉相关关系来显示前者对后者的影响,正如以麦科姆斯教授所开创的经典的议程设置研究那样。[1]

7.2.2.3 时间序列分析

无论是关联性分析还是相关性分析,揭示的都是双变量的横截面关系,在考量中一般是无法纳入时间维度的,特别是前者。时间序列(time seires)分析运用概率统计的理论和方法来分析随机数据序列(或称动态数据序列),并对其建立数学模型,对模型定阶,进而应用于预测预报、自适应控制、最佳滤波等诸多方面。如果有一组数据 $X_i(t=1,2,\cdots T)$,X_i 与 X_{i+1} 之间的时间间隔是固定不变的(如时间间隔一周),那么这组数据被称为一个时间序列。时间序列分析就是探讨变量在过去是如何作用的,也即说明引起演变的某种机制,并预测它们在将来又如何。通过分析某个研究变量的时间序列,可以考察该变量在不同时期受不同因素影响,这些影响时间序列变化的主要因素在时间维度上大致分为长期趋势因素、季节变化因素、周期变化因素和不规则变化因素。

从传播学研究来讲,该分析方法不仅能够呈现横截面关系,也能够发现信息内容对社会习惯和行为的历时性影响。在近当代内容分析研究中有不少考察过此类历时关系,比如新闻报道和各种舆论类型间的关系[2]以及新闻报道与个体寻求医疗保健之间的关系[3]。在另一项研究中,研究者分析了 1933 年至 1993 年间好莱坞最卖座商业题材电影的情节结构,发展出一套多向测量亲美国梦信息的流行

1　比较近期的研究实例如:1)Lopez-Escobar, E., & McCombs, M., & Lennon, F. R. (1998). Two levels of agenda setting among advertising and news in the 1995 Spanish elections. *Political Communication*, *15*, 225-238;2)Roberts, M., & McCombs, M. (1994). Agenda setting and political advertising: Origins of the news agenda. *Political Communication*, *11*,249-262.

2　研究实例如:1)Brosius H. -B., & Kepplinger, H. M. (1992). Linear and nonlinear models of agenda-setting in television. *Journal of Broadcasting & Electronic Media*, *36*, 5-23;2)Gonzenbach, W. J. (1992). A time-series analysis of the drug issue, 1985-1990: The press, the president and public-opinion. *International Journal of Public Opinion Research*, *4*(2), 126-147; 3)Hertog, J. K., & Fan, D. P. (1995). The impact of pressby women coverage on social beliefs: The case of HIV transmission. *Communication Research*, *22*, 545-574;4)Rhee, J. W. (1996). How polls drive campaign coverage: The Gallup/CNN/*USA Today* tracking poll and *USA Today*'s coverage of the 1992 presidential campaign. *Political Communication*, *13*, 213-229.

3　研究实例如:Yanovitzky, I., & Blitz, C. L. 2000). Effect of media coverage and physician advice on utilization of breast cancer screening by women 40 years and older. *Journal of Health Communication*, *5*,117-134.

趋势的"神话指数"。[1] 他们发现国内经济幸福指数(基于失业率和联邦赤字数额)和神话指数之间关系的峰值有两年的时滞。也就是说,经济指数在两年后与神话指数匹配。他们认为这些发现表明好莱坞电影倾向于复制现存经济状况而不是促进经济状况的改变。

在上文有关乳腺癌病发情况和媒体报道的频率分布的研究实例中,研究者对多组年度数据和月度数据进行了时间序列分析(见图7.6和图7.7)。其中,所有的医学界指标都根据年度数据进行分析,因为基金水平和发生率与死亡率都是年度数字,而且医学期刊的出版频率也是不同的。在将医学数据与媒体数据进行比较时,两个数据集都以年度数据进行分析。然而,在分析单独的媒体数据和事件(都能获得月度数据)时,事件序列比较就以月为单位。通过运用适当的转换和差异化使各序列获得定常性后,研究者发现了每个序列的 ARIMA [2] 最优拟合模型,获得自相关、逆自相关和偏自相关等各种函数,以此揭示各变量在时间上的相关关系。

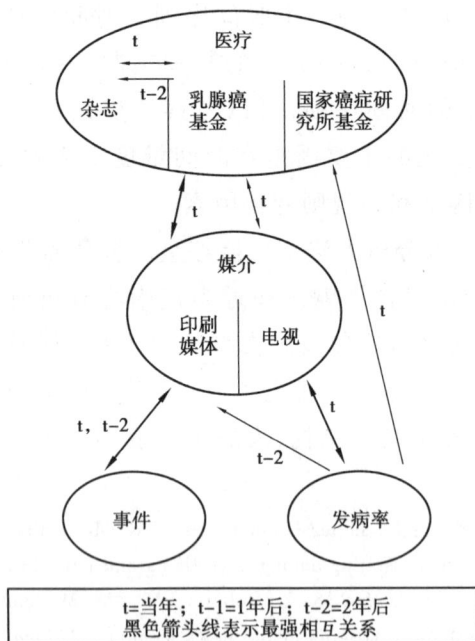

图 7.6　时间序列分析关系图一

改绘自:Corbett, J. B., & Mori, M. (1999). Medicine, media, and celebrities: News coverage of breast cancer, 1960-1995. *Journalism & Mass Communication Quarterly*, 76(2), 229 – 249. [3]

1　见:Pileggi, M. S., Grabe, M. E., Holderman, L. B., & de Montigny, M. (2000). Business as usual: The American dream in Hollywood business films. *Mass Communication and Society*, 3, 207-228.

2　Autoregressive Integrated Moving Average,自回归滑动平均混合模型。

3　改绘者:武汉大学新闻与传播学院戴淑进。

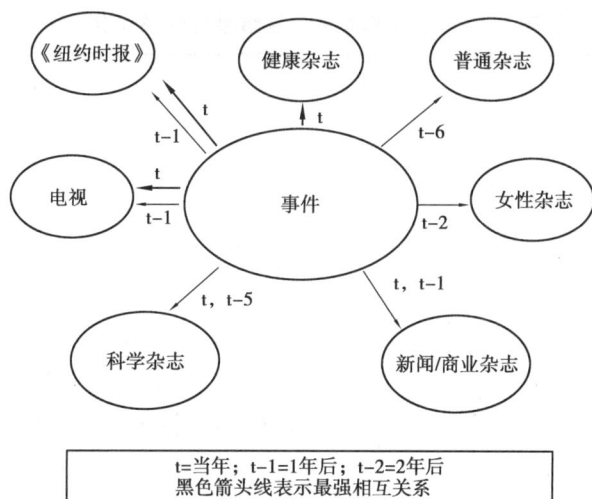

t=当年；t−1=1年后；t−2=2年后
黑色箭头线表示最强相互关系

图7.7 时间序列分析关系图二

改绘自：Corbett, J. B., & Mori, M. (1999). Medicine, media, and celebri-
ties：News coverage of breast cancer, 1960-1995. *Journalism & Mass Communica-
tion Quarterly*, *76*(2), 229 – 249. 1

图7.6 显示出医疗事件与年度医学指标没有显著关系，在年度时间序列上与
电视报道也无显著相关性，但与印刷媒体在当年和两年后都有着很强的双向相关
性。如预测的那样，在乳腺癌发病率和电视报道数量间存在着很强的双向关联，
并且在发病率与两年后的印刷媒体报道数之间呈正相关关系。在月度时间序列
方面，图7.7 则显示出医疗事件与所有类型的媒体报道都具有显著影响作用，只
是在时间上有所不同，有的是在当年(如对电视、《纽约时报》、健康杂志等)，有的
在一年后(如对新闻/商业杂志)，有的在两年后(如对女性杂志)。

7.2.2.4 组间差异分析

在内容分析研究中，许多时候考察的是关系问题，但也不乏差别问题，也即比
较不同组别之间在某种属性特征上的差异性问题，而这种属性特征变量是在定距
或定比层级上测量的。如果是两组之间的比较，那么可用 t 检验，[2] 比如研究的是

---

1 改绘者：武汉大学新闻与传播学院戴淑进。

2 研究实例如：1) Fox, J. R., Koloen, G., & Sahin, V. (2007). No joke：A comparison of
substance in *The Daily Show with Jon Stewart* and broadcast network television coverage of the
2004 presidential election campaign. *Journal of Broadcasting & Electronic Media*, *51*(2), 213-
227；2) Harmon, M. D., & Lee, S. -Y. (2010). A longitudinal study of U. S. network TV ne-
wscasts and strikes：Political economy on the picket line. *Journalism & Mass Communication
Quarterly*, *87*(3/4), 501-514；3) Len-Ríos, M. E., Rodgers, S., Thorson, E., & Yoon, D.
(2005). Representation of women in news and photos：Comparing content to perceptions. *Jour-
nal of Communication*, *55*(1),152-168.

表 7.12　独立样本 t 检验结果呈现表示例一

	天天秀		显著性检验		
	M	SD	t	df	p（双测）
视频幽默	60.27	32.74	-9.89	36	$p<.001$
视频实质内容	2.16	8.95			
音频幽默	114.73	51.85	-7.96	36	$p<.001$
音频实质内容	19.78	36.05			

两组类型（如地方电视台和国家电视台）媒体在报道某事件上所用的节目时长（以秒或分钟计算）或其他属性特征方面的差异。

福克斯等人在研究美国 2004 年总统竞选中的电视节目报道时所用的统计方法就是 t 检验,[1] 他们对比了电视喜剧《约翰·斯特伍德的天天秀》（The Daily Show with Jon Stewart）[2] 与传统的电视晚间新闻节目的报道。福克斯等人提出的一个研究假设是:"《约翰·斯特伍德的天天秀》无论是视频还是音频都要更注重幽默甚于实质内容。"此研究假设所要验证的:一是该电视秀的视频中幽默成分要多于实质内容成分,二是音频中幽默成分要多于实质内容成分,比较的是同一种电视节目中两种内容类型所占的视频或音频时长（以秒数计）的均值差异（见表7.12）,需要使用独立样本 t 检验。结果表明,无论是视频还是音频,幽默成分所占时长的均值（M）都远远高于实质内容, t 检验也显示出高度的统计显著性。[3] 该研究还比较了电视新闻节目与《约翰·斯特伍德的天天秀》在呈现实质内容方面的时长均值差异,此时的比较是两组不同的电视节目类型在同一种内容类型方面

表 7.13　独立样本 t 检验结果呈现表示例二

	电视新闻		天天秀		显著性检验		
	M	SD	M	SD	t	df	p（双测）
视频实质内容	2.29	5.37	2.16	8.95	-0.11	165	$p=.91$
音频实质内容	26.13	33.38	19.78	36.05	1.00	165	$p=.32$

1　Fox, J. R., Koloen, G., & Sahin, V. (2007). No joke: A comparison of substance in *The Daily Show with Jon Stewart* and broadcast network television coverage of the 2004 presidential election campaign. *Journal of Broadcasting & Electronic Media*, *51*(2), 213-227. 表 7.12 和表 7.13 改译自该实例。

2　研究者之所以选择该喜剧节目,是因为根据皮尤研究中心的调查发现,在美国 30 岁以下的受访者中,有 21% 的人报告说他们常规性地依赖该电视秀获取竞选信息,有 23% 的人常规性地依赖电视晚间新闻。而且,该电视秀在 2003 年和 2005 年曾获得过电视批评协会"新闻与信息杰出成就奖"的提名,并在 2004 年荣获该奖。

3　检验以实质内容的均值为比较基准,因此 t 值为负数。

表7.14 ANOVA 分析结果呈现表示例

主效果	*df*	*F*	*p* 值
综合主效果	7	25.8	.001
理由	1	2.9	.090
幽默	1	117.1	.001
奖赏/惩罚	2	4.1	.016
多重行为	3	14.7	.001

	均值	*n*
有无理由		
没有	2.54	4 942
有	2.74	2 798
是否幽默		
否	2.90	4 315
是	2.28	3 686
奖赏/惩罚		
惩罚	2.88	1 974
既无惩罚也无奖赏	2.52	4 049
奖赏	3.55	1 961
多重暴力行为		
一次	2.42	3 285
一些	2.57	3 249
许多	2.88	868
非常多	3.61	584

的差异(见表7.13),结果发现电视新闻和天天秀这两类节目类型无论是视频还是音频,其实质内容均无显著性差异(两项独立样本 *t* 检验的 *p* 值均大于0.05)。

独立样本 *t* 检验用于两组之间的属性差异比较,如果涉及两组以上类型(如收视率分别为低、中、高的电视台)的比较,则需用方差分析(ANOVA)。[1] 在波特和

1　研究实例如:1)Lowrey,W.,& Woo,C. W.(2010). The news organization in uncertain times:Business or institution? *Journalism & Mass Communication Quarterly*,*87*(1),41-61; 2)Potter,W. J.,& Smith,S.(2000). The content of graphic portrayals of television violence. *Journal of Broadcasting & Electronic Media*,*44*(2),301-323;3)Wittebols,J. H.(1996). News from the noninstitutional world:U. S. and Canadian television news coverage of social protest. *Political Communication*,*13*(3),345-361.

史密斯对电视暴力图像描述的情景因素研究中,[1] 考察了暴力互动(PAT)的有无理由、是否幽默、暴力是否受到奖赏/惩罚,以及多重暴力行为等各组别间在暴力图像指数方面是否存在显著差异。[2] 见表 7.14 所示,除了是否显示暴力理由以外,其他三个情景因素的方差检验都证明了这三个因素存在着暴力图像指数均值上的组间差异。以暴力是否受到奖赏或惩罚来讲,F 检验在 $p = 0.05$ 置信水平上具有统计显著性($F = 4.1, p = 0.016$),说明"受到奖赏"、"受到惩罚"与"既无奖赏也无惩罚"这三种类型的暴力互动的图像描述指数均值之间存在显著差异,但这种显著差异具体体现在哪两组之间,还需要进行两两比较(如假定方差齐性的Turkey 检验或 Bonfferoni 检验等)。

7.2.3　多变量分析

7.2.3.1　因子分析

因子分析(factor analysis)是一种降维、简化数据的技术,作为 20 世纪六七十年代行为学家最喜欢用的方法之一,它能够根据众多变量之间的内部依赖关系,建构出一个维度较少而解释力损失也最少的空间,以此来呈现数据,据此总结出许多变量间的相关关系,并用少数几个"抽象"的变量来表示其基本的数据结构。这几个抽象的变量就是所谓的"因子",能反映原来众多变量的主要信息。因子分析能计算出一组假设的、理想状态的正交维度或变量,并提供对原始变量与其一致程度的测量。语义学家和文本可读性研究专家奥斯古德就是采取这种路径来获得他称之为情感意义(affective meaning)的"基本维度"。[3] 他使用了众多语义差异量表形式的数据,并发现了三个基本维度能够解释50% ~75%的变化。在检查了哪些原始量表与这些维度高度相关后,他将这三个基本维度分别命名为"评价"(好—坏)、"行动"(主动—被动)、"效力"(强—弱)。

因子分析在内容分析研究中主要用于类别归总,较少像在问卷调查或实验研究中多用于多元回归分析前的化约预测因子。这样的类别归总对象多种多样,可以是新闻报道的来源国家或媒体、新闻消息的类型(如硬新闻、解释性新闻或其他

1　Potter, W. J., & Smith, S. (2000). The content of graphic portrayals of television violence. *Journal of Broadcasting & Electronic Media*, 44(2), 301-323. 表 7.14 改译自该实例。

2　多重暴力行为测量的是一次暴力互动是由单个攻击性行为还是由重复性行为构成,它包括4 个赋值:一次行为、一些(2 到 9 次重复)、许多(10 到 20 次重复)、非常多(多于 20 次)。暴力图像指数的赋值范围是从 0 到 10。

3　见:1)Osgood, C. E. (1974a). Probing subjective culture: Part 1. Cross-linguistic toolmaking. *Journal of Communication*, 24(1), 21-35;2)Osgood, C. E. (1974b). Probing subjective culture: Part 2. Cross-linguistic toolmaking. *Journal of Communication*, 24(2),82-100.

等）、新闻报道所反映的世界舆论、新闻框架或内容主题等。[1] 比如，在罗杰奇对
《纽约时报》和《华盛顿邮报》在美国对阿富汗和伊拉克宣战之前刊登的意见评论
和编辑社论的研究中，[2]除了对意见评论的来源作了对比分析外，更主要的是进行
了框架分析和主题分析，在主题分析（如主题出现的频次、危机前后的主题排序对
比）的基础上，研究者进一步将有关阿富汗战争和伊拉克战争的意见评论的主题
分别进行因子分析，以此来对照关于两种战争的意见主题之间的区别。有关阿富
汗战争的 8 个意见主题的因子分析化简出四个因子（见表 7.15），这四个因子共
解释了总体变异的 62%。其中，因子一由"美国作为世界的榜样"（因子载荷
=.810）和"美国作为美德的典范"（因子载荷 =.761）这两个主题构成，集中体现
了美国将其例外论（exceptionalist）作为对塔利班战争的辩护理由。由体现自由主
义精神的"多边主义"（因子载荷 =.751）以及体现务实精神的"对便利结盟的支
持"（因子载荷 =.552）和"对国家支持的恐怖主义的惩罚"（因子载荷 =.518）这
三个主题组成的因子二为布什政府兼收并蓄的外交政策提供了话语基础，这种话
语之后在伊拉克危机期间获得了精英媒体的支持。

表 7.15 因子分析因子载荷表示例

主题	因子成分			
	1	2	3	4
美国作为世界的榜样	.810	-.041	.036	-.038
美国作为美德的典范	.761	.066	.064	.018
多边主义	.022	.751	-.001	.007
对便利结盟的支持	-.226	.552	.004	-.534
对国家支持的恐怖主义的惩罚	.248	.518	.035	.435
邪恶的敌人	.164	-.356	.684	.042
联合国支持	.022	-.263	-.813	-.034
腐败的欧洲同盟国家	-.137	.047	.054	.796

---

1 研究实例如:1) Al-Enad, A. H. (1991). Counting items versus measuring space in content a-
nalysis. *Journalism Quarterly*, *68*(4), 657-662;2) Bridges, J. A., & Bridges, L. W.
(1998). Changes in news use on the front pages of the American daily newspaper, 1986-1993.
Journalism & Mass Communication Quarterly, *74*(4), 826-838;3) Rojecki, A. (2008). Rhe-
torical alchemy: American exceptionalism and the war on terror. *Political Communication*, *25*,
67-88;4) Rusciano, F. L. (1997). First- and Third-world newspapers on world opinion: Imag-
ined communities in the cold war and post-cold war eras. *Political Communication*, *14*,171-190.

2 Rojecki, A. (2008). Rhetorical alchemy: American exceptionalism and the war on terror. *Polit-
ical Communication*, *25*, 67-88. 表 7.15 改译自该实例。

7.2.3.2 多维标度分析

因子分析是在尽可能保持差异性的基础上减少了原始数据的维度,而多维标度(multidimensional scaling,MDS)则是减少了数据点间的原始(几何的)距离,并尽可能保持数据点间位置的彼此相关。它需要的数据是一对元素、概念甚至变量间的距离。分析者可以通过许多方法实现这一点,比如测量每对间的差异(differences)、相异(dissimilarities)、不一致(disagreement)、离散性(dissociations)或者共生性的缺乏,而无论使用的是客观测量还是主观判断。

MDS 起源于心理测量学,是近四五十年发展起来的一种多元数据分析方法,它以低维空间分布的形式展示"距离"数据结构,从而以直观的方式显示研究对象之间的关系,便于研究者观察与分析。具体而言,MDS 始于一个拥有与数据点一样多维度的空间,这个空间常常超越了人的理解范围。于是需要试着一次去掉一个维度,这样才能通过最少的对数据点间距的调整,用较少的维度展示数据,恰如将分布于三维空间的点在二维中进行展示。MDS 所要解决的问题是,当 n 个对象中各对对象之间的相似性(或距离)给定时,确定这些对象在低维空间中的呈现位置,获得所谓的感知图(perceptual mapping,见图 7.8 和图 7.9)。多维空间中排列的每一个点代表一个对象,因此点间的距离与对象间的相似性高度相关。也就是说,两个相似的对象由多维空间中两个距离相近的点表示,而两个不相似的对象则由多维空间两个距离较远的点表示。

图 7.8 和图 7.9 展示的是原田纳西大学教授马克·米勒等人利用他开发的一款计算机辅助内容分析软件 VBPro[1] 进行新闻框架分析的多维标度结果(图 7.8 是整个概念图的右上半部,图 7.9 是右下半部),它们以三维的方式展现了 1996 年美国总统初选时《纽约时报》《华盛顿邮报》和《洛杉矶时报》对共和党候选人的新闻报道以及这些候选人竞选班子提供的公共关系新闻稿所使用的一些关键概念及其相互之间的关系。这种展示的重点是文本呈现中哪些概念、想法和媒体资源(这里称之为"框架")是相似的,哪些能够聚类成小的领域,哪些相距甚远。如果所有的数据点相互之间开始时都是等距的,缩小这些数据间的维度就没有意义了。显然,差数相等的标准对多维标度结果是非常值得注意的。这种多维标度概念图非常有助于揭示多个概念、人物或者事件在文本中是如何被描述的,以及其间的关联性,从而进一步将内容分析由量的测量导向质的解读,由此从概念的关联中发掘出文本的象征意味。

---

1 VBPro 是一款由笔者的老师、原田纳西大学教授、现为自由研究者马克·米勒(Mark Miller)博士开发的在 DOS 系统下运行的内容分析程序,可在其个人网页中免费获取(另见下载网页:http://www.yoshikoder.org/vbpro.html)。VBPro 程序中包含一份官方、完整的 VBPro 用户手册,其中囊括了这里将要提到的内容的所有深度信息。VBPro 可以分析句子、段落和案例。用户可以将所有文本合并为一个简单的文本文件来简化分析过程。VBPro 可以输出频率及字母列表、关键词以及基于用户定义的词库中的词语出现的数据编码串。不仅如此,它还包含一个叫作 VBMap 的多维概念图程序,这个地图可以测量词语在一个文本或一系列文本中匹配出现的程度。

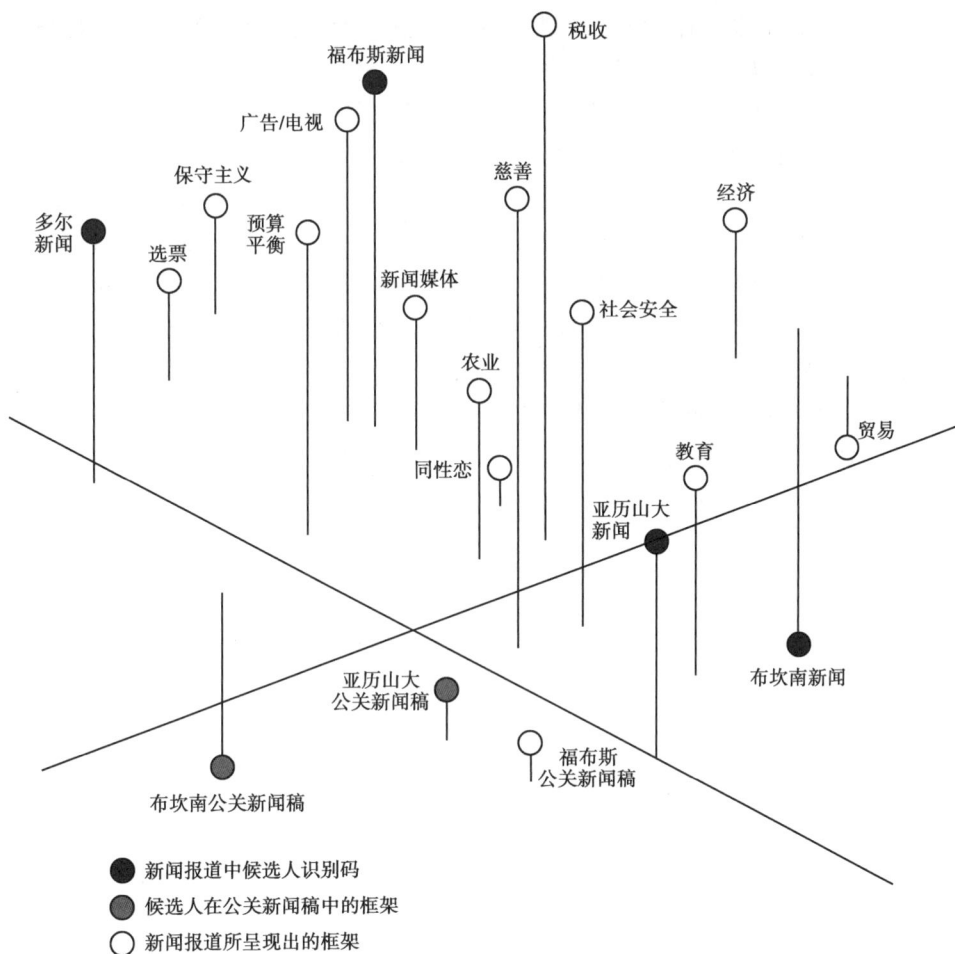

图 7.8　美国总统初选共和党候选人报道的多维标度概念图一

改绘自：Miller, M. M., Andsager, J. L., & Riechert, B. P. (1998). Framing the candidates in presidential primaries: Issues and images in press releases and news coverage. *Journalism & Mass Communication Quarterly*, 75(2),312-324. 1

在米勒教授等人的研究中，他们首先通过概念聚类的方法对经常出现的一系列概念进行组合，然后通过使用 VBPro 软件中自带的一个子程序 VBMap 进行多维标度的分析，其基础是各语词的频次统计，并建立关键概念的相关语词聚类，以此发现用以辨别概念聚类的维度，并阐释聚类间的关系。这是一种类似于 CATPAC 项目采用的语义映射的形式。图 7.8 和图 7.9 展示的就是一种多维标度映射，每个被标记的圈呈现了一组概念聚类。在新闻报道样本中，距离近的聚类经常同时发生。例如，"教育"和"亚历山大新闻"靠得很近，意味着研究者所考察的三份报纸对亚历山大的报道经常有来自"教育"这个聚类中的概念。而有关福布斯的新闻报道则与表达其他不同概念的关键词类别（如"广告/电视"、"税收"和"预算平

1　改绘者：武汉大学新闻与传播学院戴淑进。

衡")接近。基于类似这样的分析,研究者可以适当地就诸如"美国三大报纸对各候选人的报道框架有何区别"这样的问题在概念意义上作出回答解释。而且,研究者还可以对比报纸的新闻报道与候选人自己对外提供的公关新闻稿在呈现各位候选人时更侧重于哪些不同方面。图7.8清楚地显示,候选人福布斯发放出去的公关新闻稿在图的中心下方,远离位于图中心左上方的对福布斯的新闻报道,说明新闻媒体对该候选人的新闻呈现在核心概念上非常不同于前者的自我呈现。从图7.9进一步看到,福布斯在其公关新闻稿中试图将自己定位在共和党人价值聚丛的大范围内(比如工作保障和任期限制等),但报纸对他的报道强调的却是其严重依赖于电视广告及其在税收方面的立场。与此类似的是,有关布坎南的新闻报道与其公关新闻稿的侧重点也是相去甚远,图7.9表明前者强调的是布坎南在种族主义、枪支和贸易等方面的保守主义立场,尽管布坎南本人力图将自己塑造成重视家庭价值和犯罪问题这样的形象。

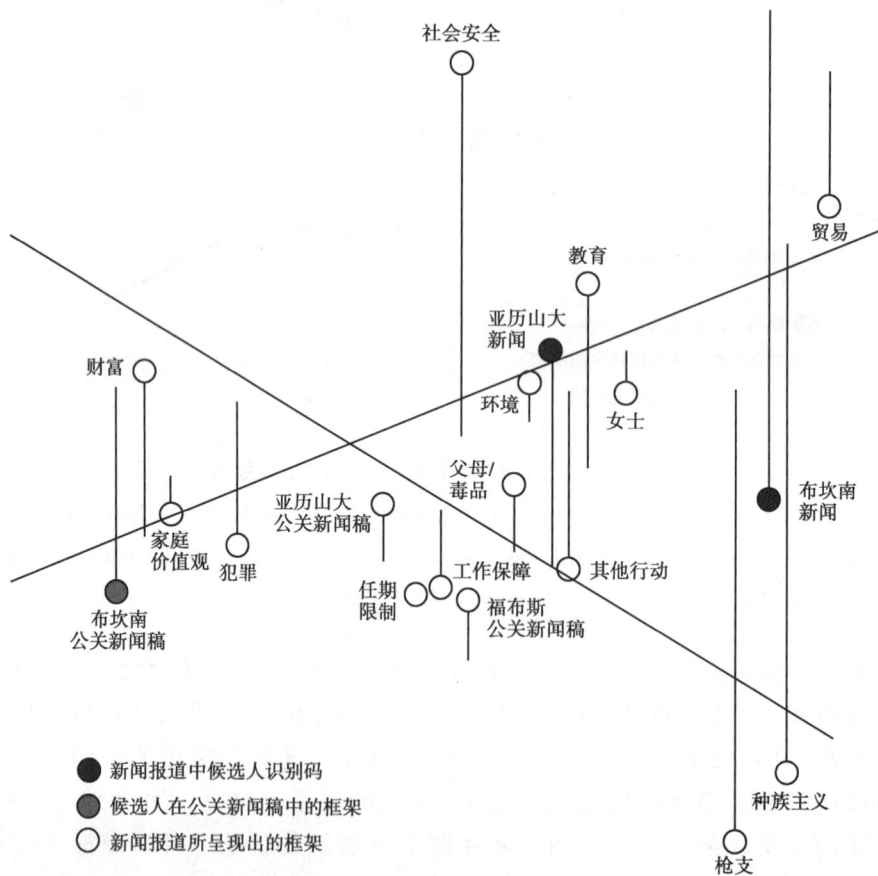

图7.9 美国总统初选共和党候选人报道的多维标度概念图二
改绘自:Miller, M. M. , Andsager, J. L. , & Riechert, B. P. (1998). Framing the candidates in presidential primaries: Issues and images in press releases and news coverage. *Journalism & Mass Communication Quarterly*, 75(2),312-324. 1

---

1 改绘者:武汉大学新闻与传播学院戴淑进。

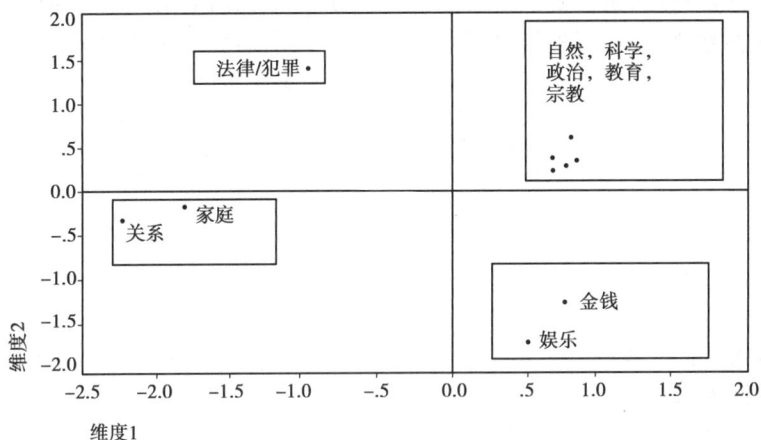

图 7.10　电视节目主题的二维标度示意图

改绘自:Shanahan, J., & McComas, K. (1997). Television's portrayal of the environment: 1991-1995. *Journalism & Mass Communication Quarterly*, 74(1),147-159. 1

　　多维标度实质上是一种帮助分析者识别发现隐含在就事物对象所做的评价中的关键维度的分析技巧。借助于多维标度,分析者可以确定媒体或个体在评价事物对象时运用了哪些维度,在某种特殊情境下他们可以运用多少维度,每种维度的相对重要性,以及事物对象在感知上如何相关。多维标度的目的是将评价人判断的相似性或偏向性(比如上例中对某种议题或价值的侧重偏好)转换成多维标度空间中所呈现的距离,其结果就是类似于图7.8和图7.9的感知图或概念图,以显示所有对象的相对位置。VBPro虽然能够以一种可视化的概念图方式将多种维度的相对位置呈现出来,但无法标识出精确位置。

　　SPSS在此方面显示出相对优势,图7.10显示的是美国地方电视台黄金时段节目中与环境议题相关的10大主题的二维位置图。该分析是基于各主题在电视节目中重要性的差异距离,来体现各主题之间的整体关系。由图可见,当电视节目呈现家庭或个人关系主题(位于二维标度图中的负值左下方)时,自然主题通常就不会出现,因为该主题在双向维度上均与前二者相背离。相反,自然主题与政治、科学、宗教和教育等主题则紧密靠近,在二维空间中聚集在一起。研究者对此的解释是自然主题如同政治和宗教主题一样在电视节目中被作为一种社会政治性议题来处理,而在数量上占优势的个人关系和娱乐等主题则更多地被当作生活方式。

7.2.3.3　多元线性回归分析

　　当需要用多个定距或定比层级的自变量来解释或预测一个定距或定比层级的因变量时,常常使用的统计方法是多元线性回归分析(multiple regression analysis)。它不仅可以用在横断面的解释性分析研究中,也可以应用在纵贯面时间序列的分析上。该方法往

―――――――――――

1　改绘者:武汉大学新闻与传播学院戴淑进。

往是在因子分析对自变量因子或分析维度进行了提炼化简后的另一个重要的数据处理步骤,因为在实际测量时,每种维度可能而且经常是由多项变量组成的。自变量的选择是根据研究目的及研究者对于研究领域的实际知识来决定的。

表 7.16　个人网页特征的分层多元回归模型表

		创造性		个人信息		表达性	
		beta	F	beta	F	beta	F
层次 1	上网时间(每周)	.06	.82	.03	.14	.07	.88
	首页维护(小时)	.08	1.18	−.13	2.78	−.08	1.09
	个人网页主人(年)	.26	10.63***	.01	.02	−.11	1.58
	互联网使用的年份	.17	4.31*	−.02	.05	−.07	.62
	电脑使用的年份	−.17	4.85*	−.06	.63	.05	.40
层次 2	上网时间(每周)	.06	.62	.06	.46	.06	.64
	首页维护(小时)	.09	1.65	−.12	2.43	−.07	1.05
	个人网页主人(年)	.25	9.66**	.02	.05	−.12	1.96
	互联网使用的年份	.17	4.41*	−.03	.11	−.07	.59
	电脑使用的年份	−.18	5.40*	.06	.58	.10	1.46
	社会互动—奖励	.03	.08	.03	.10	.21	4.76*
	避免不愿沟通	.17	5.23*	−.11	1.78	−.19	6.01*
	身体健康	.04	.33	.09	1.39	−.04	.27
	生活满意度	.04	.19	−.03	.09	−.28	7.93*
	经济保障	−.02	.06	−.02	.07	−.04	.26
层次 3	上网时间(每周)	.04	.32	.04	.26	.06	.65
	首页维护(小时)	.10	1.74	−.08	1.25	−.04	.23
	个人网页主人(年)	.21	6.87**	.06	.46	−.10	1.51
	互联网使用的年份	.21	6.21**	−.05	.39	−.08	.85
	电脑使用的年份	−.18	5.13*	−.05	.36	.13	2.75
	社会互动—奖励	.03	.08	−.02	.03	.19	4.04*
	避免不愿沟通	.13	2.84	−.03	.18	−.12	2.36
	身体健康	.02	.04	.11	2.01	−.00	.00
	生活满意度	.04	.15	.03	.06	−.24	5.85*
	经济保障	−.04	.18	−.02	.03	−.04	.17
	打发时间	.01	.02	−.05	.41	−.07	.71
	娱乐	.14	3.43	.06	.62	−.04	.32
	信息	−.05	.42	−.05	.41	.00	.00
	职业进取	.06	.66	−.16	4.73*	−.08	1.13
	自我表达	−.10	1.48	.29	12.23***	.29	12.00***
	与朋友家人交流	−.11	1.65	.02	.05	−.10	1.51

注:创造性:R = .45,R^2 = .20,调整后的 R^2 = .13,$F[16,197]$ = 2.83,p = .000;个人信息:R = .37,R^2 = .14,调整后的 R^2 = .06,$F[16,197]$ = 1.76,p = .04;表达性:R = .42,R^2 = .17,调整后的 R^2 = .10,$F[16,197]$ = 2.35,p = .003.

*$p \leqslant .05$,**$p \leqslant .01$,***$p \leqslant .001$

表 7.16 展示的是一项针对个人网页特征的分层多元回归(hierarchical regression)结果。[1] 该项研究的一个研究问题是个人网页主人的特质和动机如何影响了个人网页的外观,这是一个比较典型的考察非内容因素对内容呈现的影响的研究。研究者通过将内容分析变量(如表 7.16 中的创造性、个人信息和表达性)与非内容分析自变量(对个人网页主人的互联网使用和目的,以及各种社会心理特征的调查)建立一对一单位连接(见第 2 章相关小节),试图考察个人网页主人的自身特质如何预测其个人网页的呈现特征,因此对内容分析中的三个因变量分别进行了分层多元回归分析,共获得三个由三个层次组成的回归预测模型。比如就表中第一个预测模型而言,可以解释 13% (调整后的 $R^2 = .13$)的个人网页创造性程度上的变化($F = 2.83, p = .000$)。Beta(β)系数显示了每个自变量对因变量预测程度的相对大小和预测方向(正负值代表正反向预测关系,F 值带星号的自变量表示其统计检验的 p 值具有显著性)。例如,在第三层模型中,个人网页主人拥有主页的年份($\beta = .21, p \leqslant .01$)和互联网使用的年份($\beta = .21, p \leqslant .01$)是显著地正向预测创造性程度,也即这两个因素时间越长,个人网页的创造性也越强。

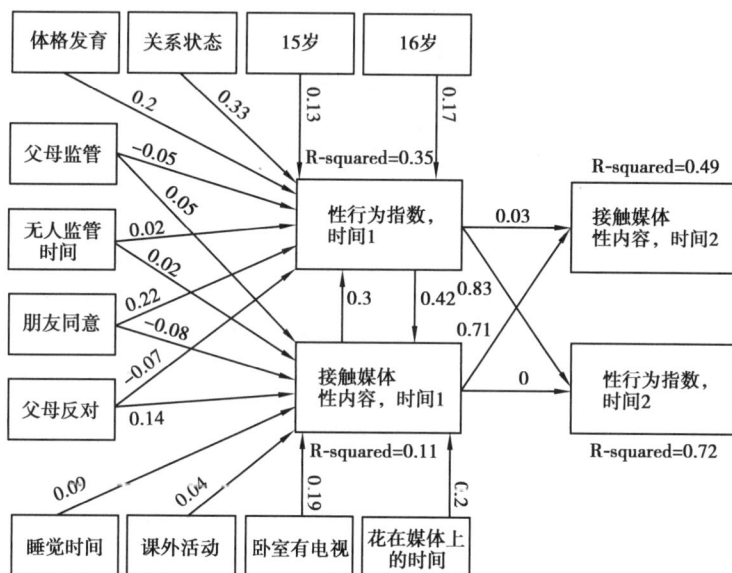

图 7.11　结构方程路径模型示意图

改绘自:Bleakley, A., Hennessy, M., Fishbein, M., & Jordan, A. (2008). It works both ways: The relationship between exposure to sexual content in the media and adolescent sexual behavior. *Media Psychology*, 11, 443-461. [2]

1　见:Papacharissi, Z. (2002). The self online: The utility of personal home page. *Journal of Broadcasting & Electronic Media*, 46(3), 346-368. 表格改译自该实例。

2　改绘者:武汉大学新闻与传播学院戴淑进。

多元回归中更复杂却最全面的形式是结构方程建模,它能使多级因果关系被详细说明或测试,这种建模往往用于内容分析与其他方法(如实验或问卷调查)相结合的内容效果研究。借助于一个包含多对变量间关系、富含信息的路径模型,研究者可以进行很多解释性说明。例如,图7.11显示的是青春期少年媒体性内容接触与性行为之间的关系路径图,其中还包含了除了这两个变量以外的诸多影响因素变量如个人生理发育状况和家庭管教环境等。这种路径分析,既可以揭示多个自变量(如父母监管、无人监管时间、朋友同意、父母反对、睡觉时间、课外活动等)对因变量(如接触媒体性内容)的综合作用,也可以揭示出变量之间的相关关系(图中所标识的每种路径上的数字为beta系数值,其正负代表正反向关系)及影响路径,从而发现变量之间最具影响力的路径。

7.2.3.4 语义网络分析

内容分析经常涉及事物的属性。在属性分析中,研究者往往将文本中用于描述某一关注的概念的形容词列表处理。然而,仅有单一的形容词列表(如上面小节中频次表或词语共现表),信息量是远远不够的。除非将该表与能够提供一种判断偏离的标准的另一个列表相比较,也就是说,在属性比较分析中,至少需要两份列表的比照。[1] 例如,上文中多维标度感知图建构前,VBPro软件执行的一项步骤就是列出各语词的频次表,并进行各语词的聚类分析(见后面小节介绍),研究者可在此基础上就某类感兴趣的关键词,分别列出候选人福布斯发布的公关新闻稿的词表以及与他相关的新闻报道稿件的词表,将二者进行对比。也可以将不同候选人的新闻报道关键词进行对比。但是,即便是这种对比分析,也存在着极大的局限性,因为研究者特别是那些对文本语义感兴趣的研究者往往不满足于两组词语的差异比较,而更希望从语词相互之间的关联中发掘出文本隐含的深层意义。语义网络分析即是挖掘词语关联性的很好的分析手段之一。

所谓语义网络(semantic network)就是一个由几个节点通过双边关系连接起来而组成的网络,而这些节点代表了概念或从句,它们通过不止一种双边关系而相互连接在一起。这种语义网络可以通过由"节点$_i$ - 连接$_j$ - 节点$_k$"这样的三点组合而构成的一个集合来图绘出一个有向图,其顶点表示概念,而边即是概念与概念间的语义关系。语义网络路径隐含的一个意义理论是,节点意义是节点如何相互连接的一个函数。内容分析语义网络路径的目的是发现那些不包含在文本主体的字面上却隐含其中的问题的答案。语义网络与生活中随处可见的网络(如驾驶员地图上的路线网络等)所不同的是,这种网络既是关联的,也是语义的。当一个网络包含了有关说了什么的信息,或者个体相互沟通中的各种社会关系,而

这种连接又意味着不同意义时，它们就构成了语义网络。[1]

在内容分析中，语义网络的建构常常首先是以单词为分析单位，从关键词表的建立开始。而计算机辅助内容分析软件（如 CATA、CATPAC、WordStat 和 VBPro 等）提供了许多建立词表甚至词库（dictionaries）的功能，如上文有关共现分析时提到的 KWIC 表，也即含有特定词或词组的句子或片段组成的上下文关键词表。除了借助软件帮助外，研究者也可以通过使用普通文字处理程序的"查找"功能来检查关键词或词组的语境，然而这个方法十分繁琐，且难以将词与词的共现关系或者语义网络关系挖掘出来。而电脑辅助分析软件已经从列出单个单词的语境，发展到列出同一类文本单位的语境，大大有助于分析者从语境来解读词语的意义、词语与词语之间的关系以及文本的深度理解和诠释。

语义网络分析依照的逻辑就是，根据一个节点如何与其他节点相连接来分析语义网络的节点。在这样的网络中，节点一般以如下两种方式之一而被赋予特征。[2]

(1) 可以通过描述节点在网络中的位置的测量来呈现特性。例如，节点与其他多少个节点相互连接，节点的向心性或周边性，或出现的频率。凯瑟琳·卡莱就是根据密度、传导性和强度来测量节点的位置性特征的。[3]

(2) 可以通过节点间或与其他节点的语义连接来呈现特征。图 7.12 一例描述了卡莱的另一项研究发现，这是她在分析 20 世纪 60 年代后文本中的机器人特征属性时发现的节点间的语义连接。

通过这种语义关联和类似于图 7.12 这样的词语呈现，卡莱实际上显示了一个简单的语义映射，一种文化在文本语义上的映射，这也是为什么她将此项研究称为《从文本分析中提取文化》。卡莱研究的是科幻作品是如何赋予机器人属性意义的。她对科幻小说中的段落进行了分析，这些段落描绘了三个不同年代里的不同机器人，包括 20 世纪 50 年代前、20 世纪 50 至 60 年代，以及 20 世纪 70 至 80 年代。研究者从文本最小的分析单位单词开始，建立词表，然后根据一定的属性进行类目区分，将意义近似或表达同类目特征的词语归入同一类目中，然后进行相互之间的关联，并借助于相关手段比如计算机辅助软件来建立语义网络。进行词表类目分析的编码员利用她本人开发的软件 MECA，寻找识别出现在同一个句子、丛句或段落中作为主语和宾语而配对的概念以及这两个配对的概念之间的关系。

1　Krippendorff, K.（2004）. *Content analysis：An introduction to its methodology*（2nd ed.）. Thousand Oaks, CA：Sage. p. 292.

2　同上，p. 203.

3　见：Carley, K. M.（1997）. Network text analysis：The network positions of concepts. In C. W. Roberts.（Eds.）, *Text analysis for the social sciences：Methods for drawing statistical inferences from texts and transcripts*, pp. 79-100. Mahwah, NJ：Lawrence Erlbaum.

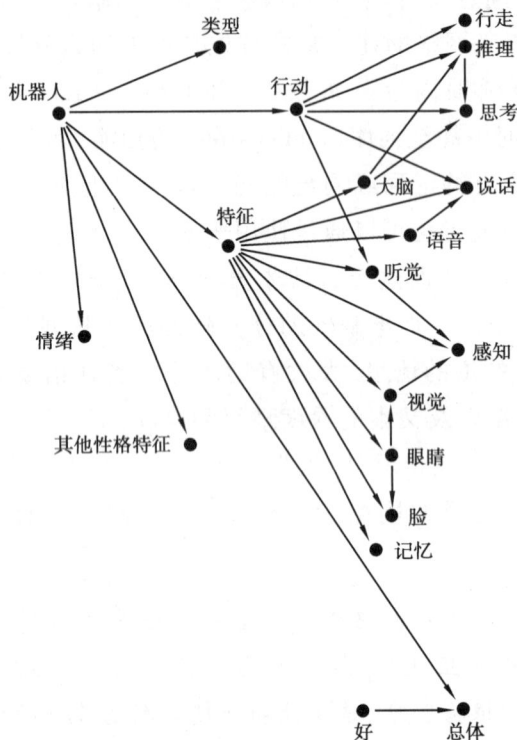

图 7.12 科幻作品中有关机器人描述的语义网络图

改绘自：Carley, K. M. (1994). Extracting culture through textual analysis. *Poetics*, 22. 1

从图 7.12 中我们可以看到，在五个话语类别（类型、行动、特征、情绪和其他性格特征等）之下经常出现的有关机器人的编码描述符是多种多样的。正如卡莱在对其图示的解释中所标注的，"建立在社会知识基础上的映射，在三个时代都有所呈现"。图 7.12 的这种非参数映射可以回答诸如"科幻作品是如何描述机器人的？"之类的研究问题。卡莱的分析指出了三个时代解读和理解机器人的差异。例如在 20 世纪 50 年代之前，机器人总是被描述为非金属类人型机器人，能够杀人并展示各种表情，比如生气、恐惧、痛苦等。到了 20 世纪 70 至 80 年代，科幻作品对机器人的描绘变成了金属的类人型机器人，友善、自尊而忠诚。

类似于卡莱的这类研究，往往是通过文本的内容分析来发现信息中语义概念的使用和共存的模式，与映射分析相结合，成为一种展示关键概念出现的文本的方法。卡莱等人的系列研究检验了使用这类语言分析方法在研究文化差异、相似性和变化的功效。[2] 在卡莱对语义网络的专门研究中，她区分了节点间关系强度

---

1 改绘者：武汉大学新闻与传播学院戴淑进。

2 其团队研究另见：Palmquist, M. E., Carley, K. M., & Dale, T. A. (1997). Applications of computer-aided text analysis: Analyzing literary and nonliterary texts. In C. W. Roberts. (Eds.), *Text analysis for the social sciences: Methods for drawing statistical inferences from texts and transcripts*, pp. 171-189. Mahwah, NJ: Lawrence Erlbaum.

的三个层次：第一个层次是定义性的(definitives)，指的是当一个概念定义了另一概念，这样在一个所研究的社会中，当第一个概念被使用时，则总是会隐射至第二个概念；第二个层次是逻辑性的(logicals)，指的是概念之间在逻辑上相关，这样在一个所研究的社会中，当第一个概念和第二个概念被使用时，言说者意图指向它们之间的某个特殊关系；最后一个层次只是简单的连接(connectives)，也就是说，当两个概念被使用时，言说者不具体指涉一种可替代性关系，而是假定了二者之间被社会所接受的那种关系。[1]

对概念出现的语言环境进行比较，引发了很多的分析可能。在同一语言环境中出现(或可能出现)、相互之间可以互换的两个概念具有相同的意义，或者说是同义的。在许多其他概念间起到中介作用的那些概念，是由一个网络再现出来的一套信念体系、一个故事或一段话语的核心概念。对两个概念无法共享的环境的分析可以说明这两个概念在意义上的差异。真正的对立概念所共享的是同一类环境，但在其他任何方面都不同。

这种语义网络分析除了可以映射出词语意义背后的语言、文化环境外，还常常被用来映射文本作者的关系。当分析者使用人事档案时，这种档案无论是针对未签名文档的潜在作者，还是特定工作的申请人，抑或是精神疾病病人，分析者采用的都是相同的诠释标准，但有一个另外的条件是，那些属性、相关性、语言环境都必须能对一些东西作出预测。通过属性相关性及其语言环境的语义网络分析，可以推断文档的潜在作者。

7.2.3.5 聚类分析

聚类分析(cluster analysis)又称群集分析或分类分析，是依据研究对象的特征对其分为相对同质的群组(clusters)的一种多元统计分析技术，它通过多元分类来减少研究对象的数目。所谓类，就是指相似元素的集合。聚类可以说是将人类最自然的一些事操作化：从相互连接的、聚合在一起的、或有共同意义的事物中形成感知整体，同时将它们与偶然联系或无意义的事物区分开来。对于一组数据，分析者既可以对变量(指标)进行分类，也可以对观测值(事件或样品)进行分类。前者为 R 型聚类，后者为 Q 型聚类。无论是哪种，聚类的实质都是要找出具有相近程度的点或类，然后将其聚为一类。

作为一种类组的再现，聚类与内容的概念紧密相连，它引入抽象提炼，生成不同的再现层级，在所有层级上，从原始数据中提炼出并留下有重要影响的信息或关键概念，删除不显著的细节。在程序上，聚类可以从底部开始，根据共同点将目

1　Carley, K. M. (1997). Network text analysis: The network positions of concepts. In C. W. Roberts. (Eds.), *Text analysis for the social sciences: Methods for drawing statistical inferences from texts and transcripts*, pp. 79-100. Mahwah, NJ: Lawrence Erlbaum. p. 87.

标、属性、概念或人聚合在一起,也可以自上而下地将它们递级分类,这些类别的边界反映了它们之间更为重要的区别。聚类的方向是根据分析者对相似性测量和聚类标准的选择而定,这些选择的不同使得聚类技术大相径庭。聚类标准的选择决定了特定分析提供的聚类种类。内容分析者必须牢记,不同的聚类过程可能会产生极大的不同的结果,因为在不同的聚类标准中,衡量"相近程度"的方法不尽相同,既有用相似系数的,也有用距离,仅后者又有欧氏距离、马氏距离、明氏距离等。在相似性测量中,除了邻近性列联以外,还有一致性、相关性、接近性、共同属性的数量,以及共同意义等。因此,为了避免依赖武断的发现,分析者必须充分论证对涉及他们分析语境的特定聚类技术的使用。

最常见的可用聚类过程由以下迭代步骤组成:[1]

(1)在一个相似性检测矩阵中,搜索两个聚类(一般是从两个未聚类的目标开始),根据所选标准,这两个聚类应该是最相似的,且两者的合并至少能影响整个对数据差异的测量。

(2)将它们混合,考虑形成新聚类导致的损失。

(3)带着新的聚类,验算所有相似性的测量,从而创造出新的相似性测量矩阵,在这个新矩阵中将找出接下来两个被结合的候选目标。

(4)记录已经进行的聚类步骤和导致的损失,让使用者能够追溯记录。

(5)重复1~4步直到没有可以合并的项。

在内容分析中,聚类分析通常会以句子为单位,根据句子所表达的意义对每个句子进行编码,赋予每个句子一个或多个代码标签,比如电视广告中的一句话主要是针对某种食品的口味来的,那么可能给该句子标上"口味"、"食品"、"香脆"等,或者直接将语句中与分析主旨相关的词语择选出来,建立聚类的类目或标准,然后通过人工计算(早年多是如此)或在相关软件的帮助下,获得各种层级聚类。

聚类步骤可以用所谓聚类树的形式进行记录,比如在一项对300个电视广告诉求进行的内容分析中即运用了这种形式(见图7.13)。聚类树是一种树形图表,显示了在什么层级上哪些事物或关键词相互结合在一起,以及聚类造成的损失。这种聚类树在不少计算机辅助内容分析软件中都可以实现,如 CATPAC、VB-Pro、WordStat 以及 SPSS 公司出品的 TextSmart 等。[2] 图7.13 展示了该研究庞大聚

1　Krippendorff, K. (2004). *Content analysis: An introduction to its methodology* (2nd ed.). Thousand Oaks, CA: Sage. pp. 208-210. SPSS 中的聚类分析常用的有两种:一种就是反映迭代过程的快速聚类(K-Means Clustering),还有一种是层次聚类(Hierarchical Clustering)。

2　前面几款软件介绍参见第1章相关内容的脚注。由 SPSS 公司开发的 TextSmart 这款软件主要用于分析问卷中开放式问题的应答内容,运用聚类分析和多维标度分析来自动分类,分析关键词和组文本。因此,也就是说,它可以在无需用户创造词典的情况下进行编码。Text Smart 的 Windows 操作界面舒适而易于使用,可以迅速对文本进行依照频次或首字母顺序的分类排序。它还可以制作生成彩色漂亮的图表,例如条形图、二维 MDS 图。

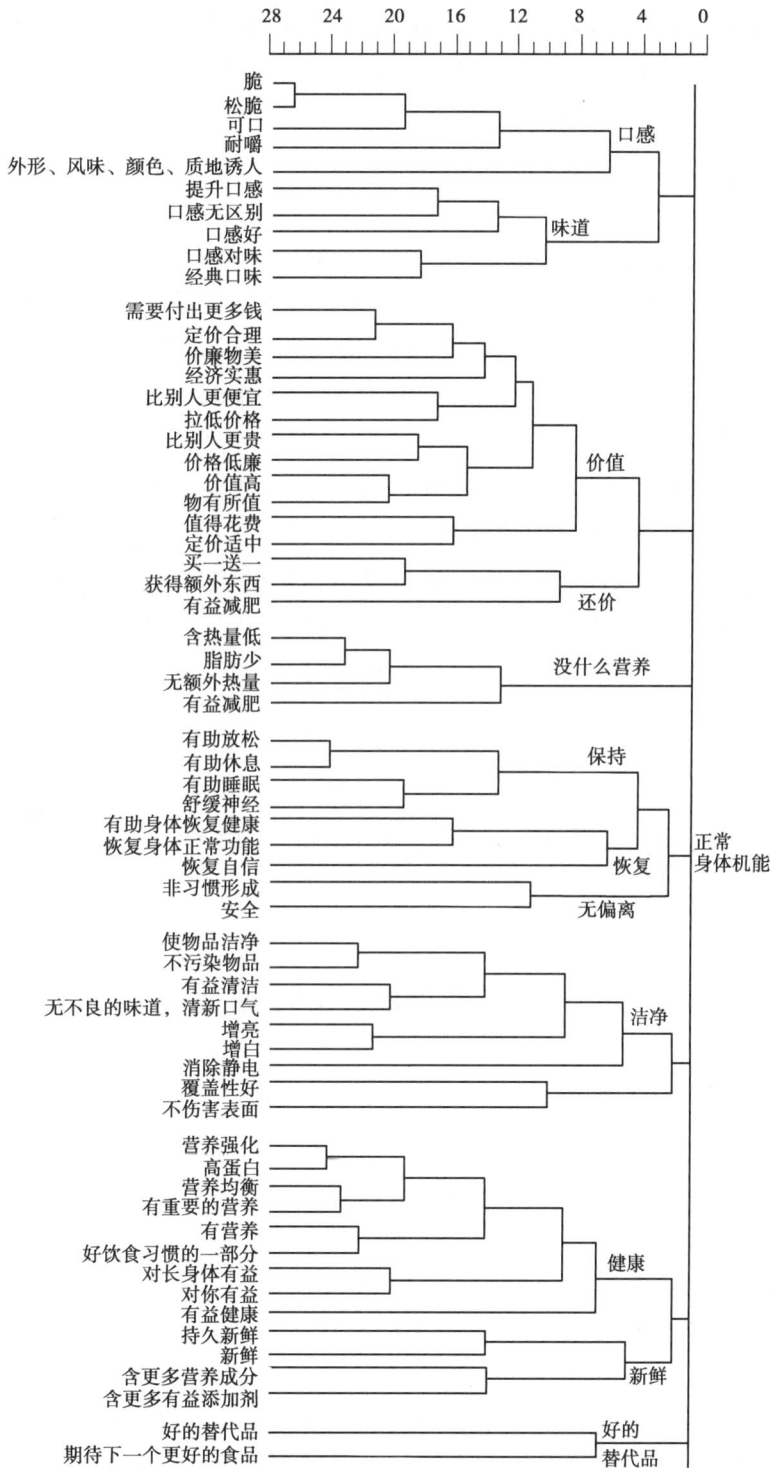

图7.13 广告诉求的聚类分析示意图

改绘自：Krippendorff, K. (2004). *Content analysis*：*An introduction to its methodology* (2nd ed.). Thousand Oaks, CA：Sage. p. 209. 1

---

1 改绘者：武汉大学新闻与传播学院戴淑进。

类的一部分,研究者对诉求进行分类的结果分别指向质地、口味、价值和廉价等几个方面,显示出相当不错的表面效度。这种聚类建立在分析单位间有直观的意义相似性的基础之上,而且其结果层级与对不同抽象级别的文本的概念化相似。

7.2.3.6　其他多变量分析

现在已经很清楚的是,展示内容分析结果的可选择范围不亚于其他任何量化研究。本章展示的例子只是数据分析最常见于内容分析研究中的几种,还有很多其他的模型存在。据笔者的调查,近 20 年来内容分析研究所运用的其他多变量统计分析还包括 logistic 回归(logistic regression,参见附录二数据分析部分)、泊松回归(Poisson regression)、OLS 多元回归、多元分类分析(multiple classification analysis)等,这里笔者就不一一举例。量化内容分析者既要精通统计学方法,也要和任何调查研究者和实验者一样精通展示方式。总体上而言,无论利用怎样的数据分析方法,内容分析的数字型结果往往是以最简单的形式进行呈现的。研究设计所要解决的问题通常不要求以过分细节化的精细描述形式呈现。在文字描述的同时,可将数据汇集成表格或图示,图文并茂,更加直观,易于理解。但表格或图一定要精练,凸显最重要的数据。

7.3　内容数据分析中一些特殊问题的处理

7.3.1　属性分析的差异比较和指标建构问题

内容分析研究常常聚焦于一个或几个概念、人物或事件,力图探索它们在文本中是怎样被描述或刻画的,以及读者可能找到哪些与之相关的象征性特质。内容分析历代研究文献中充满了大量的诸如“中世纪文学中的医学”、“大众媒体中科学家的角色”、“女性和男性杂志中的人体”、“美国电视节目中少数族裔的形象”、“美国形象在阿拉伯日报中是怎样变化的”以及“AT&T 的公众形象”之类的标题。研究者一般通过分析文本语言或语境来回答这类问题,这也即是内容分析中最为常见的属性分析。

属性分析的一个最基本的方式是利用那些描述所选概念的形容词来制表。但是,如上所述,仅仅是单一的属性列表远远不够,需要与其他能够提供标准、构成明显差异的列表进行比较。在比较属性分析中,至少要有两份列表可供比较,比如一个政治候选人形象与其对手的形象之间的比较,或者课本中对一个国家在战前形象的刻画与战后的比较,又或者是,一个媒体对某个政治丑闻的描述与其他媒体如何报道这一丑闻之间的比较。研究者通过对列表进行比较来找出两者间相同的属性,或两者之所以有区别的属性。但如果所有列表共享全部的属性,那么研究者能阐发之处就很少了。这也揭示了此类研究的一个共同标准,即在分析中,需十分注意**共享属性**与具体描述中的差异对比。进行属性分析的一些研究者用种种预期作为比较的基础,汇报某一特定形象是如何以及在多大程度上偏离了典型和常态。但是,除非研究者有这些预期的相关数据,否则在统计分析上,正式的显著性检验可能就不适用。

属性分析经常见到的另一个常规标准源于语言学知识,也就是比较一个词或短语所在的语言语境与这个词或短语可能出现的其他一切符合语义语法要求的语境,而在实际传播中真正使用到的语言语境的子集就相当于这个词或短语的含义。这一理念可以非常容易地拓展至对政治家、专业人士、学术规范及国家意义的研究中。因此不能太过狭义地解释"属性"的概念。比如,在美国政治传播中,政治顾问和广告商非常担心的总统形象问题很难被简化成一张形容词列表。这虽然方便易行,但会限制操作化。较为全面的分析可能需要包括与总统形象相关的各种文本资料,如总统演讲、评论总统所作所为的社论、民意调查,甚至是展现总统公私生活的卡通等。不但如此,对分析美国总统形象特有的是,可能还需要比较针对总统而发的言说与针对可与其比较的人而发的言说,看前后者的不同之处在哪里。与之类似的,科幻作品中人类遗传学的形象,只有在与同类题材作品中的其他科学的形象进行比较时才有意义。

如本书第 5 章所阐述的,属性分析在很多时候涉及文本内涵意义,也即隐性内容,因此要将这种意义揭示出来并转化为可测量、可计数的对象,往往会借助于一些操作化手段,比如指标建构,也就是将独立的类目合并到代表了更广泛或更复杂的内容群的更大的单位之中。换言之,对单位进行分析的类目并不是与结果汇报时展示的类目直接相同的。例如在本章上文图 7.5 所对应的共产国际研究中,许多指标是以累积百分比的形式由原始数据中构建起来。[1] 如:

缓和指标:可能减少受众烦躁情绪的陈述的数目在所有减少或增加烦躁情绪的陈述的总数中所占的百分比。

反思指标:在"有关挫折原因"的概括部分中的陈述在所有这些陈述加上"有关挫折效果"的陈述之和中所占的百分比。

转移指标:"与挫折无关的事件"的陈述在所有这些陈述加上"与挫折本身有关"的陈述之和中所占的百分比。

---

1 Leites, N. C., & Pool, I. De S. (1942). *On content analysis*. Library of Congress, Expreimental Division for Study of War-Time Communications, Document no. 26. Washington, D. C. 转引自:Berelson, B. (1952). *Content analysis in communications research*. New York: Hafner.

这些指标只是特别有针对性地用于雷兹和普尔两人的此项研究,而不能应用到其他地方,但其建构思路却值得后来研究者借鉴。另一方面,在内容分析研究史上,至少有两种指标在研究者不断推进发展下,已适用于一般情况的内容分析。首先是对象征符号分布的"离散—集中"对比的一种一般化测量,这种测量源于统计学里的离散集中趋势这一统计理念。也就是说,某种象征符号的出现次数占所研究的象征符号的所有次数的比例,或者反过来,符号数量需要通过在任何内容文本中已知的事件发生比例来计算,而无论样本容量是多少。公式如下:

$$K = 10\ 000\ \frac{S_2 - S_1}{S_1^2}$$

公式中 S_1 = 样本中出现的象征符号总数;S_2 = 样本中个别象征符号出现率的平方之和("10 000"这个因子只是为了避免在处理过小的小数时遇到的麻烦)[1]。

公式中的 K 值越高,即表明集中度越强(也就是说,某种象征符号在一既定数量的象征符号群中出现得越多,占的比例越高;或者说一定数量的象征符号群主要由某种象征符号组成);K 值越低,则说明离散度越强,也即在所研究的象征符号群中有多个符号出现频次较高,各符号的频次分布较为均匀,而非集中在少数几个占主导的符号上。建构这种测量方法的最初目的是为了解决作者权的争议问题(或者识别作品的真正作者),后来也经常应用于报纸的政治社论内容研究这样一个完全不同的领域。

其他指数在内容分析中也得到了广泛的应用。比如许多研究都很关注内容文本里所出现的正反方向的一组象征符号或主题的"平衡"数量关系;为了对不平衡程度进行全面估计,詹尼斯和法德勒发展了一套应用于定序变量的内容数据上的常规公式(详见第 5 章有关内容变量的操作化实现方式的说明)。另外,从某些内容分析的研究文献中还会发现其他的一些统计技巧。例如,哈维曾借助于 R. A. 费舍发展出来的判别函数(discriminant function)技术,在一定的内容特征的基础上区分畅销小说的匹配组别。[2] 由此综合出四种因素,可读性、主题感染性、英雄的温情态度和英雄强烈的情感,所有这四个因素占了小说标题的 77%。在此研究案例中,其公式是根据样本数据中的一半而获得的,在对样本的另一半标题进行区分时具有同等效力。

1　Yule, G. U. (1941). *The statistical study of literary vocabulary*. Cambridge University Press. p. 53. 转引自:Berelson, B. (1952). *Content analysis in communications research*. New York: Hafner.

2　见:Harvey, J. (1949). *The characteristics of "best-selling" novels*. Ph. D. dissertation, University of Chicago.

7.3.2　内容推论问题

可以说,数据分析最后都要归结到进行某种推论。除了对已知问题提供一个有意义的精确描述以外,内容分析所要做的还应该是得出结论,以及比内容本身更为广阔的适用性解释。一般说来,有两点会使内容研究走入误区。第一,分析技术手段的应用会出现错误,在对内容本身的描述出现错误的情况下,紧接着的每一步特别是在此基础上作出的推论都会是错误的;第二,内容描述正确,但对内容的应用介绍或推论技巧出现错误。有些研究只是在第一点犯错,有些是两者都出现差错。本小节主要关涉内容分析研究中的推论问题。

很多研究不存在真正的推论问题,现实情况是,内容描述始终是内容分析的主要目的。推论研究包含对内容原因和结果的隐含推论,某些是比较明晰的,但这类推论本质上是对基本数据的补充或再造。因此,研究报纸内容趋势,可以被当作是关于报纸操控权的角色改变和(或)公共关注对象改变的推论资料。但类似的"推论"通常只是对内容分析本身结果的另一种再造。比如说,以报刊杂志或小说如何对待各类种族这类研究来看,在内容的基本数据得到详尽描述后,一些问题原因和内容效果的假设被提出来,但这些只是内容描述这一主要工作的一种附加,或作为类似的东西呈现出来;但它们会被尽量限制,以免对研究实质有所歪曲。内容分析最核心的关注还是内容本身,是作为类目而非指标的内容,因而推论的问题在许多研究中实际上是不存在的。

不过,对内容推论研究的普遍类型进行一个简单梳理还是有用的,而且,本小节也是对本书第2章有关传播内容前后推断研究设计的论述的一种回应。大体上,从历史或描述的角度看,推论研究的结论基本上以下面四种关系为基础:

1)**趋势的比较**。这包括随着时间变化有关类目的频次改变的结论。有的只是简单地介绍长时期内的连续变化,[1]有的是在时间上设定两个节点,还有些研究则根据与重要的外部事件相关的时段自行设定不同长度的检测时间。然而,无论是哪种情形,内容的描述是顺着时间的发展来提供结论依据的。

2)**内容主体内的比较**。这样的研究,其主要结论需要依靠两个或两个以上特征对比或相同内容主体的部分之间的比较。例如,比较杂志小说中多数民族和少数民族在一些关键因素方面的描述,以此作为推广性结论的基础;[2]通过比较有关

1　早在20世纪30年代就有了这样的时间趋势推论,如,Taeuber, I. B. (1932). Changes in content and presentation in Minnesota weekly newspapers, 1860-1929. *Journalism Quarterly*, *9*, 281-289.

2　研究实例如:Berelson, B., & Salter, P. J. (1946). Majority and minority Americans: An analysis of magazine fiction. *Public Opinion Quarterly*, *10*, 168-190.

犹太人、黑人和爱尔兰人的通俗笑话的重点来揭示类似文本的刻板印象。[1] 还有大量的研究是对比同一个报刊或同一类刊物对黑人和白人的不同报道方式,如不同版面中的技术处理对比等。简言之,这类分析的结论都依赖于同一内容主体内部的对比。

3)**不同内容主体的比较**。这种研究的结论需要依靠不同内容主体之间的对比,如瑞士人和英国人的报纸内容比较,美国与其敌方的教科书对以往大量战争的描述;比较电台与报纸对相同大事件的煽情处理,等等,这些都是这种比较类型的一般例子。在这种情况下,一般都要求以相同的类目设定来分析不同的内容。

4)**参照标准内容的比较**。这种比较应用于研究所关注的内容对象与参照标准之间的关系,以该参照标准作为获得结论的根据。该标准或许是隐含的一种假设,又或许是清晰而已知的。例如,分析电台和报纸对争议议题的报道,根据新闻报道的"平衡性"或"公正性"等这样的假定标准来推论内容是否与标准一致。

针对基于内容分析生成的数据而做出的推论,学者一般都主张要谨慎对待,特别是对于早期研究,由于缺乏精密的推论研究设计,且尚未将先进的研究工具手段如一些用于推论的高级统计方法引入到内容分析的数据处理中来,这样的内容推论往往经不起推敲。从已有文献来看,在很多推断性问题的讨论中都有这样一个观点:尽量限制推论性步骤的数量,保证数据尽可能与研究真正的类目相接近。但这或许会导致对内容分析的整个排除,这种观点在推论假设缺乏直接验证的时候尤其显得难以拒绝。

研究者在确定有关内容的推断关系时,需要首先排除其他非内容的情景性因素。比如在关于美国母亲有条件的爱的研究中,如果假设这种爱与美国的电影内容和儿童培养的实践有关,那么这里或许首先存在着一个实际的问题,就是有关儿童培养实践的假设的正确性问题,暂且勿论内容与实践的关系。如果这种假设可以成立的话,就需要回答一系列问题,诸如美国母亲对子女有条件的爱的范围,相对于其他国家的频率,在不同社会群体中的发生情况,以及男孩 VS. 女孩的发生频次等类似问题,在辨清此类问题的基础上再提出与美国电影内容相关的假设前提,这样才可能使推论变得坚实起来。而且,研究者需要注意的第二点是,尽可能结合内容数据以外的其他坚实数据来推断。

在描述内容数据时,常会发现两种推论方式,直接的和间接的推论。在直接方法中,内容是正面评估的。比如,如果流行杂志论述主题 A 有高频率而主题 B 是低的,那么直接的推论就是人们对前者的兴趣更大。而间接的推论,则是把内容的对立陈述用作推论。如果纳粹电台重申意大利人斗志满怀,推论就是纳粹中坚分子认为德国人对他们同盟者的可靠度并不看好。可以说,这种推论是反向的。

1 Barron, M. L. (1950). A content analysis of intergroup humor. *American Sociological Review*, *15*, 88-94.

如果美国电影描述男主角无条件地爱着女主角,尽管在他的爱情中保留着怀疑的情形,那么可能的推论就是"美国男孩与他们严格的母亲的经验发生逆转,在这种情况下,电影主题和真实生活的一个可能来源之间的关系是颠倒而非再现"。[1]

　　但是,无论是直接的还是间接的推论,如果缺乏内容数据与现实数据的直接有效的验证,这种推论的有效性往往会受到质疑。一般说来,推断本身必须寻找适用的直接方法去处理。而且,为了达到目的,需要对推论本身的细节、得出推论的逻辑线路,以及包含其中的假设前提等进行全面而明确的陈述。

1　Wolfenstein, M., & Leites, N. (1950). *Movies: A psychological study*. Free Press. p. 306.

8 质化内容分析

　　在内容分析法发展的大半个世纪中,大多数研究应用都是对文本的数字化路径,也就是对质性文本进行量化分析。然而,对于这样一种技巧,不少质性研究者觉得这是对其分析目标也即文本意义诠释的冒犯,或是会产生某种威胁,有的甚至更为极端地反对任何计数的使用。可是另一方面,在质性的实际研究中,对关键词的词频统计和归类却往往成为文本解读的重要组成部分,而且,针对诸如由质化研究产生的访谈笔录这样的文本,质化研究者也认识到代码计数的做法还是有用的。因此,内容分析法不可避免地卷入了质化和量化路径各自的支持者之间的争执中。在 20 世纪的 50 年代至 90 年代期间,质化—量化边界地带曾发生过多次如同地震般的讨论和分歧,任何试图跨越这种分歧的尝试都会在任一方产生周期性的震动。

　　从研究文献来看,1945—1955 年间社会科学领域发表的方法论文章揭示出这样一种历史脉络:质化和量化研究者双方之间由最初的好奇,到分歧日渐扩大,以致最后两种路径的分离。这种好奇和分歧相当明显地体现在贝雷尔森的经典专著《传播学研究的内容分析》中,专著中有章节明确地比较了他所称之为的质化内容分析和量化内容分析,而且贝雷尔森也特别指出,大量的非数字型的内容分析需要得到其应有的注意,要认识到这样的分析在研究洞见方面的贡献,这种形式的内容分析不应该仅仅因为狭隘的定义而被排除在研究者的考量之外。[1] 然而,吊诡的是,也正是由贝雷尔森的这部专著伊始,内容分析被僵化地限定于几乎完全是一种定量方法。正如戴维·摩根(David Morgan)所指出的,内容分析早期提倡者很难认识到质化路径对他们所关心的对象的价值;而今天,质化研究者也同样难以认识到质化内容分析对他们所关心的对象的价值。质化内容分析的传统在社会科学研究史上曾一度成为一段被忘记的历史,成了那个时期许多"不要

1　Berelson, B. (1952). *Content analysis in communications research*. New York: Hafner. p. 114.

踏足的小径"之一。[1] 对内容分析法持相当排斥态度而强调文本分析或话语分析的质化研究者,若了解到曾经有过这样的传统无疑会十分吃惊,尽管实际上一直有学者在努力探索着质化内容分析研究的各种路径。[2] 直到 20 世纪 90 年代,内容分析作为一种质化研究方法的潜能开始为传播学领域之外的健康研究者所认识并得以发掘,才因此导致了其应用的增加甚至流行。[3]

那么,是什么使质化内容分析成为真正质化的研究?它与在传播学领域具有更为深厚基础的量化内容分析有何不同?什么时候研究者可能选择使用质化内容分析?其具体方法和步骤又有哪些?虽然有许多方法论学者从知识论和认识论的起源阐述了量化研究和质化研究的本质区别,[4] 如量化分析植根于实证主义,以客观性为其坚守,而质化分析则基于诠释主义,以建构论为其思想主导,但具体到内容分析而言,许多人在实际操作过程中并不是非常明确二者之间的区别,特别是对于质化内容分析的具体程序,国内研究者少有涉足和了解。因此,笔者将在本章重点从操作程序和具体方法上来说明质化内容分析的特质及其应用。

8.1 质化内容分析何以为质化

质化内容分析是一种通过系统的代码归类、识别主题和型态模式这一过程,对文本数据内容进行理解和诠释的研究方法。利用质化内容分析进行的研究,其焦点是语言作为传播的特征,考察内容或文本的语境意义。[5] 它超越了单纯计数,而

1　Morgan, D. L. (1993). Qualitative content analysis: A guide to paths not taken. *Quarlitative Health Research*, *3*(1), 112-121.

2　参见如下文献:1)Ritsert, J. (1972). *Inhaltsanalyse und Ideologiekritik. Ein Versuch über kritische Sozialforschung*. Frankfurt: Athenäum;2) Mostyn, B. (1985). The content analysis of qualitative research data: A dynamic approach. In M. Brenner, J. Brown & D. Cauter (Eds.), *The research interview*, pp. 115-145. London: Academic Press;3)Wittkowski, J. (1994). *Das Interview in der Psychologie. Interviewtechnik und Codierung von Interviewmaterial*. Opladen: Westdeutscher Verlag;4) Altheide, D. L. (1996). Qualitative media analysis. *Qualitative Research Methods*, *38*. Thousand Oaks: Sage;5) Mayring, P. (2000). Qualitative content analysis. *Forum Qualitative Sozialforschung/Forum Qualitative Social Research*, *1*(2).

3　Nandy, B. R., & Sarvela, P. D. (1997). Content analysis reexamined: Arelevant research method for health education. *American Journal of Health Behavior*, *21*, 222-234.

4　参见:[美]劳伦斯·纽曼. 社会研究方法:定性和定量的取向[M]. 第5版. 郝大海,译. 北京:中国人民大学出版社,2007.

5　参见:1)Budd, R. W., Thorp, R. K., & Donohew, L. (1967). *Content analysis of communications*. New York: Macmillan;2)Lindkvist, K. (1981). Approaches to textual analysis. In K. E. Rosengren (Eds.), *Advances in content analysis*, pp. 9-19. Beverly Hills, CA: Sage;3)Tesch, R. (1990). *Qualitative research: Analysis types and software tools*. Bristol, PA: Falmer.

是极其关注语言,目的在于将大量的文本归纳为有效的类目以表征类似的意义。[1]
这些类目既可再现显性传播,也可表征推断性传播。质化内容分析的文本数据多
种多样,口头的,印刷的,或是电子形式的,可以从各种渠道获取,如叙事反应、问
卷调查中开放式问题的回答、访谈、焦点小组、观察等,又或是文本记录或创作,如
文章、书或手册等。当代倡导质化内容分析的一些学者所秉持的主要思想是希望
在保留量化内容分析的优势的同时,更进一步将这些优势转化,使之向诠释分析
发展,[2]其分析对象可以是记录在案的各种传播内容,如访谈记录、话语、观察笔
记、录像带、文件、视觉图像或艺术品等。从界定性质上来说,质化内容分析是对
文本在其传播语境下进行的有方法论控制的经验性分析,同样也遵循一定的内容
分析法则和步骤模式。

内容分析法,无论是量化的还是质化的,其关键的显著特征是研究者使用一套
以一贯之的代码(codes),标注含有类似资料的数据片段,通常对这些代码进行频
率计算以获得数据所含信息的了解。除了特别关注意义和意义产生的语境以外,
从操作程序上来说,质化内容分析之所以为质化的,其与量化内容分析的区别之
处最集中地体现在其编码(coding)和对代码计数的阐释上,也即如何生成代码和
如何将代码运用于数据这两个方面。

1)编码程序的循环。在生成代码时,质化分析者更倾向于利用文本数据本身
作为他们编码的来源。即使当质化研究者在开始时使用预设的类目建构和编码
系统,他们也往往会在解读文本和编码过程中不断修正这些代码或类目,甚至不
断添加新的代码或类目,以抓取数据的细节和具体文本特有的内涵,由此修正已
有的概念和理论,甚或建构新的概念和理论,这与量化内容分析以理论和前人研
究为基础而事先建构类目系统有着本质上的区别。这种质性的代码或类目的识
别和建构是一个主观、动态、循环的过程。较之量化内容分析,质化内容分析者较
少使用自动运用于代码的搜索算法,而宁可依赖于对文本数据的仔细阅读,因此
这种分析常常涉及的是更为宽泛、更为主观的代码类别,这种识别和建构也往往
不是一次性阅读即可完成的,而是在结合各种层次的语境下经过重复性阅读,不
断反思、修订和缩减才得以实现的,这是由质化研究的显著特征——反身性(re-
flexivity),以及研究者与概念、数据搜集和分析之间的高度互动的性质所决定的。
在量化内容分析中,编码协议和编码表是研究工具,而在质化内容分析中研究者
始终占据中心地位,尽管编码协议或编码方案在研究中特别是后期阶段也会用
到。比如在对电视新闻进行质化内容分析时,研究者会在数据搜集、分析与概念
重构之间来回反思,以增加对电视新闻形式、消息来源和主题强调之间的相关性

1　Weber, R. P. (1990). *Basic content analysis*. Beverly Hills, CA: Sage.

2　Mayring, P. (2000). Qualitative content analysis. *Forum Qualitative Sozialforschung/Forum
Qualitative Social Research*,1(2).

的理解。

质化内容分析由概念发展、抽样、数据搜集、数据编码、数据分析以及诠释之间的反身性运动(reflexive movement)组成。目标虽然也是系统性的、分析性的,但不死板僵化。尽管类目或变量最初也会像量化内容分析那样引导着研究,但同时也允许并期望其他类目或变量在对整个文本的阅读分析过程中逐步涌现,也即涌现式代码(emerging codes)。因此,质化内容分析被嵌入于**不断发现**以及与相关情境、设定、风格、形象和意义的**不断比较**中。[1] 为达到此目的,质化内容分析诉诸叙述资料,而不是强硬使叙述资料纳入预先设定的数字类别中,其定位指向在于通过获取为每一案例而设的独特的类别数据,检查、补充并取代先前的理论断言,从而发展出适合于多种调查的分析构念。[2]

2)代码计数的使用。质化和量化内容分析另一重要的区别是他们对编码过程产生的计数的使用。在量化内容分析中,计数和代码的交互列表总结出有关数据的已知信息,以此验证既有理论。在质化内容分析中,这样的计数是导向关键的下一步,阐释代码中所发现的型态模式,并进一步修正既有理论或建构新理论。用泰奇的话来说,二者存在着去语境化(decontextualizing)和再语境化(recontextualizing)的区别。[3] 也就是说,量化内容分析寻求问答有关**是什么和多少**的问题,而质化内容分析则非常重视理解由编码与计数过程所揭示的新语境,试图回答有关研究中的型态模式**为什么会出现**和**怎样出现**的问题。

不像许多研究方法初学者所理解的那样,计数或不计数本身并非区分量化或质化内容分析的标准。在这一点上,两种分析路径并不存在严格的二元对立。就如同贝雷尔森所指出的那样,质化分析往往也包含了以粗略形式表达的计数成分和量化陈述。[4] 问题的关键在于,对于质化内容分析而言,计数既可以看作是描述过程的结束,也可以视为阐释过程的开始。计数所代表的是第一步,即数据中型态模式的定位。接下来是对数据进一步考察,从而产生解释这些型态模式之所以如此呈现的理论。如同大多数质化分析,由计数到阐释这样的过程往往不断地循环,或者是现有代码的计数,或者是数据的阐释性解读,都可能导致对进一步编码的需要。另外,质化的计数不像量化分析那样是为了用于统计推断的测试而推广至更大的总体。

在质化内容分析中,要澄清对计数的描述性和阐释性使用,还需要回应这样两方面的质疑和批评。一种质疑来自于质化研究者内部或是对于内容分析法缺乏全面理解的初学者:如果要计数的话,那么质化内容分析的意义和价值何在?它

1 Glaser, B., & Strauss, A. (1967). *The discovery of grounded theory*. Chicago: Aldine.

2 Schwartz, H., & Jacobs, J. (1979). *Qualitative sociology*. New York: The Free Press.

3 Tesch, R. (1990). *Qualitative research: Analysis types and software tools*. Bristol, PA: Falmer.

4 Berelson, B. (1952). *Content analysis in communications research*. New York: Hafner. p. 116.

到底与量化内容分析有何本质上的不同？从整个质化分析的观点来看,恰恰是对计数的依赖使得质化内容分析不同,也即将这些计数的考察视为探测趋势型态、解释型态产生的语境的基础,进而从意义层面特别是隐含意义层面上理解文本数据,这是质化内容分析的根本目标。有意思的是,就质化内容分析为何需要计数,其实量化内容分析的早期倡导者已给出了论证。贝雷尔森就曾指出,对文本数据内含什么的描述几乎总是会涉及数据的量化特征。根据他的说法,在回答与质化数据内容相关的"是什么"问题时,如果不量化(至少是含蓄或粗略的量化方式),对这一类问题的回答几乎是不可能的。[1] 这种论点即使在今天也依然有说服力,初步浏览一下国际学术期刊上发表的以质化路径进行内容分析的论文,即可频频发现不那么直接的量化的例子,诸如"大多数妇女提及性,但大多数都不提吸毒",或者"几乎所有的冲突片段都随之以混乱期",以及其他如"重复性的"、"常常"、"重点强调"、"急速增长"等贝雷尔森所称的量化词语。

另一种对质化内容分析中计数应用的批评则主要来自量化内容分析的早期倡导者,他们认为,代码或类目的计数除非基于随机样本,否则是没有意义的。而且,既然要隐性计数,那么何不明明白白地做？明确的计数显然可以改进对代码频数的印象式的判断。而且,它们还可以给予读者一个确凿的基础,以评估分析者所声称的数据中重要的模式。但从质化的观点来看,完全强调数字总结,会极大地限制量化内容分析对质性数据所做的分析。在编码程序这一层次,量化分析者过于搜寻词语而非意义;在阐释结果这一层面,他们又过于满足于对计数的去语境化,而不是在作为那些计数的基础的文本数据内部寻求更好的理解。质化内容分析通过在数据编码和阐释计数中采取一种较为质化的路径来应对这些不足,而这样的计数更多的是一种具体语境下的模式总结,由此探测出常现的一种特别的数据分配,这与将结论推广至较大的总体或测试统计推断的目标是有所不同的。当然,数字对于后者是必须的,但并不排除其用于较为质性的目的的描述性应用。

显然,质化和量化内容分析存在着两个极端。在一个极端,量化内容分析始于预设的代码,通过既定的搜索程序在内容数据中找出这些代码,并将获得的计数当作对数据所要了解的全部;在另一个极端,质化内容分析利用从数据本身显现出来的代码类别,通过对数据的仔细阅读运用这些代码,并将计数当作是型态模式的一种探测以指导对数据的进一步阐释。当然,在实践意义上,存在着两个极端的中间段。笔者更愿意将量化和质化内容分析视为一个连续体的两极,在实际研究中于有所偏向的同时实现二者的互补统一。因此,我们需要特别清楚每种路

---

1 Berelson, B. (1952). *Content analysis in communications research*. New York：Hafner. pp. 117-118.

径的不同以及各自特有的长处和劣处(见表8.1中两种内容分析的区分总结),这样,研究者才能够在撰写研究论文时讨论他们为什么选择其路径,也可以让读者对其选择的适当性作出判断。

表8.1 质化内容分析与量化内容分析的比较

	量化内容分析	质化内容分析
研究目标	证实	理解、发现、建构,提出新问题;偶有证实
研究设计	极少反身性研究设计,以结构性的设计为主,事先确定	多为反身性研究设计,具有灵活性和演变性
理论来源	自上而下	自下而上
研究问题	事先确定	在研究过程中产生
研究假设	在研究之前产生	较少或在研究之中产生
研究内容	主要关注内容本身;重在事实;焦点是类目或变量	将内容作为更深层次现象的反映;重在过程、意义和整体探究;焦点是互动的过程
研究质量侧重	信度	效度
研究阶段发展	数据搜集、分析和阐释的进展是线性序列的	数据搜集、分析和阐释的进展是反身的、循环的
研究者的卷入	数据分析和诠释阶段	所有阶段
样本	样本较大;多随机抽样或分层抽样	样本较小;多目的抽样或理论抽样
前设结构化的类目和代码	都是	有些,类目和代码的建构贯穿数据分析始终
搜集数据需要的培训	较少	大量
数据类型	数字	数字;叙述
数据输入点	一次	多次
叙事描述和评论	极少	总是
概念的浮现	极少在研究过程中生成和运用	总是在研究过程生成和运用
数据分析	统计	文本;统计
数据诠释	在数据分析之后	数据分析的组成部分
数据呈现	图表	图表和文本
推广度	可控制,可推广到抽样总体	认同推广、理论推广、累积推广

根据研究实例总结,并综合参照如下文献:1)Altheide, D. L. (1996). Qualitative media analysis. *Qualitative Research Methods*, 38. Thousand Oaks: Sage;2)Berelson, B. (1952). *Content analysis in communications research*. New York: Hafner.

那么,什么时候选用质化内容分析比较合适?根据菲利普·梅林教授的建议,[1]有两种情况特别需要考虑,一是如果研究问题是高度开放式的、探索性的,预设固定的变量和相应的类目很可能会成为一种较大的研究局限,二是如果研究者计划进行更为整体性的,而不是按部就班、分步进行的分析。也就是说,如果研究需要的是将编码和阐释的主观性最小化的某种精确的话,那么就偏向使用量化内容分析;如果研究是一种更为阐释的路径,更多地强调文本涌现的意义(emergent meanings),那么就偏向以扎根理论为基础的质化内容分析(参见下文介绍)。从研究文献的考察来看,与质化内容分析长处特别相吻合的一个研究目标是比较分析。

20世纪晚近时期以来,国外许多研究者开始跳出量化与质化研究的二元对立之争,倡导在实际研究中找到介于数字定位的量化内容分析和阐释定位的扎根理论之间的某一点。当可获得的数据和研究目标不单要求描述数据资料是什么及其型态模式是怎样的,同时也呼唤扎根理论在阐释为什么出现这些模式方面发挥其优势时,两种研究路径的结合也就成为一种必然。不过,这种结合与贝雷尔森所说的"将质化维度加入量化分析中"是有区别的,后者在很大程度上只是对研究中所使用的类目进行文本实例的说明和展示,或者是在建构类目和编码系统前阅读文本资料、从文本本身找出一些原有理论或研究所没有的类目或代码,以此作为预设类目或代码的补充,这实际上是量化内容分析融合了质化分析中的归纳性类目建构的路径。[2]另外,质化内容分析也可以与其他质性程序相结合。无论是哪种路径,研究者在决定所要采用的方法时需要赋予研究问题和资料特质以优先考虑地位。因此,我们需要针对具体的内容领域来讨论有关方法的问题,然后才比较不同的方法路径(同时也包括量化路径)。

8.2 质化内容分析的研究程序和方法

8.2.1 质化内容分析的编码与类目生成

虽然质化内容分析在研究设计和研究程序上具有很大的灵活性、演变性和循环性,更注重从文本自身自下而上的意义涌现和理论建构,因此在分析侧重点和分析路径依赖上会与量化内容分析有所不同,但无论是哪种路径的内容分析,都

1 Mayring, P. (2000). Qualitative content analysis. *Forum Qualitative Sozialforschung/Forum Qualitative Social Research*,1(2).
2 Berelson, B. (1952). *Content analysis in communications research*. New York:Hafner. p.115.

离不开一个核心环节,那就是编码,其实质就是分析,在此过程中生成分析所必需的类目。

8.2.1.1　编码和代码

编码要做的就是检阅一组文本资料,然后有意义地切分和标注资料,但要保留部分与部分之间的关系。这意味着分析者要区分和连结分析者已取用的资料,并不断地对资料的区分和连结进行反思。传统的方法都是拿一支笔在访谈誊录稿、田野札记或其他文本上画记号,把同一主题的有关单位标示出来,然后依分析层级把这些单位再放在主题或次主题下。一般而言,这些可辨认的主题(或主旨)会规律性地重复出现。研究者会给这些主题命名(naming),然后将属于此主题的示例都标示上一个容易记得的代码(code,亦即标签,或眉批),并予以区分、聚类,乃至重新命名。

图 8.1 是笔者借助计算机辅助内容分析软件 QDA Miner[1] 对美国主流报刊有关中国西部的新闻报道进行质化内容分析的一个编码截图,展示了常见的质化内容分析的编码方式(也即下文将介绍的常规式路径)。该图中心是笔者所要编码的文本(图左上角"CASES"一栏显示该文本是分析样本中的第三篇报道样本);图右侧一栏显示的是笔者根据文本的阅读而标注的表示关键概念或思想的代码。代码是意义的单位,分析者把一个个的标签指定给所搜集到的某部分描述性或推理性的资料。通常代码可以指定给长短不一的"文块",如字词、词组、句子或段落(联系或不联系某特定环境均可)。代码可以是平铺直叙的,也可以是较复杂的(例如一个比喻)。

就分析者目的而言,重要的不是字词本身,而是其意义。字词的意义是由人把字词放在既定的语境中,就其含义进行选择而产生的。这一选择乃是嵌在某一逻辑或概念透镜中的,不论分析者是否觉察到这个逻辑或透镜的存在。而在操作层面上,编码所用的代码是用来检索与组织文块的。组织工作需要应用某个系统将不同的文块归类,这样研究者就能针对某一特定研究问题、假设、概念或主题,迅速找到并抽出相关的段落,然后将其聚集起来。资料的聚集,加上浓缩文块的展示,为引出结论铺平了道路。

根据编码的分析性质,代码一般分为三种:

1)描述性代码。此类代码是低诠释性的,也即研究者只是把一类现象规定为某个词汇或短语,见图 8.1 所示。再比如,"动机"这一代码可以进一步细分,在教育系统中依职务分为行政人员或老师,编码时所用代码即可为"行政—动机"或"教师—动机",或再依动机出现的时间段(如将"采纳"的时间段标示为"采纳期"),更可将三种结合成为"采纳期—行政—动机",等等。

1　参见第 1 章关于计算机辅助内容分析的相关脚注介绍。

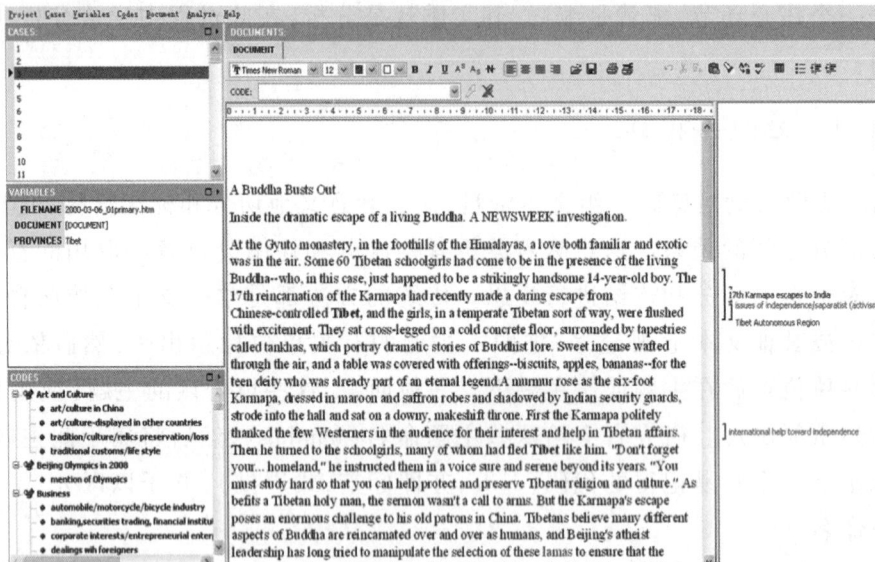

图 8.1 质化内容分析编码示例

2）**诠释性代码**。以上述动机为例,当分析者对文本的现实背景和当地动态更为了解时,便出现了一个更复杂、更幕后的动机网,比如有人采取新措施,主要为的是吸引他人的注意,从而获得升迁。于是分析者就可以把有关此人直接表露的那段文字标示为"表面的"动机,而后来发现的状况则归为私人的或幕后的动机,于是便有了"表面—动机"与"私下—动机"这样的代码。

3）**主题或模式代码**。此类代码的推理性与解释性更高,是诠释文本最深入的一种。分析者可能从事例和关系中渐渐看出了一种主题或模式,而访谈札记中某段已编好码的文字很可以说明此主题。这个代码可能成为主题、模式、主旨、因果关联,通常会包括一个词汇,这个词汇会指出这个被概括的主题或模式,这类主题或主旨类目通常是在搜集资料较后段才用到(详见下文扎根理论的三种编码介绍),因为此时文本所隐含的模式会越来越清晰。

8.2.1.2 归纳性类目建构与演绎性类目应用

标识代码是质化内容分析的初始步骤,而非分析的终结。质化内容分析编码的最终目的是生成类目系统并在此基础上建构概念关系,修正既有理论或生成新理论。在质化内容分析框架中,类目从何而来,类目系统如何发展,这是展开编码分析和诠释所指方面的核心之所在,这一点其实是与量化内容分析一致的。从程序上来讲,有两种不同的逻辑思维方法和操作程序处于质化内容分析的核心地位,即归纳性类目(inductive categories)的建构与演绎性类目(deductive categories)的应用。

归纳性类目的建构在本质上就是由数据资料中通过归纳法产生类目。其具体程序如下:由研究问题或研究目标出发,确定类目定义(选择标准)和归纳性类目的抽象层次;然后,从资料中一步一步地,并具有层级性地进行归纳,形成层级不等的类目,在归纳过程中不断考虑类目定义和抽象层次,不断判断目标对象是归入旧类目还是形成新类目;在分析了10% ～50%的样本资料后修订类目,同时进行信度的正式测定,以检测由研究问题或研究目标出发而定的类目定义是否与文本资料本身存在大的偏差,是否需要修订。在此阶段,或许还需要重新返回到研究问题或目标,重复以上步骤,以求更好的类目建构(由于质化研究的开放性,这在实际研究中成为一种常见的甚至是必须的循环过程,特别是当研究需要从文本中重构理论时,这与量化内容分析往往是在分析文本前一次性设定类目有着本质上的不同)。最后,对所有文本样本进行分析,并进行信度的总结性测试,然后诠释结果,回应研究问题或目标。归纳性类目建构过程的主要思想是要求研究者深深浸入到文本数据中,反思、确定甚至重构由理论背景和研究问题产生的定义标准,以此决定文本资料的哪些方面需要纳入考量。遵循这一标准,所有文本都要分析一遍,类目是暂定的,需要一步一步地推断。在反馈循环中,这些类目重新修订,最终缩减至主要的类目,并检查其信度。

演绎性类目的应用就是与事前形成、源于理论的分析打交道,将所要分析的方面预先与文本建立某种联系。分析的质性步骤在于将类目赋予一段文本,在方法上有所控制。具体程序如下:由研究问题或研究目标出发,对分析方面、主要类目和下属类目进行基于理论的界定;在理论基础上形成对类目的界定、举例和编码规则,并在编码议程下搜集这些类目;修订类目和编码议程,并对信度进行正式测定,在此阶段,或许需要再重新返回到研究问题或目标,重复以上步骤;然后对所有文本进行分析,并进行信度的总结性测试,然后诠释结果,回应研究问题或目标。这里的主要思想是给每个演绎性类目赋予明确的定义、举例和编码规则,确定在何种情况下一段文本恰好可以被编码为某一类目。这些类目定义搁在一起就组成了一套编码议程。演绎性类目的应用在质化内容分析的初始阶段与量化内容分析的类目建构和编码程序极为近似,但与量化内容分析的最大不同在于,演绎性类目是作为一种研究的起步应用于质化内容分析中,往往不是一次性完成,与归纳性类目建构相同的是,它也经常涉及一个反馈循环过程,而且,这一方式在质化内容分析中往往是作为一种归纳性类目建构前期工作的辅助手段,或者是作为新的概念和/或理论体系建构的对比参照。

8.2.2 质化内容分析的三种基本路径

在归纳性类目建构和演绎性类目应用这两种方式各有侧重的运用基础上,根据研究的探索程度、研究问题的类型以及既有研究或理论运用的不同指向,质化内容分析大致可以分为常规式、指引式和总结式等三种基本路径。[1] 研究者需要根据不同的研究目的要求,以及该研究领域的科学状况与适当的分析技巧相匹配程度来进行不同的研究设计,选择不同的分析路径。对于研究者而言,在开始分析数据之前清楚地描述其研究所要使用的内容分析的具体路径是很重要的。

8.2.2.1 常规式路径

常规式路径(conventional approach)一般运用于其目的是描述一种现象的研究设计,如在西方国家经常以临终关怀为主题的健康传播研究中描述临终病人的情感反应和情感互动。在常规式分析中,研究者避免使用预设的类目,而是让类目或代码名称从文本数据中自然显现,研究者沉浸在数据中从而让新的洞察浮现出来。[2] 这是典型的一种归纳性类目建构。

上文图8.1所示的案例实则为常规式编码。以此路径展开的数据分析始于反复阅读所有的文本数据,沉浸其中,获得一种整体感,[3] 就像读小说一样。在开始对西方媒体对中国西部报道进行分析时,笔者首先将所有报道样本浏览一遍,获得对所有报道的一种整体认识。然后对报道文本一句一句地解读,通过记录第一印象、第一想法和原初分析来处理文本,在凸显了文本关键概念或思想的地方标注出提炼性的词语或短语,目的是从看起来能抓住关键思想和概念的文本中,通过凸显恰好表达这些思想和概念的词语来获得代码,[4] 或者直接以这样的词语作为代码,这既是形成初始代码的过程,也是建构类目的基础。在积累了一定数量的代码之后,根据代码属性或相互之间的关联方式,对不同代码进行归类,比如"西藏自治区"可以与其他地区名称等归为"省份"类目(在后期数据分析时即可将此类目与其他属性类目进行交互分析,以此判定对不同地区的报道内容上的不同)。图8.1左下栏"CODES"中即显示出由初始代码构成的上级代码,如"Art and Culture"(艺术和文化)和"Business"(商业)等,这些代码在后面分析时有可能成为重要变量或上级类目,它们由若干个指涉具体意义或类别的代码组成。这一编码过程可以说类似于扎根理论路径中的开放性编码(详见下文介绍)。

随着这一过程的推进,更多的代码标签就会逐步涌现出来,反映出不仅仅只是

1 本小节内容主要引自:Hsieh, H. -F. , & Shannon, S. E. (2005). Three approaches to qualitative content analysis. *Qualitative Health Research*,15(9),1277-1288.

2 Kondracki, N. L. , & Wellman, N. S. (2002). Content analysis:Review of methods and their applications in nutrition education. *Journal of Nutrition Education and Behavior*,34,224-230.

3 Tesch, R. (1990). *Qualitative research:Analysis types and software tools*. Bristol, PA:Falmer.

4 相关论述,可进一步参见:1)Miles, M. B. , & Huberman, A. M. (1994). *Qualitative data analysis:An expanded sourcebook*. Thousand Oaks, CA:Sage;2)Morgan, D. L. (1993). Qualitative content analysis:A guide to paths not taken. *Qualitative Health Research*,3(1), 112-121;3)Morse, J. M. , & Field, P. A. (1995). *Qualitative research methods for health professionals* (2nd ed.). Thousand Oaks, CA:Sage.

一种关键思想,这些代码通常直接源于文本,然后成为最初的编码方案。紧接着,根据不同代码的关联方式,将代码分成不同的类目。这些新产生的类目可以用来将代码组织起来,并分成一些有意义的聚丛(clusters)。理想情况下,聚丛数量介于 10 到 15 个之间,这样聚丛外延才能足够宽泛,可以将大量的代码进行归类处理。[1] 根据子类目之间的不同关系,研究者可以将大量的子类目合并或组成较少量的类目。制作一个树形图有助于将这些类目组成一个层级结构。然后,对每一个类目、子类目(sub-categories)和代码进行界定。为了准备报告研究发现,需要从数据中为每一种代码和类目找出范例。根据研究目的,研究者可能要再次基于类目与子类目的共现和前因后果情况来识别它们之间的关系。[2]

常规式路径常用于质性的探索性研究,通常比较合适于就某一现象的现有理论或研究文献十分有限这种情况,因此往往运用于对文本特别是访谈记录文本的初始分析。许多质化方法在初始阶段都采用这种路径进行研究设计和分析。如果数据主要是通过访谈而搜集获得的,那么在搜集数据阶段就要多使用开放式问题,或者具体针对参与者的评论,而不是既有理论。下面借用一个假设的研究情境[3]来进一步说明常规式分析的具体研究过程。

假设一位对临终关怀病人的情感互动抱有兴趣的研究者 A 在梳理已有研究文献后发现,对于身患绝症、正在接受临终关怀的病人的情感反应,前人研究甚少,而这对于促进医疗和提升医患关系却具有重要意义,同时这也是健康传播研究关注议题的社会价值所在。对这一类人际互动的了解的匮乏,极有可能的原因之一是这类病人不愿意讨论死亡问题。[4] 假设研究者 A 想要更多地了解这类病人的情感经历,如此才能更有效地探讨他们的需求,从而使提供临终关怀服务的医疗机构能够进一步针对患者需求改进服务。由于缺乏既有理论为其研究提供框架,所以研究者 A 提出的研究问题多半是开放式的,比如"正在接受临终关怀的绝症者的情感反应会是怎样?"

基于以往的实践经验或前期的初步观察,研究者 A 推测,刚刚接受临终关怀的病人与已经接受较长时间的病人相比,他们的情感反应会有所不同,她还推测,在家接受关怀的病人与在医院病房接受的病人也会有不同的经历。因此该研究者决定采用质化研究中经常使用的分层目的抽样的方法以确保样本的异质性,因

1　参见:1)Coffey, A., & Atkinson, P. (1996). *Making sense of qualitative data: Complementary research strategies*. Thousand Oaks: Sage;2)Patton, M. Q. (2002). *Qualitative research and evaluation methods*. Thousand Oaks, CA: Sage.

2　Morse, J. M., & Field, P. A. (1995). *Qualitative research methods for health professionals* (2nd ed.). Thousand Oaks, CA: Sage.

3　研究情境假设参照:Hsieh, H.-F., & Shannon, S. E. (2005). Three approaches to qualitative content analysis. *Qualitative Health Research*,15(9),1277-1288.

4　Wilson, C. T., & Fletcher, P. C. (2002). Dealing with colon cancer: One woman's emotional journey. *Clinical Nurse Specialist*,16,298-305.

此其目标样本可分为四组(2×2),分别进行以开放式问题为主的访谈,由此对比四组不同病人的情感反应,同时也可对同层内的样本进行同质性归纳分析。研究者 A 采用常规式路径对访谈数据进行分析,由阅读每份访谈录本开始,从头至尾将所有文本浏览一遍。然后,再仔细阅读每份录本,将描述情感反应的文本部分以重点符号标出,并在该段文本边缘标注关键词/短语或一段话,利用受访者访谈中所使用的语词来抓取情感反应,这实际上就是一个标注代码的编码过程。在标注代码时,还要给文本标注访谈取自哪类病人,以作后期对比或归类分析。将所有访谈录本编码完后,研究者试图将这些发展出来的代码数量尽可能地限制压缩,择取那些相对具有代表性的较为关键重要的代码。在对 3 ~ 4 篇访谈录本进行开放性编码后,研究者确定出初级代码。然后再用这些主要代码对其余录本进行编码(也即对最初已编码过的文本再编码),如果遇到数据无法归入现有的任何一个初级代码时,研究者会增加新代码。

一旦所有访谈录本均已编码完毕,研究者 A 会分别考察同属于一个特别代码内的所有数据,在这样的一个过程中,有些代码会被合并在一起,而有的则分成不同的下属类目。最后,她会检查最终使用的代码,将它们组成一个层级结构,如果可能的话。在总结研究发现时,研究者使用识别出的代码和层级结构来描述病人的情感反应。在讨论研究发现时,研究者会将内容分析得出的结果与前人研究或理论(如果有的话)进行比较对照,凸显相同和差异之处。由此可以看出,与量化内容分析的路径相反,在常规式路径中,相关理论和其他研究发现是在研究的讨论部分,已有文献是作为研究发现的对比参照而得以援引的,这也是许多质化研究所具备的特征。比如在上例研究中,研究者 A 可能会将自己的研究发现与库伯勒—罗斯 1969 年提出的悲伤五阶段(拒绝、愤怒、讨价还价、沮丧和接受)理论[1]进行对比。

常规式路径的优点是能从研究参与者如访谈受访者或者文本资料那里获得直接的信息,从研究者 A 的内容分析中所产生的知识是以参与者独特的视角和实际数据为基础的。但此类分析也存在着局限性。首先,采取这种路径,因为缺乏前期研究或既有理论指导,且研究者可能因完全浸入文本字句或细节中而难以跳脱于文本,以致难以形成对文本的完整理解,因此也无法识别关键类目。这极有可能会使研究发现不能准确地反映数据的真实情况或核心问题,这也就是林肯和古巴所指的自然主义范式内的可信度(credibility)问题,[2]或者本书第 6 章所讨论的

1　见:Kübler-Ross, E. (1969). *On death and dying*. New York:Macmillan. 转引自:Hsieh, H. -F., & Shannon, S. E. (2005). Three approaches to qualitative content analysis. *Qualitative Health Research*,15(9),1277-1288.

2　Lincoln, Y. S., & Guba, E. G. (1985). *Naturalistic inquiry*. Beverly Hills, CA:Sage. 转引自:Hsieh, H. -F., & Shannon, S. E. (2005). Three approaches to qualitative content analysis. *Qualitative Health Research*,15(9),1277-1288.

信度和内在效度问题。该问题的解决,可以通过同行报告、延长参与时间、坚持不懈的观察、三角测量(triangulation)、反向案例分析、足量参考和成员检查等这样的研究活动来建立可靠性。[1] 其次,常规式质化内容分析容易与其他的质化方法如扎根理论方法或者现象学相混淆。这些方法都具有相似的初始分析路径。然而,无论是在理论发展还是在对生活经验的描述方面,常规式分析都是有限的,因为其抽样和分析程序都难以使不同概念之间的理论联系从调查结果中推断出来,其结果最多不过是发展概念或者建立模型而已。[2]

8.2.2.2　指引式路径

所谓指引式路径(directed approach),顾名思义,是在既有理论或研究的指引下展开质化内容分析,该路径的分析目标主要是从概念上去证实或扩展理论框架或理论。既有理论或研究有助于聚焦研究问题,它能提供需要研究的变量或者变量之间的关系的前期指导和词典,因此能帮助确定初始编码方案或者代码之间的关系。[3] 在此路径中,研究者利用既有理论或前人研究来识别关键概念或变量,并以此作为初始编码类目开始其对文本数据的分析。这也就是本章上一小节所介绍的演绎性类目应用。

比如,放在上例的同一研究语境下,另一研究者 B 的研究兴趣点却有所不同,他关注于库伯勒—罗斯的悲伤五阶段理论的适应性问题,虽然该理论在学术界为研究者广泛接受,但尚未从其他研究中得到验证,而且研究者 B 也希望了解该理论是否适用于描述绝症患者不久于人世的经历,于是他提出这样的研究问题:"库伯勒—罗斯模式在多大程度上能很好地描述已被诊断出患有绝症的病人的情感过渡或旅程?"[4] 从研究者 B 对理论的运用来看,他这样的探寻可归类为第 2 章所讨论的理论的演绎运用。这样的运用与量化内容分析有些相似,但在研究者 B 的研究中,库伯勒—罗斯的悲伤五阶段只是被用来作为最初的框架来辨识绝症患者的情感阶段,而非像量化内容分析那样以理论来推衍出有待经验验证的假设,更非一种要求统计显著性的假设;而且,在指引式内容分析中,即便是有理论做初始的指引,由此构建最初的类目框架和初始编码方案,但分析者在对文本进行编码的

1　Manning, K. (1997). Authenticity in constructivist inquiry: Methodological considerations without prescription. *Qualitative Inquiry*, *3*, 93-115.

2　Lindkvist, K. (1981). Approaches to textual analysis. In K. E. Rosengren (Eds.), *Advances in content analysis*, pp. 23-41. Beverly Hills, CA: Sage. 转引自:Hsieh, H.-F., & Shannon, S. E. (2005). Three approaches to qualitative content analysis. *Qualitative Health Research*, *15*(9), 1277-1288.

3　Hsieh, H.-F., & Shannon, S. E. (2005). Three approaches to qualitative content analysis. *Qualitative Health Research*, 15(9), 1277-1288. p. 1281.

4　研究假设情境参照:Hsieh, H.-F., & Shannon, S. E. (2005). Three approaches to qualitative content analysis. *Qualitative Health Research*, *15*(9), 1277-1288. p. 1282.

过程中依然允许新的代码和类目的生成,其分析依然是一种开放性的状态。因此,指引式分析虽然是一个相对结构性的过程而区别于常规式路径,但它本质上还是不同于量化内容分析。这样的路径特别适合于研究者发现关于某一现象的既有理论,或是前人研究不甚完整,对其进一步描述会使相关理论或研究向前发展。

虽然这种分析路径在理论运用上是指引性的,具有演绎性质,但在数据分析阶段,分析者可以采用本章上一小节所介绍的演绎和归纳这两种策略中的任何一种开始编码,这取决于研究目标和研究问题。具体到研究者 B 来讲,一种策略是直接使用基于库伯勒—罗斯理论而预设的代码进行编码。如果在分析中辨识出在预设代码框架内无法被编码的文本,那么就标识出来留待分析,看它们是否代表了一个新类目或者是现有的一个代码的下属类目。另一种策略就是直接从阅读访谈记录文本开始,将第一印象中看似再现情感反应的那部分文本标注出来,然后再使用预设的代码对已标注的那部分文本进行编码。这种策略较适用于研究目标是就某一特殊现象比如情感反应来辨识有可能的情况并进行分类。在使用预设的代码对文本进行了编码后,如有无法被归类至由理论推导出的初始编码方案的任何文本,都将被赋予一种新的代码。

这两种策略的选择取决于数据和研究者的目标。如果研究者想要确保抓取一种现象(比如研究者 B 记录分析绝症患者的情感反应)有可能的出现,那么可以将识别出的相关文本明显地标注出来却不进行编码,这样可以增加可靠性。如果研究者自信初始编码方案不会使相关文本的辨识带有偏向,那么可以立即开始编码。根据类目的类型和外延的不同,研究者可能需要在随后的分析中辨析出下属类目。

无论是哪种策略,研究者 B 都需要在编码开始前运用理论对五种情感反应或每个类目进行操作化定义。编码完毕后,分析者会检查每一类目下的数据,确定是否需要给某个类目设定下属类目(比如研究者 B 可能想要依据愤怒所指对象,如指向自己、指向医生或指向精神存在来进一步划分愤怒的下属类目),并重新考察那些无法编入至由库伯勒—罗斯理论衍生出的五大类目中任何一个的数据,以描述不同的情感反应。最后,研究者 B 将对比支持库伯勒—罗斯理论的数据文本与其他不同情感反应的再现程度,此时也许会用到量化手段如秩次(rank order)分析,研究者还可汇报每位参与者以及总样本的相关文本中支持与不支持理论的代码的百分比。[1] 可见,由指引式分析所获得的发现为某种理论提供了支持性和非支持性证据。该证据的呈现方式可以是列出带有例证的代码,也可以提供描述性的证据。

---

1 Hsieh, H. -F. , & Shannon, S. E. (2005). Three approaches to qualitative content analysis. *Qualitative Health Research*, 15(9), 1277-1288. p. 1282.

在研究报告或论文的讨论部分,理论和前人研究再次发挥指引性作用。就研究者 B 而言,对于研究发现的讨论也许会集中在参与者的情感旅程在多大程度上与库伯勒—罗斯模式相类似,其研究如何证实了该模式,以及新增了哪些新视角和新类目,也即参与者的经历体现出了哪些新的情感反应或阶段,这些新视角和新类目是提供了与现象相矛盾的观点,还是更进一步地完善、扩展和丰富了原有理论;如果是前者,该如何解释特别是从参与者经历本身来解释;如果是后者,运用这些新类目如何来扩展和丰富原有理论。[1]

指引式路径的主要优势在于能够给予现有理论以支撑和扩展。另外,随着一个领域的研究不断增多,会不断积累一些对于相关现象的观察、解释甚至理论,此时研究者采用这样一种分析路径,可以避免因幼稚的自然主义设计视角而带来的研究设计上的盲目性以及资料搜集上的零散杂乱性。但另一方面,如果研究者对于理论的使用缺乏足够的警醒以及对观察对象缺乏足够的开放性,研究者容易在一种被告知的、带有强烈的偏向的情况下接触数据,以致更可能会在观察研究对象并与之访谈交流中或是在文本的阅读编码中发现支持理论而不是反对理论的证据。其次,在这样一种指引的暗示下,有可能使访谈产生某种偏差,特别是当访谈者的经验不够丰富、有意无意流露出其访谈意向时。具体到研究者 B 的研究中,一些病人可能会同意研究者所提示的情感阶段,尽管他们并没有经历过这种情感。再者,对于理论的过分强调往往会使研究者忽视现象的情境部分。研究者 B 如果强调库伯勒—罗斯的五阶段中对丧生的情感反应,就会妨碍他认识那些影响情感的情境特点。[2]

8.2.2.3　总结式路径

采取总结式路径(summative approach)来进行质化内容分析的研究通常以识别和搜索文本中特定词语为始,并对其量化处理,目的在于归纳总结出数据型态模式并将此模式与语境阐释联系,从而理解词语或内容的语境使用。[3] 分析文本资料中特定词语或内容的出现,在一些学者看来是属于显性内容分析。[4] 如果分析仅限于此,那么它是量化内容分析,因为它专注于计算特定词语或内容的频次。而使用总结式路径进行的质化内容分析则不仅仅是对词语的统计,这种分析的量化处理的重点不在于试图去推导意义,而更多的是探索用法,并由词语用法与语

1　Hsieh, H. -F., & Shannon, S. E. (2005). Three approaches to qualitative content analysis. *Qualitative Health Research*, 15(9), 1277-1288. p. 1283.

2　同上, p. 1283.

3　同上, pp. 1283-1285.

4　Potter, W. J., & Levine-Donnerstein, D. (1999). Rethinking validity and reliability in content analysis. *Journal of Applied Communication Research*, 27, 258-284.

境的关系来发现词语或内容的潜在意义。[1]

还是在临终关怀的研究背景下,第三位研究者 C 关注的是绝症患者对一些特定词语比如指代死亡的词语的使用,由于这些病人的境况特殊,了解临终关怀人际互动中使用直接语或委婉语的语境对于健康传播和人际传播研究都具有现实意义。此时,可以采用总结式路径来展开分析。这位研究者的研究动机来自于这样一个社会现实:在美国或其他许多社会中,直接使用"死"、"死亡"、"死去"这样一类的词还是禁区,人们更愿意使用诸如"过世"、"到一个好地方去了"等委婉语。直接语或委婉语的使用得当与否,有可能会影响到医生和患者之间的有效沟通。[2] 在这样的背景下,研究者 C 想知道医疗服务提供者、患者或家属使用直接语和委婉语的频率,他们在怎样的情境下使用直接语,以及在临床医生与绝症患者讨论临终关怀的沟通中,指代死亡的直接语和委婉语是怎样被使用的。[3]

研究者 C 在经过允许录制了 50 对不同的临床医生与患者/家庭之间发生的 55 次交流事例中的所有谈话后,开始对谈话记录文本进行数据分析,分析首先是由计算机辅助进行的搜索录音文本中"死"、"死去"、"死亡"等词语的出现,计算录音文本中与死相关的词语出现的频率,包括来源或说话者,并将之与每次交流事例的总长度相比较。研究者 C 还对说话者身份进行了编码,统计说话者类型的出现频率,通过汇报直接语或委婉语的使用如何因应各种变量如说话者(病人,或家属,或临床医生)、临床医生的专长以及病人的年龄等而不同,以此来说明直接语或委婉语的语境。如前所述,计数被用来识别、归纳总结出数据型态模式,并使代码语境化,它可以将词语或短语的使用与语境阐释联系起来。研究者尝试探索词语的用法,或者发现一个词语在通常使用过程中的意义范围。

总结式路径的分析使用一种非介入的、非反应的方式对所关注的现象进行实录,结合实地背景来分析记录文本,由此提供对词语实际使用的基本理解,因此较之于对与语境脱离的文本进行单纯的内容分析来说具有一定的优势。然而,这类研究依赖于可信度,而展示可信度或内部一致性的机制在于表明文本证据和诠释相互一致。对于研究者 C 的研究,内容分析者必须对什么词语可以替代"死亡"一词的有效性进行确认。另一种效度验证是,研究者向研究参与者确认他们的本意

1 参见:1)Catanzaro, M. (1988). Using qualitative analytical techniques. In N. F. Woods & M. Catanzaro (Eds.), *Nursing research: Theory and practice*, pp. 437-456. St. Louis, MO: C. V. Mosby; 2)Morse, J. M., & Field, P. A. (1995). *Qualitative research methods for health professionals* (2nd ed.). Thousand Oaks, CA: Sage.
2 Vincent, J.-L. (1997). Communication in the ICU. *Intensive Care Medicine*, *23*,1093-1098.
3 研究假设情境参照:Hsieh, H.-F., & Shannon, S. E. (2005). Three approaches to qualitative content analysis. *Qualitative Health Research*,*15*(9),1277-1288. p. 1284.

或者他们使用词语的彼时情景,由此核实研究者对文本的编码解读。[1]

8.2.2.4 三种路径的编码比较

以上三种路径虽然分析策略有所不同,但所有的质化内容分析都要进行一个包含相似步骤的分析过程(从研究设计和研究问题的提出,到数据搜集、编码分析和类目形成等),无论是哪种,就像量化内容分析一样,一项质化内容分析是否能够成功,在很大程度上同样也取决于编码过程,取决于是否能发展出一套好的编码方案,而编码方案就是将数据组织分配到类目中的转换器。[2] 编码方案的好与坏、到位与否,对于确保分析的信度和效度都具有核心作用。

具体到不同路径而言,其关键区分主要在于编码分析的初始代码如何形成。谢和香农对常规式、指引式和总结式三种路径给出了精简、到位的总结:[3] 在常规式分析中,类目首先从数据文本的解读中涌现产生;在浸入于文本数据、辨识文本中的关键代码和类目的过程中,研究者通常能获得对一种现象或文本本身的较为丰富的理解。而在指引式分析中,研究者在开始分析数据之前利用既有理论或前人研究就已发展出初始编码方案,随着分析的展开,发展出另外的代码,并根据文本数据修订完善初始编码方案,在此基础上扩展或完善既有理论。而第三种路径则与前两者有着根本上的不同。在此路径下,数据不是作为整体来分析,研究者通常是通过单个的词语或与特定内容的相关性来切入文本的,从分析文本模式导向对具体词语或内容的情境意义的诠释(三种分析路径的编码差异详见表8.2)。

表8.2 质化内容分析三种路径的编码比较

分析类型	研究起始于	界定代码或关键词的时点	代码或关键词的来源
常规式	观察	在数据分析期间界定代码	代码源于数据
指引式	理论	在数据分析前和期间界定代码	代码源于理论或相关研究发现
总结式	关键词	在数据分析前和期间识别关键词	关键词源于研究者旨趣或文献回顾

译自:Hsieh, H. -F. , & Shannon, S. E. (2005). Three approaches to qualitative content analysis. *Qualitative Health Research*, *15*(9),1277-1288. p. 1286.

---

1 Lincoln, Y. S. , & Guba, E. G. (1985). *Naturalistic inquiry*. Beverly Hills, CA:Sage. 转引自:Hsieh, H. -F. , & Shannon, S. E. (2005). Three approaches to qualitative content analysis. *Qualitative Health Research*,*15*(9),1277-1288. p. 1285.

2 Poole, M. S. , & Folger, J. P. (1981). Modes of observation and the validation of interaction analysis schemes. *Small Group Behavior*,*12*,477-493.

3 Hsieh, H. -F. , & Shannon, S. E. (2005). Three approaches to qualitative content analysis. *Qualitative Health Research*, *15*(9),1277-1288. p. 1286.

8.2.3 质化内容分析中扎根理论路径的借用

当代质化内容分析的发展在很大程度上从扎根理论中吸取了诸多营养,不少质化研究者在面对文本资料时有时甚至直接将扎根理论的编码程序拿过来运用于其内容分析上,以致扎根理论路径的抽样和编码程序在相当程度上已成为质化内容分析的重要组成部分。

扎根理论是由巴利·格拉泽(Barney Glaser)和安瑟姆·斯特劳斯(Anselm Strauss)这两位社会学家最早于 1967 年提出来的,[1] 并由这两位学者在后来不同年代出版的有关该理论的著述中对其不断补充与修正。虽名为"理论",但其实它更应该是一种"方法论"(methodology),或者说一整套成体系的研究策略,其目的是希望应用一系列的"方法"(methods)来搜集与分析资料,由此发掘、发展、建构并验证理论。斯特劳斯和科尔宾认为,虽然人类不能像上帝一样全知,但是希望通过研究来增进我们对世界运作的了解,在此意义上,扎根理论是思考和研究社会现实(reality)的一种方式。其所谓"扎根",即"扎根"于实地所搜集的资料之上,将零碎片段的资料归纳、分析、统整为类目或主题,再经由持续不断的更多个案资料的搜集,通过归纳与演绎的循环,二者交替运行,直到把所搜集到的庞大原始资料缩减、转化、抽象化成为概念,以求理论饱和,而得出一个扎根于实地资料的理论。[2] 因此,扎根理论主张理论的建构和验证必须建立在"与资料的亲密关系"之上,也即无论是从资料中产生理论或是验证理论存在的资料基础,理论和资料都必须是紧扣的,这使得理论与实证研究得以紧密衔接。扎根理论同时强调理论的建构与验证,这是其和量化研究相似之处,也是与其他质化研究的最大不同之处。正因如此,扎根理论也被一些学者视为一种典型的后实证主义方法,但其与资料的亲密程度与概念的深化程度却是单纯的量化实证研究所不及的,这也使得采用扎根理论路径的质化内容分析与量化内容分析有了很大的本质区别。

由于构成扎根理论的一个重要环节即资料分析,在本质上其实就是对内容的分析,因此其资料分析的具体方法和操作程序成为质化内容分析的重要的借鉴和发展之源,其对后者的影响及其运用特别体现在抽样和编码这两个环节上。扎根理论的抽样和资料分析过程,鲜明地体现了其弹性原则和循环过程的特质。扎根理论的研究程序包含研究设计、搜集资料、资料整理、分析资料和文献比较等五个阶段(见图 8.2)。

与量化研究非常不同的是,扎根理论文献的运用发生在两个阶段,一是在研究

1　Glaser, B. , & Strauss, A. (1967). *The discovery of grounded theory*. Chicago:Aldine.

2　Strauss, A. & Corbin, J. (1990). *Basic of qualitative research:Grounded theory procedures & techniques*. Thousand Oaks, CA:Sage.

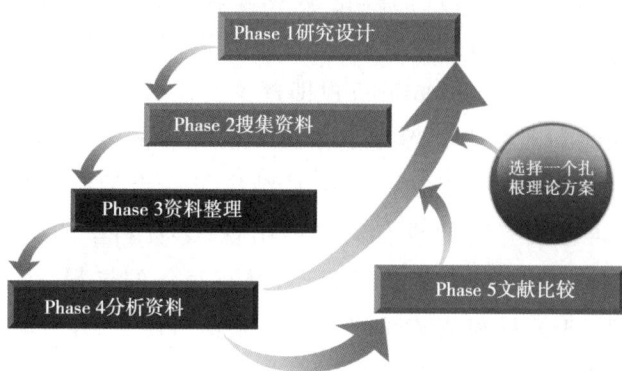

图 8.2 扎根理论的研究周期

设计阶段,该阶段的文献探讨是一种前期理解,目的在于提高理论触觉(见本书第 2 章相关小节),了解"不言而喻"的知识;二是在研究的后期,也即在资料分析之后将推导出的理论或概念体系与既有的文献进行比较。如果由资料导出的理论与既有文献类似,这样的比较有助于发现具有普遍意义的推广性结论,从而提高研究的外在效度。相反,如果导出的理论与既有文献有所不一致,甚至有所冲突,那么这样的比较修正,有助于改进整个研究构想,在必要的时候也许需要再次研究,由此不断提高研究的内在效度。扎根理论的另一个有别于量化研究甚至是其他质化研究的不同之处是,其研究程序和周期呈开放性的、螺旋状的循环状态。这种循环主要体现在如下两个环节上:一是整个研究的大循环(见图 8.2),也就是经过一轮研究设计与资料搜集、整理和分析后,由资料推导出的理论与既有理论经过比较后发现差异或冲突时,有可能需要根据既有发现再次设计研究方案并再次实施调查;二是在资料搜集和分析这一阶段内部的小循环,也即下面小节所要介绍的理论抽样和理论饱和的过程。

8.2.3.1 理论抽样与理论饱和

扎根理论的目的在于,通过对抽样所选择的样本的资料分析,以形成可资解释的理论。在资料分析阶段,一般流程是分析第一个个案的资料,然后进行理论抽样(theoretical sampling),直至形成理论饱和。也就是,一开始所选择的样本不必太多,可先立意抽样,选取一个或几个有用的个案来分析看看。所谓有用的个案,是指那些可以形成理论、考验理论,或是可以扩展理论的个案。在初步的资料阅读和代码标识之后,进行理论抽样,即以形成某种理论为目的、并以"已经证实与形成中的理论具有相关性的概念"为基础而进行的抽样,也就是说,抽样的对象是能够显示出与理论相关的事例。具体而言,在第一个个案的资料经由系统的编码分析后,用归纳和演绎等方式形成初步的理论,然后继续分析第二个个案的资料,看第一个个案所形成的理论模型能否吻合第二个个案的资料分析结果,否则以第二个个案的资料分析结果所形成的理论模型与第一个个案所形成的理论模型做比较、修正,以构成更完整的理论模型。如此类推,持续抽样,直到"理论饱和"(theoretical saturation/ reaching closure)也即理论与需求相吻合为止。[1]

这种理论饱和的判断在很大程度上依赖于研究者的专业经验和理论触觉,以及研究目的需要,但学者也从以往研究中总结出了一定的判定标准:①针对某一类目或概念范畴,再也没有新的或有关资料出现;②资料里的类目和范畴已发展得十分丰厚,在范式上各部分都能紧密相连,既有完备的过程,也在类目发展中发现有足够的变异性;③类目和范畴间的关系都能妥当建立,并且验证属实。[2] 这里的一个核心主导思想是,数据资料必须首先被概念化,而概念间要彼此相关才能构成一个对现实世界的理论性说明。因此,在样本资料仅仅呈现出一个一个的概念,而概念间缺乏紧密联系时,哪怕概念再多,再丰富,再新鲜,也难以说达到了理论饱和,或者也许从根本上研究资料或研究目标本身就出现了问题。

采用理论抽样,在样本累积性分析中,可以使概念间的理论性特质更加完整,概念间的理论性关联更加清楚。[3] 因此,在采取扎根理论路径对非访谈文本比如媒介文本进行质化内容分析时,其抽样过程较之于一般的内容分析有时会多了一个层面,也即研究者有可能在进行了整体抽样后(比如媒介实体和新闻报道的抽样),还要在分析文本过程中不断地在整体样本基础上进行理论抽样。

抽样的具体程序,则根据研究者当时所做的编码类型而有所不同:在开放性编码阶段,抽样是开放的,不做任何明确的抽样,或是立意抽样,或是现场即兴抽样;在主轴编码阶段,主要采取关系或差异性抽样,也就是根据前一阶段所发现的范畴及其下属范畴之间的关系,或是不同个案的差异性,有系统地选择或特意安排一些个案,以期寻找变异过程的证据,其目的是扩大在概念维度上所发现的差异;在选择性编码阶段,抽样是方向明确的区别性抽样(discriminate sampling),为了达到该阶段编码的目标(即把资料里的范畴,依照概念维度的各层次统合成一个理论),需要精心选择样本资料,人或事,以便验证、完善前面阶段未发展成熟的范畴或是范畴之间的关系。

8.2.3.2 扎根理论的三种编码

无论哪种路径,质化内容分析的编码基本上都会在不同程度上涉及如上程序和代码,只是在采用扎根理论路径的资料分析中,其编码更细分为三种不同类型。

---

1 Glaser, B. , & Strauss, A. (1967). *The discovery of grounded theory*. Chicago: Aldine. pp. 61-62.

2 [美]Strauss,A. ,& Corbin,J. 质性研究概论[M]. 徐宗国,译. 台北:巨流图书公司,1997:197-200.

3 Strauss, A. & Corbin, J. (1990). *Basic of qualitative research: Grounded theory procedures & techniques*. Thousand Oaks, CA: Sage. pp. 176-193.

扎根理论中的编码是把搜集到的资料打散,加以概念化,再以新的方式将资料重新归在一起的操作化过程,这一过程由上一小节所提到的开放式编码、主轴式编码和选择式编码所组成。虽然这组编码分析程序具有递次性,比如有学者[1]分别以一级、二级和三级编码来依次命名这三者,但它们之间的界限是人为的,而且由于理论建构的需要,三种编码在实际分析中也时有穿插进行的时候。为了使扎根理论研究达到其目标,分析过程必须不断保持创造性、严谨性、持续性和理论触觉四者之间的平衡。[2]三种编码的界定和实施程序主要如下:[3]

1)**开放性编码**。开放性编码(opening coding)是扎根理论研究路径的所有编码形式的基础,在此阶段,研究者以一种开放的心态,将资料分解、检视、概念化和类目化,利用问问题和比较分析来发展概念。简言之,开放式编码的分析任务包括命名概念,定义类目,并依据其属性和维度来发展类目。

概念是分析的基本单位,是一种被标定的现象(labeled phenomenon),它是研究者从资料中辨识出的重要事件、事物、行动/互动等的抽象表征。对现象命名的目的,是为了让研究者能够将相似的事件、事例或事物等加以群组,并归类在一个标题或分类之下。因此,分析的第一任务就是,将所要分析的资料打散,通过赋予概念和编码,以新的方式重新组合资料。这种概念化的过程,具体而言,就是把文本中的句子和段落都加以分解成一个个独立的想法或事例,再分别赋予一个可以代表它们所指涉现象的代码标签。

在这个步骤中,由于分析的开放性,研究过程中会出现十几个甚至上百个概念,因此研究者得把相似的概念归类在一起,成为类目范畴。将所搜集到的概念分类,区分为一个个不同内涵的类目,这一过程即被称为类目化(或范畴化,cate-gorizing)。分析者通过这一过程将一组概念组合成类目,这些类目当中又包括许多次类目(sub-categories)。因此,这一阶段的编码主要是将数据与数据进行比较,找出其间的相似性或共同的属性(见图8.3)。但这一阶段所区分的类目是暂时性的,在进一步的研究如有新的发现则会作出相应修改。

1　如国内知名的质化研究社会学家陈向明教授。参见其论文:陈向明. 扎根理论的思路和方法[J]. 教育研究与实验. 1999,4:58-63.

2　[美]Strauss, A., & Corbin, J. 质性研究概论[M].徐宗国,译. 台北:巨流图书公司,1997:69-162.

3　综合参照文献如下:1)Glaser, B., & Strauss, A. (1967). *The discovery of grounded theory.* Chicago:Aldine;2)Strauss, A. & Corbin, J. (1990). *Basic of qualitation research:Grounded theory procedures & techniques.* Thousand Oaks, CA:Sage;3)Strauss, A. (1987). *Qualitative analysis for social scientists.* Cambridge:Cambridge University Press;4)陈向明. 扎根理论的思路和方法[J]. 教育研究与实验.1999,4:58-63;5)胡幼慧. 质性研究:理论、方法及本土女性研究实例[M]. 台北:巨流图书公司,1996.

- 对话资料
- 录影DVD
- 访谈录本
- 文件

分析焦点

比较事例

- 分析单位的决定
- 事例在脉络下的意义
- 比较事例的异同

找出共同属性

- 事例间具有什么共同属性

类目/次类目

- 有共同属性的事例归为一类
- 不同属性的事例另增一类
- 根据属性写下类目的定义及名称
- 修改类目定义及名称或删除类目

编码检测

- 编码检测记录表

出处	编码意见一	编码意见二	暂定编码意见	注脚
2017-30	…	…	…	…

- 编码类目及事例记录表

代码	出处
T-ch-1	2017-40,2133-45,……

否

一致

是

确定归为某类

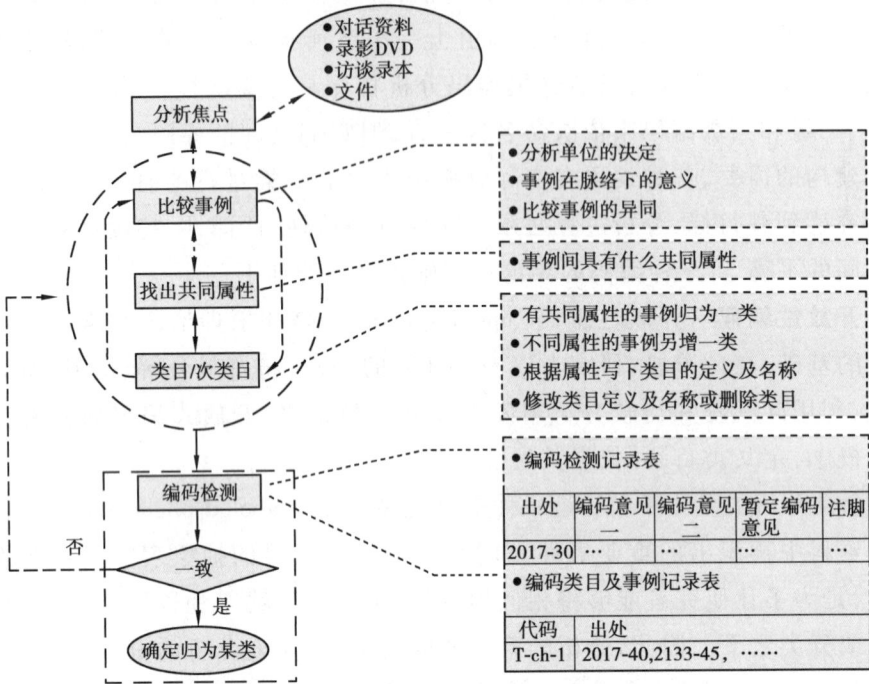

图 8.3　开放性编码过程

　　辨识出类目后,要给类目命名,一个概念性的标签。类目的名字在抽象的层次上一般要比它所指涉的概念要高一些才行。类目和次类目的命名有四种方式:①由研究者自创;②引用学术文献里已有的用语,这种方法虽然可以借用本身就蕴含着丰富的分析意义且已发展得近乎完整的概念,从而可能为极为重要的概念发展做出贡献,但也可能把研究进路封死,因为这种借用可能会使读者认为研究者想表达的就是约定俗成的意思;③来自于资料中发现的概念群或资料本身所包含的精炼词语;④使用原生代码('in vivo'codes,或译为本土代码、实境代码),这是指被研究的对象无意中所用到的一些极为传神的词汇,也就是由研究对象(如受访者或被观察者)自己口中说出来或使用的语词。

　　开发一个类目,除了命名,更重要的是要发掘其属性,并从属性中区分出不同维度。属性是一个类目的诸多特质或特征,维度则代表一个属性在一个连续系统上所有的不同位置。以"观察"这一类目而言,其下属子类目可分为"参与式观察"和"非参与式观察"(见图8.4),对于每一次观察来说,分析者可以用"频率"、"程度"、"密集度"和"持续时间"等代码来分别标识其不同属性,而这四种属性又分别具有各自的维度,被分析的每一次观察事例可以被定位在各维度的连续系统上的任一位置,比如观察程度是多或少,或较多、较少,如此不等。

　　在辨识类目时,需要进行编码信度测试,这与量化内容分析没有实质性区别。如果两位编码员对同一内容的归类是一致的,则可以确定将该内容归入某类,否

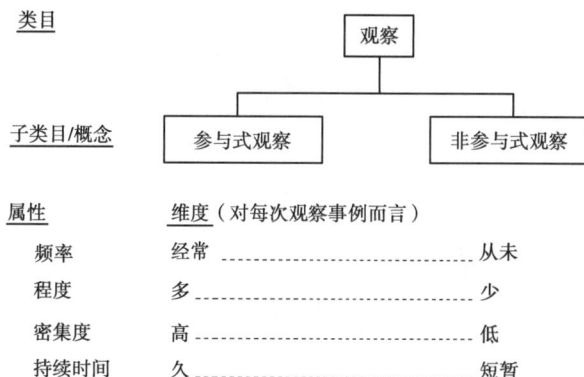

图 8.4 类目、子类目、属性和维度区分

则,就需要再次返回事例,重新比较分析。如此为后面的进一步编码奠定信度基础。

2)**主轴编码**。在做完开放性编码之后,研究者将打散的文本数据重新整合,借助于所分析的现象的条件、情境、行动/互动的策略和结果等,发展主类目,发现和建立类目、次类目之间的各种联结和关系,以建立理论框架,这便是主轴编码(axial coding)。

在此阶段,研究者每次只对一个类目进行深度分析,以该类目为轴心寻找数据各部分之间的各种相关关系,随着分析的不断深入,数据各部分之间的关系、类目与现象之间的关系、类目之间的关系、类目与下属类目之间的关系以及主要类目与次要类目之间的关系应该变得越来越具体。在此基础上,资料可依据各个类目和次类目之间关系性质的陈述,而被重新加以组合,以对现象形成更精确、更复杂的解释。在此过程中,同时进行四项分析性工作:①借陈述次类目与现象之间的关系本质,构想主类目与次类目之间的假设性关系;②检验实际数据是否支持以上这种假设性关系;③继续不断地确定主类目与次类目的性质,并从实际案例中寻找它们在各个维度上的定位;④比较不同的案例在其所属主类目与次类目的维度上的歧异性。

在完成主轴编码的上述第一步之后,接下来要借概念的性质及维度的位置进一步开发类目及其次类目。除了在原先的类目和次类目之间的关系假设上寻求资料的验证之外,还要想想,是否还有其他有关类目的其他性质和维度还未被发掘。或许还会发现一些反例或反证,可使研究者对现象的多元性有所了解,如此,所建构出来的理论将更为稠密,更富变化。可见,这样的编码过程实际是运用了归纳和演绎两种思维方式交替进行思考和分析。

当类目发展到一定程度时,需要在维度层次上将类目关联起来。在主轴编码中,分析者是在属性维度这一层次上来关联类目的。代码均具有维度。例如,观察是"经常的",自我是"自由的",药物的取得是"容易的",经验是"新奇的",如此种种。此时,研究者也许会发现,指涉现象性质的事例或事故会在某些维度位

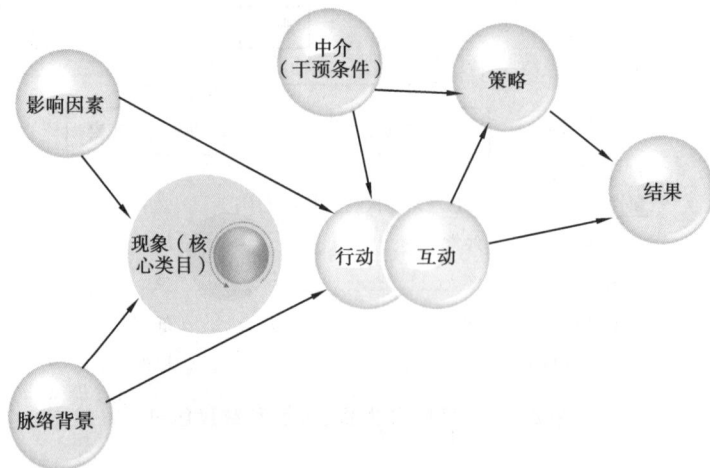

图 8.5　主轴编码的分析范式示例

置上出现,而呈现出一种型态模式。研究者就得特别留意这些模式并分析比较之。这样,分析所得的数据将有助于下一阶段选择式编码的进行。

当类目、属性和维度积累到一定程度,且相互之间显现出各种关联(如因果关系、情境关系、语义关系、类型关系、功能关系、过程关系、策略关系、对等关系,等等),即需要一个组织性架构(见图 8.5),也就是"范式"(paradigm),以此来审视资料的视野观点和内在结构,从而有助于系统地整理和排序资料,并统整结构和历程的分析立场。

比如当研究者在通过访谈资料来分析社会变迁中的夫妻冲突关系时,可借用图 8.5 中的分析范式来建立类目或代码之间的关系。其中,"条件"是将为何、何处、如何、何时等问题的答案加以群组的概念性方式,它可以包括因果条件(表征的是一组会对现象产生影响的事件,比如丈夫吸食毒品)、介入条件(也即那些用来缓和或改变因果条件对现象之影响的条件,经常产生于偶发事件或非预期事件,必须藉由行动/互动的形式来加以回应)、情境条件(一组特定的条件此时此地在某一维度或多维度上的相互交错,构造成一组环境氛围,而人们则通过其行动/互动来反应)。"行动/互动"则是个人或团体对于在某些条件下所发生的难题、议题或事件的策略性或例行性反应,前者是人们为解决某一难题所采取的有目的或蓄意的行动,比如当丈夫的吸毒行为被妻子察觉而采取的回避关键问题的策略,而后者则指的是以较为习惯性的方式对日常生活中发生的事件作出反应,比如夫妻之间为日常生活中的争执而采取的习惯性反应,而在组织机构中,这类行动经常是以规则、定律、政策或工作程序等形式出现的。所有的行动/互动都会产生某种"结果",它所回答的问题是行动/互动的结果导致发生了什么事,或者是个人或团体对行动/互动反应的失败结局,由此构成研究的重要发现。描述这些结果,并解释它们如何改变情境或影响现象,可以为所要研究的现象提供更为充分完整的说明。

3）选择性编码。在研究者不断浸入资料、进行理论性思考和编码的过程中，一些核心类目（core categories）会慢慢浮现出来，分析将逐渐集中到那些与核心类目有关的代码上。选择性编码（selective coding）的工作就在于发展核心类目，找出核心主题，因此又称为主题编码。

核心类目是指其他所有类目都能以之为中心而结合在一起的类目。扎根理论的创始人之一格拉泽指出，核心类目必须具有"中央性"，也就是必须在所有类目中占据中心位置，与最大数量的类目和特征相关，可以和其他很多类目很容易地、并且是有意义地发生联结，这种联结不是强迫性的，而是很快就可以建立起来的。[1] 这种中央性还意味着，类目的抽象层次有高低之分，在选择性编码的不断比较过程中，逐渐将命名的抽象层次提高，使之成为一个包含性高、抽象度高的名词，这样的命名就成为一个核心类目，一个核心类目很容易发展成为更具概括性的理论。

在开发核心类目的过程中，同时也不断地对核心类目进行"编码范式"（维度、属性、条件、情境、策略和后果等）的处理，分别进行编码，以此确定子类目，界定哪一类目是编码范式中的哪一个，将这些子类目之间的关系进行适当的排列组合，分析出其中的秩序来。如此，子类目可能变得十分丰富和复杂，并由此寻找内部变异和型态，也就是在哪些条件下，哪些事情或事例会发生。在找出各种型态之后，研究者即可根据各类目坐落在维度上的位置，按照已发掘的型态，将它们归类、凝聚在一起，进而发展出一个理论的雏形。

在此基础上，研究者可提出理论假设，将类目在不同条件和情境下的不同关系一一阐明清楚，再进一步以搜集到的数据资料来加以验证，看实际资料套进去是否吻合。这里需要验证的有两个层次：①类目间的关系是存在的；②这些关系在不同的情境下，在类目的不同维度上会有不同的表现。最后要进行的就是类目的填补工作。此时，已具雏形的理论经由资料验证，具备了解释力。研究者可以再返回到当初建构好的类目之中，做些填补的工作，使所形成的理论更具概念上的稠密性和准确性。

上述三种扎根理论的编码形式（开放性编码、主轴编码和选择性编码）虽然看似有优先顺序，但事实上，它们是环环相扣的。选择性编码的形成通常是伴随着主轴编码而来的，因选择性编码主要是确认故事线，发展情境型态，针对各种不同的情境类型发展理论，这些目标的线索，其实可从开放性编码或主轴编码中即已见其端倪。因此，通常是在主轴编码成形之后，研究者便可经由文献既有成果或在本身编码过程中的体会，理出选择性编码。

---

1 王舒芸,余汉仪.奶爸难为:双薪家庭之父职角色初探[J].妇女与两性学刊.1995,8:115-141.

8.2.3.3 扎根理论路径编码实例展示

近些年来,原本主要用于访谈、观察或民族志研究的扎根理论路径开始借用于媒介内容分析研究,并见诸国际传播学学术期刊上。下面将给读者介绍的一个运用实例是英国的两位研究者2009年发表于《传播季刊》上的一篇论文。[1] 两位研究者采用扎根理论的编码程序,对40部好莱坞浪漫喜剧电影进行了质化内容分析。

引发研究者展开此项研究的背景是,在媒介充斥着生活各个层面的今天,媒介作为一种了解世界变化的途径,其所表达的倾向以及对社会现实的反映直接影响到青少年对世界的看法。然而,电影和电视节目常常以夸张的内容和对浪漫关系的非现实描绘,去吸引观众的眼球。尽管年纪稍长和阅历丰富的观众有分辨能力,但较为年轻的观众由于缺乏生活经验,较为容易轻信其内容,形成不切实际的想法和愿望。通过对以往研究进行文献回顾,作者发现已有研究虽然提供了关于电视节目和电影的某些内容与受众的观念和行为有联系的资料,但是少有研究针对受众到底会频繁接触到什么样的具体内容,进而引导出作者的疑问:是什么样的信息会引发受众不切实际的想法和期望?青少年喜欢什么样的情景去模仿,并以此来指导自己的行为?

从研究的出发点来看,此项研究仍然属于媒介效果研究这一传统领域,所以作者以该领域内的两个基本理论为依托:一个是格伯纳的培养理论,它是从消极负面的视角来审视大众传媒所提供的"象征性现实"与"客观现实"之间的距离,以及传媒的内容倾向所带来的社会后果,认为媒介信息的影响可能是一个消极的过程;另一个是班杜拉的社会学习理论,它是从正面来谈媒介对受众的影响,认为人们可能通过观看媒介中的行为,去指导自己在现实中所应该采取的行动。而作者则将两种理论综合起来,认为浪漫喜剧电影既可能使青少年产生一种对关系的美好期望,同时电影中的不愉快事例也会对青少年关系的建构产生负面的影响。因此,作者假设了一个前提,那就是,频繁接触浪漫内容的观众将会形成相应的观点以及对这些浪漫关系的憧憬。基于此种考虑,该项研究的目的之一是确定在这些大众流行浪漫喜剧电影中青少年接触到的关于浪漫关系的内容。而对内容本身的分析则是媒介内容影响研究的一个基本前提。

两位研究者首先选取了一种特定类型的电影,浪漫喜剧故事片,选取原因是其浪漫内容所占篇幅大,且有广泛的收视率。作者从美国前200个卖座的浪漫喜剧中,根据四个标准最终选定了40部。第一个标准是由于研究是在英国进行的,所以选择的影片必须是在美国和英国均能放映的影片;第二个标准是由于青少年更

1　见:Johnson, K. R. , & Holmes, B. M. (2009). Contradictory messages: A content analysis of Hollywood-produced romantic comedy features films. *Communication Quarterly*,57(3),352-373.

加认同最近影片中的角色和情节,因此以 1995—2005 年间在电影院中播放的电影为例;第三,被英国广播电影评级机构认定为 U、PG 或是 12 的电影才能入选,这些电影更适合于年轻观众;第四,选取影片均由好莱坞著名的六大公司制作,因为由好莱坞主要公司制作的影片通常具有最为广泛的播映范围,并吸引着最大数量的观众。通过这四个标准的严格把关,最终筛选出 40 部符合要求的样本。研究者运用扎根理论的编码程序,对这 40 部电影进行了编码,以期记录下所有面向两性关系的主题,并在此基础上讨论电影内容可能对青少年产生的影响。

在开放性编码阶段,研究者通过观看这 40 部电影样本,记录下两性关系每一个维度的情节(如亲吻、约会等)。每一部电影被分为数个 DVD 片段,以便观察分析。电影看过一遍以后,再通过第二次观看来弥补遗漏的相关情节。这个阶段总共记录了 3 470 个情节,按照情节的内容和意义,将类似的情节归为一类,如果有情节不属于已有的任何类目,则建立新的类目。这些类目均从电影内容中浮现,而非研究者预设。如此下来,这 3 470 个情节被归为 103 个类目,即建立了 103 个开放性类目。这些初始的分类是进入下一步编码的数据组织方式。在开放性编码中,研究者将这些类目一一具体描述出来,并对这些情节进行讨论,推断这些情节对青少年可能造成的影响。

编码的下一阶段主轴编码主要是重新评估开放性编码阶段所建立的类目,探索开放性代码类目可能具有的共同特征,并将这些类目联系起来,进一步对有关联的类目进行抽象化,使之重组为一个更抽象的类目,也即对开放性代码进行聚类。因此,103 个开放性代码经过抽象后聚合组成 16 个主轴代码,也即主类目。比如第一类是两情相悦(affection),由 13 个开放性代码即次类目如亲密接触、亲吻、共享私密时刻、调情、手牵手等聚合而来,以表示情节中的成双成对者身体上的亲爱关系,与此类目相吻合的开放性代码在此编码阶段被归为一类。研究者也进行了百分比统计,这一类目在所有 16 个主类目中占 25%(其次类目总计频次 868 次,编码情节共 3 470 个),比例最高。其他主类目还包括关系讨论、对伴侣的信任、伴侣的重要性、情感表达、责任承诺、家庭朋友支持、开放式沟通等。研究者还将每一个类目的创立过程与前人研究发现作了对比,对各类目对青少年可能造成的影响也进行了评估。

最后一个阶段是选择性编码,它是对主轴编码的进一步重组,在此阶段,类目要整合为一个核心的概念以总结概括整个研究发现。在考查完这些数据之后,结果发现电影中对两性关系的描述看起来是矛盾的,有时被描述成高度值得拥有,有时则是极度的反面,因此有使青少年困惑的潜在可能。尽管电影中呈现的诸般矛盾的行为实际上常见于现实生活中,但那些负面行为所造成的后果却没有准确地反映现实中的通常情况。因此,电影中对两性关系看似现实的再现实际上仍然是以一种不现实的方式表达的。鉴于该研究的目的是明确浪漫喜剧电影是怎样描述关系的,以及这样的关系对青少年可能意味着什么,研究者最终提炼出"矛盾的信息"这一核心概念,以此统领所有代码类目。

8.2.4 质化内容分析的质量控制与评估

如同量化内容分析,质化内容分析同样也存在着研究品质的控制和评估问题。其研究计划的成功与否,在于其研究结果的品质高低。研究者在展示其研究结果时应当把研究步骤和程序等向读者交代清楚,据此,读者可以对该项研究的品质形成一个基本的判断。首先需要判断的是数据资料的效度、信度以及可信性(credibility),不过其具体评估的标准和方法与量化内容分析有所不同。其次要在区分研究目标是创造、阐明或验证理论的基础上,评估研究的过程是否合适。第三,要判断研究成果的经验性基础(empirical grounding)。[1]

8.2.4.1 质化内容分析的效度与信度

在上一小节关于浪漫喜剧电影的内容分析实例中,研究者在主轴编码后进行了信度测试,以期对自己的研究作出客观的评价,也使后来的研究者在分析类似的电影时可以得出类似的相关结论。信度测试是检验研究成果是否有效的途径之一。研究者从 40 部电影样本中又随机抽出 7 部电影(总共包含 174 个 DVD 片段)作为信度编码的样本,让一个心理学本科生担任二次编码者,对信度编码样本再度进行编码。在信度编码开始前,研究者首先根据在主轴编码阶段创建的类目建构了一份编码手册,然后对二次编码者进行培训,让二次编码者通过观看用于信度测试的样本电影之外的其他同类电影,熟悉每个开放性编码类目、它们的属性和主轴编码类目。在二次编码者熟悉了编码类目之后,让其判断信度编码样本电影中每个 DVD 片段是否出现了这些类目,之所以选择这种方式,是因为该项研究关注的是电影中两性关系的行为或动作。最后使用科恩 *kappa* 值来汇报编码信度的高低,结果 16 个主轴类目的 *kappa* 值都比较高,除有三个类目在大于 0.5 小于 0.6 外,其余各类目均为 0.61 ~ 1.00。*kappa* 值为 0.41 ~ 0.60 被认为是信度为中等水平,0.61 ~ 0.80 被认为是显著水平,0.81 及以上则被认为是接近完美。[2]

8.2.4.2 质化内容分析研究过程和结果的经验判断

量化内容分析的步骤程序相对明确固定,相比之下,质化内容分析的开放性和

---

1 [美]Strauss,A.,& Corbin,J. 质性研究概论[M]. 徐宗国,译. 台北:巨流图书公司,1997: 279-280.

2 Landis, R. J., & Koch, G. G. (1977). The measurement of observer agreement for categorical data. *Biometrics*, *33*, 159-174.

主观性较强,且富有弹性,因此在对质化内容分析进行研究质量评估时,对其研究过程的判断尤显重要。比如,如果缺乏编码过程的必要信息,读者特别是潜在的后续研究者就很难对研究者从资料的编码中提炼出来的类目和/或概念的有效性甚至真实性作出准确的判断。假如研究者提供详细的研究程序,配合一些线索(cues),至少可以让读者读出,作者如何仔细又彻底地追踪了理论背后的经验性指标,以及如何负责又富有想象力地做了理论性的抽样的过程等。然而遗憾的是,国内现有的被贴上质化研究标签的传播学研究论文或专著鲜有呈现出研究的具体过程,特别是资料分析的实际过程(如概念如何从资料中生成或提炼等)。为了弥补这样的缺憾,研究成果的汇报者应该至少给读者提供一些关键的信息,以便让读者可以判断研究过程是否合理与完备。

翁懿涵等人曾列出了一份针对扎根理论包含了一系列关键性的问题的清单,[1]笔者以为对于质化内容分析的质量控制也是相当有参考价值的,因此拣选改述在此:

- 最初的样本是如何选择的? 其选择的基础是什么?
- 创建或设立类目的路径是怎样选择的? 选择的基础何在?
- 在研究过程中出现了哪些重要的类目? 采用哪些指标(如事件、行动……等)作为指涉一些重要类目的基础?
- 理论抽样的基础是哪些类目? 也即在研究过程中所形成的理论如何引导部分资料的搜集? 做完理论抽样之后,这些类目的代表性如何?
- 哪些假设事关概念间(也即类目间)的关系? 建构和验证这些假设的基础何在?
- 概念是浮现出来的吗? 概念间彼此有系统性关联吗?
- 类目是否妥善地发展? 概念联系与类目是否已达到概念上的稠密?
- 有没有出现假设与实际状况和数据资料不相吻合的例子? 如果有,如何解释? 这种变异的例子会不会影响假设? 是否需要新的概念并扩展理论?
- 核心类目是如何、并且为何被选上的? 此种选择是突然的还是渐进的? 是难还是容易? 是在怎样的基础上作出最后的分析决定?
- 理论里含涉许多歧异性吗?
- 所研究现象的大环境条件是否被纳入研究的解释里?
- 有没有将过程列入考虑中?
- 理论发现显著吗? 显著到什么程度?

这些问题是研究者在每一步研究开始之前就需要思考的,也是其汇报研究成

---

1 翁懿涵,许瀛方,黄葳.扎根理论.台湾师范大学教育学系,未发表论文。http://web.ed.nt-nu.edu.tw/~panhu/groundedtheory.pdf.

果时需要向读者回答或提供相关信息的。虽然也许并未涵盖全部,但至少是评估质化内容分析研究过程的主要依据,特别是用来评估其编码程序和理论构建是否恰当、有效和可信的重要标准。翁懿涵等人指出,虽然也不必把这些标准视为牢不可破的规则,但除非有很好的理由,否则还是最好遵守这些研究规则,从而让读者可以判断研究和理论的可信度。

参考文献

一、中文论文

卜卫. 试论内容分析方法[J]. 国际新闻界. 1997, 4:
　　55-59, 68.

陈炳宏. 媒体集团化与其内容多元化之关联性研究[J].
　　新闻学研究. 2010, 7:1-30.

陈向明. 扎根理论的思路和方法[J]. 教育研究与试验.
　　1999, 4:58-63.

成波, 黄晓斌. 国内外网络内容分析应用现状研究[J]. 图
　　书情报知识. 2007, 9:45-50.

任立肖, 沙勇忠. 网络内容分析研究[J]. 情报理论与实践.
　　2005, 5:523-536.

赵蓉英, 邹菲. 内容分析法学科基本理论问题探讨[J]. 图
　　书情报工作. 2005, 49(6):14-18, 23.

周翔. 内容分析法在网络传播研究中的抽样问题——以
　　五本国际期刊为例, 1998—2008[J]. 国际新闻界.
　　2010, 8:86-92.

周翔. 内容分析法在国外网络研究中的应用16年文献研
　　究——对1993—2008年五种SSCI新闻传播学国际
　　权威期刊的考察[C]. 新闻春秋(第十二辑)2010:
　　365-372. 南京师范大学出版社.

周翔. 从内容分析方法论看电视暴力攻击研究的发展
　　[C]. 新闻与传播评论. 2011:1-10.

王舒芸, 余汉仪. 奶爸难为:双薪家庭之父职角色初探[J].
　　妇女与两性学刊. 1995, 8:115-141.

杨蕙萍. 报纸新闻多元化之研究——以中国时报、联合报、
　　民众日报、台湾时报高雄市版为例. 政治大学新闻研
　　究所硕士论文, 1996.

翁懿涵, 许瀛方, 黄葳. 扎根理论. 台湾师范大学教育学系,
　　未发表论文, http://web. ed. ntnu. edu. tw/~panhu/
　　groundedtheory. pdf.

二、中文专著

柯惠新, 祝建华, 孙江华. 传播统计学[M]. 北京:北京广播
　　学院出版社, 2003.

廖卫民, 赵民. 互联网媒体与网络新闻业务[M]. 上海:复
　　旦大学出版社, 2001.

胡幼慧. 质性研究:理论、方法及本土女性研究实例[M].
　　台北:巨流图书公司, 1996.

三、中文译著

[美]艾尔·巴比. 社会研究方法[M]. 邱泽奇, 译. 北京:
　　华夏出版社, 2005.

[澳]戴维·德沃斯. 社会研究中的研究设计[M]. 郝大
　　海, 等, 译. 北京:中国人民大学出版社, 2008.

[美]丹尼尔·里夫, 斯蒂文·赖斯, 弗雷德里克·G. 菲
　　克. 内容分析法:媒介信息量化研究技巧[M]. 第2
　　版. 嵇美云, 译. 北京:清华大学出版社, 2010.

[美]赖特·米尔斯. 社会学的想象力[M]. 第2版. 陈强,
　　张永强, 译. 北京:生活·读书·新知三联书店, 2008.

[美]劳伦斯·纽曼. 社会研究方法:定性和定量的取向
　　[M]. 第5版. 郝大海, 译. 北京:中国人民大学出版
　　社, 2007.

[美]罗伯特·F. 德威利斯. 量表编制:理论与应用[M].
　　第2版. 魏勇刚, 龙长权, 宋武, 译. 重庆:重庆大学出
　　版社, 2004.

[美]迈克尔·辛格尔特里. 大众传播研究:现代方法与应
　　用[M]. 刘燕南, 等, 译. 北京:华夏出版社, 2000.

[美]希伦·A. 洛厄里, 梅尔文·L. 德弗勒. 大众传播效果
　　研究的里程碑[M]. 第3版. 刘海龙, 等, 译. 北京:中
　　国人民大学出版社, 2009.

[美]Strauss, A. , & Corbin, J. 质性研究概论[M]. 徐宗国,
　　译. 台北:巨流图书公司, 1997.

四、英文专著

Adams, W. , & Scheibmann, F. (1986). *Television network
　　news*. Washington: George Washington University.

Babbie, E. (1992). *The practice of social research*. Bel-
　　mont, CA: Wadsworth.

Babbie, E. (1995). *The practice of social research* (7th
　　ed.). Belmont, CA: Wadsworth.

Baggaley, R. (1980). *Psychology of the TV image*. Westmead: Gower Publishing.

Benoit, W. L., Blaney, J. R., & Pier, P. M. (1998). *Campaign '96: A functional analysis of acclaiming, attacking, and defending*. Westport, CT: Praeger.

Berelson, B. (1952). *Content analysis in communications research*. New York: Hafner.

Berger, A. A. (1991). *Media research techniques*. New bury Park, CA: Sage.

Bretz, R. (1971). *A taxonomy of communication media*. Englewood Cliffs, NJ: Educational Technology.

Budd, R. W., Thorp, R. K., & Donohew, L. (1967). *Content analysis of communications*. New York: Macmillan.

Carmines, E. G., & Zeller, R. A. (1979). *Reliability and validity assessment*. Beverly Hills, CA: Sage.

Carpenter, M. E. (1941). *The treatment of the negro in American history school textbooks; A comparison of changing textbook content, 1826-1939*. George Banta Publishing Company.

Coffey, A., & Atkinson, P. (1996). *Making sense of qualitative data: Complementary research strategies*. Thousand Oaks: Sage.

Czitrom, D. J. (1982). *Media and the American mind*. Chapel Hill, NC: The University of North Carolina Press.

Dale, E. (1935). *The content of motion pictures*. New York: MacMillan.

Danielson, W. A., & Wilhoit, G. C. (1967). *A computerized bibliography of mass communication research, 1944-1964*. New York: Magazine Publishers Association.

DeVellis, R. F. (1991). *Scale development: Theory and application*. Newbury Park, CA: Sage.

Edmonds, R. (1982). *The sights and sounds of cinema and television: How the aesthetic experience influences our feelings*. New York: Teachers College Press.

Elder, G. H., Jr., Pavalko, E. K., & Clipp, E. C. (1993). *Working with archival data: Studying lives*. Newbury Park, CA: Sage.

Ellis, L. (1994). *Research methods in the social sciences*. Madison, WI: WCB Brown & Benchmark.

Fan, D. P. (1988). *Predictions of public opinion from the mass media. Computer content analysis and mathematical modeling*. Westport, CT: Greenwood Press.

Flesch, R. (1951). *How to test readability*. Harper.

Frey, L. R., Botan, C. H., & Kreps, G. L. (2000). *Investigating communication: An introduction to research methods* (2nd ed.). Boston: Allyn & Bacon.

Gerbner, G., Gross, L., Signorielli, N., Morgan, M., &

Jackson-Beeck, M. (1979). *Violence profile no. 10: Trends in network television frama and viewer conceptions of social reality, 1967-1978*. Philadelphia: University of Pennsylvania, Annenberg School of Communications.

Gianetti, L. D. (1982). Understanding movies. Englewood Cliffs: Prentice Hall.

Glaser, B., & Strauss, A. (1967). *The discovery of grounded theory*. Chicago: Aldine.

Gottschalk, L. (1995). *Content analysis of verbal behavior: New findings and clinical applications*. Hillsdale, NJ: Lawrence Erlbaum.

Gottschalk, L., & Bechtel, R. (1993). *Psychological and neuropsychiatric assessment survey: Computerized content analysis of natural language or verbal texts*. Redwood City, CA: Mind Garden.

Gottschalk, L., & Gleser, G. C. (1969). *The measurement of psychological states through the content analysis of verbal behavior*. Berkeley: University of California Press.

Green, M. (1969). *Television news: Anatomy and process*. Belmont, CA: Wadsworth.

Greenberg, B. S. (1980). *Life on television: Content analysis of U. S. TV drama*. Norwood, NJ: Ablex.

Hair, J. F., Anderson, R. F., Tatham, R. L., & Black, W. C. (1998). *Multivariate data analysis* (5th ed.). Upper Saddle River, NJ: Prentice Hall.

Hockings, J. E., Stacks, D. W., & Mcdermott, S. T. (2003). *Communication research* (3rd ed.). Boston, MA: Pearson Education.

Holsti, O. R. (1969). *Content analysis for the social sciences and humanities*. Reading, MA: Addison-Wesley Publications.

Kerlinger, F. N. (1973). *Foundations of behavioral research* (2nd ed.). New York: Holt, Rinehart & Winston.

Kerlinger, F. N. (1986). *Foundations of behavioral research* (3rd ed.). New York: CBS College Publishing.

Krippendorff, K. (1980). *Content analysis: An introduction to its methodology*. Beverly Hills, CA: Sage.

Krippendorff, K. (2004). *Content analysis: An introduction to its methodology* (2nd ed.). Thousand Oaks, CA: Sage.

Lasswell, H. D. (1971). *Propaganda technique in World War I*. Cambridge, MA: M.I.T. Press.

Lasswell, H. D., Leites, N., & Associates. (1949). *Language of politics: Studies in quantitative semantics*. New York: George W. Stewart, Publisher.

Lee, A. M., & Lee, E. B. (Eds.). (1939). *The fine art of propaganda: A study of Father Coughlin's speeches*. New York: Harcourt, Brace.

Leites, N. C., & Pool, I. De S. (1942). *On content analysis. Library of Congress, Expreimental Division for Study of War-Time Communications, Document no. 26.* Washington, D. C.

Lincoln, Y. S., & Guba, E. G. (1985). *Naturalistic inquiry.* Beverly Hills, CA: Sage.

Livingston, D. (1958). *Film and the director.* New York: The Macmillan Company.

Marks, L. E. (1978). *The unity of the senses: Interrelations among the modalities.* New York: Peter Lang.

Mascelli, J. V. (1965). *The five C's of cinematography.* Hollywood, CA: Cine/Graphic.

McCrosky, J. C. (1993). *An introduction to rhetorical communication* (6th ed.). Englewood Cliffs, NJ: Prentice Hall.

Metz, C. (1974). *Film language: A semiotics of the cinema.* New York: Oxford University Press.

Millerson, G. (1970). *The technique of television production.* New York: Hastings House.

Monaco, J. (1977). *How to read a film: The art technology, language, history and theory of film and media.* New York: Oxford University Press.

Morse, J. M., & Field, P. A. (1995). *Qualitative research methods for health professionals* (2nd ed.). Thousand Oaks, CA: Sage.

Mosteller, F., & Wallace, D. L. (1964). *Inference and disputed authorship: The Federalist.* Reading, Massachusetts: Addison-Wesley.

Naisbitt, J., & Patricia. *A burdence, 1990, Megatrends 2000: Ten new direction for the 1990's.* (1st ed.). New York: Morrow.

Neuendorf, K. A. (2002). *The content analysis guidebook.* Thousand Oaks, CA: Sage.

Osgood, C. E., Suci, G. J., & Tannenbaum, P. H. (1957). *The measurement of meaning.* Urbana: University of Illinois Press.

Patton, M. Q. (2002). *Qualitative research and evaluation methods.* Thousand Oaks, CA: Sage.

Pool, I. de S. (1951). *Symbols of internationalism.* Stanford, CA: Stanford University Press.

Reynolds, H. T. (1977). *Analysis of nominal data.* Beverly Hills, CA: Sage.

Riffe, D., Lacy, S., & Fico, F. G. (2005). *Analyzing media messages: Using quantitative content analysis in research* (2nd ed.). Mahwah, NJ: Lawrence Erlbaum.

Rogers, E. M. (1994). *A history of communication study: A biographical approach.* New York: Free Press.

Rosenthal, R. (1987). *Judgment studies: Design, analysis, and meta-analysis.* Cambridge, NJ: Cambridge University Press.

Rubin, R. B., Palmgreen, P., & Sypher, H. E. (Eds.) (1994). *Communication research measures: A sourcebook.* New York: Guilford.

Schramm, W. L. (1960). *One day in the world's press.* Stanford, CA: Standford University Press.

Schramm, W. L. (1964). *Mass media and national development: The role of information in the developing countries.* Stanford, CA: Stanford University Press.

Schwartz, H., & Jacobs, J. (1979). *Qualitative sociology.* New York: The Free Press.

Singletary, M. (1994). *Mass communication research: Contemporary methods and applications.* New York: Longman.

Smith, S. L., Wilson, B. J., Kunkel, D., Linz, D., Potter, W. J., Colvin, C. M., et al. (1998). *National television violence study* (Vol. 3). Santa Barbara: University of California, Center for Communication and Social Policy.

Smythe, D. (1954). *Three years of New York television: 1951-1953.* Urbana, IL: National Association of Education Broadcasters.

Strauss, A. (1987). *Qualitative analysis for social scientists.* Cambridge: Cambridge University Press.

Strauss, A. & Corbin, J. (1990). *Basic of qualitative research: Grounded theory procedures & techniques.* Thousand Oaks, CA: Sage.

Stigler, J. W., Gonzales, P., Kawanaka, T., Knoll, S., & Serrano, A. (1999). *The TIMSS videotape classroom studies: Methods and findings from an exploratory research project on eighth-grade mathematics instruction in Germany, Japan, and the United States.* U. S. Department of Education National Center for Educational Statistics: NCES 99-074. Washington, D. C.: Government Printing Office.

Tesch, R. (1990). *Qualitative research: Analysis types and software tools.* Bristol, PA: Falmer.

Tuchman, G. (1978). *Making news.* New York: The Free Press.

van Dijk, T. A. (1988). *News analysis: Case studies of international and national news in the press.* Hillsdale, NJ: Lawrence Erlbaum Association, Inc.

van Dijk, T. A., & Kintsch, W. (1983). *Strategies of discourse comprehension.* New York: Academic.

Walilzer, M. H., & Wienir, P. L. (1978). *Research methods and analysis: Searching for relationships.* New York: Harper and Row.

Watzlawick, P., Beavin, J. H., & Jackson, D. D. (1967). *Pragmatics of human communication: A study of interactional patterns, pathologies, and paradoxes.* New York: Norton.

Webb, E. J., Campbell, D. T., Schwartz, R. D., & Sechrest, L. (1966). *Unobstusive measures: Nonreactive research in the social sciences.* Chicago: Rand McNally.

Weber, R. P. (1990). *Basic content analysis.* Beverly Hills, CA: Sage.

Whitaker, R. (1970). *The language of film.* Englewood Cliffs, NJ: Prentice-Hall.

Wimmer, R. D., & Dominick, J. R. (1994). *Mass Media Research: An Introduction* (4th ed.). Belmont, CA: Wadsworth.

Wolfenstein, M., & Leites, N. (1950). *Movies: A psychological study.* Free Press.

Yin, R. K. (1989). *Case study research: Design and methods.* Beverly Hills and London: Sage.

Yule, G. U. (1941). *The statistical study of literary vocabulary.* Cambridge University Press.

Zettl, H. (1991). *Television aesthetics.* New York: Praeger.

Zettl, H. (1999). *Sight, sound, motion: Applied media aesthetic.* Belmont, CA: Wadsworth.

五、英文论文

Adams, E. E., & Baldasty, G. J. (2001). Syndicated service dependence and a lack of commitment to localism: Scripps newspapers and market subordination. *Journalism & Mass Communication Quarterly, 78*(3), 519-532.

Albig, W. (1939). The graphic arts and public opinion. In W. Albig (Eds.), *Public Opinion,* pp. 411-427. McGraw-Hill.

Al-Enad, A. H. (1991). Counting items versus measuring space in content analysis. *Journalism Quarterly, 68*(4), 657-662.

Alexander, A., Benjamin, L. M., Hoerrner, K., & Roe, D. (1998). "We'll be back in a moment": A content analysis of advertisements in children's television in the 1950s. *Journal of Advertising, 27*(3), 1-9.

Allan, D. (2008). A content analysis of music placement in prime-time television advertising. *Journal of Advertising Research,* September, 2008, 404-417.

Allen, J., Livingstone, S., & Reiner, R. (1997). The changing generic location of crime in film: A content analysis of film synopses, 1945-1991. *Journal of Communication, 47*(4), 89-101.

Althaus, S. L., & Edy, J. A. (1996). Revising the indexing hypothesis: Officials, media, and the Libya crisis. *Political Commmunication, 13*(4), 407-421.

Altheide, D. L. (1987). Ethnographic content analysis. *Qualitative Sociology, 10*(1), 65-77.

Altheide, D. L. (1996). Qualitative media analysis. *Qualitative Research Methods, 38.* Thousand Oaks: Sage.

An, D., & Kim, S. (2007). Relating Hofstede's masculinity dimension to gender role portrayals in advertising. *International Marketing Review, 24,* 181-207.

Andsager, J. L., & Miller, M. M. (1992). *Exploring patterns of controversy: Newspaper coverage of RU-486.* Paper presented at the annual meeting of the Midwest Association for Public Opinion Research, Chicago, IL.

Andsager, J. L., & Powers, A. (1999). Social or economic concerns: How news and women's magazines framed breast cancer in the 1990s. *Journalism & Mass Communication Research, 76,* 531-550.

Armstrong, C. L. (2004). The influence of reporter gender on source selection in newspaper stories. *Journalism & Mass Communication Quarterly, 81*(1), 139-154.

Atkin, C. K., Neuendorf, K. A., & McDermott, S. (1983). The role of alcohol advertising in excessive and hazardous drinking. *Journal of Drug Education, 13,* 313-325.

Bachen, C., Raphael, C., Lynn, K.-M., McKee, K., & Philippi, J. (2008). Civic engagement, pedagogy, and information technology on web sites for youth. *Political Communication, 25*(3), 290-310.

Bagdikian, B. H. (1989). Media ownership: Diversity and concentration. *Media ownership: Diversity and concentration. Hearing before the subcommittee on Communications of the Committee on Commerce, Science and Transportation. United State Senate, One Hundred First Congress. First session on media ownership: diversity and concentration, June 14, 21 and 22, 1989,* pp. 77-80. Washington, DC: US Government Printing Office.

Bailey, A. A. (2006). A year in the life of the African-American male in advertising: A content analysis. *Journal of Advertising, 35*(1), 83-104.

Baker, K. (1949). An anlysis of radio's programming. In P. F. Lazarsfeld, & F. N. Stanton (eds), *Communication research, 1948-1949,* pp. 51-72. Harper. 转引自 Berelson, B. (1952). *Content analysis in communications research.* New York: Hafner.

Balmas, M., & Scheafer, T. (2010). Candidate image in election campaigns: Attribute agenda setting, affective priming, and voting intentions. *International Journal of*

Public Opinion Research, 22(2), 204-229.

Banerjee, M., Capozzoli, M., McSweeney, L., & Sinha, D. (1999). Beyond kappa: A review of interrater agreement measures. *Canadian Journal of Statistics*, 27(1), 3-23.

Barnhurst, K. G., & Nerone, J. C. (1991). Design trends in U. S. front pages. *Journalism Quarterly*, 68(4), 796-804.

Barron, M. L. (1950). A content analysis of intergroup humor. *American Sociological Review*, 15, 88-94.

Bartels, L. M. (1993). Messages received: The political impact of media exposure. *American Political Science Review*, 87, 267-285.

Beam, R. A., & Cicco, D. T. D. (2010). When women run the newsroom: Management change, gender, and the news. *Journalism & Mass Communication Quarterly*, 87(2), 393-411.

Beatty, M. J., Behnke, R. R., & Froelich, D. L. (1980). Effects of achievement incentive and presentation rate on listening comprehension. *Quarterly Journal of Speech*, 66, 193-200.

Beatty, M. J., & Payne, S. K. (1985). Is construct differentiation loquacity? A motivational perspective. *Human Communication Research*, 11, 605-612.

Beaudoin, C. E., & Thorson, E. (2001). Value representations in foreign news. *International Communication Gazette*, 63(6), 481-503.

Beck, P. A., Dalton, R. J., Greene, S., & Huckfeldt, R. (2002). The social calculus of voting: Interpersonal media, and organizational influences on presidential choices. *American Political Science Review*, 96, 57-73.

Behr, R. L., & Iyengar, S. (1985). Television news, real-world cues, and changes in the public agenda. *Public Opinion Quarterly*, 49, 38-57.

Benoit, W. L., Stein, K. A., Hansen, G. J. (2005). New York Times coverage of presidential campaigns. *Journalism & Mass Communication Quarterly*, 80(1), 356-376.

Bentele, G. (1985). Audio-visual analysis and a grammar of presentation forms in news programs: Some mediasemiotic considerations. In T. A. van Dijk (Eds.), *Discourse and communication: New approaches to the analysis of mass media discourse and communication*, pp. 159-184. New York: Walter de Gruyter.

Berelson, B., & Salter, P. J. (1946). Majority and minority Americans: An analysis of magazine fiction. *Public Opinion Quarterly*, 10, 168-190.

Berg, B. (1998). Content analysis. In B. Berg (Ed.), *Qualitative Research Methods for the Social Sciences* (pp. 233-252). Boston, MA: Allyn & Bacon.

Berkowitz, D., & Beach, D. W. (1993). News sources and news context: The effect of routine news, conflict and proximity. *Journalism Quarterly*, 70(1), 4-12.

Berkowitz, L. (1964). Aggressive cues in aggressive behavior and hostility catharsis. *Psychological Review*, 71(2), 104-122.

Berkowitz, L., & LePage, A. (1967). Weapons as aggression-eliciting stimuli. *Journal of Personality and Social Psychology*, 7(2), 202-207.

Bernstein, J. M., & Lacy, S. (1992). Contextual coverage of government by local television news. *Journalism Quarterly*, 69(2), 329-340.

Besley, J. C., & Diels, J. (2009). Public meetings in entertainment television programming: Using procedural justice to analyze fictional civic participation. *Journal of Broadcasting & Electronic Media*, 53(3), 419-443.

Biswas, A., Olsen, J. E., & Carlet, V. (1992). A comparison of print advertisements from the United States and France. *Journal of Advertising*, 21(4), 73-81.

Borzekowski, D. L. G., Schenk, S., Wilson, J. L., & Peebles, R. (2010). E-Ana and e-Mia: A content analysis of pro-eating disorder web sites. *American Journal of Public Health*, 100(8), 1526-1534.

Bridges, J. A., & Bridges, L. W. (1998). Changes in news use on the front pages of the American daily newspaper, 1986-1993. *Journalism & Mass Communication Quarterly*, 74(4), 826-838.

Bronstein, C. (2005). Representing the Third Wave: Mainstream print media framing of a new feminist movement. *Journalism & Mass Communication Quarterly*, 82(4), 783-803.

Brosius H. -B., & Kepplinger, H. M. (1990). The agenda-setting function of television news. Static and dynamic views. *Communication Research*, 17, 183-211.

Brosius H. -B., & Kepplinger, H. M. (1992). Linear and nonlinear models of agenda-setting in television. *Journal of Broadcasting & Electronic Media*, 36, 5-23.

Brouwer, M. Clark, C. C., Gerbner, G., & Krippendorff, K. (1969). The television world of violence. In R. K. Baker & Sandra J. Ball (Eds.), *Mass Media and Violence*, Vol. 9, pp. 311-339. 519-591. Washington, DC: Government Printing Office.

Brown, N. J. (2001). A comparison of fictional television crimes and crime index statistics. *Communication Research Reports*, 18(2), 192-199.

Brown, W. J., & Vincent, R. C. (1995). Trading arms

for hostages? How the government and print media "spin" portrayals of the United States policy toward Iran. *Political Commmunication*, *12*(1), 65-79.

Bruner, J. S. (1941). The dimensions of propaganda: German shortwave broadcasts to America. *Journal of Abnormal and Social Psychology*, *36*, 311-337.

Buckman, R. T. (1993). How eight weekly newsmagazines covered elections in six countries. *Journalism Quarterly*, *70*(4), 780-792.

Bush, C. R. (1951). The analysis of political campaign news. *Journalism Quarterly*, *28*(2), 250-252.

Cahnman, W. (1948). A note on marriage announcements in the *New York Times*. *American Sociological Review*, *13*, 96-97.

Caldwell, D. (1985). *Silent film in the German classroom*. Paper presented at the Annual Meeting of the Central States Conference on the Teaching of Foreign Languages. Kansas City, Kansas.

Callahan, E. (2006). Cultural similarities and differences in the design of university web sites. *Journal of Computer-Mediated Communication*, *11*, 239-273.

Callaghan, K., & Schnell, F. (2001). Assessing the democratic debate: How the news media frame elite policy discourse. *Political Commmunication*, *18*(2), 183-212.

Carley, K. M. (1994). Extracting culture through textual analysis. *Poetics*, *22*, 291-312.

Carley, K. M. (1997). Network text analysis: The network positions of concepts. In C. W. Roberts. (Eds.), *Text analysis for the social sciences: Methods for drawing statistical inferences from texts and transcripts*, pp. 79-100. Mahwah, NJ: Lawrence Erlbaum.

Carlyle, K. E., Slater, M. D., & Chakroff, J. L. (2008). Newspaper coverage of intimate partner violence: Skewing representations of risk. *Journal of Communication*, *58*(1), 168-186.

Carney, T. F. (1971). Content analysis: A review essay. *Historical Methods Newsletter*, *4*(2), 52-61.

Carpenter, S. (2008). How online citizen journalism publications and online newspapers utilize the objectivity standard and rely on external sources. *Journalism & Mass Communication Quarterly*, *85*(3), 531-548.

Carroll, R. L., & Tuggle, C. A. (1997). The world outside: Local TV news treatment of imported news. *Journalism & Mass Communication Quarterly*, *74*(1), 123-133.

Carter, S., Fico, F., & McCabe, J. A. (2002). Partisan and structural balance in local television election coverage. *Journalism & Mass Communication Quarterly*, *79*

(1), 41-53.

Catanzaro, M. (1988). Using qualitative analytical techniques. In N. F. Woods & M. Catanzaro (Eds.), *Nursing research: Theory and practice*, pp. 437-456. St. Louis, MO: C. V. Mosby.

Chang, K.-K. (1999). Auto trade policy and the press: Auto elite as a source of the media agenda. *Journalism & Mass Communication Quarterly*, *76*(2), 312-324.

Chang, T. K. (1998). All countries not created equal to be news: World system and international communication. *Communication Research*, *25*(5), 528-563.

Chang, T. K., Shoemaker, P. J., & Brendinger, N. (1987). Determinants of international news coverage in the U. S. Media. *Communication Research*, *14*(4), 396-414.

Chang, T.-K., Wang, J., & Chen, C.-H. (1998). The social construction of international imagery in the post-Cold War era: A comparative analysis of U.S. and Chinese national TV news. *Journal of Broadcasting & Electronic Media*, *42*(3), 277-297.

Chaudhary, A. G. (2001). International news selection: A comparative analysis of negative news in the Washington Post and the Daily Times of Nigeria. *Howard Journal of Communication*, *12*(4), 241-254.

Chiasson, L. (1991). Japanese-American relocation during World War II: A study of California editorial reactions. *Journalism Quarterly*, *68*(1/2), 263-268.

Chu, D., & McIntyre, B. T. (1995). Sex role stereotypes on children's TV in Asia: A content analysis of gender role portrayals in children's cartoons in Hong Kong. *Communication Research Reports*, *12*, 206-219.

Cho, H., & Lacy, S. (2000). International conflict coverage in Japanese local daily newspapers. *Journalism & Mass Communication Quarterly*, *77*(4), 830-845.

Choi, Y. J., & Lee, J. H. (2006). The role of a scene in framing a story: An analysis of a scene's position, length, and proportion. *Journal of Broadcasting & Electronic Media*, *50*(4), 703-722.

Chory-Assad, R. M., & Tamborini, R. (2001). Television doctors: An analysis of physicians in fictional and nonfictional television programs. *Journal of Broadcasting & Electronic Media*, *45*(3), 499-521.

Christophel, D. M. (1990). The relationships among teacher immediacy behaviors, student motivation, and learning. *Communication Education*, *39*, 323-340.

Corbett, J. B., & Mori, M. (1999). Medicine, media, and celebrites: News coverage of breast cancer, 1960-1995. *Journalism & Mass Communication Quarterly*, *76*(2),

229-249.

Coe, K., Domke, D., Graham, E. S., John, S. L., & Pickard, V. W. (2004). No shades of gray: The binary discourse of George W. Bush and an echoing press. *Journal of Communication*, *54*(2), 234-252.

Cohen, J. (1960). A coefficient of agreement for nominal scales. *Educational and Psychological Measurement*, *20* (1), 37-46.

Collins, R. L., Elliott, M. N., & Miu, A. (2009). Linking media content to media effects: The RAND television and adolescent sexuality study. In A. B. Jordan, D. Kunkel, J. Manganello, & M. Fishbein (Eds.), *Media messages and public health: A decisions approach to content analysis*, pp. 154-172. New York: Routledge.

Conard, K., Dixon, T., & Zhang, Y. Y. (2009). Controversial rap themes, gender portrayals and skin tone distortion: A content analysis of rap music videos. *Journal of Broadcast & Electronic Media*, *53*(1), 134-156.

Cony, E. R. (1953). Conflict-cooperation content of five American dailies. *Journalism Quaterly*, *30*(1), 15-22.

Corrigan, D. M. (1990). Value coding consensus in front page news leads. *Journalism Quarterly*, *67* (4), 653-662.

Coulson, D. C., & Hansen, A. (1995). The Louisville Courier-Journal's news content after purchase by Gannett. *Journalism & Mass Communication Quarterly*, *72*, 205-215.

Culbertson, H. M. (1992). Measuring agenda diversity in an elastic medium: Candidate position papers. *Journalism Quarterly*, *69*(4), 938-946.

Cutler, B. D., & Javalgi, R. (1992). A cross-cultural analysis of the visual components of print advertising: The United States and the European community. *Journal of Advertising Research*, *32*(1), 71-80.

Danielson, W. A., Lasorsa, D. L., & Im, D. S. (1992). Journalists and novelists: A study of diverging styles. *Journalism Quarterly*, *69*(2), 436-446.

Davie, W. R., & Lee, J.-S. (1995). Sex, violence and consonance/differentiation: An analysis of local TV news values. *Journalism & Mass Communication Quarterly*, *72*, 128-138.

De Vreese, C. H., Peter, J., & Semetko, H. A. (2001). Framing politics at the launch of the Euro: A cross-national comparative study of frames in the news. *Political Communication*, *18*(2), 107-122.

Dickson, S. H. (1995). Understanding media bias: The press and the U. S. invasion of Panama. *Journalism Quarterly*, *71*(4), 809-819.

Diefenbach, D. L., & West, M. D. (2001). Violent crime and poisson regression: A measure and a method for cultivation analysis. *Journal of Broadcasting & Electronic Media*, *45*(3), 432-445.

Dietz, T. L. (1998). An examination of violence and gender role portrayals in video games: Implications for gender socialization and aggressive behavior. *Sex Role*, *38*, 425-44.

Dindia, K. (1987). The effects of sex of subject and sex of partner on interruptions. *Human Communication Research*, *13*, 345-371.

Dixon, T. L., Schell, T. L., Giles, H., & Drogos, K. L. (2008). The influence of race in police-civilian interactions: A content analysis of videotaped interactions taken during Cincinnati police traffic stops. *Journal of Communication*, *58*(3), 530-549.

Dominick, J. R. (1999). Who do you think you are? Personal home page and self-presentation on the World Wide Web. *Journalism & Mass Communication Quarterly*, *76*(4), 646-658.

Donsbach, W. (1991). Exposure to political content in newspapers: The impact of cognitive dissonance on readership selectivity. *European Journal of Communication*, *6*, 155-186.

Dupagne, M., Potter, W. J., & Cooper, R. (1993). A content analysis of women's published mass communication research, 1965-1989. *Journalism Quarterly*, *70* (4), 815-823.

Ellis, B. G., & Dick, S. J. (1996). "Who was 'Shadow'?" The computer knows: Applying grammar-program statistics in content analyses to solve mysteries about authorship. *Journalism & Mass Communication Quarterly*, *73*(4), 947-962.

Elmer, C., Badenschie, F., & Wörmer, H. (2008). Science for everybody? How the coverage of research issues in German newspapers has increased dramatically. *Journalism & Mass Communication Quarterly*, *85* (4), 878-893.

Entman, R. M. (1992). Black in the news: Television, modern racism and cultural change. *Journalism Quarterly*, *69*(2), 341-361.

Entman, R. M. (1994). Representation and reality in the portrayal of blacks on network television news. *Journalism Quarterly*, *71*(3), 509-520.

Erbring, L., Goldenberg, E., & Miller, A. H. (1980). Front-page news and real-world cues. A new look at agenda-setting by the media. *American Journal of Political Science*, *24*, 16-49.

Eschholz, S. , Bufkin, J. , & Long, J. (2002). Symbolic reality bites: Women and racial/ethnic minorities in modern film. *Sociological Spectrum*, *22*, 299-334.

Evans, W. (1996). Computer-supported content analysis: Trends, tools, and techniques. *Social Science Computer Review*, *14*(3), 269-279.

Eysenck, H. J. (1990). Biological dimensions of personality. In Lawrence A. Pervin (Eds.), *Handbook of personality theory and research*, 244-276. New York: Guilford.

Fico, F. , & Freedman, E. (2008). Biasing influences on balance in election news coverage: An assessment of newspaper coverage of the 2006 U. S. senate elections. *Journalism & Mass Communication Quarterly*, *85*(3), 499-514.

Fink, E. , & Gantz, W. (1996). A content analysis of three mass communication research traditions: Social science, interpretive studies and critical analysis. *Journalism & Mass Communication Quarterly*, *73*(1), 114-134.

Fleiss, J. L. (1971). Measuring nominal scale agreement among many raters. *Psychological Bulletin*, *76*, 378-382.

Flesch, R. (1948). A new readability yardstick. *Journal of Applied Psychology*, *32*, 221-233.

Folger, J. P. , Hewes, D. E. , & Poole, M. S. (1984). Coding social interaction. In B. Dervin & M. J. Voigt (Eds.). *Progress in communication sciences*, *Volume IV*, pp. 115-161. Norwood, NJ: Ablex.

Fox, J. R. , Koloen, G. , & Sahin, V. (2007). No joke: A comparison of substance in *The Daily Show with Jon Stewart* and broadcast network television coverage of the 2004 presidential election campaign. *Journal of Broadcasting & Electronic Media*, *51*(2), 213-227.

Fowler, G. L. (1986). Content and teacher characteristics for Master's level research course. *Journalism Quarterly*, *63*(3), 594-599.

Franiuk, R. , Seefelt, J. L. , & Vandello, J. A. (2008). Prevalence of rape myths in headlines and their effects on attitudes toward rape. *Sex Roles*, *58*, 790-801.

Frith, K. T. , Cheng, H. , & Shaw, P. (2004). Race and beauty: A comparison of Asian and Western models in women's magazine advertisements. *Sex Roles*, *50*(1/2), 53-61.

Gagnard, A. , & Morris, J. R. (1988). CLIO commericals from 1975-1985: Analysis of 151 executional variables. *Journalism Quarterly*, *65*, 869-869.

Gardstrom, S. C. (1999). Music exposure and criminal behavior: Perceptions of juvenile offenders. *Journal of Music Therapy*, *36*(3), 207-221.

Gerbner, G. (1969). Toward "cultural indicators": The analysis of mass mediated public message systems. In G. Gerbner, O. R. Holsti, K. Krippendorff, W. J. Paisley, & P. J. Stone (Eds.), *The analysis of communication content: Developments in scientific theories and computer techniques*, pp. 123-132. New York: John Wiley.

Gerbner, G. , & Gross, L. (1976). Living with television. The violence profile. *Journal of Communication*, *26*, 173-199.

Gerbner, G. , Gross, L. , Signorielli, N. , Morgan, M. , & Jackson-Beeck, M. (1979). *Violence profile no. 10: Trends in network television drama and viewer conceptions of social reality, 1967-1978*. Philadelphia: University of Pennsylvania, Annenberg School of Communications.

Gerlach, P. (1987). Research about magazines appearing in *Journalism Quarterly*. *Journalism Quarterly*, *64*(1), 178-182.

Gieber, W. (1955). Do newspapers overplay "negative" news? *Journalism Quarterly*, *32*(3), 311-318.

Glascock, J. (2008). Direct and indirect aggression on prime-time network television. *Journal of Broadcasting & Electronic Media*, *52*(2), 268-281.

Gonzenbach, W. J. (1992). A time-series analysis of the drug issue, 1985-1990: The press, the president and public-opinion. *International Journal of Public Opinion Research*, *4*(2), 126-147.

Gordon, A. , & Miller, J. (2004). Values and persuasion during the first Bush-Gore presidential debate. *Political Communication*, *21*(1), 71-92.

Grabe, M. E. (1996). Tabloid and traditional television news magazine crime stories: Crime lessons and reaffirmation of social class distinctions. *Journalism & Mass Communication Quarterly*, *73*(4), 926-946.

Grabe, M. E. & Elizabeth, M. (1996). The South African Broadcasting Corporation's coverage of the 1987 and 1989 elections: The matter of visual bias. *Journal of Broadcasting & Electronic Media*, *40*(2), 153-180.

Gray, J. H. , & Densten, I. L. (1998). Integrating quantitative and qualitative analysis using latent and manifest variables. *Quality & Quantity*, *32*(4), 419-431.

Grey, A. , Kaplan, D. , & Lasswell, H. D. (1949). Recording and content units: Four ways of coding editorial content. In Lasswell and Leites (Eds.), *Language of Politics*, pp. 113-126. Stewart.

Gunsch, M. A. , Brownlow, S. , Haynes, S. E. , & Mabe,

Z. (2000). Differential linguistic content of various forms of political advertising. *Journal of Broadcasting & Electronic Media*, *44*(1), 27-42.

Gupta, A. S., & De, S. (2007). Changing trends of cultural values in advertising: An exploratory study. *Psychology and Developing Societies*, *19*(1), 113-123.

Gutierrez-Villalobos, S., Hertog, J. K., & Rush, R. R. (1994). Analyses of strategic and tactical critique in the domestic press. *Journalism Quarterly*, *71* (3), 618-627.

Ha, L., & James, E. L. (1998). Interactivity reexamined: A baseline analysis of early business Web sites. *Journal of Broadcasting & Electronic Media*, *42*(4), 456-473.

Hair, J. F., Anderson, R. F., Tatham, R. L., & Black, W. C. (1998). *Multivariate data analysis* (5th ed.). Upper Saddle River, NJ: Prentice Hall.

Hale, F. D. (1988). Editorial diversity and concentration. In R. G. Picard, M. E. McCombs, J. P. Winter & S. Lacy (Eds.), *Press concentration and monopoly: New perspectives on newspaper ownership and operation*, pp. 161-176. Norwood, NJ: Ablex Publishing Corporation.

Hale, J. F., Fox, J. C., & Farmer, R. (1996). Negative advertisements in U. S. senate campaigns: The influence of campaign context. *Social Science Quarterly*, *77*, 329-343.

Harmon, M. D., & Lee, S.-Y. (2010). A longitudinal study of U. S. network TV newscasts and strikes: Political economy on the picket line. *Journalism & Mass Communication Quarterly*, *87*(3/4), 501-514.

Harry, J. C. (2001). Covering conflict: A structural-pluralist analysis of how a small-town and a big-city newspaper reported and environmental controversy. *Journalism & Mass Communication Quarterly*, *78*(3), 419-436.

Harvey, J. (1949). *The characteristics of "best-selling" novels*. Ph. D. dissertation, University of Chicago.

Hatch, D. L., & Mary, A. (1947). Criteria of social status as derived from marriage announcements in the *New York Times*. *American Sociological Review*, *12*, 396-403.

Hecter, C. J. (1986). *Perspectives for the development of research on media systems*. Unpublished Ph. D. dissertation, Michigan State University, East Lansing, MI.

Hertog, J. K. (2000). Elite press coverage of the 1986 U. S.-Libya conflict: A case study of tactical and strategic critique. *Journalism & Mass Communication Quarterly*, *77*(3), 612-627.

Hertog, J. K., & Fan, D. P. (1995). The impact of press coverage on social beliefs: The case of HIV transmission. *Communication Research*, *22*, 545-574.

Hester, J. B. & Dougall, E. (2007). The efficiency of constructed week sampling for content analysis of online news. *Journalism & Mass Communication Quarterly*, *84* (4), 811-824.

Hill, K. A., & Hughes, J. E. (1997). Computer-mediated political communication: The USENET and political communities. *Political Communication*, *14*(3), 3-27.

Hill, K. Q., Hanna, S., & Shafqat, S. (1997). The liberal-conservative ideology of U. S. senators: A new measure. *American Journal of Political Science*, *41*, 1395-1413.

Hopmann, D. N., Vliegenthart, R., de Vreese, C., & Albæk, E. (2010). Effects of election news coverage: How visibility and tone influence party choice. *Political Communication*, *27*(4), 389-405.

Hsieh, H.-F., & Shannon, S. E. (2005). Three approaches to qualitative content analysis. *Qualitative Health Research*, *15*(9), 1277-1288.

Huckins, K. (1999). Interest-group influence on the media agenda: A case study. *Journalism & Mass Communication Quarterly*, *76*(1), 76-86.

Hughes, M. A., & Garrett, D. E. (1990). Intercoder reliability estimation approaches in marketing: A generalizability theory framework for quantitative data. *Journal of Marketing Research*, *27*, 185-195.

Husselbee, L. P., & Elliott, L. (2002). Looking beyond hate: How national and regional newspapers framed hate crimes in Jasper, Texas, and Laramie, Wyoming. *Journalism & Mass Communication Quarterly*, *79*(4), 833-852.

Huston, A. C., & Wright, J. C. (1983). Children's processing of television: The informative functions of formal features. In J. Bryant & D. R. Anderson (Eds.), *Children's understanding of television: Research on attention and comprehension*, pp. 35-68. New York: Academic Press.

Iedema, R. (2001). Analyzing film and television: A social semiotic account of hospital: An unhealthy business. In T. V. Leeuwen & C. Jewitt (Eds.), *Handbook of visual analysis*, pp. 183-206. London: Sage.

Janis, I. (1949). The problems of validating content analysis. In Lasswell & Leites (Eds.). *Language of Politics*, pp. 55-82. Stewart.

Janis, I. L., & Fadner, R. H. (1943). The coefficient of imbalance. In Lasswell & Leites (Eds.). *Language of Politics*, pp. 105-119. Stewart.

Johnson, K. R., & Holmes, B. M. (2009). Contradictory messages: A content analysis of Hollywood-produced romantic comedy features films. *Communication Quarterly*, *57*(3), 352-373.

Johnson, T. J. (1993). The seven dwarfs and other tales: How the networks and select newspapers covered the 1988 democratic primaries. *Journalism Quarterly*, *70*(2), 311-320.

Johnson, T. J., Wanta, W., Byrd, J. T., & Lee, C. (1995). Exploring FDR's relationship with the press: A historical agenda-setting study. *Political Communication*, *12*(2), 157-172.

Johnston, A., & White, A. B. (1994). Communication styles and female candidates: A study of the political advertising during the 1986 senate elections. *Journalism Quarterly*, *71*(2), 321-329.

Jones, D. B. (1942). Quantitative analysis of motion picture content. *Public Opinion Quarterly*, *6*, 411-428.

Josephson, J. R., & Josephson, S. G. (1994). Introduction. In J. R. Josephson & S. G. Josephson (Eds.), *Abductive inference: Computation, philosophy, technology*. New York: Cambridge University Press.

Kaid, L. L., & Wadsworth, A. J. (1989). Content analysis. In P. Emmert & L. Barker (Eds.), *Measurement of communication behavior*, pp. 197-217. New York: Longman.

Kalis, P., & Neuendorf, K. A. (1987). Aggressive cue prominence and gender participation in MTV. *Journalism Quarterly*, *66*, 148-154, 229.

Kamhawi, R., & Weaver, D. (2003). Mass communication research trends from 1980 to 1999. *Journalism & Mass Communication Quarterly*, *80*(1), 7-27.

Kaplan, A., & Goldsen, J. M. (1965). The reliability of content analysis categories. In H. D. Lasswell, N. Leites, & Associates (Eds.), *Language of politics: Studies in quantitative semantics*, pp. 83-112. Cambridge: MIT Press.

Kassarjian, H. H. (1977). Content analysis in consumer research. *Journal of Consumer Research*, *4*(1), 8-18.

Kerr, P. A., & Moy, P. (2002). Newspaper coverage of fundamentalist Christians, 1980-2000. *Journalism & Mass Communication Quarterly*, *79*(1), 54-72.

Kervin, D. (1985). Reality according to television news: Pictures from El Salvador. *Wide Angle*, *7*(4), 61-70.

Kim, M. (2008). The Creative Commons and copyright protection in the digital era: Uses of Creative Commons licenses. *Journal of Computer-Mediated Communication*, *13*(1). http://jcmc. indiana. edu/vol13/issue1/kim. html.

Kim, S. -H., Scheufele, D. A., & Shanahan, J. (2002).

Think about it this way: Attribute agenda-setting function of the press and the public's evaluation of a local issue. *Journalism & Mass Communication Quarterly*, *79*(1), 7-25.

Kim, S. T. (2000). Making a difference: U. S. press coverage of the Kwangju and Tiananmen pro-democracy movements. *Journalism & Mass Communication Quarterly*, *77*(1), 22-36.

King, E. G. (1990). Thematic coverage of the 1988 presidential primaries: A comparison of *USA Today* and the *New York Times*. *Journalism Quarterly*, *67*(1), 83-87.

King, E. G. (1995). The flawed characters in the campaign: Prestige newspaper assessments of the 1992 presidential candidates' integrity and competence. *Journalism & Mass Communication Quarterly*, *72*, 84-97.

Klein, M., & Maccoby, N. (1954). Newspaper objectivity in the 1952 campaign. *Journalism Quarterly*, *31*(3), 285-296.

Kleinnijenhuis, H. J., van den Hooff, B., Utz, S., Vermeulen, I., & Huysman, M. (2011). Social influence in networks of practice: An analysis of organizational communication content. *Communication Research*, *38*(5), 587-612.

Koehler, W. (1999). An analysis of Web page and Web site constancy and permanence. *Journal of American Society for Information Science*, *50*(2), 162-180.

Kolbe, R. H., & Burnett, M. S. (1991). Content-analysis research: An examination of applications with directives for improving research reliability and objectivity. *Journal of Consumer Research*, *18*(2), 243-250.

Kolt, J. (1996). *Relationship initiation strategies: Interpersonal communication in personal advertisements*. Unpublished master's thesis. Cleveland State University, Cleveland, OH.

Kondracki, N. L., & Wellman, N. S. (2002). Content analysis: Review of methods and their applications in nutrition education. *Journal of Nutrition Education and Behavior*, *34*, 224-230.

Kracauer, S. (1952). The challenge of qualitative content analysis. *Public Opinion Quarterly*, *16*(4), 631-642.

Kraemer, H. C. (1980). Extension of the kappa coefficient. *Biometrics*, *36*, 207-216.

Krishnaiah, J., Signorielli, N., & McLeod, D. M. (1993). The evil empire revisited: *New York Times* coverage of the Soviet intervention in and withdrawal from Afghanistan. *Journalism Quarterly*, *70*(3),

647-655.

Lacy, S., Fico, F., & Simon, T. F. (1991). Fairness and balance in the prestige press. *Journalism Quarterly, 68*(3), 363-370.

Lacy, S., & Riffe, D. (1996). Sampling error and selecting intercoder reliability samples for nominal content categories. *Journalism & Mass Communication Quarterly, 73*(4), 963-973.

Lacy, S., Riffe, D., & Randle, Q. (1998). Sample size in multi-year content analysis of monthly consumer magazines. *Journalism & Mass Communication Quarterly, 75*(2), 408-417.

Lacy, S., Riffe, D., Stoddard, S., Martin, H., & Chang, K.-K. (2001). Sample size for newspaper content analysis in multi-year studies. *Journalism & Mass Communication Quarterly, 78*(4), 836-845.

Landis, R. J., & Koch, G. G. (1977). The measurement of observer agreement for categorical data. *Biometrics, 33*, 159-174.

Lasswell, H. D. (1941). The World Attention Survey: An exploration of the possibilities of studying attention being given to the United States by newspapers abroad. *Public Opinion Quarterly, 5*, 456-462.

Lasswell, H. D. (1942). The politically significant content of the press: Coding procedures. *Journalism Quarterly, 19*, 12-23.

Lasswell, H. D., & Goldsen, J. M. (1947). Public attention, opinion, and action. *International Journal of Opinion and Attitude Research, 1*, 3-11.

Lauzen, M. M., & Dozier, D. M. (2002). Equal time in prime time? Scheduling favoritism and gender on the broadcast networks. *Journal of Broadcasting & Electronic Media, 46*(1), 137-153.

Lauzen, M. M., Dozier, D. M., & Cleveland, E. (2006). Genre matters: An examination of women working behind the scenes and on-screen portrayals in reality and scripted prime-time programming. *Sex Roles, 55*, 445-455.

Law, C., & Labre, M. P. (2002). Cultural standards of attractiveness: A thirty-year look at changes in male image in magazines. *Journalism & Mass Communication Quarterly, 79*(3), 697-711.

Lawrence, S., & Giles, C. L. (1999). Accessibility of information on the Web. *Nature, 400*, 107-109.

Lee, K.-Y., & Joo, S.-H. (2005). The portrayal of Asian Americans in mainstream magazine ads: An update. *Journalism & Mass Communication Quarterly, 82*(3), 654-671.

Len-Ríos, M. E., Rodgers, S., Thorson, E., & Yoon, D. (2005). Representation of women in news and photos: Comparing content to perceptions. *Journal of Communication, 55*(1), 152-168.

Lester, P. M. (1994). African-American photo coverage in four U. S. newspapers, 1937-1990. *Journalism Quarterly, 71*(2), 380-394.

Light, R. J. (1971). Measures of response agreement for qualitative data: Some generalizations and alternatives. *Psychological Bulletin, 76*(5), 365-377.

Lin, C. A. (1997). Beefcake versus cheesecake in the 1990s: Sexist portrayals of both genders in television commercials. *Howard Journal of Communication, 8*, 237-249.

Lin, C. A. (2001). Cultural values reflected in Chinese and American television advertising. *Journal of Advertising, 30*(4), 83-94.

Lind, R. A., & Salo, C. (2002). The framing of feminists and feminism in news and public affairs programs in U. S. electronic media. *Journal of Communication, 52*(1), 211-228.

Lindkvist, K. (1981). Approaches to textual analysis. In K. E. Rosengren (Eds.), *Advances in content analysis*, pp. 9-19. Beverly Hills, CA: Sage.

Livingston, S., & Eachus, T. (1995). Humanitarian crises and U. S. foreign policy: Somalia and the CNN effect reconsidered. *Political Communication, 12*(4), 413-429.

Lo, V.-H., Paddon, A., & Wu, H. (2000). Front pages of Taiwan daily newspapers 1952-1996: How ending Martial Law influenced publication design. *Journalism & Mass Communication Quarterly, 77*(4), 880-897.

Lombard, M., Snyder-Duch, J., & Bracken, C. C. (2002). Content analysis in mass communication: Assessment and reporting of intercoder reliability. *Human Communication Research, 28*(4), 587-604.

Lombard, M., Snyder-Duch, J., & Bracken, C. C. (2002). Content analysis in mass communication research: An assessment and reporting of intercoder reliability. *Human Communication Research, 28*, 587-604.

Lombard, M., Snyder-Duch, J., & Bracken, C. C. (2004). A call for standardization in content analysis reliability. *Human Communication Research, 30*(3), 434-437.

Lombard, M., Snyder-Duch, J., Bracken, C. C., Ditton, T. B., Kaynak, S., Linder-Radosh, J., & Pemrick, J. (1999, May). *Structural features of U. S. television: Primary results of a large scale content analysis.* Presentation to the Mass Communication Division of the

International Communication Association, San Francisco, CA.

Lowrey, W., & Woo, C. W. (2010). The news organization in uncertain times: Business or institution? *Journalism & Mass Communication Quarterly*, 87 (1), 41-61.

Luther, C. A., & Zhou, X. (2005). Within the boundaries of politics: News framing of SARS in China and the United States. *Journalism & Mass Communication Quarterly*, 82(4), 857-872.

Maier, S. (2010). All the news fit to post? Comparing news content on the web to newspapers, television, and radio. *Journalism & Mass Communication Quarterly*, 87(3/4), 548-562.

Malinkina, O. V., & McLeod, D. M. (2000). From Afghanistan to Chechnya: News coverage by *Izvestia* and The *New York Times*. *Journalism & Mass Communication Quarterly*, 77(1), 37-49.

Marton, K., & Stephens, L. (2001). The *New York Times*' conformity to AAPOR standards of disclosure for the reporting of public opinion polls. *Journalism & Mass Communication Quarterly*, 78(3), 484-502.

Massey, B. L., & Chang, L. A. (2002). Locating Asian values in Asian journalism: A content analysis of web newspapers. *Journal of Communication*, 52 (4), 987-1003.

Mayring, P. (2000). Qualitative content analysis. *Forum Qualitative Sozialforschung/Forum Qualitative Social Research*, 1 (2), http://nbn-resolving. de/urn: nbn: de:0114-fqs0002204.

McClelland, D. C., Atkinson, J. W., Clark, R. A., & Lowell, E. L. (1992). A scoring manual for the achievement motive. In C. P. Smith (Ed.), *Motivation and personality: Handbook of thematic content analysis*, pp. 153-178. Cambridge: Cambridge University Press.

McCluskey, M. R. (2008). Activist group attributes and their influences on news portrayal. *Journalism & Mass Communication Quarterly*, 85(4), 769-784.

McCombs, M., & Ghanem, S. I. (2001). The convergence of agenda setting and framing. In S. D. Reese, O. H. Gandy, & Jr, A. E. Grant (Eds). *Framing public life: Perspectives on media and our understanding of the social world*, pp. 79. Mahwah: Lawrence Erlbaum.

McCombs, M., Lopez-Escobar, E., & Llamas, J. P. (2000). Setting the agenda of attributes in the 1996 Spanish general election. *Journal of Communication*, 50(2), 77-92.

McCombs, M. E., & Mauro, J. B. (1977). Predicting newspaper readership from content characteristics. *Journalism Quarterly*, 54, 3-7, 49.

McMillan, S. J. (2000). Moving target: The challenge of applying content analysis to the World Wide Web. *Journalism & Mass Communication Quarterly*, 77(1), 80-98.

McTavish, D. -G., & Pirro, E. -B. (1990) Contextual content analysis. *Quality and Quantity*, 24, 245-265.

McShane, S. L. (1995). Occupational, gender, and geographic representation of information sources in U. S. and Canadian business magazines. *Journalism & Mass Communication Quarterly*, 72, 190-204.

Meijer, M. -M. (2006). Issue news and corporate reputation: Applying the theories of agenda setting and issue ownership in the field of business communication. *Journal of Communication*, 56(3), 543-559.

Merrit, B. D. (1984). Jesse Jackson and television: Black image presentation and affect in the 1984 Democratic campaign debates. Paper presented at the Annual Meeting of the Speech Communication Association. Chicago, Illinois.

Meyer, W. H. (1991). Structures of North-South information flows: An empirical test of Galtung's theory. *Journalism Quarterly*, 68(1/2), 230-237.

Milbum, S. S., Carney, D. R., & Ramirez, A. M., (2001). Even in modern media, the picture is still the same: A content analysis of clipart images. *Sex Role*, 44, 277-294.

Miller, M. K., & Summers, A. (2007). Gender differences in video game characters' roles, appearances, and attire as portrayed in video game magazines. *Sex Roles*, 57, 733-742.

Miller, M. M., Andsager, J. L., & Riechert, B. P. (1998). Framing the candidates in presidential primaries: Issues and images in press releases and news coverage. *Journalism & Mass Communication Quarterly*, 75(2), 312-324.

Mintz, A. (1949). The feasibility of the use of samples in content analysis. In Lasswell & Leites (Eds.), *Language of politics*, pp. 127-152. Stewart.

Mohammed, N. S. (2004). Self-presentation of small developing countries on the World Wide Web: A study of official websites. *New Media & Society*, 6 (4), 469-486.

Molitor, F., & Sapolsky, B. S. (1993). Sex, violence, and victimization in slasher films. *Journal of Broadcast-*

ing & Electronic Media, *37*(2), 233-242.

Morgan, D. L. (1993). Qualitative content analysis: A guide to paths not taken. *Qualitative Health Research*, *3*(1), 112-121.

Moriarty, S. E., & Popovich, M. N. (1991). Newsmagazine visuals and the 1988 presidential election. *Journalism Quarterly*, *68*(3), 371-380.

Morris, J. S. (2009). *The Daily Show with Jon Stewart* and audience attitude change during the 2004 Party Conventions. *Political Behavior*, *31*, 79-102.

Mostyn, B. (1985). The content analysis of qualitative research data: A dynamic approach. In M. Brenner, J. Brown & D. Cauter (Eds.), *The research interview*, pp. 115-145. London: Academic Press.

Muller, H. (1942). *Social stratification of reading*. Ph. D. dissertation, University of Chicago.

Muneo, K., & Isao, W. (2007). Ethos in chaos? Reaction to video files depicting socially harmful images in the Channel 2 Japanese internet forum. *Journal of Computer-Mediated Communication*, *12*, 1248-1268.

Naccarato, J. (1990). *Predictors of readership and recall: A content analysis of industrial ads*. Unpublished master's thesis. Cleveland State University, Cleveland, OH.

Naccarato, J. L., & Neuendorf, K. A. (1998). Content analysis as a predictive methodology: Recall, readership, and evaluations of business-to-business print advertising. *Journal of Advertising Research*, *38* (3), 19-33.

Nandy, B. R., & Sarvela, P. D. (1997). Content analysis reexamined: A relevant research method for health education. *American Journal of Health Behavior*, *21*, 222-234.

Neuendorf, K. A. (2011). Content analysis: A methodological primer for gender research. *Sex Roles*, *64*, 276-289.

Neuendorf, K. A., Brentar, J. E., & Porco, J. (1990). Media technology hardware and human sensory channels: Cognitive structures in multidimentional space. *Communication Research Reports*, *7*, 100-106.

Newhagen, J. E., Cordes, J. W., & Levy, M. R. (1995). Nightly@nbc.com: Audience scope and perception of interactivity in viewer mail on the Internet. *Journal of Communication*, *45*(3), 164-175.

Nikolaev, A. G. (2009). Images of war: Content analysis of the photo coverage of the war in Kosovo. *Critical Sociology*, *35*(1), 105-130.

Nikos, S., Emmanuel, M. & Franck, R. (2010). Does the Long Tail apply to online news? A quantitative study of French-speaking news websites. *New Media & Society*, *12*(8), 1244-1261.

Niven, D. (2003). Objective evidence on media bias: Newspaper coverage of congressional party switchers. *Journalism & Mass Communication Quarterly*, *80*(2), 311-326.

O'Callaghan, J., Dukes, J. O. (1992). Media coverage of the Supreme Court's caseload. *Journalism Quarterly*, *69*(1), 195-203.

Oerter, R., Oerter, R., Agostiani, H., Kim, H.-O., & Wibowo, S. (1996). The concept of human nature in East Asia: Etic and emic characteristics. *Culture and Psychology*, *2*, 9-51.

Odekerken-Schroder, G., De Wulf, K., Hofstee, N. (2002). Is gender stereotyping in advertising more prevalent in masculine countries? *International Marketing Review*, *19*, 408-419.

O'Grady, L. (2006). Future directions for depicting credibility in health care web sites. *International Journal of Medical Informatics*, *75*, 58-65.

Olowu, T. A. (1990). Reportage of agricultural news in Nigerian newspapers. *Journalism Quarterly*, *67*(1), 195-200.

Olsina, L., Godoy, D., Lauente, G. J., & Rossi, G. (1999). *Specifying quality characteristics and attributes for websites*. Paper presented at the First ICSE Workshop on Web engineering.

Opoku, R. A., Pitt, L. F., & Abratt, R. (2007). Positioning in cyberspace: Evaluating bestselling authors' online communicated brand personalities using computer-aided content analysis. *S. Afr. J. Bus. Manage*, *38* (4), 21-32.

Osgood, C. E. (1959). The representational model and relevant research methods. In I. de Sola Pool, *Trends in content analysis* (pp. 33-88). Urbana, IL: University of Illinois Press.

Osgood, C. E. (1974a). Probing subjective culture: Part 1. Cross-linguistic toolmaking. *Journal of Communication*, *24*(1), 21-35.

Osgood, C. E. (1974b). Probing subjective culture: Part 2. Cross-linguistic toolmaking. *Journal of Communication*, *24*(2), 82-100.

Osgood, C. E., Saporta, S., & Nunnally, J. C. (1956). Evaluative assertion analysis. *Litera*, *3*, 47-102.

Palmquist, M. E., Carley, K. M., & Dale, T. A. (1997). Applications of computer-aided text analysis: Analyzing literary and nonliterary texts. In C. W. Roberts. (Eds.), *Text analysis for the social sciences:*

Methods for drawing statistical inferences from texts and transcripts, pp. 171-189. Mahwah, NJ: Lawrence Erlbaum.

Pan, P. -L. , Meng, J. , & Zhou, S. (2010). Morality or equality? Ideological framing in news coverage of gay marriage legitimization. *The Social Science Journal*, *47*, 630-645.

Paul, M. J. (2001). Interactive disaster communication on the Internet: A content analysis of sixty-four disaster relief home pages. *Journalism & Mass Communication Quarterly*, *78*(4), 739-753.

Peter, J. , & Lauf, E. (2002). Reliability in cross-national content analysis. *Journalism & Mass Communication Quarterly*, *79*(4), 815-832.

Peterson, S. (1981). International news selection by the elite press: A case study. *The Public Opinion Quarterly*, *45*(2), 143-163.

Perreault, Jr. , W. D. , & Leigh, L. E. (1989). Reliability of nominal data based on qualitative judgments. *Journal of Marketing Research*, *26*(2), 135-148.

Pershad, D. , & Verma, S. K. (1995). Diagnostic significance of content analysis of SIS-II. *Journal of Projective Psychology and Mental Health*, *2*(2), 139-144.

Phalen, P. F. , & Algan, ECE. (2001). (Ms)taking context for content: Framing the Fourth World Conference on Women. *Political Communication*, *18*(3), 301-319.

Pileggi, M. S. , Grabe, M. E. , Holderman, L. B. , & de Montigny, M. (2000). Business as usual: The American dream in Hollywood business films. *Mass Communication and Society*, *3*, 207-228.

Poole, M. S. , & Folger, J. P. (1981). Modes of observation and the validation of interaction analysis schemes. *Small Group Behavior*, *12*, 477-493.

Popping, R. (1988). On agreement indices for nominal data. In W. E. Saris & I. N. Gallhofer (Eds.), *Sociometric research: Volume 1, data collection and scaling*, pp. 90-105. New York: St. Martin's.

Potter, W. J. , & Levine-Donnerstein, D. (1999). Rethinking validity and reliability in content analysis. *Journal of Applied Communication Research*, *27*, 258-284.

Potter, W. J. , & Smith, S. (2000). The content of graphic portrayals of television violence. *Journal of Broadcasting & Electronic Media*, *44*(2), 301-323.

Potter, W. J. , & Vaughan, M. W. (1995). How real is the portrayal of aggression in television entertainment programming? *Journal of Broadcasting & Electronic Media*, *39*(4), 496-516.

Powers, S. P. , Rothman, D. J. , & Rothman, S. (1993). Transformation of gender roles in Hollywood movies: 1946-1990. *Political Communication*, *10*(3), 259-283.

Rada, J. A. (2000). A new piece to the puzzle: Examining effects of television portrayals of African Americans. *Journal of Broadcasting & Electronic Media*, *44*(4), 704-715.

Rafaeli, S. , & Sudweeks, F. (1997). Networked interactivity. *Journal of Computer Mediated Communication*, *2*(4), Available at http://www. 207. 201. 161. 120/jcmc/vol2/issue4/rafaeli. sudweeks. html.

Ramaprasad, J. , & Hasegawa, K. (1990). An analysis of Japanese television commercials. *Journalism Quarterly*, *67*(4), 1025-1032.

Ramsey, S. (1999). A benchmark study of elaboration and sourcing in science stories for eight American newspapers. *Journalism & Mass Communication Quarterly*, *76*(1), 87-98.

Rhee, J. W. (1996). How polls drive campaign coverage: The Gallup/CNN/*USA Today* tracking poll and *USA Today*'s coverage of the 1992 presidential campaign. *Political Communication*, *13*, 213-229.

Richmond, V. P. (1990). Communication in the classroom: Power and motivation. *Communication Education*, *39*, 181-195.

Riffe, D. , Aust, C. F. , & Lacy, S. R. (1993). The effectiveness of random, consecutive day, and constructed week sampling in newspaper content analysis. *Journalism Quarterly*, *70*(1), 133-139.

Riffe, D. , & Freitag, A. (1997). A content analysis of content analyses: Twenty-five years of Journalism Quarterly. *Journalism & Mass Communication Quarterly*, *74*(3), 515-524.

Riffe, D. , Lacy, S. , & Drager, M. W. (1996). Sample size in content analysis of weekly news magazines. *Journalism & Mass Communication Quarterly*, *73*(3), 635-644.

Riffe, D. , Lacy, S. , Nagovan, J. , & Burkum, L. (1996). The effectiveness of simple and stratified random sampling in broadcast news content analysis. *Journalism & Mass Communication Quarterly*, *73*(1), 159-168.

Riffe, D. , Lacy, S. , & Robinson, K. (1995). Sample size in content analysis of weekly newspapers. *Journalism & Mass Communication Quarterly*, *72*(2), 336-345.

Roberts, C. W. (1989). Other than counting words: A linguistic approach to content analysis. *Social Forces*, *68*, 147-177.

Roberts, M., & McCombs, M. (1994). Agenda setting and political advertising: Origins of the news agenda. *Political Communication*, *11*, 249-262.

Robinson, J. P., Shaver, P. R., & Wrightsman, L. S. (1991). *Measures of personality and social psychological attitudes*. San Diego, CA: Academic Press.

Rodes, L. (1993). Role of Haitian newspapers in the United States. *Journalism Quarterly*, *70*(1), 172-180.

Rodgers, S., & Chen, Q. (2005). Internet community group participation: Psychosocial benefits for women with breast cancer. *Journal of Computer-Mediated Communication*, *10*(4). http://jcmc.indiana.edu/vol10/issue4/rodgers.html.

Rodgers, S., & Thorson, E. (2003). A socialization perspective on male and female reporting. *Journal of Communication*, *53*(4), 658-675.

Rogers, L. E., & Farace, R. V. (1975). Analysis of relational communication in dyads: New measurement procedures. *Human Communication Research*, *1*, 222-239.

Rojecki, A. (2008). Rhetorical alchemy: American exceptionalism and the war on terror. *Political Communication*, *25*, 67-88.

Rosengren, K. E. (1974). International news: Methods, data and theory. *Journal of Peace Research*. *11*(2): 145-156.

Rosengren, K. E. (1981). Advances in Scandinavia content analysis: An introduction. In K. E. Rosengren (Eds.), *Advances in content analysis*, pp.9-19. Beverly Hills, CA: Sage.

Rossow, M. D., & Dunwoody, S. (1991). Inclusion of "useful" detail in newspaper coverage of a high-level nuclear waste siting controversy. *Journalism Quarterly*, *68*(1/2), 87-100.

Rothbaum, F., & Xu, X. (1995). The theme of giving back to parents in Chinese and American Songs. *Journal of Cross-Cultural Psychology*, *26*(6), 698-713.

Ruihley, B. J., Runyan, R. C., & Lear, K. E. (2010). The use of sport celebrities in advertising: A replication and extension. *Sport Marketing Quarterly*, *19*(3), 132-142.

Rusciano, F. L. (1997). First- and Third-world newspapers on world opinion: Imagined communities in the cold war and post-cold war eras. *Political Communication*, *14*, 171-190.

Salomon, G. (1987). *Interaction of media, cognition, and learning*. San Francisco: Jossey-Bass.

Sande, O. (1971). The perception of foreign news. *Journal of Peace Research*. *8*(3/4), 221-237.

Schulman, P., Castellon, C., & Seligman, M. E. P. (1989). Assessing explanantory style: The content analysis of verbatim explanations and the attribution style questionnaire. *Behavioral Research and Therapy*, *27*, 505-512.

Schulz, W. (2008). Content analyses and public opinion research. In W. Donsbach and M. W. Traugott (Ed.), *The SAGE handbook of public opinion research*, pp.348-357. Thousand Oaks, CA: Sage.

Schwalbe, C. B., Silcock, B. W., & Keith, S. (2008). Visual framing of the early weeks of the U. S. -led invasion of Iraq: Applying the master war narrative to electronic and print images. *Journal of Broadcasting & Electronic Media*, *52*(3), 448-464.

Scott, W. A. (1955). Reliability of content analysis: The case of nominal scale coding. *Public Opinion Quarterly*, *19*, 321-325.

Sebeok, T. A., & Zeps, V. J. (1958). An analysis of structured content with application of electronic computer research in psycholinguistics. *Language and Speech*, *1*, 181-193.

Semetko, H. A., & Valkenburg, P. M. (2000). Framing European politics: A content analysis of press and television news. *Journal of Communication 50*, 93-109.

Sengupta, S. (1996). Understanding consumption related values from advertising: A content analysis of television commercials from India and the United States. *Gazette*, *57*, 81-96.

Shanahan, J., & McComas, K. (1997). Television's portrayal of the environment: 1991-1995. *Journalism & Mass Communication Quarterly*, *74*(1), 147-159.

Shapiro, G., Markoff, J., & Weitman, S. R. (1973). Quantitative studies of the French revolution. *History and Theory*, *12*(2), 163-191.

Sheehan, K. B. (2007). Direct-to-consumer (DTC) branded drug web sites: Risk presentation and implications for public policy. *Journal of Advertising*, *36*(3), 123-135.

Shoemaker, P. J., Breen, M. J., & Wrigley, B. J. (1998). *Measure for measure: Comparing methodologies for determining newspaper exposure*. Paper presented at annual conference of the International Communication Association. Jerusalem.

Shoemaker, P. J., Danielian, L. H., & Brendlinger, N.

(1991). Deviant acts, risky business and US interests: The newsworthiness of world events. *Journalism Quarterly*, *68*(4), 781-795.

Simmons, B. K., & Lowry, D. N. (1990). Terrorists in the news, as reflected in three news magazines, 1980-1988. *Journalism Quarterly*, *67*(4), 692-696.

Singer, E., Endreny, P., & Glassman, M. B. (1991). Media coverage of disasters: Effect of geographic location. *Journalism Quarterly*, *68*(1/2), 48-58.

Singer, J. B. (2001). The metro wide web: Changes in newspapers' gatekeeping role online. *Journalism & Mass Communication Quarterly*, *78*(1), 65-80.

Singer, J. D. (1964). Soviet and Americna foreign policy attitudes: A content analysis of elite articulations. *Journal of Conflict Resolution*, *8*, 424-485.

Singh, N., & Baack, D. W. (2004). Web site adaptation: A cross-cultural comparison of U. S. and Mexican web sites. *Journal of Computer-Mediated Communication*, *9*(4). Available at http://jcmc. indiana. edu/vol9/issue4/singh_baack. html.

Signorielli, N. (2003). Prime-time violence 1993-2001: Has the picture really changed? *Journal of Broadcasting & Electronic Media*, *47*(1), 36-57.

Signorielli, N., McLeod, D., & Healy, E. (1994). Gender stereotypes in MTV commercials: The beat goes on. *Journal of Broadcasting & Electronic Media*, *38*, 91-101.

Skill, T., & Robinson, J. D. (1994). Four decades of families on television: A demographic profile, 1950-1989. *Journal of Broadcasting & Electronic Media*, *38*(4), 449-464.

Slater, M. D., Hayes, A. F., Reineke, J. B., Long, M., & Bettinghaus, E. P. (2009). Newspaper coverage of cancer prevention: Multilevel evidence for knowledge-gap effects. *Journal of Communication*, *59*(3), 514-533.

Smith, A. M. (1999). *Girls on film: Analysis of women's images in contemporary American and "Golden Age" Hollywood films*. Unpublished master's thesis, Cleveland State University, Cleveland, OH.

Smith, S. L., & Boyson, A. R. (2002). Violence in Music Videos: Examining the Prevalence and Context of Physical Aggression. *Journal of Communication*, *3*, 61-83.

Smith, S. W., Smith, S. L., Pieper, K. M., Yoo, J. H., Ferris, A. L., Downs, E., & Bowden, B. (2006). Altruism on American television: Examining the amount of, and context surrounding, acts of helping

and sharing. *Journal of Communication*, *56*(4), 707-727.

Smyrnaios, N., Marty, E., & Rebillard, F. (2010). Does the Lng Tail apply to online news? A quantitative study of French-speaking news websites. *New Media & Society*, *12*(8), 1244-1261.

Sparkman, R. (1996). Regional geography, the overlooked sampling variable in advertising content analysis. *Journal of Current Issues and Research in Advertising*, *18*(2), 53-57.

Stein, L. (2009). Social movement web use in theory and practice: A content analysis of US movement websites. *New Media & Society*, *11*(5), 749-771.

Stempel III, G. H. (1955). Increasing reliability in content analysis. *Journalism Quarterly*, *32*(4), 333-334.

Stevens, S. S. (1951). Mathematics, measurement, and psychophysics. In S. S. Stevens (Eds.), *Handbook of experimental psychology*, pp. 1-49. New York: John Wiley.

Stone, G., & Lee, J. (1990). Portrayal of journalists on prime time television. *Journalism Quarterly*, *67*(4), 697-707.

Stoodley, B. (1960). Bias in reporting the FCC investigation. *Public Opinion Quarterly*, *24*(1), 92-98.

Stout, P. A., & Moon, Y. S. (1990). Use of endorsers in magazine advertisements. *Journalism Quarterly*, *67*(3), 536-546.

Strodthoff, G. G., Hawkins, R. P., & Schoenfeld, A. C. (1985). Media roles in a social movement: A model of ideology diffusion. *Journal of Communication*, *35*(2), 134-153.

Sumpter, R. S., & Braddock, M. A. (2002). Source use in a 'news disaster' account: A content analysis of voter news service stories. *Journalism & Mass Communication Quarterly*, *79*(3), 539-558.

Sung, Y., & Hennink-Kaminski, H. J. (2008). The Master Settlement Agreement and visual imagery of cigarette advertising in two popular youth magazines. *Journalism & Mass Communication Quarterly*, *85*(2), 331-352.

Swain, K. A. (2003). Proximity and power factors in Western coverage of the sub-Saharan AIDS crisis. *Journalism & Mass Communication Quarterly*, *80*(1), 145-165.

Sweency, K., & Whissell, C. (1984). A dictionary of affect in language: 1. Establishment and preliminary validation. *Perceptual and Motor Skills*, *59*, 695-698.

Taeuber, I. B. (1932). Changes in content and presentation in Minnesota weekly newspapers, 1860-1929. *Journalism Quarterly*, *9*, 281-289.

Tamborini, R., Mastro, D. E., Chory-Assad, R. M., & Huang, R. H. (2000). The color of crime and the court: A content analysis of minority representation on television. *Journalism & Mass Communication Quarterly*, *77*(3), 639-653.

Tapper, J., Thorson, E., & Black, D. (1994). Variations in music videos as a function of their musical genre. *Journal of Broadcasting & Electronic Media*, *38*(1), 103-114.

Taylor, C. R., & Stern, B. B. (1997). Asian-Americans: Television advertising and the "model minority" stereotype. *Journal of Advertising*, *26*(2), 47-61.

Thomas, S., & Sam, W. (1990). Family interactions on primetime television: A descriptive analysis of assertive power interactions. *Journal of Broadcasting & Electronic Media*, *34*, (3), 243-262.

Tiemens, R. (1978). Television's portrayal of the 1976 presidential debates: An analysis of visual content. *Communication Monographs*, *45*(4), 362-370.

Tremayne, M., Weiss, A. S., & Alves, R. C. (2007). From product to service: The diffusion of dynamic content in online newspapers. *Journalism & Mass Communication Quarterly*, *84*(4), 825-839.

Tomasello, T. K. (2001). The status of internet-based research in five leading communication journals, 1994-1999. *Journalism & Mass Communication Quarterly*, *78*(4), 659-674.

Turley, L. W., & Kelley, S. W. (1997). A comparison of advertising content: Business to business versus consumer services. *Journal of Advertising*, *26*(4), 39-48.

Ullrich, P., Wollbrück, D., Danker, H., & Singer, S. (2010). Evaluation of psycho-social training for speech therapistsin oncology. Impact on general communication skills and empathy. A qualitative pilot study. *J Canc Educ*, *10*, 104-111.

Valkenburg, P. M., Semetko, H. A. & De Vreese, C. H. (1999). The effects of news frames on readers' thoughts and recall. *Communication Research 26*(5), 550-569.

Van Belle, D. A. (2000). *New York Times* and network TV news coverage of foreign disasters: The significance of the insignificant variables. *Journalism & Mass Communication Quarterly*, *77*(4), 50-70.

Voakes, P. S., Kapfer, J., Kurpius, D., & Chern, D. S. -Y. (1996). Diversity in the news: A conceptual and methodological framework. *Journalism & Mass*

Communication Quarterly, *73*(3), 582-593.

Voltmer, (2000). Constructing political reality in Russia: *Izvestiya* -Between old and new journalistic practices. *European Journal of Communication*, *15*(4), 469-500.

Vincent, J. -L. (1997). Communication in the ICU. *Intensive Care Medicine*, *23*, 1093-1098.

Walgrave, S., & Swert, K. D. (2004). The making of the (issues of the) Vlaams Blok. *Political Communication*, *21*(4). 479-500.

Ward, L. M. (1995). Talking about sex: Common themes about sexuality in the prime-time television programs children and adolescents view most. *Journal of Youth and Adolescence*, *24*, 595-615.

Watt, J. H., Jr., & Welch, A. J. (1983). Effects of static and dynamic complexity on children's attention and recall of televised instruction. In J. Bryant & D. R. Anderson (Eds.), *Children's understanding of television: Research on attention and comprehension*, pp. 69-102. New York: Academic Press.

Weare, C., & Lin, W. Y. (2000). Content analysis of the World Wide Web: Opportunities and challenges. *Social Science Computer Review*, *18*(3), 272-292.

Weber, R. P. (1984). Computer-generated content analysis: A short primer. *Quarlitative Sociology*, *7*, 126-174.

Wheelock, A., Haney, W., & Bebell, D. (2000). What can student drawings tell us about high-stakes testing in Massachusetts? *TCRecord. org*. Available at: http://www. tcrecord. org/Content. asp? ContentID = 10634.

Whissell, C. (1996). Traditional and emotional stylometric analysis of the songs of Beatles Paul McCartney and John Lennon. *Computers and the Humanities*, *30*, 257-265.

Whissell, C. (2000). Phonoemotional profiling: A description of the emotional flavour of English texts on the basis of the phonemes employed in them. *Perceptual and Motor Skills*, *91*, 875-888.

Wilhoit, G. C. (1981). Introduction, in Wilhoit, G. C., & H. de Bock (Eds.), Mass communication review yearbook vol. 2. Beverly Hills, CA: Sage.

Willnat, L., & Zhu, J. -H. (1996). Newspaper coverage and public opinion in Hong Kong: A time-series analysis of media priming. *Political Communication*, *13*(2), 231-246.

Wilson, B. J., Colvin, M. C., & Smith, S. L. (2002). Engaging in violence on American television: A comparison of child, teen, and adult perpetrators. *Journal* of Communication, 52(1), 36-60.

Wilson, B. J., Smith, S. L., Potter, W. J., Kunkel, D., Linz, D., Colvin, C. M., & Donnerstein, E. (2002). Violence in children's television programming: Assessing the risks. *Journal of Communication*, 52(1), 5-35.

Wilson, C. T., & Fletcher, P. C. (2002). Dealing with colon cancer: One woman's emotional journey. *Clinical Nurse Specialist*, 16, 298-305.

Windhauser, J. W., & Stempel III, G. H. (1979). Reliability of six techniques for content analysis of local coverage. *Journalism Quarterly*, 5(1), 148-152.

Wirth, W., Matthes, J., Schemer, C., Wettstein, M., Friemel, T., Hänggli, R., & Siegert, G. (2010). Agenda building and setting in a referendum campaign: Investigating the flow of arguments among campaigners, the media, and the public. *Journalism & Mass Communication Quarterly*, 87(2), 328-345.

Wittebols, J. H. (1996). News from the noninstitutional world: U. S. and Canadian television news coverage of social protest. *Political Communication*, 13(3), 345-361.

Wu, H. D. (2000). Systemic determinants of international news coverage: A comparison of 38 countries. *Journal of Communication*, 50(2), 110-130.

Wu, H. D., & Bechtel, A. (2002). Web site use and news topic and type, *Journalism and Mass Communication Quarterly*, 79(1), 73-86.

Wyant, R., & Herzog, H. (1941). Voting via the senate mailbag. *Public Opinion Quarterly*, 5, 359-382, 590-624.

Xenos, M. (2008). New mediated deliberation: Blog and press coverage of the Alito nomination. *Journal of Computer-Mediated Communication*, 13, 485-503.

Yanovitzky, I., & Blitz, C. L. (2000). Effect of media coverage and physician advice on utilization of breast cancer screening by women 40 years and older. *Journal of Health Communication*, 5, 117-134.

Yoon, Y. (2005). Examining journalists' perceptions and news coverage of stem cell and cloning organizations. *Journalism & Mass Communication Quarterly*, 82(2), 281-300.

Young, J., & Foot, K. (2005). Corporate e-recruiting: The construction of work in Fortune 500 recruiting web sites. *Journal of Computer-Mediated Communication*,

11(1), 44-71. Available at http://jcmc. indiana. edu/vol11/issue1/young. html.

Yu, X. (1997). What does China want the world to know: A content analysis of CNN World Report sent by the People's Republic of China. *International Communication Gazette*, 58, 173-187.

Zhou, X. (2004). E-Government in China: A content analysis of national and provincial websites. *Journal of Computer-Mediated Communication*, 9(4). Available at http://jcmc. indiana. edu/vol9/issue4/zhou. html.

Zhou, X. (2008). Cultural dimensions and framing the Internet in China: A cross-cultural study of newspapers' coverage in Hong Kong, Singapore, the US and the UK. *International Communication Gazette*, 70(2), 117-136.

Zhou, X., Chan, Y.-Y., & Peng, Z.-M. (2008). Deliberativeness of online political discussion: A content analysis of the *Guangzhou Daily* website. *Journalism Studies*, 9(5), 759-770.

Ziegler, D., & White, A. (1990). Women and minorities on network television news: An examination of correspondents and newsmakers. *Journal of Broadcasting & Electronic Media*, 34(2), 215-223.

Zillmann, D., Chen, L., Knobloch, S., & Callison, C. (2004). Effects of lead framing on selective exposure to Internet news reports. *Communication Research 30*, 58-81.

Zillmann, D., Johnson, R. C., & Day, K. D. (2000). Attribution of apparent arousal and proficiency of recovery from sympathetic activation affecting excitation transfer to aggressive behavior. In E. T. Higgins & A. W. Kruglanski (Eds.), *Motivational science: Social and personality perspectives*, pp. 416-424. Philadelphia: Psychology Press/Taylor & Francis.

Zinkhan, G. M., Qualls, W. J., & Biswas, A. (1990). The use of blacks in magazine and television advertising: 1946 to 1986. *Journalism Quarterly*, 67(3), 547-553.

Zullow, H. M. (1991). Pessimistic rumination in popular songs and newsmagazines predict economic recession via decreased consumer optimism and spending. *Journal of Economic Psychology*, 12, 501-526.

Zwick, R. (1988). Another look at interrater agreement. *Psychological Bulletin*, 103, 374-378.

附　录

附录一

五份国际期刊 20 年内容分析研究论文调查介绍

　　为了解内容分析法在国外新闻传播学领域中应用的发展历程和研究现状,笔者在教育部人文社科基金资助下曾对 SSCI 收录的新闻传播学领域五份国际权威期刊 20 年内发表的运用了内容分析方法或结合了其他研究方法的原创研究论文进行了内容分析。目的是想通过考察国外期刊中内容分析法的运用案例,发现内容分析法应用的演进特点,总结可资借鉴之处,探索演进和发展的趋势,以期为国内内容分析法研究提供启示。笔者运用学术研究图书馆(Academic Research Library)、传播和大众传媒全文数据库(Communication and Mass Media Complete)和 SAGE 全文数据库(SACE Full-Text Collections)等三大数据库进行相关研究论文搜索。

　　笔者在进行大规模内容分析前,首先以 1993 年和 2008 年作为起始和终止年,以网络传播研究为主题,搜取 SSCI 收录的五家权威刊物 *Journalism & Mass Communication Quarterly*, *Journal of Communication*, *Journal of Broadcasting & Electronic Media*, *New Media & Society*, *Journal of Computer-Mediated Communication*,初步对内容分析法在网络研究中的应用进行本课题的前期调查。[1] 在进行专题研究的

1　相关研究成果见于:1)周翔.内容分析法在网络传播研究中的抽样问题——以五本国际期刊为例,1998—2008[J].国际新闻界.2010,8:86-92;2)周翔.内容分析法在国外网络研究中的应用 16 年文献研究——对 1993—2008 年五种 SSCI 新闻传播学国际权威期刊的考察[C].新闻春秋(第十二辑).2010,365-372.南京师范大学出版社.

同时,充分了解相关国际期刊论文在现有电子期刊数据库中的收录情况,并对本课题研究所运用的内容分析编码表进行预测试,以便及时调整后续研究的进程和编码内容。

基于前期的预先研究情况,最终确定考察 20 年来(以 1991 年为考察起始年,2010 年为终止年)SSCI 收录的五份国际权威刊物,分别是 *Journal of Communication*、*Journalism & Mass Communication Quarterly*、*Journal of Broadcasting & Electronic Media*、*Political Communication* 和 *Journal of Advertising*,涉及新闻传播学几个重要领域。

《传播学季刊》(*Journal of Communication*)是国际传播学会的旗舰刊物,创办于 1951 年,期刊立足于广泛的研究视野,刊登传播学领域研究的重要理论和研究的学术论文以及书评,对所有的传播专家和传播政策制定者而言都是必读的重要刊物。《新闻与大众传播季刊》(*Journalism & Mass Communication Quarterly*)创办于 1975 年,是全美新闻与大众传播教育学会的旗舰季刊;致力于新闻与大众传播领域内的研究,每个议题重点刊载原创性论文,呈现出在传播学、国际传播学、新闻史以及社会和法律问题等方面的最新理论及方法论的研究。《广播电视与电子媒体学刊》(*Journal of Broadcasting & Electronic Media*)创办于 1956 年,是广播电视教育协会出版的学术型季刊,关注电子媒介的新发展、新潮流和最新的研究。《政治传播》(*Political Communication*)是由美国政治科学协会和国际传播协会的政治传播部门赞助的跨学科的国际季刊,内容涉及政治学与传播学的交叉研究;突出政治学和传播学两个学科交集的尖端研究,反映了网络快速变化和传播政策急速地在全球范围扩散的现状。该期刊欢迎所有的研究方法和分析观点,能够更进一步地全面地了解政治传播的实践、过程和政治影响的各种形式。《广告学刊》(*Journal of Advertising*)创刊于 1972 年,是美国广告学会的广告杂志。内容涉及商业、传播与媒体、心理学、商业心理学、心理学与精神病学、销售与市场营销、社会学与社会工作等领域。

此项内容分析调查按照内容分析法的基本步骤框架构建编码表,根据关键词搜索,辅以标题和摘要的阅读,获取研究限定的这 20 年时段内五份期刊发表的所有运用内容分析法的研究论文共计 588 篇。考察内容涉及论文出版年代分布、研究对象的传播语境、内容分析研究涉及的传播平台类型、研究所采用的理论框架或核心概念、研究主题、研究目的以及内容分析法各个关键步骤的组成等方面。具体编码表如下:

内容分析研究项目编码表

1.篇目编号：   2.编码员：

3.刊物：

    1）Journalism & Mass Communication Quarterly

    2）Journal of Communication

    3）Journal of Broadcasting & Electronic Media

    4）Political Communication

    5）Journal of Advertising

4.刊登年份：   5.刊登卷期数：

6.论文标题：

7.传播语境：

    1）大众传播   2）人际传播   3）组织传播

    4）其他（注明：_____）

8.媒体平台：

    1）传统媒体（可多选）：

       a）报纸   b）杂志   c）电视   d）广播   e）通讯社

    2）新媒体（可多选）：

       a）万维网页面（网站）   b）BBS论坛   c）博客   d）播客

       e）新闻组   f）邮件   g）手机

       h）其他（注明：_____）

9.有无明确的理论框架：   1）有   2）无

   9.1.如选择1），理论框架是_____

10.核心概念（可多个）：_____

11.研究主题：

_____

12.内容分析应用的目的（单选题，以主要主旨或最终目的为判断标准）：

    1）描述内容特征和/或风格特征

    2）揭示传播内容的发展倾向和趋势（包括跟踪学术发展）

    3）比较和评价不同媒介或传播层次的内容特征

    4）揭示传播内容的国际差异

    5）比较媒介内容与社会现实或检查传播内容是否与目标相吻合

    6）测量传播材料的可读性

    7）推断传播效果

    8）辅助研究操作或方法论研究

    9）探索影响传播内容的因素及其与内容的关系

    10）推断作品的作者

    11）其他（注明：_____）

13. 有无明确提出研究问题：1）有　　2）无

14. 有无明确提出研究假设：1）有　　2）无

15. 是否结合其他方法：1）是　　2）否

　　如选择 1），是与什么方法结合？＿＿＿＿＿＿＿＿＿＿＿＿＿

16. 是否使用媒介外数据（即传播内容外的数据）：　　　1）是　　2）否

　　如选择 1），是什么数据？＿＿＿＿＿＿＿＿＿＿＿＿＿＿＿＿＿

17. 所分析的媒体实体（title）的选择方法和理由：＿＿＿＿＿＿＿＿＿

18. 分析单位类型（单选题；如有多种,选择"其他"）：

　　1）独立完整的文字篇章（如一则新闻、帖子、研究文章等）

　　　（请具体注明：＿＿＿＿＿＿＿＿＿）

　　2）词、句子或段落

　　　（请具体注明：＿＿＿＿＿＿＿＿＿）

　　3）内容主题（theme）

　　4）独立完整的视觉单位（如一则广告、一张图片、一个电视节目）

　　　（请具体注明：＿＿＿＿＿＿＿＿＿）

　　5）人物

　　6）内容结构设计要素和特征（如场景、镜头、网站、网页、超链接等）

　　　（请具体注明：＿＿＿＿＿＿＿＿＿）

　　7）其他（请具体注明：＿＿＿＿＿＿＿＿＿）

19. 分析对象类型（单选题；如有多种,选择"其他"）：

　　1）内容结构特征、网站架构类别和特征、交互性等

　　2）具体内容（新闻、广告、帖子等形式和内容）

　　3）其他（注明：＿＿＿＿＿＿＿＿＿）

20. 时间框：＿＿＿＿＿＿＿＿＿

21. 编码对象采集方式：＿＿＿＿＿＿＿＿＿

22. 编码分析对象（指最后用于编码的对象）：　1）总体　　2）样本

　　22.1. 如选择 1），总体量：＿＿＿＿＿＿＿＿＿，然后直接跳至第 26 题。

23. 抽样框（没有的话就填"无"）：＿＿＿＿＿＿＿＿＿

　　23.1. 抽样框获取的方式（可多种）：＿＿＿＿＿＿＿＿＿

24. 样本量：＿＿＿＿＿＿＿＿＿

25. 抽样方法的运用（可多选）：

　　1）随机抽样。请具体注明：＿＿＿＿＿＿＿＿＿

　　2）非随机抽样。请具体注明：＿＿＿＿＿＿＿＿＿

　　3）未指明

26. 编码员：＿＿＿＿＿＿名（或未具体说明多少 ＿＿＿＿＿＿＿＿＿）

27. 有无说明编码员培训： 1）有　　2）无

28. 信度测试的样本量：_____（或未具体说明多少 _____）

29. 信度测试方法（可多选）：

　　1）百分比一致性

　　2）Holsti's intercoder reliability

　　3）Scott's *pi*

　　4）Perreault and Leigh's reliability index

　　5）Cohen's *kappa*

　　6）Krippendorf's *alpha*

　　7）其他（注明：_____）

　　8）未指明

30. 统计方法（可多选）：

　　30.1 描述性统计种类数 _____（用了多少种就填多少种, 统计总数）

　　　　1）计数或频率

　　　　2）实数

　　　　3）百分比

　　　　4）均值（M, mean, average）

　　　　5）标准差（SD）

　　　　6）排序

　　　　7）皮尔森系数（仅汇报系数, 而无显著性检验）

　　　　8）其他（注明：如最大值, 最小值, 方差, 其他相关系数, Cronbach's alfa 等, _____）

　　30.2 推断性统计种类数 _____（用了多少种就填多少种, 统计总数）

　　　　1）卡方检验

　　　　2）皮尔森相关检验

　　　　3）斯皮尔曼检验

　　　　4）ANOVA

　　　　5）MANOVA

　　　　6）*t* 检验

　　　　7）其他（注明：如线形回归, 多元线性回归, logistic 回归, 因子分析, 判别分析, 聚类分析等, _____）

附录二

内容分析研究实例展示

A　研究介绍和评述

论文标题

Cultural dimensions and framing the Internet in China: A cross-cultural study of newspapers' coverage in Hong Kong, Singapore, the US and the UK. （文化维度与框架化中国互联网：对中国香港、新加坡、美国和英国报纸新闻报道的跨文化比较分析）[1]

论文摘要

本论文将霍夫斯泰德的文化维度引入新闻框架理论研究，对中国香港、新加坡、美国和英国在 2000 年至 2004 年对中国互联网的新闻报道进行跨文化比较分析。在互联网相关议题显著性和新闻框架使用这两方面存在着跨文化差异性。logistic 回归分析显示文化维度对新闻框架的呈现具有交互作用影响，其文化影响方式因应不同类型的新闻框架（如人情味、冲突、责任、道德及经济后果等框架）而不同。本研究的另一发现是长期与短期定向这一文化维度在多数新闻框架的出现上起到了显著作用。

研究思路和研究设计

一、现实背景与研究选题

在中国，互联网一直是信息革命的前沿阵地。互联网是整个信息通讯技术

1　这篇论文的初稿曾经在美国新闻与大众传播教育协会（AEJMC）2006 年年会（2006 年 8 月在美国加州旧金山举行）的国际传播分会上宣读。后发表于由 SAGE 出版公司出版的国际传播研究领域的权威刊物 *International Communication Gazette*，2008 年第 70 卷第 2 期，第 117-136 页。笔者要感谢田纳西大学传播信息学院的两位教授凯瑟琳·路德（Catherine Luther）博士和多罗茜·鲍尔斯（Dorothy Bowles）博士，他们的建议和帮助使得这项研究计划能够顺利完成。（本部分介绍并非原文的直接翻译，而是重在整体研究思路、研究方法和研究结果呈现方式的说明和展示上。正文"研究方法"和"数据分析结果"部分由原汕头大学长江新闻与传播学院研究生李文静翻译，笔者校对。）

(ICT)部门的关键部分,在中国政府的政策议程中,互联网更是国家建立信息基础设施的重中之重。然而,对于中国而言,互联网却是一柄双刃剑:一方面信息化被政府视为中国未来的经济增长和国际竞争力的关键,中国政府力图在全国范围内全面实现基于互联网技术的信息化;另一方面,政府又以严格的技术监管从信息基础设施的层面全面控制互联网,减少全球网络互联可能带来的负面影响。这种互联网管理理念与西方一些国家如美国"免于管控"的主张大相径庭。涉及社会诸多方面的互联网问题,已经引起中国政府、媒体以及国内外学术圈的密切关注。由于互联网治理问题不但涉及国家政治体系,而且与一个社会的文化理念也密切相关,因此,有关中国互联网的研究话题非常适合跨文化研究。中国政府对互联网的政治管控与信息自由流动的原则之间的矛盾,为框架研究提供了良机,因为自框架研究伊始就一直贯穿着对权力与意识形态的关注、分析和解说。

基于如上背景,笔者希望借由考察具有不同文化和政治体系的国家对中国互联网的报道,来分析新闻报道中的政治偏向以及新闻框架在报道中的不同呈现模式,并进而推断这种偏向与呈现模式背后可以解释的文化因素。

二、理论框架与研究学理基础

由于本研究的关注焦点是中国互联网及其与之相关议题如何在媒体中得以呈现,以及不同国家和地区的文化意识形态因素如何与这种媒体报道倾向和新闻框架呈现相关,因此笔者主要引入三种理论作为本研究的框架支撑和学理基础:

1.舒梅克和里兹的多层分级模型

舒梅克和里兹于1996年提出一个颇具内凝力的媒介内容影响因素多层分级模型。该模型将已知的媒介影响因素融入到一个更为系统的对媒介内容及其影响因素之间关系的各种相互关联的说明中。舒梅克和里兹认为,将媒介研究中提出的各种影响媒介内容的因素进行融合,会使人们对大众媒介的社会作用的认识更为丰富和全面。[1] 这个多层分级模型包括个人、媒介惯例、组织、媒介外部因素和意识形态等五个层面,每层因素对内容都有各自的影响,而每层的影响力都受到上一层级的制约。模型中,个体传播者处在中心地位,包括个人态度和媒介工作人员倾向性等因素的影响。这个环节以同心圆的方式向外扩展到另一层面即媒介工作惯例(比如交稿期限、采访范围体系、新闻价值观以及官方消息来源等)。下一个环节包括组织层面上的对内容的影响(比如公司政策、政治认可和社论立场等)。这个模式下一个更广的层面是媒介外部影响,比如说经济环境影响、市场、文化和国家变量、公共关系活动等。最为广泛的层面就是意识形态和社会文化因素造成的影响,例如社会对变异(deviance)和常态(normalcy)的定义,或者社

1 Shoemaker, P. J. , & Reese, S. D. (1996). *Mediating the message: Theories of influence on mass media content*. New York: Longman. p. 261,271.

会内部权力中心的影响。几年后舒梅克和几位同事检验了该模型的一个假设,将个体因素的影响与媒介惯例影响进行了对比。[1] 但他们的检验仍然处在多级分层模型中的较低级别,还很少有实证研究检验模型中较高层次因素的影响的显著性,尽管它们在媒介内容建构上可能会更重要,特别是当涉及不同社会的比较研究时。其中一个主要困难就是如何去衡量和验证宏观层面上的影响因素与媒介内容的关系。因此,本研究的一个主题就是从文化意识形态这个层面入手,深入分析舒梅克和里兹模式中影响新闻报道的因素,并在不同的社会和国家之间进行研究。

2. 框架理论

该理论或者说研究路径已经成为媒介内容研究的一大重要参考框架。舍弗勒辨析了在框架研究中可以得到检验的四个截然不同的过程:框架构建(frame-building)、框架设置(frame-setting)、个人层面上的框架化结果以及从受众到记者的反馈圈。[2] 中间的两个过程与媒介框架对受众框架的影响相关,媒介框架在这两个过程中通常作为自变量。研究者对框架给受众带来的影响表现出极大兴趣,[3] 从而导致了卡拉基和罗福斯所批评的框架化这一理论概念已只局限于媒介效果研究这样的状况。[4] 相比之下,舍弗勒所指出的另外两个过程——框架建构以及从观众到记者的反馈圈——却很大程度上被边缘化了,尽管以往研究者已经从概念上识别和考察了影响新闻写作和选材的外在和内在因素。一些类似于"为什么某些框架会主导新闻文本或话语而其他的框架却没有"这样的问题,在很大程度上是被忽视了。从实证检验这方面来看,新闻框架化研究并没有明确地将媒

1　Shoemaker, P. J., Eichholz, M., Kim, E., & Wrigley, B. (2001). Individual and routine forces in gatekeeping. *Journalism & Mass Communication Quarterly*, 78(2), 233-246.

2　1) Scheufele, D. A. (1999). Framing as a theory of media effects. *Journal of Communication*, 49(1), 103-122;2) Scheufele, D. A. (2000). Agenda-setting, priming, and framing revisited: Another look at cognitive effects of political communication. *Mass Communication & Society*, 3(2-3), 297-316.

3　研究实例如:1) Iyengar, S. (1991). *Is anyone responsible? How television frames political issues*. Chicago: University of Chicago Press;2) Iyengar, S., & Simon, A. (1993). News coverage of the gulf crisis and public opinion a study of agenda-setting, priming, and framing. *Communication Research*, 20(3), 365-383;3) McLeod, D. M., & Detenber, B. H. (1999). Framing effects of television news coverage of social protest. *Journal of Communication*, 49(3), 3-23;4) Price, V., Tewksbury, D., & Powers, E. (1997). Switching trains of thought the impact of news frames on readers' cognitive responses. *Communication Research*, 24(5), 481-506;5) Valkenburg, P. M., Semetko, H. A., & De Vreese, C. H. (1999). The effects of news frames on readers'thoughts and recall. *Communication Research*, 26(5), 550-569;6) Zillmann, D., Chen, L., Knobloch, S., & Callison, C. (2004). Effects of lead framing on selective exposure to internet news reports. *Communication Research*, 31(1), 58-81.

4　Carragee, K. M., & Roefs, W. (2004). The neglect of power in recent framing research. *Journal of Communication*, 54(2), 214-233.

介框架与哪些影响因素联系起来;正如舍弗勒所说:"还没有任何系统的证据搜集,从框架化方面来说明各种因素是如何影响新闻的结构特性的。"[1]

因此,本研究将注意力集中在框架建构这一过程上,也即通过媒介将客观现实转化为新闻框架的过程,来考察不同文化维度的综合影响在多大程度上能解释不同的新闻框架的呈现。具体而言,本研究中的客观现实是中国的互联网,包括学者提出探讨的各种议题,如互联网的传播和使用、互联网审查、电子商务、互联网对中国的影响以及其他议题。"框架化"这个术语是指对各种与中国互联网相关的事件和议题的选择与报道呈现的过程。相应地,作为框架化结果的新闻框架,就是指用来呈现与中国互联网相关的新闻报道的总体方式。在这种情况下,一种框架就是一个阐释工具,记者借此理解中国互联网。

3.霍夫斯泰德的文化维度[2]

本研究将新闻框架的使用以及影响媒介内容的因素置于文化维度的语境下进行验证,以此考察一个社会的普遍文化价值倾向如何与新闻报道的框架化(framing)和通用新闻框架(generic news frames)相关联的。其潜在的前提假设是,一个特定社会中的大众文化特征使这个社会中的人们会在认识和反映问题上呈现出某种类似性,可能会在某些问题上以相似的理解、思想和期待进行相似的思考和行动。存在于不同国家的社会文化环境中的不同价值观为新闻中特定问题的理解提供了潜在的基本理由。具体到本研究而言,假定文化价值观会对新闻报道工作者对中国互联网的认知产生影响,进而反映在其对中国互联网的媒介呈现和新闻框架上。

比如,新加坡政府曾制定了一张列表,对本国所共享的亚洲和西方的价值观进行了好坏区分。[3] 在这些被新加坡认为"好"的西方价值观中,包含"基于民主的政治体系"、"法治"以及"人人机会平等的平等信念"。而新加坡认为"坏"的价值观是"极端物质主义和享乐主义"、"入不敷出"、"过度强调个人权益,不在意社区和国家利益"以及"无法为长期利益放弃眼前利益"等。与美国人相比,这些共同的价值观可能使新加坡人对政府的角色产生强大的信念,并减少对与个人身份荣耀相关的符号和行为的强调。这些差异被认为会对新闻框架产生影响。

自从霍夫斯泰德出版了他的开创性著作之后,文化维度理论推动了跨文化研

1　Scheufele, D. A. (1999). Framing as a theory of media effects. *Journal of Communication*, *49* (1), 103-122.

2　1)Hofstede, G. (1980). *Culture's consequences: International differences in work-related values*. Beverly Hills: Sage;2)Hofstede, G. (2001). *Culture's consequences: Comparing values, behaviors, institutions and organizations across nation*. Thousand Oaks: Sage.

3　Stravens, F. (1996). Advertising in Singapore. In K. T. Frith (Ed.). *Advertising in Asia: Communication, culture, and consumption*. Ames, IA: Iowa State University Press.

究的发展。20 世纪 90 年代以来,尽管众多研究在对比不同国家的广告时采用了这一理论框架,但是很少有学者将文化维度应用于新闻框架研究中。因此,本研究具有一定的探索性,它将考察这样一个理论框架是否适合于新闻框架研究,如果适用,适用到什么程度。纳入考察范围的文化维度有四个:权力距离(power distance)、不确定性规避(uncertainty avoidance)、个人主义与集体主义(individualism/collectivism),以及后来研究引入的长期和短期定向(long-/short-term orientation)。[1] 男性化与女性化这一维度没有纳入本研究,因为它所涉及的是社会中的性别地位(一个社会里的性别角色的扮演),与本项研究无关。本研究的主要精力放在围绕互联网使用、审查制度和实践结果而产生的有争议的问题以及具有潜在政治和文化意义的问题上。

三、研究问题

由于本项研究的探索性,因此没有提出具体的研究假设,这样可以开放性地讨论文化维度与新闻报道如何关联的问题。针对中国互联网的新闻报道以及文化维度如何解释四个社会之间可能存在的差异的问题,在此提出三组系列研究问题:

研究问题 1a:在各个社会的新闻报道中,与中国互联网相关的议题哪些出现得最频繁,哪些议题最常作为一篇新闻报道的主题?

研究问题 1b:不同社会的报纸在报道与中国互联网相关的议题时相互之间会有显著不同吗? 如果有,如何不同?

研究问题 2a:在对中国互联网的报道中表现出的政治导向性和/或政治容忍度方面,不同社会之间会存在很大的差异吗?

研究问题 2b:如果存在差异,某种文化维度会不会与这些差异显著相关呢?

研究问题 3a:无论议题的种类如何,在每个社会的报纸新闻报道中,哪种新闻框架占主导地位?

研究问题 3b:文化维度与每种新闻框架的呈现会不会显著相关呢?

四、研究设计

本研究首先关注的是媒体如何报道中国互联网,然后在此基础上考察与报道的新闻框架呈现相关的文化因素。因此,本研究采用内容分析法,除了进行描述性分析以外,更涉及现象解释,也即研究整体上是一个内容生成前因的推断性设

1　Hofstede, G. , & Bond, M. H. (1988). The Confucius connection: From cultural roots to economic growth. *Organizational Dynamics*, *16*(4), 5-21.

计(参见本书第2章第2.2.2小节)。研究的文献基础主要是理论性文献(如新闻框架和文化维度的相关理论阐述),为本研究提供理论框架,并为寻找关键变量提供基础;中国互联网年度报告等非理论文献则为研究背景的介绍提供了资料支持。理论和前人研究在编码表设计中主要发挥演绎的作用。

在本研究中,自变量是国家地区和四种文化维度,因变量有三组:第一组是与中国互联网相关的议题的报道频次,第二组是媒体报道中国互联网时体现出的政治倾向和容忍度,第三组是媒体在报道中国互联网时使用的七种通用新闻框架的频次。这七种通用新闻框架包括事实框架、人情味框架、责任框架、道德框架、经济结果框架、冲突框架和领导力框架等。之所以以通用新闻框架为基础来进行跨文化比较,是考虑到这类新闻框架可以帮助研究者避开特定框架(*ad hoc* frames)所带来的内容具体性方面的限制,按麦考姆斯和格纳姆的说法,这种特定框架是"是特别为一项单独的研究而作的定义,而不注意详述它们的基本特征或理论语境"。[1] 根据新闻报道某种普适性的共同特征而界定的通用新闻框架,则为实现跨文化的比较研究和对不同语境的归纳提供了可能。

为在因变量与自变量之间建立关系,本研究采用了两套数据:一是由内容分析生成的一套有关新闻报道的媒介内容数据,由编码产生的数据大多是定类数据(且以二元数据居多,如某类新闻框架的呈现与否),基于一系列政治定向指数(Political Orientation Index, POI)问题而计算生成的 POI 分数则当成定距数据处理;二是直接借用了霍夫斯泰德研究中的四个文化维度指数作为定距层面上的非媒介内容数据。前套数据为因变量,后套则为自变量。

五、研究方法

1.国家和地区的选择

本研究以中国香港、新加坡、美国和英国这几个国家和地区为跨文化比较对象。中国香港和新加坡均属于学者们所说的"大中华"(Greater China)[2]或者"文化中华"(Cultural China)[3]。它们因一系列文化价值而与中国大陆相联系,这些文

1　McCombs, M. , & Ghanem, S. I. (2001). The convergence of agenda setting and framing. In S. D. Reese, O. H. Gandy, A. E. Grant (Eds.), *Framing public life: Perspectives on media and our understanding of the social world*, pp. 67-81. Mahwah: Lawrence Erlbaum.

2　1)Harding, H. (1993). The concept of "Greater China": Themes, variations and reservations. *The China Quarterly*, 136, 660-686;2)Shambaugh, D. (1993). Introduction: The emergence of "Greater China". *The China Quarterly*, 136, 653-659.

3　Frith, K. T. (1996). Introduction: Dependence or convergence?. In K. T. Frith (Eds.), *Advertising in Asia: Communication, Culture, and Consumption*, pp. 3-10. Ames: Iowa State University Press.

化价值包括集体主义、现代化、集权主义和相对来说不好竞争的特性。[1] 选择这些孔子文化社会的一个原因,是建立在这样一个假设之上:如果这些有着相似文化传统的社会中,报纸呈现的媒介框架随文化维度而变化,那么我们更有信心在对这些有着非常不同的文化背景的社会进行对比后归纳出结论。美国是西方文化的一个典型代表,[2] 其最亲密的西方伙伴英国也包括在这项研究中,目的旨在扩展文化对比的范围。通过多个具有文化差异的社会,我们可以看到一个更为复杂综合的过程,在这个过程中,不同因素或不同维度的积极和消极影响有可能相互抵消。在跨文化比较研究中,仅有两个社会的比较我们是无法考察这一过程的。

2. 媒体的选择

本研究选取《纽约时报》和《洛杉矶时报》为美国报纸的代表,因为它们都是美国国家性领头报纸,广泛报道国际新闻,并且在地理位置上代表美国的东海岸和西海岸。对于发行在其他社会的代表性报纸,研究者通过著名的收录世界各大报纸、为学界和业界广为认可的"新闻链接"(NewsLink,http://newslink.org/)目录,来寻找各文化社会中的国家级日报。《香港商报》和《金融时报》这样的专业报纸以及非日报性质的报纸被排除在外。由于新加坡和中国香港的官方语言都是双语,因此在这两个社会中,各选取了一份汉语报纸和一份英语报纸。最终选取的报纸样本包括中国香港的《南华早报》和《星岛日报》,新加坡的《联合早报》和《海峡时报》,英国的《泰晤士报》和《卫报》。所有这些报纸在其所在地区都是很有影响力的。

3. 研究时间段的选择

之所以选择 2000 到 2004 年这个时间段的报纸来进行跨国家和地区的对比研究,是因为中国的互联网宽带从 2000 年 1 月的 351 Mbps(兆比特每秒)迅速扩大到 2001 年 7 月的 1 234 Mbps,扩大了将近 4 倍。除此之外,上互联网的电脑数量也从 1999 年 1 月的 75 万台增加到 2000 年 7 月的 650 万台(出自不同年份的《中国互联网发展半年数据报告》)。而且自 2000 年,世界开始越来越关注中国互联网的发展。一份《律商联讯》数据库(Lexis/Nexis)上进行的初步搜索发现,2000年以前仅仅有几篇与中国互联网相关的新闻报道文章。可以说,2000 年是中国互联网飞跃发展的起始参照年。2005 年笔者开始本项研究,因此以 2004 年为截止年。

---

1 Martin, E. F. (1996). Advertising in Hong Kong. In K. T. Frith (Eds.), *Advertising in Asia*: *Communication, culture, and consumption*, pp. 39-72. Ames: Iowa State University Press.

2 Porter, R. E. & Samovar, L. A. (1997). An introduction to intercultural communication. In L. A. Samovar & R. E. Porter (Eds.), *Intercultural communication*: *A reader*, pp. 36-44. Belmont: Wadsworth.

4.数据搜集

为了尽可能统一,本研究使用《律商联讯》数据库(Lexis/Nexis)查找所有英文报纸中的相关新闻报道,其中不包括《洛杉矶时报》,因为数据库中没有收录该报纸。因此笔者以该报的网络版存档索引来查找相关新闻文章,然后通过该报纸的缩微胶卷来查找和获取相应的全文。Factiva 数据库用来搜集中国香港和新加坡中文报纸上的相关新闻报道。搜索全文时,英文报纸使用英文关键词组合"'China' AND 'Internet' OR 'network' OR 'Web'",中文报纸相应地使用中文关键词组合"'内地'和'因特网'或'互联网'或'网络'或'网页'"。从所搜索到的文章总体中,研究者除去了那些只是提到关键词却与中国互联网主题无关的文章,或者只有一两句话与中国互联网相关但主题与中国内地互联网无关的文章。结果总共得到 1 366 篇主题是中国内地互联网的文章,中国香港的有 485 篇,新加坡的有 662 篇,美国的 153 篇,英国的有 66 篇,构成所研究时段内发表的相关文章的目标总体。

5.内容单位的样本选择

在这个目标总体内,笔者分别从各自的社会分组中进行简单随机抽样。由于本研究主要与一系列二元变量有关(提出/不提出某个议题,或者呈现/不呈现某种新闻框架),因此研究者采用针对二元变量的两个抽样公式① $n = (pq)/SE^2$ 和② (经过调整的加入了校正因素的) $n = (pq)/(SE^2 + pq/N)$,在本研究所涉及的文章总体的基础上来确定每个社会中新闻报道文章的抽样大小。由于本研究的探索性,本研究将拥有某种特征(比如呈现或不呈现一种框架)的总体比率估算为 50% ,即 $p = .5$, $q = (1 - .5) = .5$ 。由于本研究并不涉及诸如致命灾难这样因小小的一点误差就有可能产生严重影响的因素,因此置信区间设定为 ±10% ,也即意味着样本特征将会存在 ±10% 误差,比如 50% ±10% 。然后,本研究选择 95% 的标准。因此,在本研究中,随机从总体中抽取的样本将具有某种特征(比如呈现一种新闻框架),结果反映的是总体特征的概率是 95% ,误差率在 ±10% 以内。因此, $SE = (10\%)/1.96 = 0.051$, N 代表每个社会的报纸中相关新闻文章的总体大小。第一个方程式适用于中国香港和新加坡,因为来自于这些地区的文章总体数足够大。第二个方程式适用于美国和英国。[1] 通过使用这一方法产生的样本大小是,中国香港和新加坡各 96 篇,而美国 59 篇,英国 39 篇。

6.分析单位与编码

分析单位是每篇新闻文章。

1　这两个方程式的具体使用说明可以参考:http://www2. uta. edu/sswmindel/S6324/Class% 20Materials/Sampling/sampsize.pdf,或者参见:Tamhane, A. C., & Dunlop, D. D.(2000). *Statistics and data analysis:From elementary to intermediate*. Upper Saddle River:Prentice Hall.

编码表围绕三大研究兴趣来设计,[1]主要包括三大系列的问题。问题系列一所问的是,在一篇具体文章中提到或讨论了与中国互联网有关的哪些议题,其中哪个议题是这篇文章的主题。问题系列二所关心的是,所编码的这篇文章里在多大程度上从一种政治性的视角来框架化某一既定议题,或者,在多大程度上表现出对那些不利于中国政府的政治观点的容忍。这部分被称作“政治定向指数”(Political Orientation Index,POI)的考察变量包括一系列问题,例如,该文章中是否对互联网的使用进行了讨论,是否提及持异议的内容或持不同意见者;涉及中国互联网控制的讨论(如果文中有这样的讨论的话)是强调管控互联网的重要性,还是站在反对管控的立场;这一讨论强调的是中国政府在管控互联网中体现的能力或成效,还是其管控的不可能性或失败,等等。问题系列三所涉及的是,该文章是否呈现了某种新闻框架,以及该框架是否与文章的主题相关。

POI 分数的获得要通过以下两个步骤:首先,为每个选中的 POI 问题建立记分量表。把一个既定议题的非政治性方面(比如,互联网的非政治使用、非政治方面的互联网规定等),或者有利于中国政府的立场(比如有必要规范互联网,或者政府可能会控制互联网,或者互联网发展可以加强现在的政权),定为“0”分,以此作为参照点。与参照点相反的方面或立场观点计分为“+1”。对那些政治与非政治方面、支持和反对立场混杂一起、问题答案解码为“无法确定”的文章,给予“0.5”分。然后,将所有 POI 问题各自所得分数加在一起,就得到每篇文章 POI 的总数。

两位训练有素的双语编码员从所有英文报纸文章中简单随机抽取 10% 进行编码,并对同样比例的中文报纸文章进行了编码,以获取编码者信度系数。编码

---

1 如何判断识别中国互联网相关议题和新闻框架编码表和编码指南见文后的本附录 B 和 C。判断某种新闻框架是否出现在新闻中的步骤方法,是在以下研究的基础上创建和改良的:路德和周翔(Luther, C. A., & Zhou, X. (2005). Within the boundaries of politics: News framing of SARS in China and the United States. *Journalism & Mass Communication Quarterly*, 82 (4),857-872)、塞米科和瓦尔肯伯格(Semetko, H. A., & Valkenburg, P. M. (2000). Framing European politics: A content analysis of press and television news. *Journal of Communication 50*, 93-109)、瓦尔肯伯格等人(Valkenburg, P. M., Semetko, H. A. & De Vreese, C. H. (1999). The effects of news frames on readers' thoughts and recall. *Communication Research 26* (5),550-569),以及孜尔曼等人(Zillmann, D., Chen, L., Knobloch, S., & Callison, C. (2004). Effects of lead framing on selective exposure to Internet news reports. *Communication Research 30*,58-81)的研究。例如,要决定文章是否有冲突框架,需要在两个步骤中提出一系列问题。在第一个步骤中,寻问:“这篇新闻是否提出利益不同的两个党派、个人、小组或国家?”,或者“这篇新闻提到存在疑问的论题/事件/问题/想法/论据的两方面或更多方面的?”如果这两个问题中任意一个的答案是肯定的,那么进入下一个步骤,寻问:“这篇新闻是否反映了党派、个人、小组或国家之间的异议?”,或者“一个党派、人、小组或国家是否会谴责另外一个党派、人、小组或国家?”,或者“这篇新闻是否提到一场战争、对执、混战、冲突、争论等?”如果以上任意一个问题的回答是肯定的,即判定该篇新闻呈现了冲突框架。各种新闻框架的判断方法详见本附录 C 编码指南。

指南中具体说明了如何对不同的互联网相关议题进行分类,如何确定哪种与互联网相关的议题是所编码的文章的主题,文中是否呈现某种新闻框架。在编码表中,相关议题和新闻框架都一一列出,编码者可以针对同一篇文章选择多个议题和框架,但每篇文章只有一个主题。本研究使用一种比霍尔斯蒂系数更为精确可靠的测量斯科特 pi 系数,来测量信度系数,所得出的各主要变量的信度系数均在0.90以上,远远超过对该系数所要求的0.7。比如,对于英文报纸来说,几个主要变量的编码者间信度系数如下:1.00(各互联网议题作为新闻主题),0.88(POI问题),1.00(是否呈现事实框架),0.93(是否呈现人情味框架),1.00(是否呈现冲突框架),0.93(是否呈现责任框架),1.00(是否呈现道德框架),0.94(是否呈现经济后果框架),以及0.94(是否呈现领导力框架)。对于中文报纸来说,同样变量的编码者间信度系数如下:1.00(各互联网议题作为新闻主题),0.92(POI问题),1.00(是否呈现事实框架),0.95(是否呈现人情味框架),0.97(是否呈现冲突框架),0.95(是否呈现经济后果框架),以及0.93(是否呈现领导力框架)。

每个国家和地区的四种文化维度指数分别是:①权力距离(POI):中国香港,68;新加坡,74;美国,40;英国,35;②规避不确定性(UAI):中国香港,29;新加坡,8;美国,46;英国35;③个人主义与集体主义(IDV):中国香港,25;新加坡,20;美国,91;英国89;④长期与短期定向(LTO):中国香港,96;新加坡,48;美国,29;英国25。

7.统计方法

卡方检验用来考察新闻报道呈现互联网相关议题和新闻框架的模式是否存在着国家和地区之间的差异性。在比较POI分数均值的国家和地区之间的差异,使用的是ANOVA统计方法;运用前向逐步回归法(the forward stepwise method)来发现哪种文化维度最有可能解释各社会之间POI分数和新闻框架使用上的不同,在此基础上生成的是针对POI分数的线性回归模型和针对新闻框架的一系列logistic回归模型(logistic regression model)。

数据分析结果

研究问题1:议题凸显性

表1所显示的是新闻报道样本中互联网相关议题出现的频率以及这些议题是不是一篇既定报道的主题。中国香港和新加坡的报纸最关心中国内地的电子商务、互联网生意和产业,这是最常提到和讨论的议题(分别在中国香港和新加坡新闻样本中的44.62%和34.44%),并最常被作为一个新闻的主题。其他两个议题,互联网扩散与使用,以及互联网控制、审查和规范,在这两个社会中也较为受到人们的关注,这两个议题出现比例在两国报纸报道中均超过21%。在美国和英国,最常出现和讨论的议题是互联网控制、审查和规范,各占45%和38.1%。就新

表1　四个国家和地区中互联网相关议题报道的对比

	互联网扩散与使用	互联网控制、审查与规范	电子商务、互联网生意和产业	互联网的影响和意义	其他	行总计
在新闻中提及的议题($\chi^2 = 48.76$, $d.f. = 12$, $p < .000\,1$)						
中国香港	28	28	58	2	14	130
	21.54%	**21.54%**	44.62%	1.54%	10.77%	100%
新加坡	37	32	52	16	14	151
	24.50%	**21.19%**	34.44%	**10.60%**	9.27%	100%
美国	21	45	25	7	2	100
	21.00%	**45.00%**	25.00%	7.00%	**2.00%**	100%
英国	20	24	11	3	5	63
	31.75%	38.10%	**17.46%**	4.76%	7.94%	100%
新闻主题($\chi^2 = 41.55$, $d.f. = 12$, $p < .000\,1$)						
中国香港	13	18	53	1	11	96
	13.54%	**18.75%**	**55.21%**	1.04%	11.4%	100%
新加坡	19	20	46	1	10	96
	19.79%	**20.83%**	47.92%	1.04%	10.4%	100%
美国	4	32	20	0	2	58
	6.90%	**55.17%**	34.48%	0.00%	**3.45%**	100%
英国	6	19	8	0	5	38
	15.79%	**50.00%**	**21.05%**	0.00%	13.1%	100%

注:表中加粗百分比表明的是,单元格中的观察值和期望值有着统计意义上显著的差别。研究者计算单元格卡方值的标准化皮尔森残差,以确定这样的差别是否在统计上显著。变量之间的相关性(如果存在联系的话)大多数源于残差值较高的单元,也即那些有着加粗字体的单元。

闻主题而言,这个议题同样是这两个国家报纸上最关注的(分别为55.17%和50%)。紧随其后出现频率较高的议题,在美国报纸中是电子商务、互联网生意和产业,占25%,在英国报纸中是互联网扩散与使用,占31.75%。但就新闻主题而言,在这两个国家的报纸中,电子商务、互联网生意和产业具有同等显著性,同是两国报纸的第二大新闻主题(美国占34.48%,英国占21.05%)。

在关于中国内地互联网问题上,中国香港、新加坡、美国和英国在报道数量($\chi^2 = 48.76$, $d.f. = 12$, $p < .000\,1$)和显著性($\chi^2 = 41.55$, $d.f. = 12$, $p < .000\,1$)方面都有着明显区别。主要区别体现在对中国互联网控制、审查和规范问题的报道中。[1] 与其对应的两个东方社会中国香港和新加坡相比,两个西方国家更可能会在报道中提到这些议题,并更可能会将它们作为新闻主题。尤其在美国的报纸

1　在所考察的四个社会中,这个议题的单元格卡方值都很高,是总卡方值的最主要的来源。从所有的议题频率来看,该议题在四个社会中的四个单元格卡方值的总和占总卡方值的三分之一还要多。而在新闻主题方面,其总和占到总卡方值的一半以上。

中,有55.17%的新闻报道把这个议题作为主题,这一比例是中国香港(18.75%)和新加坡(20.83%)的两倍多。同样值得注意的是,美国报纸把中国互联网扩散和使用这一议题作为主题的时候不是很多(6.9%),这一比例只有另外几个国家和地区的不到一半。

在对待中国互联网商界所发生的事件上,中国香港和英国的报纸报道与其他两个社会不同。中国香港报纸比其他报纸更多地提到这个议题,而且更为频繁地把这个议题当作新闻的主题;而在英国,情况恰好与中国香港正好相反。这个议题在英国报纸上的出现和作为主题的频率最低,仅是中国香港报纸的一半。在谈论中国大陆互联网的影响和意义时,中国香港(15%)和新加坡(10.6%)的报纸形成强烈对比。

研究问题2:政治倾向指数

在报道中国内地互联网时体现出的政治倾向和容忍度方面,美国的政治倾向指数POI分数均值最高($M = 1.96$),其次是英国($M = 1.26$)、新加坡($M = 0.75$)和中国香港($M = 0.62$)。社会之间存在明显区别($F = 18.72, p < .000\ 1$)。美国的平均数远远高于中国香港($MD = 1.34, p < .000\ 1$)、新加坡($MD = 1.21, p < .000\ 1$)和英国($MD = 0.70, p = .006$)。而在ANOVA检验中,英国和新加坡颇为相近,无明显差异,被分为一组,英国的POI均值明显高于中国香港($MD = 0.64, p = .007$),新加坡也是这样。

前向逐步法所生成的回归模型只捡选出一种文化维度,即个人主义与集体主义($IDV, p < .000\ 1$),其余的几个维度均被模型排除。以IDV为自变量的回归模型($POI = 0.435 + 0.018\ IDV, R^2 = .333, F = 21.78, d.f. = 1, p < .000\ 1$)表明,IDV分数越高,POI得分也越高,这就意味着相对倾向于个人主义的社会的报纸比较倾向于从政治角度来报道中国互联网问题,或在报道中呈现对政府不利的内容。

研究问题3:通用新闻框架的使用

表2概述了所选取报纸在框架化中国互联网时使用每种新闻框架的频率计算。事实框架在所有四个社会的报纸中占主导地位,这符合常理,因为新闻报道重事实。领导力、道德和责任等三种新闻框架则很少在所考察的任何一份报纸中出现。

正如表2所显示的,中国香港在很多方面都表现出与其他社会的显著差异。紧随事实框架之后,中国香港的新闻报道中经济后果框架的比例最高(18.18%),远远高于其他社会(4.76%到9.32%)。相比之下,中国香港报纸中使用人情味、冲突和责任框架的比例相当低,分别仅占2.27%、6.06%和0.76%。新加坡与之不同,其报纸的相关报道比较重视道德和责任框架,两种框架的百分比

表 2　四个社会中新闻框架的对比[a]

	事实框架	人情味框架	冲突框架	经济后果框架	领导力框架	道德框架	责任框架	行总计
中国香港	96 **72.73%**	3 **2.27%**	8 **6.06%**	24 **38.18%**	0 0.00%	0 0.00%	1 **0.76%**	132 100%
新加坡	83 54.97%	22 14.57%	14 9.27%	14 9.27%	3 1.99%	5 **3.31%**	10 **6.62%**	151 100%
美国	54 **45.76%**	17 14.41%	28 **23.73%**	11 9.32%	3 2.54%	0 0.00%	5 4.24%	118 100%
英国	33 52.38%	13 **20.63%**	12 19.05%	3 **4.76%**	1 1.59%	0 0.00%	1 1.59%	63 100%

注：[a]$\chi^2 = 48.76$，$d.f. = 18$，$p < .0001$。（表中加粗百分比表明的是，单元格中的观察值和期望值有着统计意义上显著的差别。）

显著高于其他地方的报纸。美国和英国报纸在新闻处理上都趋向于使用冲突框架。除了事实框架，冲突框架在这两国的报纸中都占有较大的比例，分别占 23.73% 和 19.5%，比两个东方地区明显要高很多。美国报纸在呈现冲突框架方面显得尤为突出，其单元格卡方值高达 9.49，是平均单元格卡方值的几乎 5 倍之多。在使用事实框架（45.76%）时，美国报纸同样与众不同，明显低于其他地区，其他地区使用该框架的百分比范围是从 52.38% 到 72.73%。虽然在新加坡报纸（14.57%）和美国报纸（14.41%）中也经常呈现人情味框架，但英国报纸则更多地使用这一框架，其比例占到 20.63%。英国报纸表现突出的另一点就是，他们很少运用经济后果框架（4.76%）来报道中国互联网。

　　表 3 展示了 logistic 回归模型的运行结果，其中的参数由前向逐步法获得。不确定性规避（UAI）和长期/短期定向（LTO）这两个文化维度与事实框架显著相关。UAI 和 LTO 分数较高的社会，较有可能提供事实框架。如果没有其他因素的影响，一个社会 UAI 分数每增加一个单元，其展示事实框架的可能性就是其参照社会的 1.057 倍。一个社会 LTO 分数多一个单元的社会，这种可能性就是其参照社会的 1.081 倍。[1] 在解释新闻报道呈现人情味框架和经济后果框架的可能性的自变量中，LTO 分数同样起到了明显作用，但对这两种框架的预测方向有所不同。

1　由于赋予一些社会的这两个维度分数的排列顺序相反，两个维度之间的交互作用被观察到。以中国香港和美国的对比为例：美国的 UAI 分数比中国香港的高 17 个单元，其报纸中出现事实框架的概率从理论上讲将会是中国香港报纸的 17.96 倍（17×1.057）（见表 3）。但中国香港的 LTO 分数比美国多 67 个单元，单以这一维度来看，中国香港报纸呈现事实框架的概率将是美国报纸的 72.43 倍（67×1.081）。这样一种交互作用从一方面解释了为什么在现实情况中中国香港报纸呈现事实框架的新闻文章的百分比要比美国报纸的高很多。

表 3　文化维度与新闻框架的关系

	β^a	比值比	单位比值比[b]
事实框架($R^2=.13$，$\chi^2=21.32$，$d.f.=2$，$p<.0001$)			
截距	−2.315		
UAI	.056**	8.244	1.057
LTO	.078****	255.138	1.081
人情味框架($R^2=.11$，$\chi^2=29.78$，$d.f.=1$，$p<.0001$)			
截距	.265		
LTO	−.035****	.081	.965
冲突框架($R^2=.12$，$\chi^2=35.91$，$d.f.=2$，$p<.0001$)			
截距	−13.641**		
PDI	.135*	191.179	1.144
IDV	.090**	599.820	1.094
责任框架($R^2=.07$，$\chi^2=9.10$，$d.f.=2$，$p<.05$)			
截距	−3.179***		
PDI	.043*	5.338	1.044
LTO	−.044*	.043	.957
道德框架($R^2=.22$，$\chi^2=11.23$，$d.f.=1$，$p<.001$)			
截距	1.367		
UAI	−.534***	1.567E-9	.587
经济后果框架($R^2=.02$，$\chi^2=4.65$，$d.f.=1$，$p<.05$)			
截距	−2.197****		
LTO	.011**	2.229	1.011
领导力框架($R^2=.07$，$\chi^2=4.52$，$d.f.=1$，$p<.05$)			
截距	−1.942*		

注：[a] 简单的 logistic 回归模型方程式如下：$\log[\pi x/(1-\pi x)] = \alpha + \beta x$，其中，πx 指代当一个解释变量 X，比如一种文化维度，赋值为 x 值时，出现一种新闻框架的可能性，α 代表截距，β 是解释变量的参数。[b] 代表是/否的对数胜算。

$*p<.05$；$**p<.005$；$***p<.001$；$****p<.0001$.

相对于 LTO 分数高的社会(比如新加坡和中国香港)，LTO 分数低的国家(比如美国和英国)的报纸更有可能提供人情味框架，然而 LTO 分数较高的社会更有可能在报纸中呈现经济后果框架，在不考虑其他因素的条件下，这种可能性是 LTO 减少一个单元的地区的 1.011 倍。至于冲突框架，权力距离维度和个人主义与集体主义维度起到了相当积极的作用。一个 PDI 和 IDV 分数较高的社会更有可能呈现冲突框架。[1] 从文化维度交互作用来看,权力距离这一维度与长期/短期定向一起,在呈现责任框架与否方面发挥作用,拥有较高的 PDI 和较低的 LTO 的社会更有可能在新闻报道中呈现这样一种框架。[2] 在道德框架方面,只有不确定性规避这一维度起到明显的消极作用。一个拥有较低 UAI 的社会更有可能展示道德框架。对于领导力框架而言,本研究没有发现一种文化维度起到明显作用。

研究发现和意义的讨论

本项研究试图确定在中国互联网这个语境下某些议题和新闻框架是如何在中国香港、新加坡、美国和英国等四个地区的新闻报道文章中不断呈现的。笔者希望通过将文化维度作为自变量引入到对不同社会使用新闻框架的不同方式的跨文化比较分析中,从而对媒介内容和框架研究作出一定的贡献。其目的在于更加透彻地理解宏观社会因素对新闻建构的影响,从而弥补传统框架研究的不足,传统的框架研究一直关注的是新闻框架如何影响个人对媒介内容的态度和看法。

在议题显著性和新闻框架使用方面,研究发现了一些差异。中国内地互联网控制、审查和规范是一个富有极大的政治、社会和文化意义的争议性论题,在美英报纸上持续经常地作为新闻主题而被突显,尤其在美国。与之相比,中国香港和新加坡这两个东方社会的报纸则更为关注中国内地的电子商务、互联网生意和产业,以及互联网扩散和使用。这可能是长期与短期定向两种文化在追求真实和道德方面不同的结果。在美英这样的低 LTO 的国家里,人们相信存在着区分善恶的绝对明晰的指南,而且不是满足于对他们自己在行善方面的努力,[3] 因此这种社会里的记者们可能会更为关心一个既定体制下的问题。对善的追求和对"必须做的事"的尊重,使得美英记者对互联网审查和规范问题更为关注。相比之下,在中国香港和新加坡这样高 LTO 地区的文化影响下,善与恶的区分往往根据情况而定,人们并没有强烈的反对社会不公平的倾向;[4] 因此,这些国家和地区的记者更为关注具有长远利益的实用性实践,比如互联网使用和互联网生意等。

从通用新闻框架上来说,本研究发现某些框架比另外一些框架更经常出现,而且在某个社会中对某些议题通常更为明显。与不确定性规避和长期/短期定向相关的事实框架在所有的报纸中都处于主导地位。冲突框架的使用是西方报纸报道中国互联网的一个显著特征,尤其是在美国。虽然传播学文献中一直都会看到冲突性新闻经常出现于西方新闻媒体中,却并没有实证研究证明冲突框架与文化维度之间的联系。本研究在这方面作出了一定的贡献,它发现文化因素在此方面

---

1 这两个维度之间的交互作用也可以从类似于上面脚注的推理得出。
2 两个维度的反向影响在一定程度上解释了为什么在中国香港这个 PDI 分数居中而 LTO 分数极高的社会,新闻报道文章中有责任框架的百分比却显著低于其他几个地区。
3 Hofstede, G. H. (2001). *Culture's consequences: Comparing values, behaviors, institutions and organizations across nations.* Thousand Oaks, Sage. p. 363.
4 同上,p. 363.

具有重要的作用。

文化维度的预测力因不同的新闻框架而不同,其中有一两种维度尤为突出。研究表明,在新闻框架中,长期/短期定向维度是多数新闻框架出现的一个显著因素。中国香港报纸在报道中通常依赖事实框架和经济后果框架,是长期/短期定向这一文化维度在新闻框架中发挥作用的典型事例。回归模型显示,在不考虑其他因素的情况下,LTO 分数较高的社会更可能使用事实框架和经济后果框架,但不大可能使用人情味框架、冲突框架和领导力框架。这恰恰正是中国香港的情况,中国香港报纸特别关注电子商务、互联网生意和产业,并经常使用经济后果框架。

当不止一种文化维度显著与某种新闻框架相关时,该新闻框架的呈现在很大程度上由相关维度的综合作用决定。例如,笔者的另一项研究发现美国报纸最有可能使用冲突框架。[1] 如果我们单看权力距离这一文化维度,它在呈现冲突框架时明显起积极作用,那就无法得以解释,因为美国在这个维度上的分数比中国香港和新加坡这两个东方社会都要低一些,而后两者在报纸中使用这种框架的可能性却比较小。因此需要结合另外一个有显著作用的文化维度来看,表 3 显示美国与这两个东方社会的 IDV 分数差要比 PID 分数差要大,因此,个人主义与集体主义这一维度在这里的影响更为重要明显。基于霍夫斯泰德对该维度的理论解释,一个较为个人主义的社会更能容忍不同主题、观点和意见的存在。这也是为什么在较为个人主义社会里 POI 的分数要比集体主义社会高。

本项研究中所发现的相互影响作用说明,如果一项跨文化研究只涉及两个国家,而且只选出一种因素(比如国家这个变量)的话,可能会遗失很多重要信息。这样的研究可能会产生不一致结果,因为多因素的相互作用没有考虑在内。多文化对比有助于我们发现国家和文化之间不同的模式,而不是将研究限制在只去发现任意配对的两个国家之间的区别。虽然本研究引入了四个文化社会,但是最好能在未来研究中引入更多在文化维度的连续统上各个层级的社会,这样将会在关于文化维度对媒介内容的影响方面得出更有效、更有信心的结论。本研究的一个局限是每种文化维度的各国分数之间相距甚大,缺乏对中间许多间隔分数的文化社会的考察,这可能会导致带有偏见的结果。而且,从现在笔者的反思看来,由于当时的研究条件和时间所限,虽然本研究将内容数据与代表内容影响因素的数据进行了经验性直接连接,较之于无经验性数据连接的逻辑推理或两种数据的简单比照(参见本书第 2 章第 2.2.2 小节),要在推论上更为可信,但本研究并没有建立这两种数据的一对一连接。如果可能的话,笔者现在更愿意将对每篇新闻报道样本的编码数据与对每篇报道的作者的文化维度调查数据直接对接,这样将更具有解释力和说服力。这也是笔者至今对本项研究所抱有的遗憾。

但是从许多方面来讲,本项研究还是非常有意义的。虽然有一些研究是跨文

---

1 Luther, C. A., & Zhou, X. (2005). Within the boundaries of politics: News framing of SARS in China and the United States. *Journalism & Mass Communication Quarterly*, 82(4), 857-872.

化比较的，[1]但是这些研究也许无法指出一种媒介框架与某种影响内容的因素之间的明显关系，因为这些研究的关注点在于呈现媒介框架之间的差异，而不是从实证经验上把这些影响内容的因素与媒介框架的呈现联系起来。此外，到目前为止还没有在较大规模上进行系统研究，这一领域的大部分研究局限于单挑出一种因素来对比两三个国家。这样的结果就是，各种因素之间的互相作用被忽略了。某些特殊方面比如文化价值的不同被掩埋在国家间的简单对比差异之中。

卡拉基和罗福斯批评当前的框架研究"忽略媒介框架与更广泛的政治和社会权力问题之间的关系"。[2] 特别是，以前对媒介框架进行的经验主义研究一直没有提出通常是在批评研究中所考察的权力和意识形态问题。正如舒梅克和里兹所说的，关心意识形态的学者一般采取批判学路径，强调"更为全面、抽象地建立理论，而不愿意用实验的数据去验证某种假设"。[3] 从这一点看，本研究可以看成是一种良好的尝试，对框架研究作出了一定贡献。

B 编码表 [4]

第一部分：报道的基本信息及报道中有关中国互联网的议题

变量01：报纸名称：
   1)《星岛日报》
   2)《南华早报》
   3)《联合早报》
   4)《海峡时报》
   5)《纽约时报》
   6)《洛杉矶时报》
   7)《卫报》
   8)《泰晤士报》

变量02：报道日期：＿＿＿＿＿＿＿＿（日/月/年）

变量03：报纸所属国家/地区：
   1)中国香港 2)新加坡 3)美国 4)英国

1　De Vreese, C. H., Peter, J. & Semetko, H. A. (2001). Framing politics at the launch of the Euro: A cross-national comparative study of frames in the news. *Political communication*, 18(2), 107-122.

2　Carragee, K. M., & Roefs, W. (2004). The neglect of power in recent framing research. *Journal of Communication*, 54(2), 214-233.

3　Shoemaker, P. J., & Reese, S. D. (1996). *Mediating the message: Theories of influence on mass media content*. New York: Longman. p. 233.

4　本编码表和编码指南由武汉大学新闻与传播学院 2012 级研究生顾雨霏翻译，笔者校对。

变量 04：报道中的哪个议题是这篇报道中的主题？仅勾选一个。

　　　　1）互联网技术

　　　　2）互联网传播和使用［若选此项，转到变量 05-08］

　　　　3）互联网审查和管制［若选此项，转到变量 09-11］

　　　　4）电子商务、互联网业务和互联网行业

　　　　5）黑客、网络安全和其他网络犯罪

　　　　6）互联网的影响和意义［若选此项，转到变量 12-12a］

　　　　7）其他（请在此注明：_____）

　　　　8）不明确［若选此项，转到变量 13］

　　　　若变量 04 选择 2），则，

变量 05：（政治定向指数问题-01）：对互联网使用的讨论或对互联网内容的提及，更多强调的是：

　　　　1）政治使用/内容

　　　　2）非政治使用/内容

　　　　3）不明确

　　　　4）不适用

变量 06：（政治定向指数问题-02）：是否明确提到持不同意见的用户或组织？

　　　　1）是　　　2）否　　　3）不适用

变量 07：（政治定向指数问题-03）：中国政府是否有意屏蔽或不愿回应下面这些异见内容或政治敏感内容，如支持民主、贪污腐败、极端民族主义观点、批评官员等？

　　　　1）是　　　2）否　　　3）不适用

变量 08：若有涉及，谁是主要动作者或行动者？

　　　　1）作为普通民众的个人

　　　　2）商业人士/商业公司

　　　　3）政府/政府代表

　　　　4）其他（请在此注明：_____）

　　　　5）不明确

　　　　6）不适用

　　　　若变量 04 选 3），则，

变量 09：（政治定向指数问题-04）：报道中的相关讨论是否涉及互联网管制的必要性，若有，强调的是：

　　　　1）互联网管制的必要性

　　　　2）互联网管制的困境

　　　　3）不明确

　　　　4）不适用

变量 10:(政治定向指数问题-05）：报道中的相关讨论是否与互联网管制的成功或失败有关,若有,强调的是：

    1）中国政府对互联网管制的能力或成功之处

    2）互联网管制的不可能性或失败之处,或对互联网使用的有限影响

    3）不明确

    4）不适用

变量 11:(政治定向指数问题-06）:在对互联网管制的关注中是否涉及政策/法规,或政府已采取的步骤/方式,以及法律诉讼等,若有,与以下更相关的领域是：

    1）政治领域

    2）其他领域（请在此注明:＿＿＿＿＿＿＿＿）

    3）不明确

    4）不适用

    若变量04 选6）,则,

变量 12:(政治定向指数问题-07）：哪一类型的影响或意义更被强调?

    1）政治

    2）社会/文化

    3）商业

    4）其他（请在此注明:＿＿＿＿＿＿＿＿）

    5）不明确

变量 12a:(政治定向指数问题-08）:若提到政治影响或意义,更强调的方面是：

    1）强化现有政府或体制

    2）弱化现有政府或体制

    3）不明确

    4）不适用

变量 13：在报道中,除主题外,还有哪些与中国的互联网相关的议题被讨论?请尽可能多地勾选出来：

    1）互联网技术

    2）互联网传播 & 使用［若选此项,转到变量 14-17］

    3）互联网审查 & 管制［若选此项,转到变量 18-20］

    4）电子商务、互联网业务 & 互联网行业

    5）黑客、网络安全 & 其他网络犯罪

    6）互联网的意义 & 重要性［若选此项,转到变量 21-21a］

    7）其他（请在此注明:＿＿＿＿＿＿＿）

    8）不适用

    若变量13 选择2）,则,

<u>变量 14</u>：(政治定向指数问题-01a)：对互联网使用的讨论或提及互联网使用时，更多强调的是：

  1) 政治使用/内容

  2) 非政治使用/内容

  3) 不确定

  4) 不适用

<u>变量 15</u>：(政治定向指数问题-02a)：是否明确提到持不同意见的用户或组织？

  1) 是　　2) 否　　3) 不适用

<u>变量 16</u>：(政治定向指数问题-03a)：中国政府是否有意屏蔽或不愿回应下面这些异见内容或政治敏感内容，如支持民主、贪污腐败、极端民族主义观点、批评官员等？

  1) 是　　2) 否　　3) 不适用

<u>变量 17</u>：若有涉及，谁是主要施事者或行动者？

  1) 个人或普通民众

  2) 商业人士/商业公司

  3) 政府/政府代表

  4) 其他（请在此注明：_____）

  5) 不明确

  6) 不适用

  若<u>变量 13</u> 选择 3)，则，

<u>变量 18</u>：(政治定向指数问题-04a)：报道中的相关讨论是否涉及互联网管制的必要性，若有，强调的是：

  1) 互联网管制的必要性

  2) 互联网管制的困境

  3) 不明确

  4) 不适用

<u>变量 19</u>：(政治定向指数问题-05a)：报道中的相关讨论是否与互联网管制的成功或失败有关，若有，强调的是：

  1) 中国政府对互联网管制的能力或成功之处

  2) 互联网管制的不可能性或失败之处，或对互联网使用的有限影响

  3) 不明确

  4) 不适用

<u>变量 20</u>：(政治定向指数问题-06a)：在对互联网管制的关注中是否涉及政策/法规，或政府已采取的步骤/方式，以及法律诉讼等，若有，与以下更相关的领域是：

1) 政治领域

2) 其他领域（请在此注明：＿＿＿＿＿＿＿＿）

3) 不明确

4) 不适用

若变量13选择6），则，

变量21：(政治定向指数问题-07a)：哪一类型的影响或意义更被强调？

1) 政治

2) 社会/文化

3) 商业

4) 其他（请在此注明：＿＿＿＿＿）

5) 不明确

变量21a：(政治定向指数问题-08a)：若提到政治影响或意义，更强调的方面是：

1) 强化现有政府或体制

2) 弱化现有政府或体制

3) 不明确

4) 不适用

第二部分：新闻框架的呈现

变量22：报道中是否存在事实框架？

1) 是　　2) 否

若选择是，则，

变量22a：框架是否与报道的主题相联系？

1) 是　　2) 否　　3) 不适用

变量23：报道中是否呈现了人情味框架？

1) 是　　2) 否

若选择是，则，

变量23a：框架涉及哪些动作者和行动者？（尽可能多选）

1) 作为普通民众的个人

2) 商业人士/公司

3) 政府/政府代表

4) 其他（请在此注明：＿＿＿＿＿＿＿＿）

5) 不适用

变量23b：报道的框架是否与主题相关联？

1) 是　　2) 否　　3) 不适用

变量24：报道是否呈现了冲突框架？

1）是　　2）否

若选择是,则,

变量 24a:涉及的冲突对象有哪些?（尽可能多选）

1）作为普通民众的个人 vs. 作为普通民众的个人

2）商业人士/公司 vs. 商业人士/公司

3）商业人士/公司 vs. 作为普通民众的个人

4）政府/政府代表 vs. 政府/政府代表

5）政府/政府代表 vs. 作为普通民众的个人

6）政府/政府代表 vs. 商业人士/公司

7）其他（请在此注明:_____）

8）不适用

变量 24b:报道的框架是否与主题相关联?

1）是　　2）否　　3）不适用

变量 25:报道是否呈现了责任框架?

1）是　　2）否

若选择是,则,

变量 25a:报道认为谁应该对缓解问题/困境/灾难负责?（尽可能多选）

1）作为普通民众的个人

2）商业人士/公司

3）政府/政府代表

4）其他（请在此注明:_____）

5）不适用

变量 25b:谁被信任（尽可能多选）

1）作为普通民众的个人

2）商业人士/公司

3）政府/政府代表

4）其他（请在此注明:_____）

5）不适用

变量 25c:报道的框架是否与主题相关联?

1）是　　2）否　　3）不适用

变量 26:报道是否呈现了道德框架?

1）是　　2）否

若选择是,则,

变量 26a:谁提供了道德信息/阐释（尽可能多选）

1）作为普通民众的个人

2）商业人士/公司

3）政府/政府代表

4）其他（请在此注明：＿＿＿＿＿＿＿）

5）不适用

变量26b：报道的框架是否与主题相关联？

1）是　　2）否　　3）不适用

变量27：报道是否呈现了经济结果框架？

1）是　　2）否

若选择是,则,

变量27a：报道的框架是否与主题相关联？

1）是　　2）否　　3）不适用

变量28：报道是否呈现了领导力框架？

1）是　　2）否

若选择是,则,

变量28a：报道的框架是否与主题相关联？

1）是　　2）否　　3）不适用

C　编码指南

第一部分：判断报道中与中国互联网相关的主题及议题

1.判断主要报道的主题

编码表中的有关中国互联网的议题并不是互斥的,可能在同一篇报道中同时兼有。因此,根据以下步骤来确定主要报道的主题：

1）标题和导语中的内容是重要关键。如果标题和导语中的内容一致,那就可以视为报道的主题。例如：

标题:网站合并标志着中国互联网产业的整合

导语:服务于最具潜力的市场,中国的互联网产业在行业的短暂生涯的第一波主要并购后将经历全面的整合。

这样,报道的主题即可编码为"电子商务和互联网业务"。

2）若报道标题和导语内容的一致性不是特别清晰,那么,最好认真阅读整篇报道。例如：

标题:对中国监管不力的抱怨及忧虑

导语:自 2001 年 3 月,第一个男孩在学校附近的网吧消失后,这一网吧的所有常客——其他青少年接连失踪。焦急的家长来到警察局,民警并不惊讶,认为他们可能集体出逃了。

若报道内容主要围绕编码表中的特定议题开展,那么这个议题就是报道的主题。

3)若所判断的议题没在列表中明确表述,编码为"其他",并说明议题。

4)若报道同等地强调了两个或更多议题,则编码为"不明确"。

2. 判断与中国互联网相关的议题

1)"互联网技术"的类别

包括:

- 互联网的技术领域,如应用于互联网的新兴技术的革新与扩散;互联网技术的特点及应用,如电子平台、加密软件、Web 浏览器等。或网站及网络的技术问题,以及对解决方案的科学研究。

不包括:

- 互联网技术如何造福人类与社会,这应当被归到"互联网的影响或意义"类别。

特别案例:

- 过滤/拦截软件/技术议题

  若一篇报道主要讨论的是软件/技术本身,如开发者及其优势和应用,那可以被归为此类。若报道是在讨论中国互联网审查这一议题的语境下提到某一软件,例如,主要讨论的是软件如何审查在线内容的,那么它将被归到"互联网审查和管制"类别下。

  - 安全议题

  规则与上类似。当在线安全技术,如加密技术、防火墙等被提到或讨论,若报道更多强调技术本身,则归到此类。否则,归类为"黑客、网络安全和其他网络犯罪"。

2)"互联网传播和使用"的类别

包括:

- 中国的互联网传播和/或使用的基本信息,如新闻发布有多少人使用互联网、谁使用互联网、网络规模及用户访问互联网的频率等。

- 讨论中国的互联网传播的决定因素,如互联网的骨干网和/或组成技术,互联网的感知价值,对容量和连接的需求等,以及数字鸿沟议题。

- 一般人、组织、机构的互联网使用,如沟通互动、信息传播、在线学习、政治参与等。

- 政府使用互联网传播信息、传递资料和提供双向交流渠道的举措,或使用互联网作为自我推广、党的宣传和/或为公共利益和服务的工具,如因公共使用建立官方网站,或电子政务、电子教育或组织特定的非商业在线活动,使一般人参与其中。
- 除了商业使用外,基于互联网的公司、企业对互联网的使用,如致力于公共利益和组织特定的非商业在线活动,比如为申奥收集电子签名。

不包括:

- 政府提供使用互联网涉足电子商务,这将被归类为"电子商务和互联网业务"。
- 个人及/或基于互联网的公司/企业为做生意使用互联网,如建立电子商务网站,以及提供互联网技术提供商业服务等,这将被归类为"电子商务和互联网业务"。
- 讨论管制/法律框架如何影响/决定中国互联网传播/使用的,将被归类为"互联网审查和管制"。
- 互联网使用的影响和/或意义,如提供使用网站传播不同意见的意义,将被归类为"互联网的影响和意义"。

特别案例:

- 对互联网主干网和接入的讨论

  若讨论主要是从中国互联网的普遍性、地理分布和/或连接的基础设施角度入手,便归类为"互联网传播/使用"。如果讨论主要从如何通过控制互联网接入来管控互联网,则归类为"互联网审查和管制"。

- 个人网上消费活动

  若这类活动更多的是从个人在线行为的角度提出/讨论/感受,则被归类为"互联网传播和使用"。若更多地从商业角度被提出/讨论/感受,如商业网站如何推广在线消费,则被归类为"电子商务和互联网业务"。

- 互联网感知价值的讨论

  若讨论更多是关于这样的感知如何决定互联网的使用,则归类为"互联网传播和使用"。若讨论更多是与社会和/或文化变革相关则归类为"互联网的影响和意义"。

- 网吧的讨论

  若讨论围绕个人使用因特网展开,如谁去网吧、谁找网吧以及他们多喜欢网吧等,则归类为"互联网传播和使用"。若讨论围绕网吧的商业运作展开,则归类为"电子商务和互联网业务"。若围绕涵盖网吧的管制行动、法律诉讼展开,则归类为"互联网审查和管制"。

3）"互联网审查和管制"的类别

包括：

- 过滤/拦截软件和/或其他用来审查在线内容的技术/方法。（见上述有关"网络技术"类别的具体案例。）
- 对将主干网及互联网接入作为对中国的互联网的管控手段的一部分进行讨论的。（见上述有关"互联网传播和使用"类别的具体案例。）
- 中国政府采取的控制互联网的具体步骤和措施。
- 任何与互联网领域有关的政策、管制和/或法规，如域名、在线内容、在线行为和互联网产业。
- 特定的与互联网相关的诉讼，如知识产权官司，以及起诉和监禁互联网用户。
- 对互联网获益的政策主体和/或互联网的管理制度的讨论。

4）"电子商务和互联网业务"的类别

包括：

- 个人和/或基于互联网的公司/企业以做生意和提供商业服务为目的使用互联网。（见上述不包括在"互联网传播和使用"类别内的编码指南。）
- 政府通过使用互联网涉足电子商务。（见上述不包括在"互联网传播和使用"类别的编码指南。）
- 中国的互联网产业趋势。
- 境外公司/投资者在中国互联网产业内的经济互动。
- 政府驱动信息经济和互联网业务的措施。

不包括：

- 电子商务如何改变中国，这将被归类为"互联网的影响和意义"。

5）"黑客、网络安全和其他网络犯罪"的类别

包括：

- 中国国内的黑客活动以及针对国外的网络战争，如对印度尼西亚、美国和日本。
- 与黑客有关的技术讨论，如虚拟 IP、远程攻击、后门程序等，以及强调网络安全多过技术本身的技术讨论。（见上述"互联网技术"类别的具体案例。）
- 病毒及保护
- 其他与网络犯罪相关的基本信息，如盗版、盗取商业秘密、网络诈骗及垃圾邮件、网络骚扰及恐吓、假冒商标等。

不包括：

- 任何涉及黑客及其他网络犯罪的诉讼及案件，以及与中国的互联网管控有关的诉讼与案件。（见上述"互联网审查和管制"类别的编码指南。）

特别案例：

- 加密议题

  若讨论更具技术倾向，将被归类为"互联网技术"。若讨论围绕中国的互联网安全，则归类为"黑客、网络安全和其他网络犯罪"。（见上述关于"互联网技术"类别的具体案例。）若讨论更多是从管制的角度入手，如将加密软件引入中国的规定等，则归类为"互联网审查和管制"。

6)"其他"的类别

任何其他议题，对中国互联网的考虑和事件，在报道中被明确陈述，但无法归为以上任何类别的，归入此类。

7)"不明确"的类别

这一类别适用于主要报道中阐述了多于一个议题的，且无法判断哪个议题是报道的主题的案例。在选择此类别前，需要先认真阅读报道，确定是否对某个议题的关注多过别的议题，若不是，且这篇报道平等强调两个及以上议题，则选择此类。

其他问题，如政治倾向性问题，若对一问题，报道混合了两种相反的陈述，且无法判断孰轻孰重，则选此类。

8)"不适用"的类别

此类别适用于当一个问题不适用这篇报道，即报道与主题或给定问题的陈述无关时。

第二部分：判断报道呈现的新闻框架

（变量的操作化采用本书第 5 章提到的问题解构式方法。）

1. 判断事实框架

   用来判定是否呈现事实框架的问题：

   1)报道是否在基于事实和/或事实的解释的问题下呈现了议题/事件/问题？
   若是，那么，

   2)报道是否直接明了地呈现了事实？
   若是，则呈现了事实框架。

2. 判断人情味框架

   用来判定是否呈现人情味框架的问题：

   1)报道是否提供或呈现了一个有关人的例子、一张脸、一段个人经历或一种情感角度？
   若是，那么，

   2)报道是否强调个人与群体扮演了被议题/事件/问题所影响的角色？
   或者，

   3)报道是否包含了愤怒、移情或关心，或者同情、悲悯的情感？

若对这两个问题(2或3)中的一个的回答是肯定的,则呈现了人情味框架。

3. 判断冲突框架

用来判定是否呈现冲突框架的问题:

1)报道是否含有持有不同利益的两个党派、个人、集体或国家?

或者,

2)报道是否提出两方或多于两方的议题/事件/问题/想法/争论?

若对这两个问题(1或2)中的一个的回答是肯定的,那么,

3)报道是否反映了两个党派、个人、集体或国家间的不同意见?

或者,

4)是否一个党派、个人、集体或国家在斥责另一方?

或者,

5)报道是否呈现了战争、对抗、混战、冲突、论战等?

若对这三个问题(3、4或5)中的一个的回答是肯定的,则呈现了冲突框架。

4. 判断责任框架

用来判定是否呈现责任框架的问题:

1)报道是否指出了特定的问题/不幸/灾难?

若是,那么,

2)报道是否表明任何个人/组织/机构、公司/企业、某个层面的政府部门和/或社会对这些问题/不幸/灾难负责?

或者,

3)报道是否表明个人/组织/机构、公司/企业、某个层面的政府部门会有能力避免这些问题/不幸/灾难?或者这些报道是否赞扬了个人/组织/机构、公司/企业、某个层面的政府部门和/或社会?

或者,

4)报道是否表明问题/不幸/灾难需要个人/组织/机构、公司/企业、某个层面的政府部门和/或社会的紧急行动?

若对这三个问题(2、3或4)中的一个的回答是肯定的,则呈现了责任框架。

5. 判断道德框架

用来判定是否呈现道德框架的问题:

1)报道是否依据道德传统来说明解释议题/事件/问题,如针对如何行动提供社会药方?

或者,

2)报道是否因关心社会道德现状或在社会推行伦理教育而呈现某个议题/事件/问题?

若对这两个问题中的一个的回答是肯定的,则呈现了道德框架。

6. 判断经济结果框架

  用来判定是否呈现经济结果框架的问题：

  1）是否提及一系列行动而产生的（现实的、感知的和未来的）经济结果？

  或者，

  2）是否提到成本或涉及的代价程度？

  若对这两个问题中的一个的回答是肯定的，则呈现了经济结果框架。

7. 判断领导力框架

  用来判定是否呈现领导力框架的问题：

  1）报道是否提到了涉及议题/事件/问题的任何领导？

  或者，

  2）报道是否提到了与中国互联网相关的领导观念？

  若对这两个问题中的一个的回答是肯定的，那么，

  3）报道是否专门陈述了领导活动、互动、效力和/或在中国互联网舞台上扮演的角色？

  若是，则呈现了领导力框架。

附录三

内容分析编码本和编码表示例

A 编码本（codebook）示例 [1]

人物人口信息分析

  数据搜集单位：每个个体人格或人物（a）说、或（b）做出的行为对故事发展很

---

1 选译自：Stevens, S. S. (1951). Mathematics, measurement, and psychophysics. In S. S. Stevens (Eds.), *Handbook of experimental psychology*, pp. 1-49. New York：John Wiley. 编码本用于对编码表的每个变量及其类目进行详细的操作化定义和说明，以此指导编码员进行编码，也即编码指南。此编码本用于对电视或电影中人物的内容分析，其中所包含的变量层级有定类变量（如性别、性取向、口音、婚姻状况、宗教信仰、发色、秃头、面部毛发和眼镜等），定序变量（如社会年龄、角色、社会经济地位、身高和体重等）和定比变量（如实足年龄），定距变量缺失。由武汉大学新闻与传播学院 2012 级研究生顾雨霏翻译，笔者校对。

重要、或是(c)大量对话的主题。

剧集 ID:填写剧集的 ID 号,对照剧集 ID 列表。

编码员 ID:表明当前编码表由哪位编码员进行编码,根据编码员 ID 列表填写。

人物姓名及描述:对每个被编码的人物进行一段有辨识度的概括描述(如"着亮蓝色套装的中年男子"),并给出人物姓名。

人物 ID:给每个人物一个特有的四位数字,从 000 1 开始继续向上,不包括重复出现的。如果一个人物不只出现在一集中,每次都对其进行编码,但使用**相同的** ID 号。这些号码的精确性和不重复性相当重要。

角色:表明人物在剧集中担任的角色是次要的、中等的,还是主要的。

1.次要的:在一集中一个人物拥有不超过 10 句台词(完整的句子或短语,属于对话的一部分),这个人物的角色被认为是次要的。

2.中等的:在一集中一个人物说了超过 10 句台词,并且出演(出现、被提到、或两者)不超过 50% 的剧集内容,这个人物的角色被认为是中等的。

3.主要的:如果一个人物出演了 50% 或更多的剧集内容,这个人物的角色被认为是重要的。

99.无法确定。

社会年龄:估计人物与他人互动时所处的状态。

1.儿童:个体的语言和行为如同 12 岁或更小。

2.青少年:个体的语言和行为如同 13-19 岁。

3.年轻的成年人:个体的语言和行为如同 20-39 岁。

4.成熟的成年人:个体的语言和行为如同 40-64 岁。

5.老年人:个体的语言和行为如同 65 岁或以上。

99.无法确定。

实足年龄:以年为单位汇报或估计人物的实足年龄(不足 1 岁编码为 0)。说明这个数字是节目中明确陈述的,还是编码者估计的(1-明确陈述,2-编码者估计,如果无法确定,则留出空格)。

社会经济地位(SES):汇报或估计角色的社会经济地位。

1.上等或中上等阶层:个体是富裕的或中等富裕的,这个个体是标准的无后顾之忧,还是有高级的职业,并不依赖他的月薪或周薪过活。

2.中产阶级:个体为谋生而工作,拥有所有的生活必需品和一些奢侈品,但生存依赖于其工作。

3.工人阶级或下层阶级:个体不拥有所有的生活必需品或勉强维生且没有奢侈品,可能会被解雇或需要社会救助。

99.无法确定。

性别:汇报人物性别。

1.男

2.女

99.无法确定

性取向:汇报人物的主要性取向,如果是可辨识的。说明是节目中直接陈述的,还是编码者估计的(1-明确陈述的,2-估计的)。

1.异性恋的:个体的主要性取向是相反性别的人。如果角色是已婚的且未表达同性恋倾向,则编码为异性恋。

2.同性恋的:个体的主要性取向是相同性别的人。

3.双性恋的:个体的性取向包括对两种性别的渴望。

99.无法确定。

口音:汇报人物说话的主要方式。

1.北美(标准)

2.南美

3.美西南(如,牛仔)

4.美国东部(如,波士顿、纽约)

6.非美国口音

8.其他(注明)

99.无法确定

婚姻状况:说明人物呈现的婚姻状况。结婚戒指可佐证编码者的估计,除了罗马天主教徒和修女。再次说明人物的婚姻状况是节目中明确陈述的,还是编码者估计的(1-明确陈述,2-编码者估计)。

1-0.已婚,无其他信息

1-1.已婚,第一次婚姻

1-2.离婚后再婚

1-3.丧偶后再婚

2.分居

3-0.单身,无其他信息

3-1.单身,从未结婚

3-2.单身,离婚

3-3.单身,丧偶

4.订婚

5.其他(注明)

99.无法确定

宗教信仰:对人物的宗教信仰(若有)进行编码,并说明是节目中明确陈述的,还是编码者估计的(1-明确陈述,2-编码者估计)。

1.明确的宗教团体成员

2.隶属宗教团体但无明确说明

3.绝对不属于宗教团体

4.无法确定

发色:说明人物当下的发色。

1.白

2.灰

3-0.金

3-1.金灰混合

4.金(明显是染的)

5-0.红

5-1.红灰混合

6-0.棕

6-1.棕灰混合

7-0.黑

7-1.黑灰混合

8.全秃

99.无法确定

面部毛发:说明男性角色当下是否有面部毛发(胡子、胡须或两者)。

1.无

2.仅胡子

3.仅胡须

4.胡子和胡须

99.无法确定

身高:说明人物对于其性别来说是高、中等还是矮。这一标准需要根据以下身高判定:对男性:高≥6'0,中5'8-5'11,矮≤5'7;对女性:高≥5'8,中5'4-5'7,矮≤5'3。

1.矮

2.中

3.高

99.无法确定(包括儿童)

体重:说明人物对于其性别和身高来说是胖、中还是瘦。

1.瘦

2.中

3.胖

99.无法确定

眼镜:说明人物出现时是一直戴眼镜、有时戴眼镜(比如仅仅为了阅读)还是从不戴眼镜。这里不包括太阳眼镜。

0. 从不戴眼镜

1. 偶尔戴眼镜

2. 一直戴眼镜

99. 无法确定

B 编码表（coding sheet）示例

人物人口信息分析

剧集 ID _____		编码员 ID _____		
人物姓名及描述				
人物 ID				
角色				
社会年龄				
实足年龄				
实足年龄确定				
社会经济地位				
性别				
性取向				
性取向确定				
口音				
婚姻状况				
婚姻状况确定				
宗教信仰				
宗教信仰确定				
发色				
秃头				
面部毛发				
身高				
体重				
眼镜				

附录四

编码员间信度测试软件 PRAM 简介 [1]

　　PRAM 程序基于 Windows 操作系统，是一款适用于个人电脑的新应用。在编码过程中使用两个或者更多编码员时，它能以更简便的方法计算编码员间信度系数。只有能被 Excel 读取的文件（也即扩展名为.xls，SPSS 程序能够把数据文件存为.xls 格式），才能在 PRAM 中使用。

　　输入 PRAM 的文件应满足以下形式结构要求：①第一列为编码者的 ID 号码；②第二列为所有样本的 ID 号码；③其他列应为数字编码过的变量，并在首行标明变量名称。所有信度测试样本都应纳入同一文件中；该程序的最大优点在于，它依据 ID 号排列编码员及样本，并进一步计算双人组编码员以及其他与之有关的编码员的信度系数。

　　该程序提供了以下信度统计项目：

双人组编码员	设定的测量层级
百分比一致性	定类
斯科特 *pi*	定类
科恩 *kappa*	定类
斯皮尔曼秩相关系数 *rho*	定序
皮尔森相关系数 *r*	定比
林的一致性相关系数	定比
多人组编码员	设定的测量层级
用于多个编码员的科恩 *kappa*	定类
克里本多夫 α	任意（使用者选择）

　　在 Windows 的运行环境下，PRAM 使用者可挑选如下方式进行每个条目的分析：

- 每个编码者的 ID 号
- 测量中每个变量的名称

---

[1]　译自：Neuendorf, K. A. (2002). *The content analysis guidebook*. Thousand Oaks, CA：Sage. pp. 241-242. 武汉大学新闻与传播学院 2013 级研究生宋明玉翻译，笔者校对。

● 有待编入的数据

PRAM 输出项目可以直接在屏幕上显示,也可以保存在磁盘或驱动器内。如果分析双人组编码员的系数,将输出①每对编码员对应于每个指定变量已勾选的可信度系数;②勾选项中每对编码员的可信度系数平均值。如果需要分析的是多人组编码员的系数,将会输出每一个编码员,以及每一个指定变量全部数据。

在分析双人组编码员时,该程序也有能够检测出不合格的编码员的工具以供使用。该程序也适用于一些其他特殊情况,如编码员们分析的样本不完全一致这类情况等。PRAM 还可以依照研究单位的 ID 号给双人组编码员匹配所有共同的研究分析单位,并基于共同的集合计算双人组编码员的可信度系数。